改訂版

# 自治体財務の実務と理論

―― 違法・不当といわれないために

橋本 勇 著

ぎょうせい

# はしがき

　15年間の公務員生活とそれに続く弁護士としての30年間、一貫して地方公共団体に関わる仕事をしてきた。この間、自らが担当者として悩んだことや各地方公共団体からの相談あるいは訴訟を通じて得た結論は、「実務（前例や慣例）に流されることなく、理論に走ることなく」現実的かつ妥当な解決を図ることの必要性と重要性である。

　近年は、官（公）民を問わず、ガバナンスとコンプライアンスについて論じられることが多いが、少なくとも地方公共団体に関する限り、その議論が現実を踏まえ、実行可能性を考慮したものであるか、疑問を抱かざるをえない。また、行政にも有効性、効率性、経済性（いわゆる3E）の考え方が必要であるとする主張のほとんどは、抽象的、一般的な論だけで、現場でどのようにしたら良いのかがみえてこない。本書の第1部「自治体の内部統制」においては、このような問題意識から、何が問題であり、どのように考え、対処すべきかを整理している。

　第2部「事務事業のプロセスとコンプライアンス」では、日常的に行われているが故に前例踏襲になりがちな事務の主なものについて、その根拠を確認し、特に、何かと問題となることの多い公共工事や土地の取得等について法制度の基礎にある考え方を整理した。また、後を絶たない談合疑惑への対処方法を検討し、議論が錯綜している公の施設の利用についての法律構成を再構築し、PFIにおける基本的な考え方と留意すべき点を明らかにする等、実務と理論の一体化を心がけている。

　第3部「財務に係る基本法令の定め」においては、地方自治法第9章（財務）が定める各規定について、実務を踏まえたうえで、それぞれの基礎にある考え方を確認し、解釈と運用のあり方を示すことに心がけた。特に、近年積極的に取り組まれるようになった債権管理については、債権発生の根拠と回収手続の段階における不服申立についての理論構成を明らかにするとともに、公債権、私債権、強制徴収公債権、非強制徴収公債権という一般的な分類を念頭に置きつつ、それぞれの特徴や

はしがき

税務情報の共有の可能性や徴収のための手続及び時効について詳細に解説した。

第4部「契約」においては、民法の定めに配慮しつつ、地方自治法の契約に関する規定はもちろん、公共工事適正化法や品質確保法等の契約に関連する法律の規定を網羅的に解説するとともに、近年問題になることの多い請負代金の変更の法理や是非についても取り上げた。第2部では、もっぱら事務事業の遂行という見地から、代表的な事務事業のプロセスごとに適用されるべき制度をみたのに対し、ここでは、契約の方法についての制度の面から事務事業をみたものである。特に法律と実務の関係については、できるだけ判例を正確に引用して、具体的な事例に則した判断ができるように配慮している。

第5部「財務規定の条文別留意点」においては、地方自治法が定める財務の規定のそれぞれについて、解釈におけるポイント及び運用に際して留意すべき点を列記している。第2部から第4部では、事務事業を遂行している過程におけるコンプライアンス、すなわち行政のそれぞれの場面で遵守すべき規範という観点から実定法とそれに関する行政・司法の解釈を明らかにするとともに、あるべき解釈・運用を考えたが、ここでは、体系的に整理された規範自体に着目して、個々の条文ごとに留意すべき点を掲げている。

行政不服審査法が全面的に改正され、平成28年春には、原処分に関与していない審理員による審理や審査庁による第三者機関への諮問という全く新しい制度が導入されることになっている。住民監査請求や住民訴訟の件数は減少傾向にあるようだが、行政の適法性や効率性に対する不信、不満が少なくなっているようには思われない。財務事務は日常的に行われるものであり、住民の目に付きやすいものでもあるだけに、それを着実に行うことが肝要であると思う。本書がそのための一助になれば幸いである。

平成27年9月

橋本　勇

# 改訂にあたって

　本書を刊行してから4年が経過し、年号は平成から令和に改められた。この間、債権編を中心とする民法の大改正がなされ、地方自治法、地方公務員法、民間資金等の活用による公共施設等の整備等の促進に関する法律等の改正がなされ、注目すべき新しい判例も少なくない。

　今回の改訂は、これらの法律改正や判例をフォローし、従前の解説を補充することが主たる目的であるが、本書の活用の便宜のため、従来の条文別留意点、判例索引、事項別索引に加えて、条文別索引を追加した。

　民法の改正は、第3編（債権）を中心として、第1編（総則）、第2編（物権）、第4編（親族）についても見直しがなされた平成29年法律第44号によるものと、第5編（相続）についての平成30年法律第72号によるものとがある（成年年齢の引き下げに関する改正は、これらとは別に平成30年法律第59号でなされている。）。これらの改正のうち、自治体財務の実務に及ぼす影響が大きいと思われる請負契約、定型契約、消滅時効及び法定利率については、それぞれ独立の項を設け、それ以外の改正については、該当する箇所で補足した（その箇所は条文別索引で確認できる。）。

　地方自治法の改正は、ガバナンスの強化を図るための内部統制の方針と監査基準の作成等についてのものと、地方公務員法による会計年度任用職員の制度の導入に伴う職員に対する給付についてのもののほか、財務については、契約参加者の資格に関する地方自治法施行令が改正されている。これらについては、それぞれ、該当の箇所で従前の解説を補充した。

　また、民間による公共施設等の運営を促進することを狙った民間資金等の活用による公共施設等の整備等の促進に関する法律の改正とそれに関連する水道法の改正がなされているが、それらについては、それぞれの該当箇所において解説した。

　上記の法令の改正に係るもの以外においても、次のような項目につい

て、説明を補足しており、それぞれの該当箇所は事項別索引で確認できるようになっている。

　まず、第2部第1章においては行政と信義則について補足し、第2部第2章においては、議会の議決との関係における工区の分割の是非、建設業法における経営事項審査の評価項目、品質確保推進法による予定価格と制限価格の定め方や多様な入札及び契約の方法、契約において定めがない事項についての発注者の責任、新年度の事業に係る契約の準備行為の範囲、土地の取得価格についての考え方を取り上げた。

　次に、第2部第4章においては、リース契約及びそれを利用したソフトウェアの開発の委託を、第2部第5章においては、公有財産の賃借契約の解除や使用許可の取消しと補償の関係及び適正な対価によらない場合の議会における審議のあり方を、第2部第6章においては、公の施設の利用条件と指定管理者による自主事業の位置付けを取り上げた。

　さらに、第3部第2章においては、決算剰余金の取扱いを、第3部第3章においては、過誤納金の還付・分担金等の徴収に係る審査請求と督促・滞納処分等に係る審査請求との関係、強制徴収公債権についての交付要求及び滞納処分の執行停止の意味を、第3部第4章においては過誤払い金の取扱いを、それぞれ取り上げた。

　判例については、平成26年以降のものを18件集録するとともに、それよりも前のものを23件補充したので、本文中の引用だけでなく、従前からのものを含めて判例索引を活用していただきたい。

　近年は、社会一般の意識の変化が急激であり、頻繁に法令が改正され、裁判所もその動きに敏感になっているように思われる。行政においてもこのような動きに取り残されることがないようにしなければならないが、本書がその一助となれば幸いである。

　2019年（令和元年）6月

橋本　勇

# 目　　次

はしがき

凡例

---

## 第1部　自治体の内部統制―ガバナンスとコンプライアンス

---

### 第1章　内部統制の体制―ガバナンスとコンプライアンス ·········· 2

### 第2章　適法性の判断基準 ············································· 6

  1　法治主義と法の支配 ················································ 6

  2　地方公共団体のコンプライアンスの規範としての法律と法 ········· 7

  3　法の確定・解釈・適用 ············································· 12

    (1)　適用される法の確定　／ 12

    (2)　法の解釈　／ 13

    (3)　条理による判断　／ 14

    (4)　実質的な適法性（裁量の妥当性）　／ 15

### 第3章　正当性及び妥当性の判断基準 ································ 21

### 第4章　有効性、効率性及び経済性の判断基準 ···················· 25

  1　地方公共団体の事務の性質 ········································ 25

    (1)　伝統的な事務の分類　／ 25

    (2)　新しい公共　／ 27

  2　有効性、効率性及び経済性と投資効率及び収益性の関係 ········· 30

    (1)　政策の決定とその実施　／ 30

    (2)　民間部門と公共部門の違い　／ 31

  3　行政における有効性、効率性及び経済性（3Ｅ） ················· 34

    (1)　行政における有効性、効率性及び経済性の意味　／ 34

    (2)　行政における有効性の判断　／ 38

      ① 政策決定における有効性の判断　／ 38

      ② 事業遂行における有効性の判断　／ 40

    (3)　行政における効率性の判断　／ 41

      ① 予算編成における資源の最適配分（パレート最適）　／ 41

      ② 事業遂行における資源の最適配分（パレート最適）　／ 42

i

目　次

　　　③　代替策の有無　／44
　　（4）行政における経済性の判断　／45
　　　①　経済性　／45
　　　②　投資価値（ＶＦＭ）　／47

# 第2部　事務事業のプロセスとコンプライアンス

## 第1章　総説 ……………………………………………………………………52

### 1　行政における6W1H …………………………………………………52
### 2　事務事業の計画性と目的の明確化 ……………………………………56
### 3　事務事業の実施体制 ……………………………………………………57
### 4　施策の変更と新規施策の導入 …………………………………………59
　　（1）施策の変更　／59
　　（2）既存法令を利用した新たな規制　／62
　　（3）新規規制　／63
### 5　行政と信義則 ……………………………………………………………64

## 第2章　公共工事 …………………………………………………………………66

### 1　事業の妥当性と工事計画 ………………………………………………66
### 2　契約方法の妥当性 ………………………………………………………68
　　（1）契約方法の選択の妥当性　／68
　　（2）一般競争入札の方法　／71
　　　①　入札参加資格　／71
　　　　①－1　一般競争入札の参加者の絶対的要件　／71
　　　　①－2　制限付競争入札の参加者の相対的要件　／73
　　　　①－3　入札保証金　／76
　　　　①－4　公告　／77
　　　②　開札と落札決定　／78
　　（3）指名競争入札の方法　／80
　　　①　一般競争入札との違い　／80
　　　②　公募型指名競争入札　／82
　　　③　工事希望型指名競争入札　／83
　　　④　指名競争入札の類型別有利性　／85
　　（4）随意契約の方法　／85

①　随意契約の特性　／ 85

　　　②　見積合わせ　／ 86

　　　③　コンペ又はプロポーザル　／ 88

　　　④　公募型プロポーザル　／ 90

　　　⑤　随意契約における公正の確保　／ 91

　　　⑥　多様な入札及び契約の方法　／ 91

　　　　　⑥－1　競争参加者の技術提案を求める方式　／ 92

　　　　　⑥－2　地域における社会資本の維持管理に資する方式　／ 93

　　(5)　公共工事の入札及び契約の適正化　／ 94

　　　①　公共工事適正化法　／ 94

　　　②　公共工事の発注の見通しに関する情報の公表　／ 95

　　　③　入札及び契約過程並びに契約の内容に関する情報の公表　／ 96

　　(6)　談合対策　／ 101

　　　①　談合に関する法制度　／ 101

　　　②　独禁法に基づく損害賠償請求　／ 107

　　　③　契約に基づく損害賠償請求　／ 108

## 3　設計の妥当性と契約の方法 ………………………………………………… 110

## 4　契約の締結と変更 …………………………………………………………… 113

## 5　履行確保の手段 ……………………………………………………………… 117

## 6　監督及び検査体制と実効性 ………………………………………………… 122

## 7　請負工事における発注者の責任 …………………………………………… 124

## 8　工事の進捗と支払い ………………………………………………………… 129

## 9　事業目的の達成度 …………………………………………………………… 131

## 10　継続費、債務負担行為又は繰越明許費の設定と運用 ………………… 132

　　(1)　継続費　／ 132

　　(2)　債務負担行為　／ 134

　　(3)　繰越明許費　／ 135

　　(4)　事故繰越し　／ 136

## 11　改正民法における請負契約 ……………………………………………… 137

　　(1)　目的物に瑕疵があるときの契約の解除及び損害賠償　／ 138

　　(2)　仕事が完成しなかったときの報酬　／ 140

　　(3)　請負人の担保責任　／ 140

　　(4)　債権譲渡　／ 143

目　次

## 第3章　土地の取得 ……… 144

1　土地の取得計画 ……… 144

2　土地の取得に際しての事前調査 ……… 146

3　予算措置の確認 ……… 147

4　取得価格 ……… 148

5　契約の内容と方法 ……… 150

6　契約の相手方の能力と権限 ……… 152

7　土地の寄附受入 ……… 153

8　交換 ……… 155

## 第4章　物品の購入と管理 ……… 156

1　物品の購入計画 ……… 156

2　予算措置の確認 ……… 157

3　予定価額の決定方法 ……… 158

4　購入手続の適法性と契約内容 ……… 158

5　出納及び保管並びに利用 ……… 160

6　リース契約及びシステム開発の委託 ……… 161

## 第5章　公有財産の管理 ……… 165

1　公有財産管理の原則 ……… 165

2　行政財産 ……… 167

（1）行政財産の維持及び管理　／ 167

（2）行政財産の目的外使用許可　／ 169

（3）行政財産の用途若しくは目的外使用のための貸付又は地上権設定　／ 175

（4）行政財産の維持及び保存　／ 177

3　普通財産 ……… 180

（1）普通財産の管理の方法　／ 180

（2）普通財産の貸付の目的及び契約内容　／ 181

（3）普通財産の売払い等　／ 184

4　職員の行為の制限 ……… 186

## 第6章　公の施設 ……… 187

1　公の施設の意味 ……… 187

2　公の施設の利用者の権利と義務 ……… 188

（1）自治法の定め　／ 188

(2)　公の施設の利用関係　／190

　　　　　①　利用者の権利の発生根拠（公の施設利用の法的性質）　／190

　　　　　②　定型約款　／196

　　　　　③　公の施設を利用する権利に関する処分に対する審査請求等　／200

　　　　　④　利用者の義務（使用料の支払い義務等）の発生根拠と審査請求等　／201

　　　(3)　使用料の滞納と審査請求　／202

　　3　公の施設の設置目的と利用実績 ………………………………………… 203

　　4　公の施設の管理と指定管理者制度 ……………………………………… 204

　　　(1)　公の施設の運営管理の委託　／204

　　　(2)　指定管理者制度　／207

　　　　　①　指定管理者制度の仕組み　／207

　　　　　②　指定管理者の指定の法的性質と手続　／209

　　　　　③　指定管理者が行う管理の基準及び業務の範囲　／211

　　　　　④　指定管理者との合意（協定）で定めるべき事項　／213

　　　(3)　物的管理　／214

　　5　目的外利用の可能性 ……………………………………………………… 215

　　6　経費の状況と使用料 ……………………………………………………… 216

## 第7章　事務事業の委託 …………………………………………………… 219

　　1　民間委託の必要性と目的 ………………………………………………… 219

　　　(1)　民間委託をする理由　／219

　　　(2)　公共サービス改革法と公共サービス基本法　／220

　　　　　①　公共サービス改革法　／220

　　　　　②　公共サービス基本法　／223

　　2　委託と偽装請負・偽装派遣 ……………………………………………… 224

　　3　委託先の適格性 …………………………………………………………… 226

　　4　委託条件 …………………………………………………………………… 229

　　5　モニタリング ……………………………………………………………… 231

## 第8章　民間資金等の活用 ………………………………………………… 233

　　1　第三セクター ……………………………………………………………… 233

　　　(1)　第三セクターの活用　／233

　　　(2)　第三セクターへの関与　／237

　　2　民間資金等を活用した公共施設等の整備等（ＰＦＩ等） …………… 242

　　　(1)　民間資金等の活用　／242

　　　(2)　特定事業　／245

目　次

　　　　　　① 特定事業の実施　／ 245
　　　　　　② 特定事業の相手方の決定方法　／ 249
　　　　(3) 公共施設等運営権　／ 253
　　3　公設民営 ･･･････････････････････････････････････････････････････････････････ 255
　　4　命名権等 ･･･････････････････････････････････････････････････････････････････ 257
第9章　債権管理 ･･････････････････････････････････････････････････････････････ 259
　　1　債権の種類と管理 ･････････････････････････････････････････････････････ 259
　　2　全ての債権に共通の措置 ･･･････････････････････････････････････････ 260
　　　　(1) 債権台帳の整備　／ 260
　　　　(2) 債権の消滅　／ 262
　　　　(3) 履行期限の繰上げ　／ 266
　　　　(4) 債権の申出　／ 268
　　　　(5) 担保の設定及び仮処分等　／ 271
　　　　(6) 情報の共有　／ 273
　　3　公債権に共通の原則 ･････････････････････････････････････････････････ 278
　　　　(1) 督促　／ 278
　　　　(2) 延滞金、督促手数料　／ 280
　　　　(3) 還付及び書類の送達　／ 281
　　　　(4) 督促等についての審査請求　／ 285
　　4　強制徴収できる公債権に特有の原則 ･･･････････････････････････ 288
　　　　(1) 地方税の滞納処分の例　／ 288
　　　　(2) 滞納処分に関する猶予及び停止等　／ 292
　　5　強制徴収できない公債権及び私債権に特有の原則 ･･････････ 296
　　　　(1) 督促　／ 296
　　　　(2) 強制執行等　／ 297
　　　　(3) 徴収停止　／ 298
　　　　(4) 履行延期の特約又は処分　／ 300
　　　　(5) 免除　／ 301
　　6　消滅時効 ･･････････････････････････････････････････････････････････････････ 302
　　　　(1) 消滅時効に関する民法の規定　／ 302
　　　　　　① 消滅時効の意義　／ 302
　　　　　　② 消滅時効の中断・停止等　／ 306
　　　　(2) 時効に関し他の法律に定めがあるもの　／ 308
　　　　　　① 公法と私法　／ 308

② 判例の動向 ／309

③ 公の施設の使用料の消滅時効 ／312

④ 消滅時効の援用の要否 ／313

⑤ 消滅時効の完成阻止 ／314

(3) 新民法における消滅時効 ／315

① 時効の完成猶予及び更新 ／316

①－1 裁判上の請求等による時効の完成猶予及び更新 ／316

①－2 強制執行等による時効の完成猶予及び更新 ／317

①－3 仮差押え等による時効の完成猶予 ／318

①－4 催告による時効の完成猶予 ／319

①－5 協議を行う旨の合意による時効の完成猶予 ／320

①－6 承認による時効の更新 ／321

①－7 天災等による時効の完成猶予 ／322

①－8 連帯保証人が存在する場合の消滅時効 ／322

② 消滅時効の期間 ／323

②－1 債権の消滅時効の期間 ／323

②－2 人の生命又は身体の侵害による損害賠償請求権の消滅時効 ／324

# 第3部　財務に係る基本法令の定め

## 第1章　会計年度及び会計の区分 328

### 1　会計年度の意味 328

### 2　会計年度独立の原則 329

(1) 会計年度独立の原則の意味 ／329

(2) 歳入・歳出の会計年度所属区分 ／330

(3) 出納整理期間 ／332

(4) 会計年度の初日及び最終日並びに出納閉鎖日の意味 ／333

(5) 会計年度独立の原則の例外 ／334

### 3　会計の区分 335

(1) 特別会計 ／335

(2) 一般会計 ／338

(3) 普通会計と公営事業会計 ／339

## 第2章　予算 340

### 1　予算の種類 340

目　次

```
2　予算の提出権と修正権 ……………………………………………………… 342
　(1) 予算の提出と審議　／342
　(2) 再議その他の措置　／343
　(3) 専決処分　／345
3　総計予算主義と歳入歳出予算 …………………………………………… 346
　(1) 総計予算主義　／346
　(2) 歳入歳出予算　／349
4　継続費 ……………………………………………………………………………… 352
5　繰越明許費 ……………………………………………………………………… 353
6　債務負担行為 …………………………………………………………………… 354
7　地方債 ……………………………………………………………………………… 355
8　一時借入金 ……………………………………………………………………… 358
9　歳出予算の各項の経費の金額の流用 ………………………………… 358
10　事故繰越し ……………………………………………………………………… 359
11　過年度収入及び過年度支出 ……………………………………………… 360
12　予算の執行 ……………………………………………………………………… 361
13　歳計余剰金の繰越し ………………………………………………………… 362
14　翌年度歳入の繰上充用 ……………………………………………………… 363
```

## 第3章　収入 ………………………………………………………………………… 365

```
1　収入の種類 ……………………………………………………………………… 365
　(1) 地方税　／366
　(2) 分担金　／368
　(3) 行政財産の目的外使用及び公の施設の使用に対する使用料　／370
　(4) 旧慣使用の使用料及び加入金　／372
　(5) 手数料　／372
　(6) 分担金等に関する規制及び罰則　／373
　(7) 分担金・使用料・加入金・手数料の徴収に関する処分についての
　　　審査請求　／374
　(8) 行政財産の貸付料等　／378
　(9) 普通財産の使用料等　／380
　(10) 国庫支出金・他の地方公共団体からの交付金等　／380
　　　① 国がその経費の全部又は一部を負担する事務又は事業　／380
　　　② 補助金・負担金等　／384
　　　③ 国の支出金の適正化　／386
```

viii

## 目　次

### 2　収入の方法 ……………………………………………………………………… 387

(1) 調定　／ 387

(2) 納入の通知　／ 387

(3) 現金による収入　／ 389

(4) 証紙による収入　／ 390

(5) 口座振替による収入　／ 391

(6) 証券による収入　／ 392

(7) クレジットカードによる収入　／ 393

## 第4章　支出 ………………………………………………………………………… 395

### 1　地方公共団体における支出の意味 …………………………………………… 395

### 2　支出の禁止又は制限 …………………………………………………………… 396

(1) 支出禁止法令　／ 396

　① 宗教上の組織・団体、慈善、教育、博愛の事業に対する

　　支出の禁止　／ 396

　　①－1　宗教上の組織若しくは団体への支出の禁止　／ 396

　　①－2　慈善、教育、博愛の事業に対する支出の禁止　／ 401

　② 国に対する支出の禁止　／ 403

　③ 法人に対する財政援助の制限　／ 406

(2) 国と地方公共団体との負担区分　／ 407

(3) 地方公共団体相互間の負担区分　／ 408

(4) 給与等の支給制限　／ 411

### 3　寄附又は補助 …………………………………………………………………… 419

(1) 公益性　／ 419

(2) 補助対象事業費の積算の妥当性　／ 423

(3) 補助実績と目的の達成度の把握　／ 424

### 4　出資・負担金 …………………………………………………………………… 425

(1) 出資　／ 425

(2) 負担金　／ 428

### 5　支出負担行為 …………………………………………………………………… 431

### 6　支出命令と支出 ………………………………………………………………… 435

### 7　支払いの方法 …………………………………………………………………… 438

(1) 資金前渡　／ 439

(2) 概算払　／ 441

(3) 前金払　／ 442

目　次

　　(4) 繰替払　／ 445
　　(5) 隔地払　／ 446
　　(6) 口座振替　／ 447
　　(7) 小切手・公金振替書　／ 447
　　(8) 支出事務の委託　／ 450
　8　過誤払い ……………………………………………………………………… 450
　　(1) 過誤払い金の発生原因と返還請求　／ 450
　　(2) 過誤払い金の返還請求の方法　／ 453


# 第4部　契約

## 第1章　自治法234条が適用される契約 ……………………………… 456
## 第2章　契約の締結と予算 ……………………………………………… 460
## 第3章　契約の締結の方法 ……………………………………………… 462
　1　競争入札 ……………………………………………………………………… 462
　　(1) 競争入札の意味　／ 462
　　(2) 予定価格の制限とその例外　／ 464
　　　① 予定価格　／ 464
　　　② 予定価格による制限の例外　／ 466
　　　　②-1　不当な低価格による契約の防止　／ 466
　　　　②-2　取引秩序の維持　／ 468
　　　　②-3　最低制限価格　／ 469
　　　　②-4　総合評価競争入札　／ 470
　　(3) 一般競争入札　／ 472
　　　① 一般競争入札への参加資格　／ 472
　　　② 制限付き一般競争入札　／ 475
　　　③ 一般競争入札の方法　／ 477
　　　④ 落札者の決定　／ 480
　　(4) 指名競争入札　／ 481
　　　① 指名競争入札によることができる場合　／ 481
　　　② 指名基準（資格審査基準）　／ 482
　　　③ 公募型指名競争入札　／ 483
　　　④ 工事希望型指名競争入札　／ 487
　　　⑤ 指名停止　／ 488

目　次

```
2　随意契約 ································································································· 490
　(1)　随意契約によることができる場合　／ 490
　(2)　見積合わせ　／ 493
　(3)　コンペ及び公募型プロポーザル　／ 496
3　契約の成立と当事者の変更 ······················································· 499
　(1)　契約の成立　／ 499
　(2)　契約当事者の変更　／ 501
4　請負契約における契約金額の変更 ········································· 504
```

**第4章　契約の履行の確保** ············································· 514

**第5章　長期継続契約** ······················································· 519

## 第5部　財務規定の条文別留意点

```
1　会計年度（208条） ··································································· 522
2　会計の区分（209条） ····························································· 522
3　総計予算主義（210条） ························································· 523
4　予算の調製及び議決（211条） ·············································· 523
5　継続費（212条） ····································································· 523
6　繰越明許費（213条） ····························································· 524
7　債務負担行為（214条） ························································· 524
8　予算（215条） ········································································· 524
9　歳入歳出予算の区分（216条） ·············································· 525
10　予備費（217条） ··································································· 525
11　補正予算、暫定予算、弾力条項（218条） ·························· 525
12　予算の送付及び公表（219条） ············································ 526
13　予算の執行及び事故繰越し（220条） ·································· 527
14　予算の執行に関する長の調査権等（221条） ······················ 528
15　予算を伴う条例、規則等についての制限（222条） ············ 528
16　地方税（223条） ··································································· 529
17　分担金（224条） ··································································· 530
18　使用料（225条） ··································································· 530
```

● xi

目　次

| 19 | 旧慣使用の使用料及び加入金（226条） | 530 |
| 20 | 手数料（227条） | 531 |
| 21 | 分担金等に関する規制及び罰則（228条） | 531 |
| 22 | 分担金等の徴収に関する処分についての審査請求（229条） | 532 |
| 23 | 地方債（230条） | 532 |
| 24 | 歳入の収入の方法（231条） | 533 |
| 25 | 証紙による収入の方法等（231条の2） | 533 |
| 26 | 督促、滞納処分等（231条の3） | 535 |
| 27 | 経費の支弁（232条） | 537 |
| 28 | 寄附又は補助（232条の2） | 537 |
| 29 | 支出負担行為（232条の3） | 537 |
| 30 | 支出の方法－その1（232条の4） | 538 |
| 31 | 支出の方法－その2（232条の5） | 538 |
| 32 | 小切手の振出し及び公金振替書の交付（232条の6） | 539 |
| 33 | 決算（233条） | 540 |
| 34 | 歳計剰余金の処分（233条の2） | 541 |
| 35 | 契約の締結（234条） | 541 |
| 36 | 契約の履行の確保（234条の2） | 543 |
| 37 | 長期継続契約（234条の3） | 543 |
| 38 | 金融機関の指定（235条） | 544 |
| 39 | 現金出納の検査及び公金の収納等の監査（235条の2） | 544 |
| 40 | 一時借入金（235条の3） | 545 |
| 41 | 現金及び有価証券の保管（235条の4） | 545 |
| 42 | 出納の閉鎖（235条の5） | 546 |
| 43 | 時効（236条） | 546 |
| 44 | 財産の処分及び管理（237条） | 547 |
| 45 | 公有財産の範囲及び分類（238条） | 547 |
| 46 | 公有財産に対する長の総合調整権（238条の2） | 549 |
| 47 | 職員の行為の制限（238条の3） | 550 |
| 48 | 行政財産の管理及び処分（238条の4） | 550 |
| 49 | 普通財産の管理及び処分（238条の5） | 553 |

xii

目　次

50　旧慣による公有財産の使用（238条の6）⋯⋯⋯⋯⋯⋯⋯⋯⋯⋯⋯⋯⋯ 555

51　行政財産を使用する権利に関する処分についての
　　審査請求（238条の7）⋯⋯⋯⋯⋯⋯⋯⋯⋯⋯⋯⋯⋯⋯⋯⋯⋯⋯⋯⋯⋯ 555

52　物品（239条）⋯⋯⋯⋯⋯⋯⋯⋯⋯⋯⋯⋯⋯⋯⋯⋯⋯⋯⋯⋯⋯⋯⋯⋯ 556

53　債権（240条）⋯⋯⋯⋯⋯⋯⋯⋯⋯⋯⋯⋯⋯⋯⋯⋯⋯⋯⋯⋯⋯⋯⋯⋯ 557

54　基金（241条）⋯⋯⋯⋯⋯⋯⋯⋯⋯⋯⋯⋯⋯⋯⋯⋯⋯⋯⋯⋯⋯⋯⋯⋯ 558

55　住民監査請求（242条）⋯⋯⋯⋯⋯⋯⋯⋯⋯⋯⋯⋯⋯⋯⋯⋯⋯⋯⋯⋯ 559

56　住民訴訟（242条の2）⋯⋯⋯⋯⋯⋯⋯⋯⋯⋯⋯⋯⋯⋯⋯⋯⋯⋯⋯⋯ 562

57　訴訟の提起（242条の3）⋯⋯⋯⋯⋯⋯⋯⋯⋯⋯⋯⋯⋯⋯⋯⋯⋯⋯⋯ 565

58　私人の公金取扱いの制限（243条）⋯⋯⋯⋯⋯⋯⋯⋯⋯⋯⋯⋯⋯⋯⋯ 566

59　職員の賠償責任（243条の2）⋯⋯⋯⋯⋯⋯⋯⋯⋯⋯⋯⋯⋯⋯⋯⋯⋯ 567

60　財政状況の公表等（243条の3）⋯⋯⋯⋯⋯⋯⋯⋯⋯⋯⋯⋯⋯⋯⋯⋯ 570


判例索引 ⋯⋯⋯⋯⋯⋯⋯⋯⋯⋯⋯⋯⋯⋯⋯⋯⋯⋯⋯⋯⋯⋯⋯⋯⋯⋯⋯⋯⋯⋯ 573

　最高裁判所　／573

　高等裁判所　／585

　地方裁判所　／592

事項別索引 ⋯⋯⋯⋯⋯⋯⋯⋯⋯⋯⋯⋯⋯⋯⋯⋯⋯⋯⋯⋯⋯⋯⋯⋯⋯⋯⋯⋯ 597

条文別索引 ⋯⋯⋯⋯⋯⋯⋯⋯⋯⋯⋯⋯⋯⋯⋯⋯⋯⋯⋯⋯⋯⋯⋯⋯⋯⋯⋯⋯ 609

# 凡　例

1　本書では、法令等を以下の略称として解説した。

〔法令〕

| | | |
|---|---|---|
| ・日本国憲法 | ⇒ | 憲法 |
| ・地方自治法 | ⇒ | 自治法 |
| ・地方公営企業等の労働関係に関する法律 | ⇒ | 地方公営企業労働関係法 |
| ・地方公共団体の財政の健全化に関する法律 | ⇒ | 財政健全化法 |
| ・地方公共団体の物品等又は特定役務の<br>　　調達手続の特例を定める政令 | ⇒ | 特例政令 |
| ・地方教育行政の組織及び運営に関する法律 | ⇒ | 地教行法 |
| ・地方分権の推進を図るための<br>　　関係法律の整備等に関する法律 | ⇒ | 地方分権一括法 |
| ・廃棄物の処理及び清掃に関する法律 | ⇒ | 廃棄物処理法 |
| ・民間資金等の活用による<br>　　公共施設等の整備等の促進に関する法律 | ⇒ | PFI法 |
| ・公共工事の入札及び契約の<br>　　適正化の促進に関する法律 | ⇒ | 公共工事適正化法 |
| ・補助金等に係る<br>　　予算の執行の適正化に関する法律 | ⇒ | 補助金適正化法 |
| ・公共工事の品質確保の促進に関する法律 | ⇒ | 品質確保促進法 |
| ・私的独占の禁止及び<br>　　公正取引の確保に関する法律 | ⇒ | 独禁法 |
| ・一般社団法人及び<br>　　一般財団法人に関する法律 | ⇒ | 一般社団・財団法人法 |
| ・民法の一部を改正する法律による<br>　　改正後の民法 | ⇒ | 新民法 |
| ・民法の一部を改正する法律による<br>　　改正前の民法 | ⇒ | 従前の民法 |

〔判例誌等〕

- 判例時報　　　　　　　⇒　判時
- 判例タイムズ　　　　　⇒　判タ
- 判例地方自治　　　　　⇒　判例自治
- 最高裁判所民事判例集　⇒　民集
- 行政事件裁判例集　　　⇒　行集
- 下級裁判所民事裁判例集　⇒　下民集
- 行政事件裁判例集　　　⇒　行裁例集
- 行政裁判所判決録　　　⇒　行録
- 最高裁判所裁判集民事　⇒　裁判集


〔裁判例〕

- 最高裁判所　　　⇒　最高裁
- ○○高等裁判所　⇒　○○高裁
- ○○地方裁判所　⇒　○○地裁

2　本文参照部分は、同一の部・章等はすべて省略し、前に出てくるものは「前記」と、後ろに出てくるものについては「後記」とした。

- 第2部第1章3で、第1部第2章2を参照する場合
   ⇒　第1部第2章2（○頁）
- 第2部第2章1で、第2部第1章2を参照する場合
   ⇒　前記第1章2（○頁）
- 第2部第2章2（5）1で、第2部第2章2（5）2を示す場合
   ⇒　後記2（○頁）

# 第1部
## 自治体の内部統制
### ―ガバナンスとコンプライアンス

# 第1章 内部統制の体制
## ―ガバナンスとコンプライアンス

　地方公共団体の運営は、最終的な受益者かつ負担者である住民、団体としての意思決定機関である議会及び団体の事務の執行機関である長（公営企業にあっては長の補助機関である管理者）、委員会又は委員によってなされる。これに対して外部から関与をするものとして国及び市町村との関係における都道府県があり、前者による統治を「内部ガバナンス」、後者による統治を「外部ガバナンス」ということができる。また、地方公共団体（三セク等を含む。）の民間金融に対する依存度が高まるにつれて、金融機関等も外部ガバナンスの一角を担うことになろう（民間企業においてはメインバンクが外部ガバナンスの一環をなしている。）。さらに、近時は、災害時における地方公共団体相互間（都道府県と市町村という縦の関係とは異なる横の関係）における協力や連携の重要性も指摘されるが、これも外部ガバナンスの一環として考察されるべきであろう。

　内部ガバナンスの体制については、自治法がその基本を定めている。すなわち、地方公共団体の事務（同法2条1項）を処理するために

○「普通地方公共団体にその執行機関として普通地方公共団体の長の外、法律の定めるところにより、委員会又は委員を置く。」（同法138条の4第1項。なお、同法180条の5第1～3項参照）

○「普通地方公共団体の執行機関は、当該普通地方公共団体の条例、予算その他の議会の議決に基づく事務及び法令、規則その他の規程に基づく当該普通地方公共団体の事務を、自らの判断と責任において、誠実に管理し及び執行する義務を負う。」（同法138条の2）

とされ、それぞれの執行機関は、各自の所掌事務について、委任規則や事案決定規程等を定めて、権限の委譲及び委譲された権限の行使の手続等を明らかにしている。

第1章　内部統制の体制─ガバナンスとコンプライアンス

　そして、長がその義務を懈怠した場合は、当該地方公共団体に対して民法の不法行為の規定による責任を負い（最高裁昭和61年2月27日判決・判時1186号3頁）、その指揮監督上の責任は、補助職員に委任している場合、専決若しくは代決の権限を与えている場合又は資金前渡職員による支出の場合でも免れることはできず（最高裁平成5年2月16日判決・判時1454号41頁、最高裁平成9年4月2日判決・判時1601号47頁、最高裁平成18年12月1日判決・判時1960号10頁）、この理は地方公営企業の管理者にも当てはまるものとされている（最高裁平成3年12月20日判決・判時1411号27頁）。

　また、財務会計行為を担当する職員（前掲最高裁昭和61年判決は長及び管理者を含まないとする。）については、自治法243条の2第1項が故意又は重大な過失（現金の保管については過失）による損害賠償義務を、同条3項が監査委員による賠償責任の有無及び賠償額の決定と長による賠償命令という簡易な責任追及の方法を定めている。そして、地方公共団体が職員の公権力の行使による損害賠償責任を負ったときは、当該職員に故意又は重大な過失があったときにのみ当該職員に求償できるとされている（国家賠償法1条2項）が、財務会計行為又は公権力の行使以外の場合における職員の地方公共団体に対する損害賠償責任は、民法の規定によって判断されることになる（前掲最高裁昭和61年2月27日判決参照）。

　長や主要公務員については、住民からの解職請求の制度（自治法81条〜88条）が設けられ、一般職の職員については、地方公務員法が義務違反に対する懲戒処分の制度を定めている（同法29条1項）。

　さらに、「普通地方公共団体の執行機関の組織は、普通地方公共団体の長の所轄の下に、それぞれ明確な範囲の所掌事務と権限を有する執行機関によって、系統的にこれを構成しなければなら」ず、「普通地方公共団体の執行機関は、普通地方公共団体の長の所轄の下に、執行機関相互の連絡を図り、すべて、一体として、行政機能を発揮するようにしなければなら」ず、「普通地方公共団体の長は、当該普通地方公共団体の執行機関相互の間にその権限につき疑義が生じたときは、これを調整す

第1部　自治体の内部統制─ガバナンスとコンプライアンス

るように努めなければならない。」とされている（自治法138条の3）。
これらの規定は、当該地方公共団体の統轄・代表権（自治法148条）並
びに議会への議案の提出権や予算の編成及び執行権等の重要な権限（自
治法149条）を長に独占させる一方で、所掌事務と権限の範囲を明確に
した執行機関で地方公共団体の事務を分掌することを定めたものであ
る。また、会計事務については、長の補助機関でありながら、長から独
立して権限を行使する会計管理者を置くこととされている（自治法168
～170条）。これらは、行政執行を適正なものとするためのものであり、
会社等の民間の組織にはみられないものである。

　なお、平成29年法律54号によって改正され、2020年（令和2年）4
月1日から施行される自治法150条は、

① 　財務に関する事務

② 　その他総務省令で定める事務

③ 　それ以外の事務でその管理及び執行が法令に適合し、かつ、適正
　　　に行われることを特に確保する必要がある事務として知事又は市町
　　　村長が認めるもの

について、それらの管理及び執行が法令に適合し、かつ、適正に行われ
ることを確保するための方針（「内部統制の方針」という。）を定めるとと
もに、必要な体制を整備するものとした。そして都道府県知事及び政令
指定都市の市長にはそれを義務付け、政令指定都市以外の市町村長には
それに努めなければならないとしたうえで、その方針の公表、整備した
体制についての評価報告書の作成、その評価報告書についての監査委員
の審査等について定めている。また、この自治法の改正においては、監
査委員が行う監査、検査、審査その他の行為の適切かつ有効な実施を図
るための基準（「監査基準」という。）を監査委員が作成するものとされ、
この監査基準の策定又は変更については、総務大臣が、普通地方公共団
体に対し、指針を示すとともに、必要な助言を行うものとするとされて
いる（改正後の自治法198条の3、198条の4）。ただ、内部統制の方針に
ついても、法律に定めはないものの、総務省がガイドラインを示し、事

4

実上、各地方公共団体がそれに倣ったものを作成することが期待されているようであり、いずれも、自主的になされるべき内部統制の充実・強化とは逆の方向のものではないかと危惧される。

　ところで、地方公共団体の運営が適正になされるためには、組織体制（ガバナンス）が確立していることに加えて、公務を遂行するための行為規範が適切に定立され、運用されることが必要である。この行為規範の遵守が地方公共団体のコンプライアンスと称されるものである。これに関しては、自治法をはじめとする無数の法令があり、各地方公共団体においても極めて多数の条例、規則、規程等が制定されている（会社等の民間組織におけるものとの最大の違いである。）。しかし、これらの規範の解釈適用は、必ずしも一義的なものとはなっておらず、国際的又は全国的な社会経済状況の変化、地域における社会経済状況の違い、外部ガバナンスの担当者と内部ガバナンスのそれとの立場の違い等によって、あるいは行政と司法の役割の違いによって、種々の軋轢を生んでいる。

　次章以下は、これらの規範を地方公共団体の運営を適正に行うための基準と位置付けて、それについての基本的な考え方を整理しようとするものである。

# 第2章　適法性の判断基準

## 1　法治主義と法の支配

　近代国家に共通する基本理念として、実定法主義のヨーロッパ大陸で発展した「法治主義」と、判例法主義の英米法の世界で発展した「法の支配」という思想がある。

　「法治主義」においては、法律という形式が重視され、「法の支配」においては実質的な正義が重視されるといわれる。しかし、実定法主義といっても、個別事案の積み重ねによる判例が重視される傾向が強くなる一方で、判例法主義といっても社会が複雑になるに従って実定法の比重が高まり、両者の違いは急速に薄まってきている。

　また、法治主義においては、形式的に法律の形で定められていることが重要なのであって、その内容が正義に適っているかどうかは問題とされない（悪法も法なり。）のに対して、法の支配においては、法の内容が問題とされる（悪法は法にあらず。）ともいわれる。これは、法治主義においては、立法機関の正当性が前提となっているのに対して、法の支配においては、立法機関の存在が前提とされていないので、その実質が問題とされるということでもあろう。ともあれ、法律が主権者の代表によって制定され、実定法が充実している近代国家においては、この違いを意識しなければならない場面はほとんどないように思われる。

　さらに、法治主義という場合は、市民の自由を守り、国家の行為を規制するものとしての法律が強く意識され、国民に義務を課し、権利を制限する国家権力の行使には必ず法律の根拠が必要であるとされるだけでなく、便宜・利益を与える給付行政であっても法律に基づいてなされなければならないという考え方もある。法の支配を標榜する英米法の国に

6

は行政法という観念がないといわれたこともあるが、国家権力の行使については私人間の関係を規律するものと異なるルールが必要なことが認識され、そのための法律が多数制定され、そのような分野を中心とする行政法（Administrative Law）が発展してきている。もっぱら紛争の解決を目的とする判例（裁判官の判断）の積み重ねによって発展してきた法の支配という考え方が、行政目的を達成するために必要とされる行政権限の行使の根拠としての法律が必要になるに従って、変容を遂げざるを得なかったということであろう。

　このように、少なくとも現代の我が国においては、法治主義と法の支配を区別する実益は乏しい。しかし、適用すべき実定法が見出されない場合には、適用すべき法（正義に適った規範）を発見することが必要となるので、「法とは何か」という根本問題を忘れるわけにはいかない。また、法治主義との関係においては、「法律とは何か」という問題もある。すなわち、条例は住民の代表者によって制定されるものであるから、法律と同視されるべきであるとする考え方と、国会が制定する法律と地方公共団体の議会が議決する条例は次元が異なる（憲法94条が定める条例制定権は、自治法14条を介して現実のものとなっている。）ものであり、両者を同視することはできないとする考え方がある。憲法には、「法律の定めるところにより」とする規定が多数あるが、ときに、労働条件についての27条2項、財産権に関する29条2項や納税の義務を定める30条等の解釈において問題となることがある。また、法律にあっても、行政代執行法2条の「法律の委任に基づく……条例」という規定のように、そこに自治法14条以外に根拠を有しない条例が含まれるか否かという議論もある。


## 2　地方公共団体の コンプライアンスの規範としての法律と法

　地方公共団体におけるコンプライアンスの規範とは、地方公共団体の

● 7

第1部　自治体の内部統制―ガバナンスとコンプライアンス

行政が適正に行われるために守られなければならないルールのことであり、具体的には、憲法、法令並びに条例、予算及び規則その他の規程のことであり（自治法138条の2、地教行法25条等参照）、職員にとっては、訓令や要綱及び個別の職務命令も規範としての意味を持っている（地方公務員法32条参照）。また、法令に規定されていない事項については、それが公の秩序又は善良の風俗に反しない限り、慣習が法律と同一の効力を有するとされている（法の適用に関する通則法3条）。行政分野における代表的な慣習としては、法令によって権限が与えられている者（長その他の行政機関）に代わって意思決定を行う「専決」や「代決」の制度があるが（権限の委任及び代理については自治法153条や地教行法26条等に根拠規定がある。）、そのような慣習のない場合には、判例や条理を頼りに法を発見する作業が必要となる。

　そして、法令とは、国会の議決により成立する法律（憲法59条）のほか、憲法及び法律の規定を実施するために内閣が制定する政令（憲法73条6号）、法律若しくは政令を施行するため又はそれらの特別の委任に基づいて各省大臣が発する省令（国家行政組織法12条、内閣府に係る主任の行政事務については内閣府令（内閣府設置法7条3号及び4号））並びに国における内閣や各省大臣以外の行政機関その他の機関が定める規則（国家行政組織法13条、内閣府設置法58条4項等）を意味する。自治法2条16項前段は「地方公共団体は法令に違反してその事務を処理してはならない。」とし、同条17項は「前項の規定に違反して行った地方公共団体の行為は、これを無効とする。」と定めている。これらの規定は、自治体も国の法令に従わなければならないことを注意的に規定したものであって、法令に違反した行為が無効になるか否かは、それぞれの法令の解釈によることになる（最高裁昭和62年5月19日判決・判時1240号62頁参照）。

　さらに、条例とは、地方公共団体の議会の議決によって制定される条例（自治法14条・96条1項1号）を、規則とは、地方公共団体の長が定める規則（自治法15条）を、その他の規程とは、長以外の地方公共団体

8

の執行機関が定める規程（規則という名称を有するものを含む。地教行法15条1項、地方公営企業法10条、地方公務員法8条5項等）を意味する（以下、これらの条例、規則及び規程を「条例等」という。）。

　また、訓令、要綱、職務命令とは、いずれも、上司の部下に対する命令のことであり、地方公務員法32条の「上司の職務上の命令」に該当する。そして、この命令のうち、職員一般に対する命令が「訓令」であり、これは規則と同様な形で公告され、当該地方公共団体の例規集にも登載されるのが普通である。注意を要するのは要綱である。要綱には、一見すると、住民等に対して権利を制限したり、義務を課したりしているように見えるものもある。しかし、要綱とは、職員に対する職務遂行の方法を指示したものにすぎず、その内容をあらかじめ周知徹底しておくことによって、関係者の協力を得られ、トラブルを防ぐことができるという理由で、公表されているにすぎない。その意味で、職員は、要綱の定めに従わなければならないが、それ以外の者は、それによって法的な拘束を受けるわけではない。

　ところが、要綱であっても、それが対外的な拘束力を有するかのように扱われることがある。その代表的なものは「行政機関がその任務又は所掌事務の範囲内において一定の行政目的を実現するため特定の者に一定の作為又は不作為を求める指導、勧告、助言その他の行為であって行政処分に該当しないもの」（行政手続法2条6号は、これを「行政指導」と定義している。）を行う基準を定めている要綱（行政手続法36条は、これを「行政指導指針」と定義している。）である。このような要綱が定められている場合は、行政指導を受けることを避けようと考える者にとっては、それが法令又は条例等による規制と同じ効果を有することが期待できるものの、それに従う意思がない者に対しては強制することはできない（最高裁平成5年2月18日判決・判時1506号106頁参照及び行政手続法32条〜35条参照）ため、その限界を心得て運用することが重要になる。さらに、その支出に法令又は条例等の根拠が必要とされない補助金や貸付金については、その対象者や条件等について要綱が定められるのが通

第1部　自治体の内部統制―ガバナンスとコンプライアンス

例であるが（条例又は規則が制定されていることもある。）、その内容が相手方を拘束するのは、それを守ることが補助や貸付を受ける際に合意されている（契約の内容となっている。新民法548条の2第1項参照）からであり（第2部第6章2（2）（190頁）参照）、要綱に定められていること自体（要綱の法的性質）によるものではないことにも留意しなければならない。

　なお、国においては、国家行政組織法14条が、各省大臣、各委員会及び各庁の長官は、その機関の所掌事務について、公示を必要とする場合に告示をし、命令又は示達するために所管の諸機関又は職員に対して訓令又は通達を発することができるとしている。しかし、地方公共団体の組織を定める法令には、これに相当する規定はない（文書規程等にこれに相当する規定を置いている地方公共団体もある。）。

　かつては、国の行政機関から地方公共団体の諸機関に宛てて通達を発することがあったが、地方分権一括法による関係法律の改正によって、機関委任事務が廃止され、法律又は法律に基づく政令によらなければ国（市町村にあっては都道府県を含む。）の関与を受けたり、関与を要することとされることはないことになっている（自治法245条の2）。ここでいう「関与を受ける」とは、助言若しくは勧告、資料の提出の要求、是正の要求、指示又は代執行を受けることを、「関与を要することとされる」とは、同意、許可・認可若しくは承認又は協議を必要とされることを意味する。そして、これら以外の一定の行政目的を実現するためになされる具体的かつ個別的な行為は、その内容に従って、関与を受ける又は関与を要するのいずれかに該当することになる。ところが、自治法は、「関与」については法令に根拠が必要と厳格に制限している（自治法245条の2）一方で、各大臣又は都道府県知事その他の執行機関は、普通地方公共団体に対して、地方公共団体の事務の運営その他の事項について適切と認める技術的な助言又は勧告をすることと、その助言又は勧告をするため若しくは事務の適正な処理に関する情報を提供するため必要な資料の提出を求めることができるとしており（自治法245条の4）、現実

には、この「技術的な助言」が多用されているうえに、「関与」にも「技術的な助言」にも該当しない「要請」も多発されている。地方公共団体としては、これらの「関与」、「技術的な助言」、「要請」等について、その妥当性を十分に見極めて適切に対応することが重要となっている。すなわち、これらに従ったこと自体によって地方公共団体が免責されるわけではなく、「被爆者援護法に基づく健康管理手当の受給権は、当該被爆者が我が国の領域を越えて居住地を移した場合、失権の取扱いとなる」という厚生省（当時）の局長通達に基づいて市が行った同手当失権の取扱いを違法とする判例（最高裁平成19年2月6日判決・判時1964号30頁）もある。

　ところで、地方公共団体の所掌事務は極めて広範かつ多岐にわたり、コンプライアンスの規範を個別・具体的に列挙することは不可能であるが、組織に関する一般的な規範としては、自治法、地教行法、警察法、消防組織法等の法令やそれらに基づく条例等がある。財務に関する一般的なものとしては、自治法や地方財政法及びそれぞれの施行令等のほかに、各地方公共団体における財務規則や、公有財産管理規則等がある。事業についての一般的なものとしては、地方財政法や地方公営企業法及びそれらの施行令があり、それぞれに関する条例等が定められている。

　また、議会の議決を経て定められた予算も規範としての拘束力を有する（自治法210条・211条1項・232条の3・232条の4）。さらに、個別の事務や事業を規律する公法関係の法令のほか、民法、借地借家法、信託法等の私法が適用される行政分野も多いし、民間に委ねた事務について国家賠償法1条1項の責任を負わなければならない場合もある（最高裁平成17年6月24日・判時1904号69頁、最高裁平成19年1月25日判決・判時1957号60頁）等、地方公共団体における特定の事務についてのコンプライアンスの規範が何であるかを確認すること自体が難しい場合も少なくない。

第1部　自治体の内部統制—ガバナンスとコンプライアンス

## 3　法の確定・解釈・適用

### (1) 適用される法の確定

　「適法性」とは、文字どおり法に適っているということであり、具体的には、前項で述べたコンプライアンスの規範に適合していることである。1（6頁）で述べたように、我が国における行政の基本は法治主義であるから、行政に関しては実定法が圧倒的な重要性を有することになる。このことについて、自治法2条16項は「地方公共団体は、法令に違反してその事務を処理してはならない。なお、市町村及び特別区は、当該都道府県の条例に違反してその事務を処理してはならない。」と定めている。また、法に適っているということは、ある行為（不作為をも含む。）が当該事案に適用されるべき法に違反していないだけでなく、その趣旨・目的に適っていることをも意味する。

　この判断をするためには、最初に当該事案について適用されるべき法が何であるかを確定することが必要となる。そのようなことは自明のこととだして処理されることが多いが、契約の締結の場合に、自治法だけを考慮して、双方代理の禁止に関する民法108条が適用されることに気付かなかった結果、市長と市の外郭団体の長が同一人であるにもかかわらず、その名義で契約を行い、それが違法だとされたケース（名古屋地裁平成8年12月25日判決・判時1612号40頁。ただし、その控訴審である名古屋高裁平成11年12月27日判決・民集58巻5号1489頁は、当該契約を承認する議会の議決によってその瑕疵が治癒されたとしている。）もあり、必ずしも、適用されるべき法を見出すことが容易なわけではない。

　また、「公の秩序又は善良の風俗に反しない慣習は、法令の規定により認められたもの又は法令に規定されていない事項に関するものに限り、法律と同一の効力を有する。」（法の適用に関する通則法3条）とされており、実定法以外にも法が存在することがあることに留意する必要がある。行政組織内部における意思決定の方法としての専決や代決はこの

慣習によるものであろう。

## (2) 法の解釈

　適用されるべき法が明らかになったとしても、その解釈が問題となることが少なくない。

　行政関係の法令については、それを所管する官庁又はその関係者による解釈及び運用が示されていることが多く、ほとんどの場合、それによることとなるのが実状である。しかし、このようないわゆる行政解釈が常に正しいとは限らないことは、次の判例にみられるように、経験の教えるところでもある。

○年次有給休暇の性質に関する判例（最高裁昭和48年3月2日判決・判時694号3頁）

○通達に従った土地の評価を違法とした判例（最高裁平成15年6月26日判決・判時1830号29頁）

○通達が示した解釈を違法とした判例（最高裁平成19年2月6日判決・判時1964号30頁）

○政令が法律による委任の範囲を超えているとした判例（最高裁平成21年11月18日判決・判時2065号12頁）

　また、公営企業の会計においては、その事業に関する取引について「正規の簿記の原則」に従って正確な会計帳簿を作成しなければならないとされている（地方公営企業法施行令9条2項）が、ここでいう「正規の簿記の原則」が何であるかは法令で定められているわけではない。これは、企業会計の実務において正当と認められている記帳方法という程度の意味であり、その具体的な内容は会計帳簿を必要とする趣旨から判断されることになり、その内容を一義的に決定することは困難であろう（旧商法32条2項の「公正ナル会計慣行」の解釈が問題となったものとして、最高裁平成20年7月18日判決・判時2019号10頁や最高裁平成21年12月7日判決・判時2072号155頁がある。）。

　すなわち、一つの条文（日本語）が複数の意味を持ち得るのが通常で

第1部　自治体の内部統制―ガバナンスとコンプライアンス

あり、解釈というのは、その複数の意味の中から特定の一つのものを選択するということにほかならない。このため、行政解釈自体も変遷することがあるし、ましてや、行政解釈に拘束されない司法がそれとは異なる別の解釈をすることがあるのは当然のことであり、そのことを踏まえた解釈や運用が必要である。

　また、国と地方公共団体は同じ行政ではあるが、法律によって実現しようとする目的自体に微妙な違いがあることも少なくないため、両者の間に解釈の違いが生じても不思議はない。地方分権が進んで各地方公共団体の個性を活かした行政が展開されるようになり、国による法令に根拠のない関与が排除される時代にもなった。それぞれの地方公共団体は、法令についても上級官庁に依存せず、かつ独善的であるとの非難を受けない解釈を行い、住民福祉の向上に努めなければならない。そして、そのような解釈を前提として、個々の事務や事業の執行がそれに違反していない場合に、それが適法である（不適法ではない）ということになる。

　ちなみに、最高裁平成23年1月20日判決・判時2103号128頁の補足意見において、金築誠志裁判官は、「著作権法21条以下に規定された「複製」、「上演」、「展示」、「頒布」等の行為の主体を判断するに当たっては、もちろん法律の文言の通常の意味からかけ離れた解釈は避けるべきであるが、単に物理的、自然的に観察するだけで足りるものではなく、社会的、経済的側面をも含め総合的に観察すべきものであって、このことは、著作物の利用が社会的、経済的側面を持つ行為であることからすれば、法的判断として当然のことであると思う。」と述べている。まさに社会的、経済的な諸事象を対象とする行政においては、著作権法についてよりもはるかに実質的かつ総合的な考慮が必要になることは見易い道理である。

## (3) 条理による判断

　特定の事件に適用すべき実定法がないときは、条理に違反しないこと

第2章 適法性の判断基準

が適法性の要件となる。「条理」とは、社会通念あるいは常識とも称されるものであり、関連する実体法の解釈から論理によって導き出されることもあれば、特定の実定法とは関係なしに、一般の人（大多数の人）が共通に有する価値基準に基づいてなされる判断を論理的に再構築して説明されることもある。

　国家公務員倫理法制定のきっかけは金融行政を巡るスキャンダルだった。このとき、企業による公務員に対する接待が社会通念の範囲内であるかどうかが問題となったが、ここでいう社会通念とは、特定の集団においてのみ通用する認識ではなく、国民一般が納得して、了解している共通の考え方のことである。その意味での社会通念が何であるかを観念すること自体が容易なことではないが、健全な良識と社会経験を有する人間が自分の全人格の反映としてそれを判断することになろう。

　最高裁は、法律に行政指導であること（それに従うかどうかは相手方の任意に委ねられていることを意味する。）が明記されている医療法30条の7に基づく勧告について、それが病院開設中止の勧告であっても、病床数削減の勧告であっても、その勧告に従わない場合は、病院を開設しても保険医療機関の指定を受けることができなくなるという結果をもたらすことがほぼ確実に予想されるとし、そのことから、いずれも実際上病院の開設自体を断念せざるを得ない効果をもたらすとして、行政事件訴訟法3条2項の「行政庁の処分その他公権力の行使に当たる行為」に当たるとした（前者について最高裁平成17年7月15日判決・判時1905号49頁、後者について最高裁平成17年10月25日判決・判時1920号32頁）。一見論理的に矛盾するとも思われる（相手方が従う義務を負わない行政処分を認める）この解釈を正当化するのは、条理であるというべきであろう。

## (4) 実質的な適法性（裁量の妥当性）

　適法性の判断にあたっては、形式的に法に違反していないというだけではなく、実質的にも法に違反していないことが必要とされる。これは、裁量の妥当性の問題であり、地方公共団体の行政が真に住民の福祉

● 15

第1部　自治体の内部統制―ガバナンスとコンプライアンス

の増進に寄与するためには、コンプライアンスの規範に違反しないだけでなく、これらの規範を適切に利用することが必要であり、最もふさわしいときに、最も適切な規範を適用して問題を解決しなければならないことを意味する。たとえば、薬害、産業廃棄物、公害問題等に如実にみられるように、住民の安全や健康にかかわる環境問題や消費者問題については、適時適切に行政権限を行使するのでなければ被害を防ぐことができないことが経験的に明らかになっている。そして、行政権限を行使すべきにもかかわらず、それを怠ったときには、その怠ったこと自体が違法とされることもある（水俣病についての最高裁平成16年10月15日判決・判時1876号3頁、薬害エイズ事件についての最高裁平成20年3月3日判決・判時2004号158頁参照）。

　地方公共団体の執行機関やその補助機関が守るべき規範を遵守し、適時適切にそれを適用するときは、行政の本来の目的である公共の福祉の増進が図られ、住民に対する説明責任（アカウンタビリティ）も満足されることになり、それが地方自治の本旨を実現することにもつながる。裁量権の行使を適正なものとするためには、次のことをあらかじめ定めておくことが有用である（行政手続法5条、12条及び36条参照）。

○立法趣旨や条理を十分考慮したうえで、許認可等の事務にあっては許認可等をするかどうかの判断基準

○不利益処分に関する事務にあっては不利益処分をするかどうか、及び不利益処分をするとしたときにどの程度の処分とするかについての判断基準

○一定の条件に該当する複数の者に行政指導をしようとするときは、それを行う条件や内容についての基準

　もちろん、このような基準は、その内容自体が妥当でなければならないのは当然のことであり、それが妥当性を欠くときは、それに従った行政が違法性を帯びることになる。

　なお、相手方に不利益を与える行政処分について処分庁が詳細な処分基準を公にしているときは、それが法令や条例等に基づくものでなくて

も、処分庁はその処分基準に拘束されると解されるので注意が必要である（最高裁平成23年6月7日判決・判時2121号38頁参照。この判決の事案では上級行政庁からの通達が問題となっているが、2（7頁）で述べたように、現在は、このような通達が出されることはないはずである。）。

　裁量の妥当性を逆の観点からみたものが、裁量権の逸脱あるいは裁量権の濫用といわれる問題であり、本来は法律に違反しないものであっても、当該行為の目的がその法律の予定するものとは別のものであったり、当該行為の程度がその法律の予定する程度を超えているような場合を意味する。たとえば、次のような判例がある。

○個室付浴場業の開業を阻止することを主たる目的とした知事の児童遊園設置認可処分は、たとえその児童遊園が設置基準に適合しているものであるとしても、行政権の著しい濫用によるものである。よって、当該個室付浴場業の開業を阻止する効力を有しない（最高裁昭和53年5月26日判決・判時889号9頁）

○特定の業者と契約を締結するために随意契約の方法を選択したような場合は、随意契約の方法を選択すること自体は適法であっても、その目的が違法であるから、当該契約そのものが違法となる（福岡地裁平成3年2月21日判決・判時1401号44頁）

○一個の工区ですることが可能な工事を議会の議決を必要としない請負金額とするために三個の工区に分割してそれぞれ別個の請負契約を締結することは違法となる（最高裁平成16年6月1日判決・判時1873号118頁）

　また、条例の制定であっても、それが高層マンションの建築・販売を妨害する意図でなされたものとして違法であるとされた例もある（東京高裁平成17年12月19日判決・判時1927号27頁。最高裁平成20年8月11日上告申立不受理）。

　なお、土地開発公社に対して土地の先行取得を委託する契約が適法に締結されたものであっても、その「契約が著しく合理性を欠きそのためその締結に予算執行の適正確保の見地から看過し得ない瑕疵が存し、か

第1部　自治体の内部統制─ガバナンスとコンプライアンス

つ、客観的にみて当該普通地方公共団体が当該委託契約を解消すること
ができる特殊な事情があるときにも、当該普通地方公共団体の契約締結
権者は、これらの事情を考慮することなく、漫然と違法な委託契約に基
づく義務の履行として買取りのための売買契約を締結してはならないと
いう財務会計法規上の義務を負っていると解すべきであり、契約締結権
者がその義務に違反して買取りのための売買契約を締結すれば、その締
結は違法なものになるというべきである。」という判例（最高裁平成20
年1月18日判決・判時1995号74頁）もある。

　ところで、裁量権を逸脱又は濫用したことにより、その行政が不適法
となるか否かは、それを判断する人が当該裁量権を行使した者と同一の
立場にたって、自分だったらどのようにしたかということと比較してそ
の違いを論ずるのではなく、客観的にみて、当該裁量権を有する者の判
断が社会通念上著しく妥当性を欠いた場合に限って違法とされる（懲戒
処分についての最高裁昭和52年12月20日判決・判時874号23頁参照）。ちな
みに、平成18年以降の最高裁の判例から、地方公共団体における行政
判断について、裁量行為や法令の解釈適用の是非が問題とされた主なも
のとして、次のものを掲げることができる（前記で引用したものを含む。）。

① 元県議会議員の団体に対する補助金（平成18年1月19日・判時
　1925号79頁）
② 行政財産（学校）の目的外使用の拒否（平成18年2月7日・判時
　1936号63頁）
③ 地方公共団体や土地開発公社が取得した土地の価格等の公開（平
　成18年7月13日・判時1945号18頁）
④ 別荘利用者の公の施設である水道の料金を割高に設定すること
　（平成18年7月14日・判時1947号45頁）
⑤ 競争入札の指名業者からの排除（平成18年10月26日・判時1953号
　122頁）
⑥ 交際費の支出を伴う市長の行為と地方公共団体の事務（平成18年
　12月1日・判時1960号10頁）

⑦　行政財産（一般公共海岸区域）の目的外使用の拒否（平成19年12月7日・判時1992号43頁）

⑧　土地開発公社に対する土地の先行取得の委託契約と当該委託契約を履行するための土地の取得契約（平成20年1月18日・判時1995号74頁）

⑨　法人税の減額更正と地方税の還付加算金の算定の起算日（平成20年10月24日・判時2025号22頁）

⑩　二項道路の一括指定の要件（平成20年11月25日・判時2029号20頁）

⑪　債権（談合を理由とする損害賠償請求権）管理（平成21年4月28日・判時2047号113頁）

⑫　土地開発公社に対する土地の先行取得の委託契約と当該委託契約を履行するための土地の取得契約（平成21年12月17日・判時2067号18頁）

⑬　普通財産である土地を神社施設の敷地として町内会に無償譲渡することの要件（平成22年1月20日・判時2070号21頁）

⑭　神社施設の敷地として使用されていた普通財産の町内会への無償譲渡（平成22年1月20日・判時2070号41頁）

⑮　債権（政務調査費の返還請求権）管理（平成22年3月23日・判時2080号24頁）

⑯　土地の任意買収と租税特別措置の適用（平成22年4月20日・裁判所時報1506号5頁）

⑰　非常勤職員に対する給与の種類と条例事項（平成22年9月10日・判時2096号3頁）

⑱　自治会に対する集会所用地の無償譲渡（平成23年1月14日判決・判時2106号33頁）

⑲　建て替え中の住宅用家屋と固定資産税及び都市計画税（平成23年3月25日・判時2112号30頁）

⑳　処分基準が公にされている場合の処分理由提示の程度（平成23年

第1部　自治体の内部統制―ガバナンスとコンプライアンス

6月7日・判時2121号38頁）

㉑　国歌斉唱命令違反による懲戒処分の程度（平成24年1月16日・判時2147号127頁）

㉒　神社敷地として無償貸付けすることの要件（平成24年2月16日・判時2146号49頁）

㉓　債権放棄の議決の要件（平成24年4月20日・判時2168号35頁）

㉔　債権放棄の議決の要件（平成24年4月23日・判時2168号49頁）

㉕　水俣病の認定方法（平成25年4月16日・判時2188号35頁）

㉖　公有地の取得価格についての裁量（最高裁平成28年6月27日判決・判時2314号25頁）

㉗　公有水面埋立の承認の要件（最高裁平成28年12月20日判決・判時2327号9頁）

# 第3章　正当性及び妥当性の判断基準

　地方公共団体におけるコンプライアンスの規範に適合しない行為が違法とされることは、前記第2章2（7頁）のとおりである。その規範をどのように適用したかを問題とするのが、「正当性」と「妥当性」の問題である。すなわち、ここでは、法令、条例、予算及び規則その他の規程並びに訓令や要綱及び個別の職務命令に違反していないという消極的な評価ではなく、これらの規範の趣旨及び目的に適合した解釈、運用、適用がなされたかどうかという積極的な評価が問題とされる（これは、前記第2章3（4）（15頁）で述べた権限の不行使が違法とされる場合とは別個の問題である。）。

　地方公共団体におけるコンプライアンスの規範の中には、単に行政上の手続を定めたにすぎないものもあるが、国民の権利や義務に関するものが多数ある。また、行政上の手続を定めたものであっても、公正妥当な権利の実現や義務の負担あるいは不正の防止、効率的な行政を実現するためのものが少なくない。そして、これらの規範は、行政に対する行動の指針を示すものであるから、その趣旨・目的に沿うように適用されることが必要なことは言うまでもない。さらに、地方公共団体の存在意義は住民の福祉の増進を図ることにあるから（自治法1条の2第1項及び2条14項参照）、実施した又は実施しようとしている施策が住民の福祉の増進に寄与するものであるかについても、常に検証しなければならない。この観点からみるときは、これらの規範に違反せず、違法ではないとしても、そのような運用をすべきではないという場合があり、そのように判断される行政は正当性又は妥当性を欠く、すなわち、不当であるとされる。

　たとえば、公営企業の職員で組織する労働組合との間で、予算に計上

第1部　自治体の内部統制―ガバナンスとコンプライアンス

されている額を上回る期末手当を支給することを内容とする協定（労働協約）を締結した場合に、本来であれば当該協定について議会の承認を得なければならない（地方公営企業労働関係法10条2項）にもかかわらず、予算上の手当ができれば、当該協定自体を議会に付議しなければならない要件（同条1項参照）が解消するとして、当該協定の内容について説明することなく、人件費を増額する予算案についてだけ議決を求めることがあるが、このようなことは、正当性や妥当性が認められず、違法でなくとも不当な行為となる。

　また、特定の業者又は特定のグループに属する業者と契約するために、信頼性を口実にして、指名競争入札や随意契約の方法によって契約したり（自治法施行令167条参照）、不必要に厳しい入札参加資格を定める（自治法施行令167条の4〜167条の5の2参照）という行為も、正当性や妥当性が認められず、違法とはいわれないまでも、不当な行為であると評価されることになる。

　ところで、この正当性及び妥当性の判断については、前述（第2章（6頁））の適法性の判断と比較すると、格段に難しい面がある。その理由は、法の解釈の多様性に加えて、法自体がその執行者に広い裁量権を与えている場合が多いということにある。

　たとえば、保育所は「保育を必要とする」乳児・幼児その他の児童を保育する施設であるとされる（児童福祉法39条）が、何をもって「保育を必要とする」と判断するかは、それぞれの保育についての考え方や親のあり方についての信念によって異なり、様々な解釈があり得ることは容易に推測することができよう。

　また、道路管理者が、道路の通行を禁止したり制限したりする場合においては、「必要があると認めるときは」適当な回り道を道路標識で明示しなければならないとされている（道路法47条の5）が、どのような場合に「必要があると認める」かは基本的に道路管理者の裁量に委ねられている。

　さらに、建築基準法違反の建築物やその敷地について「当該工事の施工の停止を命じ、又は、相当の猶予期限を付けて、当該建築物の除却、

22

移転、改築、増築、修繕、模様替、使用禁止、使用制限その他……違反を是正するために必要な措置をとることを命ずることができる。」（建築基準法9条1項）と定められているように、非常に広範な選択肢から適当な措置を選択すべきこととされている場合もある。さらに、墓地、埋葬等に関する法律10条が「墓地、納骨堂又は火葬場を経営しようとする者は、都道府県知事の許可を受けなければならない。」としているように、何の要件も定めないで、許可の権限だけを定めている例もある。

　なお、住民訴訟でしばしば問題になるものに、自治法232条の2の「公益」の概念がある。訴訟においても、下級審にはその定義をしようと努めているものもあるが（神戸地裁昭和62年9月28日判決・判時1273号38頁等）、最高裁は定義をすることなく、具体的な事案の内容を検討して、個別の事例ごとに公益性の有無を判断している（経営が破綻した第三セクターに対する補助金に公益性を認めた最高裁平成17年11月10日判決・判時1921号36頁等）。これは、このような価値判断を含んだ概念を定義すること自体が難しいということだけでなく、定義をすることによって運用が硬直化することを避け、その時々の社会的、経済的状況を十分に踏まえて法律上の概念としての「公益」とは何かを判断する必要があることを示すものである。そして、このような広範な裁量権が与えられている場合における適法性の判断とその判断が正当であり、妥当であるかという判断の区分けは難しく、両者が混同されることも少なくない。しかし、あくまでも適法性というのは法令や条例等の解釈の問題であり、正当性及び妥当性は価値判断の問題であり、両者は区別されなければならない。

　このように、法令そのものが価値判断を含む要件を定めている場合にあっては、許された裁量の範囲内にあっても、正当性や妥当性については微妙な判断を要求される場合が多い。この場合に、その判断の基本となるのは、そこで適用されるべき規範の趣旨や目的であり、考慮されるべき利益の内容や性質である。これらのことを明確にしたうえで、当該規範がその一部である法体系の中で、具体的な行為（不作為を含む。）が

第1部　自治体の内部統制—ガバナンスとコンプライアンス

その趣旨や目的の実現に寄与するものであるか否かという観点から判断
すべきことになる。その際の具体的な考慮要素としては、

① 行政による当該判断や行為を行うことの必然性と理由

② それが住民全体及び当該地方公共団体にとってどのような影響
（将来の行政運営及び財政負担を含む。）をもつか

③ それが対象となった特定の個人や企業又は集団にどのような影響
を与えるか

④ 当該判断や行為がなされなかったとした場合に想定される弊害と
その程度

⑤ 一般住民が当該判断や行為がなされたことを納得するかどうか

等を挙げることができよう。

また、地方公共団体の存立そのものが住民の信頼に基づくものである
ことを考えれば、当該行政について、議会や住民にどこまで説明してい
るか（アカウンタビリティの充足度）、あるいは公開すべき情報が公開さ
れているか（公開される体制になっているか）ということも、正当性や妥
当性を判断する資料となり得るであろう。

# 第4章 有効性、効率性及び経済性の判断基準

## 1 地方公共団体の事務の性質

### (1) 伝統的な事務の分類

行政が処理すべき事務は、その性質によって3つに分けることができる。

まず第一は、当該事務による受益者及びその受益の程度を具体的に判定することができず、かつ、特定の者がその利益を得ることによって他の者の受益に影響しないものである。国防、外交、治安の維持、司法（特に刑事事件）等がこれに該当する。これらの事務については、受益者を特定できない（敢えて言えば、国民全体が受益者である。）ので、それに必要な経費を受益者負担によって賄うことができない（税で賄うしかない）ことになる。そして、受益者負担があり得ないということは、民間企業にこれを行わせることが不可能であるということを意味する。このような国や地方公共団体以外の者が提供することができないサービスを「公共財」ということができる。

その第二は、公共財に準ずる性質のものであり、「準公共財」と称することができる。これに該当する具体的なものとしては、国土の保全、災害復旧、道路の整備等がある。これは、大震災や豪雨等の自然災害による被害の復旧・復興事業のように、受益者と受益の程度を特定することがある程度可能であり、予算や資源に制約があることから、特定の者が多く受益することによって他の者の受益が制限されることがあるのが特徴である。準公共財については、有料道路のように受益者負担で整備されたり、公共事業について地元負担を求めることもあるが、完全に受

● 25

第1部　自治体の内部統制―ガバナンスとコンプライアンス

益者とその程度を把握することができないものが多いこと等から、その
ほとんどが国や地方公共団体の負担（税による負担）によって提供され
ているのが実状である。そして、日本では準公共財であることが自明の
ように理解されている救急医療や消防活動についても、国によっては、
対価の支払いを必要とする（民間が提供する）サービスもあるように、
どの範囲までを公共部門が責任を持つべきかについては、議論の存する
ところである。

　その第三は、公共財にも準公共財にも該当しない各種の行政サービス
である。これには、教育、社会福祉、通信、産業振興など様々なものが
あり、これらを一括して「準民間財」と称することができる。これら
は、基本的には受益者と受益の程度の特定が可能であり、その意味で、
受益者負担による採算の維持が可能である。現実にも、私立の学校や民
間の病院等において、公立のもの以上に高い評価を得ているものがある
ことは周知の事実である。これらについては、必ずしも公共部門が責任
を持たなければ実施できないということではないが、福祉国家思想の成
立以降、公共部門の比重が高くなってきており、財政負担の軽減の必要
性や公共部門の非効率性を強調する立場からは、それに対する反省の必
要も主張されている。その一方で、さらなる公共サービスの増強を求め
る声も多い。世界的に公共部門の歳入不足が顕著になるなかにあって、
この考え方の違いは、大きな政府を指向するのか小さな政府を目指すの
かという政治的主張の違いとなって表れている。

　これらの3種類の事務に共通する問題は、現実にいかなる事務事業を
実施するかは、政治的な判断によって決められるということである。そ
の結果、そこでの最大の考慮要素は、国民（住民）が何を望んでいるか
ということであり、個々の政治家が何を重要だと考えるかということに
なる。

　これは、古典的な財政学における「財政は、出るを計って入るを制
し、家計は、入るを計って出るを制す」という説明によく表れている。
すなわち国家（行政）においては、いかなる事務事業（政策）を実施す

26

るかを（政治的判断で）決めたうえで、それに必要な財源を租税として賦課すればよいが、家計においては、収入の範囲内で支出を賄わなければならないということである。現実には、国家における税源（国民の担税力）にも限りがあることから、無制限に徴税することはできないが、強権的に徴収することができる財源があるという点において、国家と家計は根本的に異なっているということに間違いはない。

　一方、「代表のないところに課税なし」という格言があるように、近代国家においては、租税は法律によられなければならないとされており（憲法84条）、選挙によって選ばれる議員が増税のための法律を成立させることが容易ではなくなっているのが現実である。この結果、財政においても、「入るを計って、出るを制す」という面が濃厚になってきている。しかしそうであっても、租税が国家機関である立法府によって一方的に決められることには変わりがない。また、増税には反発を示す選挙民も、自分に直接のメリットのある政策の実現のための歳出増には寛大であり、直接の負担感を覚えない国債（公債）の発行に対する拒否感は少なく、その結果として、財政赤字を積み重ねながら歳出の増加を続けるという傾向にある国や地方公共団体も少なくない。

## (2) 新しい公共

　近年、「新しい公共」ということが唱えられ、地方公共団体によっては積極的にその考え方を取り入れようとしているところも見られる。官民共同参画社会ともいわれるようであるが、正確な定義は必ずしも明らかではない。

　小売店や宅配業者が商品や荷物の配達の際に、配達先の高齢者の安否を確認するサービスを提供し、NPO法人が学生と高齢者の交流の橋渡しをする等のことが行われるようになっている。このような行政による画一的なサービスでは対応しきれない分野における民間（市民）の活動を国や地方公共団体がサポートすることによって、その活動根拠及び財政的基盤を確かなものにすべきであるというのが一つの考え方であり、

第1部　自治体の内部統制―ガバナンスとコンプライアンス

　国や地方公共団体が提供してきた、あるいは提供すべきサービスの一部を民間に委ねることによって、財政的にも、人的にも公共部門が身軽になるべきであるというのがもう一つの考え方のようである。後者は、小さな政府で高福祉を実現するために、行政に企業経営の考え方を導入する新公共経営（New Public Management：NPM）という考え方であり、イギリスにおいて2010年（平成22年）に政権を獲得した自由民主党の政策でもあった。

　日本の国政においては、2010年（平成22年）1月25日に「「新しい公共」円卓会議について」という内閣総理大臣決定（内閣府の長としての内閣総理大臣の決定である。）がなされ、同年6月18日に閣議決定された新成長戦略においても「新しい公共」という言葉が使われている。後者には、「「新しい公共」の考え方の下、全ての国民に「居場所」と「出番」が確保され、市民や企業、NPO等様々な主体が「公（おおやけ）」に参画する社会を再構築することは重要な課題である。」「官だけでなく、市民、NPO、企業等が積極的に公共的な財・サービスの提供主体となり、教育や子育て、まちづくり、介護や福祉等の身近な分野において、共助の精神で活動する「新しい公共」を支援する」「「新しい公共」すなわち、従来の行政機関ではなく、地域の住民が、教育や子育て、まちづくり、防犯・防災、医療・福祉、消費者保護等に共助の精神で参加する公共的な活動を、応援する。」と記載されているが、その概念は曖昧である。これよりも前には、民間活力の活用とか官から民へというスローガンが唱えられ、一部の学者から「新しい公共空間」が提唱されていたが、これは、行政改革との関係におけるものであり、イギリスにおけるNPMを意識していたもののようである。

　ともあれ、表現はともかくとして、現実に、従来公共部門が担っていた分野へ民間企業の参入が認められるようになってきたが、公共部門の関わり方と民間企業との責任分担が不明確なままに制度設計がなされたことによる混乱も生じている。

　たとえば、1998年（平成10年）6月の建築基準法改正によって、

28

第4章　有効性、効率性及び経済性の判断基準

1999年（平成11年）5月1日から、建築主事に代わって、国土交通大臣又は都道府県知事から指定を受けた者（「指定確認検査機関」と称される。）が建築確認を行うことができるようになっているところ、最高裁は、指定確認検査機関が違法な確認をした場合、当該確認に係る建築物について確認する権限を有する建築主事が置かれた地方公共団体が損害賠償義務を負うと判示した（平成17年6月24日判決・判時1904号69頁）。この判断が、制度設計者である国が意図していたものであるかどうかは不明であるが、少なくとも責任を負うべきだとされた地方公共団体にとっては、全くの不意打ちであったものと思われる。

　また、都道府県による児童福祉法27条1項3号の措置に基づき社会福祉法人の設置運営する児童養護施設に入所した児童を養育監護する施設の職員等は、都道府県の公権力の行使に当たる公務員に該当し、当該施設の設置者は民法715条に基づく損害賠償責任を負わないという判例（最高裁平成19年1月25日判決・判時1957号60頁）もあり、これらの司法判断を踏まえた制度の運用が必要となっている。

　ところで、民間資本や民間のノウハウを活用し、効率化や公共サービスの向上を図るものとして「官民連携」（Public Private Partnership：PPP）の手法がある。これは、①資源（公共施設、資金、サービスの提供等）の国及び地方公共団体（「公共部門」という。）と民間との分担、②公共部門と民間との契約による合意及び③公共部門と民間とのリスクや収益分担の規定を意味すると考えられているが、明確な定義があるわけではない。現行の制度でこの中核をなすのは公共施設に関するPFI（第2部第8章2（242頁））と公共サービス改革法に基づく民間委託（第2部第7章1(2) ①（220頁））であるが、これらの制度は、公共部門による民間の利用という意味合いが強く、NPMとは別のものと考えるのが適当であろう。

29

第1部　自治体の内部統制—ガバナンスとコンプライアンス

## 2　有効性、効率性及び経済性と投資効率及び収益性の関係

### (1) 政策の決定とその実施

　行政は民間に比べて無駄が多いという評価が一般的であり、行政にも、有効性、効率性及び経済性がなければならないといわれる。しかし、このことを論ずるに際しては、事務事業の採択（政策決定）自体は、経済的な観点からではなく（当該事務事業に要する経費は特定の施策と対価関係のない租税によって賄われるのが原則である。）、政治的判断によってなされるという行政の特徴を十分に理解しなければならない。

　すなわち、政策決定の際に考慮される主要な要素は、経済的な観点からの有効性、効率性及び経済性ではなく、国民（住民）が何を欲しているか、国民（住民）の福祉を増進するために何が必要か、何をなすべきか（場合によっては国民多数の要求と一致しないこともあり得る。）ということであり、これは政策決定者の価値判断そのものである。もちろん、この価値判断においても、経済的な観点からの考慮がなされることがあるのは当然のことであるが、それは民間における収益性の考慮とは全く別次元の問題であり、採択すべき政策を実行するために必要であれば、そのために要する経費は、税（場合によっては多数の国民の意思に反しても強制的に徴収することができる。）によって賄うことが可能なのである。

　これに対して、政治的価値判断によって採択された事業の実施に際しては、政治的な考慮をする必要がなく（すべきではなく）、政治的価値判断から離れた経済的な観点が重視される（重視されなければならない）。言いかえると、政治的判断においては、一見すると対立するかのようにみえる課題、たとえば、経済発展と環境保護、高齢者の福祉と少子化対策等について、どちらを優先させるのかの最終決定は個々人の価値観に従うしかない（最終的には議会における多数決で決定することになる。）。一方、その実施においては、そのようにして採択された政策をいかにして

第4章　有効性、効率性及び経済性の判断基準

実現するかが問題であり、そこでは、価値観よりも理論的な合理性が重視されるべきなのである。しかし、時として、この判断が混同され、当該施策を実現する方法から施策が決定され、政治的な配慮によって実行方法が左右されることがあることに注意が必要である。

## (2) 民間部門と公共部門の違い

　民間部門においては、その事業のために任意に資金を提供する者（投資家）が存在することが大前提であり、それが存在するためには、その投資によって立ち上げられた事業（企業や組織）が継続的に存続し、投資家に利益を還元できることが小前提となる（個人が事業を経営する場合においても、前記の「投資家」を「個人」とそのまま読み替えることができる。）。そして、この小前提が成立するためには、その事業を継続するために必要な経費を当該事業からあがる収入で賄うことができなければならない。また、投資家はその投資に対する対価（配当：利益の還元）を求めるのが普通であり、その原資も当該事業によって生み出すことが必要である。

　したがって、民間の事業においては、少なくとも一定期間経過後には、収入が経費を上回ること（収益を生み出すこと＝収益性があること）が絶対条件であり、投資や資産に対する収益の割合、すなわち投資効率あるいは収益率という評価基準を設定することができる。そして、この投資効率あるいは収益率が投資家にとって満足できる水準であれば、当該事業を行うための資金が提供され、その見込みがなければ、資金の提供が見送られることになる。すなわち、この場合は、収益性という絶対的な基準があるので、当該事業によって得られる収入とそれに要する費用を比較することによって、事業の採否を決することができる。有効性、効率性及び経済性とは、投資効率と収益率を最大にするための分析の道具であり、その観点から全てが考察されることになる。すなわち、民間部門においては、事業を実行するための資金は任意に提供されなければならず、その事業を継続するためには自ら必要な資金を生み出さな

31

第1部　自治体の内部統制―ガバナンスとコンプライアンス

ければならないという制約が内在する。その意味において、個々人の行動は経済合理性による制約を受けるのである。

　これに対して、公共部門においては、必要な費用は最終的に税によって賄われることが原則である（地方独立行政法人法105条参照）ことから、政策の立案においては投資効率や収益性を基準とする必要はないし、そうすべきでもない（強制的に徴収された財源の配分における優先順位の問題である）と考えられている。ことに公共財については、本来の意味では、当該投資による経済的な利益という概念自体が存在せず、準公共財についても、当該投資による当該地方公共団体の収益の増大という意味での投資効果は存在しないし、準民間財であっても、投資に対する利益という観念は入れがたいであろう（収益が見込まれるのであれば、公共部門が乗り出すまでもなく、民間部門が参入しているはずだという考え方もある。）。また、これらの投資は、人命や財産の安全を確保し、生活や生産の基盤を保証するためのものであり、具体的な経済的利益をあげることを直接の目的としているものではない（配当を期待しての任意の投資の対象とはならない。）ことから、投資効率や収益率を云々することもできないし、すべきでもないと理解されている。

　もっとも、これに対しては、公共事業においては、投資と効果（便益）を比較して、効果が投資を上回る必要があるとする考え方がある。しかし、ここでの問題は、何をもって効果とするかという判断が難しいことにある。たとえば、道路の建設で考えると、それによって移動や輸送時間が短縮され、交通事故が減少するという道路特有の効果のほかに、その建設の過程において資材が購入され、人件費が支払われ、消耗品が費消されることによって経済が活性化するという効果も期待される。その一方で、排出ガスや騒音の増加というマイナス効果も生じるので、これらの効果をどのように評価するか自体について様々な意見があり得るのである。

　また、公共財であれ、準公共財であれ、準民間財であれ、そのための財政支出が景気刺激効果を有するという意味での投資効果はあり得る

32

が、それは、当該支出を必要とする本来の理由とは別のことである。なお、災害の予防のための投資と災害復旧のための投資のどちらが高くつくかを問題にし、どちらの方が投資効率がいいのか、投資効果があるのかという議論がなされることがあるが、それは、ここでの投資と効果の関係とは別の次元の問題である（政治的価値判断に基づいて決定されるべきものである。）。

ただ、地方公共団体の事業であっても、公営企業としてなされているものは、特定の経費を除けば、当該事業の実施に要する経費の全てをその事業から得られる収入で賄うものであるから（地方公営企業法17条の2参照）、基本的には民間企業と同じ発想であり、その事業そのものの収益性を確保できなければ、それを廃止するしかない。公営企業の経営主体が地方公共団体であり、地方公共団体には税収という絶対的な収入源があることから、公営企業には倒産（破産）という事態が生ずることは想定されていないが、それ故にこそ、それが倒産状態に陥ったときは、一般会計、すなわち通常の行政サービス（公共財や準公共財）を支える財政基盤に重大な影響を及ぼす危険が高い（地方財政法33条の5の7第1項1号参照）。その意味で、公営企業については、常に、正確な経営状態を把握し、経営の効率化、収益構造の改善に努める必要があるといえよう。もっとも、地方公営企業法3条は「地方公営企業法は、常に企業の経済性を発揮するとともに、その本来の目的である公共の福祉を増進するように運営されなければならない。」としており、企業でありながら増進しなければならない公共の福祉とは何かを考えなければならないこととなっている。

なお、地方公共団体が直接実施する場合の予算や契約、公務員制度等の面における制約を免れることによって効果的、効率的な事業執行が可能になるとして、法律によって特別の事業主体が設置され、地方公共団体が主導又は示唆して特定の事業を行うための会社、一般社団法人又は公益社団法人、一般財団法人又は公益財団法人等が設立されることがある（第2部第8章1（1）（233頁）参照）。前者の代表的なものとして、土

33

第1部　自治体の内部統制─ガバナンスとコンプライアンス

地開発公社、住宅供給公社、道路公社のいわゆる地方三公社があり、後者については枚挙に暇がない。これらは、地方自治制度における各種の規制を免れ、自由に資金を調達し、長期的視点にたった活動ができるところにメリットが認められる。しかし、本来であれば当該組織の存続に必要な収入を確保できなければ消滅するという経済の基本原則とは逆に、満足に収入を確保できないにもかかわらず、事実上又は法律上、地方公共団体がその債務を保証し、損失を補償すること（これが可能であることについて最高裁平成23年10月27日判決・判時2133号3頁参照）によって、債務を増加させながら、組織が維持されるということが珍しくない。このような現象は、その設立を主導した地方公共団体の関係者が、当該組織が果たすべき住民の福祉の増進とは何か、その目的を実現するために当該組織が適切であるかについて、十分な検討を怠っていたことに起因するものと言わざるを得ない。このような組織を利用した事業の推進は、それが自立自営できなくなっても、存続できることに意義があるかのように認識されている場合があるが、本来は、それが自立自営できなければ、自動的に廃止せざるを得なくなることに最大のメリットがあるのである。

## 3　行政における有効性、効率性及び経済性（3E）

### (1) 行政における有効性、効率性及び経済性の意味

　前記2(2)(31頁) で述べたように、行政においては民間における収益性のような絶対的な判断基準は存しない。それだけに、当該施策や事業の有効性、効率性及び経済性（それぞれの英語表記（Effectiveness, Efficiency, Economy）の頭文字をとって3Eと称されることがある。）について、十分に検討し、検証することが求められる。

　ここでいう「有効性」とは、特定の政策が住民の福祉の増進に寄与するか、それを達成するために選択された施策がその目的を達成するため

34

第4章　有効性、効率性及び経済性の判断基準

にふさわしいものであるか（その施策によってその目的がどの程度達成されているか）ということであり、「効率性」とは、当該施策の実施において、限られた資源である人、物（システム）及び資金等の組合せが適切になされているか（資源配分の無駄がない（経済学でいうパレート最適）か、ボトルネックが発生していないか、遊休資源がないかということであり、当該施策よりも成果を上げることができる代替策がないかということでもある。）ということである。「経済性」とは、当該施策の実行に要するコストがどれだけ低く抑えられているか（より経費のかからない方法はないか）ということである。

　たとえば、少子化対策として保育園（児童福祉法上の「保育所」）を増設するという施策がとられている場合において、有効性は、保育園の増設によって、待機児童が減少しているか（解消したか）、少子化に歯止めがかかっているか、出生率の増加に寄与しているか等ということである。その効率性は、保育士の数、保育園の数（通園区域の設定、一園当たりの園児の数等）、保育園で提供する保育サービス（安全の確保、給食の有無とメニュー、智力向上、体力向上、社会性を身につけること等）、費消できる資金の額（公費と私費の関係を含む。）等のバランスがとれているか（保育士の数や質が提供する保育サービスに見合っているか、施設の規模が園児の数に見合ったものとなっているか等）、さらには、保育所の基準に達しない託児施設（認可外保育所を含む。）の充実、居宅における児童の養育の推奨（手当の支給等）、育児休業の普及等の他の施策と比較してより効果があるか（少子化対策として保育園の増設よりも効果的な施策がないのか）ということであり、その経済性は、保育園の建物の建設費・維持費、人件費、給食用の食材費、機械器具・保育用具（教材）の調達経費等に無駄がないか（より低価格にすることができないか）ということである。

　また、廃棄物の処理について考えてみると、廃棄物処理法は、法の目的として「廃棄物の排出を抑制し、及び廃棄物の適正な分別、保管、収集、運搬、再生、処分等の処理をし、並びに生活環境を清潔にすること

● 35

第1部　自治体の内部統制―ガバナンスとコンプライアンス

により、生活環境の保全及び公衆衛生の向上を図ること」を掲げている（廃棄物処理法1条）ので、その直接の目的は、廃棄物の排出を抑制し、それを適正に処理することであり、最終的な目的が生活環境の保全と公衆衛生の向上を図ることにあることが分かる。そうすると、ここでの有効性は、法律が定めている収集・処理のシステムが廃棄物の排出の抑制と適正な処理に役立っているかということであり、効率性とは、廃棄物の分別、ゴミ置場へのゴミ出し、ゴミ置場の整備、ゴミ置場からの収集、ゴミ集積（処理）場の整備、そこへの運搬、焼却施設の設置・運転、埋め立て場の整備、リサイクルのシステム等が適切に組み合わされて、想定どおりの機能を発揮しているか、他の方法（たとえば、排出者による自己処理や有料制等）と比較して現行の仕組みが優れているのかということである。経済性とは、それぞれの段階における経費が最小限に抑えられているかということである。

　個々の事務や事業の目的は、その根拠となる法令や条例等に明示されていたり、予算の審議の過程において明らかにされているのが通例である。したがって、個々人の考えはともあれ、行政の担当者にとっては、政治的判断によって定められた法令、条例等、予算等に示されている目的が、当該事務や事業によって実現すべき住民の福祉の内容であり、それが効果的に達成されているかどうかが有効性の問題であり、それに要する経費を最小限にすることが経済性の問題となる。そして、その目的を達成するための手段として、当該事務や事業自体が適当であり、それを実施する方法が正しく、またそのタイミングがふさわしければ、最少の経費で予期した結果を実現できるはずである。その意味で、事務や事業を遂行する過程において常にこれらに気を配るとともに、実績をチェックし、期待していた結果が生じたかどうかを確認することが極めて重要である。

　ただ、経済性が、基本的には数字で比較検討できることに対して、効率性は、数字のみで判断することが難しいことが多く、特に他の施策との比較を実際に行うことは不可能に近いという問題がある。また、有効

36

第4章 有効性、効率性及び経済性の判断基準

性は、当該事務又は事業が住民の福祉にどの程度貢献したかということであり、単なる数字だけで検証することが困難な場合が多く、最終的には政治的な評価（選挙による有権者の判断）に委ねざるを得ないこともある。

行政の有効性、効率性及び経済性に関しては、「地方公共団体は、その事務を処理するに当っては、住民の福祉の増進に努めるとともに、最少の経費で最大の効果を挙げるようにしなければならない。」（自治法2条14項）及び「地方公共団体の経費は、その目的を達成するための必要且つ最少の限度をこえて、これを支出してはならない。」（地方財政法4条1項）という規定がある。この解釈について、次のように述べている判決がある（名古屋地裁平成16年1月29日判決・判タ1246号150頁）。

「地自法2条14項は、「地方公共団体は、その事務を処理するに当っては、住民の福祉の増進に努めるとともに、最少の経費で最大の効果を挙げるようにしなければならない。」と規定するところ、地自法は、「地方公共団体における民主的にして能率的な行政の確保を図るとともに、地方公共団体の健全な発達を保障することを目的とする」ものであり（同法1条）、「地方公共団体は、住民の福祉の増進を図ることを基本として、地域における行政を自主的かつ総合的に実施する役割を広く担う」ものである（同法1条の2第1項）から、地方公共団体は、その財政面における能率性という意味での費用対効果を常に意識しながら住民の福祉の増進等の目的の達成を図らなければならないとしても、会社等の私企業とは異なり、専ら費用の節減と収入の増加のみを目標とすべきものではないこともまた明らかであり、財政上の収入の増加には必ずしもつながらない費用の投下であっても、広く地方公共団体の健全な発達又は住民の福祉の増進に寄与するものであれば、同法2条14項にいう「効果を挙げ」たと評価し得るというべきである。そして、同項の趣旨は、地方公共団体に対して、この意味における「効果」が同一であると見込まれる事業方式が複数ある場合には経費が最少となる方式を、同じ経費を投下する場合にはより多くの「効果」を挙げることが期待できる方式を選択すべきことを要求する

37

ことにあると解される。また、経費額と「効果」の両方が異なる複数の事業方式が存在するときは、経費の増差に対応する「効果」の増差を考慮して、同項の趣旨を没却するような不当な選択を行った場合には違法性を帯びるというべきであるが、上記のとおり、「効果」が必ずしも金銭に還元することのできない様々な価値を含むものである以上、いわば一つの尺度で経費と効果のそれぞれの増差を比較することは困難を伴うものであって、一般的には、そのような判断については、専門的、技術的な観点から行政に広範な裁量が付与されていることは否定できないから、この裁量権を逸脱ないし濫用したものと評価できる特段の事情が存する場合に限り、当該行政庁の判断が違法となると解すべきである。」

## (2) 行政における有効性の判断

### ① 政策決定における有効性の判断

　政策の決定自体は完全に価値判断（政治的判断）の問題である。もちろん、それが住民の福祉の増進を目的としなければならないことは当然であるが（自治法2条14項及び地方公営企業法3条参照）、何が住民の福祉の増進に寄与し、何がそれを阻害するのかについての客観的な判断は極めて難しい。たとえば、原子力発電に関しては、エネルギーの確保という観点からは、それを推進することが住民の福祉の増進に寄与するということができるが、事故が起きたときの被害の大きさを考えると、それを廃止することが住民の福祉の増進のために必要だということになるであろう。また、一口に住民といっても、その意味は、その言葉を使用する人によって異なる。すなわち、当該地方公共団体に住み、そこで働いている者だけが住民ではなく、通勤通学先は別の地方公共団体だという者も住民であり、さらに、それぞれに老若男女の別もある。また、当該地方公共団体に住み、そこで働いているといっても、自営業者もいれば雇用主、被雇用者（この中にも正規、非正規の別がある。）もいるし、従事する仕事も、農林水産業等の一次産業、製造業等の二次産業、サー

第4章　有効性、効率性及び経済性の判断基準

ビス業等の三次産業と様々である。このような者の全てが住民という一言で表現され（最高裁平成18年7月14日判決・判時1947号45頁参照）、それぞれの論者が「住民の福祉の増進のために」という主張をするのであるから、その意味するところが多岐にわたることは当然のことである。

　全ての事務事業は特定の目的を実現するために遂行されるものであり、その目的にどの程度貢献したかということが行政における有効性ということでもあるが、それを数値化することは極めて難しい。その原因の第一は、住民の福祉という言葉自体が極めて抽象的であり、それにどのような意味をもたせるかについての考え方は非常に幅があって、自分にとって都合の良いことは住民の福祉に適合し、都合の悪いことは住民の福祉に反するという考え方であっても、それを一概に否定することができないことにある。このことは、廃棄物の収集場所や処理場の設置を巡っての総論賛成、各論反対の議論をみれば、容易に理解できるであろう。その第二は、住民の福祉の意味についての合意が成立したとしても、それを数値化することができず、最終的には、その重要性や必要性は個人こじんの感覚に依拠して判断せざるを得ないことにある。この個人こじんの感覚に依存した判断をまとめるのが政治であり、本稿でいう政治的判断である。

　特に公共財及び準公共財の提供以外の行政サービス（準民間財）については、それが福祉国家という理念に基づいて提供されるものが中心であり、所得の再配分という機能をも担うものであることから、いかなるサービスを提供するか、そのサービスについて受益者の負担を求めるか否か、求めるとしたらどの程度の負担とするかは、住民の代表者たる議会（国会）の判断に委ねざるを得ない。当該サービスを他の行政需要と比較して、どちらが重要であり、効果があるのかの判断は、それぞれの者の価値観によって異なることを認めなければならず、その場合の最終判断は住民の代表者（合議体としての議会）が行う以外にない。その前提としては、個別の行政サービスに要する経費とその内容及びそれを賄うための財源（税と受益者負担の内訳等）を明らかにしなければならず、

● 39

第1部　自治体の内部統制―ガバナンスとコンプライアンス

ここでは、情報公開や説明責任（アカウンタビリティ）を果たすことが極めて重要な意味を有することとなる。

しばしば議論の対象となるものに、義務教育学校における給食費の保護者負担の引き上げの問題がある。一食当たりの原材料費、人件費、水道光熱費等の明細、それを賄う補助金、一般会計の負担額及び保護者負担額、給食の内容（質）を明らかにし、さらに他の経費に充てられている一般財源の額、政策的経費に充当できる財源等を説明しなければ、住民やその代表である議会が合理的な判断をすることができないことは容易に理解できるであろう。

いずれにせよ、国や地方公共団体の役割についての価値判断を前提とした行政サービスの選択と財源配分の結果については、経済的な観点からのみで評価することは、適当ではないし、できることでもない。

## ② 事業遂行における有効性の判断

政策の決定自体は政治的判断に委ねざるを得ないことは前記①（38頁）で述べたが、そのことは、決定された政策を実現するための事業の遂行過程について、客観的な有効性の判断ができないことを意味しない。

すなわち、特定の事業の遂行は、ヒト（人）、物及びカネ（資金）を利用してなされるので、これらのものの利用が効果的になされているかどうかは客観的に判断することができるはずである。具体的には、配置された職員が十分に能力を発揮しているかどうか（遊んでいる人員がないかどうか）、当該事務を行うために用意された施設が十分に活用されているかどうか、購入した備品の中に長期間使用されていないものがないかどうか、配分された予算が必要な時期に必要な使途に支出されているかどうか等がここでの評価の基準であり、これらは、客観的に判断できるし、しなければならない。

たとえば、公の施設であれば、その有効性は、利用者の数、利用の形態、利用者の満足度等の客観的なデータに基づいて判断することが可能

40

である。また、第三セクターによる事業の場合であれば、そこで実施している事業が誰（どのような状態にある住民）に便益を与えているのか、その便益はどの程度なのか、地方公共団体が交付した資金が何のために費消されているのか等を具体的に検証することによって、当初想定した目的が達成されているかどうかを判断することは困難ではないであろう。さらに、補助金の交付であれば、それが交付される前後の状況を比較し、成果を検証することによって、その目的が達成されているかどうかを確認することができるように思われる。

## (3) 行政における効率性の判断

### ① 予算編成における資源の最適配分（パレート最適）

　効率性の第一は、資源の最適配分（パレート最適）である。これを抽象的にいえば、誰かの満足（効用）を損なうことなしに、資源の配分を変更することができない状態のことであり、言いかえれば、資源が完全に利用されており、外に振り向ける余裕がない状態のことである。

　たとえば、一つの原料甲からＡとＢという２種類の製品が製造できる場合において、Ａの製造には２単位の甲が、Ｂの製造には４単位の甲が必要で、甲の在庫が10単位だとすると、甲の在庫を全て使うためのＡとＢの組合せは、Ａ５－Ｂ０、Ａ３－Ｂ１、Ａ１－Ｂ２の３種類であり、これ以外の組合せでは、甲の在庫に無駄が生ずることになる。ただ、Ａには需要がなく、Ｂだけに商品価値がある場合は、Ｂを２単位製造して、原材料である甲の２単位は余らせる（Ａを製造しない）ことになる。前者がパレート最適の状態である（３つのケースがある。）のに対して、後者はそうではないということになる。しかし、だからといって、後者が不合理であるということにはならない。すなわち、パレート最適であることは、必ずしもその選択が最善であることを意味するわけではない。

　ところで、公会計（行政）における資源は、全てを金銭に換算して考えることができるので、その行政目的（事業）ごとの配分方法は無限に

41

第1部　自治体の内部統制―ガバナンスとコンプライアンス

存在する。すなわち、財源が一定である（入るを計って、出るを制す）としても、それは無限に分割可能であり、事業ごとの配分割合は自由に決めることができる。ただ、このことは全く新規に予算を編成する場合のことであり、現実には、前年度以前からの予算実績があるので、財源が増えない限り、誰かの満足（効用）を損なうことなしに、資源（予算）の配分を変更することができないことになる。鳴り物入りで予算の見直しが行われても、結局全部門一律削減となることが多いのは、この「誰かの満足（効用）を損なうこと」がいかに困難であるかを示している。また、行政に対する需要を作り出すことは極めて容易なので（単に補助金の交付を要求することも可能である。）、前記のように、原材料（財源）を余らせるという判断をする余地がないことになる。その意味で、予算編成においては、常にパレート最適が実現されていることになる。そして、次年度においてもこのパレート最適の状態を維持する（既得権を侵害されない）ためには、予算は、その全額を消化しなければならないこととなり（予算の未消化が発生することは誰かの満足を害することでもある。）、それを節約するというインセンティブは生じないことになる。

　したがって、このような状態を解消するためには、予算の編成においては前年度の実績を考慮しないという制度（いわゆるゼロベース予算）にすることが必要であるが、現状を変更されたくないという心理状態（これを「社会的（心理的）な慣性」ということもできる。）は極めて大きく、これに成功したという事例は聞いたことがない。これは、予算においては、基本的にパレート最適が実現されているということの裏返しの状況であり、誰かの満足（効用）を損なうことがあってもやむを得ないという強い政治的意志によってのみ打開できることであろう。

## ② 事業遂行における資源の最適配分（パレート最適）

　予算の消化という問題とは別に、事業遂行独自の問題もある。

　たとえば、病院事業の場合であれば、疾病別の患者数、診療科目数、医師の数、看護師の数、薬剤師の数、レントゲン等の技師の数、ベッド

数、事務職員の数等が最適に配分されていなければ、診療を受けられない患者、空きベッドや過労に陥る職員が発生し、医療ミスが生じる可能性が高くなる等の問題が起きることは容易に予測できる。この場合の病院業務がスムーズに行われない原因が、これらの中の「あるもの」が不足していることにある（それがボトルネックとなっている）のであれば、余裕のあるものを縮小して（これが「誰かの満足（効用）を損なうこと」はあり得る。)、不足しているものを補充することによって問題は解決される。それが、事業遂行における資源（予算）の最適配分の問題である。

　自然災害により家屋が全半壊する等して生活基盤に著しい被害を受けた者に、都道府県が拠出した基金によって支援金を交付する被災者生活再建支援制度がある（被災者生活再建支援法参照）。しかし、2011年（平成23年）3月の東日本大震災に際しては、その被害の程度が著しいことから基金だけに頼ることができないとして、国が補正予算で約1,000億円を措置したものの、7月初旬までに交付された支援金は400億円に満たなかったという。その主な原因は、被災地の地方公共団体の機能喪失に加えて、その支給主体である公益財団法人都道府県会館（現都道府県センター）が要員は増やしたものの、事務処理用のパソコンの調達ができなかったことにあったという（2011年（平成23年）7月8日、日本経済新聞朝刊(14版) 1面）。財源があり、需要も存在するにもかかわらず、それを配分するために必要なヒトと物が不足するために（ボトルネックとなって）、その政策目的を達成することができないのは、効率性を欠くと評価されることになる。

　また、原子力発電所の事故の影響を受けている福島県において、2011年（平成23年）7月7日までに撤去されたがれきは、228万トンのうちの26.3％にすぎず、その遅れの原因は、がれきを焼却することによる放射性物質の拡散の恐れと焼却灰の処分場所が決まらないことにあるといわれる（2011年（平成23年）7月8日、朝日新聞朝刊(14版) 1面）。この場合においては、焼却灰の処分場所の確保ができないことがボトルネックになっているということであり、それを解消しない限り、

● 43

第1部　自治体の内部統制―ガバナンスとコンプライアンス

他の資源はその効用を発揮できない状態にある。

　このように、効率性における資源の最適配分とは、当該事業を遂行するに際してボトルネックが発生していないかという問題でもある。また、ボトルネックが発生しているということは、他の資源が無駄に費消されている、又は放置されているということでもあり、それが効率を阻害するものであることは明らかである。

### ③ 代替策の有無

　効率性の第二の観点は、現在実施している施策よりも優れた方策があるか否かということである。これに関しては、何をもって優れていると判断するのかという問題がある。

　たとえば、駅前における無秩序な自転車の放置状態を解消するために、駐輪場を整備するのと駐輪を禁止する（取り締まりを強化する）のと、どちらが優れているのかということである。自転車利用者の立場からすれば、駐輪場の整備であろうが、そうでない者からみれば、用地の確保等に使うお金があるのならば、自分に直接メリットのある施策（放置自転車対策とは別の施策）を実施せよということになるかもしれない。このように、行政が行う事業に関する代替策については、それぞれの立場によって、利害得失が錯綜し、必ずしも客観的に判断することができないことが多い。

　また、現在、実施されている施策については、同一の目的で行う他の施策との比較だけでなく、それを廃止することとの利害得失も考えなくてはならない。特に、慢性的な赤字状態にある第三セクター等の場合は、このことを真剣に検討することが必要となる。これまで実施してきた事業（三セク）を廃止することは、それまでのパレート最適の状態を壊すこと（誰かの満足（効用）を損なうこと）になる。しかし「普通地方公共団体の執行機関は、当該普通地方公共団体の……事務を、自らの判断と責任において、誠実に管理し及び執行する義務を負う。」（自治法138条の2）のであり、その検討に際しては、当該事業を開始した当時

第4章　有効性、効率性及び経済性の判断基準

の趣旨・目的が現在も妥当性を有しているのか、それを継続していくことによる財政負担が当初の想定の範囲内で収まっているのか、当該事業によって利益を得ている者は誰なのか、当該事業を廃止したら誰が困るのか等を精査することになる。このときに注意しなければならないのは、当該事業を継続する必要があるということと、その実施主体を存続させなければならないということとは、別の問題であるということである。時として、実施主体を存続させるために、事業を継続するという判断がなされることがあるが、これが本末転倒であることは言うまでもないであろう。

## （4）行政における経済性の判断

### ① 経済性

「公共財」「準公共財」「準民間財」のいずれであるかを問わず、それを提供するための事務経費については、これを最少に抑えることが必要である。このことは、純粋に経済的かつ経営的な観点から判断できるし、しなければならないものである。これが行政における経済性の問題であり、当該事務を処理するための組織、人員、給与、権限配分等の人事面と当該事務処理のシステム、それに使用する物的施設等を総合的に考慮し、場合によっては、民間に委託したり、民営化した場合との対比をしたうえで、より経済的な方法の有無を検討することになる。

自治法234条1項は、「売買、賃借、請負その他の契約は、一般競争入札、指名競争入札、随意契約又はせり売りの方法により締結するものとする。」とし、同条2項は「前項の指名競争入札、随意契約又はせり売りは、政令で定める場合に該当するときに限り、これによることができる。」としている。そしてこれを受けて、同法施行令167条以下は、いかなる場合に、どの方法によることができるか等について詳細に定めているが、このことについて、最高裁平成18年10月26日判決・判時1953号122頁は次のように述べている。

「このような地方自治法等の定めは、普通地方公共団体の締結する

● 45

第1部　自治体の内部統制―ガバナンスとコンプライアンス

契約については、その経費が住民の税金で賄われること等にかんがみ、機会均等の理念に最も適合して公正であり、かつ、価格の有利性を確保し得るという観点から、一般競争入札の方法によるべきことを原則とし、それ以外の方法を例外的なものとして位置付けているものと解することができる。また、公共工事の入札及び契約の適正化の促進に関する法律は、公共工事の入札等について、入札の過程の透明性が確保されること、入札に参加しようとする者の間の公正な競争が促進されること等によりその適正化が図られなければならないとし（3条）、前記のとおり、指名競争入札の参加者の資格についての公表や参加者を指名する場合の基準を定めたときの基準の公表を義務付けている。以上のとおり、地方自治法等の法令は、普通地方公共団体が締結する公共工事等の契約に関する入札につき、機会均等、公正性、透明性、経済性（価格の有利性）を確保することを図ろうとしているものということができる。（中略）確かに、地方公共団体が、指名競争入札に参加させようとする者を指名するに当たり、①工事現場等への距離が近く現場に関する知識等を有していることから契約の確実な履行が期待できることや、②地元の経済の活性化にも寄与すること等を考慮し、地元企業を優先する指名を行うことについては、その合理性を肯定することができるものの、①又は②の観点からは村内業者と同様の条件を満たす村外業者もあり得るのであり、価格の有利性確保（競争性の低下防止）の観点を考慮すれば、考慮すべき他の諸事情にかかわらず、およそ村内業者では対応できない工事以外の工事は村内業者のみを指名するという運用について、常に合理性があり裁量権の範囲内であるということはできない。」

すなわち、地方公共団体における契約は、「機会均等の理念に最も適合して公正であり、かつ、価格の有利性を確保し得るという観点」から締結することが重要であり、地域経済への影響を過度に考慮することは許されないということである。このことは、契約の締結だけに限られるのではなく、それ以外の事務の処理についても当てはまるものであるこ

とに留意が必要であろう。

しかし、現実には、公共事業の多くには当該地域における景気刺激策としての意義があり、地域における中核的企業の業績不振が雇用情勢を悪化させるという理由で、契約の相手方として地元企業を優先するという方針を採用している地方公共団体が少なくない。建前と現実との調整が問題となっている（前記の最高裁判決による差戻し後の高松高裁平成20年5月29日判決・判時2014号71頁は、当時、当該村の存する県及び県内の旧50市町村のほとんどが、「地理的条件や地域振興、地元業者の育成の観点等から、建設工事の指名競争入札につき、入札参加を希望する建設業者を地元企業（市町村内業者、県内業者）とそれ以外（市町村外業者、県外業者）とに分け、一定の種類の建設工事につき地元企業を優先して指名するという運用をしてきた」ことを主たる理由として、当該村長には過失がなかったとしている。）。

## ② 投資価値（VFM）

近年、バリュー・フォー・マネー（Value For Money 略してVFMと称されることが多い。）という言葉が頻繁に聞かれる。これは、投下した資金に対する価値が最大でなければならないという意味であり、2つの見方があるように思われる。すなわち、一つは、投下する資金が一定であれば、それによって得られる成果が最大でなければならないということであり、他の一つは、成果が一定であれば、投下する資金は最少でなければならないということである。

前者の意味でのVFMは、収益を最大にするということであり、投資家にとっては最大の関心事であろうが、年金資金の運用や積み立てのための基金等の特殊な事業を除いて、公共部門において最優先の課題とされることはないように思われる。ただ、すでに公用又は公共の用に供されている施設等の利用効率や住民の満足度等は、この観点から検証されるべきものということができよう。また、予算の額や要員配置を所与のものとして処理されている事務事業（たとえば外部監査）については、

● 47

第1部　自治体の内部統制—ガバナンスとコンプライアンス

それに見合う成果が挙げられているかどうかを常に意識することが、結果としてVFMを最大のものとすることにつながるように思われる。

　後者の意味でのVFMは、設計図や仕様書を示して行う入札を通じて実現されることが予定されている。すなわち、達成すべき成果を確定し、それを実現するために必要な経費を提示させ、最低の価格を提示した者に当該事務事業を委ねるという方式（自治法234条2項参照）を採ることによって、VFMを最大にしようというのである。しかし、この場合においても、入札参加者の資格を定めたり（自治法施行令167条の4〜167条の5の2）、総合評価方式（自治法施行令167条の10の2）を採用したり、工事又は製造その他の請負の契約については、最低制限価格を設け、あるいは最低価格の入札者以外の者を落札者とする（自治法施行令167条の10）ことができるとされており、かならずしもVFMだけに着目した制度となっているわけではない。

　ところで、「民間の資金、経営能力及び技術的能力を活用した公共施設等の整備等の促進を図るための措置を講ずること等により、効率的かつ効果的に社会資本を整備するとともに、国民に対する低廉かつ良好なサービスの提供を確保し、もって国民経済の健全な発展に寄与することを目的とする」PFI法が施行された平成11年度から25年度までの間に、国、地方公共団体等でこの法律に基づく実施方針等が公表された440件のうち、事業者決定等により公共負担額が決定したものは、415件、4兆3,180億円の事業規模で、これらの事業におけるVFMは8,183億円であるという（内閣府民間資金等活用事業推進室発表）。

　ここでいうVFMとは、設計・建設費、事業期間中の維持管理費・運営費等の当該事業にかかわる全ての費用（これをライフサイクルコスト（LCC）という。）について、公共自らが実施する場合の事業期間全体を通じた公的財政負担の見込額の現在価値（PSCという。）と当該事業を民間事業者に委ねて実施する場合の事業期間全体を通じた公的財政負担の見込額の現在価値（PFI−LCCという。）とを比較し、前者が後者を上回る場合に、その上回る額を当該事業におけるVFMとするものである（当該

48　●

上回る額のPSCに対する割合で示すこともある。）。たとえば、PSCが100億円であるのに対して「PFI－LCC」が80億円であれば、民間事業者に委ねることによるVFMは価額で20億円、割合で20％となるわけである。

　このような評価を行ううえでの問題は、ライフサイクルコストの積算の正確性と妥当性である。PFI法11条は、その１項で「民間事業者の選定を行うに当たっては、客観的な評価（当該特定事業の効果及び効率性に関する評価を含む。）を行い、その結果を公表しなければならない。」とし、２項で「民間事業者の有する技術及び経営資源、その創意工夫等が十分に発揮され、低廉かつ良好なサービスが国民に対して提供されるよう、原則として価格及び国民に提供されるサービスの質その他の条件により評価を行うものとする。」と規定しているが、提供されるサービスの質を事前に想定し、比較することは極めて難しい。また、価格（経費）についても、そこで想定されているリスクの内容や程度、需要予測の基礎データの正確さ等について、その妥当性を十分に検証することが必要であり、容易に結論を出すことはできないように思われる。

　また、PFIにおいては、民間事業者が設立する特定目的会社を相手方とすることが多いようであるが、特定目的会社を設立する最大の目的は当該会社に発生するリスクを設立母体である事業者が負うことを回避することである。そのようなリスクを当該公共施設等の管理者が負わざるを得ないことも考慮しなければ、本当の意味でのVFMを評価することはできない。なお、PFI法に基づく事業については、第２部第８章２（242頁）で詳しく述べる。

# 第**2**部
## 事務事業のプロセスと
## コンプライアンス

# 第1章　総　説

## 1　行政における６Ｗ１Ｈ

　ビジネスの基本に５Ｗ１Ｈという言葉がある。誰が（Who）、何を（What）、何時（When）、何処で（Where）、何故（Why）、どのようにして（How）行うかということであり、これに誰に（Whom）を追加して６Ｗ１Ｈともいうこともある。

　このことは行政においても同じであり、事務事業の企画・立案から現実の執行の全ての場面において、これらのことをはっきりと理解、確認し、常に意識していることが重要である。このことをおろそかにして、漫然と書類を作成し、会議を開催し、予算を消化するのでは、住民の福祉の増進のために、最少の経費で最大の効果を挙げるような行政を実現すること（自治法２条14項参照）ができるはずはない。特に、地方公共団体の事務事業は、住民の福祉の増進を図ることを基本として、国や他の地方公共団体との競合を避け、最少の経費で最大の効果を挙げるように努めなければならないのであるから（自治法１条の２・２条６項・11項〜14項）、誰が（Who）、何を（What）、何時（When）、何処で（Where）、誰に（Whom）、どのようにして（How）行うのかということの全てについて、何故（Why）かを明確にしておくことが重要である。

　地方公共団体の事務事業における誰が（Who）というのは、基本的に当該地方公共団体自身であるが、当該事務事業を民間に委託したときは、どのようにして（How）の問題であると同時に、誰が（Who）の問題となる。

　たとえば、法律に基づいて指定確認検査機関が行う建築確認検査の事務の帰属する行政主体は「当該確認に係る建築物について確認をする権

限を有する建築主事が置かれた地方公共団体である」（最高裁平成17年
６月24日判決・判時1904号69頁）とされ、要保護児童を社会福祉法人が
設置運営する児童養護施設に入所させる措置を県がとった場合における
「当該施設の職員等による養育監護行為は、都道府県の公権力の行使に
当たる公務員の職務」である（最高裁平成19年１月25日判決・判時1957
号60頁）とされている。これは、公務の委託を受けた私人が、それに
伴って公的権限の委譲を受ける等して委託者である行政主体のために公
権力を行使していると評価されたためであると解されている（前掲最高
裁平成19年判決掲載書における解説）。

　民法上の請負、委任（準委任）等の契約によって公的権限の委譲をす
ることはできないが、指定管理（自治法244条の２第３項）、特定事業の
実施及び公共施設等運営権の設定（PFI法２条２項・６項）のように、法
律に直接の根拠を有するものの場合は、公的権限の委譲を伴うことがあ
り、この委譲によって民間事業者に行わせる事務事業も当該地方公共団
体の事務であることから、それに従事する者は国家賠償法１条１項の公
務員に該当するとされる可能性があることに留意する必要がある。民法
の規定による場合であっても、指揮監督の度合いによっては、受託業者
の行為について使用者責任（民法715条本文参照）が追及されることもあ
り得るので、契約書の作成と履行については、最大限の配慮をしなけれ
ばならない。どのような方法による場合であっても、当該事務事業を民
間に委託するのであれば、その理由を明らかにし、その場合における委
託者（行政主体）としての責任がどうなるのかをあらかじめ確認してお
くことが重要である。

　何を（What）というのは、事務事業の具体的な内容である。これに
は、財産を取得する、債権を回収する、公共施設を整備するなどのよう
に誰のために行うのかを意識しないものだけでなく、各種の福祉施策や
産業振興策におけるように、誰に（Whom）との関係でその意味を考え
なければならないものも少なくない。この多くは予算に関する説明書
（自治法施行令144条）で明らかにされ、予算の審議において説明・質疑

第2部　事務事業のプロセスとコンプライアンス

がなされるべき事項であろう。予算の原案を作成し、執行する立場にある者は十分に理解していなければならないが、事務費や人件費以外の経費（いわゆる事業費）を必要としない事務にあっては、予算とは別にその意味を検討、確認しておくことが必要であろう。

　誰が（Who）、何を（What）、誰に（Whom）に対して、何故（Why）行うかは、政治的価値判断の問題である。一方、何時（When）、何処で（Where）、どのようにして（How）行うかは、基本的には執行方法の問題である。これらは、有効性、効率性及び経済性と密接な関係を有し、原則として執行機関が判断し、決定すべき事柄である。これらについても、何故その時期に、その場所で、そのようにして行うのかを明らかにしておくことが必要である。

　そして、これらのことについての理解、確認、意識の程度は、それぞれの職員の置かれている地位に応じて違いがあることは当然であり、担当者（係員）よりも係長、係長よりも課長、課長よりも部長と、その守備範囲に応じて、その程度は高度になる。この程度は、それぞれの段階における職務を遂行する上で発揮すべき能力（地公法15条の2第1項5号の「標準職務遂行能力」）でもある。

　すなわち、担当者は、自分が担当している事務事業の内容が何であり（What）、誰が（Who）、何を目的として（Why）、何時（When）、何処で（Where）、誰に対して（Whom）、どのようにして（How）実行するのかを理解しなければならない。この6Wは所与のものであることが多いであろうが、どのようにして（How）実行するのが最善であるかは自ら考えて、実行しなければならない。

　係長は、当該係が担当する事務事業の相互関係（WhatとWhy）を整理、確認し、他の係の動きも視野に置きながら、当該事務事業の進行を管理し（When、Where及びWhom）、業務の仕方を指導し、職員の繁閑の調整を行わなければならないであろう（これらをどのようにして（How）行うかについては創意工夫が必要である。）。

　課長はより広い所掌範囲の中で、係長と同じようなことを行うと同時

に、当該事務事業に対する反対論や当該事務事業を実施することによって生ずることがあり得るマイナス面をも考慮し、係長以下の業務が独善的なものにならないように気を配らなければならないであろう。また、部長は、当該事務事業がその地方公共団体にとってどのような意味をもつのか、他の施策との整合性をも理解したうえで、他の部課が担当する事務事業との調整や議会対応もしなければならないであろう。

　たとえば、大気汚染の防止ということを考えてみると、担当者は、移動発生源や固定発生源による汚染の状態の監視や分析、あるいは特定の工場や事業場についての規制と指導、又は窒素酸化物や硫黄酸化物あるいはダイオキシン等の特定の規制物質の発生源対策等、自分が担当する特定の分野に専念すれば良い。しかし係長は、具体的な汚染を示す数値を見ながら、汚染物質相互間の関係をも考慮したうえで、個別の発生源にどのような指導をするか、どの汚染物質に重点を置いた規制が全体としての効果を最大にすることができるかを考えることになる。また課長は、自分の課の業務が産業振興や廃棄物対策を担当する課の業務にどのような影響を及ぼすかを考慮し、それらとの調整をも考えなければならないし、部長は住民の健康を守りつつ、当該地方公共団体が処理しなければならない事務事業全体の中での位置付けを明らかにし、バランスのとれた行政を心がけなければならない。

　いずれにしても、現実に処理している事務事業についての６Ｗ１Ｈ、その中でも当該事務事業を実施する目的（Why）を明確にする必要がある。その意義を自覚している場合とそうではない場合とでは、外形的には同じように仕事をしているように見えたとしても、それによって目的を達成することができる度合いや効率に違いが生ずることは明らかである。また当該事務事業についての住民の理解と協力が得られる度合いについても、大きな影響が生ずることは容易に予測できるところである。

55

第2部　事務事業のプロセスとコンプライアンス

## 2　事務事業の計画性と目的の明確化

　事務事業を効率的かつ経済的に処理し、その効果を最大にするために重要な意味をもつのが計画性である。学生の受験勉強や家計のやりくりから始まって、企業経営に至るまで、計画の必要性が説かれない分野はないと言っても過言ではない。また、計画性がないことあるいは計画の誤りが原因であるとされる様々な失敗も数限りない。

　計画をたてるためには、その前提として正確な現状分析と合理的な将来予測を行うことが必要である。この現状分析と将来予測に誤りがなく、それに基づく具体的な施策としての事務事業の実施に誤りがなければ、計画していたとおりの結果や効果が発生するはずである。しかし、現状分析を正確に行うこと自体が容易ではないし、ましてや将来予測を誤りなく行うことは極めて難しい。そのうえ、大規模な埋立てやダムの建設計画等にみられるように、誤りに気が付いたときに、それを認めて適切な修正をすることが困難なことは現実が示しているとおりである。

　計画には、このような限界があることを前提とし、あるいは理解したうえで、それでも、無計画なものよりも計画的な事務事業の方が、効率的かつ経済的に実施でき、その効果も期待できることは間違いないであろう。また、計画を策定することにより、当該事務事業によって実現されるべき目的が明らかになるとともに、それを公開することによって、住民が行政に参加し、理解するためにも役立つ。

　その意味で、最初に問題となるのは、個別の事務事業について6W1Hを明らかにした計画の存否である。計画がある場合には、それぞれの職員の理解度と尊重度、具体的な進行の度合いが問題となるが、さらには、事情の変化に応じて計画を修正、変更、廃止するという柔軟性、弾力性も必要となる。

　ただ、具体的な計画が策定されている事務事業は、それほど多くないのが現実のように思われる。これは、地方公共団体の事務事業の多くが、その実施を法令で義務付けられていたり（法定受託事務以外の事務で

あっても国や都道府県が関与することが多いのが現実である。自治法245条の6・245条の7・249条等参照)、ルーティン化されたものであったりすることによるものと思われる。単年度予算主義の制度の下にあっては、毎年度の予算要求の段階で、前年度の実績をチェックし、それを翌年度の施策に反映させるという作業がなされているはずである。しかしこれだけでは、ややもすれば、単に予算を消化したかどうか、予算の額に過不足はなかったかということだけに終始しがちである。したがって、たとえルーティン化された事務事業であっても、毎年度の開始に当たって、その目的を確認し、それを達成するために最も有効な手順を考えることは無駄ではないと思われる。

## 3　事務事業の実施体制

　事務事業を実施するためには、人間の集まりである組織と資金を含む物的な資源が必要となる。そして、最少の経費で最大の効果を挙げるためには、この組織を合理的に編成し、物的な資源を有効に利用しなければならない。

　まず、組織については、当該事務事業を処理するために何人の要員が必要であるかを検討することが最初の仕事となる。しかし、地方公共団体が処理すべき事務事業の範囲は非常に広範であるし、業務の繁閑もることに加え、災害対策等のように一時的に需要が発生する場合もあり、そのために必要な人的資源を全てあらかじめ確保しておいて、必要な事態に備えることは極めて非効率、不経済であり、非現実的である。また、全ての事務事業を直営で行わなければならないという理由もないことから、直営で行わなければならない事務事業なのか、民間あるいは第三セクターに委託することができるかどうか、委託した場合にはどのようなメリットが期待でき、どのようなデメリットやリスクが生ずるのかを検討することも必要であろう。さらに、組織の規模が不変でなければならないということはなく、事務事業の進展に応じて、常に見直しを

第2部　事務事業のプロセスとコンプライアンス

することも当然である。

　また、組織における権限の所在及びその裏側としての責任の所在も検討しなければならない。すなわち、現行法の下においては、全ての行政権限が長等の執行機関（自治法138条の4第1項。なお、公営企業の管理者について地公企法8条及び9条参照）に集中しているので、効率的な意思決定とそれに基づいて執行するための適切な権限の委譲が必要となる。

　権限の委譲の方法としては、長がその権限に属する事務の一部を補助機関である職員に委任し、又は代理させること（長に事故があるとき等の職務代理（自治法152条）とは異なる。）、及び委員会、委員会の委員長（教育委員会にあっては教育長）、委員若しくはこれらの執行機関の事務を補助する職員若しくはこれらの執行機関の管理に属する機関の職員に委任すること（自治法153条1項・180条の2）がある。公法上の権限を委譲することは、法律で定められた行政上の権限の配分を変更することを意味するから、これらの規定によらなければならないが、私法上の権利の行使（株主としての権利の行使、訴訟行為等）については、民法の委任及び代理の規定によることができるのは、当然のことである。また、明文の法律の規定はないままに、行政における慣習（第1部第2章2（7頁）参照）として認められているのが、専決及び代決による意思決定の方法である。

　いずれの場合においても、本来の権限を有している長等が、指揮監督上の義務に違反して、権限の委任を受けた者の違法行為を阻止しなかった場合には、その義務違反の責任を問われることがある（第1部第1章（2頁）参照）。

　適切な要員が配置され、権限も合理的に配分された組織がある場合には、それが効率的に機能しているかどうかが問題となる。住民の申請や苦情からそれに対する応答までの時間、起案から決裁までの時間、決裁からその実行までの時間等が、その判断要素となるものと思われる。行政手続法は、申請がなされてからそれに対する処分をするまでの標準的な期間（これを「標準処理期間」という。）を定めるよう努めなければな

らないとしているが（行政手続法6条）、この考え方は、住民の申請や苦
情についてだけでなく、全ての事務処理に共通するものであろう。

　さらに、資金を含む物的資源については、それが無駄なく、有効に活
用されているかということを考慮しなければならない。それは、単に経
費の支出が効率的、効果的であるかということだけでなく、紙やボール
ペンのような消耗品からワープロやパソコン等の備品、さらには執務室
や会議室が有効に活用されているかということであり、インターネット
や電子メール等を利用することによってより効率的かつ経済的な事務処
理をすることができないかということでもある。


## 4　施策の変更と新規施策の導入

　行政は、従来からの施策を漫然と踏襲することなく、社会経済情勢の
変化に応じて適切に対応していくべきものであるが、一方において、関
連する行政施策が継続されることを前提として又は期待して多くの社会
経済活動が展開されていることも否定できない。また、新たな施策の導
入が既存の利益を損なうことも珍しくない（規制行政は常にそうであり、
新たな規制を導入する場合はもちろん、既存の規制を廃止するにもこの問題
が生ずる。）が、そのことの故に、新規施策を断念しなければならない
とする理由もない。要は、バランスの問題であり、既存の権利者の利益
を尊重しなければならない場合とそうする必要がない場合を正確に区別
し、前者に該当するときにどのような対処をするかを考える必要があ
る。

### (1) 施策の変更

　村が特定の工場の誘致を決定した後に、新たに選ばれた村長がその方
針を撤回したという事案について、最高裁（昭和56年1月27日判決・判
時994号26頁）は次のように述べて、村の損害賠償責任を認めている。
　「地方公共団体の施策を住民の意思に基づいて行うべきものとする

● 59

第2部　事務事業のプロセスとコンプライアンス

　いわゆる住民自治の原則は地方公共団体の組織及び運営に関する基本
原則であり、また、地方公共団体のような行政主体が一定内容の将来
にわたって継続すべき施策を決定した場合でも、右施策が社会情勢の
変動等に伴って変更されることがあることはもとより当然であって、
地方公共団体は原則として右決定に拘束されるものではない。しか
し、右決定が、単に一定内容の継続的な施策を定めるにとどまらず、
特定の者に対して右施策に適合する特定内容の活動をすることを促す
個別的、具体的な勧告ないし勧誘を伴うものであり、かつ、その活動
が相当期間にわたる当該施策の継続を前提としてはじめてこれに投入
する資金又は労力に相応する効果を生じうる性質のものである場合に
は、右特定の者は、右施策が右活動の基盤として維持されるものと信
頼し、これを前提として右の活動ないしその準備活動に入るのが通常
である。このような状況のもとでは、たとえ右勧告ないし勧誘に基づ
いてその者と当該地方公共団体との間に右施策の維持を内容とする契
約が締結されたものとは認められない場合であっても、右のように密
接な交渉を持つに至った当事者間の関係を規律すべき信義衡平の原則
に照らし、その施策の変更にあたってはかかる信頼に対して法的保護
が与えられなければならないものというべきである。すなわち、右施
策が変更されることにより、前記の勧告等に動機づけられて前記のよ
うな活動に入った者がその信頼に反して所期の活動を妨げられ、社会
観念上看過することができない程度の積極的損害を被る場合に、地方
公共団体において右損害を補償する等の代償的措置を講ずることなく
施策を変更することは、それがやむをえない客観的事情によるのでな
い限り、当事者間に形成された信頼関係を不当に破壊するものとして
違法性を帯び、地方公共団体の不法行為責任を生ぜしめるものといわ
なければならない。そして、前記住民自治の原則も、地方公共団体が
住民の意思に基づいて行動する場合にはその行動になんらの法的責任
も伴わないということを意味するものではないから、地方公共団体の
施策決定の基盤をなす政治情勢の変化をもってただちに前記のやむを

えない客観的事情にあたるものとし、前記のような相手方の信頼を保護しないことが許されるものと解すべきではない。」

すなわち、

① 地方公共団体の決定が、単に一定内容の継続的な施策を定めるにとどまらず、特定の者に対して右施策に適合する特定内容の活動をすることを促す個別的、具体的な勧告ないし勧誘を伴うものであること

② その活動が相当期間にわたる当該施策の継続を前提としてはじめてこれに投入する資金又は労力に相応する効果を生じうる性質のものであること

③ その施策が変更されることにより、①の勧告等に動機づけられて活動に入った者がその信頼に反して所期の活動を妨げられ、社会観念上看過することができない程度の積極的損害を被ること

④ 地方公共団体において右損害を補償する等の代償的措置を講ずることなく施策を変更すること

⑤ 当該施策の変更がやむをえない客観的事情によるのでないこと

の全てを満たす場合は、当該地方公共団体は不法行為責任を負うことになる。

　この判決よりも前の事件としては、以下のものがあるが、上記の最高裁判決の論理に従っても、いずれの結論も是認され得るものと考えられる。

○工場誘致条例の廃止により期待された奨励金を受けることができなくなったという事案について、その期待は事実上のものであって、法的保護の対象とならないとした判決（札幌高裁昭和44年4月17日判決・行集20巻4号486頁）

○1,500戸の住宅団地建設を予定した市に促されて、同市から浴場敷地を買い受けて浴場の建設に着手した後に、財政上の理由等によって52戸が建設されただけで住宅団地の建設が打ち切られたために浴場経営を断念したという事案について、市の不法行為責任を認めた判決

第2部　事務事業のプロセスとコンプライアンス

（熊本地裁玉名支部昭和44年4月30日判決・下民集20巻3・4号263頁）
○一般廃棄物の分別収集のための指定ゴミ収集袋の製造承認を受け、市から在庫準備すべき量の指示を受け、その発注をした後に、市が指定ゴミ収集袋の規格を大幅に緩和し、安いゴミ収集袋が出回ったという事案について、当初の指定ゴミ収集袋の製造承認を受けた業者から市に対する損害賠償請求を認めた判決（和歌山地裁平成12年4月14日判決・判時1752号123頁）

## (2) 既存法令を利用した新たな規制

　施策変更とは異なるが、既存の法令や条例等に従えば可能な民間の活動について、それを実行しようとする意図が明らかになった後、それに反対する住民運動等を受けて、その活動を阻止するための施策をとることが許されるかという問題がある。

　これに関する著名な事件としては個室付浴場（トルコ風呂）営業停止国家賠償請求事件（最高裁昭和53年5月26日判決・判時889号9頁）がある。これは、個室付浴場の建設用地を取得し、個室付浴場用の建物について建築検査済証の交付を受け、公衆浴場法の許可を取得した後になって、町は、県の積極的な指導、働きかけに応じて、早急に設置する必要がないにもかかわらず、当該公衆浴場の営業開始前にその建物から134.5メートル離れた町有地に児童遊園を設置し、県はそれを認可し、当該公衆浴場が営業を開始した後、県公安委員会が風俗営業取締法違反を理由に60日間の営業停止処分をしたという事案である。最高裁は、「本件児童遊園設置認可処分は行政権の著しい濫用によるものとして違法であり、かつ、右認可処分を前提としてされた本件営業停止処分によって被上告人が被った損害との間には相当因果関係があると解するのが相当である」と判示し、県の損害賠償責任を認めた。

　また、この事案については、営業停止処分がなされるまでの間になされていた営業が風俗営業取締法に違反するとして公訴が提起され、一審、二審とも有罪とされていたが、最高裁は「本来、児童遊園は、児童

に健全な遊びを与えてその健康を増進し、情操をゆたかにすることを目的とする施設（児童福祉法40条参照）なのであるから、児童遊園設置の認可申請、同認可処分もその趣旨に沿ってなされるべきものであって、前記のような、被告会社のトルコぶろ営業の規制を主たる動機、目的とする余目町の若竹児童遊園設置の認可申請を容れた本件認可処分は、行政権の濫用に相当する違法性があり、被告会社のトルコぶろ営業に対しこれを規制しうる効力を有しないといわざるをえない。」として無罪を言い渡している（最高裁昭和53年6月16日判決・判時893号19頁）。

## (3) 新規規制

　近年、景観の保護を巡る紛争が増えている。高層マンションの建設を阻止するため、市長が、反対の住民運動を広めようとし、都市計画法に基づく地区計画を変更し、臨時議会を招集して建築物の制限に関する条例を制定し、電気、ガス及び水道の供給拒否を呼びかける等の行為をしたことが問題となった事件において、東京高裁の判決（平成17年12月19日・判時1927号27頁。最高裁平成20年3月11日決定（判例集未登載）で確定）は次のように述べて、市長の責任を肯定している。

　「a　第一審原告が営業活動の自由を保障されるのは当然であり、第一審被告らは地方公共団体又はその首長として、これを尊重すべき義務を負っている。また、地方公共団体及びその首長は一定の権力性を有し、首長は地方公共団体を代表する（地方自治法147条）こと等から、行政目的を達成する上での中立性・公平性が要請されるものと解される。第一審被告らもこれらに沿った行為をする義務があるというべきである。

　b　ところで、地区計画及び条例の内容自体は有効・適法なものであり、その制定手続に瑕疵がないとしても、その制定主体である地方公共団体ないしそれを代表する首長が、私人の適法な営業活動を妨害する目的を有していることが明らかで、かつ、他の事情とあいまって、地方公共団体及びその首長に要請される中立性・公平性を逸脱し、社

第2部　事務事業のプロセスとコンプライアンス

会通念上許容されない程度に私人の営業活動を妨害した場合、違法性
を阻却する事情が存しない限り、行為全体として私人の営業活動を妨
害した不法行為が成立することがあるというべきである。」

　「第一審被告らの行為については、全体としてみれば、本件建物の
建築・販売を阻止することを目的とする行為、すなわち第一審原告の
営業活動を妨害する行為であり、かつ、その態様は地方公共団体及び
その首長に要請される中立性・公平性を逸脱し（特に本件第一行為及
び第四行為）、急激かつ強引な行政施策の変更であり（特に本件第二行
為）、また、異例かつ執拗な目的達成行為（特に本件第一、第三及び第
四行為）であって、地方公共団体又はその首長として社会通念上許容
される限度を逸脱しているというべきである。

　これらの行為について、個々の行為を単独で取り上げた場合には不
法行為を構成しないこともあり得るけれども、一連の行為として全体
的に観察すれば、第一審被告らは、補助参加人らの妨害行為をも期待
しながら、第一審原告に許されている適法な営業行為すなわち本件建
物の建築及び販売等を妨害したものと判断せざるを得ない。」


## 5　行政と信義則

　「権利の行使及び義務の履行は、信義に従い誠実に行わなければなら
ない。」（民法1条2項）のは、私法公法を通じる大原則である。契約の
締結に関して、当該契約締結の前提となる重要な事実について相手方と
了解していながら、会計法や自治法が定める正規の手続による契約が締
結されていないことを理由として、当該前提事実における義務を履行し
ないことは、相手方の期待や信頼を裏切ったものであり、信義則上の義
務に反する不法行為に該当するとされたものとして、次の判例がある。
・国：東京高裁平成27年1月29日判決（上告不受理）（判時2251号37頁）
・地方公共団体：福岡高裁宮崎支部平成29年7月19日判決（上告棄却・
　不受理）（判時2383号35頁）

第1章　総　説

　他方、道路用地の買収に際し、担当課長が買収済みの土地の一部（道路敷地に供しない残地）を相手方に払い下げる旨の説明をしていたとしても、そのことを売買契約書に明記することを拒否し、当該残地部分の売買予約をせず、当該残地部分の払下げが売買の条件とされていないような場合には、当該残地部分を他の者に払い下げをしたことに違法性がなく、不法行為とならないとされた例（最高裁昭和58年12月6日判決・判時1123号85頁）もある。

65

# 第2章　公共工事

## 1　事業の妥当性と工事計画

　災害復旧のための工事等のように、誰が見てもその目的や効果が明らかなものは別として、道路や橋りょうの新設や整備、河川改修や傾斜地等の防災工事、各種会館や美術館等のいわゆる箱物の建設等については、その目的や意図している効果について意見が分かれることがしばしばある。この意見の分裂は、ある意味では、それぞれの固有の価値観を反映したものであり、妥協が極めて難しい面があることは否定できないが、情報不足、説明不足に起因することが多いことも事実である。従来は、予算審議を行う議会で多少の質疑はあるにしても、当該工事の目的、期待できる効果、それを実施することによって生ずる将来の負担等について、一般住民に理解できるような形で説明されることはほとんどなかった。

　多くの地方公共団体においては、建築紛争の予防や解決を目的として、建築計画の概要を示す標識の設置や住民等に対する説明会の開催等を義務付けているが、公共工事については、ある日突然工事が始まることも珍しくない。計画の重要性は前記第1章2（56頁）で述べたところであるが、とりわけ公共工事にあっては、工事の目的、内容、工期等を事前に明らかにし、関係者の理解を求めておくことが望まれる。もちろん、当該工事を行うことが妥当であるかどうかの判断自体は政策的なものであり、予算審議の過程で説明されることはあるが、第一義的には執行権の問題であろう。そして、当該工事の妥当性については、議会だけでなく、一般住民に説明できる明確な根拠が必要であり、その説明を聞いた者が納得するかどうかは別の問題として、その根拠を明らかにでき

ない工事は、それ自体に問題があると判断されてもやむを得ない。

　また、議会や住民に対する説明とは別に、工事を実施するには、どのような手順で進行させるかについての計画（施工計画）が必要であり、そこでは、当該工事の設計から始まって、効率的、経済的に工事を進めるための工区や工期の設定、地元対策、履行確保のための手段等が定められるのが通例である。

　公共工事の中には、道路や下水道等のように、全体としては長期計画に従って順次整備を進めていくものでありながら、個別の事業としては、工区を設定して、それぞれを独立した工事として行うことが通常となっているものがある。このような場合には、どのように工区を設定するのが妥当かを考えなければならない。すなわち、工区を細分化しすぎた場合は、工事のための準備が複合することになり、経済性、効率性の面から合理性が損なわれ、工区を大きくしすぎた場合は、工期が長期化し、業者間の競争が排除されるとともに、特定の業者への依存度が高まるというリスクも生ずる。また、公共工事には、地元の景気対策という面があることも否定できないのが現実であり、地元業者が請け負うことができる工事規模ということが考慮されることもあろう。さらに、予算措置の問題として、単年度事業とするのか、継続事業とするのか、繰越明許費の扱いが認められるのかということも考慮しなければならない。いずれにしても、工区とそれに伴う工期は、当該事業をできるだけ速く、経済的、効率的に完成させ、所期の目的を実現するために最も適当な区分を行うという観点から決定されるべきものであることに異論はないであろう。

　次に、建物や橋りょうの建設のように、工区を設定して工事を行うことができない場合に、電気工事、設備工事、塗装工事等を、本体工事とは別のものとして発注することがある。このときも、どこまで工事を細分化するかについては、工期の分割と似た問題がある。

　ともあれ、工期をどのように設定するかは、設計の段階でほとんど決定されるものと思われるが、追加工事が生じて工期を延長する等という

● 67

第2部　事務事業のプロセスとコンプライアンス

ことが生じないように、最初に工事の全体像を明確に確定したうえで、適切に決めるべきものである（当初から追加工事が必要となることを見込んだ工事計画がないわけではないが、それが不適切なことは論を俟たない。）。また、補助事業だから年度内に完成しなければならないとして、無理な工期を設定した結果、年度末になって無理な事務処理をせざるを得なくなるということも見受けられる。このような場合の第一義的な責任は、そのような工期を設定した者にあると言わざるを得ない。

　なお、議会の議決が得られなかった1個の工事請負契約を議会の議決を要しない規模の3個の工事請負契約に分割して締結したことについて、それが専ら議会の議決を免れる目的でなされたものであるときは違法であるが、それが「本件工事を実施する高度の必要性があり、その実施に不可欠で既に交付決定を受けていた補助金を利用するためには本件工事に係る請負契約を締結して本件工事を平成8年度内（平成9年3月31日まで）に完了させるほかなく、工期の短縮等の手段として工区を三つに分割することが、本件工事の内容、性質、実施場所等に照らして合理的であったなどの特段の理由に基づくものと認められる場合には、被上告人が本件各契約を締結したことについて、同号を潜脱する目的で行った違法なものということはできない。」とする判例（最高裁平成16年6月1日判決・判時1873号118頁）がある。

# 2　契約方法の妥当性

## （1）契約方法の選択の妥当性

　公共工事の請負契約は、「一般競争入札」「指名競争入札」「随意契約」のいずれかの方法で行われることとなっている（自治法234条1項）。

　一般競争入札とは、金額以外の契約内容を公開したうえで、不特定多数の者から契約の申込みを受け、その中で、発注者に最も有利な条件の申込みをした者と契約を締結する方式である。その長所として、次のよ

68 ●

第2章　公共工事

うなことを挙げることができる。

①　契約の申込みについての制限がほとんどないので、契約の機会の均等が最も確実に保証される。

②　契約内容及び契約の相手方の選定過程が明らかになることから、不正な行為が介入したり、疑惑を招くことが少ない。

③　契約希望者間の競争が活発になり、発注者がより有利な条件を獲得する可能性が最も高い。

これに対し、一般競争入札の短所として、次のようなことが指摘されている。

①　契約を履行するために必要な技術力、設備力、資金力等に欠ける者が落札する可能性があり、その場合は、契約の締結を拒否したり、履行に着手することができなかったり、工事の途中で履行を放棄したり、工事に瑕疵があったときの担保責任をとることができない等のおそれがあり、さらに、自己が契約した工事を第三者にそのまま下請けさせる（丸投げする）という不都合が生じることもある。

②　事務手続が煩瑣であり、事務の経済性、効率性の観点からの問題がある。

③　業者間における過当な競争のために、明らかな原価割れの申込み（ダンピング）がなされ、その結果、手抜き工事がなされたり、健全な市場秩序が維持できなくなるおそれがある。

国や地方公共団体の工事に関しては、従来から、このような一般競争入札の方法における短所が強く意識されており、平成5年に当時の建設省が国の直轄工事の一部にそれを導入するまでは、一般競争入札の方法による契約がなされることはほとんどなかった。そして、一般競争入札の方法によることの短所を克服するために考えられたのが、発注者の側で信頼できる業者をあらかじめ指名しておき、その指名を受けた業者のみが入札に参加できる「指名競争入札」の方法であり、入札と言えば、もっぱらこの制度を意味するように考えられていた。しかし、公共工事の入札における談合や業者の指名あるいは予定価格をめぐる汚職等の不

● 69

第2部　事務事業のプロセスとコンプライアンス

祥事が続発する一方、日本の契約方法が不透明であるとの米国からの強い非難もあり、急速に、一般競争入札の方法が採用されるケースが増えてきている。

　しかし、一般競争入札はもちろん、指名競争入札であっても、その事務手続はそれ相応に複雑であるし、時間もかかる。そこで、費用と効果を考えたときに、初めから特定の相手方と契約条件の交渉をし、契約をした方がよい場合もあるし、特定の相手方でなければ契約の目的を達成できないこともあることは否定できない。このような場合を想定した契約の方法として「随意契約」がある。

　ところで、法律の建前としては、公共工事の請負契約は一般競争入札によることが原則であり（自治法234条2項）、指名競争入札によることができる場合及び随意契約によることができる場合は、政令（自治法施行令167条・167条の2第1項）で定める要件に該当する場合に限られることになっている。また、都道府県及び政令指定都市については、特例政令（後記(4)④（90頁）参照）が適用されるが、そこでは、一定の規模以上の契約について、競争入札の手続についての自治法施行令の特例のほか、随意契約ができる場合についての制限が定められている。

　したがって、個別の契約に際しては、それぞれの契約の方法の利害得失を考慮したうえで、その契約が法令のどの定めに該当するかを正しく判断して、適切な方法によって契約を締結しなければならないことになる。指名競争入札の方法を選択したことが違法であるとする判決例はないようであるが、競争入札によるべきにもかかわらず随意契約の方法によった契約を違法であるとする判決例は少なくない（広島地裁昭和59年5月22日判決・判例自治11号31頁等）。なお、最高裁は、随意契約によることができる場合の判断について契約締結権者に広い裁量を認めたうえで（昭和62年3月20日判決・判時1228号72頁）、法令が認めた要件に該当しない随意契約は違法であるとしながら、その場合においても私法上の効力が当然に否定されるわけではないとしている（昭和62年5月19日判決・判時1240号62頁）。

70　●

第2章　公共工事

## (2)　一般競争入札の方法

### ① 入札参加資格

　一般競争入札の方法による契約は、公告に始まり、入札参加資格の確認、現場説明及び入札説明書に対する質問と回答等を経て入札がなされ、開札、落札者の決定、契約の締結へと至る。

　一般競争入札のうちでも、対象となる工事が大規模構造物であったり、特殊な作業条件下で行わなければならない工事等であって、特殊又は高度な施工技術を要する場合には、競争参加資格の確認に合わせて、それに対処できる技術力をも審査する必要がある。このため、施工方法や仮設備計画等を記載した施工計画書の提出を求めることがあり、これを施工計画審査タイプの一般競争入札と称している。

#### ①－1　一般競争入札の参加者の絶対的要件

　一般競争入札は誰でも参加することができるのが建前であるが、実際には、誰でもが自由に入札することができることはほとんどなく、参加するためには一定の資格が必要とされるのが通常である。この資格については、契約締結権者である長の意思に関係ないもの（「絶対的要件」ということができる。）と長が裁量によって定めるもの（「相対的要件」ということができる。）があり、前者について自治法施行令は次のように定めている。

　　① 普通地方公共団体は、特別の理由がある場合を除くほか、一般競争入札に次の各号のいずれかに該当する者を参加させることができない（自治法施行令167条の4第1項）。

　　　ア　当該入札に係る契約を締結する能力を有しない者（民法4条～21条参照）

　　　イ　破産手続開始の決定を受けて復権を得ない者（破産法255条参照）

　　　ウ　指定暴力団員、指定暴力団員と生計を一にする配偶者（婚姻の

● 71

第2部　事務事業のプロセスとコンプライアンス

届出をしていないが事実上婚姻関係と同様の事情にある者を含む。）、法人その他の団体であって、指定暴力団員がその役員となっているものその他指定暴力団員が出資、融資、取引その他の関係を通じてその事業活動に支配的な影響力を有する者（暴力団員による不当な行為の防止等に関する法律32条1項）

②　普通地方公共団体は、一般競争入札に参加しようとする者が次のいずれかに該当すると認められるときは、その者について3年以内の期間を定めて一般競争入札に参加させないことができる。その者を代理人、支配人その他の使用人又は入札代理人として使用する者についても、また同様とする（自治法施行令167条の4第2項）。

ア　契約の履行に当たり、故意に工事若しくは製品を粗雑にし、又は物件の品質若しくは数量に関して不正の行為をした者

イ　競争入札又はせり売りにおいて、その公正な執行を妨げた者又は公正な価格の成立を害し、若しくは不正の利益を得るために連合した者

ウ　落札者が契約を締結すること又は契約者が契約を履行することを妨げた者

エ　自治法234条の2第1項の規定による監督又は検査の実施に当たり職員の職務の執行を妨げた者

オ　正当な理由がなくて契約を履行しなかった者

カ　契約により、契約の後に代価の額を確定する場合において、当該代価の請求を故意に虚偽の事実に基づき過大な額で行ったとき。

キ　前記アからカにより一般競争入札に参加できないこととされている者を契約の締結又は契約の履行に当たり代理人、支配人その他の使用人として使用したとき。

なお、契約を締結した後になって、その相手方が上記に該当する者であることが判明した場合の法律効果は法定されておらず、当然無効であるとする論拠も見当たらない。しかし、そのようなことが生じ得ること

は想定できるのであるから、その場合にどのように対処するかを契約に定めて置くことが必要となる（最高裁平成28年1月12日判決・判時2328号60頁及び最高裁平成28年12月19日判決・判時2327号21頁参照）。

### ①－2　制限付競争入札の参加者の相対的要件

絶対的要件については長に裁量の余地がないのに対して、長は必要があると認めるときは一般競争入札に参加できる者の資格として、次の要件を定めることができることになっている。

　　ア　契約の種類及び金額に応じて定めた次の要件（自治法施行令167条の5）

　　　a　工事、製造又は販売等の実績

　　　b　従業員の数

　　　c　資本の額

　　　d　その他の経営の規模及び状況

　　イ　契約の性質又は目的により、当該入札を適正かつ合理的に行うため特に必要があると認めて定めた次の要件（自治法施行令167条の5の2）

　　　a　入札に参加する者の事業所の所在地

　　　b　その者の当該契約に係る工事等についての経験もしくは技術的適性の有無等に関する必要な資格

これらのうちアは「客観的審査事項」と、イは「主観的審査事項」と称され、これらの要件を定めて行われる入札は「制限付き競争入札」と称されている。

● 客観的審査事項

制限付き競争入札における客観的審査事項については、建設業法27条の23の規定による経営事項審査の項目によることが通例となっており（建設省及び自治省による入札・契約手続改善推進協議会報告書（平成5年12月24日）参照）、これに基づく評価を活用することによって、どの公共工事発注者においても共通の評価をすることができることになって

第2部　事務事業のプロセスとコンプライアンス

いる。すなわち、建設業法27条の23及びその委任を受けた同法施行令
27条の13は、地方公共団体から工事一件の請負代金の額が500万円（当
該建設工事が建築一式工事である場合にあっては、1500万円）以上の建設
工事を請け負うときは、緊急の必要その他やむを得ない事情がある場合
等を除いて、経営事項審査を受けなければならず、その審査は次の事項
について（平成30年4月1日現在）、登録経営状況分析機関によって、数
値による評価をすることにより行うとしている。

　①　経営規模
　　ア　完成工事高（許可業種別）
　　イ　自己資本額
　　ウ　利払前税引前償却前利益
　②　経営状況
　　ア　負債抵抗力（純支払利息比率・負債回転期間）
　　イ　収益性・効率性（総資本売上総利益率・売上高経常利益率）
　　ウ　財務健全性（自己資本対固定資産比率・自己資本比率）
　　エ　絶対的力量（営業キャッシュフロー・利益剰余金）
　③　技術力
　　ア　元請完成工事高（許可業種別）
　　イ　技術職員数（許可業種別）
　④　その他（社会性等）
　　ア　労働福祉の状況
　　イ　建設業の営業継続の状況
　　ウ　防災活動への貢献の状況（防災協定締結の有無）
　　エ　法令遵守の状況
　　オ　建設業の経理の状況
　　カ　研究開発の状況
　　キ　建設機械の保有状況
　　ク　国際標準化機構が定めた規格の取得の状況
　　ケ　若年の技術者及び技能労働者の育成及び確保の状況

第2章　公共工事

● 主観的審査事項

制限付き競争入札における主観的審査事項については、一般的には次のような要件が考えられる。

① 対象工事と同種の工事の施工実績があること

② 対象工事に配置を予定する主任技術者、監理技術者等が適正であること

③ 指名停止期間中の者ではないこと

④ 施工計画が適正であること（大規模構造物や特殊な作業条件下の工事の場合）

⑤ 対象工事に係る設計業務等の受託者又は当該受託者と資本若しくは人事面において関連がある者ではないこと

なお、主観的審査事項として、入札に参加する者の事業所の所在地を要件とすることが認められているが、この要件を厳しく設定するときは実質的な参加者の制限となり、競争入札の趣旨を没却することにもなるので、それは合理的な範囲内のものでなければならない。

このことについては、「地方公共団体が、指名競争入札に参加させようとする者を指名するに当たり、①工事現場等への距離が近く現場に関する知識等を有していることから契約の確実な履行が期待できることや、②地元の経済の活性化にも寄与すること等を考慮し、地元企業を優先する指名を行うことについては、その合理性を肯定することができるものの、①又は②の観点からは村内業者と同様の条件を満たす村外業者もあり得るのであり、価格の有利性確保（競争性の低下防止）の観点を考慮すれば、考慮すべき他の諸事情にかかわらず、およそ村内業者では対応できない工事以外の工事は村内業者のみを指名するという運用について、常に合理性があり裁量権の範囲内であるということはできない。」として、長年指名を受けて指名競争入札に継続的に参加していた建設業者について、村外業者に該当するとなったことだけを理由として、指名業者から排除したことは違法であるとする判例がある（最高裁平成18年10月26日判決・判時1953号122頁）。なお、特例政令5条は、都道府県と

● 75

第2部　事務事業のプロセスとコンプライアンス

政令指定都市の長は、自治法施行令167条の5の2の規定にかかわらず、「特定調達契約に係る一般競争入札に参加する資格につき、当該入札に参加する者の事業所の所在地に関する必要な資格を定めることができない」としている。

ところで、品質確保促進法は、「競争に参加しようとする者について、工事の経験、施工状況の評価、当該公共工事に配置が予定される技術者の経験その他競争に参加しようとする者の技術的能力に関する事項を審査しなければなら」ず（12条）、「当該公共工事の性格、地域の実情等に応じ、競争に参加する者（競争に参加しようとする者を含む。以下同じ。）について、若年の技術者、技能労働者等の育成及び確保の状況、建設機械の保有の状況、災害時における工事の実施体制の確保の状況等に関する事項を適切に審査し、又は評価するよう努めなければならない。」（13条）としているところ、前記の経営事項審査を適切に行うときは、その結果はこれらの規定に従ったものになると考えられる。

### ①－3　入札保証金

一般競争入札の参加者については、前述のような資格要件が定められることになるが、これらの要件のみによって、一般競争入札の短所として指摘されている契約拒否という事態を防ぐことはできない。そこで、落札したにもかかわらず契約をしないときにはそれを没収するというサンクションによって、無責任な入札者を排除しようとするものが「入札保証金の制度」である（自治法234条4項）。工事における入札保証金の額は、入札金額に応じた割合をそれに乗じて得た額とするのが通常であり、具体的には規則で定めるものとされている（自治法施行令167条の7第1項）。また、この規則には、入札保証金を免除できる場合についても定められているのが通例であるが、免除することの妥当性の検証が常に必要である。

76

第2章　公共工事

### ①-4　公告

一般競争入札においては、入札を行うことを一般に知らしめることを欠かすことができない。このため、入札に参加する者に必要な資格、入札の場所及び日時その他入札について必要な事項を公告しなければならない（自治法施行令167条の6第1項）。また、この公告においては、入札に参加する資格のない者のした入札及び入札に関する条件に違反した入札は無効とすることも明らかにしておく必要がある（自治法施行令167条の6第2項）。

さらに、一般競争入札は、当該団体における入札に不慣れな者が参加を希望することも考えられるので、そのような者に対する便宜のために、公告の写し、契約書案、入札心得、図面、仕様書、現場説明書を含めた入札説明書を希望者に交付することも行われている。この場合に、経費の負担をどうするかが問題となるが、事の性質上、実費を徴収することができるのは当然のことである。なお、特例政令6条は、その対象とする契約について、地方公共団体の長に入札説明書の交付を義務付けるとともに、その内容を規則で定めることを求めている。

特例政令6条による入札説明書において明らかにすべき事項としては、次のようなものが考えられる。

① 提出すべき資料の内容（施工実績、配置予定の技術者名、施工計画等）

② 申請書及び資料の提出期限、提出場所、提出方法

③ 申請書及び資料の作成要領

④ 申請書及び資料の作成費用は提出者負担であること

⑤ 申請書及び資料の公開の可能性の有無（情報公開条例との関係等）

⑥ 申請書及び資料の返却の有無

⑦ 提出期限後の申請書又は資料の修正、差し替えは認めないこと

⑧ 質問は文書によるべきこと及びその提出先と提出期限

⑨ 質問書に対する回答の期限と回答の閲覧場所

また、一般競争参加資格の有無についての一義的な判断は事業者が行

● 77

第2部　事務事業のプロセスとコンプライアンス

い、資料を添えて申請書を提出することになるので、事業者からの種々の照会に対応できる体制をとっておくことが望まれる。そして、質問に対する回答は他の参加希望者にとっても参考になるものであるから、希望者が閲覧できる体制を整えておくべきであろう。なお、具体的な入札案件と関係なく、一般的に一般競争入札に参加する資格があるか否かをあらかじめ審査して、有資格者の名簿を作成しておくという方法も可能であろう。

## ② 開札と落札決定

開札は、入札と同じ場所で入札に引き続いて行わなければならず、入札者が立ち会うか、そうでない場合は当該入札事務に関係のない職員を立ち会わせて公正を確保することとされている（自治法施行令167条の8第1項）。また、同様の趣旨から、一旦入札した以上、その後に入札書を書き換えたり、別の入札書と引き替えたりすることはできず、入札そのものを撤回することもできないこととなっている（自治法施行令167条の8第3項）。ただ、入札書に記載すべき事項を記録した電磁的記録を提出することによって行われる入札（「電子入札」という。）にあっては、入札事務の公正かつ適正な執行の確保に支障がないときは、入札者及び職員を立ち会わせないことができることになっている（自治法施行令167条の8第2項）。なお、公共工事適正化法12条は「建設業者は、公共工事の入札に係る申込みの際に、入札金額の内訳を記載した書類を提出しなければならない。」としているが、入札書の記載について錯誤等があった場合は、民法の意思表示に関する一般論に従って解決することになる。

入札のうちに予定価格の制限範囲内の価格のものがあるときは、その中の最も低い価格を提示した者が落札者となり、その者と契約を締結することになる（自治法234条3項）。そして、通常の場合は契約書に両者が記名押印することによって契約が確定的に成立することになる（自治法234条5項）。開札をしたところ落札者がないという場合は、直ちにその場で再度の入札をすることができ（自治法施行令167条の8第4項）、

公告からの事務を繰り返すことの煩雑さを回避できるようになっている。

　ただし、工事の請負においては、無責任な工事や手抜き工事を避けるために、次の場合に最低の価格を入札した者以外の者と契約をすることが認められている。

　その第一は、予定価格の制限の範囲内で最低の価格の入札を行った者と契約をしたのでは、価格が低すぎて、当該契約の内容に適合した契約がされないおそれがあるとき又はその者と契約することが公正な取引の秩序を乱すこととなって著しく不適当であるときである（自治法施行令167条の10第1項）。その第二は、当該契約の内容に適合した履行を確保するため特に必要があると認めて最低制限価格を設けた場合に、その価格を下回る価格での入札がなされた場合である（自治法施行令167条の10第2項）。

　いずれの場合も、予定価格の制限内での価格を提示した他の者を落札者とすることができるが、最低制限価格を設けることを含め、その妥当性の検証を忘れてはならない。なお、品質確保促進法は、予定価格及び最低制限価格の作成に係る事務を適切に実施するためとして、次の事項を定めている（同法7条1項1号～3号）。

① 公共工事を施工する者が、公共工事の品質確保の担い手が中長期的に育成され及び確保されるための適正な利潤を確保することができるよう、適切に作成された仕様書及び設計書に基づき、経済社会情勢の変化を勘案し、市場における労務及び資材等の取引価格、施工の実態等を的確に反映した積算を行うことにより、予定価格を適正に定めること。

② 入札に付しても定められた予定価格に起因して入札者又は落札者がなかったと認める場合において更に入札に付するときその他必要があると認めるときは、当該入札に参加する者から当該入札に係る工事の全部又は一部の見積書を徴することその他の方法により積算を行うことにより、適正な予定価格を定め、できる限り速やかに契

第2部　事務事業のプロセスとコンプライアンス

約を締結するよう努めること。

③　その請負代金の額によっては公共工事の適正な施工が通常見込まれない契約の締結を防止するため、その入札金額によっては当該公共工事の適正な施工が通常見込まれない契約となるおそれがあると認められる場合の基準又は最低制限価格の設定その他の必要な措置を講ずること。

　また、公共工事適正化法は、入札及び契約の適正化の基本となるべき事項の一つとして「その請負代金の額によっては公共工事の適正な施工が通常見込まれない契約の締結が防止されること」を掲げ（3条4号）、「建設業者は、公共工事の入札に係る申込みの際に、入札金額の内訳を記載した書類を提出しなければなら」ず（12条）、地方公共団体の長は、「その請負代金の額によっては公共工事の適正な施工が通常見込まれない契約の締結を防止し、及び不正行為を排除するため、前条の規定により提出された書類の内容の確認その他の必要な措置を講じなければならない。」としており（13条）、このような低価格での入札（「低価格入札」という。）がなされた場合についての審査の方法等について定めている地方公共団体も多い。

　なお、最低価格の落札者と契約しないことができる場合として総合評価競争入札の方法があるが、これについては第4部第3章1（2）②－4（470頁）で述べる。

　ところで、特例政令が適用される契約について、一般競争入札が行われ、落札者が決定したときは、規則で定めるところにより公示しなければならないとされている（特例政令11条）が、そのような定めのないそれ以外の契約については、落札者の公開は適宜の方法で行えばよいことになる（なお、公共工事適正化法8条、同法施行令7条参照）。

## （3）指名競争入札の方法

### 1　一般競争入札との違い

　指名競争入札は、入札に参加できる業者を発注者があらかじめ指名す

ることを別にすれば、一般競争入札とほぼ同じであり（自治法施行令
167条の11・167条の13）、もっぱら指名の妥当性が問題とされることが
多い。これは、指名によって入札参加者の数が限定され、その氏名（企
業名）が入札前に明らかになるために、談合が誘発されやすいというこ
とのほかに、指名行為そのものについて、信頼性、経済性、効率性以外
の要素が考慮される可能性が否定できないためである。

　指名競争入札については、一般競争入札に関する入札参加者の資格に
ついての規定（自治法施行令167条の４）が準用されるほか、あらかじめ
契約の目的となる工事の種類及び金額に応じた入札参加者の客観的審査
事項についての基準を必ず定め、それを公示しなければならないとされ
ている（自治法施行令167条の11・167条の５）。また、制限付き一般競争
入札における制限（主観的審査事項）の定め（自治法施行令167条の５の
２）については前述したところであるが、指名競争入札に関しては、一
般的な入札参加資格及び客観的審査事項をクリアした者の中から、契約
締結権者がその裁量により個別の入札に参加させようとする者を指名し
なければならないとされる（自治法施行令167条の12第１項）だけで、具
体的な指名基準についての法令の定めはない。しかし、指名競争入札に
関して指摘されている前述のような疑惑を生じさせないために、具体的
な指名基準とその運用基準を明確にするとともに、指名手続の透明化を
図ることが求められている（公共工事適正化法３条・８条、同法施行令７条）。

　まず、指名基準として考えられる事項には、制限付競争入札について
述べた客観的審査事項（73頁参照）及び主観的審査事項（75頁参照）に
加えて、現在の手持ち工事の状況、最近の経営状況、最近における契約
履行の状況（不誠実な行為の有無や工事成績等）、当該工事現場との地理
的条件、最近の工事における安全衛生管理の状況、労働福祉の状況等が
ある。国土交通省においては、「工事請負選定事務処理要領」（昭和41年
12月23日建設省厚第76号）において、一般競争入札及び指名競争入札に
参加する共通の資格を定めるとともに、指名競争入札に参加する者を指
名する基準を定め、適時に改正しつつ、それを公表しているので、それ

第2部　事務事業のプロセスとコンプライアンス

を参考にすることも考えられる。

　また、指名手続の公正さを確保し、裁量権の濫用や不適正な行使を防ぐための方法として、通常の決裁で指名業者を決定するのではなく、その前提として指名審査委員会のような合議制の組織で審査するという方法が多くの地方公共団体で定着している。しかし、その一方で、その運用が形式に陥っているのではないかという懸念もあり、その点についての反省が常に必要である。なお、具体的な入札案件と関係なく、一般的に指名競争入札に参加する資格があるか否かをあらかじめ審査して、有資格者の名簿を作成しておくという方法も可能であろう。

### ② 公募型指名競争入札

　さらに、指名手続を透明化するための方法として、「公募型指名競争入札」と「工事希望型指名競争入札」の方法が提唱されている。

　公募型指名競争入札というのは、指名競争入札への参加の一般的な要件を満たした者について、さらに、特定の契約対象工事等について必要とされる技術についての資料の提出を求め、その審査結果に基づいて、具体的な指名を行うという方法である。すなわち、従来型の指名競争入札にあっては、発注者が一方的に入札に参加させようとする業者を指名するのに対して、公募型においては、一般的な基準を示して、それを満たす者が自分の意思で応募し、発注者はその中から指名するのである。

　この手続は、まず技術資料収集に係る掲示から始まる。これは、対象となる工事と応募できる者の資格を一般に知らせることを目的とするものであり、それに加えて、審査のために必要とされる資料についても公にされる。すなわち、対象工事については工事名、工事場所、工事内容（工種、構造、規模等）、工期等が明らかにされ、応募できる者の資格としては事業者の規模（建設業法27条の23の規定による経営事項審査の結果等）、事業所の所在地要件、近隣地域における施工実績、同種工事の施工実績等が示され、事業者は、これらをみて、応募するか否かを自主的に決めることになる。また、応募しようとする者のために、提出すべき

技術資料の作成や提出期限・場所等が明らかにされるべきことは当然である。なお、特例政令が適用される工事については公示が必要とされている（特例政令7条）。

　技術資料の提出を受けた発注者は、その技術資料に基づいて審査したうえで、指名業者を選定することになる。この選定にあたっては、庁内に特別の委員会等を設置することも考えられるが、従来からある指名委員会等で行うことも差し支えない。なお、公募型指名競争入札の方法をとった場合は、指名しないこととなった事業者に対しては、その旨と理由を通知すべきことになろう。それが不服であるとして、詳細な理由の説明を求められたり、指名すべきことを要求された場合に、どのような手続で、どこまで応答するかが問題であるが、それについてもあらかじめ明らかにしておかないと無用の混乱を招くことになる。なお、この指名は行政処分ではないので、その取消しを求める審査請求や訴えを提起することはできないが、国家賠償法1条1項に基づく損害賠償請求をすることはできるであろう（最高裁平成18年10月26日判決・判時1953号122頁参照）。

### ③ 工事希望型指名競争入札

　工事希望型指名競争入札は、建設工事を指名競争入札に付する際に、事業者の入札参加意欲を反映するとともに、当該工事の施工に係る技術的適正を把握するため、指名業者の選定に先だって、工事受注意欲の確認と技術資料の提出を求める方法だと定義されている（平成7年3月22日建設省厚契発第12号・技調発第46号）。前述の公募型指名競争入札の場合には、技術資料の提出は一般に呼びかけられ、公にされた参加資格を有する者は誰でも参加できるのに対して、工事希望型指名競争入札においては、技術資料の提出を求める者をあらかじめ発注者の側で選定するところが異なっている。

　工事希望型指名競争入札においては、入札参加者を指名するための審査資料として技術資料の提出を求める相手方、いわば指名候補者を選定

第2部　事務事業のプロセスとコンプライアンス

することが最初の事務となる。国土交通省地方整備局が所掌する工事においては、工事請負業者選定事務処理要領に基づく指名競争入札参加資格の認定を受けている者のうち、希望する工事の内容（資格審査申請書に添付する業態調書において、希望する工事の内容を記載する工事種別に限る。）、当該工事の規模、当該建設業者の認定時の評価、地域特性等を勘案して、技術資料の提出を求める事業者を10数社から20社程度選定することとしているが、地方公共団体にあっては、これをも参考にしつつ、自らに最もふさわしい方法によることが必要である。

　技術資料の提出を求める相手方に対しては、工事の概要（工事名、工事場所、工種・構造・規模等の工事内容、工期等）、技術資料の受付期間・場所、技術資料の提出方法（持参か郵送か）、技術資料の審査方法（技術資料の評価項目、選定の着目点）等を明らかにしたうえで、入札に参加する意欲がある場合は、技術資料を提出すべきことを求めることになる。

　提出を求める技術資料としては、発注しようとする工事の特性等に応じて、次のような内容のものが考えられる。

① 　施工実績
　　ア 　同種又は類似の工事の施工実績
　　イ 　近隣地域内における工事の施工実績
　　ウ 　施工実績
② 　配置予定の技術者
　　ア 　主任技術者又は監理技術者の予定者の氏名（複数の候補者でもいい。）
　　イ 　前記アの予定者の資格、工事経験等
③ 　施工計画

技術資料の提出を受けた発注者は、その技術資料に基づいて審査したうえで、指名業者を選定することになるが、この手続や指名されなかった者への対応等は、公募型指名競争入札における場合と同様である。

　なお、工事希望型指名競争入札の対象となる工事については、指名競争入札について自治法施行令が定める要件を満たしている限り、全ての

84

工事が対象となり得るが、特例政令が適用される契約については、発注者において事前に指名されるべき事業者を特定することは認められていない（特例政令7条・8条）ので、この方法による契約はできないこととなる。

### ④ 指名競争入札の類型別有利性

工事に係る契約の方法としての入札には、様々なものがあることはこれまで述べてきたとおりである。手続の複雑さや参加者の数等による事務処理の効率性という点からみれば、一般競争入札、公募型指名競争入札、工事希望型指名競争入札、一般の指名競争入札の順に簡便になり、公正の確保、機会均等、競争原理の導入という観点からは逆の順となる。具体的な契約に際しては、法令の規定を遵守しつつ、契約手続における透明性確保の要請と費用の最少化、適正な契約の締結という要素を総合的に考慮して、最も妥当な方法を選択しなければならない。

## (4) 随意契約の方法

### ① 随意契約の特性

自治法234条2項は、「指名競争入札、随意契約又はせり売りは、政令で定める場合に該当するときに限り、これによることができる」とし、この規定を受けた自治法施行令167条の2は、随意契約によることができる場合として9つの場合を掲げている（このうち、平成16年の改正によって追加された同条3号及び4号の場合は社会政策的・経済政策的判断によるものであって、それ以外の号の場合と若干意味合いが異なる。）。これらの規定の趣旨について、最高裁昭和62年3月20日判決（判時1228号72頁）は次のように述べている。

「普通地方公共団体の締結する契約については、機会均等の理念に最も適合して公正であり、かつ、価格の有利性を確保し得るという観点から、一般競争入札の方法によるべきことを原則とし、それ以外の方法を例外的なものとして位置づけているものと解することができ

第2部　事務事業のプロセスとコンプライアンス

る。そして、そのような例外的な方法の一つである随意契約によるときは、手続が簡略で経費の負担が少なくてすみ、しかも、契約の目的、内容に照らしそれに相応する資力、信用、技術、経験等を有する相手方を選定できるという長所がある反面、契約の相手方が固定化し、契約の締結が情実に流される等公正を妨げる事態を生じるおそれがあるという短所も指摘され得る」

このように、一般競争入札は公正さと価格の有利さを最優先する方法であり、随意契約は契約費用の少なさと相手方の信頼性に重点を置いた方法であると解されるが、随意契約の方法による場合であっても、それが地方公共団体が当事者となるものである以上、公正を妨げる事情がある場合には、その契約が違法となることがある（福岡地裁平成3年2月21日判決・判時1401号44頁）。

随意契約の方法による場合には、契約の目的、内容に照らしそれに相応する資力、信用、技術、経験等を有する相手方を選定できるとされるが、現実には、そのような相手方を選ぶことは必ずしも容易ではない。特に、随意契約によることの理由が予定価格が低額である場合（自治法施行令167条の2第1項1号）には、契約の相手方になり得る者が複数あるのが通常であるし、契約の性質又は目的が競争入札に適しないものである場合（自治法施行令167条の2第1項2号）においても、複数の者の中から契約の相手方とすべき者を選定することが可能な場合は珍しくない。

## ② 見積合わせ

随意契約を適正に行うためにしばしば利用される方法が、「見積合わせ」と言われる方法である。見積合わせというのは、2人以上の者から契約の目的に対する代価を算定した見積書を提出させ、その見積書を基に、最も有利な条件の相手方を選定し、その者と契約するという方法である。これは、初めから契約の相手方を特定したうえで契約締結交渉をした場合は、当該業者との癒着が生じたり、不当に高い代価を支払う結

果になるおそれがあることと、現実にはそのようなことはないとしても、住民がそのような疑惑を抱き、ひいては、行政に対する信頼がなくなるおそれがあることを理由とするものである。言いかえれば、見積合わせというのは、単に有利な契約条件を獲得することだけではなく、契約手続の公正さを確保する手段でもある。

　なお、随意契約においても、予定価格の制限内で契約を締結するのが原則であるが、入札の場合と異なり、必ずそうしなければならないという法律の定めはない。したがって、見積書を徴したところで、いずれも予定価格を上回ることが明らかになり、その後の交渉（再度の見積書の提出を含む。）でも予定価格の制限内では契約に応じる者がいないことが判明した場合は、予定価格を上回る金額で契約を締結することもやむを得ないであろう。これは、入札の場合の自治法234条3項のような法的拘束力の根拠がない随意契約における予定価格は、当該契約において基準をあらかじめ定めることにより、適正な契約を締結することを目的とするものにすぎないと解されることから、論理的に導き出される結論である。

　ただ、予定価格が低価格であることが随意契約の理由となっている場合（自治法施行令167条の2第1項）は、当該予定価格を上回ることによって随意契約が認められている金額を超えることは許されない。また、競争入札に付し入札者がないとき、又は再度の入札に付し落札者がないことを理由として随意契約を行う場合は、契約保証金及び履行期限を除くほか、最初競争入札に付するときに定めた予定価格その他の条件を変更することができないとされ（自治法施行令167条の2第2項）、落札者が契約を締結しないことを理由とする場合は、落札金額の制限内で契約を締結しなければならないとされている（自治法施行令167条の2第3項）。

　ところで、見積書を徴する相手方の数として、どのくらいが適当であるかも問題となるところである。これは、契約の目的、性質、価格及び種類並びに契約に応ずることが可能な範囲における事業者の数等を総合

● 87

第2部　事務事業のプロセスとコンプライアンス

的に判断して決めることになる。見積合わせというからには、二者以上から見積書の提出を求めなければならないのは当然のことであるが、余り多すぎると、随意契約における手続の簡単さ簡易さが失われるので、多ければ多いほどよいというわけではない。

　なお、見積書の提出を求めることは、契約の申込の誘因であり、見積書の提出は契約の申込であると解されるので、購入先が1社に限定されている場合も、価格等の条件を提示させるという意味で、見積書を徴することは必要であろう。このような場合において、見積書による価格が予定価格を上回る等したときは、発注者の方から値引き等を求め（これは相手方の申込を拒否して発注者が新たな申込をしたことになる。民法528条）、交渉したうえで、妥当な条件により契約を締結することとなる。

### ③　コンペ又はプロポーザル

　特定の政策目的を達成するための契約や土木・建築事業の設計等については、価格だけでは契約の相手方を決めることができないことから、見積合わせの方法によることが困難であり、最初から相手方を特定した随意契約によることが多かった。しかし、このような場合にあっても、契約を希望する者から、その契約によって達成しようとする意図や専門性、独創性、芸術性、能力等を判断できる資料を提出させ、その中から契約の相手方を選定することが考えられる。これが「コンペ」又は「プロポーザル」と称される方法（以下「コンペ」という。）であり、次第に採用されることが多くなっている。

　コンペには、大きく分けて二つの方法がある。すなわち、一つは、応募者の中から最も適当と判断された案を提出した者を相手方として、随意契約の方法により契約を締結するという方法であり、他の一つは、応募者の提出した案の中の優れたものについての著作権等の権利を取得したうえで、原則的には当該案を提出した者と契約を締結するが、必ずしもその者が契約の相手方とは限らないというものである。前者の場合は、応募者が費やした経費は応募者自身の負担とされるが、後者の場合

は、あらかじめ賞金等として公表されている一定の金額が入選作に与えられるのが一般的である（これは民法532条の優等懸賞広告に該当する。）。

　前者の方法は、地域振興やまちづくりのための用地の売却や貸付等に際して利用されることが多く、この場合の価格はあらかじめ地方公共団体の側で決めておき、コンペそのものは、価格についての競争を目的としていないことが多い。

　後者の方法は、土木・建築の基本構想等について利用されることが多く、その第一の目的は、優れた構想やアイディアを得ることにある。理論的には、コンペそのものは工事契約手続には含まれず、その基本構想等に基づく設計の委託の段階が工事契約の問題であるということになろう。すなわち、コンペは優秀な成果品を得るための手段であり、それに自治法の契約に関する規定の適用はないが、それを実施するための契約については、自治法が適用され、コンペによって選ばれた作品（設計）を作製した者に設計を委託することが「時価に比して著しく有利な価格で契約を締結することができる見込みのあるとき」（自治法施行令167条の2第1項7号）等に該当する場合に、その者を相手方として随意契約を締結することができることになるわけである。

　このように、コンペは、前者についてはもちろん、後者の場合も実質的には契約の相手方を選択する手続として機能するのであり、随意契約における相手方の選定過程を透明化しようとする試みの一つである。なお、コンペは前述の公募型指名競争入札と考え方や手続の面では共通するところも多いが、法律的には、前者が指名競争入札であるのに対し、後者は随意契約という全く別のものである。

　なお、国民宿舎の基本設計業務委託業者選定に伴う指名型プロポーザル方式による公募手続において、審査委員会における担当職員の説明に誤りがあったことによって、選定されなかった業者の公正かつ適正なプロポーザル方式による審査を受ける利益が害されたとして慰謝料の請求を認容した判決（福岡地裁平成26年10月28日判決・判例自治415号70頁）があるが、コンペが契約の相手方の選定過程を透明化し、適正なものと

第2部　事務事業のプロセスとコンプライアンス

するための方策であることからすると、審査過程自体も適正であること
が要求されるのは当然のことであろう。

### ④ 公募型プロポーザル

　特例政令11条は、同政令が適用される調達契約について随意契約が
できる場合についての自治法施行令の特例を設けている。それによれ
ば、予定価格が２億2,000万円以上の建築物の設計を目的とする契約
（2018年（平成30年）４月１日から2020年（令和２年）３月31日までに締
結されるものに限る。）については、自治法施行令167条の２第１項５号、
８号又は９号に該当する場合のほか、当該契約が自治法施行令167条１
項２号に規定するその性質又は目的が競争入札に適しないものに該当す
る場合において、「当該契約の相手方が、総務大臣の定める要件を満た
す審査手続により、当該建築物の設計に係る案の提出を行った者の中か
ら最も優れた案を提出した者として特定されているとき」に限り、随意
契約ができることとなっており（同条１項６号、地方公共団体の物品等又
は特定役務の調達手続の特例を定める政令第３条第１項に規定する総務大臣
の定める区分及び額（平成30年総務省告示22号））、このような方式による
契約の方法を公募型プロポーザル方式と称している。

　ここでいう総務大臣の定める要件については、特例政令11条１項６
号に規定する総務大臣の定める要件を定める件（平成７年自治省告示209
号）が次のように定めている。

　①　複数の審査員により審査されること。

　②　次に掲げる者は建築物の設計に係る案の提出（以下「提案」とい
　　　う。）を行うことができないこと。

　　ア　審査員

　　イ　審査員が自ら主宰し又は役員若しくは顧問として関係する法人
　　　その他の組織及び当該組織に所属する者

　　ウ　提案に関する事務を担当する特定地方公共団体の部局の職員

　③　提案の要請を行うに際し、次に掲げる事項を公示されること。

第2章　公共工事

  ア　提案に係る建築物の設計の内容

  イ　提案を行う者に必要な資格

  ウ　提案に係る質問を受け付ける場所

  エ　提案の場所及び日時

  オ　審査員の氏名

  カ　審査を行う日

 ④　審査結果が理由を付して公表されること。


## ⑤ 随意契約における公正の確保

　随意契約といえども、公正が確保されなければならないことは言うまでもなく、そのための方法として、見積合わせやコンペの方法がとられていることは前述したとおりである。一般論としては、随意契約を締結する場合は、事前に資力、信用、技術、経験等を調査して契約の相手方とすることに支障がない者を選定したうえで、その者に対して見積書の提出を求めるので、見積書による価格によって相手方を選定できるはずである。したがって、最低価格の提示者を排除して、契約の相手方を決定する場合には、それなりの理由がなければならない。そして、その理由に合理性が認められない場合には、その契約自体が裁量権を濫用した違法なものであると評価されてもやむを得ないことになる（福岡地裁平成3年2月21日判決・判時1401号44頁参照）。

　また、コンペの方法による場合においても、応募案の審査を通じた相手方の選定が実体的にも妥当であるばかりでなく、手続的にも公正な者であることが要求される一方、契約締結権者にも裁量的な判断が認められるべきであるが、相手方の選定が裁量権の範囲を逸脱又は裁量権を濫用した場合は、その選定は違法なものとなる（東京地裁平成5年2月25日判決・判タ859号179頁参照）。


## ⑥ 多様な入札及び契約の方法

　自治法は、地方公共団体の契約一般についてかなり詳細な規定を置い

第2部　事務事業のプロセスとコンプライアンス

ているが、公共工事については、その品質確保を目的として品質確保促進法が制定され、その第3章第2節では「多様な入札及び契約の方法」と題して、「発注者は、入札及び契約の方法の決定に当たっては、その発注に係る公共工事の性格、地域の実情等に応じ、この節に定める方式その他の多様な方法の中から適切な方法を選択し、又はこれらの組合せによることができる。」（同法14条）として、技術提案を求める方式及び社会資本の維持管理に資する方式について定められている。

### ⑥-1　競争参加者の技術提案を求める方式

　競争参加者の技術提案を求める方式というのは前記のコンペ又はプロポーザルと称される契約の方式に含まれるものであるが、その手順は、概略、次のようになっている（品質確保促進法15条～19条）。

① 　競争に参加する者に対し技術提案を求めて落札者を決定する場合には、あらかじめその旨及びその評価の方法を公表するとともに、公共工事適正化法に基づいて、その評価の後にその結果（公共工事適正化法が公表を要しないとしているものを除く。）、を公表しなければならない。

② 　当該公共工事に係る技術的能力に関する事項を評価すること等により、競争に参加することができる者として一定の技術水準に達した者を選抜することができる。

③ 　技術提案がされたときは、これを適切に審査し、及び評価しなければならない。この場合において、発注者は、中立かつ公正な審査及び評価が行われるようこれらに関する当事者からの苦情を適切に処理することその他の必要な措置を講ずるものとする。

④ 　発注者は、技術提案をした者に対し、その審査において、当該技術提案についての改善を求め、又は改善を提案する機会を与えることができる。この場合において、発注者は、技術提案の改善に係る過程について、その概要（公共工事適正化法が公表を要しないとしているものを除く。）を公表しなければならない。

92

第2章　公共工事

　以上が原則であるが、この原則に従うときは、技術提案を求める前に、仕様を決定し、予定価格を決めておかなければならない。しかし、技術提案を求めて契約を行うことが必要な場合には、発注者において求める成果物の仕様を決めることが困難なことも想定されることから、そのような場合には、技術提案を受けた後に仕様や予定価格を決定できるとして、次の手続が定められている（品質確保促進法18条、19条）。

①　当該公共工事の性格等により当該工事の仕様の確定が困難である場合において自らの発注の実績等を踏まえ必要があると認めるときは、技術提案を公募のうえ、中立の立場で公正な判断をすることができる学識経験者の意見を聴くとともに、当該審査に関する当事者からの苦情を適切に処理することその他の必要な措置を講じたうえで、その審査の結果を踏まえて選定した者と工法、価格等の交渉を行うことにより仕様を確定し、予定価格を定めた上で契約することができる。この場合においては、技術提案の審査の結果並びに審査及び交渉の過程の概要（公共工事適正化法が公表を要しないとしているものを除く。）を公表しなければならない。

②　前記①の場合を除くほか、高度な技術又は優れた工夫を含む技術提案を求めたときは、当該技術提案の審査（この審査は、中立の立場で公正な判断をすることができる学識経験者の意見を聴いて行わなければならない。）の結果を踏まえて、予定価格を定めることができる。

## 6−2　地域における社会資本の維持管理に資する方式

　品質確保促進法は、「地域における社会資本の維持管理の効率的かつ持続的な実施のために必要があると認めるときは、地域の実情に応じ、次に掲げる方式等を活用するものとする」としている（20条）。

①　工期が複数年度にわたる公共工事を一の契約により発注する方式

②　複数の公共工事を一の契約により発注する方式

③　複数の建設業者により構成される組合その他の事業体が競争に参

93

第2部　事務事業のプロセスとコンプライアンス

加することができることとする方式

このうち、①の方式によるときは継続費、債務負担行為又は繰越明許費を設定して行うことになるのは当然のことであり（後記10（132頁）参照）、②の方式によるときは、それによることの合理性及び経済性を確認することが必要である。なお、③の方式はジョイントベンチャー（JV）による入札を認めるということであるが、その場合においては、その構成員相互における責任の分担等を明らかにしておくことが必要である（後記（6）③（108頁）参照）。

## (5) 公共工事の入札及び契約の適正化

### ① 公共工事適正化法

公共工事を巡っては、そのコストが割高ではないか、不公正な契約がなされているのではないかという批判が絶えず、政府は、1997年（平成9年）1月に、全ての閣僚を構成員とする「公共工事コスト縮減対策閣僚会議」を設置し、同年4月には「公共工事コスト縮減対策に関する行動指針」を策定する等して、この問題に取り組んできた。2000年（平成12年）11月には、公共工事の入札及び契約について、情報の公表、不正行為等に対する措置、適正な金額での契約の締結等のための措置及び施工体制の適正化の措置を定める公共工事適正化法が制定され、その主要部分は2001年（平成13年）4月1日から施行された。

この法律の目的の一つは、公共工事に対する国民の信頼の確保であり（1条）、公共工事の入札及び契約の適正化の基本となるべき事項として次のことを掲げている（3条）。

① 入札及び契約の過程並びに契約の内容の透明性が確保されること

② 入札に参加しようとし、又は契約の相手方になろうとする者の間の公正な競争が促進されること

③ 入札及び契約からの談合その他の不正行為の排除が徹底されること（後記(6)①（101頁）参照）

④ その請負代金の額によっては公共工事の適正な施行が通常見込ま

第2章　公共工事

れない契約の締結が防止されること（平成26年法律55号による追加。
第4部第3章1(2)②（466頁）参照）

⑤　契約された公共工事の適正な施工が確保されること

このうちの①に掲げられている「入札及び契約の過程並びに契約の内容の透明性が確保されること」を実現するための方法として、公共工事適正化法は、公共工事の発注の見通しに関する情報と入札及び契約の過程並びに契約の内容に関するものの2種類に分けて規定している。

## ② 公共工事の発注の見通しに関する情報の公表

年度末における公共工事の集中的発注は、必然的に工期の短期化をもたらし、その結果は細切れ発注や無理な工程の設定につながりやすく、適切な工事の施工が困難となったり、経費の増嵩をもたらすばかりでなく、受注する業者にとっても計画的な資源配分ができない等の不利益なものである。このような事態を回避するためには、工事の計画的かつ迅速な発注、適切な工期の設定が必要であり、そのためには債務負担行為をも活用する等して、年間を通じて公共工事を平準化しなければならない。

このようなことを念頭において、公共工事適正化法7条は、地方公共団体の長は、政令で定めるところにより、毎年度、当該年度の公共工事の発注の見通しに関する事項で政令で定めるものを公表しなければならず、公表した事項に変更があった場合も、政令で定めるところにより、変更後の事項を公表しなければならないとしている。そして、この規定を受けた公共工事適正化法施行令5条は次のように定めている。

①　地方公共団体の長は、毎年度、4月1日（当該日において当該年度の予算が成立していない場合にあっては、予算の成立の日）以後遅滞なく、当該年度に発注することが見込まれる公共工事（予定価格が250万円を超えないと見込まれるもの及び公共の安全と秩序の維持に密接に関連する公共工事であって当該地方公共団体の行為を秘密にする必要があるものを除く。）に係る次に掲げるものの見通しに関する事項

を公表しなければならない。

ア　公共工事の名称、場所、期間、種別及び概要

イ　入札及び契約の方法

ウ　入札を行う時期（随意契約を行う場合にあっては、契約を締結する時期）

② 　前記①による公表は、次のいずれかの方法で行わなければならない。

ア　公報又は時事に関する事項を掲載する日刊新聞紙に掲載する方法

イ　公衆の見やすい場所に掲示し、又は公衆の閲覧に供する方法

③ 　前記②アによる公衆の閲覧は、閲覧所を設け、又はインターネットを利用して閲覧に供する方法によらなければならない。この場合においては、地方公共団体の長は、あらかじめ、当該閲覧に供する方法を告示しなければならない。

④ 　前記②イによる方法で公表した場合においては、当該年度の3月31日まで掲示し、又は閲覧に供しなければならない。

⑤ 　地方公共団体の長は、少なくとも毎年度1回、10月1日を目途として、前記①により公表した発注の見通しに関する事項を見直し、当該事項に変更がある場合には、変更後の当該事項を公表しなければならない。

　そして、前記①に掲げる事項について変更があった場合は、前記②から④までに準じて、変更後の発注の見通しに関する事項を公表しなければならない（公共工事適正化法施行令6条）。

### ③ 入札及び契約過程並びに契約の内容に関する情報の公表

　公共工事の発注の見通しに関する情報の公表は、発注者による計画的な発注を促す機能と受注者側に予測可能性を与えるという機能を有しているが、入札及び契約過程並びに契約の内容に関する情報の公表は、受注者間における公正な競争の確保と契約内容の妥当性の検証という機能

第2章　公共工事

を有するものであり、このことについて公共工事適正化法8条及び同法施行令7条は次のように定める。

① 地方公共団体の長は、次に掲げる事項を定め、又は作成したときは、遅滞なく、当該事項を公表しなければならない。これを変更したときも、同様とする。

ア 一般競争入札に参加する者に必要な資格及び当該資格を有する者の名簿

イ 指名競争入札に参加する者に必要な資格及び当該資格を有する者の名簿

ウ 指名競争入札に参加する者を指名する場合の基準

② 地方公共団体の長は、公共工事（予定価格が250万円を超えないもの及び公共の安全と秩序の維持に密接に関連する公共工事であって当該地方公共団体の行為を秘密にする必要があるものを除く。）の契約を締結したときは、当該公共工事ごとに、遅滞なく、次に掲げる事項を公表しなければならない。ただし、次のアからクまでに掲げる事項にあっては、契約の締結前に公表することを妨げない。

ア 一般競争入札に参加する者に必要な資格を更に定め、その資格を有する者により当該入札を行わせた場合における当該資格

イ 一般競争入札を行った場合における当該入札に参加しようとした者の商号又は名称並びにこれらの者のうち当該入札に参加させなかった者の商号又は名称及びその者を参加させなかった理由

ウ 指名競争入札を行った場合における指名した者の商号又は名称及びその者を指名した理由

エ 入札者の商号又は名称及び入札金額（随意契約を行った場合を除く。）

オ 落札者の商号又は名称及び落札金額（随意契約を行った場合を除く。）

カ 一般競争入札又は指名競争入札による工事又は製造の請負の契約において規定により最低の価格をもって申込みをした者を落札

97

第2部　事務事業のプロセスとコンプライアンス

者とせず他の者のうち最低の価格をもって申込みをした者を落札者とした場合（自治法施行令167条の10第１項・167条の13）におけるその者を落札者とした理由

キ　一般競争入札又は指名競争入札による工事又は製造の請負の契約において最低制限価格を設け最低の価格をもって申込みをした者を落札者とせず最低制限価格以上の価格をもって申込みをした者のうち最低の価格をもって申込みをした者を落札者とした場合（自治法施行令167条の10第１項・167条の13）における最低制限価格未満の価格をもって申込みをした者の商号又は名称

ク　総合評価一般競争入札（自治法施行令167条の10の２第１項・２項）又は総合評価指名競争入札（自治法施行令167条の13・167条の10の２第１項・２項）を行った場合における次に掲げる事項

　a　当該総合評価一般競争入札又は当該総合評価指名競争入札を行った理由

　b　当該総合評価一般競争入札又は当該総合評価指名競争入札における落札者決定基準

　c　総合評価一般競争入札（自治法施行令167条の10の２第１項）又は総合評価指名競争入札（自治法施行令167条の13・167条の10の２第１項）において価格その他の条件が当該地方公共団体にとって最も有利なものをもって申込みをした者を落札者とした場合におけるその者を落札者とした理由

　d　総合評価一般競争入札（自治法施行令167条の10の２第２項）又は総合評価指名競争入札（自治法施行令167条の13・167条の10の２第２項）において当該入札落札者となるべき者を落札者とせず他の者のうち価格その他の条件が当該地方公共団体にとって最も有利なものをもって申込みをした者を落札者とした場合におけるその者を落札者とした理由

ケ　次に掲げる契約の内容

　a　契約の相手方の商号又は名称及び住所

第2章　公共工事

　　b　公共工事の名称、場所、種別及び概要

　　c　工事着手の時期及び工事完成の時期

　　d　契約金額

　コ　随意契約を行った場合における契約の相手方を選定した理由

③　地方公共団体の長は、前記の公共工事について契約金額の変更を
　伴う契約の変更をしたときは、遅滞なく、変更後の契約に係る前記
　ケb～dに掲げる事項及び変更の理由を公表しなければならない。

④　前記①～③の公表は、公衆の見やすい場所に掲示し、又は公衆の
　閲覧に供する方法で行わなければならない。

⑤　前記④による公衆の閲覧は、閲覧所を設け、又はインターネット
　を利用して閲覧に供する方法によらなければならない。この場合に
　おいては、地方公共団体の長は、あらかじめ、当該閲覧に供する方
　法を告示しなければならない。

⑥　前記②又は③により公表した事項については、少なくとも、公表
　した日（②ア～クに掲げる事項のうち契約の締結前に公表した事項につ
　いては、契約を締結した日）の翌日から起算して1年間が経過する日
　まで掲示し、又は閲覧に供しなければならない。

　なお、公共工事適正化法9条は、同法及びそれに基づく政令で定める
事項以外の公共工事の入札及び契約に関する情報の公表に関し、条例で
必要な規定を定めることを妨げるものではないとするが、これは当然の
ことであり、条例によることなく、予算の執行権者の判断として、予定
価格の公表等、これ以上の情報の公開を行うことも可能である。要は、
当該地方公共団体における実態を十分に踏まえたうえで、入札及び契約
について、住民の信頼を確保し、適切な契約と工事を行うために、何を
公開するのが必要かつ妥当であるかを考えて、実行することが大切なの
である。

　ところで、一般競争入札については、自治法施行令167条の4が消極
要件を法定しており、同令167条の5は、積極要件として、地方公共団
体の長が契約の種類及び金額に応じて一般的に定める客観的審査事項と

● 99

第2部　事務事業のプロセスとコンプライアンス

契約の性質又は目的により個々の入札ごとに定める主観的審査事項について定めている。また、この資格要件だけでは不十分な場合には、入札参加者の事業所の所在地等を要件とする制限付き一般競争入札の方法（自治法施行令167条の5の2）も認められている（詳しくは前記(2)（71頁）参照）。さらに、入札及び契約の適正化のために総合評価一般競争入札の方法（自治法施行令167条の10の2第1項）も認められている（第4部第3章1(2)②−4（470頁）参照）。

　これらの場合においては、法定の消極要件は別として、それ以外は、全て地方公共団体の長がその裁量により、入札参加の資格を定めることになるのであり、それを明文化するか否かの違いはあっても、入札参加者の資格が定められていないことはありえない。公共工事適正化法7条1項は、このようなことを前提としたうえで、資格を定めたときは公表しなければならないとしているのであり、資格の公表をしないということは、資格が定められていない、すなわち、入札を恣意的に行ったということを自認するに等しいことになる。

　なお、地方公共団体の長は、積極要件を定めたときは、これを公示しなければならないとされているが（自治法施行令167条の5第2項）、公共工事適正化法が定められたことにより、公示に加えて、閲覧所を設け、又はインターネットを利用して閲覧に供する方法でそれを公表しなければならないことになっている（公共工事適正化法施行令7条5項・5条3項）。

　さらに、指名競争入札にあっては、参加者の消極要件は一般競争入札と同じであるが（自治法施行令167条の11第1項・167条の4）、地方公共団体の長は、積極要件として、「工事又は製造の請負、物件の買入れその他当該普通地方公共団体の長が定める契約について、あらかじめ、契約の種類及び金額に応じ、工事、製造又は販売等の実績、従業員の数、資本の額その他の経営の規模及び状況を要件とする資格」を定めなければならず、これを定めたときは公示しなければならない（自治法施行令167条の11第2項及び第3項・167条の5）。指名競争入札を実施するにあ

第2章　公共工事

たっては、これらの資格要件を定めるだけでは足りず、その資格要件に該当する者の中から具体的な指名を行うという作業を行わなければならない。このときに必要になるのが指名基準である（詳しくは第4部第3章1（4）②（482頁）参照）。公共工事適正化法施行令は、この指名基準についても、自治法施行令で公示が必要とされているものと合わせて、閲覧所を設け、又はインターネットを利用して閲覧に供する方法で公表することを求めており、これは一般競争入札の場合と同じである。

## (6) 談合対策

### ① 談合に関する法制度

　基本的な契約の方法である一般競争入札の参加者の資格について定める自治法施行令167条の4第2項2号は「競争入札又はせり売りにおいて、その公正な執行を妨げたとき又は公正な価格の成立を害し、若しくは不正の利益を得るために連合したとき」に該当すると認められるときは、「その者について3年以内の期間を定めて一般競争入札に参加させないことができる。」と定め、この規定は指名競争入札の参加者の資格について準用されている（同令167条の12第1項）。なお、随意契約の相手方にこの規定を準用する旨の規定がないのは、随意契約の方法による契約の場合には締結権者が自由に相手方を選択することができる（このような事業者を当然に排除できる。）からである。

　競争入札等の「公正な執行を妨げたとき」に該当する代表的なものとして、予定価格や最低制限価格に関する情報を不正に取得して入札したような場合があり、「公正な価格の成立を害し、若しくは不正の利益を得るために連合したとき」というのは、いわゆる談合によって価格をつり上げたり、競争者を排除して利益を得るようなことを意味する。

　このような行為は、「公契約関係競売等妨害の罪」として3年以下の懲役若しくは250万円以下の罰金又はこれらを併科するとされ（刑法96条の6）、職員がこのような行為に荷担したときは5年以下の懲役又は250万円以下の罰金に処する（入札談合等関与行為の排除及び防止並びに

● 101

第2部　事務事業のプロセスとコンプライアンス

職員による入札等の公正を害すべき行為の処罰に関する法律8条）とされている。

　また、独禁法は、「事業者が、契約、協定その他何らの名義をもってするかを問わず、他の事業者と共同して対価を決定し、維持し、若しくは引き上げ、又は数量、技術、製品、設備若しくは取引の相手方を制限する等相互にその事業活動を拘束し、又は遂行することにより、公共の利益に反して、一定の取引分野における競争を実質的に制限すること」を不当な取引制限と定義し（2条6項）、それを禁止する（3条）とともに、違反行為の排除措置や課徴金の制度を定め（7条・8条）、違反行為をした事業者は被害者に損害を賠償しなければならず、その責任は故意又は過失がないことを証明して免れることができない（25条）としている（詳しくは後記②（107頁）参照）。

　さらに、どのような方法であっても、公正な契約の締結を妨げるようなことをした職員は、地方公務員法32条等に違反し、職務上の義務に違反し、全体の奉仕者たるにふさわしくない非行をしたとして、懲戒処分の対象となる（地方公務員法29条1項）。

　このように、談合等をした事業者及び職員に対しては、民事、刑事、行政のいずれの分野においても厳しい制裁が定められているにもかかわらず、入札における不正行為があるとする風聞は後を絶たないし、公正取引委員会による摘発もなくならない。このようなことから、1999年（平成11年）には、国家公務員倫理法が制定され、職員が遵守すべき職務に関する倫理原則として、次のものが定められた（3条）。

①　職員は、国民全体の奉仕者であり、国民の一部に対してのみの奉仕者ではないことを自覚し、職務上知り得た情報について国民の一部に対してのみ有利な取扱いをする等国民に対し不当な差別的な取扱いをしてはならず、常に公正な職務の執行に当たらなければならない。

②　職員は、常に公私の別を明らかにし、いやしくもその職務や地位を自らや自らの属する組織のための私的利益のために用いてはなら

ない。

③　職員は、法律により与えられた権限の行使に当たっては、当該権限の行使の対象となる者からの贈与等を受けること等の国民の疑惑や不信を招くような行為をしてはならない。

また、2000年（平成12年）には、公共工事適正化法が制定され、公正取引委員会に調査の端緒を提供し、その活動によって不正行為を防ぐことを意図して、「各省各庁の長、特殊法人等の代表者又は地方公共団体の長（以下「各省各庁の長等」という。）は、それぞれ国、特殊法人等又は地方公共団体（以下「国等」という。）が発注する公共工事の入札及び契約に関し、私的独占の禁止及び公正取引の確保に関する法律（昭和22年法律第54号）第3条又は第8条第1項第1号の規定に違反する行為があると疑うに足りる事実があるときは、公正取引委員会に対し、その事実を通知しなければならない」とされた（公共工事適正化法10条）。さらに、国は、次の事項について、各省各庁の長等（地方公共団体の長を含む。）による「公共工事の入札及び契約の適正化を図るための措置に関する指針」（適正化指針）を定めなければならないとされている（公共工事適正化法17条）。

①　入札及び契約の過程並びに契約の内容に関する情報の公表に関すること。

②　入札及び契約の過程並びに契約の内容について学識経験を有する者等の第三者の意見を適切に反映する方策に関すること。

③　入札及び契約の過程に関する苦情を適切に処理する方策に関すること。

④　公正な競争を促進するための入札及び契約の方法の改善に関すること。

⑤　将来におけるより適切な入札及び契約のための公共工事の施工状況の評価の方策に関すること。

⑥　①～⑤に掲げるもののほか、入札及び契約の適正化を図るため必要な措置に関すること。

第2部　事務事業のプロセスとコンプライアンス

　そして、閣議決定された適正化指針においては、入札及び契約の過程並びに契約内容の公表のほか、監理技術者の選任等を確認するための現場の施工体制の点検、一括下請等建設業法違反の疑いがある場合の建設業許可の権限を有する行政庁等への通知、入札談合情報があった場合等における公正取引委員会への通知、不正行為を行った事業者に対するペナルティの厳正な運用、独禁法等の遵守徹底のための発注者及び事業者に対する講習会等の実施等が定められている。さらに、同法は、「地方公共団体は、それぞれその職員に対し、公共工事の入札及び契約が適正に行われるよう、関係法令及び所管分野における公共工事の施工技術に関する知識を習得させるための教育及び研修その他必要な措置を講ずるよう努めなければならない」（22条）として、職員の知識と意識の向上を図ることが大切であることを示している。

　ところで、地方公共団体における入札について定める法令には、談合がなされた場合の効果について定めるものは何もない。一方、国における契約については、予算決算及び会計令76条において、入札を行う旨の公告に際して入札に関する条件に違反した入札は無効とする旨を明らかにしなければならないことを定め、実務上、談合した場合に入札が無効となる旨を公告し、そのことを記載した入札者心得書を入札希望者に提示することとしている。このことを前提として、社会保険庁が1989年（平成元年）から1992年（平成4年）までの間に発注したシールの指名競争入札で談合が行われたとして（独禁法違反があったことについては別訴で確定している。）、国が、業者に契約が無効であることを理由に不当利得の返還を求めた訴訟で、東京高裁は、談合による入札と契約は、それが公序良俗に違反するか否かを検討するまでもなく、入札制度の趣旨そのものからみて、当然に無効であるとしている（東京高裁平成13年2月8日判決・判時1742号96頁）。

　地方公共団体においても、国と同様の公告をしておくことができるのは当然であるが（前記（2）1－4（77頁）参照）、そのような公告がなされていない場合であっても、民法90条（公序良俗違反）や95条（錯誤

無効）を根拠として、その無効を主張することができることがあり得る。しかし、工期や費用を勘案して、あえて無効を主張しないという選択もあり得るであろう（2014年（平成26年）春に発覚した北陸新幹線の工事における談合については、翌年3月の開業に間に合わせるために、「違約金は請求するが契約は取り消さない」という選択がなされている。）。

ところで、錯誤による無効の主張については、将来生ずることが予期されていたにもかかわらず、契約においてその場合の対処法を定めていないときは、錯誤による無効の主張を認めないとする次の判例があり、注意が必要である。

● 最高裁平成28年1月12日判決・判時2328号60頁

「上告人は融資を、被上告人は信用保証を行うことをそれぞれ業とする法人であるから、主債務者が反社会的勢力であることが事後的に判明する場合が生じ得ることを想定でき、その場合に被上告人が保証債務を履行しないこととするのであれば、その旨をあらかじめ定めるなどの対応を採ることも可能であった。それにもかかわらず、本件基本契約及び本件各保証契約等にその場合の取扱いについての定めが置かれていないことからすると、主債務者が反社会的勢力でないということについては、この点に誤認があったことが事後的に判明した場合に本件各保証契約の効力を否定することまでを上告人及び被上告人の双方が前提としていたとはいえない。また、保証契約が締結され融資が実行された後に初めて主債務者が反社会的勢力であることが判明した場合には、既に上記主債務者が融資金を取得している以上、上記社会的責任の見地から、債権者と保証人において、できる限り上記融資金相当額の回収に努めて反社会的勢力との関係の解消を図るべきであるとはいえても、両者間の保証契約について、主債務者が反社会的勢力でないということがその契約の前提又は内容になっているとして当然にその効力が否定されるべきものともいえない。

そうすると、A社及びB社が反社会的勢力でないことという被上告人の動機は、それが明示又は黙示に表示されていたとしても、当事者

第2部　事務事業のプロセスとコンプライアンス

の意思解釈上、これが本件各保証契約の内容となっていたとは認められず、被上告人の本件各保証契約の意思表示に要素の錯誤はないというべきである。」

● 最高裁平成28年12月19日判決・判時2327号21頁

「本件保証契約の締結前に、本件会社が事業譲渡によって本件制度の対象となる中小企業者の実体を有しないこととなっていたことが判明していた場合には、これが締結されることはなかったと考えられる。しかし、金融機関が相当と認められる調査をしても、主債務者が中小企業者の実体を有しないことが事後的に判明する場合が生じ得ることは避けられないところ、このような場合に信用保証契約を一律に無効とすれば、金融機関は、中小企業者への融資を躊躇し、信用力が必ずしも十分でない中小企業者等の信用力を補完してその金融の円滑化を図るという信用保証協会の目的に反する事態を生じかねない。そして、上告人は融資を、被上告人は信用保証を行うことをそれぞれ業とする法人であるから、主債務者が中小企業者の実体を有しないことが事後的に判明する場合が生じ得ることを想定でき、その場合に被上告人が保証債務を履行しないこととするのであれば、その旨をあらかじめ定めるなどの対応を採ることも可能であったにもかかわらず、本件基本契約及び本件保証契約等にその場合の取扱いについての定めは置かれていない。これらのことからすれば、主債務者が中小企業者の実体を有するということについては、この点に誤認があったことが事後的に判明した場合に本件保証契約の効力を否定することまでを上告人及び被上告人の双方が前提としていたとはいえないというべきである。このことは、主債務者が本件制度の対象となる事業を行う者でないことが事後的に判明した場合においても異ならない。（中略）

　以上によれば、本件会社が中小企業者の実体を有することという被上告人の動機は、それが表示されていたとしても、当事者の意思解釈上、本件保証契約の内容となっていたとは認められず、被上告人の本件保証契約の意思表示に要素の錯誤はないというべきである。」

106

第2章　公共工事

## ② 独禁法に基づく損害賠償請求

独禁法は、談合により被害を受けた者が行う損害賠償請求について、談合がなされたこと及び故意過失があったことについての立証の負担を軽減するために、次の特例を設けている。

第25条　第3条、第6条又は第19条の規定に違反する行為をした事業者（第6条の規定に違反する行為をした事業者にあっては、当該国際的協定又は国際的契約において、不当な取引制限をし、又は不公正な取引方法を自ら用いた事業者に限る。）及び第8条の規定に違反する行為をした事業者団体は、被害者に対し、損害賠償の責めに任ずる。

2　事業者及び事業者団体は、故意又は過失がなかったことを証明して、前項に規定する責任を免れることができない。

第26条　前条の規定による損害賠償の請求権は、第49条に規定する排除措置命令（排除措置命令がされなかった場合にあっては、第62条第1項に規定する納付命令（第8条第1号又は第2号の規定に違反する行為をした事業者団体の構成事業者に対するものを除く。））が確定した後でなければ、裁判上これを主張することができない。

2　前項の請求権は、同項の排除措置命令若しくは納付命令又は審決が確定した日から3年を経過したときは、時効によって消滅する。

すなわち、独禁法は、不当な取引制限（談合がこれに含まれることはその定義から明らかである。）を禁止し（3条）、それに違反する行為をした者に対する無過失責任を定めている（25条）。しかし、この規定により損害賠償を請求できるのは、不当な取引制限がなされたことを公正取引委員会が認定し、その認定に基づいて排除措置若しくは課徴金の納付を命令し（これらの命令に対しては審査請求ができない（70条の12）。）、それについての訴訟が提起されずに出訴期間が経過した場合又は訴訟が提起され、その訴訟における判決が確定した後に限られている（26条1項）。なお、独禁法25条に基づく損害賠償請求においては、被害者が実際に被った損害額を立証する必要があるところ、現実にはそれが容易でなく、その証明ができなければ請求できないことになる。民事訴訟法248

107

第2部　事務事業のプロセスとコンプライアンス

条は、「損害が生じたことが認められる場合において、損害の性質上その額を立証することが極めて困難であるときは、裁判所は、口頭弁論の全趣旨及び証拠調べの結果に基づき、相当な損害額を認定することができる。」としており、談合を理由とする損害賠償請求事件においては、これが活用されることが多い。さらに、独禁法84条は「第25条の規定による損害賠償に関する訴えが提起されたときは、裁判所は、公正取引委員会に対し、同条に規定する違反行為によって生じた損害の額について、意見を求めることができる。」としているので、この制度が利用されることもある。

### ③ 契約に基づく損害賠償請求

　談合をしてはならないという入札参加の条件若しくは契約条件に違反したこと又は談合という不法行為を理由とする損害賠償請求においては、

　　①　発注者において談合があったこと
　　②　それが故意若しくは過失によるものであること
　　③　当該談合によって発生した損害の額

を立証しなければならない。独禁法に基づく損害賠償請求の場合は、発注者において談合があったこと及びそれが故意若しくは過失によるものであることを立証する必要はないが、それでも損害の額を立証しなければならないことは前記②（107頁）で述べたとおりである。

　そこで、この損害の額の立証を不要にするとともに、入札参加者に警告を発するという意味も込めて、次のような契約条項（入札の前に開示されるのが通常である。）を定めることがある。

　「請負人が本件契約の当事者となる目的でした行為に関し、公正取引委員会が、請負人に私的独占の禁止及び公正取引の確保に関する法律の規定に基づく排除措置命令又は課徴金納付命令を行い、それが確定した場合、請負人は、発注者に対し、請負金額の○割に相当する額の賠償金を支払わなければならない。」

この条項は、独禁法25条が定める損害賠償義務とは別の賠償金支払い義務を定めるものであり、この条項による請求の場合には、排除措置命令又は課徴金納付命令が確定したことだけを立証すれば、そこで定める額の支払いを請求することができることになるのであり、このような条項が有効であることを認める判例（最高裁平成26年12月19日判決・判時2247号27頁）がある。

　ところで、様々な専門的技術を複合して建設しなければならない大規模構造物の請負工事等においては、専門工事ごとに分割して発注し、受注することが困難な場合があるため、各分野の専門企業が共同企業体（英語のジョイント・ベンチャーの頭文字をとってJV（ジェイブイ）と称されることもある。）を構成することがよく見られる。また、単独の企業では受注できない大きな規模の工事を受注するために、企業規模の小さい業者同士が共同企業体を組織することや、地元の産業振興策として大規模企業と地元の中小企業が共同企業体を結成するよう発注者が働きかける場合もある。

　法律的には、共同企業体には民法667条以下の組合についての規定が適用され、共同企業体の名前で訴訟や契約の当事者となることができるが、それが負担した債務については、組合員（構成企業）が無限責任を負うことになる。すなわち、民法675条は「組合の債権者は、その債権の発生の時に組合員の損失分担の割合を知らなかったときは、各組合員に対して等しい割合でその権利を行使することができる。」としているものの、商法511条1項は「数人の者がその一人又は全員のために商行為となる行為によって債務を負担したときは、その債務は、各自が連帯して負担する。」としており、公共工事を受注するということは営業的商行為（商法502条2号及び5号）であるから、結局、共同企業体が負う債務は、その構成員の連帯債務となるのである。

　ただ、このような共同企業体は発注される工事ごとに結成され、受注できなかった共同企業体は、そのことが確定した後解消され、受注した共同企業体は、当該工事が完成し、それに伴う事後処理が完了した段階

第2部　事務事業のプロセスとコンプライアンス

で解散となる（民法682条）。そして、請負人である共同企業体を「乙」として締結された上記のような条項を有する契約について、前掲の最高裁平成26年12月19日判決は、「共同企業体は、構成員間の信頼と協調を基礎として、資金の分担、危険負担の分散、技術力や経験の共有と活用等により協力して円滑な事業の遂行を目的とするものであるから、共同して危険を負担することもその趣旨には含まれてはいる。しかし、個々の契約の場面で、構成員がどのような場合に自己責任を負うかは、このような共同企業体の性格や趣旨のみから直接導かれるものではなく、あくまでも具体的な契約条項の合意内容は何かという意思表示の解釈・適用により決すべき問題であろう。」（千葉勝美裁判官の補足意見）とし、「共同企業体の構成員のうちいずれかの者についてのみ排除措置命令等が確定した場合に、不正行為に関与せずに排除措置命令等を受けていない構成員や、排除措置命令等を受けたが不服申立て手続をとって係争中の構成員にまで賠償金の支払義務を負わせようというのであれば、少なくとも、上記「乙」の後に例えば「（共同企業体にあっては、その構成員のいずれかの者をも含む。）」などと記載するなどの工夫が必要であ」るとしている（法廷意見）。

## 3　設計の妥当性と契約の方法

　工事の基礎となるのは設計である。どのような施設をどのような方法と材料を使用して建設するかは、設計によって定められ、工事が完了したときは、設計図書による指示どおりになされているかどうかを確認しなければならない。

　設計とは、通常、「基本設計」と「実施設計」とに分かれ、必ずしも同一人が両方を行うとは限らない。

　まず、基本設計は、その目的とする建築物等の外観、建物の間取り、主要構造、材料等を明らかにするものであり、ここでは、当該建築物等によって実現しようとする行政目的にふさわしいものかどうかが最大の

110

関心事となる。したがって、基本設計にかかる前に、行政上の目的を明確にし、当該行政の実施責任者と設計を担当する者との認識を一致させておかなければならない。道路であれば、それが歩行者主体の街路なのか車両主体のバイパスなのか、住宅街に位置するのか商店街に位置するのか、保育園、幼稚園、学校等とどのように関係するのか、実用性だけでいいのか、障害者の利用をどの程度考慮するのか、若干のうるおいや芸術性をも考慮するのか等ということはこの段階で確定する。また、建物であれば、単独施設なのか複合施設なのか、想定している利用者との関係で設備や容量が十分か、実用性や機能性が十分か、芸術性あるいはシンボル性をどこまで考慮するのか、立地場所や環境との調和がとれているかどうか等基本的なことが決められるのが、基本設計である。

　実施設計というのは、基本設計に基づいて、実際に工事を行うために必要な詳細を定めるものであり、具体的には、工事の実施のために必要な図面及び仕様書（両者をあわせて「設計図書」という。）を作成することである（建築士法2条5項参照）。実施設計においては、材料の品質や規格等の詳細が定められ、それが工事費の見積りの基礎となる。この段階で、市販の汎用品で足りるにもかかわらず、特別な注文生産品を使用することになっていると、過大な費用が必要になるし、価格を抑えるために市販品（汎用品）を使用することとした結果として強度が不足する等のことが生ずることになる。このことに関連して、複数年にわたる契約で、次年度以降は必要な品質及び規格の品物が市販されるようになったにもかかわらず、初年度と同じように特注品を使用することとしていたとして会計検査院から指摘された例がある（『会計検査のあらまし　平成7年度決算』31頁）。

　請負工事の契約に際して定められる予定価格（自治法234条3項）は、この実施設計で定められた詳細を基礎として、そこで必要とされる材料費、人件費、機械等の損料等について、個別に積算し、それを積み上げてなされる。この場合においては、特に、必要とされる数量が適正であるか、見積もられている単価が市場の実勢を反映したものであるかにつ

第2部　事務事業のプロセスとコンプライアンス

いて正確に判断することが重要である（公共工事適正化法7条1項1号参照）。これを誤ると、過大な予定価格となり損失を被るおそれが生じたり、予定価格が過小となり、落札者が現れず、又は業者にダンピングを強制することになる可能性もある。具体的な例としては、工法の改良等により資材のロス率が下がっているにもかかわらず従来どおりの計算をしたり、作業の実態と異なる机上の計算で経費を算出したりしたために割高の契約となったものや、公団住宅のエレベーターの閉じこめ事故についての自動警報システムについての設計が非効率的、不合理なものであったために不要の経費が必要となったもの等がある（『会計検査のあらまし　平成7年度決算』187～205頁）。

　また、契約の内容に適合した履行を確保するため、特に必要があるときは最低制限価格を設けることができるが（自治法施行令167条の10第2項）、特に必要があるかどうかは、実施設計を十分に検討することによって判断されるべきものであるし、最低制限価格の具体的な価格もこれによって決定される。また、手抜き工事がなされていないか、完成した工事に瑕疵がないかということも、設計図書に示されたところによって判断されるのであるから、それ自体が正確であるのみならず、誤解を生じない方法で表現されていなければならない。

　なお、従来、随意契約の方法によることが多かった土木事業や建築事業に係る設計等についても、その契約方法の見直しが問題となっている。これらの契約が随意契約の方法によることが多かったのは、その内容が専門的であったり、独創性が必要であったりすることから、相手方の専門知識や技術、能力に期待する面が多いことによるものと考えられる。しかし、設計やコンサルタント業務においても、一定の水準以上の技術や知識を有していることが確認できれば、それらの者による競争入札により、価格だけを基準として契約の相手方を選定することが可能となる。言いかえれば、価格だけを基準として相手方を選定すれば良いという段階まで設計の内容及び契約の相手方となるべき候補者を絞り込むことができれば、その後は、指名競争入札と同じ手続によることが可能

112

だということである。

　設計やコンサルタント業務の指名競争入札において、指名までの過程を透明化しようとすれば、それは、建築工事等の場合の公募型指名競争入札の方法における場合と同様な方法によることとなるのは自然の成りゆきである。すなわち、掲示、公示又は公告等の何らかの方法により、契約の相手方を公募することを公にするとともに、それに応募するための資料（国土交通省においてはこれを「参加表明書」と称している。）の作製や提出期限、提出場所、それらについての照会方法等についての説明書を頒布したうえで、提出された資料を審査し、指名するか否かを決定し、その旨と指名しない場合の理由を通知するという方法が考えられるのである。

　これまでも、大規模な場合や特別の意図がある場合には、いわゆるコンペの方法により、一般から案（基本設計）を公募して、それを審査したうえで、実施契約について随意契約を締結する相手方を選定することも行われていたが、一般的なものとはなっていなかった。1994年（平成6年）1月18日に閣議了解された「公共事業の入札・契約手続の改善に関する行動計画」においては、都道府県と政令指定都市における一定の金額以上の設計及びコンサルタント業務については、従来のいわゆるコンペの方法に相当する公募型プロポーザル方式又は公募型指名競争入札を採用するよう勧奨されている（前記2(4)⑥（91頁）参照）。なお、特例政令には、その予定価格が2億2,000万円以上の建築物の設計を目的とする契約については公募型プロポーザル方式（随意契約）を採用できる場合の特例について定められている（特例政令11条1項6号）。


## 4　契約の締結と変更

　契約の根拠法は民法であり、その一般原則によれば、両当事者の合意があれば、それが口頭のものであっても契約は成立するはずである。しかし、地方公共団体が当事者の場合であって契約書を作成する場合に

● 113

第2部　事務事業のプロセスとコンプライアンス

は、その長又は長の委任を受けた者が契約の相手方とともに契約書に記名押印（一定の措置を講じた電磁的記録を作成）しなければ、当該契約は確定しないものとされている（自治法234条5項、自治法施行規則12条の4の2）。なお、確定した契約書に記載はないが、国が後年度においても同種の発注をすることが当該契約の前提条件となっていたとして、その条件を履行しないことが信義則違反であるとして、国の不法行為責任が認められた例がある（東京高裁平成27年1月29日判決・判時2251号37頁。最高裁平成27年12月16日上告不受理決定で確定）。

　どのような場合が契約書を作成する場合に該当するかは、それぞれの地方公共団体における財務規則等で明らかにされている。国においては、一般競争入札に参加する資格のある者との契約で金額が150万円（外国で契約するときは200万円）を超えない場合及び各省各庁の長が契約書を作成する必要がないと認めた場合以外の請負契約については、契約書を作成しなければならないとされている（会計法29条の8、予算決算及び会計令100条の2）。また、契約書を作成する必要がないとされる場合にあっても、相手方から請書をとる等して合意の成立が確認できるようにしておくことが必要である。ただ、災害が発生する等して、現場で急遽対処しなければならないような場合には、随意契約をすることになるが（自治法施行令167条の2第1項5号）、工事等に着手する前に契約書を作成することは現実的ではないし、請書をとることも難しいことがあろう。このようなときには、契約書の作成が事後になっても仕方がないし、場合によっては事務管理として処理してもらい、その費用の償還（民法702条1項）をするという形をとらざるを得ないこともあろうと思われる。なお、契約の締結に際しては、財務規則等に定められている事項をそこに盛り込むことは契約締結権者の職務上の義務であり、それを怠ったときは、当該地方公共団体に対する損害賠償責任が生ずることがある（水戸地裁平成3年11月12日判決・判時1449号86頁及びそれを維持した東京高裁平成4年11月17日判決・行裁例集43巻11・12号1395頁参照）。

　契約書を作成する場合には、当該契約書にどのような内容を盛り込む

かが問題となる。従来から契約に関する紛争が多かった土木建築工事については、建設業法が「建設工事の請負契約の当事者は、各々の対等な立場における合意に基いて公正な契約を締結し、信義に従って誠実にこれを履行しなければならない」（18条）としたうえで、次に掲げる事項について書面で合意しなければならないと定めている（19条1項）。

① 工事内容

② 請負代金の額

③ 工事着手の時期及び工事完成の時期

④ 請負代金の全部又は一部の前金払又は出来形部分に対する支払の定めをするときは、その支払の時期及び方法

⑤ 当事者の一方から設計変更又は工事着手の延期若しくは工事の全部若しくは一部の中止の申出があった場合における工期の変更、請負代金の額の変更又は損害の負担及びそれらの額の算定方法に関する定め

⑥ 天災その他不可抗力による工期の変更又は損害の負担及びその額の算定方法に関する定め

⑦ 価格等（物価統制令2条に規定する価格等をいう。）の変動若しくは変更に基づく請負代金の額又は工事内容の変更

⑧ 工事の施工により第三者が損害を受けた場合における賠償金の負担に関する定め

⑨ 注文者が工事に使用する資材を提供し、又は建設機械その他の機械を貸与するときは、その内容及び方法に関する定め

⑩ 注文者が工事の全部又は一部の完成を確認するための検査の時期及び方法並びに引渡しの時期

⑪ 工事完成後における請負代金の支払の時期及び方法

⑫ 工事の目的物の瑕疵を担保すべき責任又は当該責任の履行に関して講ずべき保証保険契約の締結その他の措置に関する定めをするときは、その内容

⑬ 各当事者の履行の遅滞その他債務の不履行の場合における遅延利

115

第2部　事務事業のプロセスとコンプライアンス

　　息、違約金その他の損害金

⑭　契約に関する紛争の解決方法

　また、中央建設業審議会は、建設工事の標準請負契約約款を作成し、その実施を勧告することができるとされ（建設業法34条2項参照）、実際に、公共工事標準請負契約約款を作成し、その実施を勧告している。この勧告を受けて、各省庁等においては、この標準約款に必要な修正を施した実施約款を作成しており、地方公共団体にもそのようにしているところがあるが、工事の目的、種類、規模等によって契約内容に差異が生ずることがあるのは当然であり、個別の事案ごとに契約内容が適正であるかどうかを検討し、適正な内容にしなければならない。

　さらに、契約が締結された後にその内容を変更する必要が生ずる場合があるが、そのときは、契約を変更しなければならない。建設業法はこの場合にも書面によることを求めているが（19条2項）、地方公共団体を当事者とする契約で書面でなされたものについても、書面で行わなければならないのは当然のことである（自治法234条5項）。

　ところで、契約の変更を必要とする理由には、長雨や地震等の自然条件による工期の延長や設計変更等のほか、地盤の異常が発見されたことによる設計変更、景気の変動による著しい費用の増加、追加工事の発生など様々なものがある。自然条件によるいわば不可抗力の場合は別として、それ以外の理由による契約変更は、それが当初から想定されていたものではないかとして、あらぬ疑惑を抱かれることが少なくない。特に、地盤の異常の発見や追加工事については、何故そのようなことになったのか、十分な吟味が必要とされよう（請負代金の変更につき第4部第3章4（504頁）参照）。

　また、請負工事については、契約の締結に際して議会の議決が必要な場合（自治法96条1項5号）が多いが、その議決を受けた事項についての変更は、当該変更によって議決が不要な契約となる場合を除いて、専決処分の議決や条例の定めがない限り、いかに些細なものであっても全て再度の議決が必要となることにも留意しなければならない。

第2章　公共工事

## 5　履行確保の手段

　自治法234条の2第2項は、「普通地方公共団体が契約の相手方をして契約保証金を納付させた場合において、契約の相手方が契約上の義務を履行しないときは、その契約保証金（政令の定めるところによりその納付に代えて提供された担保を含む。）は、当該普通地方公共団体に帰属するものとする。ただし、損害の賠償又は違約金について契約で別段の定めをしたときは、その定めたところによるものとする。」として、契約保証金の制度を定めている。そして、契約保証金に関する具体的な事項は地方公共団体の規則で定めることとされ（自治法施行令167条の16第1項）、その規則には「契約を履行しないこととなるおそれがないとき」には契約保証金の納付を免除できることを定めるのが適当であるとの指導がなされ、その規則の解釈として、工事完成保証人が立てられた場合等、確実な履行が期待できる場合には契約保証金を納付させる必要がないとされていた（昭和38年12月10日自治省行政局長通達）。

　契約保証金というのは、契約上の義務の履行を担保するものであり、あらかじめ、一定の額又は契約金額の一定割合（国においては契約金額の10%以上）に相当する金員を納付せしめておいて、相手方がその履行をしないときには、それを没収するというペナルティを課することにより、相手方の任意の履行を期待するものである。しかし、契約保証金が少なければペナルティとしての意味がないし、多ければ請負業者の負担が重くなりすぎるということから、実務的には、国、地方を通じて、例外である工事完成保証人を立てるのが通例とされ、契約保証金を納付させる例はほとんどなかった。

　ところが、工事請負業者が工事を完成できない場合に、工事完成保証人となった他の建設業者が本来の請負業者に代わって工事を完成するという工事完成請負保証人の制度は、発注者にとっては、経済的な追加負担なしで予定した工事の完成を確保できるという大きなメリットがある反面、次のような問題があることが指摘されていた。

117

第2部　事務事業のプロセスとコンプライアンス

① 本来競争関係にあるべき建設業者が何らの対価なしに他の建設業
者を保証するのは不自然であること
② 工事完成保証人となるのは相指名業者でなければならないとする
ことが多いが、この場合には、本来の請負業者よりも高い価格で応
札した者が、その工事を引き受けなければならないのは不合理であ
ること
③ 工事完成保証人の依頼関係等を通じて談合の機会をもたれるおそ
れがあること
④ 「談合破り」に対して、工事完成保証人となることを拒否すると
いう形で談合が助長されるおそれがあること

　このような指摘を受け、国においては、1993年（平成5年）12月21
日の中央建設業審議会の建議「公共工事に関する入札・契約制度の改革
について」で工事完成保証人制度の廃止が提言され、1996年（平成8
年）度から全面的な金銭的保証制度への移行がなされている。ただし、
契約の履行の確保に関する自治法234条の2第2項及び契約保証金に関
する同法施行令167条の16の規定は、従来から契約保証金の納付とい
う金銭的保証措置を原則としている。このため上で述べた改正は、あく
までも運用の問題にすぎず、そのための法令の改正がなされたわけでは
ない。その意味で、工事完成保証人を立てることを求めることが禁止さ
れたことになるわけでもない。

　自治法施行令167条の16第1項は、「普通地方公共団体は、当該普通
地方公共団体と契約を締結する者をして当該普通地方公共団体の規則で
定める率又は額の契約保証金を納めさせなければならない」としてい
る。この規則では、単に契約保証金の率や額だけではなく、一定の場合
には契約保証金の全部又は一部を納めさせないことができる場合も定め
られているのが通例である。従来は、この契約保証金の全部又は一部を
納めさせないことができる場合として、「契約の相手方が保険会社との
間に当該地方公共団体を被保険者とする履行保証保険契約を締結したと
き」が定められていたが、1995年（平成7年）6月16日の自治省行政

118

局長通知は、前記の履行保証保険契約の締結に加えて、「契約の相手方から委託を受けた保険会社と工事履行保証契約をしたとき」も契約保証金の免除ができることとした。

保険会社との工事履行保証契約には、「履行保証保険」と「工事履行保証契約」の２種類のものがあり、その概要は次のとおりである。

● 履行保証保険

履行保証保険というのは、従前から認められていたものであり、工事等の請負業者が保険契約者となり、発注者たる地方公共団体を被保険者として、損害保険会社との間で「偶然の事故（工事等の未完成）により発注者が被った損害を補填する」旨の契約のことである。この場合は、請負業者が契約に基づく債務（工事等の完成）を履行しないために、地方公共団体が他の業者に残工事を発注せざるを得なかったために生じた増加費用（工期の短縮、重複経費の発生等により増加した費用）について、履行保証保険契約において定められた保険金額を限度として、当該地方公共団体に保険金が支払われることになる。

履行保証保険契約そのものは、請負業者と損害保険会社との間で締結され、発注者たる地方公共団体が全く関与しないところに特徴があるが、入札にあたって、地方公共団体の側において履行保証保険の制度を利用できる旨を明らかにしておく必要がある。そのうえで、落札決定の後、請負契約の締結前に、業者が損害保険会社に履行保証保険の申込みを行い、損害保険会社の審査を受けて保険の契約条件を確定し、保険証券の発行を受け、その証券を当該地方公共団体に提出して請負契約を締結することになる。

この保険においては、万が一、請負業者の倒産等による債務不履行が生じた場合は、地方公共団体は当該請負契約を解除し、損害額を確定したうえで、損害保険会社に保険金の支払いを請求しなければならないので、損害賠償の額の予定が定められていない限り（民法420条）、具体的な損害額を立証しなければならないという問題点がある。

また、この保険においては、工事完成保証人が工事を完成させた場合

第2部　事務事業のプロセスとコンプライアンス

に残工事を完成させるために要した増加費用を、保険金額を限度として、工事完成保証人に支払う工事完成保証責任担保特約や、工事の目的物の引渡後の瑕疵担保責任を請負業者が履行しない場合に、目的物を補修するために要した費用を、保険金額を限度として、発注者に支払う瑕疵担保特約を付帯することができる。

　なお、履行保証保険の保険料は、工事の種類と付保割合（契約金額に対する保険金額の割合）を基本として定められるが、この制度が採用された場合は、保険料をも見込んだうえで入札されることになるので、理論上は、保険料分だけ、工事価格が高くなることになる。

● 工事履行保証契約

　工事履行保証契約は履行ボンドともいわれる。発注者たる地方公共団体と損害保険会社等との間で直接の保証契約が結ばれ、請負業者と保険会社との間にはその保証契約の締結を委託する保証委託契約が別に締結されるところに、履行保証保険との形式的な違いがある。

　工事履行保証契約においては、請負業者が工事を完成させることができない場合に、保険会社が次の方法のいずれかにより、保証債務を履行することとされている。

　①　保証契約で定められた額の保証金を支払うこと

　②　請負業者に代わって、自ら工事を完成させること

　③　発注者が認めた場合に、本来の請負業者の権利義務を承継した第三者に工事を完成させること

　この三つの方法のどれによるかは、保険会社の選択に委ねられるため、工事がどの段階で中止されたのかにより、残工事を完成させることと、保険金を支払うことのどちらが保険会社にとって有利かが大きな意味をもつことになる。すなわち、保険会社としては、保証金（保険金）の額が残工事による増加費用を上回るときは前記の②又は③の方法をとるのが得であり、保証金（保険金）の額が残工事による増加費用よりも少ないときは前記の①の方法をとるのが得だということになるのである。

120

第2章　公共工事

　したがって、地方公共団体としては、工事を完成させることを重視するときは、保証金（保険金）を高くして契約することが必要となるわけであるが、その場合には保険料も高くなる。保険料は請負契約金額に反映され、最終的には当該地方公共団体の負担となるので、むやみに保証料（保険金）を高く設定すればよいということにはならない。

● 履行確保の手段の選択

　工事の請負契約において、どのようにして履行を確保するのかは、一般競争入札、指名競争入札又は随意契約のいずれの方法による契約を選択するのか、指名競争入札における指名や随意契約における相手方の選択において、その基準をどこにおくのか、何を具体的な根拠とするのかとも密接に関係する。すなわち、業者の信頼性と履行保証人の必要性、その履行を確保するための契約保証金の額や保険の内容には相関関係がある。契約の履行を確保するために当該工事の目的や性質にあった方法が選択されているか否かは、それによる弊害と実効性、そのための費用と効果及びリスク管理の観点から判断されなければならない。なお、2000年（平成12年）4月18日自治省行政局長通知は、次の場合にも契約保証金の全部又は一部を納付させないことができると考えられるとしている。

①　自治法施行令167条の5及び167条の11に規定する資格を有する者と契約を締結する場合において、その者が過去2か年の間に国（公社、公団を含む。）又は地方公共団体と種類及び規模をほぼ同じくする契約を数回以上にわたって締結し、これらを全て誠実に履行し、かつ、契約を履行しないこととなるおそれがないと認められるとき。

②　法令に基づき延納が認められる場合において確実な担保が提供されたとき。

③　物品を売り払う契約を締結する場合において、売却代金が即納されるとき。

④　随意契約を締結する場合において、契約金額が少額であり、かつ、契約の相手方が契約を履行しないこととなるおそれがないとき。

● 121

第2部　事務事業のプロセスとコンプライアンス

# 6　監督及び検査体制と実効性

　自治法234条の2第1項は、工事、製造その他についての請負契約及び物件の買入れその他の契約について、「政令の定めるところにより、契約の適正な履行を確保するため又はその受ける給付の完了の確認（給付の完了前に代価の一部を支払う必要がある場合において行なう工事若しくは製造の既済部分又は物件の既納部分の確認を含む。）をするため必要な監督又は検査をしなければならない。」と定め、政令（自治法施行令167条の15）では次のことが規定されている。

① 　監督は、立合い、指示その他の方法で行うこと

② 　検査は、契約書、仕様書及び設計書その他の関係書類に基づいて行うこと

③ 　契約の目的たる物件の給付の完了後相当の期間内に当該物件につき破損、変質、性能の低下その他の事故が生じたときは、取替え、補修その他必要な措置を講ずる旨の特約があり、当該給付の内容が担保されると認められるときは、検査の一部を省略することができること

④ 　特に専門的な知識又は技能を必要とすることその他の理由により当該普通地方公共団体の職員によって監督又は検査を行うことが困難であり、又は適当でないと認められるときは、当該普通地方公共団体の職員以外の者に委託して当該監督又は検査を行わせることができること

ほとんどの地方公共団体が採用している公共工事標準請負契約約款においては、発注者である地方公共団体は監督員を置き、監督員は、設計図書に定めるところにより、次の権限を有するとされている（同約款9条2項）。

① 　契約の履行についての請負人又は請負人の現場代理人に対する指示、承諾又は協議

② 　設計図書に基づく工事の施工のための詳細図等の作成及び交付又

122

は請負人が作成した詳細図等の承諾

③　設計図書に基づく工程の管理、立会い、工事の施工状況の検査又は工事材料の試験もしくは検査（確認を含む。）

　また、監督員の指示又は承諾は、原則として、書面によらなければならないとされ、約款に定める請求、通知、申出、承諾及び解除については、設計図書に定めるものを除いて、監督員を経由して行うものとし、これらに関する請負人の意思表示は、監督員に到達した日に発注者に到達したものとするとされている（同約款9条3～5項）。

　発注者である地方公共団体が監督員を置かなかったときは、これらの権限を当該地方公共団体が行使するのは当然のことであるが、これらのことを実効あらしめるためには、能力のある者が実際に監督や検査を行うことが必要である。しかし、現実には、工事が複雑、高度化するのに加えて、行政改革によって職員数の合理化が求められていることもあり、それが難しい状態も生じている。工事の内容によっては、監督や検査を外部に委託することも積極的に考慮し、履行の確保の実をあげることを考えるべきであろう。品質確保促進法21条1項は、「発注者は、その発注に係る公共工事が専門的な知識又は技術を必要とすることその他の理由により自ら発注関係事務を適切に実施することが困難であると認めるときは、国、地方公共団体その他法令又は契約により発注関係事務の全部又は一部を行うことができる者の能力を活用するよう努めなければならない。この場合において、発注者は、発注関係事務を適正に行うことができる知識及び経験を有する職員が置かれていること、法令の遵守及び秘密の保持を確保できる体制が整備されていることその他発注関係事務を公正に行うことができる条件を備えた者を選定するものとする。」と定めているが、このことは、発注段階だけでなく、監督や検査の段階においても同様であろう。

第2部　事務事業のプロセスとコンプライアンス

## 7　請負工事における発注者の責任

　請負契約は、当事者の一方（請負人）が「ある仕事を完成させること」を約束し、その相手方（発注者）が、「その仕事の結果に対して報酬を与えること」を約束することによって成立する（民法632条）。このように、請負は仕事の完成を目的とするものであるから、それをいかにして完成させるかは、原則として、請負人の判断に任されている。請負人には、広範な自主性、独立性が認められ、発注者はそれをコントロールすることができないことから、請負工事によって損害が生じた場合には、発注者はそれに対する責任を負わないのが原則である（民法716条本文）。

　しかし、請負人は、発注者の注文や指図に従って仕事を行うので、その注文又は指図に過失があった場合は、発注者が損害賠償の責任を負うことになる（民法716条ただし書）。この場合において、請負人にも過失があるときは、請負人と発注者が共同不法行為者としての責任を負うことになる（民法719条）と考えられるが、請負人は発注者との契約に基づきもっぱらその履行として工事を行ったものにすぎないとして、請負人の責任を否定し、市の責任を認めた判決（横浜地裁昭和63年6月17日判決・判時1300号86頁）があるほか、公共工事による損害について発注者としての地方公共団体や担当者の責任が問われることも少なくない（発注者としての地方公共団体の責任についての大阪地裁平成元年8月7日判決・判時1326号18頁及び広島地裁平成10年3月24日判決・判時1638号32頁等、担当者の刑事責任についての大阪地裁昭和60年4月17日判決・判時1165号28頁等）ことも見過ごせない。

　不法行為責任については、抽象的に一般論を論ずるよりも、これまでにどのような事例が問題になったかを検証することが有益である。そこで、これまでの最高裁の判決をみると、発注者の責任が認められた事例としては、次のものがある。

● 最高裁昭和43年12月24日判決・判時545号57頁

　「蜜柑の撰果場の新築工事に際して、発注者は、県の土木出張所か

124

ら建築工事の中止命令を受け、建築中の建物の補強工作を完備するよう強く勧告されていたにもかかわらず、蜜柑の収穫時期が迫ったことから、請負人に補強工作を全然させることなく、所定の中間検査も受けさせないで瓦葺作業を行わせたため、当該建物が倒壊し、隣家の住人が損害を被った。このような事実関係のもとにおいては、発注者としては、少なくとも右建設中止命令以後においては、請負人が補強工事をしないで、このような工事を続行する場合には、時期を失せず、工事を中止させる等の措置をとるべき注意義務がある。したがって、そのような措置を講じないであえて右工事の続行を黙過した発注者には、注文又は指図について過失があったものといわれなければならない。」

● 最高裁昭和54年2月20日判決・判時926号56頁

「互いに屋根が重なり合うほど密接して建てられていた建物の一方の所有者が、自己の建物を取り壊して、その跡地一杯に建築する鉄骨ブロック造り4階建ての建物を建築会社に請け負わせたところ、両者の間に隙間がなく、ものの落下防止措置を講ずることも、足場を組むこともできなかったため、建築会社の作業員は、隣家の屋根に上って資材を運んだり、屋根の上に物を落としたりして、損害を被らせた。このような場合においては、発注者がたとえ建築工事について専門知識がなくても、この工事が施工されれば隣家に被害を及ぼすことが容易に予測できたのであるから、そのような被害を及ぼさないよう請負人に命ずべき注意義務が、また、もしも、請負人がそのような措置をしないで工事を施工する場合は直ちに工事を中止させる等の注意義務がある。したがって、そのような措置を講じないであえて右工事の続行を黙過した発注者には、注文又は指図について過失があったものといわなければならない。」

一方、請負人が第三者に与えた損害について発注者の責任が認められなかった事例としては、国から林道工事を請け負った業者が岩石を谷間

第2部　事務事業のプロセスとコンプライアンス

に落下させ、そこにあった発電所に被害を与えたという事案について、次の①から⑤の事実を指摘したうえで⑥及び⑦のように判示して、発注者たる国の責任を否定したものがある（最高裁昭和45年7月16日判決・判時600号88頁）。

①　請負人は、県下で一、二位を争う土木建築専門業者であること

②　本件工事の設計図及び仕様書自体には過誤がなく、本件事故が発注者の設計自体の瑕疵によって生じたものとはいえないこと

③　発注にあたり、国は、請負人に対して、工事による落石等で本件発電所を破壊することのないような措置をとることを要求し、そのための費用を加算して請負代金額を決定し、請負人もそのことを了承し、事故防止の措置を講ずることを約束していたこと

④　本件における岩石の切り捨ては、国の具体的な指示によるものではなく、請負人の自主的な判断によるものであること

⑤　本件請負契約においては、国は工事施工に関する監督員を選定でき、監督員は、工事の施工に立ち合い、必要な監督を行い、請負人に対し指示を与え、監督に必要な細部設計図又は原寸図を作成し、又は請負人が作成するこれらの図面等を検査して承諾することができるほか、工事施工の順序方法は全て国の係員の指示によるべく、切り取りによって生じた土石は係員の指示により適当な土捨場に取り捨てる旨が定められており、実際にも、国は、工事中ほとんど毎日その現場に係員を派遣していたこと

⑥　前記⑤の国の指示監督の権限は、契約書又は仕様書に定められた事項に限定されており、国が係員を現場に派遣した目的は、もっぱら本件工事が契約どおりに行われることを確保することにあって、請負人が当該係員の指示に従ってのみ工事を進行しうるという趣旨ではなく、国が請負人に対して、岩石の取り捨てその他の施工方法について具体的かつ詳細な指示監督を行う義務を負うものではないこと

⑦　国が本件請負契約当時から、本件工事により発電所に被害を及ぼ

第2章　公共工事

すおそれのあることを予知しており、契約上、工事施工方法につき⑤の範囲で指示監督の権限を有し、右損害を防止するに必要な措置を請負人に指示して行わせることが不可能ではなかったにもかかわらず、その措置を具体的に命ずることなしに本件工事を注文し施工させたものであるからといって、そのことだけで直ちに国に過失があるとすることはできないこと

　この判決は、⑤で発注者の権限を認めたうえで、⑦で発注者が契約の時点で事故が生ずる可能性を予見していたとしても、それだけでは発注者の過失を認めることはできないとしている。しかし、その後の下級審においては、損害又は事故の発生が予見できたことや現場で監督していたことを理由として発注者としての地方公共団体の責任を認める事例（前掲大阪地裁（平成元年8月7日）及び広島地裁（平成10年3月24日）の判決等）が現れ、少なくとも、社会的な雰囲気としては、そのような流れを歓迎するものが感じられる。これらの判決のような判断がなされる理由としては、発注者が国や地方公共団体の場合は、その組織としての知識・経験・資力が大きく評価されるとともに、契約書において、発注者の権限が極めて大きいものとして定められていることがあるように思われる。

　すなわち、公共工事標準請負契約約款においては、第三者に及ぼした損害について次のように定めるだけであり（28条）、請負人の損害防止義務の所在が明記されていない点において、前記の発注者の責任を否定した最高裁の判例の事案とはっきり異なる（前記③（126頁）参照）。

①　工事の施工について第三者に損害を及ぼしたときは、乙（注：請負人）がその損害を賠償しなければならない。ただし、その損害のうち、甲（注：発注者）の責に帰すべき事由により生じたものについては、甲が負担する。

②　前項の規定にかかわらず、工事の施工に伴い通常避けることができない騒音、振動、地盤沈下、地下水の断絶等の理由により第三者に損害を及ぼしたときは、甲がその損害を負担しなければならない。ただし、その損害のうち工事の施行につき乙が善良な管理者の

127

第2部　事務事業のプロセスとコンプライアンス

注意義務を怠ったことにより生じたものについては、乙が負担する。

これに対して、民間における請負工事を念頭においた民間（旧四会）連合協定工事請負契約約款においては、前記の公共工事の場合と同様な第三者に対する損害の負担に関する規定（19条）のほかに、損害の防止について次のような規定を置いている（18条）。

①　乙（注：請負人）は、工事の完成引渡まで、自己の費用、契約の目的物、工事材料又は近接する工作物若しくは第三者に対する損害の防止のため、設計図書と関係法令に基づき、工事と環境に相応した必要な処置をする。

②　契約の目的物に近接する工作物の保護又はこれに関連する処置で、甲（注：発注者）・乙・丙（注：甲が委任した工事の監理者）が協議して、前項の処置の範囲を超え、請負代金に含むことが適当でないと認めたものの費用は甲の負担とする。

③　乙は、災害防止のため特に必要と認めたときは、あらかじめ、丙の意見を求めて臨機に処置をとる。ただし、急を要するときは、処置をしたのち丙に通知する。

④　甲又は丙が必要と認めて臨機の処置を求めたときは、乙はただちにこれに応ずる。

⑤　③④の処置に要した費用の負担については、甲・乙・丙が協議して定める。

契約の当事者間でどのような約束をしても、第三者は、その合意に拘束されないのが原則であるが、過失の有無が問題となる不法行為においては、その前提としての注意義務の存在を確定することが必要であり、それには契約の内容が重大な意味を持つ。また、工事技術の高度化、行政改革等による組織内部における専門家の減少等を考慮すると、地方公共団体が必ずしも請負人よりも優れた能力を有しているかは疑問である。また、公共工事標準請負契約約款に定められている監督権限についても、「発注者（地方公共団体）の指示監督の権限は、契約書又は仕様書

128

第2章　公共工事

に定められた事項に限定されており、係員を現場に派遣する目的は、専ら本件工事が契約どおりに行われることを確保することにあって、請負人が当該係員の指示に従ってのみ工事を進行しうるという趣旨ではなく、発注者が請負人に対して、工事の施工方法について具体的かつ詳細な指示監督を行う義務を負うものではない」という前掲最高裁昭和45年7月16日判決（108頁）の解釈が常に通用するという保証はないのであるから、必要な専門的な能力を有するものに現場監督を委託することも検討に値するものと思われる。


## 8　工事の進捗と支払い

　具体的な工事については、当該工事が設計図書による指示どおりに行われているか、工事計画に沿った日程が遵守されているか、費用が予算をオーバーするおそれがないか等が問題となる。

　請負工事においては、工事の目的物が完成するまでが請負業者の責任であるが（民法632条）、地方公共団体の予算は単年度主義であるから、その面からも、工期内に予定された工事を完了することが非常に重要であるし、施工不良等のように、施設が完成した後でそれを発見することが難しいものもあるので、その進捗状況と施工内容について随時チェックを行うことが重要となる。

　また、支払いについて出来高払いの方法をとっている場合は、その時々の出来高を正確に確認することが大切なことはいうまでもなく、総額に変わりがないからということでルーズになることがあってはならない。出来高払いは、前払いや中間支払いではなく、完了した工事に対する後払いであるから、その支払いの対象となった工事については、適正な完了検査がなされなければならない。

　さらに、工事が完成した場合は、請負業者は速やかに竣工届けを提出しなければならないし、発注者たる地方公共団体は、遅滞なく工事検査を行って、目的物の引渡しを受けて、支払いをしなければならない（政

129

第2部　事務事業のプロセスとコンプライアンス

府契約の支払遅延防止に関する法律5条・6条参照）。また、これに係る事務処理が適正に行われているかにも気を配る必要がある。すなわち、当該年度における工事は当該年度内に完成させ、完了検査をし、引渡しを受け、当該工事代金に係る支出負担行為をしなければならないというのが、会計年度独立の原則（第3部第1章2(4)(333頁)参照）からの論理的帰結である。ただ、工事請負費は当該工事が完成した日の属する年度の歳出に属するとされている（自治法208条、自治法施行令143条1項4号）ので、当該年度内に完成届けが提出されているときは、当該工事が年度内に完成していることの確認が翌年度になったとしても、当該年度の予算から支出することになる（歳出の会計年度所属区分一般については第3部第1章2(2)(330頁)参照）。

　また、年度内に支出負担行為が完了した債務については、翌年度の5月31日までは、当年度の予算から支出することができるものとされている（第3部第1章2(3)(332頁)参照）。このように、支払いは5月31日までできることから、年度末までに完成しなかったり、完了検査が終了しなかった工事について、事故繰越しの手続をとらないで済ませることがあるようであるが、そのようなことをしなくて済むように、年度末である3月31日までに一連の手続を完了させなければならないことを前提として工期を設定し、進行管理をすることが必要である（後記10(4)(136頁)参照）。

　なお、請負代金の支払いは工事が完成し、その目的物の引渡しと同時に行われるのが原則であるが（民法633条、自治法232条の5、自治法施行令163条参照）、公共工事については、公共工事の前払金保証事業に関する法律5条の規定に基づき登録を受けた保証事業会社の保証に係るものに要する経費については、原則として、当該経費の3割を超えない範囲内に限り前金払いをすることができるとされている（自治法施行令附則7条。なお、第3部第4章7(3)(442頁)参照）。前金払いをしている工事について、債務不履行が生じた場合には、単に事務手続が煩雑になるだけではなく、最悪の場合は経費の二重支払いを余儀なくされることも

あり得るので、前記の履行保証の方法と合わせて、施工状況だけでなく、請負業者の経営状況についても常に留意していることが求められる。

## 9　事業目的の達成度

　公共工事には、その工事によって達成されるべき目的がある。たとえば、砂防ダムの建設による防災、ダムの建設による水害の防止と利水の確保、道路の建設による円滑な交通の確保、美術館の建設による文化の振興、郷土館の建設による郷土愛の育成や観光振興、地域集会所の建設によるコミュニティ活動の推進等である。

　景気対策に重点がおかれる場合のように、工事を行うこと自体に意味があるとされることもあるが、当該工事によって造られた物が、どのように住民の福祉の向上に寄与しているかが最大の問題である。その意味では、当該施設が災害対策としてどのように機能しているか、住民によってどの程度利用されているか等をチェックすることが、当該公共工事を評価することであるし、その評価をその後の同種施設の建設に役立てることが大切なのである。言いかえれば、ある公共工事を行う場合に、それまでに行われた同種の工事の結果がどのように反映され、どのように改善、改良されているかが評価されるべきだということである。純粋な公共財の場合には、このような目的の達成度を客観的にとらえることは容易ではないが、住民の利便施設等については、その利用度を数字で把握することも可能である。公共工事は、工事が完成すれば終わりということではない。それが完成した後の機能が予定どおりであるか否かが最も重大な意味をもつことを忘れてはならない。

　ところで、10年以上もかかるような長期間にわたる工事（ダムの建設等）においては、それを計画した当時と完成時点における社会経済情勢や住民の価値観が大幅に変化し、当初の目的の妥当性が失われる場合もある。長期的な観点が必要なことは言うまでもないが、それは環境の変

● 131

第2部　事務事業のプロセスとコンプライアンス

化を無視しても良いということを意味するわけではない。

　また、時間の経過は、工事の目的の妥当性についてよりも、工事費についての方が大きな影響を及ぼす。将来の工事費の変更を見込んで、全体の工事費についての当初の積算が甘くなっているのではないかと思われるような事例も見受けられるが、そのようなことがないようにしなければならないのは当然のことである。

## 10　継続費、債務負担行為又は繰越明許費の設定と運用

　2年度以上にわたって行われる事業に関する予算制度として、継続費及び債務負担行為がある。また、年度内に完成することを予定しながら、特別の事情により工事の完了が翌年度にずれ込んだ場合の措置として、繰越明許費及び事故繰越の制度がある。これらは、地方公共団体における予算制度が単年度主義をとることからくる不都合を回避するためのものであるが、その運用の如何によっては、事業計画や予算計上が安易になったり、工期がルーズになったり、財政の実態が分かり難くなることもあるので、その妥当性について、常に検証し、実態を正確に把握するようにしなければならない。また、長期間にわたる事業においては、総事業費が変更されることが通例となっていることを前提に、当初の事業費を意識して過小に見積もることもないわけではないようである。そのようなことを含めて厳しくチェックされるべきであることは言うまでもない。

### （1）継続費

　継続費というのは、その履行に数年度を要する事業について、あらかじめ、経費の総額、所要年度数、年度毎の経費を定めて支出するための制度であり（自治法212条）、現実の必要性から、会計年度独立の原則に対して認められた例外（長期予算方式）である（第3部第2章4（352頁）

第2章　公共工事

参照）。

　継続費の設定は、大規模な工事について会計年度の制約を外して弾力的な執行を可能にするものであるから、当該年度においても後年度分の支出の原因となる契約（債務負担行為）をすることができるし、各年度に割り振られた支出額（予算額）について、当該年度内に支出の終わらなかった経費について、支出負担行為をすることなく、その全額を継続年度の終了まで順次繰り越して使用する「逓次繰越」も認められている（自治法施行令145条）。

　ただし、継続費においては、債務負担行為と異なり、初年度の支出が全くないということはない。また、逓次繰越にあたっては、長は、継続費繰越計算書を議会へ提出しなければならないが、議会はこれを減額補正できないとされている（昭和26年11月15日地自行発第386号栃木県監査事務局長宛行政課長回答）。さらに、逓次繰越は事業の進捗を弾力化するためのものであるから、起債等の財源の関係で当該年度に予定していた経費の支出ができなくなった場合には適用されず、この場合は、財源手当ができた年度において新たに予算計上すべきものであるとされる（昭和25年7月6日自治発第114号宮崎県総務部長宛行政課長回答）。

　なお、継続費における財源は予定財源であることから、逓次繰越の場合には、繰り越された経費を支出するための財源は、その経費が支出される年度で手当される。このため、財源を繰り越すことは不要であり、このことが、繰越明許費及び事故繰越との違いとなっている。

　継続費は、このような性質を有するものであるから、それを設定したこと自体の合理性と妥当性、支出額の年度間割り振りの合理性と妥当性、当該年度における工事の出来高（残工事の程度）と逓次繰越高の相当性と妥当性が検証されなければならないし、支出負担行為を行う年度と実際に支出を行う年度が異なる場合の対応についても遺漏のないようにしなければならない。また、工事によっては、継続費を設定すべきであるにもかかわらず設定されていないとか、継続費を設定すべきではないにもかかわらず設定したということもあり得るので、継続費を設定し

● 133

第2部　事務事業のプロセスとコンプライアンス

たこと又は設定しないことの合理性と妥当性も検証の対象となり得るであろう。

## (2) 債務負担行為

　債務負担行為というのは、歳出予算、継続費又は繰越明許費のいずれにも計上されていない経費について債務を負担する行為のことであり（第3部第2章6（354頁）参照）、当該年度における支出は予定されていないが、対象となる事項、期間及び限度額を予算で定めておくことが必要とされる（自治法214条、自治法施行規則4条）。債務負担行為がなされた経費は、後年度において義務的に支出しなければならないものであるから、財政民主主義の見地から、予算において歳出予算とは別に定めなければならないのである。

　債務負担行為は、それを行うときに財源措置がなされている必要はなく、現実に支出される年度において財源措置をすることとなるので、経済的には、借入金と同じ意味をもつこととなり、起債や継続費との代替性もある。それだけに、安易にこの方式を利用するときには将来の財政運営に深刻な影響を与えることになりかねないので、その妥当性についての慎重な吟味が必要となる。

　請負工事の契約については、債務負担行為が問題になることが多い。通常、請負工事の契約は、次の手順で行われる。

① 　入札の公告
② 　現場説明
③ 　入札
④ 　落札決定
⑤ 　仮契約
⑥ 　議会の議決（自治法96条1項5号）
⑦ 　契約書の作成

　しかし国が行う契約にあっては、④によって国及び落札者は相手方に対し契約を締結する義務を負うに至るが、それは未だ予約（民法556条、

559条）が成立したにとどまり、⑦によって契約が確定するというのが判例（最高裁昭和35年5月24日判決・判時227号18頁）である。このことからすると（自治法234条5項はこの判例を受けものである。）、予算措置がなくても⑥の段階までは進行させることができるようにも思われる。しかし、④の段階で予約契約が成立するのであれば、それを履行できない（本契約を締結できない）場合には、債務不履行責任を負うことがある（入札保証金についての自治法234条4項参照）ということであるから、⑤以降の手続が翌年度になってから行われるとしても、④を現年度で行うためには債務負担行為の措置が必要であるというのが理論的な帰結である。また、開札は入札の終了後直ちに行わなければならない（自治法施行令167条の8第1項）ということは、③と④が同時になされるということでもあるから、現実には、債務負担行為の設定なしに③を行うことはできないことになる。そして、上記のことを逆に言えば、①入札の公告及び②現場説明は、予算措置なしに行うことができるということでもある。

## (3) 繰越明許費

　繰越明許費というのは、一応当該年度内に完了することを予定しているものの、特別の事情が生じたことにより年度内に完了しないときに、翌年度に繰り越して使用することを予算で認められている経費のことである（自治法213条、自治法施行令146条。第3部第2章5（353頁）参照）。これは、予算（補正予算を含む。）の成立時において年度内に支出の終わらない可能性が予見できるときにとられる措置であり、工期内に完成させるために無理な工事が行われることによる不良工事等を防ぐためのものでもある。したがって、繰越明許費の対象となっている工事については、当該年度内に支出の原因となる請負契約が締結されている（支出負担行為がなされている）場合もあるし、契約の締結自体が翌年度に繰り越されることもある。

　予算において繰越しが認められている場合にも、当該繰越しが真にや

第2部　事務事業のプロセスとコンプライアンス

むを得ないものであり、繰越額と出来高の関係が妥当なものであること
が必要である。繰越明許費として認められているからということだけ
で、安易な繰越しをするべきではない。また、この制度は、当該年度の
歳出は当該年度の歳入をもって賄い、当該年度の歳出予算は当該年度中
にのみ執行することができるという会計年度独立の原則の後者について
の例外であるから、財源の都合がつかないことを理由とする繰越しはで
きず、翌年度に繰り越す場合は当該経費に必要な財源（収入が確定した
ものに限る。）も必ず当該年度から繰り越さなければならない。

　すなわち、繰越明許費においては、前記のように支出負担行為をした
年度と実際に支出を行う年度が異なることもあり得るが、その財源は常
に当初の年度において確保したものに限られ、万一当該年度の出納閉鎖
期日までに収入が確保できない場合は、次年度に属する歳入を当該年度
の歳入として扱う繰上充用（自治法施行令166条の2）で対処しなければ
ならない。

## （4）事故繰越し

　事故繰越しというのは、年度内に支出負担行為をしたが、避けがたい
事故のため当該年度内に支出が終わらなかったもの（当該支出負担行為
に係る工事その他の事業の遂行上の必要に基づきこれに関連して支出を要す
る経費（竣工検査等の事務経費）を含む。）を翌年度に繰り越して支出する
ことである（自治法220条。第3部第2章10（359頁）参照）。このような
事故繰越しの性質からして、繰り越した経費の歳出に充てるために必要
な金額を当該年度から翌年度に繰り越さなければならないのは当然のこ
とである（自治法施行令150条2項・146条）。

　事故繰越しというのは、会計年度独立の原則を尊重しつつ、避けがた
い事故のためにその原則を守ることができなくなった場合についての、
いわば緊急避難の方法である。したがって、事故繰越しの原因が真に避
けがたい事故であったのかどうか、繰り越した経費が年度末までの出来
高と比較して相当なものであるかについて検証されなければならない。

第2章　公共工事

また、実務上は、年度末までに完成しなかった工事についても、年度内に完成したように取り繕い、正式の事故繰越しの手続をとらないこともあるようであるが、そのようなことが許されないことは言うまでもないであろう（前記8（129頁）参照）。

## 11　改正民法における請負契約

　民法の一部を改正する法律（本書においては、この法律による改正後の民法を「新民法」、改正前のものを単に「民法」という。）が第193回国会において成立し、2020年（令和2年）4月1日（「施行日」という。）から施行されることになっている。この改正に際して、請負については、請負の特殊性に着目した特別の規定を最小限にし、原則として新民法第3編「債権」－第2章「契約」－第1節「総則」の規定のほか、第3節が定める売買についての規定に準ずることとされた（第3節559条は、「この節の規定は、売買以外の有償契約について準用する。ただし、その有償契約の性質がこれを許さないときはこの限りではない。」としている。）。

　現在広く使用されている公共工事標準請負約款は、当然のことながら民法を前提とするものであり、新民法の施行日前に債務が生じた場合（施行日以後に債務が生じた場合であって、その原因である法律行為（具体的には「契約の締結」を意味する。）が施行日前にされたときを含む。）については、履行不能の場合の損害賠償について定める新民法412条の2第2項及び債務不履行による損害賠償について定める新民法415条の規定にかかわらず、「なお従前の例による。」とされている（附則17条1項）。また、施行日前にされた民法420条1項に規定する損害賠償の額の予定に係る合意（談合や工期不遵守等についてなされていることが多いであろう。）及び施行日前に債権の譲渡の原因である法律行為がなされた場合におけるその債権の譲渡（民法466条から469条）についても、「なお従前の例による。」とされている（前者について附則17条4項、後者について附則22条）が、新民法が施行される前であっても、新たな契約時には、

137

第2部　事務事業のプロセスとコンプライアンス

同法の考え方を考慮する必要があろう。

　以下、新民法における請負に関する規定を概観する。

## （1）目的物に瑕疵があるときの契約の解除及び損害賠償

　民法は、その634条で目的物に瑕疵があるときの修補請求権及び損害賠償請求権について定め、その635条は目的を達成できないときの解除権及びその制限について定めているが、前者は全面改正され、後者は削除された。その結果、目的物に瑕疵があるときの修補請求権について特例を定める規定はなくなり（ただし、後記（3）（140頁）参照）、新民法415条が準用されることになるが、同条はその1項で次のように定めている。

　「債務者がその債務の本旨に従った履行をしないとき又は債務の履行が不能であるときは、債権者は、これによって生じた損害の賠償を請求することができる。ただし、その債務の不履行が契約その他の債務の発生原因及び取引上の社会通念に照らして債務者の責めに帰することができない事由によるものであるときは、この限りでない。」

　このことをふまえて、同条2項は、「前項の規定により損害賠償の請求をすることができる場合において、債権者は、次に掲げるときは、債務の履行に代わる損害賠償の請求をすることができる。」として、次の三つのときを掲げる。

　①　債務の履行が不能であるとき。

　②　債務者がその債務の履行を拒絶する意思を明確に表示したとき。

　③　債務が契約によって生じたものである場合において、その契約が解除され、又は債務の不履行による契約の解除権が発生したとき。

　次に、目的物に瑕疵があるときの契約の解除については、新民法541条及び542条が適用されることになる。そして、催告による解除を定める民法541条の「当事者の一方がその債務を履行しない場合において、相手方が相当の期間を定めてその履行の催告をし、その期間内に履行がないときは、相手方は、契約の解除をすることができる。」という条文

138

第2章　公共工事

は、「ただし、その期間を経過した時における債務の不履行がその契約
及び取引上の社会通念に照らして軽微であるときは、この限りでない。」
というただし書が加えられ新民法541条とされている。さらに、催告に
よらない解除を定める新民法542条は、その１項で「次に掲げる場合に
は、債権者は、前条の催告をすることなく、直ちに契約の解除をするこ
とができる」として、次の五つの場合を掲げる。

① 債務の全部の履行が不能であるとき。

② 債務者がその債務の全部の履行を拒絶する意思を明確に表示した
とき。

③ 債務の一部の履行が不能である場合又は債務者がその債務の一部
の履行を拒絶する意思を明確に表示した場合において、残存する部
分のみでは契約をした目的を達することができないとき。

④ 契約の性質又は当事者の意思表示により、特定の日時又は一定の
期間内に履行をしなければ契約をした目的を達することができない
場合において、債務者が履行をしないでその時期を経過したとき。

⑤ 前各号に掲げる場合のほか、債務者がその債務の履行をせず、債
権者が前条の催告をしても契約をした目的を達するのに足りる履行
がされる見込みがないことが明らかであるとき。

また、解除は、必ずしも契約全部を解除しなくて、その一部だけを解
除すれば済む場合もあるが、そのことについて新民法452条２項は「次
に掲げる場合には、債権者は、前条の催告をすることなく、直ちに契約
の一部の解除をすることができる。」として、次の場合を掲げる。

① 債務の一部の履行が不能であるとき。

② 債務者がその債務の一部の履行を拒絶する意思を明確に表示した
とき。

新民法541条又は542条による契約の解除ができる場合は、かなり制
限的であり、これらの規定だけに従うときは、損害賠償の請求はできる
が、契約の解除はできない（報酬の支払い義務は免れない。）というこ
とが生じ得るので注意が必要である。

139

第2部　事務事業のプロセスとコンプライアンス

## (2) 仕事が完成しなかったときの報酬

　請負に係る仕事を完成することができなくなった場合の請負人の報酬について、新民法634条は「次に掲げる場合において、請負人が既にした仕事の結果のうち可分な部分の給付によって注文者が利益を受けるときは、その部分を仕事の完成とみなす。この場合において、請負人は、注文者が受ける利益の割合に応じて報酬を請求することができる。」として、次の場合を掲げる。

　①　注文者の責めに帰することができない事由によって仕事を完成することができなくなったとき。

　②　請負が仕事の完成前に解除されたとき。

　これは、これまでの判例の理論を成文化したものであり、現行の公共工事標準請負約款は、既にこのことを前提としてその際の手続等についての規定を置いている。

　なお、仕事が中途で終了したことが注文者の責めに帰すべき事由による場合は、請負人は報酬全額の請求ができるが、債務を免れたことによって利益を得たときは償還しなければならない（新民法559条・562条2項）。

## (3) 請負人の担保責任

　請負人の担保責任は債務不履行責任の特則と位置付けられ、「請負人が種類又は品質に関して契約の内容に適合しない仕事の目的物を注文者に引き渡したとき」及び「その引渡しを要しない場合にあっては、仕事が終了した時に仕事の目的物が種類又は品質に関して契約の内容に適合しないとき」は、「注文者は、注文者の供した材料の性質又は注文者の与えた指図によって生じた不適合を理由として、履行の追完の請求、報酬の減額の請求、損害賠償の請求及び契約の解除をすることができない。ただし、請負人がその材料又は指図が不適当であることを知りながら告げなかったときは、この限りでない。」と規定された（新民法636

条）。

　新民法636条は、目的物に不適合（請負人の債務不履行）があっても、それが注文者の供した材料の性質又は注文者の与えた指図によるものであるときは、注文主は履行の追完の請求、報酬の減額の請求、損害賠償の請求及び契約の解除をすることができないとしているが、この反対解釈として、不適合が注文者の供した材料の性質又は注文者の与えた指図によって生じたものでない場合は、注文主はこれらの権利を行使することができることになる。

　そして、新民法637条は、これらの権利を行使する場合は、請負人が引渡し又は仕事の終了時にその不適合を知り又は重過失で知らなかったときを除いて、注文主がその不適合を知ったときから1年以内にその旨を請負人に通知しなければならないとしているが、これは、売り主の責任についての新民法566条と同趣旨のものである。新民法637条は、瑕疵の修補、損害賠償の請求及び契約の解除は、目的物を引き渡したときから1年以内にしなければならないとする従前の民法637条を改正したものであり、その期間制限の起算時が「引き渡したとき」から「不適合を知ったとき」とされ、その間に不適合の事実を通知すればよいとされた。このことは、ソフトウェアの開発や大規模施設等、不適合を知ることができるのが引き渡しから相当程度後になるものについて、意味が大きい。なお、履行の追完、報酬の減額及び損害賠償の請求をする権利は債権であるから、契約不適合の事実が発生した時（それを行使できる時）から10年間、その権利を行使できることを注文者が知った時から5年間という消滅時効の規定（新民法166条1項）が適用になる（契約の解除をする権利は請求権ではない（形成権である。）が、これについても同様の取扱いとなろう。）。

　ただ、修補請求権（債務の履行請求）の限界について、「瑕疵が重要でない場合において、その修補に過分の費用を要するとき」（従前の民法634条1項ただし書）に代わって、「債務の履行が契約その他の債務の発生原因及び取引上の社会通念に照らして不能であるとき」とする新民法

141

第2部　事務事業のプロセスとコンプライアンス

412条の2第1項が適用になり、さらに、請負人は、注文者に不相当な負担を課するものでないときは、注文者が請求した方法と異なる方法による履行の追完（契約の内容に適合していることが当然の前提である。）をすることができることになる（新民法559条・562条）ので、この点は要注意である。

　また、建物その他の土地の工作物の請負人は、工作物又は地盤の瑕疵について、引渡しの後5年間（コンクリート造等の工作物については10年間）その担保の責任を負うと定めていた従前の民法638条及び担保責任の存続期間（起算点はいずれも引渡し又は仕事の終了時）を消滅時効の期間内に限り契約で伸長することができるとしていた従前の民法639条及び担保責任を負わない旨の特約について定めていた従前の民法640条も削除された。しかし、新民法559条によって新民法572条が請負に準用され、請負人が、履行の追完、報酬の減額、損害賠償の責任を負わず、契約の解除を受けない旨の特約をした場合にあっても、請負人が知りながら告げなかった事実については、請負人は責任を免れることができないので、このことに関する限り、同じ結論となる。

　なお、請負人が注文主に目的物を引き渡した場合において、その引渡しがあった時以後にその目的物が当事者双方の責めに帰することができない事由によって滅失し、又は損傷したときは、注文主は、その滅失又は損傷を理由として、履行の追完の請求、代金の減額の請求、損害賠償の請求及び契約の解除をすることができず、代金の支払いを拒むこともできない（新民法559条・567条1項）。

　また、請負人が契約の内容に適合する目的物をもって、その引渡しの債務の履行を提供したにもかかわらず、注文主がその履行を受けることを拒み、又は受けることができない場合において、その履行の提供があった時以後に当事者双方の責めに帰することができない事由によってその目的物が滅失し、又は損傷したときも、注文主は、その滅失又は損傷を理由として、履行の追完の請求、代金の減額の請求、損害賠償の請求及び契約の解除をすることができず、代金の支払を拒むことができな

い（新民法559条・567条2項）。

## (4) 債権譲渡

　請負そのものの問題ではないが、請負人の資金繰りのために、請負代金債権が譲渡されることがある。現行の公共工事標準請負約款には、承認を得ないでする債権譲渡を禁止する旨の条項があるが、今回の改正によって、「当事者が債権の譲渡を禁止し、又は制限する旨の意思表示（以下「譲渡制限の意思表示」という。）をしたときであっても、債権の譲渡は、その効力を妨げられない。」（新民法466条2項）とされ、この場合には「譲渡制限の意思表示がされたことを知り、又は重大な過失によって知らなかった譲受人その他の第三者に対しては、債務者は、その債務の履行を拒むことができ、かつ、譲渡人に対する弁済その他の債務を消滅させる事由をもってその第三者に対抗することができる。」（新民法466条3項）とされている。

　また、「債権の譲渡は、その意思表示の時に債権が現に発生していることを要」せず、「債権が譲渡された場合において、その意思表示の時に債権が現に発生していないときは、譲受人は、発生した債権を当然に取得する。」とされる（新民法466条の6第2項）。そして、未発生の債権を譲渡する場合において、「譲渡人が次条の規定による通知（注：新民法467条に定める債権を譲渡した旨の通知）をし、又は債務者が同条の規定による承諾をした時（以下「対抗要件具備時」という。）までに譲渡制限の意思表示がされたときは、譲受人その他の第三者がそのことを知っていたものとみなして、第466条第3項（譲渡制限の意思表示がされた債権が預貯金債権の場合にあっては、前条第1項）の規定を適用する。」とされている（新民法466条の6第3項）。

# 第3章　土地の取得

## 1　土地の取得計画

　土地の取得に際しては、当該土地の具体的な利用目的があらかじめ定まっているのが通例である。したがって、そこでの最初の問題は、その目的が妥当であるかどうかにあり、次いでその目的との関係において当該土地がふさわしいかどうかが問題となる。

　まず、土地の取得の目的については、当該土地が、道路用地、庁舎の建設用地、下水処理場用地、体育館建設用地、公園用地、廃棄物処理場用地等として具体的に予定されている場合は、土地取得の目的がそのまま該当する行政の目的でもあるので、それを当該土地の取得自体にかかわる独立の問題として考える必要はない。しかし、そのような具体的な目的がないときは、当該土地の取得自体の問題として考慮しなければならない。

　具体的な利用目的がないままに土地を取得するケースとしては、公共用地の代替用地としてあらかじめ取得しておく場合や、公有地の拡大の推進に関する法律や生産緑地法に基づいて取得する場合等がある。土地は極めて限られた資源であることから、公共目的のためであっても、必要なときに必要な土地を取得するということが難しいのは公知の事実であり、当該土地の具体的な利用目的が決まる前に先行的に取得しておくことにも意味があることは否定できない。ただ、地方公共団体は、最少の経費で最大の効果を挙げるようにしなければならない（自治法2条14項）のであるから、最終的に不要になったり、高い買い物になったりすることのないよう、十分な検討をしたうえで、購入すべきことは言うまでもない。

第3章　土地の取得

　なお、土地開発公社に対して時価を上回る価格での先行取得を委託したという事案について、その「市の判断に裁量権の範囲の著しい逸脱又は濫用があり、本件委託契約を無効としなければ地方自治法2条14項、地方財政法4条1項の趣旨を没却する結果となる特段の事情が認められるという場合には、本件委託契約は私法上無効になる」し、「先行取得の委託契約が私法上無効ではないものの、これが違法に締結されたものであって、当該普通地方公共団体がその取消権又は解除権を有しているときや、当該委託契約が著しく合理性を欠きそのためその締結に予算執行の適正確保の見地から看過し得ない瑕疵が存し、かつ、客観的にみて当該普通地方公共団体が当該委託契約を解消することができる特殊な事情があるときにも、当該普通地方公共団体の契約締結権者は、これらの事情を考慮することなく、漫然と違法な委託契約に基づく義務の履行として買取りのための売買契約を締結してはならないという財務会計法規上の義務を負っていると解すべきであり、契約締結権者がその義務に違反して買取りのための売買契約を締結すれば、その締結は違法なものになるというべきである。」とする判例がある（最高裁平成20年1月18日判決・判時1995号74頁）。ただ、この判決による差し戻し後の控訴審が、本件委託契約は著しく合理性を欠き、その締結に予算執行の適正確保の見地から看過し得ない瑕疵があり、また、客観的にみて市が本件委託契約を解消できる特殊な事情があるとして、本件委託契約の締結が違法であるとしたのに対し、再度の上告審（最高裁平成21年12月17日判決・判時2067号18頁）は、この特殊な事情があるという高裁の事実認定が誤りであるとして、「上告人は、市長として、有効な本件委託契約に基づく義務の履行として本件土地を買い取るほかはなかったのであり、本件土地を買い取ってはならないという財務会計法規上の義務を負っていたということはできない。したがって、本件売買契約が上告人に課されている財務会計法規上の義務に違反して違法に締結されたということはできないものと解するのが相当である。」としている。

145

第2部　事務事業のプロセスとコンプライアンス

## 2　土地の取得に際しての事前調査

　土地を取得するに際しては、当該土地の位置と地質、その周辺の自然的・社会的環境、隣地使用権・囲繞地通行権・流水の状況・囲障設置権等の相隣関係による制限と利益（民法209条〜238条参照）、既存の公有地との立地上の関係、当該土地の利用や取得交渉についての従来からの経緯等を確認し、当該土地がその利用目的を達成するために適当なものであるかどうかを判断しなければならない。

　また、土地には登記の制度があり、所在地、面積及び所有者その他の権利者とその権利の内容が公示され、所在地は公図と対照することで実際の場所を確認できることになっており（不動産登記法3条・14条・27条・34条・59条等）、所有権その他の物権の得喪及び変更は登記をしなければ第三者に対抗することができないとされている（民法177条）。したがって、土地の取得に際しては必ず所在地と公図及び現地を確認し、対象物件について齟齬のないように気をつけなければならないし、取得と同時に所有権移転の登記をしなければならない。多くの地方公共団体が、財務規則等に代金の支払いの前に登記を完了しなければならないという趣旨の規定を置いているのはこのためである（ただし、土地の取得についての財務規則等の規定は、契約担当者が守らなければならないルールを定めるものであるから、同じことを契約書に記載しない限り、相手方を拘束することはない。後記5（150頁）参照）。また、所有権以外の権利について登記されている場合において、それが当該土地を取得する目的を妨げるものであるときは、取得以前にそれを抹消することが必要である。

　さらに、登記には公信力がないとされる結果、登記簿に所有者として表示されている者が必ず所有権を有しているという保証はない。現に所有権者として表示されている者から当該土地を取得した者は、その旨の登記がない限り、その後の取得者に対抗できないのであるが、登記簿上の所有者への所有権の移転が何らかの理由で無効であったり、取り消されたりした場合は、その者から当該土地を取得した者の権利もないこと

146

になる場合がある（民法90条・94条〜96条参照）ので、登記簿の記載だけをもって真実の所有者として扱うことが適当でない場合もある。

　登記簿には、当該土地の面積も記載されているが、それが実際の面積と一致しないことが多い。利用目的を実現することができるだけの面積があるのかどうかを確認するために、取得前に実測することが必要となることがある。また、土地の価格は、1㎡あるいは1坪という単位面積あたりの価格に総面積を乗じて算出されることが通例であるため、契約において何をもって当該土地の面積とするかが非常に重要な意味を持つ。公簿面積なのか実測面積なのか、取引完了後の測量結果で価格を調整するのかどうか、契約書に必ず明記しなければならない事項である。

　また、新しく造成された土地は別として、隣接する土地との境界が明らかではない場合も少なくない。取得予定の土地についての境界が確定している、すなわち隣接地主との間で紛争がないことがベストであることに疑いはないのであるから、境界が確定していない土地の取得に際しては、隣接地主の立会いを求めて境界を確定させるべきであるが、やむを得ない事情でそれができない場合においても、そのリスクの範囲を正確に見通し、それが当該土地の用途の支障とならないことを確認することを忘れてはならない。

　また、土地には、農地法、都市計画法、建築基準法等による利用規制や開発規制があるのが通例であり、その中には地方公共団体の事業についての特例を定めているものもあるが、地方公共団体といえども、これらの規制に従うのは当然のことであるから、取得した後で利用目的を達成できない等ということがないようにしなければならない。


## 3　予算措置の確認

　土地を購入するためには、必要な予算措置がなされていなければならない。たとえ支払いが予算成立後になることが明らかな場合であっても、予算が成立し、会計年度が開始した後でなければ、契約を締結する

第2部 事務事業のプロセスとコンプライアンス

ことはできない（自治法232条の３）。

　当該土地の取得目的が道路の建設であれば、「（款）土木費、（項）道路橋りょう費、（目）道路新設改良費、（節）公有財産購入費」としての予算が計上され、それが小学校用地であれば、「（款）教育費、（項）小学校費、（目）学校建設費、（節）公有財産購入費」として予算が編成されることになる。また、このような特定の用途が確定していないときは、「（款）諸支出金、（項）普通財産取得費、（目）土地取得費、（節）土地購入費」のように予算が組まれることになる（自治法施行規則15条）。さらに、契約はするものの、支払いが後年度になるものについては、その支払いの時期と金額を明示し、債務負担行為として予算で定めることが必要である（自治法214条）。民間の土地所有者からの購入の場合に債務負担行為を設定することはほとんどないと考えられるが、土地開発公社や他の地方公共団体に用地の先行取得を依頼するような場合には、この手続が必要となる。

## 4　取得価格

　土地の取得に関しては、その価格の妥当性が最も大きな関心事となることが多い。土地のように所在が固定され、数量も限定された財については、需要と供給のバランスがとれないのが通常であり、何をもって適正な価格とするかは極めて難しい。現実にも、公にされている土地（宅地）の価格でさえ、地価公示法に基づく公示価格、相続税の課税標準となる路線価及び固定資産税の課税標準となる評価額の３種類があり、同一の土地についてのそれぞれの価格が異なる状況にある。これらの価格は、いずれも実際の取引事例に現れた価格を基礎として、当該取引における特殊な事情（売り急ぎ、買い急ぎ、当該土地に対する執着等）による影響を排除した正常な価格であるとされながら、それぞれが異なる価格となっているのである。

　地方公共団体による土地の取得は、特定の土地を目的として相対の取

引によって行うのが通常であるから、これらの公の価格の決定の場合とは異なり、双方の個別の事情を加味して、双方が納得できる価格を決めなければ、その土地を取得することができない（土地収用法の適用は別問題である。）。その意味で、取得価格は、必ずしも前述の公にされている価格と一致しないし、一致する必要もないことになる。地方公共団体が土地等を譲渡する場合について定める自治法237条1項が、特定の場合を除いて、「適正な価格」で行わなければならないとしているのに対して、地方税法は土地の評価額を「適正な時価」としている（地方税法341条5号）のは、このような違いの現れだと考えられる。

　そして、土地の取引の価格が適正なものでなければならないということは、地方公共団体がそれを譲渡する場合に限られず、取得する場合にも当てはまるのは当然のことである（最高裁平成20年1月18日判決・判時1995号74頁）。ただ、土地の売主にはそれを売却しなければならない義務がないのであるから、同じ地方公共団体であっても、譲渡する側の場合と取得する側の場合とでは、その立場に大きな違いがあることも否定できない（貸借する場合について最高裁平成25年3月28日判決・裁判所ウェブサイト参照）。

　ともあれ、具体的な土地の買収に際しては、行政内部の組織である財産評価審査会等において、近傍における取引事例等を参考にして、当該土地の価格を決定している例が多い。また、地方公共団体という立場からは、当該土地の必要性がいかに高いとしても、それを理由として際限なく高額の価格で取得するようなことは許されないであろう。そのような場合は、別の場所に用地を求めるか、場合によっては土地収用法を適用することも考慮しなければならないことになる。さらに、同一目的に供する土地が広範囲であったり、買収期間が長期間にわたったりする場合には、地権者間の均衡ということも重要な意味をもつ。

　なお、土地開発公社が取得した土地をその簿価に基づいて正常価格（鑑定価格）の約1.35倍の価格で取得したことが違法とはいえないとした判例（最高裁平成28年6月27日判決・判時2314号25頁）があり、その

第2部　事務事業のプロセスとコンプライアンス

解説（上掲誌26頁）は、この判例の立場によれば、「当該不動産を買い取る目的やその必要性、契約の締結に至る経緯、契約の内容に影響を及ぼす社会的、経済的要因その他の諸般の事情を総合考慮した合理的な裁量に委ねられており、当該契約に定められた買取価格が鑑定評価等において適正とされた正常価格を超える場合であっても、前記のような諸般の事情を総合考慮した上でなお、地方公共団体の判断が裁量権の範囲を逸脱し又はこれを濫用するものと評価されるときでなければ、当該契約に定められた買取価格をもって直ちに当該契約の締結が地方自治法2条14項等に反し違法となるものではないと解することになろう。」としている。

　ところで、地方公共団体が行う用地買収については、租税特別措置法の譲渡所得の特例が適用になることがあり、地方公共団体がそのような説明をしたうえで、取得価格を決定することがある。市の職員が同法の適用があるとし、そのために必要な書類を整え、税務申告の指導をしていたことが違法であり、当該土地の譲渡人に対する不法行為が成立するとした判例（最高裁平成22年4月20日判決・裁判所時報1506号5頁）がある。

## 5　契約の内容と方法

　土地の取得は、ほとんど例外なく随意契約の方法で行われ（自治法施行令167条の2第2号）、契約書が作成される（自治法234条5項）。

　土地の購入についての契約においては、通常、目的たる土地（面積を含む。）、価格、引渡し及び登記手続の期限、代金の支払い時期と方法、履行の確認の方法、履行遅滞の場合の取扱い、危険負担、瑕疵担保責任等が合意される。このうちの代金支払時期については、各地方公共団体の財務規則等においては、給付（引渡し及び登記手続）が完了した後でなければ代金を支払うことができない旨を定めていることが通例であり（予算決算及び会計令101条の9第2項参照）、これは民法における同時履

行（533条）の考え方と異なるので、必ずその旨を契約書に明記しなければならない。また、面積については、その取扱いを明確にしておくことが重要であることは前記2（146頁）で述べたところであり、軟弱地盤や土壌汚染等が想定される場合にあっては、瑕疵担保責任も重要な意味をもつ。

ところで、政令で定める基準に従い、条例で定める土地の取得については、議会の議決が必要であり（自治法96条1項8号）、この議決は当該契約の有効要件であると解されている（大阪高裁昭和59年10月26日判決・判時1146号69頁）。すなわち、「地方公共団体の長は当該地方公共団体を代表し、その事務を管理執行する権限を有するが、議会の議決を経べき事項についてはその議決を経ないかぎり当該行為についての代表権限を有しないから、議決を欠くときは該行為は無権限の行為として無効と解すべき」であるが、この場合にも民法110条の表見代理が成立することがあるとされる（最高裁昭和44年9月11日判決・裁判集96号489頁）のである。

そして、政令で定める基準は、都道府県にあっては1件2万m²以上で価格が70,000千円以上、政令指定都市にあっては1件1万m²以上で価格が40,000千円以上、市にあっては1件5,000m²以上で価格が20,000千円以上、町村にあっては1件5,000m²以上で価格が7,000千円以上とされている（自治法施行令121条の2別表第4）。各地方公共団体においては、この基準に従い、議会の議決に付すべき財産の取得又は処分に関する条例で具体的な要件を定めることとされているが、その要件は社会経済情勢の変化に対応した現実的なものとすべきである。

この議会の議決との関係では、面積要件の「1件」についての解釈が問題となる。すなわち、土地は、登記制度上、人為的に筆単位に分割され、かつ、必要な土地が複数の筆の土地から構成され、その所有者も複数であるのが通常であり、土地の取得に関する契約は所有者単位又は筆単位に行われることが普通である。そこで、何をもって1件の契約とするかが問題とされるわけである。このことについては、次の判決がある

• 151

第2部　事務事業のプロセスとコンプライアンス

（東京高裁平成23年10月25日判決・判例自治362号57頁、最高裁平成24年9月18日上告不受理で確定）。

　「『1件』とは、当該不動産を取得する際の契約の単位を意味するものと解するのが相当であり、不動産の売買契約は、それぞれの不動産所有者（地権者）との間で個々に契約が締結されるのが通常であるから、個々の売買契約の対象となる土地の地積が5,000m²以上の場合に議会の議決が必要となり、5,000m²未満の場合には議会の議決は不要であると解される。

　控訴人らは、『1件』は1事業を意味するという主張をするが、地自法96条1項8号及びこれを受けた本件条例3条の規定の文言から、これらの規定と地方公共団体の行う公共事業及び同事業のための用地取得との関係を読み取ることはできないのであって、上記控訴人らの主張は、同号の規定や趣旨目的を無視した独自の見解に基づくものであり、採用することはできない。

　もっとも、通常であれば、一個の売買契約によって購入すべき不動産を、正当な理由もなく、ことさら細分化して複数の売買契約を締結したような場合には、本件条例3条を潜脱するものとして、違法となる余地はあるといえるが、本件用地購入において、そのような事情があったことを認めるに足りる証拠はない。」

# 6　契約の相手方の能力と権限

　契約は典型的な法律行為であるから、それが瑕疵なく成立するためには、その当事者が行為能力を有していることが必要である（民法4条・9条・12条・753条）。したがって、土地を取得しようとする場合は、その所有者が未成年者、成年被後見人又は被保佐人のいずれにも該当しないことを確認し、万一これらに該当するときは、後で取り消されることがないように必要な手続を経なければならない。

　また、取得しようとする土地が共有されている場合や正規の相続手続

第3章　土地の取得

がなされないままに何回かの相続が生じたりしている場合も少なくない。そのような場合の交渉の相手方や契約書に調印する者を誰にするかについて困難が生ずるときがある。全員を相手方とし、あるいは共通の代理人を立ててもらうのが筋であることは言うまでもないが、現実には、権利者の意見が一致しない、そのうちの誰かが行方不明である、外国に居住しているといった理由により、それが難しいという事態が生ずることがあり得る。権利者の意見が一致しない場合には、何とか説得する以外に方法はないが、一部の権利者と連絡がとれない又は行方不明であるという場合には、その者を無視することなく、不在者の財産の管理人を選任してもらう（民法25条）等して、適正な方法で契約を行わなければならない。

　なお、特殊なケースではあるが、当該地方公共団体の長が所有する土地を取得しなければならないことがある。この場合に、当該土地の所有者たる長（個人）と買主たる地方公共団体の代表者としての長が契約を締結することは双方代理に該当し、無効となるので、特別に議会の議決を得る等の措置をとることが必要である（最高裁平成16年7月13日判決・判時1872号32頁）。


## 7　土地の寄附受入

　公共の目的のために自分の土地を役立てたい等の理由で、寄附の申出がなされる場合がある。寄附の申出というのは無償で所有権を譲渡するという申込みであるから（民法549条）、基本的には、これを拒否する必要も合理性もないであろう。

　しかし、もしも、その土地が崖崩れ等の危険性を帯びたものであったり、そこの土壌が汚染されていたりするような場合には、新たなリスクを負担することはあっても、当該土地の所有権を取得することのメリットは少ないので、安易にそれを承諾することには問題がある。また、寄附者の意思として、当該土地の利用や保存に条件が付され、その条件が

153

第2部　事務事業のプロセスとコンプライアンス

守られない場合には寄附の効力がなくなるという契約もあるが、これは負担付贈与（民法553条）であり、これを受けるためには議会の議決が必要である（自治法96条1項9号）。この場合は、土地を取得することと条件を受け入れることとのバランスを考慮して、その是非を判断することになる。

　また、土地の所有者が遺言等により、その所有土地を居住する地方公共団体等に寄附することもある（民法554条・964条）。この方法が高齢者に対する有料サービスの一つの仕組みとして採用されている場合もあるが、兄弟姉妹以外の相続人があるときは遺留分が主張されること（民法1047条）も少なくないので、そのことも考慮して対処する必要がある。

　なお、遺言による寄附（「遺贈」という。）は単独行為であり、遺言者が死亡したときにその目的物の所有権が移転する（民法985条1項）。そして、遺贈を受けた者（「受遺者」という。）は遺言者の死亡後、いつでも遺贈の放棄をすることができ、その効力は遺言者の死亡の時に遡る（民法986条）とされている。このことは、その遺贈に負担が付されている場合も同様であり、受遺者は遺贈の目的の価額を超えない限度で、負担した義務を履行する責任を負う（民法1002条1項）が、この義務は、それが果たされないときに遺贈の効力を失わせる条件とは異なり、受遺者がその義務を果たさないときに、相続人が当該遺言の取消しを家庭裁判所に請求することとされている（民法1027条）。

　ともあれ、負担付遺贈を承認する場合（自治法96条1項9号）はもちろん、負担の有無を問わず、遺贈を放棄する場合も権利の放棄（自治法96条1項10号）として議会の議決が必要となる（ただし、後者の場合は民法986条1項が法律の特別の定めに該当するとして、議決は不要であるとする解釈の余地はあろう。）。

第3章　土地の取得

# 8　交換

　土地を取得する方法の一つとして交換（民法586条）がある。交換については、当該地方公共団体における公有財産に関する事務に従事する職員を相手として行うことができないとされ（自治法238条の3）、それ以外の場合には、条例で定める場合を除くほか、議会の議決を必要とするとされる（自治法96条1項6号）だけであり、これらの条件に反しない限り財産管理権者の裁量に委ねられている。

　そして、各地方公共団体において定めている財産の交換、無償譲渡、無償貸付等に関する条例においては、次のような場合に限定しているのが通例であり（国有財産法27条1項本文、国有財産特別措置法9条参照）、これに該当しない場合は、個別事案ごとに議会の議決が必要となる。

① 　当該地方公共団体において公用又は公共用に供するため、他人の所有する財産を必要とするとき

② 　国又は他の地方公共団体その他公共的団体において、公用又は公共用に供するため、当該地方公共団体の普通財産を必要とするとき

　ただ、交換の場合は、それぞれ既存の財産の所有権を移転するものであるから、その価値が等しいとは限らず、条例で認める交換はその差額が4分の1以内のものに限ったうえで、差額が生ずるときは金銭で補足しなければならないとしているのが通例である。そして、この場合にお互いの土地の評価額が問題になるのは、土地を取得する場合について前述したところ（前記4（148頁）参照）と同じである。

● 155

# 第4章　物品の購入と管理

## 1　物品の購入計画

　法律上の概念としての物品は、現金（現金に代えて納付される証券を含む。）及び公有財産に属するもの並びに基金に属するものを除いて、当該地方公共団体が所有し、又は使用のために保管する動産（都道府県警察が使用している国有財産及び国有の物品を除く。）を意味する（自治法239条1項、自治法施行令170条）。これらの物品をさらに細かく分類するかどうか、どのように分類するかは、財産の管理権者の裁量に委ねられているが、各地方公共団体においては、使用の形態や性質による分類を行って取得や管理に関する基準を定めているのが通例である。

　この場合における使用の形態による分類としては、専用物品（特定の職員がもっぱら使用する物品）、供用物品（不特定の職員が職務上の使用に供し、又は直接公共の用に供する物品）及び在庫物品（専用物品及び供用物品に該当せず、貸付もなされていない物品）というような区分が、性質によるものとしては、備品、消耗品、不用物品、動物、県（市町村）有外物品というような区分がある。

　ここで微妙なのは、備品と消耗品の区分である。机や椅子、自動車や機械類等のように、形状や性質を変更することなく、長期間にわたる使用に耐えるもので一定の金額以上のもの（事務用の机・椅子や印章、国庫補助金の関係で備品とすべきもの等は金額と無関係）及び博物館等における陳列用の品物や図書館等における閲覧用の図書等のように長期間にわたって保管すべきものを「備品」とし、用紙や文房具類等のように短期間に消耗されるものが「消耗品」とされているのが普通であろう。

　物品は、その性質上、必要な都度購入するのが通例であろうが、消耗

品については、大量のものを一度に購入する方が安価になるということも経験的に認められるところである。ともあれ、物品についての決算という制度はなく、備品であっても、不動産に比較すればはるかに毀損しやすく、消耗品は、使用された場合はもちろん、長期間放置されることによっても効用を失うことがあるから、その購入に際しては、具体的な目的や用途が明確になっていなければならない。備品にあっては、それが新規に必要となり、あるいは更新が必要となる理由を検証する必要があるし、消耗品については、その必要性とともに、必要な量（購入の量）及び購入のタイミングが問題となるので、十分な計画性が必要である。

さらに、備品については、警察や消防の自動車、コンピュータ等のように、特定の仕様の品物が必要な場合もあるが、その場合には、仕様の妥当性も重要な検討項目となる。仕様の如何によっては、それを納入できる業者が事実上特定される場合もあり、競争者を排除するための仕様ではないかという疑惑が生ずることもあり、経費の面と併せての検証が必要とされる。


## 2　予算措置の確認

物品を購入するためには、必要な予算措置がなされていなければならず、たとえ、支払いが予算成立後になることが明らかな場合であっても、予算が成立し、会計年度が開始した後でなければ、契約を締結することができないのは、前記第3章3（147頁）で述べた土地の場合と同じである。

物品の購入のための予算は、それぞれの目的に対応した款・項の中で、備品は、「目」を備品購入費、「節」を庁用器具費又は機械器具費等として、消耗品は、「目」を需用費、「節」を消耗品費として計上されるのが通例である（自治法施行規則15条）。

物品の購入のための経費を備品購入費又は需用費のいずれの科目から支出するかは、購入しようとする物品の性質及び予定価格により、各地

第2部　事務事業のプロセスとコンプライアンス

方公共団体で定める基準によって決定される（前記1（156頁）参照）。したがって、入札等の結果、実際の購入価格が備品とする価格を下回ることになったとしても、予算の執行段階で消耗品とすることはできず、購入した後の管理の段階で消耗品として取り扱うことになる。

## 3　予定価額の決定方法

　物品は、特殊なものを除いて、汎用品であるから、一般の市場価格を把握することが比較的容易である。しかし、調達しようとするものによっては、当該地方公共団体の行政区域内において、それを取り扱っている、あるいは取り扱うことができる業者の数が極めて少なく、当該地方公共団体の内部に関する限り、市場といえる程のものがない場合もあり得る。そのような場合には、行政区域にこだわることなく、広い範囲にわたって調査を行い、正常な競争がなされている市場での価格を把握することが必要である。また、この調査のために業者から見積書を徴することがあるが、それが事実上契約の相手方を特定したり、指名につながることがないように配慮しなければならない。

　予定価格は、市場価格を基礎としながら、購入する量や時期を考慮して、現実的かつ効果的なものになるように定めるので、請負の場合と異なり、最低価格を定めることは認められていない（自治法施行令167条の10第1項参照）。

## 4　購入手続の適法性と契約内容

　物品の取得のための契約は、特殊な場合を除いて、ほとんど例外なく競争入札の方法で行うことが可能であると思われるが、事務の効率性と経済性を考慮して、都道府県及び政令指定都市においては160万円、それ以外の市町村においては80万円の範囲内で規則で定める額を超えない契約をするときは、他の事情を考慮することなく随意契約によること

ができることになっている（自治法施行令167条の2第1項1号別表第5）。

　契約についての合意が成立したときは、契約書が作成されるのが通例ではあるが（自治法234条5項）、物品、特に消耗品については、自動車の燃料や雑誌等のように即時に目的物の引渡しがなされることがあり、このような場合にまで契約書を交わすのは不合理である。そこで、そのようなときには契約書の作成を省略することができる旨を財務規則等に明記しているのが普通である。また、契約の当事者双方が記名押印する契約書に代わるものとして、供給義務者から目的物及び納期等を記載した請書を徴することが多いのも、物品の購入契約における特徴となっている。

　物品の購入についての契約書を作成する場合においては、通常、目的物と数量、代金、履行期限、納品の場所、検査又は検収の時期と方法、代金の支払い時期と方法、履行遅滞の場合の取扱い、危険負担、瑕疵担保責任等について合意される。このうちの代金支払時期については、各地方公共団体の財務規則等においては、給付（納品）が完了した後でなければ代金を支払うことができない旨を定めていることが通例である（予算決算及び会計令101条の9第2項参照）。これは、民法における同時履行（533条）の考え方と異なるので、その旨を必ず契約書に明記しなければならない。また、機械器具等にあっては、瑕疵担保責任も重要な意味をもつ。

　特殊な購入の方法として、自動車等の燃料や文房具等、継続的に必要な消耗品についての単価契約がある。これは、あらかじめ特定の供給事業者と当該物品についての単価だけを決めておいて、必要の都度、必要な量を引き取るというものであり、全体としての代金がいくらになるかは、月等を単位として集計しなければ確定しないというものである。これは、長期継続契約として認められている電気、ガス、水道等の契約と類似するが、具体的には、年度を超えた契約ができないという点で異なり、予算の範囲内で給付を受けなければならないという点で共通している（自治法234条の3参照）。

159

第2部　事務事業のプロセスとコンプライアンス

　なお、物品の購入を競争入札の方法で行う場合については、工事の入札に比較して、応札者の技術力や信用力の審査は極めて簡単になり、その性質から現場説明も不要である等の特徴はあるが、その理論的な仕組みは、工事の場合と同様である（前記第2章2(2)(71頁)参照）。

## 5　出納及び保管並びに利用

　物品の出納及び保管（使用中の物品の保管を除く。）は、会計管理者の事務である（自治法170条2項4号）。法律の建前としては、購入された物品の全てが一旦会計管理者の管理下におかれ、それを必要とする組織（職員）の要求を受けて払い出しがなされ、そこで現実の使用に供され、又は費消されることを予定している。多くの備品や消耗品の中の文房具等については、このような流れと現実が一致するはずであるが、スタンドで給油を受けた自動車の燃料等のように、供給を受けると同時に実際に使用する職員の管理下に入り、直ちに費消が始まるものもある。この場合には、会計管理者の出納及び保管というのは極めて観念的なものにならざるを得ない。いずれの場合についても、その具体的な手続は、それぞれの地方公共団体における財務規則等で詳しく定められているはずなので、それに従って処理することになる。

　また、全庁的に共通して使用する物品の調達に係る予算の執行については、予算を計上した個別の課所単位で個別に行う方法、部局ごとに定められた担当課において集中的に行う方法、全庁分を一括して行う方法があり、予算の計上の仕方についても、それぞれの目的別の予算の中に組み込む方法、物品に関する特別会計を設置して行う方法（自治法209条2項）、物品に関する基金を設置する方法（自治法241条）が考えられる。いずれの方法にも一長一短があるのは当然のことであるが、いかなる方法によるのが最も効率的かつ経済的であるか、それぞれの方法の中でどのように運用していくのが最も効率的かつ経済的であるかを常に検証していくことが必要である。

160

第4章　物品の購入と管理

さらに、会計管理者は財産の記録管理を行わなければならないとされるが（自治法170条2項5号）、物品そのものについての決算という制度はない。しかし、物品についても会計年度ごとに収支を明らかにすることは必要であり、備品の増減や消耗品の前年度からの繰越しと翌年度への繰越しの状況を明確にすることは（財務規則等にこのことが定められているのが通例である。）、効率的、経済的な予算執行を実現し、その結果としての有効性を検証するために欠くことができない。

なお、使用中のもの以外の物品の保管については会計管理者が責任を負うものとされていることは、前記のとおりであるが、専用物品についての管理責任を負うのは当該物品を使用している職員であり、供用物品については、当該物品の取扱員として指定された者又は当該物品を使用中の職員が責任を負い、これらの職員が故意又は重大な過失によって当該物品を亡失又は損傷したときはそれによる損害を賠償しなければならない（自治法243条の2第1項前段）。


# 6　リース契約及びシステム開発の委託

コンピュータや医療機器の導入、あるいは防災用の特殊な車両の購入に代えて、リース契約を利用することが多くなっている。リース契約は、賃貸借に類似するように見えるものの、その実質は、賃貸借とは全く別の性質のものであり、民法の賃貸借についての規定を適用することはできないとされている（どちらかと言えば、売買に近いと考えられている。）。

すなわち、リース契約は、民法に規定がある契約（「典型契約」又は「有名契約」と称される。）に含まれず、契約自由の原則に従って当事者間の合意によって内容が定まる契約（有名契約に対して「無名契約」と称される。）であることから、その内容には様々なものがあり得る。その代表的なものに、フルペイアウト方式のファイナンス・リース契約がある（リース業者が購入代金の全額を支払うことから、フルペイアウト方式と

● 161

第2部　事務事業のプロセスとコンプライアンス

称され、ユーザーは、その代金及び取扱い手数料等を分割して支払うことによって、リース業者からファイナンス（金融）を受けるのと同様な効果があることからファイナンス・リース契約と称される。）。それは、

① 　ユーザーが指定する物件をリース業者が買い受けて、当該物件をユーザーにリースすること

② 　ユーザーは、その責任と負担でリース物件の点検・整備、修繕・修復を行うこと

③ 　リース業者は、ユーザーがリース料の支払を1回でも怠ったときは催告をしないで契約を解除することができ、契約が解除されたときは、ユーザーは、リース業者にリース物件を返還するとともに、未払リース料及びその時点以降支払が予定されていたリース料の総額に近似した金額の規定損害金の支払義務を負うこと

④ 　ユーザーは、リース期間中においてリース物件を使用しない期間又は使用できない期間があっても、理由を問わずリース料の支払義務を免れないこと

⑤ 　ユーザーは、リース物件の引渡しを受けた後、リース物件の一切の瑕疵に関し、リース業者に対して何らの請求もできないこと

⑥ 　リース物件が、天災地変等により滅失し、又はき損・損傷して修理・修復が不能となった場合は契約終了となり、ユーザーは規定損害金の支払義務を負うこと

などをその内容としている。リース物件は、リース料が支払われない場合には、リース業者においてリース契約を解除してリース物件の返還を求め、その交換価値によって未払リース料や規定損害金の弁済を受けるという担保としての意義を有する（最高裁平成20年12月16日判決・判時2040号16頁）。なお、リース物件の所有権は、リース期間の前後を通じて、リース会社に帰属しているのは当然であるが、リース期間満了時にリース料の全額が支払われているときには、当該リース物権の所有権がユーザーに移転する旨の特約がなされることもある。

　そして、リース業者は、ユーザーの債務不履行を理由としてリース物

162　●

件の返還を受けたときでも、リース期間全部についてのリース料債権を失うことはなく（最高裁昭和57年10月19日判決・判時1061号29頁）、リース契約の実体はユーザーに対する金融上の便宜を付与するものであり、リース料の支払債務は契約の締結と同時にその金額について発生し、ユーザーに対して月々のリース料の支払いという方式による期限の利益を与えるものにすぎない。また、リース物件の使用とリース料の支払いとは対価関係に立つものではなく、ユーザーによる物件の使用が不可能になったとしても、これがリース業者の責に帰すべき事由によるものでないときは、ユーザーにおいて月々のリース料の支払を免れない（最高裁平成5年11月25日判決・訟務月報40巻10号2401頁）とされている。

　このようなリース契約は、民法が想定していなかったものであり、自治法における財務規定にも対応する制度がないことから、実務的には、債務負担行為（自治法214条）の措置をとることなく、1年単位の賃貸借の形式をとることが多いのであるが、長期継続契約について定める自治法234条の3に基づく条例によって、予算で債務負担行為の定めをしなくても、翌年度以降の支出を約束するリース契約の締結が可能になっている（後記第3部第2章6（354頁）参照）。

　ところで、独自のシステム（ソフトウェア）の開発のために上記のリース契約を締結すること（形式的にはリース会社がシステム開発を発注し、実質的な発注者である地方公共団体がそこで開発された製品をリースする形態をとること）がある。しかし、システム開発では、初期段階で軽微なバグが発生するのは技術的に不可避であり、納品後のバグ対応も織り込み済みであることに照らすと、バグ等が存在しても、システムを使用して業務を遂行することが可能であり、その後の対応で順次解消される類のものであれば、仕事が完成した（リース契約は有効である。）とされる。現行の運用の維持を最優先して、一から新たに開発するオーダーメイド型の開発を発注するのか、運用の見直しを前提として、パッケージをベースにした開発を発注することにより経費の削減を図るのかは、まさに実質的な発注者の判断事項であり、発注者において後者を選択した以

第2部　事務事業のプロセスとコンプライアンス

上は、カスタマイズの要望ができる範囲が限定されたとしても、やむを得ないことというべきであるとされる（札幌高裁平成29年8月31日判決・判時2362号24頁）ので、十分な注意が必要である（なお、パッケージソフトの開発契約に基づく仕事の完成を認めたものとして東京高裁平成26年11月26日判決・判時2310号67頁がある。）。

# 第5章　公有財産の管理

## 1　公有財産管理の原則

　地方公共団体の財政に関する基本法である地方財政法は、その8条において「地方公共団体の財産は、常に良好の状態においてこれを管理し、その所有の目的に応じて最も効率的に、これを運用しなければならない。」と定め、財産の管理及び運用の原則を明らかにしている。ここで財産というのは、公有財産だけでなく、物品、債権及び基金をも含む意味であるが（自治法237条1項参照）、中心になるのは公有財産である。

　公有財産というのは、①不動産（民法86条1項）、②船舶、浮標、浮桟橋、浮ドック及び航空機、③これらの従物（民法87条）、④地上権、地役権、鉱業権その他これらに準ずる権利、⑤特許権、著作権、商標権、実用新案権その他これらに準ずる権利、⑥有価証券、⑦出資による権利及び⑧不動産の信託の受益権（自治法238条の5、自治法施行令169条の3）のことであり、これらは、さらに「行政財産」と「普通財産」に区分される。そして、行政財産というのは、庁舎、議事堂、試験所、研究所、実習船等の公用又は公園、道路、病院、学校、保育園、水道、下水道等の公共用に供し、又は供するものと決定した公有財産を、普通財産というのは行政財産以外の一切の公有財産を、それぞれ意味する（自治法238条）。

　行政財産と普通財産の区分は、その用途自体により客観的に判断されるものであり、地方公共団体における内部的な事務処理上の扱いに左右されるものではない（普通財産として管理していたものが行政財産であるとされたものとして東京高裁昭和53年12月21日判決・判時920号126頁、行政財産として管理していたものが普通財産であるとされたものとして大分地

165

第2部　事務事業のプロセスとコンプライアンス

裁昭和61年7月14日判決・判時1211号41頁がある。)。しかし、特定の公
有財産を、行政財産とするか普通財産とするかの第一次的な判断は財産
管理権者に委ねられているのであり、公用又は公共用に供していたもの
についてその用途を廃止して普通財産とし、特定の用途が予定されてい
なかったものについて特定の公用又は公共用に供することを決定するこ
とによって行政財産とするのは、その裁量に属する。

　また、公有財産をどのように利用するかは、それをどのように利用す
るのが住民全体の福祉に寄与するかという政策決定の問題であり、終局
的には政治を担当する地方公共団体の長の自由な裁量に任されている。
裁判所が介入することができるのは、その裁量権の行使が、住民全体の
福祉の増進という政治的目的を逸脱して権限の濫用若しくは踰越に該当
し、又は、裁量権の範囲内ではあるが著しく不公正にわたる場合に限ら
れるとする判決例がある（東京地裁昭和45年1月19日判決・判時580号28
頁）。

　なお、政教分離を定める憲法20条及び宗教上の組織又は団体に対す
る便宜供与の禁止を定める89条との関係で、公有財産の使用の承認や
譲渡の是非が問題になることがある。すなわち、通常の財産管理の問題
であれば、公有財産の財産価値の維持保全という経済合理性の観点から
考察すれば足り、適正な対価を得てのものであれば、使用許可であろう
と賃貸借であろうと特段の問題は生じない。しかし、それが宗教と関連
する施設の設置のためである場合には、当該使用許可や賃貸借契約の締
結が政教分離を規定する憲法秩序という公の秩序に反するものであるか
否かを検討しなければならず、それが政教分離の原則に反するものであ
るときは、当該使用許可や賃貸借契約は無効であることになるから（民
法90条参照）、たとえ適正な対価を得ている場合であっても、当該公有
財産の返還を求めなければならないこととなる。このことについては、
宗教的な行事に対する公金の支出の問題と併せて、第3部第4章2（1）
①（396頁）で詳しく述べる。

第5章　公有財産の管理

## 2　行政財産

### (1) 行政財産の維持及び管理

　特定の行政目的のために現実に使用されている行政財産は、当該目的にふさわしい効用が発揮できる状態に保たれなければならない。このことは、行政効率の確保という観点からして、当然のことであるが、それが不十分なために他人に損害を与えた場合には、当該地方公共団体が損害賠償責任を負うことがある（国家賠償法2条1項参照）。

　また、将来、公用又は公共用に使用することが予定されている行政財産（予定公物）については、それが現実にその目的に供されるまでは、財産としての価値を維持しつつ、将来の使用に支障の出ないように、かつ、最も経済的に管理しなければならない。また、場合によっては、次の（2）（169頁）で述べる行政財産の目的外使用許可の方法により、現実に使用する必要が生ずるまでの間に限って、それを第三者に使用収益させることが適当なこともあり得よう。

　行政財産といえども、その具体的な用途を固定的に考える必要はなく、必要に応じて、他の行政目的のために使用することができるし、むしろ、弾力的に行うべきであるとも言える。このような変更を用途変更と称するが、これは、行政財産の利用の態様（第三者の使用収益を含まない。）を変えることであり、具体的には、公園敷地の一部を道路敷地とするように公共用財産相互間で行われる場合、議事堂の一部を庁舎として使用するように公用財産相互間で行われる場合、試験場敷地を公営住宅の敷地としたり、保育園敷地を庁舎の敷地としたりするように、公用財産と公共用財産の間で行われる場合がある。

　このような用途変更に際しては、従前の用途に関する法令や当該財産取得の経過に照らして用途変更を許さない事情のないことを確認したうえで、当該財産が従前の用途のために使用できないこととなることによる支障の有無と程度、新しく当該財産を必要とするに至った行政目的を

167

第2部　事務事業のプロセスとコンプライアンス

実現することによるメリットを比較考量するとともに、他の公有財産の利用状況や利用計画との関係においてその用途変更が妥当であるかどうか、立地条件として新規の目的にふさわしいか、新規の用途に供するために改築や修繕が必要か、そのための経費がどのくらい必要か等について総合的に判断し、必要な予算措置を講じた後に実行することになる。なお、公有財産の取得及び管理について権限を有するのは当該地方公共団体の長であるが（自治法149条6号）、長から委任を受けた委員会若しくは委員又はこれらの管理に属する機関（自治法180条の2）のほか、教育財産に関しては教育委員会（地教行法21条2号）、公営企業の用に供する財産に関しては管理者（地方公営企業法9条7号）が、それぞれ権限を有している。しかし、公有財産の効率的運用を図るという見地から、管理者以外の者は、行政財産の取得や用途変更に際しては、事前に長に協議しなければならないとされている（自治法238条の2第2項）。

　ところで、行政目的のために使用する必要や予定がなくなった財産については、用途廃止の手続がとられる。用途廃止というのは、ある公有財産を公用又は公共用に供することを止めることを意味し、用途廃止がなされた行政財産は普通財産となる。用途廃止の権限の所在は前述の用途変更の権限と同じであり、その判断は一般行政上のものであり、財務会計上の行為には該当しないとされている（浦和地裁平成5年7月19日判決・判時1481号134頁）。普通財産となった財産は、それが委員会若しくは委員又はこれらの管理に属する機関で管理していたものであるときは、直ちに長に引き継がれなければならない（自治法238条の2第3項）。これは、当該財産の区分・種目、所在、数量、取得時及び現在の価格、取得の年月日及び事由、用途廃止の事由等を記した引継書によって行われるのが通例であるが、長の権限を委任したり、補助執行させることにより、従前と同じ部所で管理させることも行われている。

　行政財産の管理が長の権限であることは前述したとおりであるが、委任又は補助執行により所管を変更したり、長部局の中で長の職務命令により担当部所を変更したりすることがあり、これを所管換と称してい

168

る。所管換には、行政の効率化及び有効性を図るための事務分掌の変更による場合と用途変更に伴うものがある。

なお、公園や道路の一部に災害用の備蓄施設を置いたり、学校を一般住民に開放したりすること等にみられるように、行政財産を、同一の地方公共団体内部において本来の用途や目的とは異なる用途に供することがある。これは、それによる本来の用途や目的に対する影響と新たな目的の重要性等を総合的に判断してなされるものであるが、法令に特別の制限がない限り、管理権者の裁量に委ねられているものである。

## (2) 行政財産の目的外使用許可

行政財産は、その用途（利用態様）、目的（行政目的）を妨げない限度において、第三者にその使用を許可することができる（自治法238条の4第7項）。行政財産を第三者に使用させることができるのは、この場合と次の（3）（175頁）で述べる極めて限定された条件下における貸付又は地上権の設定による場合だけであり、これらの制限に反する行為は全て無効とされる（自治法238条の4第1～6項）。

行政財産の目的外使用許可は、行政処分として行われるものであるから、その要件や効力は行政法の一般原則に従うことになる。

自治法は、行政財産の目的外使用許可の取消及び不服申立について、特別な定めを置いている。まず、使用許可の取消については、当該許可の対象となった財産について、公用若しくは公共用に供するための必要が生じたとき、又は許可の条件に違反する行為があると認めるときは、その許可を取り消すことができるとされている（自治法238条の4第9項）。これは、行政財産の本来の目的が公用又は公共用に供されることにあり、目的外使用許可は例外的な場合に認められるにすぎないことによるものであるが、そもそも使用許可をする段階において、当該許可をすることにより、将来においても本来の用途や目的が損なわれることがないように十分留意しなければならない。

また、行政財産の目的外使用許可は財産管理権者の裁量に属するもの

第2部　事務事業のプロセスとコンプライアンス

であるが、許可に際しての条件や使用許可の取消等について不服がある者は審査請求をすることができ（行政不服審査法4条）、審査請求は常に当該地方公共団体の長に対してなすものとされ、長は議会に諮問して決定しなければならない（自治法238条の7）。

　行政財産の目的外使用許可は自治法によって特別に認められた行政処分であるから、借地借家法が適用されないのは当然のことであるが、自治法はこのことを確認する規定を置いている（自治法238条の4第8項）。したがって、目的外使用許可を受けた財産の使用期間は、当該使用に関する許可書に明示されたところにより、その期間の満了によって当然に終了するものであり、借地借家法による法定更新を主張することはできない。また、目的外使用許可を受けた者には、建物買取請求権、造作買取請求権、使用料の減額請求権等はなく、許可条件の変更若しくは建物の増改築の許可又は許可を受けた地位の譲渡や転貸の許可を求める裁判を提起することもできない。ただ、公益目的により期間の中途で許可を取り消した場合においても、建物や造作について何らの補償も必要ないかは問題となるところである。普通財産については、このような場合における補償の規定（自治法238条の5第5項）があり、行政財産についてもこの規定が類推適用されることがある。ただし、その類推適用が認められるのは、使用権者が使用許可を受けるに当たりその対価の支払いをしている場合において当該行政財産の使用収益によりこの対価を償却するに足りないと認められる期間内に当該行政財産に本来の用途又は目的上の必要を生じたとか、使用許可に際し別段の定めがされている等により、行政財産として使用することの必要があるとしても使用権者がなお当該使用権を保有する実質的理由を有すると認めるに足りる特別の事情が存する場合に限られる（最高裁昭和49年2月5日判決・判時736号41頁）。

　なお、行政財産、特に公共用財産については、道路法、港湾法、河川法、都市公園法等の特別法による規制がなされていることが多く、これらの法律は、行政財産に関する一般法である自治法に優先するので、そ

第5章　公有財産の管理

の面からの検討を忘れてはならない。

　ある行政財産について目的外使用許可をするかどうかは、当該財産を管理する者の裁量であるが、その際の考慮要素としては、使用目的の妥当性、当該行政財産の用途に対する影響、当該行政財産の目的に対する影響、当該行政財産の構造に対する影響、総体としての妥当性等が考えられる。

　まず、使用目的の妥当性というのは、当該目的外使用許可に係る利用目的がどの程度の公共性、公益性を有し、どのような社会的意味を有するかということであり、当該行政財産の用途に対する影響というのは、当該使用を認めることにより、本来の目的のために使用できるスペースが狭くなったり、効率的な使用が妨げられることがないか等ということである（大阪高裁平成27年6月26日判決・判時2278号32頁）。また、当該行政財産の目的に対する影響というのは、目的外使用許可を受ける者に対する社会的評価や、当該使用方法や内容が行政目的とどのように関係するか等ということであり、当該行政財産の構造に対する影響というのは、当該使用を認めることにより、構築物が建てられたり、造作が設置されたりすることの有無とそれが容認できる範囲内かどうか等ということである。さらに、総体としての妥当性というのは、当該使用を許可する必然性、許可することによる他の者や他の財産とのバランス、許可した場合の住民感情、行政目的に使用する必要が生じたときに容易に返還を受けることができるかどうか等ということである。

　なお、学校施設（行政財産である。）の目的外使用許可における教育委員会の裁量権について次の判例（最高裁平成18年2月7日判決・判時1936号63頁）がある。

　　「学校教育上支障があれば使用を許可することができないことは明らかであるが、そのような支障がないからといって当然に許可しなくてはならないものではなく、行政財産である学校施設の目的及び用途と目的外使用の目的、態様等との関係に配慮した合理的な裁量判断により使用許可をしないこともできるものである。学校教育上の支障と

171

第2部　事務事業のプロセスとコンプライアンス

は、物理的支障に限らず、教育的配慮の観点から、児童、生徒に対し精神的悪影響を与え、学校の教育方針にもとることとなる場合も含まれ、現在の具体的な支障だけでなく、将来における教育上の支障が生ずるおそれが明白に認められる場合も含まれる。また、管理者の裁量判断は、許可申請に係る使用の日時、場所、目的及び態様、使用者の範囲、使用の必要性の程度、許可をするに当たっての支障又は許可をした場合の弊害若しくは影響の内容及び程度、代替施設確保の困難性等許可をしないことによる申請者側の不都合又は影響の内容及び程度等の諸般の事情を総合考慮してされるものであり、その裁量権の行使が逸脱濫用に当たるか否かの司法審査においては、その判断が裁量権の行使としてされたことを前提とした上で、その判断要素の選択や判断過程に合理性を欠くところがないかを検討し、その判断が、重要な事実の基礎を欠くか、又は社会通念に照らし著しく妥当性を欠くものと認められる場合に限って、裁量権の逸脱又は濫用として違法となるとすべきものと解するのが相当である。

　教職員の職員団体は、教職員を構成員とするとはいえ、その勤務条件の維持改善を図ることを目的とするものであって、学校における教育活動を直接目的とするものではないから、職員団体にとって使用の必要性が大きいからといって、管理者において職員団体の活動のためにする学校施設の使用を受忍し、許容しなければならない義務を負うものではないし、使用を許さないことが学校施設につき管理者が有する裁量権の逸脱又は濫用であると認められるような場合を除いては、その使用不許可が違法となるものでもない。また、従前、同一目的での使用許可申請を物理的支障のない限り許可してきたという運用があったとしても、そのことから直ちに、従前と異なる取扱いをすることが裁量権の濫用となるものではない。」

この判例は、このような一般論を述べながら、具体的な事案については裁量権を逸脱したものであるとして県の損害賠償責任を認めたものであるが、同様の論法によって海岸法37条の4に基づく占用許可をしな

いことが違法であるとして不許可処分を取り消した判例（最高裁平成19年12月7日判決・判時1992号43頁）もある。

ところで、使用を許可することとなった場合は、行政財産の用途・目的を妨げないこと、当該地方公共団体に損害を及ぼさないこと及び許可の失効時のトラブルの発生を防ぐこと等を目的とした使用許可の条件を付する必要があり、具体的には、次のような事項が考えられる。

● 使用期間

短時日のイベント等の場合を除いて、使用期間については、当該地方公共団体にとっては短い方が良いが、相手方にとっては長い方が良いということになるのが通常である。これについては当該地方公共団体の将来における当該財産の使用目的や供用開始時期と相手方の使用目的や使用方法との関係を考慮して定めるしかないであろう。ただし、あまりに短い期間は使用期間というよりも更新の期間（許可条件の見直しの期間）とみなされるおそれがあるし、あまりに長かったり、頻繁に更新を繰り返すときは、法律上はともかく、長期にわたる使用についての事実上の期待を抱かせることになり、使用終了時におけるトラブルの種になりやすい。

● 使用料

行政財産の使用については、その対価として使用料を徴収することができ、その額等については条例で定めることになっている（自治法225条・228条）。したがって、この使用料は条例の定めるところにより決定することになるが、ときに使用料の減免の条件のあてはめが問題になることがある。

● 使用上の制限

使用にあたって行政目的を損なったり、返還が困難になることがないように、工作物や造作の設置、改築等についての制限や条件を明らかにするとともに、場合によっては、庁舎管理との関係において、当該許可を受けた使用者又は当該使用許可を受けて使用又は設置した施設を利用する者の立ち入りを制限する区域を定めることが必要なこともあり得

● 173

第2部　事務事業のプロセスとコンプライアンス

る。

● 使用許可の取消事由

　使用許可の取消については、公用又は公共用に供する必要が生じた場合と許可条件違反の場合について法定されているが（自治法238条の4第5項）、念のため、許可条件としても明示する必要がある。また、この他にも、相手方が法人である場合に合併又は営業譲渡が行われたとき、個人に重点をおいて許可した場合の当該個人の法人に対する支配権が喪失したとき、あるいは個人に対して許可した場合の当該個人が事実上使用できない状態になったとき等を許可の取消事由とすべきこともあり、そのような場合は、取消事由として明示しなければならない。さらに、許可を受けた者の都合による使用の廃止の手続についても、明らかにしておくべき場合がある。

● 費用の負担

　使用許可を受けた行政財産の使用の対価としての使用料のほかに、水道・光熱費、電話やガス等の使用料、清掃費等についての受益者負担、許可を受けた使用にかかる造作の修繕費等の負担をどうするかを定める必要がある。

● 損害賠償

　使用者が当該行政財産を使用することに伴って生じた当該地方公共団体又は第三者に対する損害の賠償義務を明らかにし、場合によっては火災保険等への加入義務を負わせることもある。

● 原状回復義務

　使用関係終了時における原状回復の義務及びその義務を免除する場合について定めることが必要である。

● 保存費及び改良費（有益費）の不償還

　占有者は、当該占有物を返還するときに、通常の必要費を超える保存費を支出した場合はその超える費用分について、また改良のために有益な費用を支出したときはそれが現存する限度で、それぞれ所有者にその費用の償還を請求できるのが原則である（民法196条）。しかし、これら

174

の費用を確定することが困難な場合も多く、行政財産の目的外使用許可は特定の者に特別の利益を与えるものでもあるので、このような費用は償還しない旨を明らかにしておくのが通例である。

● 報告義務

目的外使用許可を受けた財産の使用の状況及び当該財産自体の状況について、定期的な報告をすることを義務付けるのが通例である。

● 立入調査等

目的外使用許可を与えた行政財産について、使用の状況や条件の遵守状態を確認し、所有者としての責任を果たすために（民法717条、国家賠償法2条1項参照)、現場への立入検査や資料を閲覧したり、必要な指示をしたりする必要があるので、そのための根拠を明らかにしておく必要がある。

目的外使用許可をして第三者に使用させているものであっても、それが行政財産であることに変わりはなく、当該財産の適正な管理のためには、使用の状況を把握することが必要不可欠である。そのためには、許可の条件について前述したように、立入調査等を行い、条件違反又は不適切な使用状況が発見されたときは速やかに対処しなければならない。たとえ明らかな許可条件違反であっても、それが長期間放置されるときは、その条件そのものが無効とされたり、条件違反のままでの使用を認めたものと解釈される危険性もある。

また、使用関係が終了したときは、その終了事由が使用許可期間の満了、許可条件として付された終了事由の発生、当事者の合意若しくは一方的な許可権者による使用許可の取消しのいずれであれ、速やかに原状回復と引渡しを受けなければならないことは言うまでもない。

## (3) 行政財産の用途若しくは目的外使用のための貸付又は地上権設定

行政財産である土地は、その用途又は目的を妨げない限度において、特定の場合に、これを貸し付け、又は地上権若しくは地益権を設定する

第2部　事務事業のプロセスとコンプライアンス

ことができる（自治法238条の４第２項）。これは、私法上の契約による貸付と地上権又は地益権の設定を認めたものであり、この場合においても公益目的による解除権は認められているものの（自治法238条の４第５項・238条の５第４項）、借地借家法の適用は排除されておらず、かなりの長期間にわたる使用を予定したものとして対処しなければならない。また、この貸付及び地上権又は地益権の設定に関する規定は他の自治法の規定の適用を排除するものではないから、適正な対価が支払われない場合は議会の議決が必要である（自治法237条２項・96条１項６号）。さらに、道路法、港湾法、河川法、都市公園法等に特別の規定があることについては、目的外使用許可の場合について前記（2）（169頁）で述べたところと同じである。

　行政財産である土地を貸し付けることができる場合は、以下である。

①　鉄骨造、コンクリート造、石造、れんが造その他これらに類する構造の土地に定着する工作物であって、その土地の供用の目的を効果的に達することに資するもの（空港や港湾における附帯施設等）を所有し、又は所有しようとする場合（自治法238条の４第２項１号、自治法施行令169条）

②　国、他の地方公共団体又は特殊法人登記令別表の名称の欄に掲げる法人で国又は地方公共団体が出資しているもの、地方住宅供給公社等の地方公社や共済組合等、公益法人若しくは株式会社又は有限会社で地方公共団体が２分の１以上を出資しているもの、公共団体又は公共的団体で法人格を有するもののうちで当該地方公共団体が行う事務と密接な関係を有する事業を行うものが当該地方公共団体と１棟の建物を区分所有するための敷地とする場合（自治法238条の４第２項２号、自治法施行令169条の２、昭和49年６月10日自治大臣告示127号）

③　当該土地及びその隣接地の上に区分して所有する１棟の建物を建設する場合（自治法238条の４第２項３号）

④　庁舎等の床面積又は敷地に現に使用され、若しくは使用されるこ

とが確実であると見込まれる部分以外の部分がある場合（自治法238条の4第2項4号、自治法施行令169条の3）

　また、地上権の設定の場合の相手方は、鉄道、道路、電気、ガス、水道、電話の事業者に限られ、その用途は鉄道、道路、軌道、電線路、ガスの導管、水道の導管、下水道の排水管及び排水渠、電気通信線路、その他これらの付属設備の用に供することに限定されている（自治法238条の4第2項5号、自治法施行令169条の4）。

　さらに、地役権を設定できるのは、国、他の地方公共団体又は電気事業法2条1項10号に規定する電気事業者が使用する電線路及びその付属設備の用に供する場合とされている（自治法238条の4第2項6号、自治法施行令169条の5）。

　この貸付及び地上権の設定は、契約に定められた終了事由が発生したとき、当事者が合意したときのほか、公用又は公共用に供するために必要が生じたことによる解除により効力を失うが、解除の場合は、そのことによる損失を補償しなければならないとされる（自治法238条の4第5項・238条の5第5項）。また、これらの場合には借地借家法の適用が排除されていない（自治法238条の4第8項参照）ので、借地人には同法による建物買取請求権や賃料の減額請求権があり、借地条件の変更及び当該土地上の建物の増改築の許可又は賃借権の譲渡や転貸の許可を求める裁判を提起することもでき、特約によってもこれらの権利を排除することはできないことになる（同法16条、21条）。なお、行政財産の貸付及び地上権の設定には、使用許可の場合の自治法225条及び228条の適用がないので、民法の原則に従い、当事者間の合意により妥当な賃料を定めることになる。

## (4) 行政財産の維持及び保存

　庁舎等のように、常に使用されているものの場合はあまり問題にならないが、河川敷や道路敷、場合によっては公園等についても、不法占拠されたり、使用が妨害される状態が発生していることがある。このよう

第2部　事務事業のプロセスとコンプライアンス

なことのないように、日頃から、行政財産の状態を把握し、早期に予防措置を講ずることが必要である。万一このような状態が発生した場合にも、それを早期に発見し、速やかに適当な措置をとることが、混乱を避け、新しい不法占拠や不当な使用の発生を予防することにつながる。

　行政財産は、その範囲が明確であることから、実態の調査及び把握は比較的容易にできるはずのものである。しかし、特に土地については、古くからの経緯があったり、戦後の混乱状態が整理されないまま現在に至っている等の理由により、また、河川等については、不法占拠者との鼬ごっこに行政がついていけないこと等から、適切な措置がとられないままになっているものがみられる。しかし、このような状態を放置しておくことが許される理由はないのであるから、それぞれの行政財産について、実態調査の権限と責任の所在を明確にし、土地の境界、台帳や図面と現況の符合の状況、行政財産の使用状況と使用目的との適合性、維持・保存・利用が適正に行われているかどうかを明らかにしなければならないのは当然のことである。なお、国土調査法に基づく国土調査を行っている地方公共団体においては、効率化の観点から、その作業と合わせて公有地に関する地積の明確化を図ることも、考慮されるべきであろう。

　ともあれ、不法占拠や使用の妨害の事実を発見したときは、それを是正するための措置をとらなければならない。相手方が行政からの要請に任意に応じてくれることが最も望ましいが、それが不可能な場合は法的な手段をとることになる。なお、占用許可を得ないでした道路の占有については、使用料相当額の不当利得返還請求又は不法行為による損害賠償請求ができるとされている（最高裁平成16年4月23日判決・判時1857号47頁）。

　行政上の義務の履行の確保に関する基本法である行政代執行法は、法律に基づき行政庁により命ぜられた行為（他人が代わって行うことができるものに限る。）について、義務が履行されない場合、他の手段によってその履行を確保することが困難であり、かつ、その不履行を放置するこ

178 ●

とが著しく公益に反すると認められるときは、当該行政庁が自ら義務者のなすべき行為をなし、その費用を義務者から徴収することを認めている（行政代執行法2条）。そして、道路法（71条）や都市公園法（11条）等は、行政庁に不法占拠者等に対して物件の撤去等を命ずる権限を与えている。このような特別の法律がない場合においても、公共団体ノ管理スル公共用土地物件ノ使用ニ関スル法律は、地方公共団体において管理する道路、公園、堤塘、溝渠その他の公共の用に供する土地物件をみだりに使用し、又はその許可の条件に違反して使用する者に対し、管理者たる行政庁は地上物件の撤去その他原状回復のために必要な措置を命ずることができるとしている。したがって、この法律が適用される土地物件については、行政代執行法の定めるところにより、期限までに義務を履行しないときは代執行する旨の通知（戒告）を行い、代執行令書をもって代執行の時期、代執行の責任者の氏名、費用の概算額を通知し、義務者に代わって行政庁が執行を行い（代執行）、費用納付命令によってそれに要した費用の支払いを命じ、それが任意に支払われないときは、国税の滞納処分の例により徴収することができるのである。

　このように、公共用の土地については行政代執行が可能であるが、それ以外の行政財産については、行政代執行法の適用はないので、一般民事の場合と同様に、所有権や用役物権に基づく妨害排除請求、占有権に基づく妨害排除や予防請求（民法198条〜200条）又は相隣関係による妨害予防請求等（民法216条・237条）を行い、あるいは不法行為に基づく損害賠償請求（民法709条）を行うしか方法はないことになる。なお、漁港管理者である町が当該漁港の区域内の水域に不法に設置されたヨット保留杭を法規に基づかずに強制撤去した場合における撤去費用の支出が違法とはいえないとした判例（最高裁平成3年3月8日判決・判時1393号83頁）がある。

　いずれにしても、不法占拠や使用の妨害を防ぐ最も効果的な方法は、早期発見、早期対処であることは間違いがないので、常に現状を把握し、適切な措置をとることができる体制を確立しておくことが重要である。

第2部　事務事業のプロセスとコンプライアンス

# 3　普通財産

## （1）普通財産の管理の方法

　普通財産というのは、行政財産以外の一切の公有財産のことであり（自治法238条4項）、言い換えれば、特定の行政目的に直接の貢献をしていない公有財産であるということになる。しかし、現実の普通財産の中には、このような純粋な普通財産だけではなく、地場産業の振興のために若手後継者の組合に貸し付けている土地のように、特定の行政目的を実現する手段として使用されているもの、いわゆる第三セクターを設立した結果としての一般又は公益の財団法人や社団法人への出資による権利及び株式会社の株式等の有価証券等、特定の行政目的と密接な関係を有し、地方公共団体の判断で自由に処分することのできない、いわば行政財産的普通財産というべきものも少なくない。

　普通財産の管理については、第9章（259頁）で述べる債権管理のほか、知的財産権の管理の問題もあるが、その方法が問題になるのは、ほとんどの場合、土地についてである。土地の中でも、行政財産的普通財産については、現実に使用しているものであるから、次の（2）（181頁）で述べる貸付そのものの是非を別とすれば、管理上の問題は少ないであろうが、純粋な普通財産たる土地についての管理には問題があることが多い。

　普通財産は長が一元的に管理することになっており（自治法238条の2第3項）、土地については、管財課等の専門部署を設けて管理していることが多いが、管理を十全ならしめるためには、権限と責任の所在を明確にすることが最初の課題である。

　普通財産である土地は、経済的な価値に最も大きな意味があるものであるから、その管理の第一の目的はその財産的価値を減じないことである。したがって、最初に行われなければならないのは、現状が明確でない土地についての実態確認であり、手元の財産台帳と公簿や公図との照

180

合や現地調査である。その結果、登記がなされていない土地（地方公共団体への所有権移転登記がなされていない土地を含む。）が発見された場合は、権利関係を確認し、台帳を整理し、登記事務を進めなければならない。また、隣地との境界が明確でない場合には、隣接地所有者と速やかに協議し、その立会を求めて測量をし、境界杭を設置することが必要である。協議が成立しなかったり、協力を得られない場合には、訴訟による解決も含め、適切な対処をしなければならない。また、行政財産について前述したように、国土調査を実施している場合には、それを有効に活用することも考えられる。

さらに、土地の不法占拠が判明した場合は、それを排除するための話合いをすることになるのは当然のことであるが、現実の問題として、話合いだけで解決することは期待できないことが多く、訴訟を提起することの利害得失を十分考えることが必要となる。

## (2) 普通財産の貸付の目的及び契約内容

普通財産たる土地については、財産的な価値の維持を目的とした管理（前記(1)（180頁）参照）のほかに、積極的に運用するという意味での管理も必要とされる。その具体的な方法としては、信託（自治法238条の5第2項）もあるが、より大きな比重を占めるのは貸付であろう。貸付には、収益を得ることを基本的な目的とするもの（以下「一般貸付」という。）、当該貸付によって特定の行政目的を達成しようとするもの（以下「公益貸付」という。）、あるいは、空き地を暫定的に駐車場等として使用させることによって、収入はともかく、雑草の処分費用を不要にし、隣地との紛争の予防等に役立てようとするもの等（以下「暫定貸付」という。）がある。

一般貸付の場合は、最も有利な相手と契約をする必要があるから、競争入札の方法によることが原則となり（自治法234条2項）、公益貸付の場合は、相手方の個性が重要な意味を持つわけであるから、随意契約の方法によることとなる（自治法施行令167条の2第1項2号）。また、暫定

第2部　事務事業のプロセスとコンプライアンス

貸付の場合は、原状回復の容易性等の具体的な事情に応じて、競争入札又は随意契約の方法のいずれかを選択して行うことになろう。

貸付の目的の如何を問わず、普通財産の貸付については民法や借地借家法等の私法が適用される。民法は、その601条から622条に賃貸借に関する規定を置いているが、そこでは、貸付期間が最長20年とされ（604条）、賃借権の無断譲渡及び転貸が禁止され（612条）、解約の場合には事前予告が必要とされる（617条・618条）ほか、賃貸人の権利義務（601条・606条等）や賃借人の権利義務（601条・608条等）等が定められている（新民法604条は、貸付期間の最長を50年とする。）。ただし、民法の規定は原則として任意規定であり、当事者がそれと異なる合意をしたときは、その合意が優先されるのであるから、これらの規定を前提とした合理的な内容の契約を締結する必要がある。しかし、建物の所有を目的とする土地の貸付については借地借家法が適用され（東京地裁昭和52年2月28日判決・判時845号35頁）、同法は、借地権の最短の存続期間を30年としたうえで（3条）、契約の更新拒絶権を制限する等（6条）、民法の原則に対する種々の特例を定めており、契約によって法定の借主の権利を制限することを認めていない（16条・21条・30条）ので、同法が適用される契約については、財務規則等で定める貸付期間の制限（国有財産法21条）を遵守することができないことが起こり得ることにも十分留意しなければならない。

契約で定めた貸付の期間が満了した場合又は契約が解約されたり（民法617条・618条・従前の民法621条）、解除された場合（民法541条）は、賃借人が借用物を貸主に返還しなければならないのは当然のことである（期間満了の場合について従前の民法597条1項（従前の民法616条による準用）、解約の場合について民法703条、解除の場合について民法545条）。なお、建物の所有を目的とする土地の貸付についての期間満了の場合の取扱いについては、借地借家法に特別の規定（5条～8条・22条）が置かれている。

このような私法の定めとは別に、自治法は、普通財産の貸付について

第5章 公有財産の管理

「貸付期間中に、国、地方公共団体その他公共団体において公用又は公共用に供するため必要を生じたときは、普通地方公共団体の長は、その契約を解除することができる」とし（自治法238条の5第4項）、「前項の規定により契約を解除した場合においては、借受人は、これによって生じた損失につきその補償を求めることができる」と定めている（自治法238条の5第5項）。この規定と借地借家法の規定との優先関係が問題になるところであるが、一般法と特別法という関係から考えて、自治法の規定が優先するものと解される。

さらに、財産の貸付に際しては、必ずその用途が定められる。特に、その貸付が公益貸付であるときは、当該用途に供しなければならない期日及び当該用途に供しなければならない期間を明確にしなければならない（普通財産取扱規則27条参照）。これらの条件は、当事者双方が合意したときは変更できるが、それ以外の場合は変更できないのが原則である。そして、これらの条件が守られなかった場合には、借主の債務不履行を理由として解除できるはずであるが（民法541条）、自治法はこれらの期日又は期間が遵守されなかった場合には、地方公共団体の長がその契約を解除できるという規定（自治法238条の5第5項）を置いて、このことを確認している。なお、この場合の解除は、借受人の債務不履行を理由とするものであるから、前述の貸付期間中の解除の場合と異なり、補償の問題は生じないものと考えられる。

財産を貸し付ける場合には、適正な対価（賃料）を受領するのが原則である（自治法237条2項参照）。何をもって適正な対価とするかが必ずしも容易な問題でないことは、不動産の取得の場合について前述した（第3章4（148頁））ところと同じである。必要に応じて、財産評価審査会等の意見を聞いて定めることになろう。

公益貸付や暫定貸付の場合には、適正な対価によらずに、すなわち、適正な対価よりも低額の賃料で貸し付ける場合もあるが、この場合は、条例に根拠があるか、個別の案件ごとに議会の議決を得なければならない（自治法237条2項・96条1項6号）。このような貸付を「減額貸付」

● 183

第2部　事務事業のプロセスとコンプライアンス

と称するが、無料とすれば使用貸借（民法593条）になるものの、そうでない限りは賃貸借として民法や借地借家法が適用される。なお、議会の議決について、判例（最高裁平成30年11月6日判決・裁判所ウェブサイト）は、自治法237条2項の「議会の議決があったというためには、財産の譲渡等が適正な対価によらないものであることを前提として審議がされた上当該譲渡等を行うことを認める趣旨の議決がされたことを要する」のが原則であるが、「当該譲渡等が適正な対価によるものであるとして普通地方公共団体の議会に提出された議案を可決する議決がされた場合であっても、当該譲渡等の対価に加えてそれが適正であるか否かを判定するために参照すべき価格が提示され、両者の間に大きなかい離があることを踏まえつつ当該譲渡等を行う必要性と妥当性について審議がされた上でこれを認める議決がされるなど、審議の実態に即して、当該譲渡等が適正な対価によらないものであることを前提として審議がされた上これを認める趣旨の議決がされたと評価することができるときは、同項の議会の議決があったものというべきである。」としている。

　減額貸付は、当該減額分については補助金と同じ効果をもつものであるから、それが正当であるためには、公益上の必要性があると認められることが必要である（自治法232条の2参照）。また、国等に対する場合も、地方財政法が国や他の地方公共団体との負担区分を定めている趣旨に反することがないようにしなければならない（東京高裁平成17年2月9日判決・判時1981号3頁参照）。そして減額貸付をする場合は、用途を厳格に指定し、当該用途に供しなければならない期日及び当該用途に供しなければならない期間を明示したうえで、その遵守状況及び当該貸付によって達成されることが期待されている目的の実現状況についての確認を怠ってはならない。

## （3）普通財産の売払い等

　普通財産は、特別の行政目的と関係を有しないものであるから、必要に応じて売り払うことが可能である（自治法238条の5第1項）。公共用

地の取得に際しての代替地としての売払いや資金獲得のための不要財産の売払い等の場合は、純粋な経済的行為として考えれば良い。しかし通常の場合は、何らかの意味での公共性あるいは公益性を認めて売り払うことが多く、その場合は、用途を指定したり、一定の期間内にその用途に使用すること及び一定期間その使用を継続することを義務付けたり、一定期間内の転売等の処分を禁止したりすることが適当なことが少なくない。このような条件を付して売り払った場合に、その条件違反が生じたときに、その契約を解除することができるのは、前述（2）（181頁）の貸付の場合と同じである（自治法238条の5第6項は貸付の場合に関する同条第5項の規定を準用している。）。

　また、売却価格について、「時価売払い」と「減額売払い」があるのも、貸付の場合と同じであり、それぞれの場合についての考え方も、時価貸付と減額貸付の場合に準ずることになる。ただ、貸付の場合よりも売払いの場合の方が住民の関心が高く、住民訴訟になる例も多いので、より慎重に行う必要があろう。さらに、建物付の土地を売り払う場合には、その建物の解体撤去を条件として行うこともあるが、その場合には、瑕疵担保責任や解体費用等について特別の配慮をしなければならず、その結果、売払い価格がマイナス（解体費用等が当該土地の価格を上回り、その差額を売主である地方公共団体が負担することを意味する。）となる事例も生じている。

　なお、特殊な場合には、無償で土地の所有権を移転することもあり、自治法はこれを「譲与」と表現しているが（自治法238条の5第1項）、法律的には「贈与」（民法549条）である。譲与は、条例で認められている場合又は個別に議会の議決を経た場合でなければ行うことができないものであるが（自治法237条2項・96条1項6号）、そのような要件に関係なく、地方財政法による負担区分の定め（地方財政法10条～11条・28条の2）及び憲法89条による宗教上の組織や公の支配に属しない教育の事業等への譲与の禁止があることに注意する必要がある（第3部第4章2（396頁）参照）。

第2部　事務事業のプロセスとコンプライアンス

## 4　職員の行為の制限

　公有財産に関する事務に従事する職員は、その取扱いに係る公有財産を譲り受け、又は自己の所有物と交換することができず、これに違反した行為は無効とされる（自治法238条の3）。この立法趣旨は、担当職員の職務の執行の公正さだけでなく、公正さらしさまでも担保するものだとされる結果、ここでいう公有財産に関する事務に従事する職員の範囲は非常に広い。実際に公有財産の管理又は処分に関する事務に従事している職員だけではなく、公有財産の管理処分の総合調整（自治法238条の2参照）に当たる職員を含み、また、それらの事務を担当する組織における補助職員及び監督職員、さらには監査委員も含むと解されている（大阪地裁昭和55年6月18日判決・判タ425号95頁及びこの判決を維持した大阪高裁昭和56年5月20日判決・判タ459号106頁参照）。

# 第6章　公の施設

## 1　公の施設の意味

　公の施設というのは、住民の福祉を増進させる目的をもって設けられた住民の利用に供するための施設のことであり（自治法244条1項）、もっぱら地方公共団体の事務を処理するための施設である一般の庁舎や、空港、港湾、国民宿舎、物産販売所、アンテナショップ等の住民が利用することを主たる目的としていない施設は含まれない。

　公の施設の概念は、1963年（昭和38年）の地方公共団体の財務制度の抜本的改正に際して導入されたものであり、それ以前は、行政主体により継続的に公共の用に供される人的要素及び物的施設の総合体を意味するものとして「営造物」の語が使用されていた（現在でも地方財政法23条1項や国家賠償法2条1項ではこの語が使用されている。）。営造物という概念は、本来講学上のものであり、1963年（昭和38年）改正前の自治法の適用に際しては、「営造物」には、①人的要素の希薄な道路や河川等の「物を主体とする営造物」と、②物的要素が希薄な産婆や巡回講師等の「人を主体とする営造物」があるという解釈がなされていた（昭和38年の改正前においては、巡回して業務を行う身体障害者更生相談所も営造物であるというのが行政解釈（昭和29年9月9日自丁行発159号行政課長回答）であった。）。

　昭和38年の改正は、このような技巧的な解釈をしなければならない定め方についての反省から、「公の施設」という表現によって、物的要素が主体であるものを意味することを明確にしたものであると説明されている。ただ、公の施設が「住民の利用に供するための施設」である以上、設置者である地方公共団体は、それを住民が安心して利用できる状

● 187

第2部　事務事業のプロセスとコンプライアンス

態に維持し、提供しなければならない（道路法42条1項参照）。そのため
に必要な人的要素（活動）を完全に排除することは不可能であり、道路
や公園等のように物的存在としてのみ意識されるのが通常であるものか
ら、病院事業や水道事業のように物的要素がほとんど意識されないもの
まで含めて公の施設であると解釈されている（住民が直接見たり、触った
りすることができないガス事業の施設について最高裁昭和60年7月16日判
決・判時1174号58頁が、水道事業の施設について最高裁平成18年7月14日
判決・判時1947号45頁が、それぞれ公の施設に該当するとしている。）。

　なお、公の施設には、その設置、管理、利用（使用）等について個別
の法律の規定のあるものが多いが、このような場合にあっては、当該個
別の法律と自治法の関係規定が重畳的に適用され、いずれかが他方を排
除するという関係にないのが原則である（前掲最高裁昭和60年判決参照）。
その使用関係を規律する法がいかなるものか（公法上のものか、私法上の
ものか）は、それぞれに適用される個別の法律の解釈によることになる。
ちなみに、公の施設に関する定めを有する主な法律としては、道路法、
駐車場法、都市公園法、鉄道事業法、鉄道営業法、道路運送法、公営住
宅法、水道法、ガス事業法、下水道法、学校教育法、図書館法、博物館
法、公民館法、児童福祉法等がある。

# 2　公の施設の利用者の権利と義務

## （1）自治法の定め

　公の施設は、住民の福祉を増進する目的をもって設置されるものであ
るから、いわゆる給付行政の用に供するものであるということができ
る。給付行政は非権力行政ともいわれ、近代行政法の大原則である法治
主義の下にあっても、特別の法律の根拠なしに行うことができる（侵害
留保の原則）というのが一般的な理解である。自治法は、公の施設が住
民の利用に供されるものであるということを考慮して、基本的な事項を

188

第6章　公の施設

法律で定め、具体的な事項は条例で定めることとしている。

自治法が定める公の施設の利用に関する主な規定は、次のとおりである。

① 地方公共団体は、法律又はこれに基づく政令に特別の定めがあるものを除くほか、公の施設の設置及びその管理に関する事項は、条例でこれを定めなければならない（244条の2第1項）。

② 地方公共団体及び指定管理者は、正当な理由がない限り、住民が公の施設を利用することを拒んではならない（244条2項）。

③ 地方公共団体及び指定管理者は、住民が公の施設を利用することについて、不当な差別的取扱いをしてはならない（244条3項）。

④ 公の施設を利用する権利に関する処分に不服がある者は、当該地方公共団体の長に審査請求をすることができる（244条の4第1項）。

⑤ 地方公共団体の長は、審査請求があったときは、議会に諮問してこれを決定しなければならない（244条の4第2項）。

⑥ 議会は、諮問があった日から20日以内に意見を述べなければならない（244条の4第3項）。

⑦ 公の施設の利用について使用料を徴収することができる（227条）。

⑧ 使用料は条例で定めなければならない（228条）。

⑨ 使用料の徴収に関しては、⑩に定めるものを除くほか、条例で5万円以下の過料を科する規定を設けることができる（228条2項）。

⑩ 詐欺その他不正の行為により、使用料の徴収を免れた者については、条例でその徴収を免れた金額の5倍（当該金額が5万円を超えないときは、5万円とする。）以下の過料を科する規定を設けることができる（228条3項）。

⑪ 使用料の徴収に関する処分についての審査請求は当該地方公共団体の長に対してすることができる（行政不服審査法4条1号、自治法229条1項）。

⑫ 使用料の徴収に関する処分についての訴訟は、審査請求に対する裁決を受けた後でなければできない（229条5項）。

189

第2部　事務事業のプロセスとコンプライアンス

⑬　使用料を納期限までに納付しない者に対しては、期限を指定して督促しなければならない（231条の3第1項）。

⑭　督促は時効中断の効力を有する（236条4項）。

⑮　督促をしたときは、条例の定めるところにより、手数料及び延滞金を徴収することができる（231条の3第2項）。

⑯　法律で定める使用料は地方税の滞納処分の例によって処分できる（231条の3第3項）。

⑰　公の施設の使用料を滞納した場合の処分に不服がある者は、当該地方公共団体の長に審査請求をすることができる（行政不服審査法4条1号、自治法231条の3第5項）。

⑱　地方公共団体の長は、審査請求があったときは、議会に諮問してこれを決定しなければならない（231条の3第7項）。

⑲　議会は、諮問のあった日から20日以内に意見を述べなければならない（231条の3第8項）。

⑳　使用料を滞納した場合の処分については、審査請求に対する裁決を受けた後でなければ裁判所に出訴できない（231条の3第10項）。

## (2) 公の施設の利用関係

### ① 利用者の権利の発生根拠（公の施設利用の法的性質）

　前記（1）（188頁）中の①から③は公の施設に関する基本的な事項を定めるものである。公の施設については、その設置や利用の方法等について定めた法律が多くある（前記1（187頁）参照）ことから、自治法は、法令に特別の定めがあるものを除くほか、その設置と管理に関する事項は条例でこれを定めなければならないとしたうえで、施設の管理者の基本的な義務として、「正当な理由がない限り、住民が公の施設を利用することを拒んではならない」及び「住民が公の施設を利用することについて、不当な差別的取扱いをしてはならない」という二つを定めている。ただ、これらの義務については、それが行政の一環である以上、どのようなものであっても平等取扱いの原則は適用されるし（憲法14条

１項参照）、民間企業が経営する公益事業の場合であっても供給義務が課されるのが通常であり（電気事業法17条、電気通信事業法25条、ガス事業法13条、水道法15条等）、公の施設に特有のものではないとの指摘がある（塩野宏『行政法Ⅰ（第四版）』176頁等）。

　ところで、公の施設には、

○道路、公園、図書館、博物館等のように、常時公衆に開放され、自由な利用が原則であるもの（「開放型施設」ということができる。）

○集会場、体育施設、公営住宅のように一定の期間について専用する権限を得て利用し、当該施設に係る人的な役務の提供は付随的な意味を有するにすぎないもの（「専用型施設」ということができる。）

○学校、老人ホーム、公民館、交通施設、病院、下水道施設、水道やガスの供給施設のように、施設の利用と人的役務の利用が一体となったもの（「役務一体型施設」ということができる。）

がある。そして、役務一体型施設は、さらに、

○教育、監護等のような一般行政上の施策目的を実現するためのもの（「一般行政用役務一体型施設」ということができる。）

○下水道、上水道、ガス、病院等のような公営事業の用に供されるもの（「公営事業用役務一体型施設」ということができる。）

に分けられる。

　開放型施設は、それが公衆に開放されていることの反射的利益として（最高裁昭和62年11月24日判決・判時1284号56頁、名古屋地裁平成14年12月20日判決・判例自治243号73頁参照）、その通常の目的・用法に従う限り、原則として（例外として道路法25条等）、対価（使用料）を支払うことなく自由に利用することができる（図書館法17条等）。これについては、当該施設の機能を維持し、利用者の安全を守り、トラブルを避けるために必要なルールを定め、当該施設が本来予定していない目的や方法による利用を禁止し、必要な場合にその禁止を解除すること（許可）ができることを条例等（権利義務に直接影響しない事項については公物管理権に基づく規制も可能である。）で定めることになる。なお、その利用が

第2部　事務事業のプロセスとコンプライアンス

反射的利益によるものである場合にあっても、その利用者に個別的具体的な利益をもたらしていて、その用途廃止により、その者の生活に著しい支障が生ずるという特段の事情があるときは、利用者の特別な利益が認められる場合があるとする判例（最高裁昭和62年11月24日判決・判時1284号56頁）がある。

　これに対し、専用型施設及び役務一体型施設は、利用者が管理者である地方公共団体から個々の公の施設について、それを利用する権原を取得することが必要である。この権原の取得は、管理者との契約又は行政庁としての管理者による許可によることになるが、公の施設に関する行政は非権力行政である給付行政に属するものであり、法律又は条例に特別の規定がない限り、それを利用する権利は契約によって生ずるものと解するのが一般的である（塩野前掲書参照）。

　このことについて、昭和38年の自治法改正前のものではあるが、「自治法213条1項（現行244条の2第1項）は、一般的に、財産又は営造物の管理に関する事項（現行法では公の施設の設置及び管理に関する事項）は条例で定めなければならないものとしているから、事案に応じ、特定の施設の使用について許可制をとることも（この場合においては、許可権者が優越的地位に立つことは明らかであり、一般的には公法上の使用関係が成立するものと解し得るであろう。）、また、使用については条例でその内容を規制しながら使用関係自体の成立を契約に係らしめること（一般的には私法上の使用関係が成立するものと解し得る。）も可能である。」（括弧書は筆者による。）として、電力会社が水利権に基づいて琵琶湖で取水した水を発電所の取入口まで運搬するために京都市が設置した疎水（いわゆる琵琶湖疎水）を使用させるのは契約によるべきであるとする行政実例（昭和28年6月13日自行行発167号行政課長回答）がある。

　しかし、専用型施設にあっては、ある者の利用が他者の利用を排除することになるのが通常であり、その使用形態も利用者の裁量に委ねられる部分が多くなる。したがって、この型の施設については、誰に対して、何時、その利用を認めるかということについて、公益的な観点から

192

の判断が求められることが多く、法律や条例において、利用の申込を前提とする許可という仕組みがとられていることが多い（ちなみに、ここでいう許可というのは、禁止の解除を意味するものではなく、講学上の特許に該当する。）。この場合の許可は、当該施設の管理者が公益の代表者として行うものであり、それは優越的な地位におけるものであるから（行政）処分に該当することは明らかである。

　公営住宅について、公営住宅法及び条例には特別な規定が多数あるが「事業主体と入居者との間に公営住宅の使用関係が設定されたのちにおいては、……事業主体と入居者との間の法律関係は基本的には私人間の家屋賃貸借関係と異なるところはなく、……公営住宅の使用関係については、公営住宅法及びこれに基づく条例が特別法として優先して適用されるが、法及び条例に特別の定めがない限り、原則として一般法である民法及び借家法の適用があり、その契約関係を規律するについては、信頼関係の法理の適用があるものと解すべきである。」とする最高裁の判決（昭和59年12月13日・判時1141号58頁）がある。ただ、この判決は、使用関係が設定された後における公営住宅の使用関係に信頼の法理の適用があるという結論を導くために「基本的には私人間の家屋賃貸借関係と異なるところはなく……原則として一般法である民法及び借家法の適用があ」るとしたものにすぎず、この判決も認めているように、公営住宅法及び条例には特別な規定が多数あり、それは、対等な当事者間の利害を調節するためのものではなく、公益を実現するという観点から事業主体の優越性を認めるもの（水道法が「水道が国民の日常生活に直結し、その健康を守るために欠くことのできないものであり、水道事業が公共的性格を有するものであることに鑑み、私法上の契約である給水契約の締結について規制を加えている」（東京高裁平成9年10月23日判決・判タ1011号208頁）のとは異なる。）であるから、その基本的な関係（権利の設定・消滅）について対等な当事者間の法律関係を律する私法を適用することはできないと言わざるを得ない（なお、最高裁平成27年3月27日判決・判時2258号39頁は、「暴力団員であることが判明したとき（同居者が該当する場

第2部　事務事業のプロセスとコンプライアンス

合を含む。）。」は、「当該入居者に対し、当該市営住宅の明渡しを請求することができる。」との条例の規定による居住の制限は「公共の福祉による必要かつ合理的なものである。」として、この規定が制定される前に入居していた者に対する明け渡し請求を是認したが、これは明らかに行政法（公法）の論理である。）。この判決は、公営住宅の使用関係が継続的な債権債務関係であるという点において私人間の家屋賃貸借関係と異なるところはないとしただけであって、その使用関係の全てが私法上のものであるとか、その使用料が私法上の債権であるとしたものではない（この判決が自治法229条・231条の3及び236条2項を適用する妨げになることはない。）と理解するのが正当であろう（第3部第3章1（3）（370頁）及び（7）（374頁）参照）。そもそも、信頼関係の原則が公営住宅の設置者と入居者との間に適用があるというために、「原則として一般法である民法及び借家法の適用があり」等という必要はなく、単純に、相手方の同意を得て成立する継続的な法律関係である公営住宅の使用関係においては、私人間の家屋賃貸借関係におけると同様、信頼関係の原則が妥当する（国家公務員に対する安全配慮義務についての最高裁昭和50年2月25日判決・判時767号11頁の論理）と言えば足りるように思われる。

　また、一般行政用役務一体型施設にあっても、利用資格の設定と認定（学校教育法57条、老人福祉法11条1項1号及び2号等）、利用希望者相互間の調整や当該施設において提供する人的役務の程度と利用希望者との調整（マッチング）等の問題があることから、法律や条例において、利用の申込を前提とする許可という仕組みがとられているのが通常である。しかし、その利用（修学）を義務付けられている義務教育のための施設（学校教育法17条1項、学校教育法施行令5条）や、満3歳以上の小学校就学前の子どもであって、保護者の労働又は疾病その他の内閣府令で定める事由により家庭において必要な保育を受けることが困難であるもの、又は満3歳未満の小学校就学前の子どもであって、前記の内閣府令で定める事由により家庭において必要な保育を受けることが困難であるものとしての認定を受けた者（子ども・子育て支援法19条1項2号及び

3号）について、その保護者からの申出を受けて保育を行う施設とされている保育所（児童福祉法24条1項）のように、許可という仕組みによらないものもある。

なお、公営事業用役務一体型施設については、契約によって利用関係が設定されるのが一般的であり、次のような判例がある。

○ ガス事業について、「地方公営企業の管理者は、当該地方公営企業の業務の執行として供給契約を締結する場合、使用料に関する事項については、条例で定められたところに従ってこれを締結する義務があるものといわなければならない。」とする最高裁昭和60年7月16日判決（判時1174号58頁）

○「公立病院において行われる診療は、私立病院において行われる診療と本質的な差異はなく、その診療に関する法律関係は本質上私法関係というべきである」とする最高裁平成17年11月21日判決（判時1922号78頁）

○「水道供給事業者としての被控訴人（地方公共団体）の地位は、一般私企業のそれと特に異なるものではないから、控訴人と被控訴人との間の水道供給契約は私法上の契約であり、したがって、被控訴人が有する水道料金債権は私法上の金銭債権であると解される。」とした東京高裁平成13年5月22日判決（新版水道関係判例集111頁）及び最高裁平成15年10月10日決定（新版水道関係判例集113頁）

ただ、下水道事業については、「公共下水道の供用が開始された場合においては、当該公共下水道の排水区域内の土地の所有者、使用者又は占有者は、遅滞なく、次の区分に従って、その土地の下水を公共下水道に流入させるために必要な排水管、排水渠その他の排水施設（以下「排水設備」という。）を設置しなければならない。」（下水道法10条1項本文）として、一定の者に対して当該施設の利用を義務付けるという特殊な制度となっていること等を理由として、その使用及び使用料に関する関係を契約と解することはできないとされている（東京地裁平成4年10月9日・判時1452号47頁）。

第2部　事務事業のプロセスとコンプライアンス

## ② 定型約款

　2020年（令和2年）4月1日から新民法が施行されることとなっており、同法は、「ある特定の者（「定型約款準備者」という。）が不特定多数の者を相手方として行う取引であって、その内容の全部又は一部が画一的であることがその双方にとって合理的なもの」を「定型取引」、「定型取引において、契約の内容とすることを目的として定型約款準備者により準備された条項の総体」を「定型約款」と定義したうえで、定型約款についての規定（新民法548条の2〜548条の4）を新設し、2020年（令和2年）4月1日前に一方の当事者から反対の意思表示がなされない限り、同日以前に締結された定型契約にも適用することとしている（民法の一部を改正する法律附則33条）。なお、定型約款は、定型取引における契約の内容となるものであるから、個別に内容を決定するためのひな形（代表的なものに公共工事標準請負約款がある。）や交渉をスムーズに進行するために作成されるたたき台、個別の取引については別個に交渉することを予定した基本契約（合意）はこれに含まれない。

　地方公共団体においては、公の施設の使用料及び管理についての条例を定め（自治法225条、244条の2第1項）、各種の補助金や貸付金についても条例、規則、要綱等を定めている。公の施設の使用（利用）関係が契約による場合（前記①（190頁）参照）はもちろん、補助金適正化法が適用されない補助金及び貸付金は契約に基づくものと解されるので、これらの条例、規則、要綱の全てに、新民法が定める定型約款の規定が適用されることになる。

　まず、定型取引を行うことの合意をした者は、次のときには、定型約款の個別の条項についても合意をしたものとみなされる（新民法548条の2第1項）。

① 定型約款を契約の内容とする旨の合意をしたとき
② 定型約款準備者があらかじめその定型約款を契約の内容とする旨を相手方に表示していたとき

ここで定型取引を行うことの合意をした者というのは、定型約款の内

容を承認した者という意味ではなく（その詳細を認識していることも必要ない。）、その取引が定型取引であることを認めた者という意味であり、公の施設の利用の申込み並びに補助金及び貸付金の申込みをした者はこれに該当することになろう（法の適用に関する通則法3条、民法92条参照）。そして、定型約款の個別の条項が定型取引を行うことの合意をした者を拘束するのは前記の①又は②の場合であるが、現実には、①が問題になることは比較的少なく、②の「表示していた」の意味が問題になることが多いものと思われ、申込みを受ける際に、定型約款が契約の内容となる旨をその申込者に表示することが必要になるものと解される。

　このことについては、民法が定型約款に関する規定を定めたことに伴い、鉄道営業法18条の2、軌道法27条の2、航空法134条の4、道路運送法87条、海上運送法32条の2、道路整備特別措置法55条の2、電気通信事業法167条の2は、それぞれの法律が適用される取引に関して「民法548条の2第1項の規定を適用する場合においては、同項第2号中「表示していた」とあるのは、「表示し、又は公表していた」とする」と定めている。

　なお、表示と公表の違いは必ずしも明確ではないが、表示は特定の相手方に対して行うものであり、公示は一般に知らせるものであるということができよう。そうすると、このような特別の立法措置がとられていない取引にあっては、申込みを受けた際に、定型約款が契約の内容となる旨をその申込者に表示することが必要になるものと解される。また、定型約款に基づいて申込みをする旨の書式が定められている場合に、その書式によって申込みがなされたときは①に該当することはもちろん、そうでなくとも②に該当することになろう。

　次に、定型取引を行い、又は行おうとする定型約款準備者は、定型取引合意の前又は定型取引合意の後相当の期間内に相手方から請求があった場合には、遅滞なく、相当な方法でその定型約款の内容を示さなければならないが、定型約款準備者がすでに相手方に対して定型約款を記載した書面を交付し、又はこれを記録した電磁的記録を提供していたとき

第2部　事務事業のプロセスとコンプライアンス

は、この例外となる（新民法548条の3第1項）。

定型約款に関して最も大きな問題は、いったん契約が成立した後に、定型約款準備者はその内容を変更できるか、できるとしてその効力が及ぶ範囲はどこまでかということである。このことについて、次に掲げる場合には、変更後の定型約款の条項について合意があったものとみなし、個別に相手方と合意をすることなく契約の内容を変更することができる（新民法548条の4第1項）とされている。

③　定型約款の変更が、相手方の一般の利益に適合するとき。

④　定型約款の変更が、契約をした目的に反せず、かつ、変更の必要性、変更後の内容の相当性、定型約款の変更をすることがある旨の定めの有無及びその内容その他の変更に係る事情に照らして合理的なものであるとき。

この場合において、定型約款準備者は、変更後の定型約款の効力発生時期を定め、かつ、定型約款を変更する旨及び変更後の定型約款の内容並びにその効力発生時期をインターネットの利用その他の適切な方法により周知しなければならず（新民法548条の4第2項）、前記④による定型約款の変更は、その効力発生時期が到来するまでに周知をしなければ、その効力を生じない（新民法548条の4第3項）。

ところで、新民法が定める定型契約についての規定は、あくまでも契約自由の原則が適用される民法上（私法上）の契約についてのものであり、個別の法律が契約の締結について定めている取引については、当該法律が適用され、そこに規定されている事項については、民法の規定が適用される余地はない。例えば、電気、ガス及び水道の末端需用者に対する供給は定型取引に該当する典型的なものであると考えられるが、これらの事業における取引については、それぞれの事業に関する法律が次のように定めているので、その取引については該当する法律の規定が適用されることになる。

まず、電気及びガスの小売供給契約については、小売電気事業者等及びガス小売事業者等は、小売供給を受けようとする者に対して、料金そ

198 ●

の他の供給条件の説明をするとともに必要な書面を交付しなければならず、契約が成立した場合はその内容を記載した書面を交付するものとしたうえで、これらの書面の交付に替えて電子情報処理組織を使用する方法その他の情報通信の技術を利用する方法を利用することができるとされている（電気事業法2条の13・2条の14、ガス事業法14条・15条）。したがって、これらの事業の小売供給契約については、新民法548条の2第1項及び548条の3を適用する余地がなく、約款の内容が信義誠実の原則に反する場合についての新民法548条の2第2項及び契約締結後の契約変更についての新民法548条の4の規定だけが適用されることになる。

　次に、水道事業については、事業者は、まず、次の要件を満たすように料金、給水装置工事の費用の負担区分その他の供給条件についての供給規程を定めなければならないことが法定されている（水道法14条1項）。

① 料金が、能率的な経営の下における適正な原価に照らし公正妥当なものであること。

② 料金が、定率又は定額をもって明確に定められていること。

③ 水道事業者及び水道の需要者の責任に関する事項並びに給水装置工事の費用の負担区分及びその額の算出方法が、適正かつ明確に定められていること。

④ 特定の者に対して不当な差別的取扱いをするものでないこと。

⑤ 貯水槽水道（水道事業の用に供する水道及び専用水道以外の水道であって、水道事業の用に供する水道から供給を受ける水のみを水源とするものをいう。）が設置される場合においては、貯水槽水道に関し、水道事業者及び当該貯水槽水道の設置者の責任に関する事項が、適正かつ明確に定められていること。

　この供給規程は、地方公共団体が事業者の場合は条例で定められ（地方公営企業法4条、自治法225条・228条1項）、それ以外の場合は厚生労働大臣の認可を受けなければならず（水道法7条4項7号・14条5項）、

第2部　事務事業のプロセスとコンプライアンス

水道事業者は、その実施の日までにそれを一般に周知させる措置をとらなければならない（水道法14条4項）とされるが、供給規定でもある条例（公営企業法4条、自治法225条・228条1項）は、公布され（自治法16条2項）、公布によって一般国民の知り得べき状態に置かれたことになる（最高裁昭和33年10月15日判決・判例時報164号3頁参照）。そして、給水契約の申入れを受けたときは、正当な理由がなければ、これを拒んではならない（水道法15条1項）とされる。また、「地方公営企業の管理者は、当該地方公営企業の業務の執行として供給契約を締結する場合、使用料に関する事項については、条例で定められたところに従ってこれを締結する義務があるものといわなければならない。」とされる（最高裁昭和60年7月16日・判時1174号58頁）。したがって、水道の供給契約については、定型契約についての新民法548条の2から548条の4のいずれの規定も適用される余地がないこととなる。ただ、条例で定めた水道の供給条件の変更が自治法244条3項の禁止する不当な差別に当たり無効であるとした判例（最高裁平成18年7月14日判決・判時1947号45頁）があり、その意味では、新民法548条の2第2項及び548条の4第1項の趣旨が問題となる可能性がある。

　なお、民間資金等の活用による公共施設等の整備等の促進に関する法律19条1項の規定により水道施設運営権を設定し、民間事業者に水道施設運営等事業を行わせるときは、上記の自治法の規定が適用されないので、新民法が定める定型約款に関する規定が適用されることになる。

### ③ 公の施設を利用する権利に関する処分に対する審査請求等

　前記（1）（188頁）中の④から⑥は、公の施設を利用する権利に関する処分に対する審査請求についてのものである。

　審査請求の対象となる処分というのは「行政庁の処分その他公権力の行使に当たる行為」及び「公権力の行使に当たる事実上の行為で、人の収容、物の留置その他その内容が継続的性質を有するもの」を意味し（行政不服審査法1条2項・2条1項）、契約は当事者の合意によって成立

するものであるから、審査請求の対象となるのは、公の施設を利用する権利の設定が管理者による「処分その他公権力の行使」によることが法律又は条例に定められている場合に限られる。したがって、そのような規定がない場合の公の施設の利用関係の設定には私法が適用され、審査請求に関する規定は適用されないことになる。

なお、行政庁の処分については、「行政庁の法令に基づく行為のすべてを意味するものではなく、公権力の主体たる国又は公共団体が行う行為のうち、その行為によって、直接国民の権利義務を形成し又はその範囲を確定することが法律上認められているものをいう」とする判例（最高裁昭和39年10月29日判決・判時395号20頁）がある。この趣旨からすると、保護者が希望する保育所への入所を認めないとする利用調整（児童福祉法24条2項参照）の結果の通知も審査請求及び行政事件訴訟の対象であることになる。

### ④ 利用者の義務（使用料の支払い義務等）の発生根拠と審査請求等

前記（1）（188頁）中の⑦から⑳までは、公の施設の使用料についての規定である。

このうち、⑨及び⑩は、地方公共団体によって住民の福祉を増進させる目的をもって設けられた住民の利用に供するための施設であるという公の施設の公共性、公益性に着目して、その不正な利用を抑止するために定められたものであり、当該公の施設を利用する権利の根拠が処分にあるか契約にあるかは関係がない。

⑦及び⑧は、地方公共団体が条例で定めるところに従って公の施設の使用料を徴収することができることを定めるものであるが、条例は、使用料を徴収できる条件及びその額を定めるものであり、そのような条例を定めることによってその利用者が当然に当該使用料の支払い義務を負うことになるわけではない。利用者が使用料の支払い義務を負うためには、その前提として、公の施設を利用する権利の根拠となる処分又は契約の締結（①で引用した最高裁昭和60年判決（195頁）参照）が必要となる。

第2部　事務事業のプロセスとコンプライアンス

⑪及び⑫は、使用料の徴収に関する処分に不服がある場合の定めである。処分の意味については、前記②（196頁）で述べた公の施設を利用する権利に関する処分の場合と同じであり、使用料の支払いが契約に基づくものである場合は、審査請求はできないことになる（第3部第3章1(7)（374頁）参照）。なお、公の施設の使用料の定め方については第3部第3章1(3)（370頁）で述べる。

## (3) 使用料の滞納と審査請求

前記(1)（188頁）中の⑬から⑳までは、使用料が納期限までに支払われない場合の対処とその効果についての定めである。

⑭の督促が時効中断の効力を有するのは、公の施設の使用料全てについてであるが、⑬及び⑮から⑳までの定めが適用されるのは、その利用関係が処分によってなされたものに限られる。すなわち、自治法231条の3第1項の督促は、管理者たる地方公共団体の長による一方的な行為であり、手数料及び延滞金の支払い義務を生じさせ（同条2項）、地方税の滞納処分の例による処分を可能にする（同条3項）という法律効果を有する処分である。公の施設の使用料の支払いが対等な当事者間の合意である契約に基づくものである場合に、当該支払いが遅延したということだけで、債権者が優越的な地位を取得し、契約に定めのない不利益を債務者に及ぼすことができるというのは、利用関係の設定が契約によるものであることと矛盾する。また、私法上の債権については、弁済期の到来によって当然に法定の遅延損害金の請求権が発生する（民法404条・412条・415条・419条1項本文）のであるから、督促によって延滞金の支払い義務を発生させる債権は、私法上のものではあり得ない。したがって、このような法律効果を有する督促ができるのは、その基本となる利用関係が処分によって設定されたもの（公法上の債権）に限られることになる。

なお、前記(1)（188頁）中の⑭⑮の詳細については後記第9章3(1)（278頁）及び(2)（280頁）で、⑯の詳細については後記第9章4（288

頁）で、⑰の詳細については後記第９章３（４）（285頁）で述べる。


## 3　公の施設の設置目的と利用実績

　公の施設を利用した行政は箱物行政とも言われ、建設費もさることながら、実際には建設された後の管理運営費に多額の経費が必要とされる。しかも、建設費については補助金や起債の制度があるのに対し、管理運営費については一般財源で手当しなければならないのが原則であることから、財政の硬直化の一因であるとして批判されることが多い。このような批判は、当該施設が十分に利用されていないことからなされることが多いのであるから、新たな施設の建設に際してはもちろん、その後の活用を考えるにあたっても、その目的と当該施設の有効性を明確にしなければならない。

　すなわち、社会教育、コミュニティ活動、高齢者対策、青少年育成等、それぞれの施設にはそれぞれ固有の目的があるはずである。住民がそれをどの程度真剣に望んでいるのか（現実の需要があるのか）、近隣の地方公共団体や民間の施設に類似した機能を有するものがないのか、自己の財政力からして管理運営に耐えることができるのか等についての検討が十分になされていないと、建設後に問題が噴出することになる。

　建設後においては、当該施設全体とその中の個別設備ごとに、月別、年別、時間帯別の利用状況を把握し、想定していた利用率と比較するとともに、当該施設が予定している利用者と実際の利用者の一致の度合いをチェックし、当該施設の本来の設置目的が達成されていることを確認することが必要である。もちろん、当初の目的が絶対であるわけではないから、利用状況が良好である限り、それにこだわることはないが、その場合でも目的の達成状況を検証することは、当該施設の将来の利用にとってだけでなく、新たな公の施設の設置を適正に行うためにも重要な意味をもつ。

　もしも、利用状況が好ましい状態にないときは、催物、企画物、来所

第2部　事務事業のプロセスとコンプライアンス

者に対するサービス等、当該施設においてどのようなソフトを提供したのか、それに住民がどのような反応を示したのかを調査し、当該施設の構造等のハードで改善を図るべきことがないかを検証しなければならない。また、一つの施設が単一の目的のためだけに利用されなければならないという理由はないので、利用目的を多角化し、利用者の多様化を図ることも忘れてはならない。ただ、このような方法を押し進めることは、補助金制度との関係で現実的な障害に突き当たることもあるので、その点に関する配慮をしながら、利用の拡大を図っていかなければならないことになる。

# 4　公の施設の管理と指定管理者制度

## (1) 公の施設の運営管理の委託

　公の施設が十分に活用されるか否かに決定的な影響を及ぼすのが、運営の方法（利用条件）である。公の施設は住民が直接利用するものであるから、その運営面においても、住民が利用しやすいものでなければならない。しかし現実には、保育園における早朝と夕方の保育、公民館等の集会施設や図書館等における夜間や週末の利用等についての住民の側からの不満が多く見受けられる。また、地方公共団体の事務としての確実性や公平性を重視するあまりに、使用申込みから実際に使用するまでの手続が煩雑すぎたり、本来の設置目的に拘束されて、利用者の範囲や利用方法が限定されているために利用し難いということも指摘されている。このような批判に対する行政側の理由としては、施設によっては季節的又は時間的な閑繁の差が大きいこと、住民の需要があるとしても利用者の絶対数はそれ程多くないこと、法律や労働組合との関係で一部の職場についてだけ特別の勤務条件を適用することが難しいこと等があげられるが、いずれも住民を納得させるものではない。

　担当職員の勤務時間の関係で住民の利用時間を制約することは本末転

倒であることは言うまでもない。勤務時間条例で特例を定めたり、必要に応じて、短時間勤務職員（地方公共団体の一般職の任期付職員の採用に関する法律5条2項）や非常勤の職員（会計年度任用職員）を配置することがあっても良いし、それが公務員制度や人事運用の面から困難であれば、指定管理者制度の利用等を考えるべきである。

　利用手続については、各地方公共団体において、申込み書への押印の省略、電話やファックス、インターネット等を活用した申込みの受付や使用許可の通知、使用料の徴収の私人への委託、コンビニエンスストアやペイジーによる支払いを可能にする等の工夫も進められている（第3部第3章2（3）（389頁）参照）。

　ところで、公の施設の管理については、地方公共団体が直営で行うよりも民間に行わせた方が経済的であることは、経験的に知られている事実であり、従来から一定の者にその管理を委託することができることになっていたが（2003年（平成15年）改正前の自治法244条の2第3項、自治法施行令173条の3、自治法施行規則17条）、公の施設の「管理」という言葉が何を意味するのかが明確ではないために、当時の委託に関する議論には混乱がみられた。すなわち、公の施設がその効用を発揮するためには、最低限、

① 物理的な存在としての施設を維持すること
② 利用条件を定めること
③ 利用者を決定すること
④ 利用者の安全を確保すること（強制力を行使しない秩序維持を含む。）
⑤ 強制的な力を使用して利用秩序を守ること
⑥ 有料の施設である場合には、料金を定めること
⑦ 料金を徴収すること（任意の支払いを受領すること及び強制的に徴収すること）

が必要であるが、このうちのどれを委託するのかが明確に意識されないで議論されることが多かった。

第2部　事務事業のプロセスとコンプライアンス

　従来の公の施設の管理の委託は、「普通地方公共団体は、公の施設の
設置の目的を効果的に達成するため必要があると認めるときは、条例の
定めるところにより、その管理を普通地方公共団体が出資している法人
で政令で定めるもの又は公共団体若しくは公共的団体に委託することが
できる」とする2003年（平成15年）改正前の自治法244条の2第3項の
規定に基づいて行われており、その解釈として、公権力の行使に関する
ものは委託できないとされていた。その結果、前記の業務のうち委託で
きるのは、事実行為である①及び④だけであって、②③⑤⑥及び⑦は同
項の委託の対象とすることはできないというのが行政解釈であった（同項
以外にも制限又は許容を定めた個別の法令があるが、そのことは別論である。）。
　ところが、事実行為の委託は、特別な法律の根拠がなくてもできるた
め、施設の清掃やエレベーターの保守点検、警備などについては、現実
にほとんどの地方公共団体が民法上の委任又は請負の契約によって委託
している。この観点からみると、前記の業務のうちの①及び④は、法律
又は条例に基づく行政上の権限を行使するものではなく、事実行為であ
るから、改正前の自治法244条の2第3項の規定に基づくまでもなく、
民法上の契約によって委託することができたのである。このようなこと
から、民法上の契約による委託と2003年（平成15年）改正前の自治法
244条の2第3項の規定に基づく委託との区別が判然とせず、同項の規
定に基づく委託であるとして③の利用者の決定まで受託者に委ねていた
地方公共団体も少なくなかった。
　そこで、2003年（平成15年）6月に自治法の一部が改正され、「多様
化する住民ニーズにより効果的、効率的に対応するため、公の施設の管
理に民間の能力を活用しつつ、住民サービスの向上を図るとともに、経
費の節減等を図る」（平成15年7月17日総行行第87号各都道府県知事宛総
務省自治行政局長通知）という趣旨で、指定管理者制度が導入された。
この改正によって、③の権限（公の施設の利用者を決定する権限）を正規
に指定管理者に与えることができるようになったことに加えて、従来
は、委託をする先が「普通地方公共団体が出資している法人で政令で定

めるもの又は公共団体若しくは公共的団体」に限られていたものが、「法人その他の団体」であれば良いことになり、一般社団法人及び一般財団法人に関する法律に基づく社団法人や財団法人、中間法人法に基づく中間法人、会社法に基づく株式会社等、自治法に基づく地縁団体はもちろん、法人格を有しない団体であっても、地方公共団体が適当であると判断すれば、それを指定管理者とすることができることになった。ただ、指定管理者制度の下においても、⑤の業務を委託することはできないし、⑥及び⑦を行わせるためには、自治法244条の2第3項ではなく、同条9項や同法243条の規定に基づき、その制限内で行わせることができるだけであることに注意が必要である。

## (2) 指定管理者制度

### ① 指定管理者制度の仕組み

指定管理者制度の具体的な仕組みは次のとおりである。

①　地方公共団体は、公の施設の設置の目的を効果的に達成するため必要があると認めるときは、条例の定めるところにより、法人その他の団体であって当該地方公共団体が指定するもの（これを「指定管理者」という。）に、当該公の施設の管理を行わせることができる（自治法244条の2第3項）。

②　指定管理者は、正当な理由がない限り、住民が公の施設を利用することを拒んではならず、住民が公の施設を利用することについて、不当な差別的取扱いをしてはならない（自治法244条2項・3項）。

③　条例で、指定管理者の指定の手続、指定管理者が行う管理の基準及び業務の範囲その他必要な事項を定めるものとする（自治法244条の2第4項）。

④　指定管理者の指定は、期間を定めて行うものとする（自治法244条の2第5項）。

⑤　地方公共団体は、指定管理者の指定をしようとするときは、あら

第2部　事務事業のプロセスとコンプライアンス

かじめ、当該地方公共団体の議会の議決を経なければならない（自治法244条の2第6項）。

⑥　指定管理者は、毎年度終了後、その管理する公の施設の管理の業務に関し事業報告書を作成し、当該公の施設を設置する地方公共団体に提出しなければならない（自治法244条の2第7項）。

⑦　地方公共団体は、適当と認めるときは、指定管理者にその管理する公の施設の利用に係る料金（「利用料金」という。）を当該指定管理者の収入として収受させることができる（自治法244条の2第8項）。

⑧　利用料金は、公益上必要があると認める場合を除くほか、条例の定めるところにより、指定管理者が定めるものとする。この場合において、指定管理者は、あらかじめ当該利用料金について当該地方公共団体の承認を受けなければならない（自治法244条の2第9項）。

⑨　地方公共団体の長又は委員会は、指定管理者の管理する公の施設の管理の適正を期するため、指定管理者に対して、当該管理の業務又は経理の状況に関し報告を求め、実地について調査し、又は必要な指示をすることができる（自治法244条の2第10項）。

⑩　地方公共団体は、指定管理者が前項の指示に従わないときその他当該指定管理者による管理を継続することが適当でないと認めるときは、その指定を取り消し、又は期間を定めて管理の業務の全部又は一部の停止を命ずることができる（自治法244条の2第11項）。

⑪　指定管理者がした公の施設を利用する権利に関する処分についての審査請求は、当該地方公共団体の長に対してするものとする（自治法244条の4第1項）。

公の施設の管理を指定管理者に行わせることについては、経済性や効率の観点からだけでそれを進めるべきではないことは、法律がその要件を「公の施設の設置の目的を効果的に達成するため必要があると認めるとき」としていることからも明らかである。しかし、弾力的な人員配置、住民の要望に即応した利用時間の設定等、直営では対応することが極めて難しい事柄についても、指定管理者に行わせることによって、経

208

第6章　公の施設

済的かつ現実的に対応することが可能となることも考えられるので、当該公の施設の利用態様や所要経費の状況と併せて、この制度によることのメリット、デメリットについての十分な検討が必要であろう。

ところで、指定管理者の指定は、本来地方公共団体が有する公法上の権限を指定管理者に委譲するものであり、指定管理者は当該地方公共団体のために公権力を行使していると評価される。そしてその職員等は、国家賠償法1条1項の地方公共団体の公権力の行使に当たる公務員に該当し、当該地方公共団体が同項に基づく損害賠償責任を負い、当該指定管理者は民法715条に基づく損害賠償責任を負わないことになるので（最高裁平成19年1月25日判決・判時1957号60頁参照）、指定管理者の選任に際しては、そのことも考慮する必要があろう。ただ、公務員に対する犯罪（刑法95条・96条等）や公務員であることによる犯罪（刑法193条・197条〜197条の4等）についてその職員等は公務員とみなされるわけではない（公共サービス改革法25条2項参照）。なお、公の施設は国家賠償法2条1項の営造物に該当するので（前記1（187頁）参照）、その管理を委託していると否とに関係なく、その設置管理の瑕疵から生ずる損害賠償責任は当該地方公共団体が負うことになる。

## ② 指定管理者の指定の法的性質と手続

公の施設についての従来の管理委託は民法上の契約であると観念されていたが、指定管理者の指定は行政処分であるとされる。これは、地方自治法第244条の2第3項の「普通地方公共団体は、公の施設の設置の目的を効果的に達成するため必要があると認めるときは、条例の定めるところにより、法人その他の団体であって当該普通地方公共団体が指定するもの（以下本条及び第244条の4において「指定管理者」という。）に、当該公の施設の管理を行わせることができる。」という条文の「当該普通地方公共団体が指定するもの」に「当該公の施設の管理を行わせる」という表現の解釈によるものである。

行政処分というのは、国又は公共団体の統治権に基づき行政庁の優越

● 209

第２部　事務事業のプロセスとコンプライアンス

的意思の発動としてなされるものであり、その中には、相手方の意思に
関係なく一方的になされるもの（税の賦課や滞納処分等）と、相手方の
意思を前提としてなされるもの（自動車の運転免許の付与、道路の占用許
可等）の別がある。さらに、相手方の意思を前提としてなされるものは、
相手方に当該処分を要求する権利があるものとそのような権利がないも
のの２種類に分けることができる。前者に該当する代表的なものとして
は、建築確認や各種開発行為の許可などが、後者に該当する代表的なも
のとしては、公務員の採用や高等学校や大学への入学許可などがある。
すなわち、前者に該当するものは、本来誰でも自由にできる行為につい
て、公益上の観点から一般的な禁止を行っておいて、個別の事情に応じ
てそれを解除するもの（講学上の「許可」という。）であり、後者は、法
令や条例によって特別に権利や地位を付与するもの（講学上の「特許」
という。）なのである。

　指定管理者の指定が相手方の意思を前提とするものである（やる気の
ないものを指定管理者に指定することができない）ことは当然であるが、
公の施設の管理は、本来その設置者である地方公共団体が行うべきもの
であり、それを特に権限を与えて行わせるのが指定管理者の制度である
ことは、前記①（207頁）で述べたところから明らかであろう。した
がって、これは特許に該当するものであり、特定の者がそれを自分に与
えるべきことを要求する権利を有するものではないことになる。このこ
とは、指定管理者の指定は行政処分であるが、希望した者を指定しない
ことは行政処分には該当しないことを意味する（最高裁平成23年６月14
日判決・裁判所ウェブサイト参照）。これは、公務員の採用試験に応募し
た者で、その試験に合格しなかった（採用されなかった）者が不合格（不
採用）という行政処分をなされたことにならないのと同じである。

　ところで、指定管理者の指定の手続は条例で定めなければならないと
されている（自治法244条の２第４項）。指定の手続の中心となるのは、
申請の方法や選定基準である。

　まず、申請の方法としては、申請をすることができる者の範囲をどの

210　●

第6章　公の施設

ようにするかが問題となる。これについては、申請者の資格について何
の制限も定めない純粋な一般公募又は資格要件を定めたうえでの一般公
募のほか、自薦他薦の中からあらかじめ審査を行い、申請をすることが
できる者を複数指名して申請を認めることや最初から特定の者を指名し
て申請を認めることもあり得るであろう。

　これらのうちのいずれの方法をとるかは、管理をさせようとする公の
施設の性質を基本として、地元に当該管理を行うに適した事業者がどの
くらい存在するか、申請を受けて審査する手続に要する時間と経費など
を総合的に考慮して決定することになる。

　選定基準としては、当該団体の実績（経験）や経営の健全性、管理を
行う人的・物的能力、条例で定める管理の基準を実現する具体的な手法
の妥当性、当該公の施設の管理に関する収支計画の妥当性、環境問題に
対する意識、当該団体の社会的責任に対する認識等が考えられ、このよ
うなことを明らかにした事業計画書等の提出を求めることになるのが一
般的であろう。なお、選定基準として全ての条件を定めることができな
い場合には、基本的な事項だけを明らかにしたうえで、その他について
は、申請者から提案を募り、その提案内容を考慮して選定を行うことと
することもあり得よう。

　また、この条例においては、公募の時期、申請の時期、申請に対する
審査の手続と日程、審査の結果の公表の方法などを定めることになる。
指定管理者の指定は行政処分に該当するが、指定しないという行政処分
がなされるわけではないことは前述（210頁）したところである。

### ③ 指定管理者が行う管理の基準及び業務の範囲

　指定管理者が行う管理の基準及び業務の範囲も条例で定めなければな
らない（自治法244条の2第4項）。管理の基準というのは、当該公の施
設を管理するに際して遵守すべき事項のことであり、正当な理由がない
限り、住民が当該公の施設を利用することを拒んではならないこと及び
住民が当該公の施設を利用することについて、不当な差別的取扱いをし

● 211

第2部　事務事業のプロセスとコンプライアンス

てはならないこと（自治法244条2項・3項）は当然のこととして、当該公の施設の設置目的を実現すること、そのために特に留意すべき事項、住民の利用に供する時間（休館日、開館日及び開館時間並びにその例外）、使用制限をする場合の要件、優先利用を認める場合の要件、当該管理業務に関して取得した情報の取扱い等についても定めることになるものと思われる。

　また、業務の範囲というのは、指定管理者が行うべき業務を特定することであり、前記（1）（204頁）で述べた各業務について、できるだけ詳細に規定することが望ましい。料金の徴収等、法的根拠が異なるものについても、指定管理者が行うべき業務を概括的に示すという意味で、この条例に規定することも差し支えないものと考える。この際に注意が必要なのは、使用料の強制徴収（自治法231条の3）、不服申立に対する決定（自治法244条の4）、当該公の施設の目的外使用の許可（自治法238条の4第4項）等、管理の委託として行うことができないものがあることである。また、指定管理者の指定は期間を定めて行うものとされているが（自治法244条の2第5項）、その期間を条例に定めることもできると解される。なお、指定管理者が責任をもつべき業務の内容の全てを条例に規定することは実務上不可能であるので、実際に申請を受けるに際しては、あらかじめ仕様書などで細部まで示しておくことが必要であろう。ただ、条例や仕様書で具体的に示せば示すほど、管理が開始された後で変更する必要が生ずる可能性があるので、変更を認める場合あるいは変更を認める限界などを明らかにしておくことも必要である。

　さらに、公の施設によっては、美術館で企画展を行い、プールで水泳教室を行い、劇場で演劇や演奏会を行うなどのように、施設を利用した事業を行い、その実施主体として指定管理者を想定する場合があるように思われる。しかし、現行法における公の施設とは、営造物概念から機能面を取り去り、その物的な面に着目したものである（前記1（187頁）参照）から、自治法244条の2第3項により指定管理者に行わせる管理というのも、物的な管理として理解すべきである。そうするときは、こ

212

のような当該公の施設で行われる事業は、同項にいう管理には含まれず、指定管理者が、その地位に基づいて当該公の施設の利用の優先権を主張することはできない（一般の住民と同じ立場で利用する）ことになる。すなわち、指定管理者の制度は、指定管理者に当該施設の自由な使用権限を与え、その権限に基づいて、指定管理者が使用を許可し、使用料を徴収するというものではなく（自治法244条の２第８項の利用料金制を採る場合にあっても、それは収受した料金を自己の収入とすることができるにすぎない。）、あくまでも当該施設の設置主体である地方公共団体に代わって、その権限を行使するものである（後記第８章２（3）（253頁）参照）から、自主事業を行うに際しては、当該地方公共団体の承認を得ることが必要なのである。ただ、この承認の要件を指定管理に関する条例又は指定管理に関する協定で定め、それに適合する場合に、指定管理者が自ら行う事業（自主事業）のために当該施設を利用できるとすることは可能であろう（指定管理者が行う自主事業について当該自治体が責任を負わないことについて東京地裁平成26年３月20日判決・ウェストロージャパンがある。）。

　なお、当該公の施設の設置者である地方公共団体が行うイベント等の事業を指定管理者に委託することは可能であるが、それは、自治法244条の２第３項とは無関係である。

### ④ 指定管理者との合意（協定）で定めるべき事項

　指定管理者に行わせる事項は、業務の範囲として条例で定められたもの、仕様書などであらかじめ示されたものが中心となるが、実際には、それに加えて実務的な事項を詳細に定めなければならない。指定が行政処分である以上、指定による権利義務は、当該指定による効果として発生するのが筋であるが、現業の公務員が行政処分によって採用された後、団体交渉によって勤務条件を決定することができるように、基本的な事項が法定されていれば、細部については交渉によって定まることがあっても、全体として公法上の関係であると理解することができよう。

第2部　事務事業のプロセスとコンプライアンス

指定管理者との交渉によって定めるべき事項としては、

○管理の対象となる施設（物品）の範囲の特定

○各種の届出や協議の手順

○下請けの禁止とその例外

○小規模修繕や管理費用の負担区分

○管理に要する備品等の扱い

○事業計画書や事業報告書の記載事項

○実地調査の手続

○料金徴収を委託した場合の徴収と納入の手続

○利用料金制に関すること

○責任賠償保険への加入

○指定期間満了時の引き継ぎや安全の確保策

○指定取消しの場合の措置

○経営が困難に陥った場合の報告

等が考えられる。条例や仕様書に示された事項についても、確認の意味でここに含めることは差し支えないが、それを変更することができないのは当然のことである。なお、指定管理者との交渉によって定めるべき事項については、その限りで民法が適用されるのが原則であり、協定書、覚書、確認書など、どのような表題が付されても、法律上の性質は契約であると解される。

## (3) 物的管理

道路、橋梁、学校等の公の施設に加え、庁舎等の公用の施設（これらのものを「公共施設等」と総称する。）の老朽化が進み、地震等の自然災害による被害も多発し、その対策が喫緊の課題となっている。特に、公の施設は、住民の利用に供するものであるから、それが損傷し、機能を発揮できないこととなったときは、個別の被害者への対応だけでなく、地域社会全体としての生活基盤の再構築を急がなくてはならない。そのような事態の発生を防ぐためには、原状を正確に把握し、財政状況をも

勘案して、長寿命化、更新、統廃合等について短期、長期の観点からの計画を作成し、実行することが必要となる。

総務省は、2014年（平成26年）4月22日に「公共施設等総合管理計画の策定にあたっての指針」を公表し、地方公共団体に対して公共施設等総合管理計画の策定を呼びかけている。そこでは、まず、

① 老朽化の状況や利用状況をはじめとした公共施設等の状況

② 総人口や年代別人口についての今後の見通し

③ 公共施設等の維持管理・更新等に係る中長期的な経費やこれらの経費に充当可能な財源の見込み等

について、原状や課題を客観的に把握し、分析することが必要であるとしたうえで、施設全体の管理に関する基本的な方針として、計画期間を10年以上とし、全ての公共施設等の情報を管理集約する部署を定める等して全庁的な取り組み体制を構築し、現状分析を踏まえた公共施設等の管理に関する基本方針を定め、計画の進捗状況等についての評価を実施することが望ましい等としている。

総務省は、公共施設等総合管理計画の策定のための経費や不要となる公共施設の除却費用についての財政的な措置を創設したが、この問題は、国からの指摘や財政措置の有無に関係なく、自らの課題として、自らの責任で対処して行かざるを得ない問題である。


# 5 　目的外利用の可能性

公の施設は条例で設置されるものであり（自治法244条の2第1項）、そこでは目的が明示されている。したがって、条例で定められた目的以外に利用することは認められないのが原則であるが、住民の福祉を増進するための資源の有効活用という観点からは、これをあまりに厳格に解釈する必要はないし、条例の定め方自体を工夫することによって、弾力的な活用が可能になる。すでに、義務教育学校の施設については、校庭や校舎が授業終了後に一般に開放され、空き教室の他目的への活用も進

められているところであり、このような考え方を他の施設にも広げていくべきであろう。ちなみに、「公立学校施設をその設置目的である学校教育の目的に使用する場合には、同法（注：自治法）244条の規律に服することになるが、これを設置目的外に使用するためには、同法238条の４第４項に基づく許可が必要であ」り、「学校施設は、一般公衆の共同使用に供することを主たる目的とする道路や公民館等の施設とは異なり、本来学校教育の目的に使用すべきものとして設置され、それ以外の目的に使用することを基本的に制限されている（学校施設令１条・３条）ことからすれば、学校施設の目的外使用を許可するか否かは、原則として、管理者の裁量にゆだねられているものと解するのが相当である。」としながら、具体的な事案における不許可処分を違法とした判例（最高裁平成18年２月７日判決・判時1936号63頁）がある（前記第５章２(2)（169頁）参照）。

　学校以外にも、たとえば、老人福祉センターは昼間の利用はともかく夜間は利用されていないとか、児童館は下校時刻以後から夕刻までは利用されるがそれ以外の時間帯は空いているとか、勤労青少年センターや青年の家は昼間の利用がなく、夜間、週末に集中している等という状況がある。このような場合においては、本来の目的（補助金や起債について定められた目的）の達成に支障がない限りは、他の目的をもった、想定された者以外の者による利用を認めることが望ましいこともあると考えられる。あるいは、このような施設を建設するに際しては、当初から、そのような目的外利用をも想定して事業計画を策定することがあっても良いであろう。


# 6　経費の状況と使用料

　公の施設は、その建設費の他に、管理のためにも多額の経費を必要とすることが少なくない。しかし、国や地方公共団体の事業は、毎年度の租税収入で当該年度の必要な経費を賄うのが原則であるため、起債を財

第6章　公の施設

源として建設した公の施設であっても、建設が終わった後の償還については、他の事業のために起債したものとともに財政当局が考えるべき問題であり、当該施設の管理に責任を有する部所は関係がないということになりがちである。また、公の施設の管理や運営のための経費についても、当該年度の租税収入からどの位の財源を確保できるかということについて、担当部所と財政当局がエネルギーを費やすだけで、その内容が住民に明らかにされることは少ない。

　投資をすることによって収益を上げるという機能を期待されていない国や地方公共団体の事業にあっては、起債を財源とした場合においても減価償却をするという発想が浮かばないのは無理もないとしても、せめて経常的な経費である管理費については、その額と内容を明らかにし、当該施設の建設（必要性）と管理の是非について、住民に判断材料を提供することが必要であろう。予算においては、施設に関する人件費を当該施設の目に割り振って計上することが認められているが（自治法施行規則15条別記備考4）、決算においてこそ、住民に分かりやすい形で、個別の施設ごとに人件費を含めた経費の総額と内訳を明確にすることに重要な意味がある。

　ところで、公の施設の使用については、条例で定めるところに従って使用料を徴収することができるとされている（自治法225条・228条1項）。公の施設の使用料は、水道や有料道路等の企業的な考え方がとられている事業についてのものを別にすれば、必ずしも当該公の施設の建設費と管理費の両方を賄うことは予定されていない。しかし、その使用による受益が特定されるものについては、少なくとも管理費の相当程度は使用料によって賄われるべきであろう。

　ともあれ、使用料を徴収することとなっている以上、当該施設全体の収支の状況を明らかにすることが不可欠である。使用料の値上げの是非を巡って激しい論争になることがあるが、経費の絶対額に対する収入の不足のみを強調したのでは理解を得られないのは当然である。経費の内訳及び受益者一人当たりの額と負担の額を明確にしたうえで、その適否

第2部　事務事業のプロセスとコンプライアンス

を論じなければならない。また、利用者の負担を軽減することによって利用者を増やしたとしても、それが過大な経費を必要とするようであれば、結果として、一般財源の投入の増大、すなわち他の事業への圧迫という結果をもたらすことになる。一方、使用料が高額であるが故に所期の目的が達成できないのであれば、一般財源の投入を増やしてでも、利用の拡大を図るべきだということも考えられる。いずれにしても、その是非の判断ができる材料を、理解できる形で住民に公開して、選択を求めるべきであろう。

　このようにして実体を明らかにすることが、当該施設にかかる事務や事業の必要性を再検討し、合理化の必要性を理解し、その方法を探ることにつながる。経済的な側面を無視して、利用状況だけで当該施設の有効性や効率性を判断することができないのと同様に、利用状況を考慮しないで経費の面からだけでそれを判断するのも誤りである。使用料が妥当であるか否かは、つまるところ、財源配分についての政治的な判断そのものであるから、最終的には、住民、具体的にはその代表者で構成する議会に判断を委ねざるを得ないことになる。行政ができ、かつ、やらなければならないのは、自分で全てを処理することではなく、最終的な責任者に判断を任せることであり、そのための資料を提供することだということを理解しなければならない。

# 第7章　事務事業の委託

## 1　民間委託の必要性と目的

### (1) 民間委託をする理由

　地方公共団体は、その事務を処理するにあたっては、住民の福祉の増進に務めるとともに、最少の経費で最大の効果を挙げるようにしなければならない（自治法2条14項）。そして、地方公共団体の事務は多種多様であり、それを処理するために必要とされる人的、物的資源は膨大であり、その資源を全て自前で調達し、必要な事態に備えることは極めて非効率かつ不経済である。また、全ての事務を直営で行わなければならないという理由もないことから、前記第6章4（204頁）で述べた公の施設の管理等をはじめとして、種々の事務事業について民間委託が行われている。

　事務事業を民間に委託する理由として考えられるのは、経済性を実現し、効率性を高め、あるいは有効性を増大させることであったり、専門的な知識経験を活用することであったりする。たとえば、学校給食や一般廃棄物の収集の民間委託においては、1年の間における当該事業の繁閑の差が極めて大きかったり、1日当たりの作業量が常勤の職員の勤務時間と同じだけの勤務を必要としなかったりするために、人的資源の有効活用という観点から、常勤の職員によって処理する必要がなく、弾力的な勤務制度を採用することができる民間に委ねることが適切であるという考え方によるものであろう。また、集会場のような公の施設の管理については、それを地区の住民団体に委ねることにより、当該施設の弾力的な使用と住民による自主的な活動が期待でき、図書館等のように、

219

第2部　事務事業のプロセスとコンプライアンス

夜間及び週末の利用時間を大幅に拡大することによって住民サービスの向上が図られるということもある。さらに、長期計画や特定の事業についての計画の策定を民間のシンクタンクに委託したり、訴訟で弁護士に依頼したりするのは、その専門的な知識経験に期待してのことであろう。なお、最近は、福祉関係の事業にみられるように、ボランティアやNPO等（第1部第4章1（2）（27頁）参照）の力を借りる事務事業があらわれ、委託条件、責任の所在や執務環境、執務条件等を巡る問題が生じたりしている。

　ともあれ、地方公共団体の事務事業の民間委託については、より積極的に推進すべきであるという声がある一方、それは、事務処理の責任の所在を不明確にし、住民サービスを低下させるものだとする反対論も根強く存在する。

## (2) 公共サービス改革法と公共サービス基本法

### 1 公共サービス改革法

　2006年（平成18年）、「地方公共団体が自ら実施する公共サービスに関し、その実施を民間が担うことができるものは民間にゆだねる観点から、これを見直し、民間事業者の創意と工夫が反映されることが期待される一体の業務を選定して官民競争入札又は民間競争入札に付することにより、公共サービスの質の維持向上及び経費の削減を図る改革」を実施するために必要な事項を定めるとして、公共サービス改革法が制定された。

　この法律は、「地方公共団体の長は、官民競争入札又は民間競争入札を実施するため、官民競争入札又は民間競争入札の実施に関する方針（以下「実施方針」という。）を作成することができる」とし、その実施方針には「官民競争入札の対象として選定した地方公共団体の特定公共サービスの内容」及び「民間競争入札の対象として選定した地方公共団体の特定公共サービスの内容」を定めるものとし（8条1項・2項）、さらに「地方公共団体の長は、第8条に規定する実施方針において民間競争入札の対象として選定された地方公共団体の特定公共サービス（以下

「地方公共団体民間競争入札対象公共サービス」という。）ごとに、民間競争
入札実施要項を定めることができる。」としている（18条1項。なお、地
方公共団体における官民競争入札については16条に同様の規定がある。）。そ
して、地方公共団体の業務のうち、戸籍謄本・抄本、除籍謄本・抄本、
戸籍の附票の写し及び印鑑証明書に記載されている本人からなされたそ
の交付の請求の受付及び当該本人への引渡し、並びに納税証明書、住民
票の写し・住民票記載事項証明書の交付の請求の受付及び引渡し（34条
2項は、これらの業務を「特定業務」といい、2条4項及び5項は、特定業
務及び同法に法律の特例が定められている国の業務を「特定公共サービス」
と、特定公共サービスとそれ以外の国が行う一定の業務を「公共サービス」
と定義している。）について、「実施方針を作成し、かつ、官民競争入札
実施要項又は民間競争入札実施要項を定めた場合には、官民競争入札又
は民間競争入札の対象とすることができる」としている（34条1項）。

　これは、簡素で効率的な行政を実現するためのものであり、地域にお
いて質と価格の両面で最も優れたものが公共サービスを担うべきである
という発想に基づく仕組みであるとされているが、特定業務の範囲があ
まりに限定的であるうえに、それを実施するための手続等が極めて煩雑
であるように思われる。

　また、公共サービス改革法5条は、「地方公共団体は、基本理念に
のっとり、地方公共団体の特定公共サービスに関し見直しを行い、官民
競争入札又は民間競争入札を実施する場合には、その対象とする特定公
共サービスを適切に選定するほか、地方公共団体の関与その他の規制を
必要最小限のものとすることにより民間事業者の創意と工夫がその実施
する特定公共サービスに適切に反映されるよう措置するとともに、当該
特定公共サービスの適正かつ確実な実施を確保するために必要かつ適切
な監督を行うものとする。」としている。しかし、「関与その他の規制を
必要最小限のものとする」ことと「当該特定公共サービスの適正かつ確
実な実施を確保するために必要かつ適切な監督を行う」ことは二律背反
的であるし、民間に委ねられた特定行政サービスの提供について地方公

第2部　事務事業のプロセスとコンプライアンス

共団体が最終的な責任を負うのであるから、当該民間事業者の従業員等は国家賠償法1条1項の「公権力の行使に当たる公務員」に該当し、当該民間事業者は民法715条の責任を負わないこととなること（最高裁平成19年1月25日判決・判時1957号60頁参照）についての配慮もなされていないのが気になる。なお、公共サービス実施民間事業者との契約において、当該公共サービス実施民間事業者が当該公共サービスを実施するにあたり第三者に損害を加えた場合における当該公共サービス実施民間事業者が負うべき責任（国家賠償法の規定により地方公共団体が当該損害の賠償の責めに任ずる場合における求償に応ずる責任を含む。）について定めることとされている（公共サービス改革法16条2項12号・18条2項10号・20条1項・23条）が、これは被害者との関係においては地方公共団体が責任を負うことがあることを前提とするものである。

　ともあれ、公共サービス改革法は、特定業務を定めることによって、従来民間委託できないとされてきた事務について突破口を開こうとしたものと理解されるが、このような特別の立法措置がなされない限り、公の意思の形成や住民の権利義務に深くかかわる業務はもちろん、公平な審査・判断が必要な業務も民間に委託することはできないのはやむを得ないであろう。また、公共サービス改革法は、その25条1項で「公共サービス実施民間事業者（その者が法人である場合にあっては、その役員）若しくはその職員その他の前条の公共サービスに従事する者又はこれらの者であった者は、当該公共サービスの実施に関して知り得た秘密を漏らし、又は盗用してはならない。」とし、2項で「前条の公共サービスに従事する者は、刑法（明治40年法律第45号）その他の罰則の適用については、法令により公務に従事する職員とみなす。」としているが、当然のことながら、これらの規定は、同法に定める手続に従って公共サービスを行うこととなった者についてのみ適用されるものである。なお、これらの規定でいう「前条の公共サービス」というのは、官民競争入札実施要項又は民間競争入札実施要項及び申込みの内容に従い、書面により締結された地方公共団体官民競争入札対象公共サービス又は地方公共

第7章　事務事業の委託

団体民間競争入札対象公共サービスの実施に関する契約によって委託された公共サービスのことである（公共サービス改革法24条・23条・20条1項）。

## ②　公共サービス基本法

2009年（平成21年）、公共サービス基本法が制定され、国又は地方公共団体が行う「特定の者に対して行われる金銭その他の物の給付又は役務の提供」又は「規制、監督、助成、広報、公共施設の整備その他の公共の利益の増進に資する行為」であって「国民が日常生活及び社会生活を円滑に営むために必要な基本的な需要を満たすもの」を「公共サービス」と定義して、次のことが基本理念として定められている（公共サービス基本法3条）。

「公共サービスの実施並びに公共サービスに関する施策の策定及び実施（以下「公共サービスの実施等」という。）は、次に掲げる事項が公共サービスに関する国民の権利であることが尊重され、国民が健全な生活環境の中で日常生活及び社会生活を円滑に営むことができるようにすることを基本として、行われなければならない。

一　安全かつ良質な公共サービスが、確実、効率的かつ適正に実施されること。

二　社会経済情勢の変化に伴い多様化する国民の需要に的確に対応するものであること。

三　公共サービスについて国民の自主的かつ合理的な選択の機会が確保されること。

四　公共サービスに関する必要な情報及び学習の機会が国民に提供されるとともに、国民の意見が公共サービスの実施等に反映されること。

五　公共サービスの実施により苦情又は紛争が生じた場合には、適切かつ迅速に処理され、又は解決されること。」

なお、公共サービス基本法は、「公共サービスの実施に従事する者の

223

第2部　事務事業のプロセスとコンプライアンス

労働環境の整備」として、「国及び地方公共団体は、安全かつ良質な公
共サービスが適正かつ確実に実施されるようにするため、公共サービス
の実施に従事する者の適正な労働条件の確保その他の労働環境の整備に
関し必要な施策を講ずるよう努めるものとする。」とも定めている（11
条）。

　ともあれ、いかなる方法で自己に委ねられた事務を処理するかは、当
該地方公共団体における諸々の事情を考慮して、長及び議会が決定すべ
き政策判断の問題であり、委託がその選択肢の一つであることは事実で
ある。現に委託しているものについては、それを委託した必要性や目的
が何であり、それがどの程度実現され、当該事務事業によって実現する
ことが期待されている行政目的が達成されているか否かを検証し、新た
な委託を検討するに際しては、目的（経済合理性か、利用の便宜か等）を
明らかにし、委託の方法を選択した理由を十分に説明しなければならな
い。

## 2　委託と偽装請負・偽装派遣

　委託は、民法が定める契約の類型としては請負又は委任（準委任）に
該当する。

　請負というのは、「当事者の一方がある仕事を完成させることを約し、
相手方がその仕事の結果に対してその報酬を支払うことを約する」もの
であり（民法632条）、どのようにして仕事を完成させるかは請負人に委
ねられているところに特徴がある。また、委任というのは、「当事者の
一方が法律行為をすることを相手方に委託し、相手方がこれを承諾する
ことによって、効力を生ずる」ものであり（民法643条）、法律行為でな
い業務を委託することを「準委任」といい、準委任には委任に関する条
文が全て準用される（民法656条）。委任においては報酬の支払いが要件
とされていないが、委託を受けた事務をどのように処理するかが受任者
に委ねられていることは請負と共通である。これに対して雇用というの

224　●

は「当事者の一方が相手方に対して労働に従事することを約し、相手方がこれに対してその報酬を与えることを約することによって、その効力を生ずる。」とされ（民法623条）、「労働契約は、労働者が使用者に使用されて労働し、使用者がこれに対して賃金を支払うことについて、労働者及び使用者が合意することによって成立する。」とされている（労働契約法6条）。

　もしも、請負又は（準）委任という形式をとりながら、依頼者が事務の処理の方法について個別具体的な指示をする場合（市民からの照会や苦情に対応するために個別の事案について当該地方公共団体から職員の指示を受けるような場合）には、偽装請負（雇用に該当するものを請負又は（準）委任として労働基準法等の規制を免れることをいう。）との非難を受けることになる。また、個人に委託する場合は、雇用契約との関係や事故にあったときの責任等について、微妙な法律問題が発生することが少なくない（市の社会教育事業の指導員として選任委嘱された者は市に使用される労働者であるとする大阪地裁昭和62年12月3日判決・判タ670号113頁がある。）。これからは、ボランティア活動が活発化し、地方公共団体から住民グループ等への事務の委託が増えていくことが予想されるが、両者の活動領域の境界が不明確なときは、そのことによるトラブルが生ずることになるので注意が必要である。

　このような問題を回避するために、派遣法が定める労働者派遣の制度を利用することも行われている。労働者派遣というのは、「自己の雇用する労働者を、当該雇用関係の下に、かつ、他人の指揮命令を受けて、当該他人のために労働に従事させることをいい、当該他人に対し当該労働者を当該他人に雇用させることを約してするものを含まないものとする。」と定義されている（派遣法2条1号）。この派遣の制度は地方公共団体も利用できるとされている（適用除外されていない。）が、この制度によるときは、地方公共団体は、職員ではない者に対して、指揮命令をし、公務に従事させることができるのであり、極論を言えば、一般職の公務員のほとんどを不要とすることもできそうである。ともあれ、労働

第2部　事務事業のプロセスとコンプライアンス

者派遣契約については、請負・（準）委任契約とするほどの業務のまとまりがない場合や、当該地方公共団体の職員の指揮命令のもとで職員以外の者を業務に従事させる必要がある場合等に活用されているが、派遣受入可能期間の制限があること（派遣法40条の2）、一定の場合には派遣先に雇用することの努力義務が生じること（派遣法40条の4）、派遣契約に定めた業務以外に従事させてはならないこと（派遣法26条1項1号・39条）等には特に注意が必要である。これらの制限を逸脱して派遣職員を使用した場合は、偽装派遣として非難されることになる。

　なお、請負、（準）委任、派遣のいずれの場合においても、公務に従事する者の不法行為については、当該地方公共団体が責任を負うこと（民法715条、国家賠償法1条1項）は免れないし、これらの者に地方公務員法が適用されることもない（前記1(2)①（220頁）で述べたように、公共サービス改革法は、受託事業に従事する者を公務員とみなして刑法等の罰則を適用すること及びその者が守秘義務を負うことを定めている。）。

## 3　委託先の適格性

　事務事業を委託するためには、それを受託する相手方が必要なことは当然である。庁舎や校舎の警備あるいはゴミの収集のように、当該事務を処理する能力を有する既存の民間業者があったり、水道使用料の検針のように小規模な事務であることから、個人に委託することもできるような場合は、その相手方を確保するための問題は比較的少ない。しかし、地方公共団体が処理しなければならない事務事業は、基本的に民間と競合しないものであるから、同種の事業を行っている既存の民間業者が存在しないことによる問題が生じたり、地方公共団体からの委託を受けさせるために、当該地方公共団体が出資する等して設立した、いわゆる第三セクター（後記第8章1(1)（233頁）参照）を巡ってその是非が論じられたりしている。

　事務事業の委託は、公の施設の指定管理者のように法律に特別の根拠

第7章　事務事業の委託

がある場合は別として、一般的には私法（民法）上の（準）委任契約又は請負契約によって行われる（公共サービス改革法に基づく場合であっても同じである。）。したがって、その契約には自治法234条が適用されるが（後記4（229頁）参照）、事務事業を受託した者は、委託者たる地方公共団体又はその機関に代わって当該事務事業を行うのであるから、それが、庁舎の警備のように純粋に内部的なものであったり、駐車場のように民間でも行っている事業であれば格別、直接住民と接するものである場合には、その信用度や信頼度が極めて重要である。その意味で、委託契約の相手方の選択に際しては、特別の注意が必要とされる。

　国からの補助事業に関連して、事実上国の指示を受けてその所管する財団法人（平成18年改正前の民法に基づいて設立されたもの）に委託した森林整備の基本設計について、当該財団法人にはそれを行う能力がなく、直接能力のある企業に委託した場合に比較して多額の経費を要したとして、その差額について市長個人の損害賠償責任が認められた例があるが（富山地裁平成8年10月16日判決・判タ950号163頁）、長期計画、地域開発計画、行政の合理化システム等についての委託については、類似の問題が生じがちであるので、十分留意しなければならない。また、受託者の従業員その他受託した業務に従事する者が受託業務に関して知り得た情報を当該受託業務の取扱い以外の目的のために利用することを防止するために、必要な措置を講じていることも、委託契約を締結するに際しての重要な要件である。

　事務事業を委託したとしても、当該事務事業が適切、確実に処理されるように配慮するのは、委託をした地方公共団体の責任である。したがって、地方公共団体としては、当該事務事業が確実に、継続してなされることを確認するため、契約の相手方となるべき者について、あらかじめ経営状況、信頼性はもちろん、労使関係の安定性等についてもチェックをし、万一、受託者による事務事業の継続が困難となった場合の対策をも考えておくことが必要となる（民間事業者については、信用不安や労使関係のトラブル等による受託事業の安定的な実施や継続が困難にな

227

第2部　事務事業のプロセスとコンプライアンス

る危険性があることは否定できない。）。このようなことのチェックは、指名競争入札における指名の段階でも可能であろうが、総合評価方式やプロポーザル方式を利用した随意契約という方法が有効な場合もあろう（一般廃棄物の収集運搬業務の委託について、その特殊性から随意契約によることができるとした東京地裁平成19年11月30日判決・ウエストローがある。）。また、関係する事務事業の全てを委託するのではなく、一部を直営に残し、両者の競争状態を創出するとともに、万が一の場合に備えるという考え方もあり得るであろう。

　地域協働とか新しい公共等の名前の下に、行政と民間との垣根をできるだけなくそうとする動きもある（第1部第4章1（2）（27頁）参照）。そのような中で、地域における各種の団体に事務事業を委託することも行われているが、委託するのであれば、当該団体について上述のようなチェックが必要であり、委託料を支払う（財政支援をする）ために事務事業を委託するというようなことがあってはならない。地域の発意による提案の活用や協働推進のための地域の団体の育成に重点がおかれる案件等については、地方公共団体の事務事業を委託するという手法ではなく、当該団体の自主事業として、補助金の交付や技術的な助言の方法を考える等の方が有効であり、適切なこともあり得る。委託の対象となり得る事務事業について、それを民間の事業として再構築し、その実施主体に委ねることをも考えるとともに、委託するとしても、そのことが特定の団体等の既得権化することのないよう、競争環境を整備し、毎年度、過去の実績を検証し、将来に向かっての企画提案について競い合うことができるようにしなければならない。

　ところで、公共サービス改革法は、公共サービス実施民間事業者となることができない者の要件を定めている（10条・17条・19条）。これは、一般の委託についても妥当するものであり、次のいずれかに該当するような者を委託契約の相手方とすることは避けなければならない。

　①　成年被後見人若しくは被保佐人又は外国の法令上これらと同様に取り扱われている者

228 ●

第7章　事務事業の委託

② 破産手続開始の決定を受けて復権を得ない者又は外国の法令上これと同様に取り扱われている者

③ 禁錮以上の刑（これに相当する外国の法令による刑を含む。）に処せられ、又はこの法律の規定により罰金の刑に処せられ、その執行を終わり、又は執行を受けることがなくなった日から起算して5年を経過しない者

④ 暴力団員による不当な行為の防止等に関する法律2条6号に規定する暴力団員又は暴力団員でなくなった日から5年を経過しない者

⑤ 当該地方公共団体との委託契約を解除され、その解除の日から起算して5年を経過しない者

⑥ 営業に関し成年者と同一の行為能力を有しない未成年者でその法定代理人が①から⑤又は⑦のいずれかに該当するもの

⑦ 法人であって、その役員のうちに①から⑥のいずれかに該当する者があるもの

⑧ 暴力団員又は暴力団員でなくなった日から5年を経過しない者がその事業活動を支配する者

⑨ その者の経営を実質的に支配することが可能となる関係にあるもの（親会社等という。）が①から⑧のいずれかに該当する者

⑩ その者又はその者の親会社等が他の業務又は活動を行っている場合において、これらの者が当該他の業務又は活動を行うことによって委託事業に対する国民の信頼の確保に支障を及ぼすおそれがある者

## 4　委託条件

委託の対象となる事務事業の中には、庁舎の清掃のように毎年必ず行われるものや、コンピュータのソフト開発のように、一度受注すると次年度以降に行われるそれに関連する事業の受託がほぼ確実になるものがあり、初回の契約を確保するために非常識な低価格での入札が行われる

229

第2部　事務事業のプロセスとコンプライアンス

等して物議をかもす例がしばしばある。これは、当該業務が正確に予定されたとおりに行われる限り、委託者たる地方公共団体にとって極めて有利な契約となるのであるから、経済性の追及という観点からは、これを拒否する理由は全くないし、法律的にもそのような入札を無効とする根拠はないと解される（自治法施行令167条の10参照）。

　しかし、このような契約をすることについての社会的な批判があるのと同時に、原価割れが明らかな契約において、相手方がその果たすべき義務を誠実に履行しないのではないかという不安が生ずることも否定できない。法律的に拒否できないのであれば、契約を締結せざるを得ないのであるから、その義務の履行については、通常以上に監視、監督及び検査や検収を厳しく行うとともに、前年の実績や事業の継続性等を根拠に、漫然と特定の相手方との随意契約を続けることがないようにすることが求められる。

　2014年（平成26年）9月24日、会計検査院は、「契約における実質的な競争性の確保に関する調査－役務契約を中心として－」において勧告に対する改善措置状況を公表した。そこでは、

① 　受注条件として、受注実績があること、特定の資格等があること、比較的長期間の実務経験があること等を応札条件等として求めているものについては、それらの条件が応札者にとって過度の制約とならないよう必要最小限のものとすること

② 　仕様書等に、新規に受注を希望する者が業務内容や業務量を十分理解し、適正な入札金額等を算出するために必要な情報を、具体的かつ分かりやすく記載すること

③ 　予定価格について、市場価格、他の機関の契約金額等の情報を可能な限り収集し、それらを踏まえ適切に設定すること、低入札価格調査基準に該当する価格での入札案件について、適正に低入札価格調査を実施すること等

を求めたことに対する各省庁における改善措置状況が記載されている。これらのことは、地方公共団体においても共通するものがあると思われ

第7章　事務事業の委託

るので、問題の有無を含めた検討をすることが必要であろう。

## 5　モニタリング

　事務事業の委託には、前記1（1）（219頁）で述べたように、それぞれの必要性と目的があるのであるから、それに沿ってその結果を検証しなければならない。すなわち、経済性を主たる目的としたものについては、当該事業に必要な労働者の数と賃金単価、消耗品の種類や数と単価等の委託費の積算根拠の妥当性を確認し、実績を検証することによってさらなる経費の削減の可能性を検討することが可能となるのである。また、サービス水準の向上等の行政効果の向上（有効性）を狙ったものについては、利用者アンケート、意見や苦情の受付、住民モニターの活用等によって、所期の見込みどおりの実績が上がっているかどうかを調べ、より効果的な方法がないかを研究しなければならないし、専門的な知識経験を期待したものについては、期待どおりの効果を挙げることができたかどうかを検証し、状況の把握と受託者との意思疎通を十分に行うことが必要である。

　モニタリングの結果、想定していた効果を発揮できていない場合や受託者に不都合があることが判明したような場合には、当該業務を停止させたり、契約を解除したりすることが必要となることがあり得るが、そのときには、民法の一般原則によるだけではなく、契約の定めが必要なこともある。契約に定めておくべきこととしては次のようなことが考えられる（公共サービス改革法22条1項・34条6項参照）。

〔契約に定めておくべき事項〕

1　委託者は、受託者が次のいずれかに該当するときは、期間を定めて、その実施する業務の全部又は一部の停止を命ずることができる。

①　その人的構成に照らして、本件委託に係る業務を適正かつ確実に実施することができる知識及び能力を有していないことが明らかになったとき。

● 231

第2部　事務事業のプロセスとコンプライアンス

② 本件委託に係る業務を適正かつ確実に実施するために必要な施設及び設備を備えていないことが明らかになったとき。

③ 個人情報の適正な取扱いを確保するための措置その他本件委託に係る業務を適正かつ確実に実施するために必要な措置が講じられていないことが明らかになったとき。

④ 委託者が本件委託に係る業務の適正かつ確実な実施を確保するため必要があると認めて行った指示に従わなかったとき。

2　委託者は、受託者が次のいずれかに該当するときは、本件契約を解除することができる。

① 偽りその他不正の行為により受託者となったとき。

② 募集要項に定めた受託者として必要な資格の要件を満たさなくなったとき。

③ 本件契約に従って本件委託に係る業務を実施できなかったとき、又はこれを実施することができないことが明らかになったとき。

④ ③に掲げる場合のほか、本件契約において定められた事項について重大な違反があったとき。

⑤ 本件契約に基づく報告をせず、若しくは虚偽の報告をし、又は本件契約に定める検査を拒み、妨げ、若しくは忌避し、若しくは質問に対して答弁せず、若しくは虚偽の答弁をしたとき。

⑥ 委託者が本件委託に係る業務の適正かつ確実な実施を確保するため必要があると認めて行った指示に従わなかったとき。

⑦ 受託者（その者が法人である場合にあっては、その役員）又はその従業員その他の本件委託に係る業務に従事する者が、当該業務の実施に関して知り得た秘密を漏らし、又は盗用したとき。

# 第8章　民間資金等の活用

## 1　第三セクター

### (1) 第三セクターの活用

　地方公共団体が一般社団法人若しくは一般財団法人（公益社団法人及び公益財団法人を含み、以下「社団法人等」という。）又は会社法上の法人に出資又は出捐をすることがあるが、このような法人のうち、当該地方公共団体の施策に沿った活動を行うことが期待されているものを第三セクターと称することができる。広域的な行政の仕組みとしては、一部事務組合や広域連合等の法定されたものがあるが、これらと比較して、第三セクターは、その設立や解散の手続が簡便であり、地方公共団体における財務制度や公務員制度に拘束されることなく、また行政区域による制限も受けずに、事業を機動的、弾力的に行うことができること等から、これまで多くの地域で設立されてきた。人口減少・少子高齢化、インフラの老朽化等をはじめとする現下の社会経済情勢を考えると、これからも地方公共団体の区域を越えた施策の展開、第三セクター以外の企業（以下「民間企業」という。）の立地が期待できない地域における産業の振興や雇用の確保、公共性、公益性が高い事業の効率的な実施等のために、その活用が有効な手法となる場合があるように思われる。

　行政が処理すべき事務は、国や地方公共団体以外の者が提供することができない国防、外交、治安の維持、司法（特に刑事事件）等の公共財、国土の保全、災害復旧、道路の整備等の準公共財、そして、教育、社会福祉、通信、産業振興等の民間でも提供することができる準民間財に分けることができ（第1部第4章1(1)（25頁）参照）、第三セクターが活

233

第2部　事務事業のプロセスとコンプライアンス

用されるべき分野は準民間財の提供ということになる。

　民間企業が参入するためには、少なくとも事業を開始してから一定期間経過後には、収入が経費を上回ること（収益を生み出すこと＝収益性があること）が絶対条件となる（第1部第4章2（2）（31頁）参照）。しかし、この条件が欠けているために民間企業の立地が期待できない地域（特に中山間地域、離島等）や事業においては、公共部門の資金や信用力とネットワーク等を基礎として、民間の資金やノウハウを適切に活用し、地域の特産品の製造・販売、観光施設等の経営、地域おこしにかかわるイベントの企画等に取り組むために、第三セクターを活用できる場合があるように思われる。そして、このような場合には、当該事業により期待できる収入を厳格に予測し、そのために要する初期投資の額、経常的に必要となる助成金額（経常的な経費から経常的な収入を控除した額）を計算し、当該事業にそれだけの財政負担をする価値があるか否かを見極めなければならない（これが本来のバリュー・フォー・マネー（VFM）（第1部第4章3（4）②（47頁）参照）である。）。

　また、第三セクターは、その設立目的が明確であるだけに、事業目的そのものを変更することは難しいし、地方公共団体の信用力を背景にして事業を展開することから、撤退するとなったときの責任は、事実上当該地方公共団体が負わざるを得ないというリスクも少なくない。このことについては、市が財団法人を設立してデザイン博覧会の準備及び開催運営を行わせた場合について、「前記財団法人は、市からその基本的な計画の下で具体的な準備及び開催運営を行うという事務を委託され、その委託の本旨に従ってこれを継続的、統一的に実行したものということができ、しかも入場料収入等では不足する費用についてはその大半を市からの補助金等で賄っていたという両者の関係に照らせば、その間には実質的にみて準委任的な関係があったものと認められるから、市は、委託者の費用償還義務を定めた民法650条1項、2項の規定に照らし、前記法人が基本財産と入場料収入等だけでは賄いきれない費用については負担すべき義務があったと解するのが相当であ」るとした判決がある

第8章　民間資金等の活用

（名古屋高裁平成17年10月26日判決・裁判所ウェブサイト、最高裁平成16年
7月13日判決・判時1872号32頁）。

　また、民間企業の立地の呼び水として初期投資（イニシャルコスト）
等は地方公共団体が負担しながらも、第三セクターが地方公共団体の関
与・支援を必要としなくなった場合には、地方公共団体との関係を解消
（地方公共団体の出資の返還、保有株式の買い取り等）する等、民間企業と
して自立的な運営が可能となるまでの過渡的な経営形態として第三セク
ターを位置付けるということもあり得よう。この場合は、第三セクター
として存続すべき期間を限定し、民営化までのタイムスケジュールを明
らかにしておくことが必要である。

　さらに、まちづくり、福祉、インフラの提供、地域活性化等の事業に
ついて、第三セクターをPFI事業（後記2（1）（242頁）参照）における選
定事業者や公の施設の指定管理者として活用することも考えられる。
PFI事業や指定管理者の制度は、本来、民間企業がその受け皿となるこ
とを想定し、期待していたものと思われるが、現実には、公共性、公益
性、永続性の担保等についての不安から、民間企業に委ねることについ
て議会・住民等の理解や支持が得られにくいとして、第三セクターが活
用される例が多く見られる。この場合の第三セクターは、民間企業に代
わるべきものであるから、その経営効率や提供するサービスの内容及び
質について、民間企業が行う場合よりも劣るものであってはならないの
は当然のことである。

　ところで、第三セクターに対する公的支援としては、出資又は出捐と
いう形での資本の提供のほか、経常的な経費を賄うための運営費補助や
直接間接の人件費にかかる助成がなされることが多く、様々な議論をよ
んでいる。

　まず、第三セクターに対する補助金の支出についてであるが、この場
合も自治法232条の2が適用されることは当然である（同条の解釈適用
の一般論については、第3部第4章3（1）（419頁）参照）。第三セクターに
対する補助における公益上の必要というのは、結局のところ、当該第三

第2部　事務事業のプロセスとコンプライアンス

セクターが実施している事務事業に公益性があるかどうかということに帰着するのであり、当該事務事業が当該地方公共団体の住民の福祉にどのように役立っているかということである。

　このことについて、「陣屋の村は、町の豊かな自然を生かし、住民に自然に親しむ機会を与えるとともに、都市との交流を促進するという目的で設置された農林漁業体験実習施設、食堂、宿泊施設等から成る公の施設であり、振興協会は、陣屋の村の管理及び運営の事業を行うことを目的として町により設立されたものであって、町から委託を受けて専ら陣屋の村の管理及び運営に当たっているというのであるから、その運営によって生じた赤字を補てんするために補助金を交付することには公益上の必要があるとした町の判断は、一般的には不合理なものではないということができる。」とする判例（最高裁平成17年10月28日判決・判時1919号98頁）がある。

　この判例においても、その赤字が経営上の裁量を逸脱した放漫な行為によるときは別の判断があり得ることが示唆されており、当該第三セクターの代表者が町長であることを問題視し、議会での審議が不十分であったのではないかとする反対意見もあることが注目される。すなわち、第三セクターに対する補助が、当該第三セクターが実施している事務事業を継続するためのものか、単に当該第三セクターを存続させるためのものかを見極めることが重要な意味をもつことになる。

　また、公益的法人等への一般職の地方公務員の派遣等に関する法律が2002年（平成14年）4月1日に施行され、それまで明確に定めた法律がなかった職員の民間（第三セクターを含む。）への派遣が制度化された。同法2条1項は、社団法人等のうち「その業務の全部又は一部が当該地方公共団体の事務又は事業と密接な関連を有するものであり、かつ、当該地方公共団体がその施策の推進を図るため人的援助を行うことが必要であるものとして条例で定めるもの（以下この項及び第3項において「公益的法人等」という。）との間の取決めに基づき、当該公益的法人等の業務にその役職員として専ら従事させるため、条例で定めるところによ

り、職員（条例で定める職員を除く。）を派遣することができる。」とし、
６条は、その１項で派遣職員には給与を支給しないとしながら、その２
項で「派遣職員が派遣先団体において従事する業務が地方公共団体の委
託を受けて行う業務、地方公共団体と共同して行う業務若しくは地方公
共団体の事務若しくは事業を補完し若しくは支援すると認められる業務
であってその実施により地方公共団体の事務若しくは事業の効率的若し
くは効果的な実施が図られると認められるものである場合又はこれらの
業務が派遣先団体の主たる業務である場合には、地方公共団体は、前項
の規定にかかわらず、派遣職員に対して、その職員派遣の期間中、条例
で定めるところにより、給与を支給することができる。」としている。
従来は、社団法人等に職員を派遣し、その人件費分を補助金として交付
したり、事務事業の委託料に算入したりすることがあったが、同法の施
行以後は、このような方法は違法となった（最高裁平成24年４月20日判
決・判時2168号35頁）ので、注意が必要である。

## (2) 第三セクターへの関与

　第三セクターは、地方公共団体から独立した事業主体であるが、その
存続に地方公共団体の存在が欠かせないことも否定できない（地方公共
団体の存在が不要であれば完全民営化できる。）。一方、地方公共団体にとっ
ての第三セクターの存在意義は、当該第三セクターが行っている事務事
業が住民の福祉の向上に寄与しており、自らが直接行うよりも、当該事
務事業の効率的、弾力的な遂行ができるということにあるのであって、
当該第三セクターという組織の存在自体にあるわけではない。
　第三セクターは、独立した事業主体であり、その経営責任がその役員
にあることは間違いないが、役員や上級の職員の選任については地方公
共団体の意向が大きな意味をもつことも珍しくない。設立団体である地
方公共団体には、少なくとも第三セクターの設立当初における役職員に
ついて、職務権限に見合った能力を有し、経営責任を担う覚悟のある人
材を求め、当該第三セクターが担当する事務事業についての経営ノウハ

237

第2部　事務事業のプロセスとコンプライアンス

ウを有する人材が登用されるように努める責務があろう。第三セクター
の事業内容、他の出資者及び利害関係者との関係等から、地方公共団体
の長や職員が役員に就任せざるを得ない場合もあろうが、その場合に
あっては、第三セクターと地方公共団体との間には利害関係が一致しな
い（相反する）ことがあり得ることを認識し、それに対処できるように
しておくことが必要である（地方公共団体の長が当該地方公共団体を代表
して行う契約の締結に双方代理に関する民法108条が類推適用されるとする
のが判例（最高裁平成16年7月13日判決・判時1872号32頁）である。）。ま
た、地方公共団体を退職した者を第三セクターが採用する場合にあって
は、当該第三セクターが必要とする能力・知見を有する人材であるか、
よりふさわしい人材はいないのか等の観点から、十分な検討を行うこと
も必要であろう。

　第三セクターは、地方公共団体から独立した事業主体として自由な経
営ができることに大きな意味があるが、その反面、経営が破綻した場合
には、地方公共団体に大きな影響が及ぶことは避けられない。その意味
で、第三セクター自体が、それぞれに関する法律に従った内部統制のシ
ステムを確立し、実効あるように運営するとともに、事務事業を委託
し、又は共同・協調して実行する地方公共団体として、法律が定める財
政援助団体に対する監査（自治法199条7項）以外に、どのようにして、
どの程度当該第三セクターの経営に関与できるのか、すべきなのかを検
討しておくことが必要であろう。

　ところで、平成26年8月5日総財公第102号で「第三セクター等の
経営健全化等に関する指針の策定について」と題する総務省自治財政局
長からの技術的な助言の文書が発せられている。その中で、第三セク
ターに対する財政支援の考え方等について次のように述べられている。

　「①　基本的な考え方

　　第三セクター等は地方公共団体から独立した事業主体として、公共
　性、公益性が高い事業を行う法人である。その経営は原則として当該
　第三セクター等の自助努力により行われるべきであるが、性質上当該

238　●

第8章　民間資金等の活用

第三セクター等の経営に伴う収入をもって充てることが適当でない経費及び当該第三セクター等が能率的な経営を行ってもなおその経営に伴う収入のみをもって充てることが客観的に困難と認められる経費については、地方公共団体が公的支援を行うこともやむを得ないものと考えられる。

公的支援を行う場合にあっても、支援を漫然と継続することや、支援の規模が安易に拡大することがないようにすることが特に重要である。このため、地方公共団体と第三セクター等の間で、公的支援の上限や期限、支援を打ち切る要件等について取り決めておくことが必要である。その際には、第三セクター等が行う事業の公共性、公益性、法人形態、「存続の前提となる条件」（ゴーイング・コンサーン）等を踏まえた検討を行うことが求められる。

なお、地方公共団体が第三セクター等に対する事実上の支援として行う業務委託等や、地方公共団体が給与等を負担する職員の出向等についても同様に取り扱うことが必要である。

②　損失補償（債務保証を含む。）

地方公共団体が第三セクター等の債務について行う損失補償（地方道路公社及び土地開発公社に対する債務保証を含む。以下同じ。）は、将来的にはその一部又は全部を負担する可能性を有するものである。特に、多額の損失補償を行う第三セクター等が経営破たんした場合には、当該地方公共団体は巨額の債務（財政負担）を負うという特別なリスクが存在する。

加えて、第三セクター等に対する金融機関等による資金調達面からのガバナンスが希薄となるため、本来は存続困難な事業が存続したり、第三セクター等、地方公共団体、金融機関等の間で適切なリスク分担が行われない等の問題を有する。

このため、地方公共団体が第三セクター等に対して公的支援を行う場合には、債務について損失補償を行うべきではない。これは、既に地方公共団体が損失補償を行っている債務の借換えを行う場合や政府

239

第2部　事務事業のプロセスとコンプライアンス

関係機関等が第三セクター等に対して貸付けを行う場合にも同様である。

　また、既存の損失補償債務についても、地方公共団体は適切な把握及び管理を行うとともに、計画的に削減することが必要である。

　他の方策による公的支援では対応困難である等、真に必要やむを得ず損失補償を行う場合には、あらかじめ損失補償契約の内容、損失補償を行う特別な理由・必要性、対象債務の返済の見通しとその確実性、健全化法の規定に基づき将来負担比率に算入される一般会計等負担見込額、損失補償を行っている債務（財政負担）を当該地方公共団体が負うことになった場合の影響等を記載した調書を調製した上で、議会・住民等に対して明らかにし、理解を得るべきである。

③　短期貸付け

　地方公共団体が第三セクター等に対して短期貸付け（同一年度に貸付けと返済の双方が行われる貸付け）を反復かつ継続的に実施することは、本来は長期貸付け又は補助金の交付等により対応するべきであって制度の趣旨を逸脱しており、他の方策による公的支援に移行することが必要である。

　また、短期貸付けは、損失補償と同様に、当該第三セクター等が経営破たんした場合には、その年度の地方公共団体の財政収支に大きな影響を及ぼすおそれがあることから、避けるべきである。

　特に、短期貸付けの出納整理期間における返済を恒常的に行っている場合には、予算単年度主義の原則や健全化法の趣旨に反している。このような不適切な取扱いを行っている地方公共団体は、法の趣旨を十分に踏まえ、速やかに見直すことが強く求められる。

④　長期貸付け

　地方公共団体が第三セクター等に対して行う長期貸付けについては、一般的に、損失補償や短期貸付けと比べれば地方公共団体の財政的リスクは低いものと考えられるが、一の年度に多額の償還が見込まれる場合や地方債（いわゆる「貸付金債」）を財源としている場合等に

第8章　民間資金等の活用

は、長期貸付けを行う第三セクター等の経営の著しい悪化が地方公共団体の財政運営に大きな影響を及ぼすおそれがあることに留意することが必要である。

⑤　出資（増資を含む。）

　地方公共団体が第三セクター等に対して行う出資（増資を含む。）は、公的支援の手法としては、地方公共団体には既に行った出資が毀損すること以上の財政負担が生じることはないという特性を有し、また、出資額に応じた権利等が生じる場合が多い。

　このため、第4（第三セクター等の設立）において詳述する公と民の役割やリスク等の分担の考え方と公的支援としての意義の双方を勘案して、出資の是非・規模等を判断することが必要である。

　なお、第三セクター等のガバナンスを強化するため、地方公共団体が出資者として負う責任はあくまでも出資の範囲内であることを、当事者間はもとより、利害関係者等に対しても明確にしておくことが重要である。

　また、地方債（いわゆる「出資金債」）を財源として出資を行っている場合においては、④（長期貸付け）と同様、出資を行う第三セクター等の経営が破たんした場合等には出資金債の繰上償還等が求められ、当該地方公共団体の財政運営に大きな影響を及ぼすおそれがあることに留意することが必要である。

⑥　長等の私人としての債務保証

　地方公共団体の長等が私人としての立場で第三セクター等の債務を保証することは、公職としての立場での契約と混同されるおそれがあるため、行うべきではない。現在このような契約を行っている場合には、早急に是正することが必要である。」

241

第2部　事務事業のプロセスとコンプライアンス

# 2　民間資金等を活用した公共施設等の整備等（PFI等）

## (1) 民間資金等の活用

　道路、港湾、会館等の公共施設を建設し、維持・管理を行うことが国や地方公共団体の事務であることに疑いを抱く者はほとんどいないばかりか、公共部門の主たる存在理由がそのような事業を行うことにあるとするのが伝統的な考え方であった。しかし、このような考え方に対して、経済性、効率性という観点からの批判がなされるようになり、本来的に官が有する公共性と民間の経済合理性を合わせて、公共性を維持しつつ、効率的な経営を行うための組織として、国においては公社や公団（特殊法人と称される。）が設立され、地方公共団体においては土地開発公社のような法律に基づく特別な法人だけでなく、民法（現在は一般社団法人及び一般財団法人に関する法律）や商法（現在は会社法）に基づく法人の形態をとったいわゆる第三セクターが設立されてきた。しかし、いわゆるバブル経済の崩壊は、これらの組織における経営の実態が理想とはかけ離れた不合理、非効率的なものであったことを暴露し、根本的な見直しの必要性が唱えられ、特殊法人に替わる独立行政法人等の制度が導入されている。

　このような組織の改編とは別に登場したのが、プライベート・ファイナンス・イニシャティブ（その頭文字をとって「PFI」と略称されることが多い。）という手法である。これは、政府の役割を最小化することを最大の政治課題として1979年（昭和54年）に誕生したイギリスのサッチャー政権が導入したものであり、その根底には、その性質自体からして政府部門は本質的に非効率なものであるという認識があった。イギリスにおいては、そのような認識を有する政府の下で、公共事業に民間資本を活用しようとする機運が高まり、1981年（昭和56年）、

　① 民間資金を活用した事業は公共部門が実施する場合に比較して費用に対する効果が高いことが証明できる場合に限ること

② 原則として民間資金が投入された分だけ公的資金が削減されること

という条件で実施されることとなった。しかし、この②の原則を厳格に適用するときは、事業官庁にとってはPFIを導入するメリットがなく（予算が減少する）、インセンティブが働かないという批判が強くなり、1989年（昭和63年）にこの公的資金削減という条件は廃止され、今日に至っている。

　我が国においても、伝統的に公共部門が担うものとされていた分野に民間の参入を進めるために（第１部第４章１(2)（25頁）参照）、議員提案によるPFI法が1999年（平成11年）に制定され、2011年（平成23年）の改正で公共施設等運営権（いわゆる「コンセッション」）の制度が導入された。PFI法は、「民間の資金、経営能力及び技術的能力を活用した公共施設等の整備等の促進を図るための措置を講ずること等により、効率的かつ効果的に社会資本を整備するとともに、国民に対する低廉かつ良好なサービスの提供を確保し、もって国民経済の健全な発展に寄与することを目的とする。」（１条）ものであり、その第３章で特定事業の実施等について、第４章で公共施設等運営権について定めるとともに、それを財政的に支援するための株式会社民間資金等活用事業推進機構の設立及び行政財産の貸し付け等についての自治法の特例を定める等している。なお、PFI法３条は、その基本理念を次のように定めている。

「第３条　公共施設等の整備等に関する事業は、国及び地方公共団体（これらに係る公共法人を含む。以下この条及び第77条において同じ。）と民間事業者との適切な役割分担並びに財政資金の効率的使用の観点を踏まえつつ、行政の効率化又は国及び地方公共団体の財産の有効利用にも配慮し、当該事業により生ずる収益等をもってこれに要する費用を支弁することが可能である等の理由により民間事業者に行わせることが適切なものについては、できる限りその実施を民間事業者に委ねるものとする。

２　特定事業は、国及び地方公共団体と民間事業者との責任分担の明

第2部　事務事業のプロセスとコンプライアンス

　　確化を図りつつ、収益性を確保するとともに、国及び地方公共団体
　　の民間事業者に対する関与を必要最小限のものとすることにより民
　　間事業者の有する技術及び経営資源、その創意工夫等が十分に発揮
　　され、低廉かつ良好なサービスが国民に対して提供されることを旨
　　として行われなければならない。」

　ところで、政府は、2013年（平成25年）度からの10年間で民間資金
等を活用した事業の規模を21兆円とする目標を掲げ（平成29年6月9日
民間資金等活用事業推進会議決定）、それを達成するために、公共施設等
の管理者及び民間事業者に対する国の支援機能の強化、公共施設の運営
権者が公の施設の指定管理者を兼ねる場合における自治法の特例、水道
事業者等に係る旧資金運用部資金等の繰上償還に係る補償金の免除を内
容とするPFI法の一部改正（平成30年法律60号）がなされた（なお、この
改正と軌を一にする水道法の改正については、後記（3）（253頁）で述べ
る。）。

　まず、公共施設等の管理者及び民間事業者に対する国の支援機能の強
化というのは、公共施設等の管理者等や民間事業者が、内閣総理大臣に
対し、その実施し、又は実施しようとする特定事業に係る支援措置の内
容及び当該特定事業に関する規制について規定する法律の規定の解釈並
びに当該特定事業に対する当該支援措置及び当該規定の適用の有無につ
いて、その確認を求めることができるとするとともに、内閣総理大臣
は、特定事業の適正かつ確実な実施を確保するため必要があると認める
ときは、公共施設等の管理者等に対し、実施方針に定めた事項その他の
特定事業の実施に関する事項について、報告を求め、又は助言若しくは
勧告をすることができるとするものである（改正後のPFI法15条の2、15
条の3）。

　次に、公共施設の運営権者が公の施設の指定管理者を兼ねる場合にお
ける自治法の特例というのは、公の施設の指定管理者を兼ねる公共施設
等運営権者が実施方針に関する条例において定められた利用料金に関す
る事項に適合する等の一定の条件を満した利用料金を定める場合には、

当該地方公共団体の承認を要せず（自治法244条の2第9項参照）、条例に特別の定めがあるときは、公共施設等運営権の移転を受けた者を新たに当該公の施設の指定管理者として指定するには議会の議決を要せず、事後報告で足りる（自治法244条の2第6項参照）とするものである（改正後のPFI法26条5項）。

　さらに、水道事業等に係る旧資金運用部資金等の繰上償還に係る措置というのは、2018年（平成30年）度から2021年（令和3年）度までの間に水道事業若しくは水道用水供給事業又は下水道法公共下水道若しくは流域下水道の用に供する施設に関する事業に係る公共施設等運営事業についての条例を制定する等の一定の条件に該当する自治体に対して、当該施設等の建設、改修、維持管理又は運営のために借り入れた旧資金運用部資金又は旧公営企業金融公庫資金の一定のものについて、補償金なしでの繰上償還を認めるものである（改正後のPFI法附則4条）。

## (2) 特定事業

### ① 特定事業の実施

　PFI法における特定事業というのは、「公共施設等の整備等（公共施設等の建設、製造、改修、維持管理若しくは運営又はこれらに関する企画をいい、国民に対するサービスの提供を含む。以下同じ。）に関する事業（市街地再開発事業、土地区画整理事業その他の市街地開発事業を含む。）であって、民間の資金、経営能力及び技術的能力を活用することにより効率的かつ効果的に実施されるもの」であり（PFI法2条2項）、公共施設等というのは次の施設（設備を含む。）を意味する（PFI法2条1項）。

①　道路、鉄道、港湾、空港、河川、公園、水道、下水道、工業用水道等の公共施設

②　庁舎、宿舎等の公用施設

③　賃貸住宅及び教育文化施設、廃棄物処理施設、医療施設、社会福祉施設、更生保護施設、駐車場、地下街等の公益的施設

④　情報通信施設、熱供給施設、新エネルギー施設、リサイクル施設

（廃棄物処理施設を除く。）、観光施設及び研究施設

⑤　船舶、航空機等の輸送施設及び人工衛星（これらの施設の運行に必要な施設を含む。）

⑥　①から⑤に掲げる施設に準ずる施設として政令で定めるもの

　公共施設等であっても、従来から、その建設、製造、改修及び維持管理については事業者に請け負わせて行うのが一般的であり、企画や設計についても事業者に委託することが少なくない。PFI法は、特定事業について本来公共施設等の管理者が行う公共施設の整備等に関する事業を事業者に行わせるという考え方を採っているが（PFI法8条2項）、厳密な意味では、公共施設の整備等に関する事業で本来その管理者が行うべきものは存在しないということもでき（PFI（プライベイト・ファイナンス・イニシャティブ）という考え方が生まれたイギリスには、その背景に公共部門が直接建設事業を行うダイレクト・レイバーという仕組みがあったのであり、我が国とは大分事情が異なる。）、必ずしも同法によらないで、同じような民間委託（「包括民間委託」と称される。）をすることも可能であると思われる。もっとも、本来公共施設等の管理者が行う事業というのは、本来公共施設等の管理者が費用を負担して行う事業のことであり、特定事業の実施等がそれに要する資金の全部又は一部を事業者が負担することを意味するということであれば、従来とは全く異なる事業の実施方法ということになる。

　ともあれ、PFI法が特定事業の実施等について定めたことによって、公共施設等の建設、製造、改修、維持管理若しくは運営又はこれらに関する企画及び資金調達を一括して事業者に委ねることが可能になったということができる。もちろん、事業者に委ねる公共施設の整備等の範囲及び内容は、地方公共団体と事業者との間で締結される事業契約において定められるのであるが（PFI法8条2項）、特定事業のうちの一部だけをその対象とするのであれば、従来の民間委託と変わりがないことになり、そのために基本方針（PFI法4条）や実施方針（PFI法5条）を定める必要はないであろう。PFI法には、事業類型の定義はなく、事業資金の

第8章　民間資金等の活用

負担についての規定もなく、考えられる事業形態としては次のようなものがあるといわれているが、工夫次第でこれ以外の方式も可能であろう。

① DBO方式

公共部門が資金調達をし、事業者に公共施設等の設計（Design）、建設（Build）及び運営（Operate）を一括して委ねるが、施設は公共部門が所有する。

② BTO方式

事業者が公共施設等を自らの資金で建設し（Build）、その所有権を公共部門に移管（Transfer）したうえで、事業者がその運営を行う（Operate）。

③ BOT方式

事業者が公共施設等を自らの資金で建設し（Build）、それを運営する（Operate）ことによって資金を回収したうえで、その後それを公共部門に移管する（Transfer）。

④ BOO方式

事業者が公共施設等を自らの資金で建設し（Build）、それを保有（Own）したまま、その運営を行う（Operate）。

⑤ BLO方式

事業者が公共施設等を自らの資金で建設し（Build）、その所有権を公共部門に移管したうえで、当該公共施設等のリース（Lease）を受け、その運営を行う（Operate）。

⑥ BLT方式

事業者が公共施設等を自らの資金で建設し（Build）、それを公共部門にリースし（Lease）、当該事業者がその運営を行ったうえで、リース期間満了後それを公共部門に移管する（Transfer）。

上記のうち、DBO方式は従来の委託による事業方式の延長線上にあり、基本的な考え方に違いはない。しかしそれ以外の方式は、事業者が資金を調達して公共施設等を建設することになっているので、調達すべ

● 247

第2部　事務事業のプロセスとコンプライアンス

き資金の範囲や限度、資材や労務費の変動及び設計変更による建設費の変動等のリスクのとり方等については、事業契約で明確に定めることが必要になる。

　また、DBO方式以外の方式における公共施設等の移管というのは、当該公共施設等を地方公共団体が買い取るということであり、その場合には、都道府県にあっては5億円、指定都市にあっては3億円、指定都市以外の市にあっては1億5,000万円、町村にあっては5,000万円を超える予定価格であるときは、議会の議決が必要とされている（PFI法12条、PFI法施行令3条）。

　さらに、いずれの方式による場合も、事業者が公共施設等の運営を行うこととなっているが、当該公共施設等が公の施設である場合は、指定管理者として行うことになる（自治法244条の2第3項）。そして、この場合にあっては、自治法244条の2第4項の条例で「指定管理者の指定の手続、指定管理者が行う管理の基準及び業務の範囲その他必要な事項を定める」こと、同条5項の「指定管理者の指定は、期間を定めて行う」こと、同条6項の「普通地方公共団体は、指定管理者の指定をしようとするときは、あらかじめ、当該普通地方公共団体の議会の議決を経なければならない」こと及び同条11項の指定管理者が指示に従わないとき等当該指定管理者による管理を継続することが適当でないと認めるときの指定の取消し又は期間を定めての管理の業務の全部又は一部の停止を命ずることができることという規定が適用されるのは当然のことである。また、PFI法13条は、「地方公共団体は、この法律に基づき整備される公共施設等の管理について、地方自治法（昭和22年法律第67号）第244条の2第3項の規定を適用する場合においては、同条第4項から第6項までに規定する事項について、選定事業の円滑な実施が促進されるよう適切な配慮をするとともに、同条第11項の規定に該当する場合における選定事業の取扱いについて、あらかじめ明らかにするよう努めるものとする。」と定めている。これは、特定事業の実施等においては、事業者がした投下資金を回収するためにはある程度の期間がかかること

248　●

等を念頭に置いたものだと思われるが、そのことの故にこのようなこと
をすることが必要であるとは思われないし、指定管理者の指定の議会の
議決について配慮をするということの意味は不明である。

　ともあれ、PFI法に基づく事業は、同法 1 条が宣言しているように
「効率的かつ効果的に社会資本を整備するとともに、国民に対する低廉
かつ良好なサービスの提供を確保」することが目的である。その導入の
効果を図るものとしてバリュー・フォー・マネー（VFM）の考え方があ
るが、現在のところ、それは公共部門が直接当該事務を遂行したとした
場合の推計費用との比較でなされているにすぎない（第 1 部第 4 章 3 (4)
② （47頁）参照）。本来のバリュー・フォー・マネーは、公共部門によ
る負担と同事業によって提供されているサービスの質・量とが均衡がと
れているかという観点からなされるべきであると思われるが、それを客
観的な数値で表す手法はないようである。


### ② 特定事業の相手方の決定方法

　PFI法における特定事業というのは、地方公共団体が必要とする水準
の施設を民間企業が建設する（DBO方式以外の方式においては資金調達も
民間企業が行うことになっている。）とともに、当該民間企業は行政が要
求する内容と水準で当該施設を運営し、サービスを提供するものであ
り、当該民間企業は、そのサービスの提供に対する料金を当該地方公共
団体から（場合によっては直接住民からの場合もあり得る。）得ることに
よって、投資を回収し、利益を確保する。いわば、民設民営による公共
施設整備の方式であることから、通常の請負契約の場合と異なり、契約
金額の数字だけでは判断できない、契約の期間が長期にわたることや
サービスの質を維持し続けなければならないということ等の要素をも考
慮して、その相手方を決定しなければならないことになる。したがっ
て、その契約は、一般的には随意契約の要件である「その性質又は目的
が競争入札に適しないことをするとき」（自治法施行令167条の 2 第 1 項
2 号）に該当すると解されることが多いことになるものと思われる。こ

第2部　事務事業のプロセスとコンプライアンス

のことについて、PFI法は、当該事業を実施する民間事業者を公募の方法等により選定するものとするとした（この民間事業者を「選定事業者」という。PFI法2条5項）うえで、欠格事由を定め、事業者の選定は客観的な評価によらなければならないとしており（PFI法8条1項・9条・11条）、随意契約の方法による場合でも、当初から特定の事業者を選定して交渉するという方法は認められていない（第4部第3章1(4)③（483頁）及び品質確保促進法15条〜19条参照）。

　ところで、既存の企業に特定事業を行わせる場合は、当該事業に係る経理を区分して行ったとしても、それ以外の営業の結果も当該事業者の経営に影響を与えることになり、場合によっては、他の事業の失敗により当該企業が倒産するなどということもあり得る。そこで、特定事業の経理を明確にするということと他の事業による当該事業への影響を遮断することを目的として、公募等の方法により選定された事業者に当該事業のみを行うことを目的とする会社（「特別目的会社」という。）を設立させ、当該特別目的会社との間で最終的なPFI事業に関する契約を締結するという方法がとられることがある（特別目的会社の意義については後述（251頁）する。）。この方法をとる場合には、正式な契約の相手方となる特別目的会社が設立される前に、当該事業の主導権をとる事業者（オリジネーター）を公募等の方法により選定することが必要となる。これを論理的に言えば、公募等の方法によって選定されるのは最終的な契約の相手方ではなく、契約の相手方を設立する主体であるということになる。そこで、未だ契約の相手方となることが確定しているわけではないが、当該事業を実施するについて最も適当と思われる事業者に契約を締結するための優先交渉権を付与し、当該事業を実施するにふさわしい特別目的会社が設立された段階で、当該優先交渉権を当該事業者から当該特定目的会社に譲渡し、当該特別目的会社が発注者と正式な契約を締結するという方法がとられることになる。

　この方法は、PFI法8条1項が本来予定している方法とは異なると言わざるを得ないが、技術、ノウハウ、資金力等を有するオリジネーター

250

が、実質的な支配権を維持しながら、他の事業による当該事業への影響を遮断し、透明性のある事業運営を行うための方法として合理的なものであるとして、一般的に承認されている。すなわち、ここでは、技術、ノウハウ、資金力等について、オリジネーターと特別目的会社との間に実質的な同一性があることが前提とされているのであり、それを担保するために、選定された事業者又は事業者のグループの代表事業者が特別目的会社における過半数の議決権を有することが要求されたり、欠格条項に関してはこれらの者について判断することとされているのが通例である。

　ここで「優先交渉権」というのは、オリジネーターが提案した内容による特定事業を実施するために特別目的会社を設立し、当該特別目的会社に発注者である地方公共団体との間における契約を締結することができる地位を譲渡することができる権利であるということができる。もちろん、優先交渉権にどのような意味内容を与えるかは、発注者が公募要綱等で定めるものであるから、優先交渉権という言葉自体から当然に導き出されるものではなく、そこでの定め方如何によって異なるのであり、この理解はあくまでも一般的なものである。

　したがって、優先交渉権を得た事業者又はグループとの間で、仕様書に記載されていない詳細設計に係る事項、資金調達の方法、維持管理を担当する専門家の確保等について協議を行い、その協議が調わないときは、優先交渉権を失うという決め方もあり得るが、それは政策判断の問題である。

　ところで、「特別目的会社」というのは、定款によって会社の目的を特定の事業を実施することに限定した株式会社のことであり、英語のSpecial Purpose Companyの頭文字をとってSPCと称されることがある。また、株式会社がローマ字の頭文字をとってKKと表記されるように、特別目的会社のローマ字表記の頭文字からTMKと表示されることもある。さらに、会社だけでなく、特別の目的のために設立された信託や組合を含めていうときはSPV（Special Purpose Vehicle）と称される。なお、

第2部　事務事業のプロセスとコンプライアンス

特別目的会社のうち、資産の流動化に関する法律に基づいて設立された会社を「特定目的会社」と言い、これだけをSPCということもあるので、略記については注意が必要である。

　このような特定の事業を実施することに限定した会社が設立される理由は、オリジネーターからの独立性を確保することによって、設立主体と特別目的会社との間のリスクを切断し、特定の資産を運用したり、特定の事業に限定した資金調達をしたり、投資家への収益の配分を確実にすることにある。その意味で、特別目的会社に対するオリジネーターの恣意的な影響力を制限することが重要であり、資産の流動化に関する法律にはそのための特別の規定が置かれている。

　普通の請負契約において、複数の企業によるジョイントベンチャー（民法上の組合）方式がとられることがある。これは、その契約の内容が単純であり、その目的が比較的短期間に達成されるべきものであることから、あえて法人格を取得するまでの必要がないことによるものと考えられる。しかし、特定事業の場合は、施設の建築だけではなく、その利用や維持管理まで含めた複雑な内容の業務を、20年あるいは30年といった長期間にわたって継続しなければならないことから、その主体としては法人格をもったものが適当であるという考慮から特別目的会社という仕組みを採用することが考えられたのであろう。また、資金調達についても、事業者の信用によるのではなく、その資金によって賄われるべき事業の採算性に着目したプロジェクト融資の考え方がとられる場合には、当該プロジェクトに特化した特別目的会社が適当であるという考え方もある。そして、本来の特別目的会社においては、オリジネーターの恣意的な影響力を制限することが重要なのであるが、特定事業の場合においては、当該事業を実施するためには、あくまでもオリジネーターの有する技術、ノウハウ、資金力等が前提であり、特別目的会社が設立された後も、当該オリジネーターに後見的役割を果たすことを期待することに合理的な理由がある。その意味で、特定事業における特別目的会社には、一般的な特別目的会社とは異なるところがある。ただ、特別目

第8章　民間資金等の活用

的会社とオリジネーターはあくまでも別法人であり、特別の約束がない限り、特別目的会社が行う事業の成否にオリジネーターが責任を有することはないので、事業が失敗したときには、当該特別目的会社を倒産させることによって、オリジネーターが責任を放棄することも可能となるので、注意が必要である。

## (3) 公共施設等運営権

　公共施設等運営権というのは、「公共施設等の管理者等が所有権（公共施設等を構成する建築物その他の工作物の敷地の所有権を除く。……）を有する公共施設等（利用料金（公共施設等の利用に係る料金をいう。以下同じ。）を徴収するものに限る。）について、運営等（運営及び維持管理並びにこれらに関する企画をいい、国民に対するサービスの提供を含む。以下同じ。）を行い、利用料金を自らの収入として収受するもの」を意味する公共施設等運営事業を実施する権利のことである（PFI法2条6項・7項）。この権利は、公共施設等の管理者が選定事業者に対して設定するものであり（PFI法16条・19条）、物権とみなされて原則として不動産に関する規定が準用され（PFI法24条）、公共施設等運営権及び公共施設等運営権を目的とする抵当権の設定、移転、変更、消滅及び処分の制限並びに公共施設等運営権の行使の停止及びその停止の解除は公共施設等運営権登録簿に登録され、その登録は登記に代わるものとされている（PFI法27条）。そして、このような事業又はこのような事業を支援する事業を実施する者に対し、「金融機関が行う金融及び民間の投資を補完するための資金の供給を行うことにより、特定選定事業に係る資金を調達することができる資本市場の整備を促進するとともに、特定選定事業等の実施に必要な知識及び情報の提供その他特定選定事業等の普及に資する支援を行い、もって我が国において特定事業を推進することを目的とする」株式会社民間資金等活用事業推進機構（PFI法31条・32条）が平成25年10月に設立されている。

　公共施設等運営権者は、実施方針（PFI法5条）に従い、あらかじめ公

253

第2部 事務事業のプロセスとコンプライアンス

共施設等の管理者等に届け出て、当該公共施設等の利用料金を定め、その利用料金を自らの収入として収受するものとされ（PFI法23条）、「公共施設等の管理者等は、実施方針に従い、公共施設等運営権者（公共施設等運営権に係る公共施設等の建設、製造又は改修を行っていない公共施設等運営権者に限る。）から、当該建設、製造又は改修に要した費用に相当する金額の全部又は一部を徴収することができる」とされている（PFI法20条）。すなわち、公共施設等運営管理権というのは、事業者が一定の対価（当該公共施設等の建設、製造又は改修に要した費用に相当する金額の全部又は一部に相当する金額）を公共施設等の管理者等に支払って（指定管理者の場合は公の施設の設置者から管理料の支払いを受けるのが普通である。）、その運営及び維持管理並びにこれらに関する企画（国民に対するサービスの提供を含む。）を行い、利用料金を自らの収入として収受する権利のことである。公共施設等の管理者等は、当該公共施設等の建設費用の全部又は一部を一括して回収でき、事業者は、公共施設等の管理者等に支払った費用に利益を加えたものを利用料金として回収できることになるというのがこの事業モデルである。

　このような事業モデルが成立するのは、利用料金によって十分な収入を上げることができる場合に限られるが、そのことは必然的に公共施設の管理者等が自ら同様な事業を行うとき（公営企業の施設以外の公共施設等については減価償却（建設、製造又は改修に要した費用を利用料金によって回収することを意味する。）の概念がない。）よりも高い利用料が設定されることを意味する（診療報酬のように事実上の公定価格が設定されている場合は別である。）。

　ところで、公共施設等運営権は、当該権利者が自らの事業として当該公共施設等を行うものであるから、当該事業に関する法律による許可や認可を当該権利者が受ける必要がある。これを逆にいえば、当該事業を行うことの許可や認可を受けていた地方公共団体は、当該事業から脱退することになる（これが指定管理者の制度との基本的な違いである。前記第6章4（2）③（211頁）参照）。水道事業については、この結果を避ける

254 ●

ために水道法の一部が改正され（施行日は2019年（平成31年）4月1日）、そこでは、地方公共団体である水道事業者は、民間事業者に水道施設運営権を設定しようとする場合には、厚生労働大臣等の許可を受けなければならず、この許可を受けたときは水道事業を休止することの許可を受けることを要しないとされ、水道施設運営等事業は、当該地方公共団体が、PFI法19条1項の規定により水道施設運営権を設定した場合に限り、実施することができ、その場合には、当該権利者は水道事業経営の認可を受けることを要しないこととされている（改正後の水道法24条の4）。

## 3　公設民営

　病院、観光施設、文教施設等について、その立ち上げに必要な施設は地方公共団体が建設、整備するが、それを行政財産とせず、普通財産として貸付を行い、その利用を民間に委ねるという手法がある。これが公設民営と称されるものであるが、指定管理の制度並びにPFI法に基づく特定事業及び公共施設等運営権の制度に比較して、貸し手（当該施設の設置者）である地方公共団体の手続は簡易で、貸した後の関与の程度は低く、借り手（当該施設の運営者）である事業者の自由度は格段に高くなる。

　当該施設を利用してどのような事業を営むことができるかは賃貸借契約で定められるが、設置者である地方公共団体はその建設費の全部又は一部を賃料として回収し、事業そのものは完全に事業者の責任で行われ、経営責任も事業者が負担するのが原則である。

　この方法によるときは、事業者の選定過程の透明性、事業の公益性・公共性と収益性のバランスの確保、契約の実効性の担保等が問題になるように思われる。

　まず、事業者の選定過程の透明性というのは、契約の方法の問題であり、自治法234条の適用の問題である。通常は、「その性質又は目的が競争入札に適しないもの」（自治法施行令167条の2第1項2号）に該当す

● 255

第2部　事務事業のプロセスとコンプライアンス

るとして、プロポーザル方式（コンペ）による随意契約の方法によることになると思われるが、応募資格の設定と審査過程の透明性に留意すべきことになる。

　事業の公益性・公共性と収益性のバランスの確保というのは、当該施設の主たる用途（実質的な公の施設としての用途）と収益を上げることを目的とした（貸し主にとっては）付随的な用途との兼ね合いである。

　契約の実効性の担保というのは、貸し付けた施設の利用が想定したように進まなかった場合等の対処方法のことである。自治法は、「普通地方公共団体の長が一定の用途並びにその用途に供しなければならない期日及び期間を指定して普通財産を貸し付けた場合において、借受人が指定された期日を経過してもなおこれをその用途に供せず、又はこれをその用途に供した後指定された期間内にその用途を廃止したときは、当該普通地方公共団体の長は、その契約を解除することができる。」（238条の5第6項）としており、24時間緊急医療を実施する旨の約束で貸し付けた建物等について、債務不履行を理由とする解除を認めた判決（東京地裁平成20年10月6日判決・判時2031号62頁）もある。また、ここに規定された要件に明白に該当するとは言えないが、契約を継続することが適当ではないという場合（用途に供しているが利用が不十分と認められるような場合等）の対応をどうするのか、期間満了による自動更新（借地借家法26条）を是認するのか、定期建物賃貸借（借地借家法38条）とするのかということ等も契約で明確にしておかなければならない。

　なお、普通財産の貸付については、「その貸付期間中に国、地方公共団体その他公共団体において公用又は公共用に供するため必要を生じたときは、普通地方公共団体の長は、その契約を解除することができる。」が、この規定により「契約を解除した場合においては、借受人は、これによつて生じた損失につきその補償を求めることができる。」とされている（自治法238条の5第4項・5項）ことも、契約の締結に際して留意すべき事項の一つである。

256

## 4　命名権等

　スポーツ大会等のイベントや大学の講座等にスポンサーの企業名や商品名が冠されていることは珍しくない。これらは、冠（かんむり）大会とか冠講座と称されるが、地方公共団体においても、スポーツ施設や文化施設のような一般の目に触れることの多い施設やイベント等について、その名称の全部又は一部に企業名や商品名を付することを条件にした寄附を受け入れたり、対価を得て企業名や商品名を付する権利（これを「命名権」という。）を付与することが行われている。また、スポーツ施設等においては、壁面等に看板を設置し、空いている空間に売店を設置し、自動販売機を設置することを認めることも広く行われている。これらは、地方公共団体にとっては、遊休資源を活用して収入を得ることができるというメリットがあり、企業にとっては、公共の施設の整備や行事に協力しているというイメージアップや、日常的に市民の目に触れ、イベントの開催地としての広報やスポーツ中継やニュース等でその名称が露出することによる宣伝効果が見込まれるというメリットがあることから、急速に普及したものと思われる。

　ところで、このような収入確保の手法を導入するに際しては、考えなければならないいくつかの問題がある。まず、公の施設については、その設置条例において名称が定められているので、そこに企業名や商品名を入れるためには、条例の定めが必要である。正式名称ではなく、愛称として企業名や商品名を付した名称を使用するということも考えられるが、その場合であっても、正式名称との間で、使用の優先順位や誤認混同等による混乱が想定されるので、条例で定めることが適当であろう。

　また、条例で定めると否とにかかわらず、公の施設に名を付した企業に関するスキャンダルや商品に関する欠陥等が生じたときの対処も考えておかなければならない。さらに、企業名や商品名を付した公の施設については、そこで開催されるイベントのスポンサー以外の企業名や商品名を一切排除することを要求されることもある（オリンピックはその代

第2部　事務事業のプロセスとコンプライアンス

表的なものである。）ので注意が必要である。

　このように、命名権とはいうものの、それは権利者が自由に定めることができ、取引の対象となるものではなく、あくまでも地方公共団体が同意、承認した限りにおいてのものである。

　公の施設以外については、執行機関限りで名称を定めることができるが、住民感情を軽視したときは、思わぬ反発を招くことがある。また、看板、売店、自動販売機等の設置は、公の施設であるか否かに関係なく、行政財産の目的外使用許可（自治法238条の４第７項）によることになるのは当然のことである。この場合においても、地方公共団体としての信頼性や信用性に疑問を抱かれることがないようにし、当該行政財産の設置目的との適合性等を考慮しなければならず、具体的な利用方法等について詳細な取り決めをすることが必要であろう。

# 第9章 債権管理

## 1 債権の種類と管理

　財務について定める自治法240条は、その１項で、「この章において「債権」とは、金銭の給付を目的とする普通地方公共団体の権利をいう。」と定義したうえで、２項で「普通地方公共団体の長は、債権について、政令の定めるところにより、その督促、強制執行その他その保全及び取立てに関し必要な措置をとらなければならない。」と、３項で「普通地方公共団体の長は、債権について、政令の定めるところにより、その徴収停止、履行期限の延長又は当該債権に係る債務の免除をすることができる。」と定めている。

　ただ、地方公共団体の債権には種々のものがあり、その取立て等について一律の取扱いをすることが適当ではないと考えられる次の債権については、自治法240条２項及び３項の規定を適用しないとされている（自治法240条４項）。

① 地方税法の規定に基づく徴収金に係る債権

② 過料に係る債権

③ 証券に化体されている債権（社債等登録法又は国債に関する法律の規定により登録されたものを含む。）

④ 預金に係る債権

⑤ 歳入歳出外現金となるべき金銭の給付を目的とする債権

⑥ 寄附金に係る債権

⑦ 基金に属する債権

　したがって、これら以外の債権（以下単に「債権」という。）の督促、強制執行その他その保全及び取立てに関する措置並びに徴収停止、履行

第2部　事務事業のプロセスとコンプライアンス

期限の延長又は当該債権に係る債務の免除については、特別な法律の定めがない限り、自治法240条1項及び2項並びにそれに基づく政令で定めるところによることになる。債権について特別な定めを置く法律は少なくないが、個別の法律については必要な都度言及することとして、ここでは自治法及び同法施行令の定める原則について述べる。

　ところで、債権を「公債権」と「私債権」に分け、さらに公債権を「強制徴収公債権」と「非強制徴収公債権」に分類することが広く行われている。その厳密な定義は、論者によって微妙に異なるように思われるが、徴収の根拠が個別の法律に定められており、当該債権に係る地方公共団体の行為が行政不服審査法1条2項の「処分」に該当するもの（第3部第3章1(7)（374頁）参照）を「公債権」と、公債権のうち督促で指定した期限までに納付されないときに地方税（国税）の滞納処分の例により処分することができるもの（「国税徴の例により徴収することができる」ものを含む。）を「強制徴収公債権」と、公債権であっても督促で指定した期限までに納付されないときには民事手続により取り立てるしかないものを「非強制徴収公債権」と、公債権に該当しないもの（私法上の債権）を「私債権」としているのが一般的なようである。以下、本書においても、この一般的な用語法によることとする。なお、国税徴収法は、滞納処分の例により徴収することができる債権のうち、国税及び地方税（これらを併せて「公租」ということがある。）以外のものを「公課」と定義している（同法2条5号）が、滞納処分だけでなく、債権の徴収そのものを国税徴収の例によるとしているもの（生活保護法78条4項等）も公課に含まれる。

## 2　全ての債権に共通の措置

### (1) 債権台帳の整備

　債権の性質がどのようなものであれ、それを保全し、確実に回収する

ためには、債権についての記録と管理が基本となることは言うまでもない。財産の記録管理は会計管理者の事務であるとされているが（自治法170条2項5号）、これは、会計管理者が決算を長に提出する際に添付する財産に関する調書（自治法233条1項、自治法施行令166条2項、自治法施行規則16条の2別記）を作成する前提として行うものであり、その詳しさの程度もそれに応じたもので良いと解されている。また、債権の徴収についての権限と責任を有するのは長であり（京都地裁昭和61年4月10日判決・判時1213号74頁）、会計管理者は現金の出納を担当するにすぎない（自治法170条2項1号）ということからも、長が債権管理のために行う記録管理と会計管理者が行うそれとでは自ずから内容が異なることになる。

　債権の回収を目的とした記録としては、債権の種類又は発生原因に応じて、相手方ごとに、発生年月日、金額、履行期限、回収の実績及び現在高のほか、督促の年月日、督促に対する相手方の対応、相手方の債務の承認があった場合はその行為と年月日、時効の完成見込み年月日、強制執行や保全に関する事項、履行の繰上の事由と年月日、徴収停止に関すること、履行延期の特約に関すること、免除に関すること、債権放棄に関すること及び回収の見込みに関すること等が必要であろう（国の債権の管理等に関する法律11条、国の債権の管理等に関する法律施行令10条、債権管理事務取扱規則12条別表第4参照）。

　また、債権は、それが公法上のものであれば5年（自治法236条）、私法上のものであれば10年（民法167条1項）で時効が完成するのが原則であるし、この問題を別としても、債権の回収は、時間が経過するにつれて難しくなるのが通常である（2020年（令和2年）4月1日以降に生じた債権（その原因である法律行為が同日よりも前にされたものを含まない。）の消滅時効については、後記6(3)（315頁）参照）。したがって、履行期限が経過してなお履行されない債権の有無を常に確認し、そのような債権については、債務者の言い分や客観的な経済状態を把握し、早い段階で処理方針を決めることが肝要となる。その意味で、債権の記録管理の

● 261

第2部　事務事業のプロセスとコンプライアンス

一環として、滞納に関する事項を忘れてはならない。

　なお、以上のことは、地方税及び地方税の滞納処分による強制徴収ができる債権以外の債権、すなわち、通常の民事上の手続によらなければ強制執行することができない債権（非強制徴収公債権及び私債権）についてのものであり、地方税の滞納処分はそれ自体の独自の法体系を有しているので、それに応じた記録管理が必要になる。

## (2) 債権の消滅

　債権は弁済を受けることによって消滅することは当然である。債権の弁済について、特別の合意がないときは、債権者の現在の住所においてしなければならず、そのための費用は債務者の負担とされる（従前の民法484条（新民法484条1項）・485条）。また、債務者が提供した給付が債務の全額を消滅させるに足りないときの充当の順序は、まず債務者が指定し、債務者が指定しない場合は弁済を受領するときに債権者が指定すること（債務者が直ちに異議を述べたときは債務者の指定したところによる。）になっている（従前の民法488条（新民法488条1項～3項））。債務者も債権者も充当の指定をしないときは、民法489条が定める順番によることになる（これを「法定充当」という。）。また、債務者が元本のほか利息及び費用を支払うべき場合の充当は費用、利息、元本の順によることとされている（従前の民法491条（新民法488条4項））。債務者は、弁済の提供をすることによって債務の不履行から生ずる一切の責任を免れるが、その提供は債務の本旨に従って現実にしなければならず（従前の民法及び新民法とも492条・民法493条本文）、単に支払いの用意があるとの意思表示だけでは不十分である。地方公共団体としては、債務者から弁済の提供があったときは、それが債務全額に満たない場合であっても、受領し（一部弁済は時効の中断事由（民法147条3号参照）となる。後記6（3）①－6（321頁）参照）、自ら充当の指定をして法律関係を明確にすべきであろう。なお、地方税法による徴収金については同法に独自の規定があるので、それによることになる。

262

弁済がなされない場合であっても、債務者たる法人の清算が結了し、保証人（物的担保提供者を含む。）もいない場合、あるいは債務者が死亡し、相続財産がなく、相続人も保証人（物的担保提供者を含む。）もいない場合には、債務が帰属すべき法主体が存在しなくなるわけであるから、債権者たる地方公共団体の意思（議会の議決や長の判断）に関係なく、当該債務は当然に消滅する。

　ところで、上述した事項以外の事由によって債務が消滅する場合として、消滅時効の完成によるもの（後記6(1)①（302頁）で詳述する。）以外に、権利の放棄及び免除がある。権利の放棄には、法令又は条例の定め（債権管理条例等に定めを置くことが多い。）を根拠として長の判断で行う場合と個別の債権毎に議会の議決を経て権利を放棄する場合とがあり（自治法96条1項10号）、後者の場合については、放棄の議決をするための特別の要件は定められていないが、「住民訴訟の対象とされている損害賠償請求権又は不当利得返還請求権を放棄する旨の議決がされた場合についてみると、このような請求権が認められる場合は様々であり、個々の事案ごとに、当該請求権の発生原因である財務会計行為等の性質、内容、原因、経緯及び影響、当該議決の趣旨及び経緯、当該請求権の放棄又は行使の影響、住民訴訟の係属の有無及び経緯、事後の状況その他の諸般の事情を総合考慮して、これを放棄することが普通地方公共団体の民主的かつ実効的な行政運営の確保を旨とする同法の趣旨等に照らして不合理であって上記の裁量権の範囲の逸脱又はその濫用に当たると認められるときは、その議決は違法となり、当該放棄は無効となるものと解するのが相当である。」とする判例（最高裁平成24年4月20日判決・判時2168号35頁）がある。なお、この判例は、個別の権利を放棄することを条例で定め、それが公布されたときは別として、権利の放棄の効果が発生するためには、議会の議決に加えて、長によるその旨の意思表示が必要であるとしている。

　次に、免除というのは、次の要件を満たす場合に、議会の議決を経ることなく長がその債務を免除するものである（自治法施行令171条の7）。

第2部　事務事業のプロセスとコンプライアンス

①　債務者が無資力又はこれに近い状態にあるため履行延期の特約を
した債権について、当初の履行期限から10年を経過した日におい
て、なお、債務者が無資力又はこれに近い状態にあり、かつ弁済で
きる見込みがないこと

②　履行延期の特約をした貸付金に係る債権で、当該貸付金による貸
付を受けた第三者が無資力又はこれに近い状態にあることに基づい
て当該履行延期の特約をしたものについて、債務者が当該第三者に
対する貸付金の返還を免除し、かつ、当初の履行期限から10年を
経過した日において、なお、債務者が無資力又はこれに近い状態に
あり、かつ弁済できる見込みがないこと

　ところで、相手方が行方不明であるために債権の回収ができない場合
のように、たとえ時効の完成に必要な期間が経過したとしても、時効の
援用がなされず、それについて相手方の意思を確認する方法がない場合
や債権回収の努力をすることに経済的なメリットがない場合がある。こ
のような場合の地方公共団体の債権について、どのように取り扱うべき
かについて定めた法令の規定は見当たらないが、国の債権については、
次の事由が生じたときは、その事の経過を明らかにした書類を作成し、
当該債権の全部又は一部が消滅したものとみなして整理するものとされ
ている（債権管理事務取扱規則30条）。

①　当該債務につき消滅時効が完成し、かつ、債務者がその援用をす
る見込みがあること

②　債務者である法人の清算が結了したこと（当該法人の債務につき
弁済の責に任ずべき他の者があり、その者について①から④までに掲げ
る事由がない場合を除く。）

③　債務者が死亡し、その債務について限定承認があった場合におい
て、その相続財産の価額が強制執行をした場合の費用並びに他の優
先して弁済を受ける債権及び国以外の者の権利の合計額を超えない
と見込まれるとき

④　破産法366条の12、会社更生法241条その他の法令の規定により

264

債務者が当該債権につきその責任を免れたこと

　⑤　当該債権の存在につき法律上の争いがある場合において、法務大
　　臣が勝訴の見込みがないものと決定したこと

　これは、国の債権の取扱いについて定めたものであるから、そのまま
地方公共団体の債権の場合に当てはめることができないことは言うまで
もない。しかし、ここで掲げられている事由は、いずれも、実質的に財
産としての価値がなくなった場合のことであり、このような債権の管理
を続けることは非経済的であるばかりでなく、無意味であることは明ら
かである。その意味で、権利の放棄又は免除の手続をとるまでもなく、
少なくとも内部的な事務処理としては、国の場合と同じような処理（い
わゆる「不納欠損」としての処理）をすることは可能であろうし、債権管
理に関する条例で、権利の放棄の事由として定めるのが適当であろうと
思われる。ただ、上記④の債権は、免責を受けた債務者本人に対しては
訴えをもって履行を請求しその強制的実現を図ることができなくなる
が、保証人や連帯債務者に対しては請求できる（最高裁平成11年11月9
日判決・判時1695号66頁）のであるから、上記②の括弧書きと同じ要件
が必要であろう。

　ところで、地方税については、滞納処分の執行の停止及び徴収金（地
方税及び督促手数料、延滞金等。地方税法1条1項14号）の納入義務の消
滅に関する特別の規定があり、

　①　滞納処分をすることができる財産がないとき

　②　滞納処分をすることによってその生活を著しく圧迫するおそれが
　　あるとき

　③　その所在及び滞納処分をすることができる財産がともに不明であ
　　るとき

には滞納処分の執行を停止することができ、その執行の停止が3年間継
続したときは徴収金の納付又は納入義務が消滅するものとされている
（地方税法15条の7第1項・4項）。また、その徴収金が限定承認に係る
とき等、それを徴収することができないことが明らかなときは、滞納処

265

第2部　事務事業のプロセスとコンプライアンス

分の執行の停止から3年間経過することをまたずに、長は、当該徴収金の納付又は納入義務を消滅させること（これを「即時消滅」という。）ができるとされているが（地方税法15条の7第5項）、地方税以外の債権については、強制徴収できない債権とのバランスを考慮することが必要である（後記4（2）（292頁）参照）。なお、この滞納処分の執行停止をしたときは、その旨を滞納者に通知しなければならないとされており（地方税法15条の7第2項）、この通知において、即時消滅とするのか否かも表示することになろう。

## （3）履行期限の繰上げ

　債権は、その納期限又は履行期限が到来するまではそれに係る金銭を取り立てることができない（これを「期限の利益」といい、そのときまで債務者は遅滞の責任を負わない。民法412条（新民法においては同条2項が一部改正されているが趣旨に変わりはない。）参照）が、納期限又は履行期限が到来する前に財産が散逸したり、他の債権者への弁済がなされたりして、権利の行使が不可能又は困難になることがある。そこで、以下の場合には、納期限又は履行期限を繰り上げて、その期限を到来させて権利を行使することができるという旨の条項（これを「期限の利益喪失条項」という。）を契約に織り込むのが一般的である。

○債務者が分割払契約において一定回数の支払いを怠った場合

○債務者について債務整理手続の申立てがあった場合

○債務者又は保証人の財産が他の債権者による差押えを受けた場合や目的を定めた金銭貸付について目的外に貸付金を使用した場合等

　自治法施行令171条の3本文は、「普通地方公共団体の長は、債権について履行期限を繰り上げることができる理由が生じたときは、遅滞なく、債務者に対し、履行期限を繰り上げる旨の通知をしなければならない。」としている。これは、法令の規定又は契約の期限の利益喪失条項に定められている「履行期限を繰り上げることができる」事由が生じたときは、遅滞なく、新たな履行期限（「通知が到達後直ちに」とするのが

266

第9章 債権管理

通常である。）を定めて、その履行を求める意思表示をしなければならないとするものである。ただ、履行延期の特約等をするべき事由（自治法施行令171条の6第1項）がある場合や履行期限を繰り上げることに特に支障があると認める場合にまで一律に処理する必要はないので、その場合は、履行期限を繰り上げる必要はない（自治法施行令171条の3ただし書）。

地方税法は、その13条の2で繰上徴収をすべき場合について定めている。しかし、履行期限の繰上げといい、繰上徴収といい、いずれも督促よりも前に行われるものであるから、地方税以外の強制徴収債権にあっても地方税の例によってではなく、自治法施行令171条の3によることになる（国税徴の例により徴収する債権については国税徴収法の例によることになる。）。ちなみに、地方税法13条の2が定める繰上徴収の事由は次のとおりであり、契約においても、期限の利益を喪失させることができる事由として、それと同様の事由を定めることが多い。

① 納税者又は特別徴収義務者の財産につき滞納処分（その例による処分を含む。）、強制執行、担保権の実行としての競売、企業担保権の実行手続又は破産手続（「強制換価手続」という。）が開始されたとき（仮登記担保契約に関する法律2条1項（同法20条において準用する場合を含む。）の規定による通知がされたときを含む。）

② 納税者又は特別徴収義務者につき相続があった場合において、相続人が限定承認をしたとき

③ 法人である納税者又は特別徴収義務者が解散したとき

④ その納付し、又は納入する義務が信託財産責任負担債務である地方団体の徴収金に係る信託が終了したとき（信託法163条5号に掲げる事由によって終了したときを除く。）

⑤ 納税者又は特別徴収義務者が納税管理人を定めないで当該地方団体の区域内に住所、居所、事務所又は事業所を有しないこととなるとき（納税管理人を定めることを要しない場合を除く。）

⑥ 納税者又は特別徴収義務者が不正に地方団体の徴収金の賦課徴収

267

第2部　事務事業のプロセスとコンプライアンス

を免れ、若しくは免れようとし、又は地方団体の徴収金の還付を受け、若しくは受けようとしたと認められたとき

## (4) 債権の申出

　債権というのは、特定の者に金銭の給付を請求することができる権利（自治法240条1項）であり、同一の者に対して金銭債権を有する者が複数存在することは珍しくない。この場合における債権者の権利は、原則として（例外として先取特権（民法303条）、質権（民法342条）、抵当権（民法369条）等がある。）平等であり、先駆けによる回収を許さないこととされている（民法424条1項）。しかし、この平等性は何もしない権利者にまで保証されているわけではなく、他の債権者が権利を実現するための手続を開始したときは、積極的にその手続に参加することが必要である。

　そこで、自治法施行令171条の4は、「普通地方公共団体の長は、債権について、債務者が強制執行又は破産手続開始の決定を受けたこと等を知った場合において、法令の規定により当該普通地方公共団体が債権者として配当の要求その他債権の申出をすることができるときは、直ちに、そのための措置をとらなければならない。」として、出遅れによる回収困難という事態が生じないようにすべきことを定めている。なお、地方税は同条の対象とならない（自治法240条4項1号）が、それについても、滞納者の財産につき強制換価手続が行われた場合には、交付要求（後記4（1）（288頁）参照）をしなければならないとされている（地方税法68条4項・72条の68第4項・373条4項等）。

　配当の要求その他債権の申出をするというのは、強制執行又は破産手続等によって債務者の財産が換価され、精算される際に、自らも当該財産から弁済を受ける権利があることを申し立てることであり、この申立てをしたときは、法令の定めるところに従って弁済を受けることができることになる。このような法令の定めの主なものは次のとおりである。

第9章　債権管理

● 強制執行

不動産又は船舶若しくは登録自動車に対する強制執行がなされた場合は、債務名義（民事執行法22条）を有しているか、当該財産を仮差押えしているか、一般の先取特権を有しているときに配当要求をすることができ（民事執行法51条1項・121条、道路運送車両法97条2項、民事執行規則97条）、債権に対する強制執行がなされた場合は、債務名義か先取特権を有しているときに配当要求をすることができ（民事執行法154条1項）、動産に対する強制執行がなされた場合は、先取特権又は質権を有するときに配当要求ができる（民事執行法133条）。なお、前二者の場合における配当要求は執行裁判所（民事執行法44条・144条、道路運送車両法97条1項、民事執行規則97条）に対して、動産に対する強制執行は執行官に対して行うことになる。

● 担保権の実行

抵当権等の担保権の実行がなされた場合は、不動産に対する強制執行がなされたときと同様に配当要求ができる（民事執行法188条・51条1項）。

● 企業担保権の実行手続

企業担保権が実行された場合は、裁判所に対して配当要求ができる（企業担保法51条の2・52条）。

● 破産手続開始

破産手続開始の決定がなされたときは、そのとき（民法139条参照）において債務者が有する一切の財産（日本国内にないものも含む。）を凍結したうえで、破産管財人がその管理及び債権債務の調査をして、債権者に対して配当をすることになる（破産法34条1項・195条）。配当を受けようとする債権者は、債権の額及び原因等を執行裁判所（実際は破産管財人）に届け出なければならない（破産法111条）。

また、双務契約において破産手続開始の時において共にまだその履行を完了していないとき（水道における給水契約のように、破産手続開始後においても、給水がなされ、料金が支払われるべきとき）は、相手方は破産

● 269

第2部　事務事業のプロセスとコンプライアンス

管財人に対し、相当の期間を定め、その期間内に契約の解除をするか、債務の履行を請求するかの確答を求めることができる。また、この回答を得るまでに生じた債権及び債務の履行を請求する旨の回答があった後に生じた債権は、財団債権となり、破産債権に先立って弁済を受けることができる（破産法148条1項4号・8号、151条）。

なお、破産者に対して継続的給付の義務を負う双務契約の相手方（水道事業を経営している自治体が典型である。）は、破産手続開始の申立て前の給付に係る破産債権について弁済がないことを理由として、破産手続開始後にその義務の履行を拒むことはできないが、破産手続開始の申立て後破産手続開始前にした給付に係る請求権（水道事業のように、一定期間毎に債権額を算定すべき継続的給付については、申立ての日の属する期間内の給付に係る請求権を含む。）は財団債権として優先的に弁済を受けることができるとされており（破産法155条1項・2項）、このことは民事再生手続及び会社更生手続においても同様である（民事再生法49条・50条、会社更生法61条・62条）。

● 民事再生手続開始

民事再生手続は、債権者の多数の同意によって再生計画を定め（民事再生法172条の3第1項）、債務者の再生を図るものであり、この再生計画においては、債権の減額と減額された債権の弁済計画が定められるのが通常である。この再生手続に参加する（債権の弁済を受ける）ためには、債権の内容と原因等を裁判所に届け出なければならない（民事再生法94条）。なお、債権者集会において再生計画案に賛成することは、債権の一部又は全部を放棄することでもあるから、条例に特別の定めがない限り議会の議決を得なければならない（自治法96条1項10号）。

● 会社更生手続開始

会社更生手続は、株式会社について更生計画を定め、定められた更生計画を遂行して、当該株式会社の維持更正をするためのものであり（会社更生法1条・2条）、この更正計画においては、債権の減額と減額された債権の弁済計画が定められるのが通常である。この更正手続に参加す

第9章　債権管理

る（債権の弁済を受ける）ためには、債権の内容と原因等を裁判所に届け出なければならない（会社更生法138条）。なお、債権者集会において更正計画案に賛成することは、債権の一部又は全部を放棄することでもあるから、条例に特別の定めがない限り議会の議決を得なければならない（自治法96条1項10号）。

● 法人の解散

　法人が解散する際には清算がなされるが、そのために一定の期間内に債権の申出をすべきことが公告され、その期間内に申出をしなかった債権者は、清算から除斥される（一般社団・財団法人法233条・238条、会社法499条・503条・660条・665条）。分配されていない残余財産があるときは、申出をしなかった債権者も弁済を請求することができるが、弁済されることはほとんど期待できないであろう。債務者が当該債権の存在を知っているときは、除斥されないが、債務者の知不知は不確実であるから、解散したことを知った場合は、債権の申出をする必要がある。

● 相続における限定承認

　相続人は、無限に被相続人の権利義務を承継するのが原則（民法920条）であるが、相続人全員が限定承認をしたときは、相続によって得た財産の限度でだけ被相続人の債務及び遺贈を弁済することで足りる（民法922条・923条）。そして、限定承認がなされたときは、一定の期間内に債権の申出をすべきことが官報で公告され、その期間内に申出をしなかった債権者（知れている債権者を除く。）は、弁済から除斥される（民法927条）。

## (5) 担保の設定及び仮処分等

　「普通地方公共団体の長は、債権を保全するため必要があると認めるときは、債務者に対し、担保の提供（保証人の保証を含む。）を求め、又は仮差押え若しくは仮処分の手続をとる等必要な措置をとらなければならない。」とされる（自治法施行令171条の4第2項）。この条文だけをみ

● 271

第2部　事務事業のプロセスとコンプライアンス

ると、ここでの「債権を保全するため必要があると認めるとき」というのは、債権を発生させる原因となる行為（契約の締結等）をするときを意味するようにも思われるが、この条文の位置並びに担保の提供、仮差押え及び仮処分の手続を並列していることを考えると、これは、主として自治法231条1項又は自治法施行令171条による督促をしても履行されない債権を念頭においたもののように解される。

　ところで、担保には、大きく分けて「人的担保」と「物的担保」がある。人的担保というのは、債務者が債務を履行しない場合、第三者の一般財産から債権を回収することを目的とするものであり、（連帯）保証（民法446条以下）のほか、連帯債務（従前の民法432条（新民法436条）以下）等がある。これに対し、物的担保とは、債務者又は第三者の不動産その他の特定の財産をもって担保とし、債務者が債務を履行しない場合、この特定の財産から債権を回収することを目的とするものであり、抵当権（民法369条以下）のほか、質権（民法342条以下）、譲渡担保等がある。

　人的担保及び物的担保のいずれも、当事者の合意（契約）によって設定されるのであるが、「保証契約は、書面でしなければ、その効力を生じない。」（民法446条2項）こととされ、保証契約については、書面ですることが成立要件とされている。しかし、ここでの最大の問題は、債権を保全するため必要があるような状態にある債務者（督促をしても履行しない債務者）の債務を保証する者がいるか、そのような債務者に担保として提供することができる財産があるかどうかということであり、現実的には、いずれの措置をとることも難しいように思われる。なお、2020年（令和2年）4月1日の新民法施行以後に締結される保証契約については、書面に代えて電磁的記録によることもできるが（新民法446条3項）、事業のために負担した債務（制度融資が含まれることが多いと思われる。）を主たる債務とする保証契約又はその債務を含む根保証契約は、その契約の日前1か月以内に作成された公正証書で保証人となろうとする者が保証債務を履行する意思を表示していなければ、その効力を

生じないとされている（新民法465条の6第1項）。

自治法施行令171条の4第2項は、「仮差押え」と「仮処分」についても定めている。

仮差押えというのは、「金銭の支払いを目的とする債権について、強制執行をすることができなくなるおそれがあるとき、又は強制執行をするのに著しい困難を生ずるおそれがあるとき」に、動産以外の物については、対象となる物を特定して、本案の管轄裁判所又は対象となる物の所在地を管轄する裁判所に申し立ててなされるものである（民事保全法12条1項・20条・21条）。具体的には、債務者が浪費、廉売、隠匿等によってその財産を減少させるおそれがある場合や債務者が転居を繰り返すような場合に、保全されるべき権利（「被保全権利」という。）の存在及び保全の必要性があることを疎明（確実であることまでは必要ないが、ほぼ確実であることを証明すること）して、申し立てることになるが、ことの性質上、このような状況が判明したときは、迅速に行う必要がある。なお、地方税の場合においても、一定の条件下における保全差押えの制度が定められている（地方税法16条の4）。

仮処分というのは、「債務者に対し一定の行為を命じ、若しくは禁止し、若しくは給付を命じ、又は保管人に目的物を保管させる処分その他の必要な処分」のことであり、管轄裁判所や要件は仮差押えの場合と同じである。ただ、金銭債権の保全のためには仮差押えの方が直截で効果的であるため、仮処分の申立てをする必要性はあまりないと思われる。

## (6) 情報の共有

地方公共団体が有する債権には、種々のものがあり（前記1（259頁）参照）、それらに関する情報を全て共有できれば好都合である。特に地方税に関する調査や徴収に関する情報（「税務情報」という。）は、債権の回収という観点からは極めて貴重であるし、福祉関係等の業務によって得られた情報も貴重な資料となろう。しかし、地方公務員法34条は「職員は、職務上知り得た秘密を漏らしてはならない。その職を退いた

第2部　事務事業のプロセスとコンプライアンス

後も、また、同様とする。」と、地方税法22条は「地方税に関する調査
（不服申立てに係る事件の審理のための調査及び地方税の犯則事件の調査を含
む。）若しくは租税条約等の実施に伴う所得税法、法人税法及び地方税
法の特例等に関する法律（昭和44年法律第46号）の規定に基づいて行う
情報の提供のための調査に関する事務又は地方税の徴収に関する事務に
従事している者又は従事していた者は、これらの事務に関して知り得た
秘密を漏らし、又は窃用した場合においては、2年以下の懲役又は100
万円以下の罰金に処する。」と定めるほか、各地方公共団体における個
人情報の保護に関する条例においても目的外使用について厳しい制限が
付されているのが通例であり、情報を共有することは容易ではない。

　まず、公務員の守秘義務の対象となる秘密とその利用の関係につい
て、国における事案に関するものとして、次のように判示した判決（東
京地裁平成14年9月27日判決・税務訴訟資料252順号9207頁）があり、こ
の論旨は地方公務員についても妥当するものと思われる。

　「国家公務員法100条1項の「職員は、職務上知ることのできた秘密
　を漏らしてはならない。」との規定は、行政の適正な遂行を確保する
　ために設けられたものであり、また、相続税法72条が「相続税又は
　贈与税に関する調査に関する事務に従事している者又は従事していた
　者が、その事務に関して知り得た秘密を漏らし、又は窃用した時は、
　これを2年以下の懲役又は3万円以下の罰金に処する。」と規定して、
　相続税又は贈与税に関する調査事務に従事する税務職員に対し、より
　重い守秘義務を課する趣旨は、税務職員が調査事務に関して知り得た
　納税者自身や取引先等の第三者の秘密をそれ自体として保護するにと
　どまらず、秘密を保護することによって、税務調査等の税務事務に対
　する納税者や第三者の信頼と協力を確保し、納税者や第三者による真
　実の開示を促して、これをもって、相続税又は贈与税の適正かつ公平
　な賦課徴収を可能とし、申告納税制度の下における税務行政の適正な
　執行を確保しようとする点にあると解される。

　しかし、国家公務員法においては、所轄庁の許可を得た場合には、

公務員が、証人として、職務上の秘密に属する事項を発表することが予定されており（同法100条2項）、民事訴訟法においても、監督官庁の承認を得た場合には、公務員に対して職務上の秘密について尋問することができ、監督官庁は、公共の利益を害し、又は公務の遂行に著しい支障を生ずるおそれがある場合を除いて、承認を拒むことができず（同法191条1項）、公務員の職務上の秘密に関する文書であっても、その提出により公共の利益を害し、又は公務の遂行に著しい支障を生ずるおそれがあるものでなければ、その提出を拒むことができない（同法220条4号ロ参照）とされている。

　このように公務員に守秘義務が課されている場合であっても、他のより重要な目的があるときには、それが、公共の利益を害し、又は公務の遂行に著しい支障を生ずるおそれがない限り、必要な限度において、前記の守秘義務が解除される規定が設けられていることからすれば、相続税又は贈与税に関する調査事務に従事する税務職員が調査事務に関して知り得た納税者ないし第三者の秘密に属する事項であっても、それを開示することが、相続税又は贈与税の適正かつ公平な賦課徴収を可能とし、税務行政の適正な執行を確保しようとする上で必要であり、かつ、当該納税者ないし第三者の秘密保持の利益との衡量の上で社会通念上相当であると認められる場合であって、それが公共の利益を害し、又は公務の遂行に著しい支障を生ずるおそれがないときには、相続税法72条及び国家公務員法100条1項に規定された守秘義務は、その限度において、解除されるものと解するのが相当である。」

　さらに、公営住宅法34条に基づく割増賃料徴収のため、事業主体の長に地方税の課税台帳を閲覧させた行為は、「入居者が割増賃料を徴収される以外に右閲覧によって特別の不利益をうけることがないような場合は、その閲覧行為は公営住宅法第23条の2（注：現行34条）にもとづく適法な行為であり」、地方税法第22条にいう「事務に関して知り得た秘密をもらし、又は窃用した場合」に当たらないとする判決がある（大阪高裁昭和45年1月29日判決・判タ249号157頁）。

275

第2部　事務事業のプロセスとコンプライアンス

　また、地方税の滞納処分の例により処分することができる債権については、平成19年3月27日総務省自治税務局企画課長通知があり、そこでは、地方団体内における各種公金の徴収の連携強化について、次のように述べられている。

　「地方団体の歳入を確実に確保する観点からも、地方団体内部では専門的な徴収ノウハウを有する税務担当部局の活用を図ることは有用と考えられるので、それぞれの債権に関する個人情報保護に十分かつ慎重な配慮を行いつつ、各地方団体の実状等に応じ、検討していただきたい。なお、国民健康保険料については、地方税の滞納処分の例により処分することができる（国民健康保険法79条の2及び自治法231条の3第3項）ことから、国税徴収法141条の規定が適用され、滞納者等に対し財産に関する必要な質問及び検査への応答義務が課されている。このため、当該情報は滞納者との関係においては秘密ではないと考えられ、地方税法22条に定める守秘義務に関し、地方税と国民健康保険料を一元的に徴収するため、滞納者の財産情報を利用することについては差し支えない。保育所保育料等、地方税の滞納処分の例によると規定されているものについても同様と考えられるので、参考としていただきたい。」

　この通知の中で「当該情報は滞納者との関係においては秘密ではないと考えられ」としている部分は若干行き過ぎのように思われるが、その基本的な考え方は、上記の二つの判決と同じであると理解される。

　そうすると、この考え方を、地方税の滞納処分の例により処分することができず、公営住宅法34条のような官公署に対する必要な書類の閲覧請求を認める旨の法律もない債権（以下「一般の債権」という。）の徴収のための税務情報の開示又は利用についてまで広げることができるかどうかが問題となる。この問題を考えるに際しては、「税務職員に対し、より重い守秘義務を課する趣旨は、税務職員が調査事務に関して知り得た納税者自身や取引先等の第三者の秘密をそれ自体として保護するにとどまらず、秘密を保護することによって、税務調査等の税務事務に対す

る納税者や第三者の信頼と協力を確保し、納税者や第三者による真実の開示を促して、これをもって、相続税又は贈与税の適正かつ公平な賦課徴収を可能とし、申告納税制度の下における税務行政の適正な執行を確保しようとする点にある」（前記東京地裁平成14年9月27日判決（274頁））ことをどのように理解するかが問題となる。

　すなわち、一般の債権の回収のために税務情報を開示し、利用した場合に、この趣旨が損なわれないかどうか、言い換えれば、一般の債権の回収の方が税務情報を秘密とするよりも重要であり、そのような利用が、公共の利益を害し、又は公務の遂行に著しい支障を生ずるおそれがないと言えるかどうかが問題となるが、そのように言い切れるかは疑問である。

　ところで、地方税法22条が禁止するのは、「秘密を漏らすこと」及び「秘密を窃用すること」なので、前記の問題を考えるに際しては、この二つの禁止を分けて考えることもできるように思われる。すなわち、「秘密を漏らす」ということは、当該税務職員から他の職員に情報を提供することであり、「窃用する」ということは、当該税務職員が自己又は第三者のために税務上の目的以外の目的（例えば、一般の債権の回収目的）で当該税務情報を利用することを意味し、前者の場合は税務情報が拡散するのに対して、後者の場合はあくまでも当該職員による目的外使用に限定されているということができる。そうすると、税務情報を秘密とする趣旨が害される程度は、後者の方が前者よりも低いということが言えるように思われる。

　また、保有個人情報の目的外利用を禁止している行政機関の保有する個人情報の保護に関する法律においても、そこで刑罰をもって禁止しているのは、「保有個人情報を自己若しくは第三者の不正な利益を図る目的」でする提供又は盗用であり（54条）、地方税法22条の窃用というのも「自己若しくは第三者の不正な利益を図る目的」での目的外利用を意味するという解釈も成立するように思われる（「電波法109条1項にいう「窃用」とは、無線局の取扱中に係る無線通信の秘密を発信者又は受信者の意

思に反して利用することをいう」とする最高裁決定（昭和55年11月29日・判時986号25頁）があるが、これは憲法21条2項後段の通信の秘密との関係におけるものと理解され、法律によって課される守秘義務との関係における「窃用」と必ずしも同一に解する必要はないものと考えられる。）。

　そうであるならば、当該税務職員が相当な目的のために税務情報を利用すること（行政機関の保有する個人情報の保護に関する法律8条2項2号参照）は同条に違反しないことになり、何が「相当な目的」であるかを考えることになる。そうするときには、一般の債権の種類や性質を問わず、情報を利用することができる場合も限定せず、一律に一般の債権の徴収のために税務情報を税務職員以外の職員に提供するということはできないであろうが、税務職員が税以外の債権の回収のために税務情報を利用できるとする（併任等の方法によって税以外の債権回収を担当させる。）余地はあるように思われる。

　なお、地方公務員法による守秘義務の保護法益は公務そのものであり、その対象となる秘密の範囲は第一議的には任命権者が定めることになるので、その限りにおいては、債権の回収に必要な情報を共有することができるであろう。また、個人情報保護条例における利用制限は債権管理に関する条例に特例を設けるか、審議会の意見を聴く等の条例が定める手続を踏むことによって解除できることになる。このような論争を避けるためには、貸付金等のように債権の発生の際に書面を作成するものについては、その際に、滞納が生じたときには税務情報を利用することができることについて、債務者の同意を求めておくことも考えられる。


# 3　公債権に共通の原則

## (1) 督促

　自治法231条の3第1項は、「分担金、使用料、加入金、手数料及び

過料その他の普通地方公共団体の歳入を納期限までに納付しない者があるときは、普通地方公共団体の長は、期限を指定してこれを督促しなければならない。」としているが、ここで分担金、使用料（処分による使用に係るもの（公債権）に限られることについて第6章2（3）（202頁）参照）、加入金、手数料及び過料というのは、自治法に根拠が定められているもの（224条〜227条・15条2項・228条2項・3項）であり、「その他の普通地方公共団体の歳入」というのはこれらと同様な性質を有するもの（その徴収が地方公共団体の優越的な地位においてなされるものに限られる。）である。なお、督促について特別の規定を置いている法律（都市計画法75条1項の受益者負担金についての同条3項、道路法39条の道路占用料についての同法73条1項、保険料その他の徴収金についての国民健康保険法79条等）があり、この場合の督促は、自治法231条の3第1項に基づく督促に含まれない。なお、地方税法は、納期限後20日以内に督促状を発しなければならないとするが（66条1項等）、この期間の定めは訓示規定であり、その期限を過ぎたものも有効である（債権管理条例等における同様の規定の場合も同じである。）。

　ところで、地方公共団体の債権の督促は法令に基づくものとして時効中断の効力を有するが（自治法236条4項。民法の改正に伴う同項の改正については、後記6（3）（315頁）参照）、その様式が定められているわけではないので、

○当該債権の種類と額

○納期限（履行期限）が経過していること

○納付（履行）がなされていないこと

○納付（履行）すべき期限

が記載してあれば、督促状としての要件は満たしていることになる。また、督促において指定された期限は、当初の納期限（履行期限）を変更するものではなく、早期の支払いを促し、その期限が経過するまでは法的手続に移行しないという意思を表示したものにすぎない。

第2部　事務事業のプロセスとコンプライアンス

## (2) 延滞金、督促手数料

　自治法231条の3第2項は、「普通地方公共団体の長は、前項の歳入について同項の規定による督促をした場合においては、条例の定めるところにより、手数料及び延滞金を徴収することができる。」と定めている。

　一般に、金銭債権が期限までに履行されない場合は、督促（催告）の有無に関係なく、債務不履行による損害賠償として法定利息による遅延損害金（当初の履行期限から発生する。）を請求することができ（従前の民法及び新民法とも419条1項・404条）、債務者は、その債務不履行が不可抗力であることをもって抗弁とすることができないとされている（従前の民法419条3項（新民法419条3項））。自治法231条の3第2項が定める延滞金は、この遅延損害金の性質をも有しており、これとは別に遅延損害金を徴収することはできず、督促をした場合に限って、条例の定めるところに従って徴収することができるものである（遅延損害金の発生時期は当初の納期限であり、督促の日又は督促で指定した日の前後によってその利率を異ならせることは可能である。）。

　ちなみに、国税通則法60条1項が定める「延滞税は、納付の遅延に対する民事罰の性質を有し、期限内に申告及び納付をした者との間の負担の公平を図るとともに期限内の納付を促すことを目的とするものである」とするのが判例（最高裁平成26年12月12日判決・判時2254号18頁）である。また、債務の履行を促す通知（自治法は督促といい、民法は催告という。）に係る手数料（督促手数料）については、当該債務不履行と相当因果関係が認められる限りにおいて請求できるのが民法の原則であるが、公債権にあっては、条例に定めがなければ徴収できないことになる。

　なお、延滞金の割合については、特別の基準や制限はないが、都市計画法75条1項の受益者負担金及び道路占用料については、年14.5％の割合を超えてはならないとされている（都市計画法75条3項、道路法73条1項）。また、地方税の延滞金については納期限の翌日から納付の日までの期間の日数に応じ、年14.6％（当初の納期限までの期間又は当該納

280

期限の翌日から１か月を経過する日までの期間については、年7.3％）の割合を乗じて計算した金額に相当する額とするのが本則であるが（地方税法56条２項等）、当分の間は、各年の前年の12月15日までに財務大臣が告示する割合に、年１％の割合を加算した割合（特例基準割合）が年7.3％の割合に満たない場合には、その年（特例基準割合適用年）中においては、本則が年14.6％の割合にあっては当該特例基準割合適用年における特例基準割合に年7.3％の割合を加算した割合とし、本則が年7.3％の割合にあっては当該特例基準割合に年１％の割合を加算した割合（当該加算した割合が年7.3％の割合を超える場合には、年7.3％の割合）とするものとされている（地方税法附則３条の２第１項）。

## (3) 還付及び書類の送達

分担金、使用料、加入金、手数料及び過料その他の普通地方公共団体の歳入（自治法231条の３第１項に定めるものに限る。）並びに徴収した督促手数料及び延滞金を還付することとなった場合には地方税の過誤納金の例により処理することとされ、これらの徴収金の徴収又は還付に関する書類の送達及び公示送達についても地方税の例によることとされている（自治法231条の３第４項）。

過誤納金というのは、法律上の根拠のない自治体の収入金のことであり、民法703条の不当利得に相当するものである。過誤納金は、過納金と誤納金に分けられ、過納金というのは、次の①及び②を意味する。

① 納付された時には一応適法とみられるものであったが、後にその基礎となる数量や計算に誤りがあることが発見され、減額の決定や徴収の取消しがなされた結果（修正申告又は賦課決定の一部が無効である場合（東京高裁昭和50年４月16日判決・訟務月報21巻６号1345頁）を含む。）、当初の納付金額が過大となったもの

② 納付時には全く適法であったが、後発的事由によって、遡って減額の決定や徴収の取消しがなされた結果、当初の納付金額が過大となったもの

第2部　事務事業のプロセスとコンプライアンス

　また、誤納金というのは、

③　納付すべき額が確定する前に納付されたもの

④　納期が未到来の間に納付されたもの

⑤　確定した納付すべき額を超えて納付されたもの

を意味する。

　言い換えると、過納金は納付後の処分によって発生し、誤納金は納付の事実によって発生するので、返還請求の消滅時効の起算日は、過納金については当該処分のあった日となり、誤納金については納付のあった日となる（誤納金について最高裁昭和52年3月31日判決・訟務月報23巻4号802頁）。

　過誤納金の還付について、地方税法は、過誤納金は遅滞なく還付しなければならないこと（17条）、過誤納金の他の歳入への充当（17条の2）、予納額があるときの特例（17条の3）、還付加算金（17条の4）、時効（18条の3）について定めている。

　まず、過誤納金の他の歳入への充当については、原則として（例外は信託財産責任負担債務である地方団体の徴収金にかかる場合である。以下の過誤納金の還付の説明において同じ。）、その還付を受けるべき者につき納付し、又は納入すべきこととなった地方団体の歳入があるときは、その歳入に充当しなければならず（地方税法17条の2第1項）、その歳入に延滞金があるときはまず元本に充当しなければならない（地方税法17条の2第3項）こととされている。この充当は、行政庁が一方的に行うものであるから、それに不服がある者は審査請求ができることになっている（地方税法19条9号、地方税法施行規則1条の7第4号）。

　次に、予納額があるときの特例については、「納付し、又は納入すべき額が確定しているが、その納期が到来していない」又は「最近において納付し、又は納入すべき額の確定が確実であると認められる」徴収金がある場合は、過誤納金であっても還付を要しないこととされている（地方税法17条の3第1項）。

　実務的に一番問題となるのは、「還付加算金」である。当該過誤納金

282

第9章　債権管理

に係る地方団体の徴収金の納付又は納入があった日（過誤納金の発生原因による例外がある。）から還付のため支出を決定した日又は充当をした日（同日前に充当をするに適することとなった日があるときは、その日）までの期間の日数（過誤納金があることの通知を受けた後還付の請求をするまでの期間が30日を超えたときは、その経過した日数を含まないことのほか、差押え又は仮差押えがなされた場合の特例がある。）に応じ、その金額に年7.3％の割合（これについては前記（2）（280頁）で述べた特則がある。）を乗じて計算した金額を、その還付又は充当をすべき金額に加算しなければならないとされ、この加算されるべき金額が還付加算金である（地方税法17条の4）。

　なお、過誤納金の返還が必要となる場合には、不法行為に基づく損害賠償責任及び不当利得返還義務についても検討を要する。すなわち、賦課処分が取り消されなくても、当該賦課処分が違法になされたものであるときは、国家賠償法1条1項に基づく損害賠償請求をすることができるというのが判例（最高裁平成22年6月3日判決・判時2083号71頁）である。同様の考え方によれば、賦課処分が無効であるときは、当該収入によって地方公共団体は法律上の根拠なく利得を得ていることになる（大阪高裁平成3年5月31日判決・判時1400号15頁）。したがって、過誤納金が発生した原因となる処分に際して、担当職員に故意又は過失があった場合は、当該処分が取り消されるか否かに関係なく、当該収入を納付した者は国家賠償法1条1項に基づいて当該地方公共団体に損害賠償を請求することができることとなり、当該賦課処分について重大な過失があった職員は当該地方公共団体からの求償に応ずる義務を負う（同条2項）ことになる。さらに、賦課処分の基礎となる事実が不存在であった等の事由で当該処分が無効である場合は、地方公共団体は法律上の根拠なく収入を得たことになるので、不当利得としてそれを返還する義務を負うことになる（民法703条参照）。過誤納金が発生している場合は、権利者からの請求を待つまでもなく、職権で還付するのが通常であるが、損害賠償及び不当利得の返還は、当該収入を納付した者の請求

● 283

第2部　事務事業のプロセスとコンプライアンス

（場合によっては裁判所の判断）により行うのが通例である。

　また、過誤納金の返還であれば、還付加算金が付加され、その消滅時効は5年であるが（地方税法18条の3）、不法行為の場合は、当該不法行為のときから法定利率による遅延損害金が発生し（民法404条・412条1項、従前の民法415条（新民法415条1項）、民法417条）、損害賠償請求権の消滅時効は相手方が損害及び加害者を知ったときから3年であり（当該不法行為の時から20年を経過したときは請求できなくなる。民法724条）、不当利得の場合は、地方公共団体が法律上の原因のないことを知っていたときは、それを収入したときから法定利率による遅延損害金が発生し（民法704条・404条・412条、従前の民法415条（新民法415条1項）、民法417条）、不当利得返還請求権の時効は10年である（民法167条1項）。

　なお、2020年（令和2年）4月1日から施行される新民法は、法定利率を年3％とし、3年を1期として、期ごとに法務大臣が告示する銀行の短期貸付け利率の過去5年間の平均利率がその前の期の平均利率と1％以上の乖離が生じたときに、乖離幅の1％未満を切り捨てて、それを前の期の法定利率に加算又は減算したものを当該期において発生した債権に係る法定利率とする（新民法404条）ほか、消滅時効についても大幅な改正をしている（後記6（3）（315頁）参照）。

　次に、地方税法は、書類の送達について20条で、公示送達について20条の2で定めている。まず、書類の送達は、送達を受けるべき者（納税管理人に相当する者があるときはその者）の住所、居所、事務所又は事業所宛ての郵便又は信書便で行う（この場合は通常到達すべきであったときに送達があったものと推定される。）か、これらの場所において送達を受けるべき者に手渡すことによる（「交付送達」という。）のが原則である。交付送達すべき場合に送達を受けるべき者に出会わないときは、その使用人又は同居の者に手渡し、受領を拒否されたときは送達すべき場所に書類を差し置くこと（「差し置き送達」という。）ができることになっている（地方税法20条）。このいずれかの方法により送達すべき書類について、その送達を受けるべき者の住所、居所、事務所及び事業所が明

らかでない場合又は外国においてすべき送達につき困難な事情があると
認められる場合には、その送達に代えて公示送達（長が送達すべき書類
を保管し、いつでも送達を受けるべき者に交付する旨を地方団体の掲示場に
掲示する。）をすることができ、この方法をとったときは、掲示を始め
た日から起算して7日を経過したときに、書類の送達があったものとみ
なされる（地方税法20条の2）。

## （4）督促等についての審査請求

　分担金、使用料、加入金、手数料及び過料その他の普通地方公共団体
の歳入（自治法231条の3第1項に定めるものに限る。）についての督促は、
督促手数料及び延滞金を発生させる原因であるとともに、地方税の滞納
処分の例による処分の前提となるものであるから、行政不服審査法1条
2項の「処分」に該当する。また、督促手数料及び延滞金の徴収には、
その額及び納期限を確定する処分（納入の通知によってなされることが多
いであろう。）が含まれる（第3部第3章2（2）（387頁）参照）。また、地
方税の滞納処分の例による処分は、地方税法に基づく処分ではなく、自
治法231条の3第3項の規定による処分であるから、審査請求について
は同条5項以下が適用になるが、国税徴収の例により徴収することがで
きるとされている債権（生活保護法77条の2、78条等）については、自
治法の審査請求についての規定は適用されない。

　同項の規定による処分については、その処分をした機関が長である場
合はもちろん、そうでないときも当該地方公共団体の長に対して審査請
求ができ（自治法231条の3第5項）、審査請求を受けた長は、議会に諮
問してこれを決定しなければならず（自治法231条の3第7項）、議会は
その諮問があった日から20日以内に意見を述べなければならない（自治
法231条の3第8項）。

　そして、これらの処分については、長への審査請求に対する裁決を受
けた後でなければ裁判所に出訴することができないが（自治法231条の
3第10項）、これらの処分が確定するまでの間は、地方税の滞納処分の

285

第2部　事務事業のプロセスとコンプライアンス

例による差押物件の公売の執行は当然に停止される（自治法231条の3
第11項）。ちなみに、地方税の督促、滞納処分等に対する不服申立てに
ついては、「その目的となった処分に係る地方団体の徴収金の賦課又は
徴収の続行を妨げない。ただし、その地方団体の徴収金の徴収のために
差し押えた財産の滞納処分（その例による処分を含む。以下本条において
同じ。）による換価は、その財産の価額が著しく減少するおそれがある
とき、又は不服申立てをした者から別段の申出があるときを除き、その
不服申立てに対する決定又は裁決があるまで、することができない。」
とされている（地方税法19条の7第1項）。

　なお、この審査請求ができる期間については地方税法19条の4が準
用され（自治法231条の3第6項）、処分の種類に応じて次のように制限
されている。

　①　督促については、差押えに係る通知を受けた日（その通知がない
　　ときは、その差押えがあったことを知った日）の翌日から起算して3
　　日を経過した日まで（督促は地方税の滞納処分の例による処分には含
　　まれない（後記4（1）（288頁）参照）ので、自治法231条の6は適用さ
　　れないが、同条の趣旨からして、督促にも同条が準用され、地方税法19
　　条の4が準用されることになる。）

　②　不動産等（国税徴収法104条の2第1項に規定する不動産等をいう。）
　　についての差押えについては、その公売期日等（国税徴収法111条
　　に規定する公売期日等をいう。）まで

　③　不動産等についての公告（国税徴収法171条1項3号に掲げる公告
　　をいう。）から売却決定までの処分については換価財産の買受代金
　　の納付の期限まで

　④　換価代金等の配当については換価代金等の交付期日まで

　ところで、この審査請求の対象となるのは「分担金、使用料、加入金
及び手数料及び過料その他の歳入についての督促並びに督促手数料、延
滞金及び地方税の滞納処分の例による処分」であるが、一方、自治法
229条は「分担金、使用料、加入金又は手数料の徴収に関する処分」に

286　●

対する審査請求について定めている（第3部第3章1(7)(374頁)参照）。
両者を比較すると、前者には「過料その他の歳入」が含まれており、後
者には含まれていないことが分かる。したがって、「過料その他の歳入」
について自治法229条の適用を考える必要はないが、分担金、使用料、
加入金及び手数料については、両者の審査請求の関係を明らかにするこ
とが必要である。自治法229条が審査請求の対象とするのは「徴収に関
する処分」であり、通常、「徴収」というのは、債権を確定し、請求し、
弁済を受領することであり、任意に弁済がなされない場合における督
促、訴訟、強制執行、強制執行における配当金の受領（これらの「処分」
該当性の問題は別論である。）を含むものと解されるので、この審査請求
はこれらの全ての段階のものを対象にしているように思われる。

　ところが、自治法231条の3第5項は、督促並びに督促手数料、延滞
金及び地方税の滞納処分の例による処分（これらは任意の弁済がなされな
いときの処分である。）についての審査請求について定めているので、同
項の規定は自治法229条に対する特別の規定となり、一般法と特別法が
ある場合には特別法が優先されるという法の適用についての一般原則に
より、同項が優先することになる。すなわち、分担金、使用料、加入金
及び手数料及び過料その他の歳入に係る債権の存否及び額についての審
査請求については自治法229条が適用され、当該債権に係る督促並びに
督促手数料、延滞金及び地方税の滞納処分の例による処分に対する審査
請求については自治法229条・231条の3第5項が適用されるのである。
ちなみに、介護保険法は、「保険料その他この法に基づく徴収金」につ
いて、当該徴収金は自治法231条の3第3項に規定する法律で定める歳
入としながら（144条）、当該徴収金に不服がある者は介護保険審査会に
審査請求をすることができる（183条）としているので、保険料債権の
存否及びその額については介護保険審査会に、督促並びに督促手数料及
び延滞金（自治法231条の3第1項及び2項）については市町村長に、そ
れぞれ審査請求をすることになり、いずれの場合も、その審査請求に対
する裁決を経た後でなければ、その取消しの訴えを提起することができ

287

第2部　事務事業のプロセスとコンプライアンス

ない（介護保険法196条、自治法231条の３第10項）のであるが、介護保険審査会に対する審査請求がなされた場合に議会への諮問（自治法231条の３第７項）は不要である。

## 4　強制徴収できる公債権に特有の原則

### (1) 地方税の滞納処分の例

　自治法231条の３第３項は、「普通地方公共団体の長は、分担金、加入金、過料又は法律で定める使用料その他の普通地方公共団体の歳入につき第１項の規定による督促を受けた者が同項の規定により指定された期限までにその納付すべき金額を納付しないときは、当該歳入並びに当該歳入に係る前項の手数料及び延滞金について、地方税の滞納処分の例により処分することができる。この場合におけるこれらの徴収金（国税徴収法２条５号は、これらの徴収金を「公課」と定義している。）の先取特権の順位は、国税及び地方税に次ぐものとする。」としている。

　滞納処分というのは、滞納者の財産を差し押え、それを換価して（それが債権である場合は回収し、現金である場合はそのまま）、滞納処分の対象となっている債権に充当することである。このことについて、地方税法は、個別の税目ごとに、若干の独自の規定を置くものの、その滞納処分は「国税徴収法に規定する滞納処分の例による。」との規定を置いている（地方税法68条６項・72条の68第６項・373条７項等）。その結果、分担金、加入金、過料又は法律で定める使用料その他の普通地方公共団体の歳入（これらが「強制徴収公債権」と称されている。）についての滞納処分の多くの部分が、国税徴収法の例によることとなる。なお、滞納処分については、「地方税の滞納処分の例による」とするもののほか、「地方自治法231条の３第３項に規定する法律で定める歳入とする」（国民健康保険法79条の２等）、「国税滞納処分の例による」（道路法73条３項等）、「国税徴収の例により徴収することができる」（生活保護法78条４項等）

第9章　債権管理

等、様々な規定の仕方があるので、具体的な債権に応じた処理が必要である。

　そして、滞納処分がなされるのは、督促で指定された期限までに納付がない場合のことであるから、督促までは自治法の規定によることになる。なお、地方税の滞納処分の例によって物件を差し押さえた場合にあっても、当該滞納処分に係る処分が確定するまで（審査請求又は訴訟が係属している間）、公売の執行は停止される（自治法231条の3第11項）が、債権の回収は停止されない（国税徴収法67条）。

　地方税法が定める強制徴収に関する規定は、各種の税目ごとに定められているものの、その内容は共通している。そこで、代表的な地方税である道府県の法人住民税についての規定（同法68条）をみると、次のようになっている。

① 　道府県の法人住民税に係る滞納者が次の各号の一に該当するときは、道府県の徴税吏員は、当該事業税に係る地方団体の徴収金につき、滞納者の財産を差し押えなければならない。

　ア 　滞納者が督促を受け、その督促状を発した日から起算して10日を経過した日までにその督促に係る事業税に係る地方団体の徴収金を完納しないとき。

　イ 　滞納者が繰上徴収に係る告知により指定された納期限までに事業税に係る地方団体の徴収金を完納しないとき。

② 　第2次納税義務者又は保証人について①の規定を適用する場合には、①ア中「督促状」とあるのは、「納付の催告書」とする。

③ 　道府県の法人住民税に係る地方団体の徴収金の納期限後①アに規定する10日を経過した日までに、督促を受けた滞納者につき第13条の2第1項各号の一に該当する事実が生じたときは、道府県の徴税吏員は、直ちにその財産を差し押えることができる。

④ 　滞納者の財産につき強制換価手続が行われた場合には、道府県の徴税吏員は、執行機関（破産法第114条第1号に掲げる請求権に係る事業税に係る地方団体の徴収金の交付要求を行う場合には、その交付要

● 289

第2部　事務事業のプロセスとコンプライアンス

求に係る破産事件を取り扱う裁判所）に対し、滞納に係る事業税に係る地方団体の徴収金につき、交付要求をしなければならない。

⑤　道府県の徴税吏員は、①から③の規定により差押をすることができる場合において、滞納者の財産で国税徴収法86条1項各号に掲げるものにつき、すでに他の地方団体の徴収金若しくは国税の滞納処分又はこれらの滞納処分の例による処分による差押がされているときは、当該財産についての交付要求は、参加差押によりすることができる。

⑥　①から⑤に定めるものその他道府県の法人住民税に係る地方団体の徴収金の滞納処分については、国税徴収法に規定する滞納処分の例による。

⑦　①から⑥の規定による処分は、当該道府県の区域外においても行うことができる。

この①から③までは国税徴収法47条に、④は同法82条に、⑤は同法86条に、それぞれ対応するものである。⑥の表現は分かり難いが、①から⑤に規定されているものを含めて、地方税法に基づく滞納処分は国税徴収法が規定する滞納処分の例によってなされるべきことを意味している。そして、国税徴収法は、第5章に滞納処分として、次の規定を置いている。

〔国税徴収法「第5章　滞納処分」〕

第一節　財産の差押

　第1款　通則（47条〜55条）

　第2款　動産又は有価証券の差押（56条〜61条）

　第3款　債権の差押（62条〜67条）

　第4款　不動産等の差押（68条〜71条）

　第5款　無体財産権等の差押（72条〜74条）

　第6款　差押禁止財産（75条〜78条）

　第7款　差押の解除（79条〜81条）

第2節　交付要求（82条〜88条）

290

第9章　債権管理

第3節　財産の換価

第1款　通則（89条〜93条）

第2款　公売（94条〜108条）

第3款　随意契約による売却（109条・110条）

第4款　売却決定（111条〜114条）

第5款　代金納付及び権利移転（115条〜127条）

第4節　換価代金等の配当（128条〜135条）

第5節　滞納処分費（136条〜138条）

第6節　雑則

第1款　滞納処分の効力（139条・140条）

第2款　財産の調査（141条〜147条）

　これらの規定のうち、交付要求は、弁済の催告であって、滞納者に弁済義務を設定したり、その財産の管理処分を制限したりするものではないから、行政処分には該当せず（最高裁昭和59年3月29日判決（訟務月報30巻8号1495頁）及びその原審大阪高裁昭和57年10月29日判決（判時1079号38頁））、地方税法がその例によるとしている滞納処分には含まれない（債権の申出等について定める自治法施行令171条の4第1項の規定が強制徴収公債権にも適用されることについて前記2(4)(268頁)参照）。また、交付要求は、他の法律に基づく強制換価手続に参加するものであり、その要件は当該地方税等が滞納となっていることだけであるから、督促状又は納付催告書を発付している必要はなく（納期限を繰り上げる手続をとることが必要な場合はある。）、滞納処分を停止している場合においてもすることができる（国税徴収法基本通達153条関係10項なお書）。

　なお、国税徴収法は、国税について換価処分をした場合の地方税及び公課（国税又は地方税の滞納処分の例による処分ができる公債権）に係る債権の申出を交付要求と称して、それがあった場合の配当について定めている（同法129条1項2号）。また、滞納処分と強制執行、仮差押えの執行又は担保権の実行としての競売との手続の調整を図るために、滞納処分と強制執行等との手続の調整に関する法律が制定されており、これは

● 291

第2部　事務事業のプロセスとコンプライアンス

強制徴収公債権にも全面的に適用される（同法2条1項）。

## (2) 滞納処分に関する猶予及び停止等

　滞納処分というのは、滞納者の財産を調査して、それを差し押さえ、それを換価して、滞納処分の対象となっている債権に充当することであるから、地方税の滞納処分の例により処分するということは、滞納者の財産の差押えから滞納債権への充当に至るまでについて、地方税の滞納処分の場合と同じように行うということである。地方税法がその例によるとしている国税徴収法の滞納処分に関する規定は前記のとおりであるが、地方税法はその総則で、換価の猶予、滞納処分の執行の停止、換価の猶予に伴う担保の徴収、その担保の処分について定めており（国税徴収法は、滞納処分についての第5章とは別に「滞納処分に関する猶予及び停止等」として第6章を設けている。）、滞納者の財産の差押えがなされた後になされるこれらの処分についても地方税法の例によることとなるが、それよりも前の段階でなされる徴収猶予（地方税法15条〜15条の4）の例による処分はできないことになる（自治法231条の3第3項に規定する歳入であることを定める個別の法律に当該歳入の減免や徴収の猶予についての規定が置かれるのが通例である。国民健康保険法77条等）。ただ、「国税徴収の例により徴収することができる」（生活保護法78条4項等）とされている歳入については、同法の徴収猶予の例によることができる。

　換価の猶予には職権による場合と申請による場合があり、職権による換価の猶予は、滞納者が次のいずれかに該当すると認められる場合において、その者が地方団体の徴収金の納付又は納入について誠実な意思を有すると認められるときは、その納付し、又は納入すべき地方団体の徴収金につき滞納処分による財産の換価を猶予するものである。

　①　その財産の換価を直ちにすることによりその事業の継続又はその生活の維持を困難にするおそれがあるとき。

　②　その財産の換価を猶予することが、直ちにその換価をすることに比して、滞納に係る地方団体の徴収金及び最近において納付し、又

は納入すべきこととなる他の地方団体の徴収金の徴収上有利であるとき。

そして、この換価の猶予の期間は1年を超えることができないのが原則であるが、やむを得ない事情があるときは、通算して2年を超えない範囲でその期間を延長することができ（地方税法15条の5、15条4項）、必要があると認めるときは、差押により滞納者の事業の継続又は生活の維持を困難にするおそれがある財産の差押を猶予し、又は解除することができる（地方税法15条の5の3第1項）。

申請による換価の猶予は、前述した職権による換価の猶予ができる場合の①に該当するときに、滞納者からの申請に基づいてなされるものであり、その期間や効果は職権による場合と同じであるが（地方税法15条の6の3）、条例で定める当該自治体に対する債務の不履行がある場合その他換価の猶予をすることが適当でない場合として条例で定める場合には、それを認めないことができるとされている（地方税法15条の6第2項）。

また、換価の猶予がなされた場合であっても、その後換価の猶予の要件に該当しないこととなったとき、分割納付することとされた地方団体の徴収金をその期限までに納入しなかったとき又は繰上げ徴収すべき事由が生じたときは、「その猶予を取り消し、その猶予に係る地方団体の徴収金を一時に徴収することができる」（地方税法15条の5の3第2項、15条の6の3第2項、15条の3第1項）のは当然である。なお、換価の猶予をする場合は、条例で定める場合を除いて（国税の場合には猶予に係る金額が100万円以下である場合や猶予の期間が3月以内である場合等が除かれている。国税通則法46条5項ただし書、国税徴収法152条4項）、その猶予に係る金額に相当する国債、地方債、土地等の担保又は保証人の保証を徴しなければならず（地方税法16条）、その猶予の期限までに地方団体の徴収金を納入しなかったり、換価の猶予が取り消されたりした場合は、滞納処分の例によりその担保財産を処分して、その徴収すべき地方団体の徴収金及び担保財産の処分費に充て、又は保証人にその地方

第2部　事務事業のプロセスとコンプライアンス

団体の徴収金を納付させることとなる（地方税法16条の5第1項）。

　滞納処分の執行の停止について、地方税法15条の7は次のように定めている。

①　地方団体の長は、滞納者につき次の各号の一に該当する事実があると認めるときは、滞納処分の執行を停止することができる。

　ア　滞納処分をすることができる財産がないとき。

　イ　滞納処分をすることによってその生活を著しく窮迫させるおそれがあるとき。

　ウ　その所在及び滞納処分をすることができる財産がともに不明であるとき。

②　地方団体の長は、①の規定により滞納処分の執行を停止したときは、その旨を滞納者に通知しなければならない。

③　地方団体の長は、①イの規定により滞納処分の執行を停止した場合において、その停止に係る地方団体の徴収金について差し押さえた財産があるときは、その差押えを解除しなければならない。

④　①の規定により滞納処分の執行を停止した地方団体の徴収金を納付し、又は納入する義務は、その執行の停止が3年間継続したときは、消滅する。

⑤　①アの規定により滞納処分の執行を停止した場合において、その地方団体の徴収金が限定承認に係るものであるときその他その地方団体の徴収金を徴収することができないことが明らかであるときは、地方団体の長は、④の規定にかかわらず、その地方団体の徴収金を納付し、又は納入する義務を直ちに消滅させることができる。

　滞納処分の執行が停止された場合であっても、その後3年以内（前記④によって当該債権が消滅する前）に、その停止に係る滞納者につき同項各号に該当する事実がないと認めるときは、その執行の停止を取り消さなければならず、それを取り消したときは、その旨を滞納者に通知しなければならないとされている（地方税法15条の8第1項）。

　「滞納処分の執行を停止することができる」というのは、滞納処分に

294

着手した後、その後の手続をしないことを意味する。滞納処分とは、差押えのための財産の調査（国税徴収法141条）から、差押え（同法47条以下）、換価（同法89条以下）、配当（同法153条以下）の各処分を意味し、徴収猶予（地方税法15条以下）は滞納処分に着手する前の手続であるから、滞納処分には含まれない。

　滞納処分を行うか否か、一旦着手した後で停止をするか否か自体は、課税庁の内部的な問題であり、滞納者に対する法的効果は生じないので、滞納者に知らしめる必要はないはずである。それにもかかわらず、地方税法15条の７第２項が、そのことを納税義務者に通知しなければならないとしているのは、滞納処分が続行されるのではないかという不安を解消させ、再度財産が形成されることを期待するとともに（３年以内に差押えができる財産が形成されたときは、滞納処分の執行停止は取り消される（地方税法15条の８）。）、消滅時効（地方税法15条の７第４項）の起算点を明らかにすることにあると解される。この消滅時効は３年の期間の経過によって当然に効力が生ずる（自治法236条２項）から、相手方がその起算点を知らないことによる不利益はない。

　ただ、当該滞納処分の対象となった徴収金を納付し、又は納入する義務を直ちに消滅させること（地方税法15条の７第５項）は、当該義務（債務）を免除することであり、それは相手方に対する意思表示によってなされるべきものである（民法519条参照）。よって、この効果を生じさせるためには相手方に対する通知は必ずなされなければならない。なお、前記の換価の猶予の制度は、差押えをした財産の換価という滞納処分の執行における特定の場面についてのものであり、滞納処分の停止についての地方税法15条の７に対する特別規定ということになる。

　ところで、前記のうち、滞納処分の執行を停止した場合に、それが３年継続したときは当該債権が消滅するとすること（地方税法15条の７第４項）及び当該債権が限定承認に係るものであるときその他当該債権を徴収することができないことが明らかであるときは、当該債権の納付義務を直ちに消滅させること（これを「即時消滅」という。）ができるとす

● 295

第２部　事務事業のプロセスとコンプライアンス

ること（地方税法15条の７第５項）については、「地方税の滞納処分の例
により処分することができる」の範疇に入るかどうかの検討が必要であ
る。滞納処分の執行の停止が３年間継続したことによる地方団体の徴収
金の納入義務の消滅は、滞納処分の執行の停止による法律効果であり、
それを消滅させるために何らの処分がなされるものではないから、滞納
処分の例による処分の法律効果と理解できよう。そして、この法律効果
は消滅時効の効果を排斥するものではないので、滞納処分の執行の停止
が３年間継続する前に消滅時効が完成したときは、それによって当該債
権は当然に消滅する（自治法236条２項）。

　しかし、即時消滅は、滞納処分の執行の停止とは別個の処分であり、
債権回収のためになされる滞納処分とは異なる目的（債権管理の費用を
最少にするため）でなされるものであるから、これが「地方税の滞納処
分の例により処分することができる」という範疇に含まれるとすること
には疑問がないわけではない。即時消滅させることができるのは、３年
の経過を待つことに意味がない場合に限られることを考慮するときは、
敢えてこれを否定する必要もないように思われるが、強制徴収できない
債権を徴収停止とした場合等に即時消滅させることが認められていない
こと（後記５（3）（298頁）及び（5）（301頁）参照）と比較して検討するこ
とが必要であろう。

# 5　強制徴収できない公債権及び私債権に特有の原則

## (1) 督促

　自治法施行令171条は、「普通地方公共団体の長は、債権（地方自治
法231条の３第１項に規定する歳入に係る債権を除く。）について、履行期
限までに履行しない者があるときは、期限を指定してこれを督促しなけ
ればならない。」と定めている。自治法231条の３第１項に規定する歳
入に係る債権というのは、その徴収が自治体の優越的な地位においてな

296　●

第9章　債権管理

されるもの（強制徴収できない公債権が含まれることについて前記3（1）
（278頁）参照）のことであるが、自治法231条の3第1項と自治法施行
令171条を比較すると、納期限が履行期限と、納付が履行となっている
だけで、その意味するところは同じである。要するに、納入するべきと
きまでに納入されない債権については、その性質が何であれ、その納入
を促さなければならないということである。

　なお、自治体の債権の督促は法令に基づくものとして時効中断の効力
を有するが（自治法236条4項）、その様式が定められているわけではな
いので、
○当該債権の種類と額（債権の特定に必要な事項）
○納期限（履行期限）が経過していること
○納付（履行）がなされていないこと
○納付（履行）すべき期限
が記載してあれば、督促状としての要件は満たしていることになる。ま
た、督促において指定された期限は、当初の納期限（履行期限）を変更
するものではなく、早期の支払いを促し、その期限が経過するまでは法
的手続に移行しないという意思を表示したものにすぎない。

## (2) 強制執行等

　強制徴収により徴収する債権（強制徴収公債権）は、地方税の滞納処
分の例又は国税徴収の例により、自力でその回収を図ることになってい
るが、それ以外の債権（非強制徴収公債権及び私債権）については、私法
上の手続によって回収しなければならない（強制徴収できない）。

　このことについて、自治法施行令171条の2は、「普通地方公共団体
の長は、債権（地方自治法第231条の3第3項に規定する歳入に係る債権
（以下「強制徴収により徴収する債権」という。）を除く。）について、自治
法第231条の3第1項又は前条の規定による督促をした後相当の期間を
経過してもなお履行されないときは、次の各号に掲げる措置をとらなけ
ればならない。ただし、第171条の5の措置をとる場合又は第171条の

• 297

第2部　事務事業のプロセスとコンプライアンス

6の規定により履行期限を延長する場合その他特別の事情があると認める場合は、この限りでない。」とし、その各号に次のように定めている。

① 担保の付されている債権（保証人の保証がある債権を含む。）については、当該債権の内容に従い、その担保を処分し、若しくは競売その他の担保権の実行の手続をとり、又は保証人に対して履行を請求すること。

② 債務名義のある債権（③の措置により債務名義を取得したものを含む。）については、強制執行の手続をとること。

③ 前記①又は②に該当しない債権（①に該当する債権で同号の措置をとってなお履行されないものを含む。）については、訴訟手続（非訟事件の手続を含む。）により履行を請求すること。

督促した後相当の期間を経過してもなお履行されないときに、このような措置をとることになるが、この「相当の期間」については、地方税法が「滞納者が督促を受け、その督促状を発した日から起算して10日を経過した日までにその督促に係る事業税に係る地方団体の徴収金を完納しないとき」又は「滞納者が繰上徴収に係る告知により指定された納期限までに事業税に係る地方団体の徴収金を完納しないとき」は「滞納者の財産を差し押えなければならない」（72条の68第1項等）としていることが参考になる。もちろん、この規定は地方税についても訓示規定であり、実情に応じた措置をとることが必要となるが、いたずらに時日を経過させてはならないことは当然のことである。

## (3) 徴収停止

徴収停止というのは、強制徴収できない債権（非強制徴収公債権及び私債権）について、履行期限後相当の期間を経過してもなお完全に履行されていないものについて、一定の要件に該当し、これを履行させることが著しく困難又は不適当であると認めるときに、以後、保全（担保の提供を求めること、仮差押えや仮処分等の当該債権を保全するための措置（自治法施行令171条の4第2項参照）をとること）及び取立てをしないこと

298

である（自治法施行令171条の5）。

　これは、取立てに要する費用とその効果及び個人債務者の生活の再建や維持の面を考慮したものであり、地方公共団体内部における意思決定である（徴収停止となったことは債務者に通知されない。）。したがって、徴収停止は、債務者に対して何らの法的効果を及ぼすものではなく、その後事情が変更になったとき（思わざる収入があったようなとき）は、強制執行を含め、回収のために必要な措置をとることができるものである。なお、徴収停止の決定をしたときは、以後不作為を継続し、消滅時効が完成したとしても、「違法若しくは不当に……財産の管理を怠る事実」又は「違法若しくは不当な……財産の管理」（自治法242条1項）には該当しないと解される。

　徴収停止ができる要件について、自治法施行令171条の5は、次の3つの場合を定めている。

① 法人である債務者がその事業を休止し、将来その事業を再開する見込みが全くなく、かつ、差し押えることができる財産の価額が強制執行の費用をこえないと認められるとき。

② 債務者の所在が不明であり、かつ、差し押さえることができる財産の価額が強制執行の費用を超えないと認められるときその他これに類するとき。

③ 債権金額が少額で、取立てに要する費用に満たないと認められるとき。

「徴収停止」と「地方税の滞納処分の例による執行停止」の違いは、後者の場合には、その旨を滞納者に通知しなければならず、執行停止が3年間継続したときは当該滞納者の納入義務が当然に消滅し、一定の要件に該当するときは直ちにその納入義務を消滅させることができる（前記4（2）（292頁）参照）のに対して、前者にはそのようなことが認められていないことである。

第2部　事務事業のプロセスとコンプライアンス

## （4）履行延期の特約又は処分

　「徴収停止」が事実上債権の回収を諦めるものであるのに対して、「履行延期の特約」というのは、履行期限を延長することであり、この特約をしたときは、当該債権の金額を適宜分割して履行期限を定めることもできる（自治法施行令171条の6）。このような措置は、私債権については債務者との合意（特約）によってなされ、非強制徴収公債権（その範囲については前記1（259頁）参照）にあっては処分としてなされることになる。

　特約又は処分によって履行期限の延長（分割納付を含む。）ができるのは、次の5つの場合である（自治法施行令171条の6第1項）。

①　債務者が無資力又はこれに近い状態にあるとき。

②　債務者が当該債務の全部を一時に履行することが困難であり、かつ、その現に有する資産の状況により、履行期限を延長することが徴収上有利であると認められるとき。

③　債務者について災害、盗難その他の事故が生じたことにより、債務者が当該債務の全部を一時に履行することが困難であるため、履行期限を延長することがやむを得ないと認められるとき。

④　損害賠償金又は不当利得による返還金に係る債権について、債務者が当該債務の全部を一時に履行することが困難であり、かつ、弁済につき特に誠意を有すると認められるとき。

⑤　貸付金に係る債権について、債務者が当該貸付金の使途に従って第三者に貸付を行った場合において、当該第三者に対する貸付金に関し、①から③の一に該当する理由があることその他特別の事情により、当該第三者に対する貸付金の回収が著しく困難であるため、当該債務者がその債務の全部を一時に履行することが困難であるとき。

　また、この履行延期の特約等は、履行期限の後でもできるが、そのときは、すでに発生した履行の遅滞に係る損害賠償金その他の徴収金（督促手数料や延滞金等）に係る債権は、徴収しなければならない（自治法施

300

行令171条の６第２項）。なお、履行延期の特約が前記の要件に該当しない違法なものであり、延納利息の支払いを条件としなかったことも違法であるとして町長の損害賠償責任を認めた判決がある（京都地裁昭和61年４月10日判決・判時1213号74頁）。この判決は、延納利息の支払いを条件としないで履行延期の特約ができる条件として、次の場合等、特別の事情のある場合に限られるとしている。

① 売却代金納付までの間に、地方公共団体が売却物件を利用することにより、代金に対する利息相当額の利益を得られるため、延納利息を付することなく延納を認めても、地方公共団体の側に延納による不利益が存しない場合。

② 債務者が無資力又はそれに近い状態にあり、延納利息を支払うことのできる見込がないと認められる場合。

③ 延納利息免除が元金回収のために止むを得ない場合。

## (5) 免除

履行期限を延長したり、分割納付を認めても、経済状況が好転しなければ納入を受けることができない状態が継続することになるが、このような状態を何時までも続けることは適当ではない。

そこで、自治法施行令171条の７第１項は、「債務者が無資力又はこれに近い状態にあるため履行延期の特約又は処分をした債権について、当初の履行期限（当初の履行期限後に履行延期の特約又は処分をした場合は、最初に履行延期の特約又は処分をした日）から10年を経過した後において、なお、債務者が無資力又はこれに近い状態にあり、かつ、弁済することができる見込みがないと認められるときは、当該債権及びこれに係る損害賠償金等を免除することができる。」と定めている。また、貸し付けた相手方に対する貸付金の回収が著しく困難であるため、当該債務者がその債務の全部を一時に履行することが困難であるという理由により履行延期の特約をした貸付金に係る債権で、その相手方が無資力又はこれに近い状態にあることに基づいて当該履行延期の特約をしたもの

● 301

第2部　事務事業のプロセスとコンプライアンス

についても、当該債務者が当該第三者に対する貸付金について免除することを条件として、免除することができるとされている（自治法施行令171条の7第2項）。

この免除は、相手方に対する意思表示によってなされるものであり、法律的には権利の放棄に該当するが、自治法96条1項10号の議会の議決は不要とされている（自治法施行令171条の7第3項）。

## 6　消滅時効

## (1) 消滅時効に関する民法の規定

### ① 消滅時効の意義

時効について定める基本法は民法であり、自治法は、金銭の給付を目的とする地方公共団体の権利及び地方公共団体に対する権利について、消滅時効の期間並びに援用の要否及び利益の放棄について独自の規定を置くとともに、消滅時効の中断、停止その他の事項について適用すべき法律の規定がないときは、民法の規定を準用するとしている（自治法236条1項〜3項）。そして、独自に規定する消滅時効の期間並びに援用の要否及び利益の放棄についても、「時効に関し他の法律に定めがあるもの」はその法律の定めによるものとし、ここには民法の規定が含まれるものと解されている。したがって、時効に関する事務の処理に際しては民法の規定を理解することが必須となる。

債権の消滅時効の制度は、一定の期間、債権を行使しないという事実があるときは当該債権が消滅するというものであり（民法167条1項）、この一定の期間は、原則が10年とされるが、債権の種類に応じてそれよりも短い期間（これを「短期消滅時効」という。）も定められている（民法168条〜174条）。ただ、短期消滅時効の適用がある債権であっても、確定判決及び裁判上の和解、調停その他確定判決と同一の効力を有するものによって確定した権利であって、その確定のときに弁済期の到来し

ていない債権以外のものの時効期間は10年とされている（民法174条の
２）。

　このような時効制度の存在理由として、長期間継続した法律関係の安
定を図り、証拠資料の散逸等による証明の困難さを救済することが必要
であること、そして権利の上に眠る者（権利を行使を怠る者）は保護す
る必要がないことが挙げられているが、債務者が自ら債権者の権利を認
めることを禁止する必要も妥当性もないことから、「時効は、当事者が
援用しなければ、裁判所がこれによって裁判をすることができない。」
（民法145条）とされている。

　このことは、消滅時効が完成しても、債務者がそのことを主張する
（これを「援用」という。）までは、（訴訟を提起して）強制的にそれを取り
立てることができることを意味する。なお、消滅時効が完成した債権に
ついて、債務者がその利益を放棄すること（「時効利益の放棄」といい
「債務の承認」とは異なる。）はできるが、消滅時効が完成する前にあらか
じめその利益を放棄することはできないとされている（民法146条）。

　消滅時効の援用があったときは、その援用の時期に関係なく、時効の
効力は、その起算日にさかのぼる（民法144条）。したがって、時効の援
用がなされた債権は、はじめから存在しなかったことになるので、その
後当該債権の弁済を受けることはできないこととなる（当該債権相当額
を寄附として受領することはできる。）。ただ、時効によって消滅した債権
がその消滅以前に相殺に適するようになっていた場合（これを「相殺適
状」という。）には、その債権者は、相殺することができるとされるので
（民法508条）、その限りにおいて、当該債権は消滅しなかったことにな
る。

　なお、「消滅時効は、権利を行使することができる時から進行する。」
（民法166条１項）とされ、時効の期間は年をもって定められているので、
初日は算入されず、当該権利を行使できるときの属する日に応当する日
の終了をもって満了することになる（民法140条・141条）。そして、時
効の完成は取引とは関係のない制度であるから、この応当日が、民法

第2部　事務事業のプロセスとコンプライアンス

142条の定める日曜日、祝日その他の休日に該当する場合であっても、当該応当日の終了をもって期間は満了するが、権利を行使することができるとき（時効の始期）が何時であるかの判断が難しい場合がある。

　債権の履行について、民法は、確定期限があるときはその期限の到来したときから、不確定期限があるときは債務者がその期限の到来したことを知ったときから、期限の定めがないときは履行の請求を受けたときから、それぞれ債務者は遅滞の責任を負うとしている（民法412条）。したがって、時効期間については、確定期限又は不確定期限があるときは、その期限が到来したときから、期限の定めがないときは、（何時でも履行の請求ができるので）当該債権が成立したときから起算されることになる。ただ、期限が到来しただけでは権利を行使することができない条件が付されている債権のように、権利を行使するについて法律上の障害がある場合はもちろん、その障害が事実上のものであっても、権利の性質上その権利を行使することが現実に期待できないものである場合には、権利を行使することができないので、期限は未到来であることになる。

　ところで、民法は、債権（短期消滅時効の適用があるものを除く。）は10年間行使しないことによって、債権又は所有権以外の財産権は20年間行使しないことによって、それぞれ消滅するとしており（民法167条）、債権を発生させる権利である形成権（解除権（民法541条）、詐害行取消権（民法424条）等）については、債権又は所有権以外の財産権として、20年の消滅時効の適用があることになりそうである。しかし、最高裁は、「借地法10条による買取請求権は、その行使により当事者間に建物その他地上物件につき売買契約が成立したのと同一の法律効果を発生せしめるものであるから、いわゆる形成権の一種に属するが、その消滅時効については民法167条1項を適用すべきものと解するのが相当である。」としており（最高裁昭和42年7月20日判決・判時493号35頁）、他の形成権についても同じ結論になるように思われる。

　なお、最高裁平成29年10月17日判決（判時2360号3頁）は、実施機

304　●

第9章 債権管理

関による裁定を受ける前には支給を受けることができない障害年金（厚生年金保険法33条、47条）の支分権（支払期月ごとに支払うものとされる保険給付の支給を受ける権利）について、裁定を受ける前であっても消滅時効が進行するとして、次のように判示した。

「障害年金を受ける権利の発生要件やその支給時期、金額等については、法律に明確な規定が設けられており、裁定は、受給権者の請求に基づいて上記発生要件の存否等を公権的に確認するものにすぎないのであって（最高裁平成３年（行ツ）第212号同７年11月７日第三小法廷判決・民集49巻９号2829頁参照）、受給権者は、裁定の請求をすることにより、同法の定めるところに従った内容の裁定を受けて障害年金の支給を受けられることとなるのであるから、裁定を受けていないことは、上記支分権の消滅時効の進行を妨げるものではないというべきである。

　したがって、上記支分権の消滅時効は、当該障害年金に係る裁定を受ける前であっても、厚生年金保険法36条所定の支払期が到来した時から進行するものと解するのが相当である。」

この判例の趣旨に従えば、法律や条例に債権の発生要件やその支給時期、金額等について明確な規定が設けられている公の施設の使用料に係る納入の通知は、その発生要件の存否等を公権的に確認するもの（審査請求（自治法229条１項）はできる。）にすぎず、消滅時効は納入の通知を発することができるときから進行すると解されることになろう（下水道使用料について東京高裁平成24年７月24日判決（上告不受理）（判例集未登載）及び下水道受益者負担金について東京高裁平成28年９月７日（D1-Law.com判例体系））。

また、不当利得返還請求権についても、不当利得が成立する条件は、法律上の原因のない利得の発生であるから、給付が処分に基づくものであればその取消しが、契約であればその解除がなされない限り、その返還を求めることはできないが、給付に取消し又は解除となる事由があれば、何時でも取消しや解除をすることができる。このことは、不当利得

305

第2部　事務事業のプロセスとコンプライアンス

返還請求権を行使するためには取消し又は解除をすることが必要であるが、その消滅時効は、取消し又は解除をすることができるとき（取消し又は解除の原因となる事由が発生したとき）から進行することを意味する。

## ② 消滅時効の中断・停止等

　消滅時効の制度を債権者の立場からみると、一定の期間内に権利を行使すべき義務であるということもできる。そうであるならば、権利を行使した場合にはその中断を認め、やむを得ない場合にはその期間の停止を認めるべきことになる。民法はこれらのことについて、147条から161条にわたって規定を置いている。

　まず、時効の中断については、民法147条が

① 　請求

② 　差押え、仮差押え若しくは仮処分

③ 　承認

の三つの事由を掲げ、これらの事由によって中断した時効は、それが終了したときから新たに進行を開始し（民法157条）、中断が確定判決又は確定判決と同一の効力を有するものによる場合は、当該債権が10年よりも短い時効期間の定めがあるものであってもその時効期間は10年となるとしている（民法174条の2第1項）。民法147条による「時効の中断は、その中断の事由が生じた当事者及びその承継人の間においてのみ、その効力を有する。」とされており（民法168条）、この承継人には、包括承継人だけでなく特定承継人も含まれ、当事者には債権者代位訴訟における債務者が含まれるほか、連帯債務者の一人に対する請求は他の債務者にもその効力が及び（民法434条）、「主たる債務者に対する履行の請求その他の事由による時効の中断は、保証人に対しても、その効力を生ずる。」（民法457条1項）とされている。

　時効中断事由としての請求には、裁判上の請求、支払督促、和解及び調停の申立て、催告及び破産手続参加等があるが、それぞれの場合について、時効中断の効力が生じない場合が次のように定められている。

① 裁判上の請求は、訴えの却下又は取下げによって終了したとき
　（民法149条）

② 支払督促は、債権者が仮執行の宣言の申立てをすることができる
　ときから30日以内にその申立てをしないことによりその効力を失
　うとき（民法150条、民事訴訟法392条）

③ 和解又は調停の申立ては、相手方が出頭せず、又は和解若しくは
　調停が調わないときは、1か月以内に訴えを提起しないとき（民法
　151条）

④ 破産手続参加、再生手続参加又は更生手続参加は、債権者がその
　届出を取り下げ、又はその届出が却下されたとき（民法152条）

⑤ 催告（支払いを求める意思表示）は、6か月以内に、裁判上の請
　求、支払督促の申立て、和解の申立て、民事調停法若しくは家事事
　件手続法による調停の申立て、破産手続参加、再生手続参加、更生
　手続参加、差押え、仮差押え又は仮処分をしないとき（民法153条）

⑥ 差押え、仮差押え及び仮処分は、権利者の請求により又は法律の
　規定に従わないことにより取り消されたとき（民法154条）及びそ
　れが時効の利益を受ける者に対してなされたものでないとき（その
　者に通知をした後であれば、時効の中断の効力が生ずる。）（民法155条）

さらに、「時効の期間の満了前6箇月以内の間に未成年者又は成年被
後見人に法定代理人がないときは、その未成年者若しくは成年被後見人
が行為能力者となった時又は法定代理人が就職した時から6箇月を経過
するまでの間は、その未成年者又は成年被後見人に対して、時効は、完
成」せず、「未成年者又は成年被後見人がその財産を管理する父、母又
は後見人に対して権利を有するときは、その未成年者若しくは成年被後
見人が行為能力者となった時又は後任の法定代理人が就職した時から6
箇月を経過するまでの間は、その権利について、時効は、完成しない。」
とされている（民法158条）。そして、「相続財産に関しては、相続人が
確定した時、管理人が選任された時又は破産手続開始の決定があった時
から6箇月を経過するまでの間は、時効は、完成」せず（民法160条）、

307

第2部　事務事業のプロセスとコンプライアンス

「時効の期間の満了の時に当たり、天災その他避けることのできない事変のため時効を中断することができないときは、その障害が消滅した時から2週間を経過するまでの間は、時効は、完成しない。」とされている（民法161条）。

## (2) 時効に関し他の法律に定めがあるもの

### ① 公法と私法

　自治法236条は、その1項で「金銭の給付を目的とする普通地方公共団体の権利は、時効に関し他の法律に定めがあるものを除くほか、5年間これを行なわないときは、時効により消滅する。普通地方公共団体に対する権利で、金銭の給付を目的とするものについても、また同様とする。」と、2項で「金銭の給付を目的とする普通地方公共団体の権利の時効による消滅については、法律に特別の定めがある場合を除くほか、時効の援用を要せず、また、その利益を放棄することができないものとする。普通地方公共団体に対する権利で、金銭の給付を目的とするものについても、また同様とする。」と定めている。

　伝統的な行政法理論によれば、公法と私法は截然と区別され、公法の分野に私法が適用されることはないとされる。自治法236条1項及び2項は公法上の債権に適用されるものであり、そこでいう「時効に関し他の法律に定めがあるもの」というのは、個別の債権について定める特別な法律があるもの及び私法（民法や商法等）に定めがあるものを意味することになり、行政解釈もこの考え方によっていた。しかし、近年は、このような公法・私法二分論に対する批判が強くなり、個別の問題ごとに、当該問題に適用される法律の解釈によって妥当な結論を導き出すべきだという考え方が大勢になってきており、司法判断もその流れに沿っているように思われる。

　ちなみに、地方税については、地方税法又はこれに基づく条例の規定により地方税を納付し、又は納入すべき期限（修正申告、期限後申告、更正若しくは決定、繰上徴収又は徴収の猶予に係る期限その他政令で定める期

第9章　債権管理

限を除き、「法定納期限」と称される。地方税法11条の4第1項括弧書き）の翌日から起算して5年間行使しないことによって、時効により消滅するのが原則であり、時効の援用を要しないこと及びその利益を放棄できないことを除いて、民法の規定が準用される（地方税法18条）。

### ② 判例の動向

　自治法236条1項の「他の法律」について最高裁が判断した最初のものは、教育公務員の日直手当請求権について労働基準法115条が適用されるとした昭和41年12月8日の判決（判時470号15頁）である。この判決は、地方公務員法58条3項が職員について労働基準法11条及び115条の適用を是認しているのであるから、同手当は、公法上の債権ではあるものの、労働基準法上の賃金として、2年間行使しないことによって時効によって消滅すると判示している。

　最高裁の2番目の判決は昭和46年11月30日のもの（判時653号84頁）であり、そこでは、国家賠償法1条1項に基づく地方公共団体の責任は、実質上、民法上の不法行為により損害を賠償すべき関係と性質を同じくするものであるから、その損害賠償請求権は私法上の債権であり、民法145条の規定が適用され、当事者が時効を援用しない以上、時効による消滅の判断をすることができないとされている。しかし、この判決の結論は、国家賠償法4条が「前3条の規定によるのほか民法の規定による。」としていること（昭和41年判決と同じ論理）から容易に結論を導くことができるものであり、敢えて国家賠償法に基づく損害賠償請求権は私法上の債権であるという必要はなかったものと思われる。なお、自治法243条の2第1項の職員の賠償責任には同法236条が適用されるとするのが判例（最高裁昭和61年2月27日判決・判時1186号3頁）である。

　ともあれ、前掲の二つの判例の事案は、自治法236条が適用されないとする根拠を個別の法律に求めることができるものであったが、その後、解釈によって民法の規定によるべきことを判示するものが現れた。

　その第一は、自治法236条1項と同じ条文の会計法30条についての

309

第2部　事務事業のプロセスとコンプライアンス

ものであり、同条が「5年の消滅時効期間を定めたのは、国の権利義務を早期に決済する必要がある等主として行政上の便宜を考慮したことに基づくものであ」り、国の安全配慮義務違反による損害賠償義務については、そのような行政上の便宜を考慮する必要はなく、また、国が義務者であっても、被害者に損害を賠償すべき関係は、公平の理念に基づき被害者に生じた損害の公正な填補を目的とする点において、「私人相互間における損害賠償の関係とその目的性質を異にするものではない」ことを理由として、民法に規定があることをもって「法律に特別の定めがあるもの」に該当するとした（最高裁昭和50年2月25日判決・判時767号11頁）。

　その第二は、「水道供給事業者としての被控訴人（地方公共団体）の地位は、一般私企業のそれと特に異なるものではないから、控訴人と被控訴人との間の水道供給契約は私法上の契約であり、したがって、被控訴人が有する水道料金債権は私法上の金銭債権であると解される。」とした東京高裁平成13年5月22日判決（新版水道関係判例集111頁）について上告を受理しないとした最高裁平成15年10月10日決定（上掲判例集113頁）である。

　その第三は、「公立病院において行われる診療は、私立病院において行われる診療と本質的な差異はなく、その診療に関する法律関係は本質上私法関係というべきであるから、公立病院の診療に関する債権の消滅時効期間は、地方自治法236条1項所定の5年ではなく、民法170条1号により3年と解すべきである。」とする最高裁平成17年11月21日判決（判時1922号78頁）である。

　前記の最高裁昭和50年2月25日判決は、「ある法律関係に基づいて特別な社会的接触の関係に入った当事者間において、当該法律関係の付随義務として当事者の一方又は双方が相手方に対して信義則上負う義務として一般的に認められるべきもの」としての国の国家公務員に対する安全配慮義務についてのものであり、この義務は国と国家公務員との勤務関係という公法上の関係において認められるものであるから、その義務

に違反したことによる責任も公法上のものとなるはずである。この判例は、そのことを前提としながらも、その債務不履行による損害賠償請求権については、早期に決済するという行政上の便宜を考慮する必要はなく（会計法による時効は5年、民法によるそれは10年である。）、また、被害者に損害を賠償すべき関係は、義務者が国であるか私人であるかによって目的や性質が異なるわけではないということを理由として、民法が適用されるとしたものである。しかし、安全配慮義務は、当事者間の信頼を保護しようとするものであるから、一方当事者の意思に関係なく形成され、法令等の規定によって規律される関係は信義則上の安全配慮義務を負うべき特別な社会的接触の関係とはいえないので、未決勾留による拘禁に関して生じた事故については、債務不履行の問題ではなく、国家賠償法の問題となる（最高裁平成28年4月21日判決（判時2303号41頁）参照）。したがって、その時効については、国家賠償法4条により民法724条によることになる。

　また、前記の東京高裁平成13年5月22日判決及び最高裁平成17年11月21日判決は、民法が定める短期消滅時効の適用の有無が争点となった事案であり、早期に決済するという行政上の便宜は問題となる余地はない（自治法が定める消滅時効の期間よりも民法のそれの方が短い。）ところから、その法律関係に私人間におけるものと違いはないという理由で、民法が適用されるとしたものである。この理由によるときは、時効の援用及び時効の利益の放棄についても民法が適用されることになるのは当然のことであろう。

　公立病院は健康保険法に基づく保険医療機関としての指定を受け（健康保険法65条1項）、そこにおける診療等については、同法に基づいて定められる療養の給付に関する費用（診療報酬）の支払いを受ける（健康保険法76条1項等）のが通常であり（この訴訟における事案もそうである。）、当該病院と患者との間には設置者が地方公共団体であることによる特別な法律関係は何もないことは否定できない。公立病院における診療の対価は、公の施設の使用料（自治法225条）であり、公法上の債権

第2部　事務事業のプロセスとコンプライアンス

であるとするのが行政実例であるが、患者をもって物的施設としての病院を利用する者であるとすることには無理があり、この判決の方が素直なように思われる。

また、最高裁は、市営ガス事業の料金について昭和60年7月16日判決（判時1174号58頁）で、町営簡易水道の料金について平成18年7月14日判決（判時1947号45頁）で、それぞれが自治法244条の公の施設の使用料に該当することを明言している。

これらの判例に共通するのは、同じく公の施設の使用といっても、その根拠が行政処分にあるもの（公法上の関係となる）と契約にあるもの（私法上の関係となる）の二つがあり、具体的な判断はその使用関係を個別に観察してなされるべきだという考え方であると思われる（第6章2(2)①（190頁）参照）。

### ③ 公の施設の使用料の消滅時効

私人間における法律関係と違いはないとされる多くのものは、公の施設の利用関係についてである。公の施設は、「住民の福祉を増進する目的を持ってその利用に供するための施設」（自治法244条1項）であり、それには、開放型施設、専用型施設及び役務一体型施設がある。役務一体型施設を利用した事業には、主として当該事業による収入をもって当該事業の経費に充てることとされ、企業的な経営をすることが求められているものが多く、このような事業における使用料は当該施設の使用の対価として意識されることはなく、当該施設を利用した産物、商品、サービス等の提供に対する対価として理解されるのが普通である（地方公営企業法21条1項は「地方公共団体は、地方公営企業の給付について料金を徴収することができる。」としている。）。また、法律的にもその利用関係において当該施設の設置主体である自治体が優越的な地位に立つという関係にはない（第6章2(2)①（190頁）参照）。そうであるならば、そのような利用関係から生ずる債権には民法が適用されることになり、民法が適用される限り、自治法236条1項は適用されないというのが論理

的帰結である。

　なお、公営住宅については、その使用関係が公法上のものか私法上のものかという論争があるが（第6章2(2)①（190頁）参照）、公営住宅の使用料が私法上の債権であるとしても、その時効期間は5年であり（民法169条）、その限りでは議論の実益は乏しいが、援用が必要であるか否か（後記④参照）については意味がある。

### ④ 消滅時効の援用の要否

　民法は、「時効は、当事者が援用しなければ、裁判所がこれによって裁判をすることができない。」（145条）としているが、これは、消滅時効の期間が経過しただけでは当該債権は消滅せず、債務者が「消滅時効が完成したので支払わない」という意思を示したときに初めて消滅するという意味だと解されている。

　このことについて、自治法は「金銭の給付を目的とする普通地方公共団体の権利の時効による消滅については、法律に特別の定めがある場合を除くほか、時効の援用を要せず、また、その利益を放棄することができないものとする。普通地方公共団体に対する権利で、金銭の給付を目的とするものについても、また同様とする。」（236条2項）と定め、援用がされても、されなくても、権利が消滅することとしている。

　これは、公共団体である自治体として、権利の行使について、相手方の出方によって異なる対応をすることは適当ではないとの判断によるものだと思われるが、ここでも「法律に特別の定めがある場合」の意味が問題となる。この場合においても、前記②（309頁）における判例と同様、当該問題に適用される法律の解釈によって判断することになろう。ただ、公務員の給与については、労働基準法が定めているのは消滅時効の期間だけであり、援用の要否については定めておらず、給与が公法上の債権であることは前記の最高裁判決が認めるところであるから、自治法236条2項の「法律に特別の定めがある場合」には該当せず、時効の援用は不要であり、その利益を放棄することはできないものと解され

第２部　事務事業のプロセスとコンプライアンス

る。

### ⑤　消滅時効の完成阻止

　消滅時効が完成した債権は、自治法236条２項又は地方税法18条の適用がある債権はもちろん、これらの適用がないものであっても、事実上徴収することは極めて困難である。したがって、債権管理を担当する職員としては、消滅時効が完成しないうちに債権を回収するか、その完成を阻止する義務を負っていることになる。

　ところで、法令の規定により地方公共団体がする納入の通知及び督促（前記３(1)（278頁）及び第３部第３章２(2)（387頁）参照）は、民法153条の規定にかかわらず、時効中断の効力を有する（自治法236条４項）。また、私人から承継取得した債権であっても督促によって時効は中断する（最高裁昭和53年３月17日判決・判時887号71頁）。そして、時効中断の効力を有する督促は最初の１回に限ると解されている（最高裁平成25年６月６日判決（判時2190号22頁）参照）が、督促に該当しない催告（２回目以降の督促を含む。）であっても、民法147条１号の請求としての効力があり、同法153条に定める６か月以内にする裁判上の請求等によって時効は中断されるし、賦課処分の取消訴訟に応訴して争うことは裁判上の請求に該当し、それによっても時効は中断する（最高裁昭和43年６月27日判決・判時536号43頁）。

　そして、「本件補助職員が、本件滞納者が本件各市民税の徴収を保全するに足りる不動産を所有していたにもかかわらず、本件不動産について参加差押を行わずに、漫然と電話を２回、面接を５回したほか、催告書の送付を８回繰り返していた」のみで消滅時効を完成させたのは首長の責任であり、損害賠償責任があるとの判決がある（浦和地裁平成12年４月24日判決・判例自治210号35頁、東京高裁平成13年２月22日・裁判所ホームページ）。

314 ●

## （3）新民法における消滅時効

　民法の一部を改正する法律が第193回国会において成立し、2020年（令和2年）4月1日（以下、この日を「施行日」といい、この法律による改正後の民法を「新民法」、改正前のものを「従来の民法」、改正の影響を受けないものを単に「民法」という。）から施行されることになっている。以下、新民法における時効について概観する。なお、施行日までの時効に関する経過措置は次のとおりとなっている（民法の一部を改正する法律附則10条）。

①　施行日前に債権が生じた場合（施行日以後に債権が生じた場合であって、その原因である法律行為が施行日前にされたときを含む。以下同じ。）におけるその債権の消滅時効の援用については、新民法145条の規定にかかわらず、なお従前の例による。当該債権にかかる連帯債務についても、同様である。ここで「施行日前に債権が生じた場合」に施行日前になされた法律行為を原因として、施行日以後に生じた債権が含まれるとする意味は、以下については、旧民法の例によるということである。

ア　施行日前になされた消費貸借契約や賃貸借契約に基づいて施行日以後に発生する返還金や賃料

イ　施行日前になされた請負契約に基づく工事が施行日以後に完成して支払われる報酬

ウ　施行日前に締結された契約の不履行が施行日以後に生じた場合の損害賠償請求権やその解除に基づく原状回復請求権、さらには、施行日前に締結された電気、ガス、水の供給、電気通信役務の提供を受ける契約又は不動産の賃貸借契約等の長期継続契約（自治法234条の3）に基づいて支払われる対価等

②　施行日前に民法147条に規定する時効の中断の事由又は民法158条から161条までに規定する時効の停止の事由が生じた場合におけるこれらの事由の効力については、なお従前の例による。

• 315

第2部　事務事業のプロセスとコンプライアンス

③　新民法151条の規定は、施行日前に権利についての協議を行う旨
の合意が書面でされた場合（その合意の内容を記録した電磁的記録
（新民法151条4項に規定する電磁的記録をいう。附則第33条において
同じ。）によってされた場合を含む。）におけるその合意については、
適用しない。

④　施行日前に債権が生じた場合におけるその債権の消滅時効の期間
については、なお従前の例による。

## ① 時効の完成猶予及び更新

時効は一定の期間の経過による法律効果であるから、その期間の中途
に何らかの事実が発生した場合に、その事実をもって期間が中断するの
か、中断の前後の期間が通算されるのか、中断後新たに期間が始まると
するのかが重要な意味をもつ。このことについて、従来は時効の中断及
び停止として規定されていたが（従前の民法147条〜154条及び161条）、
それらが全面改正され、更新（従来の中断に相当する。）と完成の猶予
（従来の停止に相当する。）に再構成され、裁判上の請求等、強制執行等、
仮差押え等、承認、催告、天災等及び協議という類型別に整理されて、
それぞれについて、要件と効果が定められた。

### ①−1　裁判上の請求等による時効の完成猶予及び更新

裁判上の請求等による時効の完成猶予について定める新民法147条1
項は、「次に掲げる事由がある場合には、その事由が終了する（確定判
決又は確定判決と同一の効力を有するものによって権利が確定することなく
その事由が終了した場合にあっては、その終了の時から6箇月を経過する）
までの間は、時効は、完成しない。」として、次の事由を掲げている。

①　裁判上の請求

②　支払督促

③　民事訴訟法275条1項の和解（即決和解）又は民事調停法若しく
は家事事件手続法による調停

316

第9章　債権管理

④　破産手続参加、再生手続参加又は更生手続参加

すなわち、これらの手続の申立てをすれば、その手続が終了するまでは時効の完成が猶予され、これらの手続において確定判決又は確定判決と同一の効力を有するものによって権利が確定しない場合（相手方が出頭せず、又は和解や調停が整わない場合を含む。）であっても、それが終了してから6か月間は時効が完成しないとされたのである。言い換えると、これらの手続によって権利が確定せず、これらの手続継続中又はその終了後6か月の期間が満了する前に時効期間が満了したときであっても、その時効が完成するのは、この6か月の期間が満了した時となり、これらの手続によって権利が確定したときは、これらの手続きが終了した（①から④の事由が終了した）時から時効が新たに進行を始める（これを「時効の更新」という。）ことになる（新民法147条2項）のである。

なお、この規定による時効の完成猶予又は更新は、当該完成猶予又は更新の事由が生じた当事者及びその承継人の間においてのみ、その効力を有するものとされている（新民法153条1項）。

## ①－2　強制執行等による時効の完成猶予及び更新

強制執行等による時効の完成猶予について定める新民法148条1項は、「次に掲げる事由がある場合には、その事由が終了する（申立ての取下げ又は法律の規定に従わないことによる取消しによってその事由が終了した場合にあっては、その終了の時から6箇月を経過する）までの間は、時効は、完成しない。」として、次の事由を掲げている。

①　強制執行

②　担保権の実行

③　民事執行法195条に規定する担保権の実行としての競売の例による競売

④　民事執行法196条に規定する財産開示手続

新民法147条1項が権利を確定するための手続への参加を定めるの対し、これらは、権利の行使そのものであり、それに時効の完成猶予の効

317

第2部　事務事業のプロセスとコンプライアンス

果を認めたものである。

　新民法148条2項は、「前項の場合には、時効は、同項各号に掲げる
事由が終了した時から新たにその進行を始める。ただし、申立ての取下
げ又は法律の規定に従わないことによる取消しによってその事由が終了
した場合は、この限りでない。」としているが、このただし書きの意味
は、申立ての取下げ又は法律の規定に従わないことによる取消しによっ
てその事由が終了した場合にあっても、その終了の時から6か月を経過
するまでは時効が完成しない（この意味については前記①－1（316頁）
参照）ということであり、新民法147条1項が定める「確定判決又は確
定判決と同一の効力を有するものによって権利が確定することなくその
事由が終了した場合」と同じ取扱いである。

　なお、このことによる時効の完成猶予又は更新は、当該完成猶予又は
更新の事由が生じた当事者及びその承継人の間においてのみ、その効力
を有するとされ（新民法153条1項）、上記の手続は、時効の利益を受け
る者に対してしなければならず、それ以外の者に対してするときは、時
効の利益を受ける者に対して通知した後でなければ、時効の完成猶予又
は更新の効力を生じないとされている（新民法154条）。

## ①－3　仮差押え等による時効の完成猶予

　仮差押え等による時効の完成猶予について定める新民法149条は、
「次に掲げる事由がある場合には、その事由が終了した時から6箇月を
経過するまでの間は、時効は、完成しない。」として、次の事由を掲げ
ている。

　①　仮差押え

　②　仮処分

なお、このことによる時効の完成猶予は、当該完成猶予の事由が生じ
た当事者及びその承継人の間においてのみ、その効力を有するとされ
（新民法153条2項）、上記の手続は、時効の利益を受ける者に対してし
なければならず、それ以外の者に対してするときは、時効の利益を受け

318

る者に対して通知した後でなければ、時効の完成猶予の効力を生じない
とされているのは強制執行等による場合と同じである（新民法154条）。

### ①－4　催告による時効の完成猶予

催告による時効の完成猶予について定める新民法150条1項は、「催
告があったときは、その時から6箇月を経過するまでの間は、時効は、
完成しない。」としており、従前の民法153条が6か月以内に裁判上の
請求等をしなければ時効中断の効力を生じないとしているのとは異なっ
ている（「時効は、完成しない。」の意味は前記①－1（316頁）で述べた裁
判上の請求等による時効の完成猶予と同じである。）。

なお、新民法150条2項は、「催告によって時効の完成が猶予されて
いる間にされた再度の催告は、前項の規定による時効の完成猶予の効力
を有しない。」と定めるが、これは、これまでの通説を明文化したもの
であり、その考え方は、自治法236条4項が定める納入通知及び督促に
よる時効の更新についても当て嵌まる。

ところで、催告による時効の完成猶予は、完成猶予の事由が生じた当
事者及びその承継人の間においてのみ、その効力を有する（新民法153
条2項）のは、裁判上の請求の場合と同じであるが、催告が当事者間に
おいてなされるものであることから生ずる若干の問題がある。すなわ
ち、催告は債権者がする意思表示であり、「意思表示は、その通知が相
手方に到達した時からその効力を生ずる。」（新民法97条1項。なお、民
法97条1項も同趣旨である。）のであり、「相手方が正当な理由なく意思
表示の通知が到達することを妨げたときは、その通知は、通常到達すべ
きであった時に到達したものとみなす。」（新民法97条2項）とされ、不
当な受領拒否を無意味なものとしている。さらに、「意思表示の相手方
が、その意思表示を受けた時に意思能力を有しなかったとき又は未成年
者若しくは成年被後見人であったときは、その意思表示をもってその相
手方に対抗することができない。」（新民法98条の2本文。なお民法98条の2
本文も同趣旨である。）とすることの例外として、次に掲げる者がその意思

第2部　事務事業のプロセスとコンプライアンス

表示を知った後はこの限りではないとしている（新民法98条の2ただし書）。

① 相手方の法定代理人

② 意思能力を回復し、又は行為能力者となった相手方

### ①-5　協議を行う旨の合意による時効の完成猶予

　権利の実現について当事者が協議している間に時効期間が満了するということは少なくない。従前の民法では、この場合にあっても時効を援用することは可能であり、信義則によって時効の援用が制限されることがあり得るだけである。また、自治法施行令171条の6は、強制徴収をすることができない債権についての履行延期の特約について定めているところ、履行延期の特約には債務の承認が含まれるので、それによって時効が中断する（前記（1）②（306頁）参照）が、弁済について協議しているだけでは、それが債務の存在を承認したうえでのことかどうかは、必ずしも明らかではなく（債務の存否についての協議もあり得る。）、時効が中断しないこともある。

　このようなことを踏まえ、新民法は、当事者間で自発的な紛争解決を促す仕組みとして、協議を行う旨の合意による時効の完成猶予について定めている。すなわち、新民法151条1項は「権利についての協議を行う旨の合意が書面でされたときは、次に掲げる時のいずれか早い時までの間は、時効は、完成しない。」とし、次に掲げる時として次の三つを掲げる。

① その合意があった時から1年を経過した時

② その合意において当事者が協議を行う期間（1年に満たないものに限る。）を定めたときは、その期間を経過した時

③ 当事者の一方から相手方に対して協議の続行を拒絶する旨の通知が書面でされたときは、その通知の時から6か月を経過した時

　そして、この合意によって「時効の完成が猶予されている間にされた再度の同項の合意は、同項の規定による時効の完成猶予の効力を有する。ただし、その効力は、時効の完成が猶予されなかったとすれば時効

320

が完成すべき時から通じて5年を超えることができない。」（新民法151条2項）とされている。すなわち、前記のいずれかの時までに、新たに協議を行う旨の合意を行うことはできるが、それによって時効の完成が猶予されるのは、当初の協議を行う旨の合意がなかったとすれば時効が完成するはずの時から5年を経過するまでが限度なのである。

さらに、催告による時効の完成の猶予（前記①－4（319頁）参照）の期間中になされた協議を行う旨の合意は当該合意による時効の完成猶予の効力をせず、協議を行う旨の合意により時効の完成が猶予されている間にされた催告は、時効の完成猶予の効力を有しない（新民法151条3項）。

なお、協議を行う旨の合意がその内容を記録した電磁的記録（電子的方式、磁気的方式その他人の知覚によっては認識することができない方式で作られる記録であって、電子計算機による情報処理の用に供されるものをいう。以下同じ。）によってされたときは、その合意は、書面によってされたものとみなされ（新民法151条4項）、前記③の通知も電磁的記録によることができる（同条5項）。

なお、協議を行う旨の合意による時効の完成猶予は、完成猶予事由が生じた当事者及びその承継人の間においてのみ、その効力を有するものである（新民法153条2項）が、この規定は、自己が債権者のときだけでなく、国家賠償法が適用される事件における被害者との協議が長引いている際にも利用することができよう。

### ①－6　承認による時効の更新

権利の承認があったときに時効が更新されるのは従前の民法147条3号の時効の中断の場合と同じであるが、新民法152条の1項はその表現を分かりやすくして、「時効は、権利の承認があったときは、その時から新たにその進行を始める。」とし、その2項で「前項の承認をするには、相手方の権利についての処分につき行為能力の制限を受けていないこと又は権限があることを要しない。」（未成年者又は成年被後見人でもい

第2部　事務事業のプロセスとコンプライアンス

いことを意味する。）としたうえで、新民法153条３項で、「承認による時効の更新は、更新の事由が生じた当事者及びその承継人の間においてのみ、その効力を有する。」としている。

## □－7　天災等による時効の完成猶予

　天災等の避けることができない事由のために権利を行使することができないときに時効が完成しないことは従前の民法と同じであるが、時効の完成猶予及び更新という考え方に統一するとともに、時効が完成しない期間を２週間から３か月に延長する改正がなされ、「時効の期間の満了の時に当たり、天災その他避けることのできない事変のため第147条第１項各号又は第148条第１項各号に掲げる事由に係る手続を行うことができないときは、その障害が消滅した時から３箇月を経過するまでの間は、時効は、完成しない。」（新民法161条）とされている。

## □－8　連帯保証人が存在する場合の消滅時効

　従来、連帯保証人の一人に生じた履行の請求は主たる債務者に対してもその効力を有し、免除及び時効の完成については、当該連帯債務者の負担部分について他の連帯債務者に対しても効力を有するとされていた（従前の民法458条による434条、437条及び439条の準用）が、新民法においては、連帯債務者の一人との間の更改（435条）、連帯債務者の一人による相殺の援用（436条１項）及び連帯債務者の一人との混同（439条）が他の債務者に効力が及ぶとの規定だけが引き継がれ（新民法458条による438条、439条１項及び440条の準用）、履行の請求、免除及び時効の完成は、債権者及び他の連帯債務者が別段の意思表示をしたとき以外は、他の連帯債務者に効力を生じないこととされた（新民法458条による441条の準用）。

　この結果、連帯保証人の一人に対する履行の請求は、主たる債務者及び他の連帯保証人との関係では、時効の完成猶予又は更新の効力（新民法147条～ 150条）が生じない。そして、主たる債務者について時効が

322　●

完成した場合は、保証債務の付従性により、履行の請求を受けていた連帯保証人であっても、主たる債務の時効消滅を援用することができることになる（新民法145条括弧書）。ただし、債権者と主たる債務者との間で、連帯保証人の一人に生じた事由が主たる債務者にも効力が及ぶ旨の約束がある場合は、その約束は有効なので（新民法441条ただし書）、主たる債務者との契約書中にその旨の特約を設けることが有用である。

なお、主たる債務者に生じた履行の請求その他の事由による時効の完成猶予及び更新が保証人に対しても効力を有することは従来と同じである（新民法457条1項）。

### ② 消滅時効の期間

消滅時効については、職種等の別に設けられていた短期消滅時効が廃止され、時効の起算時が「債権者が権利を行使することができることを知った時」（「主観的起算時」と称される。）と「権利を行使することができる時」（「客観的起算時」と称される。）の2種類に分けられ、それに応じて時効の期間が定められたほか、人の生命又は身体の侵害による損害賠償請求権の消滅時効について特例が設けられている。

#### ②-1 債権の消滅時効の期間

まず、債権の消滅時効の起算時及び時効が完成するまでの期間について新民法166条1項は、「債権は、次に掲げる場合には、時効によって消滅する。」とし、次に掲げる場合として次の二つを掲げている。

① 債権者が権利を行使することができることを知った時（「主観的起算時」という。）から5年間行使しないとき。

② 権利を行使することができる時（「客観的起算時」という。）から10年間行使しないとき。

従前の民法166条1項は、「消滅時効は、権利を行使することができる時から進行する。」と定めるだけであり、この「権利を行使することができる」の解釈に際して、法的な障害（弁済期の定め等）の有無だけ

第2部　事務事業のプロセスとコンプライアンス

でなく、事実上の障害の有無もある程度考慮されていたが、新民法が主
観的起算時と客観的起算時と分けて規定したことによって、客観的起算
時においては法的障害の有無が重視されることになるように思われる。
また、主観的起算時については、債権の発生原因と債務者を知っただけ
では足りず、自己が損害賠償請求権等の債権を有していることを知る必
要があると解されよう。

　債権は、主観的起算時から5年、客観的起算時から10年で時効によっ
て消滅するとされ、短期消滅時効について定める民法170条から174条
が削除されたので、公営の水道や病院、公立の幼稚園や学校に係る債権
にも5年又は10年の消滅時効が適用されることとなる。なお、自治法
236条1項は、新民法に合わせて、「金銭の給付を目的とする普通地方
公共団体の権利は、時効に関し他の法律に定めがあるものを除くほか、
これを行使することができるときから5年間行使しないときは、時効に
よって消滅する。普通地方公共団体に対する権利で、金銭の給付を目的
とするものについても、また同様とする。」と改正され（下線部が改正箇
所）、そこでは客観的起算時による消滅時効だけが定められている。こ
れは、同項が適用される債権（公法上の債権）については、権利者であ
る地方公共団体が、権利が発生した（権利を行使することができる）こと
を知らないでいることはあり得ないということであろう。ただ、上下水
道の不正使用の場合のように、使用料ではなく、不当利得の返還又は不
法行為による損害賠償を請求するときは、新民法が適用され、主観的起
算時が問題になる。

②-2　人の生命又は身体の侵害による損害賠償請求権の消滅時効

　債権は、権利を行使することができる時（客観的起算時）から10年間
行使しないときは時効により消滅するのであるが（新民法166条1項2
号）、それが人の生命又は身体の侵害による損害賠償請求権であるとき
は、その期間は20年となる（新民法167条）。

　また、不法行為一般についての客観的起算時による時効期間は20年

324

（新民法724条2号）、主観的起算時による時効期間は3年（新民法724条1号）とされるが、人の生命又は身体を害する不法行為による損害賠償請求権については、法定代理人又はその法定代理人が損害及び加害者を知った時から5年とされている（新民法724条の2）。また、不法行為による損害賠償請求権について定める民法724条の20年というのは除斥期間であるとするのが判例であるが、新民法724条は、それが時効であることを明言している。

# 第3部
## 財務に係る基本法令の定め

# 第1章　会計年度及び会計の区分

## 1　会計年度の意味

　自治法208条は、「普通地方公共団体の会計年度は、毎年4月1日に始まり、翌年3月31日に終わるものとする。」と定めている。

　地方公共団体は、将来にわたって無期限に存続すべきものと観念されているが、それを確実なものにするためには、一定期間ごとに収入と支出の状況を整理、把握して、財務の状況を明らかにすることが必要であり、そのための期間が、「会計年度」である。なお、会計年度は単に「年度」と称されることもあり、本書においても一般的な用法に従うこととし、場合に応じて会計年度と年度とを使用する。

　会計管理者は、毎会計年度における出納の閉鎖後3か月以内に、決算を調製し、証書類等の関係書類とあわせて、長に提出しなければならず、長は、その決算及び受領した書類を監査委員の審査に付し、その意見をつけて、次の通常予算を議する会議までに議会の認定に付さなければならない（自治法233条1～3項）。また、長は、決算の提出を受けた後、健全化判断比率及びその算定の基礎となる事項を記載した書類を監査委員の審査に付し、その意見をつけて、当該健全化判断比率を議会に報告し、公表しなければならない（財政健全化法3条1項）。

　民間企業においても、将来にわたって継続して存続するものを継続企業あるいはゴーイングコンサーン（going concern）と言い、事業年度を設けて、その間の経営成績を明らかにすることとされており、継続企業の前提に疑問がある（財務基盤が脆弱である）とされた場合には、上場廃止の措置がとられることもある。

　地方公共団体の場合は、財務の悪化を理由として廃止されることはな

第1章　会計年度及び会計の区分

いが、それだけに、財務の健全性が損なわれていると判断された場合には、財政健全化法の定めるところにより、財政の早期健全化、財政の再生等の厳しい対策がとられることとなっている。


## 2　会計年度独立の原則


### (1) 会計年度独立の原則の意味

　自治法208条２項は、「各会計年度における歳出は、その年度の歳入をもって、これに充てなければならない。」と定めている。

　これは、当該会計年度において事務を遂行するために要する経費はその会計年度における収入で賄わなければならないということであり、これを「会計年度独立の原則」という。

　この原則は、

○「一会計年度における一切の収入及び支出は、すべてこれを歳入歳出予算に編入しなければならない。」（自治法210条）という総計予算主義

○繰越明許費及び事故繰越しの金額を除くほか、「毎会計年度の歳出予算の経費の金額は、これを翌年度において使用することができない。」（自治法220条３項）とする単年度予算主義

○「普通地方公共団体の支出の原因となるべき契約その他の行為（これを支出負担行為という。）は、法令又は予算の定めるところに従い、これをしなければならない。」（自治法232条の３）及び「会計管理者は、……当該支出負担行為が法令又は予算に違反していないこと及び当該支出負担行為に係る債務が確定していることを確認したうえでなければ、支出をすることができない。」（自治法232条の４）という制限

と相まって、翌会計年度以降の収入を当てにして事務を遂行してはならず（いわゆる「買い掛け」をしてはならない。）、当該会計年度において確定したもの以外の債務の弁済をしてはならない（いわゆる「仮払い」や

329

第3部　財務に係る基本法令の定め

「前払い」をしてはならない。）ということを意味する。

　また、会計年度独立の原則における「歳入」及び「歳出」は、それぞれ現実の収入及び支出を意味し、観念的な債権債務を意味するものではない。すなわち、この原則は、過去から現在、未来にわたって継続的に存続する地方公共団体の活動を、会計年度という期間で切り取って、その期間における収支を現金ベースで均衡させようとする技術的な仕組みである。

　ゴーイングコンサーンである民間企業にあっても、事業年度ごとに経営成績の評価がなされるが、その収支は、当該事業年度に発生した債権債務を基礎として行うのが一般に公正妥当と認められる企業会計の慣行（会社法431条）だとされ、地方公営企業においてもこの考え方が採用されている（地方公営企業法20条２項）。

　両者の違いは、地方公共団体の収入がもっぱら地方税等の年度ごとの現金収入に依存し、即時・現金決済が原則であるのに対し、企業のそれが継続的な事業活動（取引）から生ずる債権債務関係を基礎とし、企業間の取引が即時・現金決済で行われることの方が稀であることによるものと思われる。

　企業においても、損益計算や貸借対照表上は黒字であるにもかかわらず、運転資金の不足（このような状況を「勘定あって銭足らず」という。）により、最悪の場合には倒産するということもあり、キャッシュフロー（現金収支）の重要性が指摘されているところである。地方公共団体の会計は、現金を基礎とした財政運営をすることによって、財政の安定を確保しようとしているものと考えられる。ただ、現実には、起債による収入を含めて当該年度の収支を計算することから、収入不足（民間企業における「銭足りて勘定あわず」という状況）が表面化しにくいという問題があり、公会計制度における問題点として指摘されている。

## (2) 歳入・歳出の会計年度所属区分

　「一会計年度における一切の収入及び支出は、すべてこれを歳入歳出

第1章　会計年度及び会計の区分

予算に編入しなければならない。」（自治法210条）とされている。しかし個々の歳入歳出がどの年度に属するかは必ずしも自明であるとは限らないので、自治法施行令は、その142条で歳入について、143条で歳出について、会計年度の所属区分を次のように定めている。

〔歳入の会計年度所属区分（自治法施行令142条）〕

①　歳入の会計所属年度は、次の区分による。

ア　納期の一定している収入は、その納期の末日（民法142条、自治法4条の2第4項、地方税法20条の5又は当該期日が土曜日に当たる場合にその翌日をもって納期の末日とする旨の法令、条例若しくは規則の規定の適用がないものとしたときの納期の末日をいう。次項において同じ。）の属する年度。ただし、地方税法321条の3の規定により特別徴収の方法によって徴収する市町村民税及び同法41条1項の規定によりこれとあわせて徴収する道府県民税（同法321条の5の2の規定により納入するものを除く。）は、特別徴収義務者が同法321条の5第1項又は第2項ただし書の規定による徴収をすべき月の属する年度

イ　随時の収入で、納入通知書又は納税の告知に関する文書（後記ウ及び②において「通知書等」という。）を発するものは、当該通知書等を発した日の属する年度

ウ　随時の収入で、通知書等を発しないものは、これを領収した日の属する年度。ただし、地方交付税、地方譲与税、交付金、負担金、補助金、地方債その他これらに類する収入及び他の会計から繰り入れるべき収入は、その収入を計上した予算の属する年度

②　①アの収入について、納期の末日の属する会計年度の末日（民法142条、自治法4条の2第4項、地方税法20条の5又は納期の末日が土曜日に当たる場合にその翌日をもって納期の末日とする旨の法令、条例若しくは規則の規定の適用があるときは、当該延長された日）までに申告がなかったとき、又は通知書等を発しなかったときは、当該収入は、申告があった日又は通知書等を発した日の属する会計年度の歳

• 331

入に組み入れるものとする。

③　普通地方公共団体の歳入に係る督促手数料、延滞金及び滞納処分費は、前記①アにかかわらず、当該歳入の属する会計年度の歳入に組み入れるものとする。

〔歳出の会計年度所属区分（自治法施行令143条）〕

①　歳出の会計年度所属は、次の区分による。

ア　地方債の元利償還金、年金、恩給の類は、その支払期日の属する年度

イ　給与その他の給付（アに掲げるものを除く。）は、これを支給すべき事実の生じた時の属する年度

ウ　地方公務員共済組合負担金及び社会保険料（労働保険料を除く。）並びに賃借料、光熱水費、電信電話料の類は、その支出の原因である事実の存した期間の属する年度。ただし、賃借料、光熱水費、電信電話料の類で、その支出の原因である事実の存した期間が2年度にわたるものについては、支払期限の属する年度

エ　工事請負費、物件購入費、運賃の類及び補助費の類で相手方の行為の完了があった後支出するものは、当該行為の履行があった日の属する年度

オ　アからエに掲げる経費以外の経費は、その支出負担行為をした日の属する年度

②　旅行の期間（外国旅行にあっては、その準備期間を含む。）が2年度にわたる場合における旅費は、当該2年度のうち前の年度の歳出予算から概算で支出することができるものとし、当該旅費の精算によって生ずる返納金又は追給金は、その精算を行った日の属する年度の歳入又は歳出とするものとする。

## (3) 出納整理期間

現金会計、単年度予算、会計年度独立という考え方を厳密に考えると、会計年度の最終日である3月31日が終了するまでに、それまでに

発生した全ての債権を回収し、全ての債務を弁済しなければならないことになるが、そのための事務作業に要する手間暇を考慮するとそれは不可能である。そこで、「普通地方公共団体の出納は、翌年度の５月31日をもって閉鎖する。」（自治法235条の５）として、会計年度内に確定した（調定又は支出負担行為がなされた）債権債務については、当該会計年度が終了した後であっても、５月31日までの２か月間に限って、収入及び支出ができることとされている。この期間を「出納整理期間」、収入及び支出をしないこととすることを「出納閉鎖」と称し、出納整理期間中は、前年度の収入・支出と当年度の収入・支出が平行して行われることになる。

## (4) 会計年度の初日及び最終日並びに出納閉鎖日の意味

　現行会計制度においては、会計年度の初日の４月１日、その最終日である３月31日及び出納が閉鎖される５月31日は、会計の節目として、重要な意味をもつ。

　まず、会計年度初日の４月１日であるが、それは、当該年度における会計処理を始めることができる最初の日である。すなわち、当該年度の予算の執行は４月１日午前０（零）時よりも前に行うことができないので、同時刻よりも前に当該年度の歳出予算に計上された経費を支出することができないことは当然として、当該年度における金銭の支出の原因となる契約を締結することもできないことになる。この結果、４月１日午前０（零）時から効力を生じさせなければならない契約（庁舎の管理（警備）やコンピュータの保守等に関する契約）は、いつ、どのようにして締結するべきなのか、実務上、極めて困難かつ重要な問題が生ずる（これについては第４部第２章（460頁）で詳述する。）。

　３月31日は、会計年度の最終日であるから、同日午後12時までに全ての会計処理を終わらせなければならない。ここで「会計処理」というのは、当該年度における収入支出を基礎づける全てを意味する。すなわち、収入にあっては、少なくとも調定（自治法231条）を行うことが必

333

第3部　財務に係る基本法令の定め

要であり、支出にあっては債務の確定（自治法232条の4第2項）が必要
となる。収入については特段の問題はないが、債務の確定については、
3月31日午後0時（24時）まで業務が継続する契約（庁舎の管理（警備）
やコンピュータの保守等に関する契約）について、同日中に当該業務が完
了したことを確認すること（債務を確定させること）は物理的に不可能
であるし、3月31日に完了した請負工事について、同日中に検査をし
て引渡しを受け、債務を確定することも容易ではない（第2部第2章8
（129頁）参照）。なお、予算自体についても、「会計年度経過後において
は、これを補正することができない。」（自治法施行令148条）とされて
いるが、これは、会計年度独立の原則からすれば、当然のことであろ
う。

　ところで、当該会計年度内（過年度）に調定がなされた収入であって
も、3月31日までに全てを収納することができるとは限らないし、3
月31日までに確定した債務であっても、現実に支出が完了するまでの
手続（原課→会計管理者→指定金融機関→債権者）にはある程度の時間が
かかる。そのことを考慮して設けられたのが出納整理期間であるが、こ
れも5月31日をもって閉鎖されるので、同日が満了した後は、当該会
計年度における歳入歳出予算の執行は一切できないこととなる。

　4月1日からは新たな会計年度が始まっているので、同日から5月
31日までの間の収入支出は、過年度分と現年度分が平行してなされる
ことになるが、予算制度上は、それぞれの帰属年度が明確に区分されて
いるので、両者を混同してはならない。出納が閉鎖された後になされる
過年度において調定された収入の収納及び確定した債務の支払いは、い
ずれも当該取扱いがなされた年度の収入（「過年度収入」という。）又は
支出（「過年度支出」という。）として取り扱われる（当年度における過年
度収入又は過年度支出である。後記第2章11（360頁）参照）。

## (5) 会計年度独立の原則の例外

　会計年度独立の原則の例外として、次のものがある。

334 ●

○継続費の逓次繰越し（自治法212条、自治法施行令145条）

○繰越明許費（自治法213条、自治法施行令146条）

○事故繰越し（自治法220条３項、自治法施行令150条３項）

○過年度収入及び過年度支出（自治法243条の５、自治法施行令160条・165条の８）

○歳計剰余金の繰越し（自治法233条の２）

○翌年度歳入の繰上げ充用（自治法233条１項、自治法施行令166条の２）

　これらのうち、歳計剰与金の繰越し及び繰上充用以外は、いずれも、会計年度を損益計算の期間ではなく、収支を均衡させるべき独立の期間としたことから生ずる問題に対処するための技術的な措置であるが、これらの具体的な内容については後述する（第２章４〜14（352頁以下））。

　なお、地方公営企業法の財務規程等が適用される事業（同法２条）については、「その経営成績を明らかにするため、すべての費用及び収益を、その発生の事実に基いて計上し、かつ、その発生した年度に正しく割り当てなければなら」ず、「その財政状態を明らかにするため、すべての資産、資本及び負債の増減及び異動を、その発生の事実に基き、かつ、適当な区分及び配列の基準並びに一定の評価基準に従って、整理しなければならない。」とされており（同法20条１項・２項）、自治法が定める会計の原則とは異なる発生主義の考え方が採用されており、これを「公営企業会計」ということがある。


# 3　会計の区分

## (1) 特別会計

　地方公共団体が処理すべき事務は、地域におけるもの及び法令により処理することとされたものであるが（自治法２条２項）、その中には、当該事務に要する経費とそれを賄う収入の関係を明確にすることが適当な事務がある。このことについて、自治法は、「特定の事業を行なう場合

第3部　財務に係る基本法令の定め

その他特定の歳入をもって特定の歳出に充て一般の歳入歳出と区分して経理する必要がある場合」において条例で特別会計を設置することができるとして（209条2項）、これらに該当する事務（「事業」と称されることがある。）ごとに、他の事務から独立した経理をすることを認めている。

地方公共団体の収入（国庫支出金を含む。）の大宗を占める租税収入は、原則として地方公共団体の事務一般を処理するための経費に充てられるべきものであり、特定の経費との対応関係を有するものではない（最高裁昭和61年2月18日判決（税務訴訟資料150号331頁）参照）。しかし、地方公共団体の収入には個別の受益と関連づけられた収入もある。その中には、分担金（自治法224条）、行政財産の目的外使用及び公の施設の使用に対する使用料（自治法225条）、旧慣使用の使用料及び加入金（自治法226条）、手数料（自治法227条）、普通財産の使用料等（自治法238条の5第1項・2項）のように、その規模や事務の性質から、それ自体に関する事務を独立した事業とするまでの必要性も妥当性もないものがあるが、分別経理することによって、受益と負担の関係（財貨やサービスの受領とそれに対する対価の支払いの関係）を明確にし、当該事業の経営成績を明らかにすべきものもある。

後者の代表的なものが地方公共団体の経営する企業（これを「公営企業」という。）であり、そのうちの政令で定めるものについては、「その経理は、特別会計を設けてこれを行い、その経費は、その性質上当該公営企業の経営に伴う収入をもって充てることが適当でない経費及び当該公営企業の性質上能率的な経営を行なってもなおその経営に伴う収入のみをもって充てることが客観的に困難であると認められる経費を除き、当該企業の経営に伴う収入（第5条の規定による地方債による収入を含む。）をもってこれに充てなければならない。但し、災害その他特別の事由がある場合において議会の議決を経たときは、一般会計又は他の特別会計からの繰入による収入をもってこれに充てることができる。」とされ、政令では次のもの（地方公営企業法が適用される「地方公営企業」の範囲（同法2条）とは一致しない。）を定めている（地方財政法6条、同法施行令46条）。

336

第1章　会計年度及び会計の区分

①　水道事業

②　工業用水道事業

③　交通事業

④　電気事業

⑤　ガス事業

⑥　簡易水道事業

⑦　港湾整備事業（埋立事業並びに荷役機械、上屋、倉庫、貯木場及び船舶の離着岸を補助するための船舶を使用させる事業に限る。）

⑧　病院事業

⑨　市場事業

⑩　と畜場事業

⑪　観光施設事業

⑫　宅地造成事業

⑬　公共下水道事業

　これらの事業を実施するための特別会計の設置には、自治法209条2項の条例が必要であるが、地方公営企業については、地方公営企業法で特別会計の設置が義務付けられている（17条本文）ので、二以上の地方公営企業を一の特別会計で行う場合（17条ただし書）以外は、特別会計を設置する旨の条例を制定する必要がないという解釈がある。しかし、地方公営企業の場合も「設置及びその経営の基本に関する事項は、条例で定めなければならない。」（4条）のであるから、その条例では当該事業を特別会計で行うことを謳うのが普通であろうし、地方公営企業に該当しない公営企業であっても、そのための特別会計設置のための条例には、当該特別会計で行う事業の目的、管理、経理等の基本的な事項を定めないわけにはいかない（特別会計に関する法律1条参照）のであるから、いずれにしても、基本的な事項は条例で定めることになる。

　また、個別の法律で特別会計の設置が義務付けられているものとしては、

○国民健康保険事業特別会計（国民健康保険法10条）

● 337

第3部　財務に係る基本法令の定め

○介護保険事業特別会計（介護保険法３条２項）

○農業共済事業特別会計（農業災害補償法99条の２第２項）

○林業従事者等に対する林業・木材産業改善資金の貸付の事業（林業・木材産業改善資金助成法13条１項、林業労働力の確保の促進に関する法律27条）

○沿岸漁業従事者等に対する経営等改善資金並びに生活改善資金及び青年漁業者等養成確保資金の貸付の事業（沿岸漁業改善資金助成法12条）

等がある。これらには、受益者との関係で収支を明らかにすることを目的とするもののほか、国庫支出金の使途を明確にすることを目的とするものがある。

　なお、特定の事業を行う場合だけでなく、特定の歳入をもって特定の歳出に充て一般の歳入歳出と区分して経理する必要がある場合にも、条例で特別会計を設置できることになっている。その例としては、博覧会等のイベントの開催や特別の目的のために財産を取得する場合等が考えられる。この場合の特定の歳入には、

○一般会計からの繰り出しによるもの

○基金（自治法241条）からの振替によるもの

○趣旨に賛同した者からの寄附金

等が考えられる。

## (2) 一般会計

　上記のように、特別会計については、個別の法律でその設置が義務付けられているものもあるが、その場合でも基準が法定されているだけで、設置するか否かは基本的に地方公共団体の裁量に委ねられている。そして、「普通地方公共団体の会計は、一般会計及び特別会計とする。」（自治法209条１項）とされているので、「一般会計」というのは、特別会計に属さない歳入歳出を経理する全ての会計を意味することになる。

　この結果、地方公共団体によって特別会計で処理する事業は必ずしも一致せず、一般会計がカバーする範囲も異なるということが生ずる。

## (3) 普通会計と公営事業会計

「内閣は、毎年度地方財政の状況を明らかにして、これを国会に報告しなければならない。」とされ（地方財政法30条の2第1項）、このための調査を「地方財政状況調査」、報告書を「地方財政白書」と称している。地方財政の状況を明らかにするためには、各地方公共団体の財政を統一的に把握しなければならないが、各地方公共団体の一般会計と特別会計の区分が必ずしも一致しないことは前述のとおりであることから、この報告のための共通の基準を設定することが必要となる。

そこで、地方財政状況調査においては、地方公共団体の会計を「普通会計」と「公営事業会計」に分けることとし、公営事業（主として当該事業による収入をもって当該事業の経費に充てるもの）に係る収支を一般会計で経理している場合にあっては、それを一般会計から分別して、公営事業会計の該当会計で経理されたものとして取り扱うものとされている。その意味で、各地方公共団体にとっては、本来の決算をしたうえで、この調査のために別個の作業をしなければならないことになっている。

ともあれ、この調査においては、地方財政法が定義する公営企業に係る会計に、下水道事業（公共下水道事業だけでなく、各種の排水事業、排水処理事業を含む。）、有料道路事業（観光地有料道路事業を含む。）、駐車場整備事業（観光地駐車場整備事業を含む。）及び介護サービス事業に係る会計を加えたものを「公営企業会計」とし、これに、収益事業会計（宝くじ、競馬、競輪、モーターボート競争、小型自動車競争に係る会計を含む。）、国民健康保険事業会計（直診勘定に係る20床以上の病院は公営企業会計の病院事業として取り扱う。）、後期高齢者医療事業会計、介護保険事業会計、公益質屋事業会計、農業共済事業会計、交通災害共済事業会計、公立大学付属病院事業会計及びこれらの事業以外の事業で地方公営企業法の全部又は一部を適用している事業（地方公営企業法2条2項・3項）に係る会計を加えたものを「公営事業会計」としている。

# 第2章 予 算

## 1 予算の種類

「普通地方公共団体の長は、毎会計年度予算を調製し、年度開始前に、議会の議決を経なければならない。」（自治法211条）とされ、「予算は、次の各号に掲げる事項に関する定めから成るものとする。」と定められている（自治法215条）。

① 歳入歳出予算

② 継続費

③ 繰越明許費

④ 債務負担行為

⑤ 地方債

⑥ 一時借入金

⑦ 歳出予算の各項の経費の金額の流用

自治法は、これらの事項について、個別の条文でその内容を定めているが、それぞれについては、項を改めて（後記3(2)～9（349頁以下）参照）解説することとし、ここでは、予算の種類について述べる。

予算は、当該会計年度開始前に議会の議決を経なければならない（会計年度開始前に調製される予算を「当初予算」という。）が、「普通地方公共団体の長は、予算の調製後に生じた事由に基づいて、既定の予算に追加その他の変更を加える必要が生じたときは、補正予算を調製し、これを議会に提出することができる。」（自治法218条1項）とされ、会計年度開始後であっても、年度途中に生じた災害の復旧や国の新規施策への対応等のために歳出予算の内容を変更する必要が生じたり、予期せざる税収の落ち込みや財産処分の延期等によって歳入見込みに変動が生じた

340 ●

りしたような場合には、補正予算を調製し、議会の議決を求めることができることとなっている。

なお、当初予算案が議会に提出された後、翌会計年度開始前に追加その他の変更を加える必要が生じたときは、当該当初予算案を修正して提出し直すほかに、補正予算案を提出することもできるが、この場合の補正予算の議決は、当初予算が議決された後になされなければならない。しかし、会計年度が経過した後になって経過した年度の予算を補正することはできない（自治法施行令148条）のは当然のことであろう。

また、年度の初めに長や議会の議員の選挙が予定されている等の事情によって、年度開始前に当該年度を通じた予算（これを「通年予算」という。）を編成し、議会の議決を経ることが困難な場合があり得る。このような事態に対応するために、「普通地方公共団体の長は、必要に応じて、一会計年度のうちの一定期間に係る暫定予算を調製し、これを議会に提出することができる。」とされている（自治法218条2項）。これは、後に通年予算が編成されることを前提とするものであり、「当該会計年度の予算が成立したときは、その効力を失うものとし、その暫定予算に基づく支出又は債務の負担があるときは、その支出又は債務の負担は、これを当該会計年度の予算に基づく支出又は債務の負担とみなす。」とされ（自治法218条3項）、最終的には通年予算に吸収されることになっている。

なお、法律に規定がないものに骨格予算がある。これは、できるだけ義務的経費（自治法177条参照）以外の経費（「政策的経費」という。）を歳出予算に計上しない予算のことであり、翌会計年度開始後早い時期に知事や市町村長の選挙が予定されている場合に、その選挙で選任される者の予算編成権を拘束しないようにという配慮によってなされるものである。

ところで、「普通地方公共団体の長は、条例その他議会の議決を要すべき案件があらたに予算を伴うこととなるものであるときは、必要な予算上の措置が適確に講ぜられる見込みが得られるまでの間は、これを議

第3部　財務に係る基本法令の定め

会に提出してはなら」ず、「普通地方公共団体の長、委員会若しくは委員又はこれらの管理に属する機関は、その権限に属する事務に関する規則その他の規程の制定又は改正があらたに予算を伴うこととなるものであるときは、必要な予算上の措置が適確に講ぜられることとなるまでの間は、これを制定し、又は改正してはならない。」（自治法222条）とされており、予算の裏付けのない施策が実行されることがないように配慮している。

　ただ、議員が提出する議案（自治法112条1項）については、このような制限はなく、議員提案の条例その他議会の議決を要すべき案件によって支出が義務付けられたときは、その所要額を予算に計上しなければならないことになる（自治法177条1項1号・2項参照）。

# 2　予算の提出権と修正権

## (1) 予算の提出と審議

　予算は、長が調製して（自治法149条2号）、議会に提案するのである（自治法112条1項ただし書）が、遅くとも年度開始前、都道府県及び政令指定都市にあっては30日、その他の市及び町村にあっては20日までに提出するようにしなければならず、その提出の際には、政令で定める予算に関する説明書をあわせて提出しなければならないとされている（自治法211条）。

　ここで、「予算に関する説明書」というのは、
○歳入歳出予算事項別明細書
○給与費明細書
○継続費に関する調書
○債務負担行為に関する調書
のことである（自治法施行令144条）。

　議会は、予算の審議において、公聴会を開いて学識経験者等から意見

342

を聞くことができ（自治法115条の2第1項）、予算を増額して修正することもできるが、長の予算の提出権を侵すことはできない（自治法97条2項）。議決権を有する以上、議会が予算を修正できるのは当然のように思われるが、増額については議論があり、1943年（昭和18年）に改正された市制・町村制及び府県制並びに同年に新たに制定された東京都制で明文をもって禁止されたものが、1946年（昭和21年）の地方制度の改正で増額修正もできることとされ、1963年（昭和38年）の改正で現行の条文になったものである。

「予算の増額修正」というのは、予算に定められた各事項について、全体又は特定の事項を増額する場合のほか、歳入歳出予算の全体の額を変更せずに、その内訳である款項の額を変更する場合も含まれるが、それが長の予算の提出権を侵すかどうかは、具体的な事情に応じて、提案された予算の趣旨が損なわれるかどうかという観点から判断されることになる。議会が予算を増額修正した場合に、長がその議決が違法であると判断したときは、再議に付し、その結果によっては、総務大臣又は都道府県知事に対する審査請求、さらには訴訟ということになる（自治法176条4～8項・177条1項）。

そして、「普通地方公共団体の議会の議長は、予算を定める議決があつたときは、その日から3日以内にこれを当該普通地方公共団体の長に送付しなければなら」ず、「普通地方公共団体の長は、前項の規定により予算の送付を受けた場合において、再議その他の措置を講ずる必要がないと認めるときは、直ちに、その要領を住民に公表しなければならない。」こととされている（自治法219条）。なお、ここで「その他の措置」というのは、予算の原案執行（自治法177条2項）又は議会の解散（自治法177条3項）等を意味する。

## (2) 再議その他の措置

議会が長の提出した予算を否決し、又は修正した場合、次の三つのケースに応じて、長は、これを再議に付し、再考を求めることができ

る。

その第一は、単に「異議がある場合」である。議長から当該予算に関する議決が送付された日から10日以内（議会が閉会中のときは臨時会を招集することになる。）に、理由を示して、再議に付すことができるが、出席議員（議長を含む。）の3分の2以上の同意で再議に付した議決と同じ議決がなされたときは、その議決が確定し（自治法176条1～3項）、そのような議決がなされないときは、当該予算は廃案となる。

その第二は、「議会の議決がその権限を越え（長の提出権を侵す等）又は法令若しくは会議規則に違反すると認める場合」である。理由を示して、再議に付し（法定の期間制限はない。）、再度の議決がなおその権限を越え（長の提出権を侵す等）又は法令若しくは会議規則に違反すると認めるときは、都道府県知事にあっては総務大臣、市町村長にあっては都道府県知事に対し、当該議決があった日から21日以内に審査を申し立てることができる。さらに、長又は議会がその裁定に不服があるときは、当該裁定のあった日から60日以内に裁判所に出訴できることになっている（自治法176条4～8項）。

その第三は、いわゆる義務費を削除し又は減額する議決がなされた場合である。これは、二つの場合に分けて措置される。

まず、「法令により負担する経費、法律の規定に基づき当該行政庁の職権により命ずる経費その他の普通地方公共団体の義務に属する経費」が削除又は減額された場合は、長は、理由を示して再議に付し、それでも議会がその経費を削除し又は減額する議決をしたときは、その経費及びこれに伴う収入を予算に計上して、その経費を支出することができることとされており（自治法177条1項1号・2項）、この長の権限を「予算の原案執行権」という。

次に、「非常の災害による応急若しくは復旧の施設のために必要な経費又は感染症予防のために必要な経費」が削除又は減額された場合は、長は、理由を示して再議に付し、それでも議会がその経費を削除し又は減額する議決をしたときは、その議決を不信任の議決とみなして（自治

344

第2章　予算

法177条1項2号・3項)、その議決が送付された日から10日以内に議会を解散することができるものとされている(自治法178条1項)。なお、この解散後の最初の議会において、議員数の3分の2以上が出席し、その4分の3以上の者の同意をもって不信任の議決がなされたときは、長はその職を失う(自治法178条2項・3項)。

　ところで、再議に付された議決は効力を失うので、当該議決に係る予算は成立していないことになる。したがって、それが当初予算である場合は、会計年度開始前に議会の議決を経ることが難しい又は事実上不可能であるという事態が起こり得る。このような場合は、議会と協議して暫定予算を成立させるか、それができないときは次に述べる専決処分によって予算を成立させることになる。なお、総務大臣又は都道府県知事に対する審査の申立ては、当然には執行停止の効力を有しないので、総務大臣又は都道府県知事による執行停止の措置が執られない限り、当該議決を取り消す旨の裁定があるまでは再議における議決の効力が維持される(自治法258条、行政不服審査法25条1項・3項)。

## (3) 専決処分

　予算に関する再議その他の措置は、長と議会が対立した場合におけるものであるが、議会側の事情によって円滑な議決ができない場合(予算の議決に限られているわけではない。)があり、その場合に長がとることができる措置として「専決処分」がある。

　すなわち、「普通地方公共団体の議会が成立しないとき、第113条ただし書の場合においてなお会議を開くことができないとき、普通地方公共団体の長において議会の議決すべき事件について特に緊急を要するため議会を招集する時間的余裕がないことが明らかであると認めるとき、又は議会において議決すべき事件を議決しないときは、当該普通地方公共団体の長は、その議決すべき事件を処分することができる。」(自治法179条1項本文)のである。なお、ここで「第113条ただし書の場合」というのは自治法113条ただし書のことであり、具体的には、

第3部　財務に係る基本法令の定め

① 自己又は一定の親族が従事する業務に直接の利害関係のある事件についての除斥のため半数に達しないとき

② 同一の事件につき再度招集してもなお半数に達しないとき

③ 又は招集に応じても出席議員が定数を欠き議長において出席を催告してもなお半数に達しないとき

④ 若しくは半数に達してもその後半数に達しなくなったとき

のことである。

　専決処分は、現実の必要に応じるものであるが、この処分をしたときは、「次の会議においてこれを議会に報告し、その承認を求めなければなら」ず（自治法179条3項）、この「承認を求める議案が否決されたときは、普通地方公共団体の長は、速やかに、当該処置に関して必要と認める措置を講ずるとともに、その旨を議会に報告しなければならない。」（自治法179条4項）とされている。

　なお、「議会において議決すべき事件を議決しないとき」というのは、「議決を欠く事態が出現すれば直ちにこれに当たるのではなく、外的又は内的な何らかの事情により長にとって議会の議決を得ることが社会通念上不可能ないしこれに準ずる程度に困難と認められる場合、たとえば、天災地変等の議決を不可能ならしめる外的事情がある場合、議会が議決しないとの意思を有し、実際にも議事が進行せずに議決にまで至らない場合等でなければならないと解される。」とする判決（東京高裁平成25年8月29日判決・判時2206号76頁）がある。

## 3　総計予算主義と歳入歳出予算

### (1) 総計予算主義

　前記1（340頁）のように、予算というのは七つの事項からなるが、歳入歳出予算を指して単に予算ということもあるように、予算の中核をなすのは、歳入歳出予算であり、「一会計年度における一切の収入及び

第2章　予　算

支出は、すべてこれを歳入歳出予算に編入しなければならない。」とされている（自治法210条）。

　ここで歳入、歳出というのは、それぞれ、一会計年度における一切の収入、支出を意味し、その全てを予算に編入しなければならないという考え方を「総計予算主義」という。予算を定めることは議会の権限であり（自治法96条1項2号）、議会による予算統制という観点からは、総計予算主義を貫くことが好ましいが、弾力的な事業の執行という面からは、それにこだわることが不都合なこともある。そこで、「普通地方公共団体の長は、特別会計のうちその事業の経費を主として当該事業の経営に伴う収入をもって充てるもので条例で定めるものについて、業務量の増加により業務のため直接必要な経費に不足を生じたときは、当該業務量の増加により増加する収入に相当する金額を当該経費（政令で定める経費を除く。）に使用することができる。この場合においては、普通地方公共団体の長は、次の会議においてその旨を議会に報告しなければならない。」（自治法218条4項、地方公営企業法24条3項）として、その事業の経費を主として当該事業の経営に伴う収入をもって充てるもの（公営企業会計の定義（前記第1章3(1)(335頁)）参照）について、収入を増加させるための経費の支出についての特例（これを「弾力条項」という。）が認められている。ただし、この場合においても、増加した収入をもって職員の給料に使用することはできないこととされている（自治法施行令149条）。

　ところで、議会の議決の対象となる歳入歳出予算というのは、歳入と歳出の総額及びそれぞれを款と項に区分し、千円単位で表示したものであり（自治法216条、自治法施行令147条2項、自治法施行規則14条・15条1項）、この款及び項を「議決科目」と称している。また、地方公共団体の長は、予算の執行に関する手続として、歳入歳出予算の各項を目と節に区分し、その区分に従って歳入歳出予算を執行することを定めなければならないとされており（自治法220条1項、自治法施行令150条1項3号、自治法施行規則15条）、この予算執行の基準となる目節を「執行科目」

● 347

第3部　財務に係る基本法令の定め

と称している。歳入歳出予算の款、項及び目並びに歳入予算の節の区分は自治法施行規則が定める区分を基準として定めなければならず（自治法施行規則15条1項）、歳出予算の節は自治法施行規則が定めるとおりに区分しなければならない（自治法施行規則15条2項）とされている。このように歳出予算の節の区分が全地方公共団体に共通のものとされているのは、各地方公共団体における財政の状況を統一的に理解する必要があるためである（前記第1章3(3)（339頁）参照）。

　なお、地方公共団体は、債権の担保としてのものを除いて、法律又は政令の規定によるのでなければ、歳入歳出予算に属する現金（「歳計現金」という。）以外の現金（「歳入歳出外現金」という。）を保管することができないとされており（自治法235条の4第2項）、これも総計予算主義から出てくる原則である。そして、歳計現金は、指定金融機関その他の確実な金融機関への預金その他の最も確実かつ有利な方法によって保管しなければならない（自治法235条の4第1項、自治法施行令168条の6）とされているが、一般会計と特別会計又は特別会計相互間における資金の融通は、歳計現金の保管の方法の一つとして、会計管理者の責任においてできるものと解されている。

　公営住宅の敷金や入札保証金のような債権の担保として留置するもののほかは、法律又は政令の規定で定めるもの（代表的なものとして、源泉徴収した所得税や住民税、共済組合の掛金等がある。）以外を保管することができないが、都道府県においては国の歳計現金及び歳入歳出外現金を、市町村においては都道府県の歳計現金及び歳入歳出外現金を保管する（収入、支出の事務を行う）ことが少なくない。すなわち、国は、その歳入、歳出、歳入歳出外現金等の関する事務を都道府県の知事又は知事の指定する職員に行わせることができるとされ（会計法48条1項）、都道府県は、知事の権限に属する事務の一部又は都道府県の教育委員会の権限に属する事務の一部を、条例の定めるところにより、市町村（それが都道府県の教育委員会の権限に属する事務であるときは市町村の教育委員会）が処理することとすることができるとされていることから（自治法

348

第2章　予算

252条の17の2第1・2項、地教行法55条1～5項）、これらの法律や条例に基づいて、市町村に対する国庫支出金や都道府県が負担すべき福祉や義務教育等に係る経費が、当該経費の支出に係る事務を処理することとされた自治体の「歳入歳出外現金」として、歳計現金の例により（自治法施行令168条の7第3項）、保管され、入出金されることになる。その意味で、総計予算主義といいながら、予算に計上されない相当程度の公金が存在することに注意が必要である。

　ところで、特に市町村の福祉関係の窓口等においては、歳計現金にも歳入歳出外現金にも属しない現金（「釣り銭」は歳計現金である。）が保管されていることがあるのが現実のようである。理論的な説明としては、このような現金は職員が個人として預かり、保管しているということになるのであろうが、現実には、組織的に認知、管理されているのであるから、それに事故が生じたときは、当該地方公共団体の責任を否定することはできないであろう。歳計現金の例にならった保管と入出金のルールを作成しておくことが必要であろうと思われる（遺失物法が定める準遺失物（他人の置き去った物）についての施設占有者に関する規定を準用することを考える余地があるように思われる。）。

## (2) 歳入歳出予算

　歳入予算は、その性質に従って「款」に大別したうえで、各款をさらに「項」に区分しなければならないが（自治法216条、自治法施行令147条、自治法施行規則15条）、現実に収入することができるか否かは、それぞれの収入の根拠となる法令（公法であると私法であるとを問わない。）によって定まる。つまり、予算に計上されていることが徴収根拠となったり、それによって徴収権限が与えられるわけでもなく、あくまでも、歳出の裏付けとなる歳入があることを検証し、その見込額が計上されるものである。このように、歳入は歳出の裏付けとなるものであるから、当該会計年度内における歳入と歳出の時期のずれから生ずる一時的な資金不足を補うための一時借入金は、ここでいう歳入に含まれない。

349

第3部　財務に係る基本法令の定め

　歳出予算は、目的に従って「款」と「項」に区分され、各款の間では絶対的に、各項の間では予算の執行上必要があり予算に定められているときを除いて、相互間の流用が禁止されている（自治法220条2項）。また、歳出予算の執行を計画的かつ効率的に行うため、長は、款と項に区分された歳出予算をさらに「目」と「節」に細分し（節の下に「細節」を設定することもある）、それに従って執行しなければならず（自治法220条1項、自治法施行令150条1項3号）、目と節の間においても、各地方公共団体の財務規則等で定める手続を経たうえでなければ、相互の資金を融通すること（これを「移用」といい、流用と区別している。）ができない。このことについては、実際の支出に際して、当該支出負担行為が法令又は予算に違反していないことを確認しなければならないとして（自治法232条の4第2項）、実効性が担保されている。

　したがって、予算に計上しないでなされた支出（那覇地裁昭和57年10月27日判決・行裁例集33巻10号2109頁）はもちろん、異なる予算科目からなされた支出は違法な支出となる（款について、大津地裁平成7年10月9日判決・判タ909号156頁。款項について、大阪高裁平成元年1月27日判決・判時1319号92頁。目節について、岐阜地裁昭和59年4月25日判決・判タ534号206頁）。なお、予算に計上しないで支出がなされた場合においても、相手方との関係では、その支払いが直ちに無効となるとは限らないとする判決（甲府地裁平成5年3月31日判決・判タ843号155頁）がある。

　ところで、予算における款及び項は、款が民生費で項が社会福祉費とか、款が土木費で項が道路橋りょう費というような大まかな区分にすぎず、それだけではその内容を具体的に把握することは不可能である。また、それを細分化した目及び節は、予算を執行するためのものであり、それ自体は議会の審議の対象とならない。そこで、予算を審議する議会には、予算とともにそれに関する説明書を提出して、歳入歳出予算の各項の内容と給与費の内訳を明らかにしなければならないとされている（自治法211条2項、自治法施行令144条）。

　この予算に関する説明書自体は、議決の対象となるものではないか

ら、具体的な使途がそれと異なる結果となっても、それが直ちにその支出を違法とするわけではない。たとえば、道路橋りょう費についての説明において掲げられていた整備予定の路線が用地買収等の都合で整備することができないこととなった場合に、当該予算で予定されていた資金を、予算議会当時は予定していなかった他の路線整備のために振り向けることに特段の問題はないであろう。

　また、議決科目の拘束力を厳密に貫くときは、予算の編成時に予期できなかった事態が生じた際に臨機応変の措置をとることが困難になることが生じ得る。そこで、そのようなことに対処するために、「予算外の支出又は予算超過の支出に充てるため、歳入歳出予算に予備費を計上しなければならない。」とされている（自治法217条1項本文）。これは、歳出予算に款項が設けられていない場合、予算が計上されていない場合、計上されている予算が不足する場合に備えるものであり、大規模な災害が発生したり、急に景気対策が必要になったりしたようなときに意味がある。予想される給与改定に備えて、その全部又は一部の費用を予備費に計上する扱いがなされたこともあるが、そのような措置は予備費の本来の趣旨とは異なるものである。ともあれ、予備費は、不測の事態に備えるものであり、議会の統制を免れるためのものではないから、議会の否決した費途に充てることはできない（自治法217条2項）。また、特別会計には、不測の事態というものを想定する必要がないものもあるので、予備費を計上しないことができるとされている（自治法217条1項ただし書）。

　なお、予備費をもって支出するときは、予備費から所要額を必要とする支出科目（款項）に繰り入れて、当該科目の支出として取り扱い（これを「予備費の充用」又は単に「充用」という。）、一旦充用したときは、その充用額に残額が生じても予備費に繰り戻すことはできず、予備費を充用前の金額に戻すためには、新たに予算で定めることが必要である。

　ところで、特別会計を設けることとされている地方公営企業（前記(1)（346頁）参照）の予算は、「地方公営企業の毎事業年度における業

務の予定量並びにこれに関する収入及び支出の大綱を定めるもの」とされており（地方公営企業法24条1項）、一般会計の予算とは大分趣を異にしている。ただ、この場合にあっても、「地方公共団体の長は、当該地方公営企業の管理者が作成した予算の原案に基いて毎事業年度地方公営企業の予算を調製し、年度開始前に議会の議決を経なければならない」（地方公営企業法24条2項）のは当然のことであり、この予算を議会に提出する場合には、管理者が作成した予算に関する説明書をあわせて提出しなけれならないとされている（地方公営企業法25条）。

## 4　継続費

　道路や河川のように計画的に整備を進めるべき事業、庁舎、体育館、ダム等の大規模な施設の建設のように単年度で完成させることができない事業、複数年契約の方が価格的にも品質的にも有利となる委託事業等、当年度だけでなく、次年度以降における支出を約束することが必要であったり、適当であったりするものがある。会計年度独立の原則を厳密に貫くときは、このような場合であっても、年度ごとに歳入歳出予算に計上して、年度ごとに契約をしなければならないことになるので、そのような不都合を解消するための一つとして設けられたのが、「継続費」の制度である。

　すなわち、継続費というのは、「普通地方公共団体の経費をもって支弁する事件でその履行に数年度を要するものについては、予算の定めるところにより、その経費の総額及び年割額を定め、数年度にわたって支出することができる。」とする制度であり（自治法212条）、「継続費の毎会計年度の年割額に係る歳出予算の経費の金額のうち、その年度内に支出を終わらなかったものは、当該継続費の継続年度の終わりまで逓次繰り越して使用することができる。」とされている（自治法施行令145条1項前段）。

　ここで「逓次繰り越して使用することができる」というのは、当該年

度に支出が予定されていたもので、その年度内に支出が終わらなかった
経費の金額を、翌年度以降に順次繰り越して支出すること（当該経費の
金額に相当する財源を翌年度以降に順次繰り越すことが必要である。）を意
味し、単に「逓次繰越し」と言われることも多い。予定された継続年度
の最終年度内に当該継続費に係る事業が完了せず、かつ事故繰越し（自
治法220条３項）もできないときは、当該継続費（逓次繰越しした額を含
む。）に残額があっても、当該事業はそこで終了し、それに係る事業を
継続するためには、改めて予算措置をしなければならない。ただ、継続
費は支出についてのことであり、それに要する財源（歳入予算）は、逓
次繰越しの場合を除いて、実際に支出をする年度で手当されることとさ
れ、それが繰越明許費との違いでもある。

　なお、地方公共団体の長は、逓次繰越しをしたとき、翌年度の５月
31日までに継続費繰越計算書を調製し、次の会議においてこれを議会
に報告しなければならず、継続費に係る継続年度（継続費に係る歳出予
算の金額のうち翌年度に逓次繰越しをしたものがある場合には、その繰り越
された年度）が終了したときは、総務省令で定める様式を基準として定
めた継続費精算報告書を調製し、決算関係書類の提出とあわせて、議会
に報告しなければならない（自治法施行令145条１項後段・２項・３項）。


## 5　繰越明許費

　年度の終盤になってからの国の経済対策に呼応した施策を実行する場
合のように、財源は年度内に確保できるが、年度を越えて事業を執行す
ることが予定されたり、事業の執行に必要な用地取得が難航することが
予想されることがある。このような当該年度内に支出が終わらないこと
が見込まれる事業については、そのまま翌年度の事業として継続して執
行することをあらかじめ認めておくことが便宜である。このような経費
を「繰越明許費」といい、「歳出予算の経費のうちその性質上又は予算
成立後の事由に基づき年度内にその支出を終わらない見込みのあるもの

● 353

第3部　財務に係る基本法令の定め

については、予算の定めるところにより、翌年度に繰り越して使用することができる。」と規定されている（自治法213条）。

　繰越明許費は、当該年度において使用することになっていた経費を翌年度において支出するものであるから、「当該経費に係る歳出に充てるために必要な金額を当該年度から翌年度に繰り越さなければならない。」（自治法施行令146条1項）のであり、当該年度における収入不足を理由として（繰り越すべき財源がないにもかかわらず）、事業を翌年度に繰り越すことはできない。そして、翌年度中に当該繰越明許費に係る事業が完了せず、かつ事故繰越し（自治法220条3項）もできないときは、当該繰越明許費に残額があっても、当該事業はそこで終了し、それに係る事業を継続するためには、改めて予算措置をしなければならない。

　なお、地方公共団体の長は、繰越明許費に係る歳出予算の経費を翌年度に繰り越したとき、翌年度の5月31日までに総務省令で定める様式を基準として定めた繰越計算書を調製し、次の会議においてこれを議会に報告しなければならない（自治法施行令146条2項・3項）。

## 6　債務負担行為

　継続費及び繰越明許費は、いずれも予定された事業費の一部が当該年度に支出されることを想定したものであるが、支出の原因となる支出負担行為は当該年度内に行われるが、現実の支出は翌年度以降になるものがある（代表的なものとして、履行期が翌年度になる用地取得契約、複数年度にわたる賃借契約、長期債務の保証契約等がある。）。このような場合に備えたのが「債務負担行為」の制度であり、「歳出予算の金額、継続費の総額又は繰越明許費の金額の範囲内におけるものを除くほか、普通地方公共団体が債務を負担する行為をするには、予算で債務負担行為として定めておかなければならない。」とされている（自治法214条）。

　なお、債務負担行為の例外として、長期継続契約がある（自治法234条の3）。これは、電気、ガス、水、電気通信役務（電話、インターネッ

354

ト等）の提供を受ける契約や不動産を借りる契約のほか、翌年度以降に
わたり物品を借り入れ又は役務の提供を受ける契約で、その契約の性質
上翌年度以降にわたり契約を締結しなければ当該契約に係る事務の取扱
いに支障を及ぼすようなもののうち、条例で定めるもの（自治法施行令
167条の17）については、債務負担行為の定めがなくてもその契約を締
結することができるとするものである。

　債務負担行為として予算で定められた案件について、現実に契約が締
結された場合は、それによって負担した債務を履行することは当該地方
公共団体の義務であるから、それに必要な経費は義務費としてそれが支
出される年度の歳出予算に計上され、議会がそれを認めないときは原案
執行権の問題となる（前記2（2）（343頁）参照）。

　ところで、債務負担行為も予算の一部であるから、会計年度独立の原
則が適用され、その議決の効力は当該年度の終了とともに終了する。す
なわち、議決された債務負担行為の範囲内で締結された契約は翌年度以
降も効力を有する（これが本来の債務負担行為の意味である。）が、契約の
締結が翌年度以降にずれ込んだり、一旦締結した契約における金額を増
額する必要が翌年度以降に生じた場合は、過年度の予算に定められた債
務負担行為に基づいて契約を締結したり、変更契約をすることはできな
い。そのような場合には、当年度において契約の基礎となる予算措置
（歳出予算の増額又は新たな債務負担行為）を改めてすることが必要とな
る。なお、契約変更の場合において、契約金額が当初よりも減額となる
ときは、何らの予算措置をすることなく、契約を変更することができる
のは当然のことである。


# 7　地方債

　地方債というのは、返済の全部又は一部が翌年度以降になる地方公共
団体の借入金のことである（借り入れた年度内にその全部が返済されるの
が「一時借入金」である。）。これについては、自治法230条が、その1項

第3部　財務に係る基本法令の定め

で「普通地方公共団体は、別に法律で定める場合において、予算の定めるところにより、地方債を起こすことができる。」とし、その2項で「前項の場合において、地方債の起債の目的、限度額、起債の方法、利率及び償還の方法は、予算でこれを定めなければならない。」としている。

自治法230条1項の「別に法律で定める場合」の主たるものは、地方財政法に定める場合であり、同法5条は次のように定めている。

「地方公共団体の歳出は、地方債以外の歳入をもって、その財源としなければならない。ただし、次に掲げる場合においては、地方債をもってその財源とすることができる。

　一　交通事業、ガス事業、水道事業その他地方公共団体の行う企業（以下「公営企業」という。）に要する経費の財源とする場合

　二　出資金及び貸付金の財源とする場合（出資又は貸付けを目的として土地又は物件を買収するために要する経費の財源とする場合を含む。）

　三　地方債の借換えのために要する経費の財源とする場合

　四　災害応急事業費、災害復旧事業費及び災害救助事業費の財源とする場合

　五　学校その他の文教施設、保育所その他の厚生施設、消防施設、道路、河川、港湾その他の土木施設等の公共施設又は公用施設の建設事業費（公共的団体又は国若しくは地方公共団体が出資している法人で政令で定めるものが設置する公共施設の建設事業に係る負担又は助成に要する経費を含む。）及び公共用若しくは公用に供する土地又はその代替地としてあらかじめ取得する土地の購入費（当該土地に関する所有権以外の権利を取得するために要する経費を含む。）の財源とする場合」

この条文から明らかなように、地方債は例外的な財源調達手段とされているが、地方財政法自体も特例を定めている（33条〜33条の6の3）ほか、地方財政法の特例を定めている法律（災害対策基本法102条1項、

356　●

第2章　予算

過疎地域自立促進特別措置法12条1項等）もあって、現実には毎年度多額の起債（地方債を起こすことをいう。）がなされるのが通例となっている。

　地方公共団体が地方債を起こし、又は起債の方法、利率若しくは償還の方法を変更しようとするときは、都道府県、政令指定都市及びこれらの地方公共団体が加入する地方公共団体の組合は総務大臣と、それ以外の地方公共団体は都道府県知事と協議しなければならないとされ（地方財政法5条の3第1項、地方財政法施行令2条1項）、都道府県知事がその協議において同意をしようとするときは、総務大臣に協議し、同意を得なければならず、総務大臣がこれらの同意をしようとするときは、原則として、当該同意に係る地方債の限度額及び資金について財務大臣に協議しなければならないとされている（地方財政法施行令2条3項・4項）。ただ、財政が健全であると認められる地方公共団体（実質公債費率が100分の18未満で、実質赤字額及び連結実質赤字額が0（零）を超えず、将来負担比率が都道府県にあっては100分の400、市町村にあっては100分の350を超えないものをいい、一定の額を超える資金不足を生じている公営企業を経営するものを除く。）が、公的資金（財政融資資金、地方公共団体金融機構の資金並びに国、独立行政法人又は特殊法人が法令の規定に基づいて、特定の事業を行う地方公共団体に貸し付ける資金）以外の資金をもって地方債を起こし、又は起債の方法、利率若しくは償還の方法を変更しようとする場合は、これらの協議をしないで、総務大臣又は都道府県知事に届け出るだけでよいこととされている（地方財政法5条の3第3項・5項・6項、地方財政法施行令4条〜7条、財政健全化法2条5号、財政健全化法施行令7条4号）。

　なお、財政健全化法は、財政の健全化を図るという観点から、実質赤字比率、連結実質赤字比率及び実質公債費比率のいずれかが財政再生基準以上である地方公共団体について、地方債の起債の制限、特別な地方債の発行及び地方債の起債の許可について定めている（11条〜13条）。

357

第3部　財務に係る基本法令の定め

## 8　一時借入金

　地方公共団体の収入の主たるものは地方税と国庫支出金であるが、それらが現実に収入される時期と経費を支出すべき時期とは一致しない（後記12（361頁）及び第3章1（10）（380頁）参照）。そこで、年度内における収入を引き当てにした資金調達が必要となる。この資金調達の方法を「一時借入」といい、調達された資金を「一時借入金」という。

　これについて、自治法235条の3は、その1項で「普通地方公共団体の長は、歳出予算内の支出をするため、一時借入金を借り入れることができる。」と、その2項で「前項の規定による一時借入金の借入れの最高額は、予算でこれを定めなければならない。」と、その3項で「第1項の規定による一時借入金は、その会計年度の歳入をもって償還しなければならない。」と定めている。

　このことから明らかなように、地方債と一時借入金の違いは、返済の全部又は一部が翌年度以降の収入をもってなされるのか、借り入れた年度内の収入をもってその全部が返済されるのかにある。


## 9　歳出予算の各項の経費の金額の流用

　議決の対象となる歳出予算は、目的に従って款と項に区分されたものであり（自治法211条1項前段・216条）、これらの科目が議決科目と称されることは前述した（前記3（1）（346頁））。

　歳出予算中の款と項に区分されたものが議決の対象であるということは、執行機関の判断で、各款の間又は各項の間で予算において定められた経費の金額を流用することができないことを意味する（自治法220条2項本文）。しかし、この考え方を厳格に貫くときは、予算の弾力的執行を妨げることにもなりかねないので、「歳出予算の各項の経費の金額は、予算の執行上必要がある場合に限り、予算の定めるところにより、これを流用することができる。」とされている（自治法220条2項ただし書）。

358

第2章　予算

これは、歳出予算においては各項ごとに一般職の給料、職員手当（退職手当を除く。）及び共済費を計上することとされ（自治法216条、自治法施行令147条、自治法施行規則15条別記「歳入歳出予算の款項の区分及び目の区分」歳出の表の備考２）、人事異動等によって各項に計上された人件費に増減が生じることが容易に想定できること等から、あらかじめ予算で定めることによって、そのような場合に対処できるように認められたものであるが、各款の間における流用禁止の例外は認められていない。

## 10　事故繰越し

　年度内にその支出が終わらないことが見込まれることから、翌年度において支出することが認められている繰越明許費の金額を除くほか、毎会計年度の歳出予算の経費の金額は、これを翌年度において使用することができないのが原則である。しかし、現実には、予期せざる災害のために予定されていた工事を完成させることができないというようなことが生じ得るのであり、このような場合にまでこの原則を貫くのは不都合である。

　そこで、このような事態に対処するため、「歳出予算の経費の金額のうち、年度内に支出負担行為をし、避けがたい事故のため年度内に支出を終わらなかったもの（当該支出負担行為に係る工事その他の事業の遂行上の必要に基づきこれに関連して支出を要する経費の金額を含む。）は、これを翌年度に繰り越して使用することができる。」（自治法220条３項）とされており、この繰越しを「事故繰越し」という。

　事故繰越しが認められるのは、当該年度内に支出負担行為がなされていたにもかかわらず、避けがたい事故のために、その年度内に支出が完了しないという場合であり、典型的には、当該年度内に完成させるべき工事についての請負契約の締結（支出負担行為である。）がなされたにもかかわらず、地震等の自然災害のために工事を完成させることができなくなったような場合が考えられる。そして、事故繰越しが認められると

第3部　財務に係る基本法令の定め

きは、当該支出負担行為がなされた金額だけでなく、当該支出負担行為に係る工事その他の事業の遂行上の必要に基づきこれに関連して支出を要する経費の金額、すなわち、支出負担行為がなされている工事費等に加えて、その工事の遂行に関連して必要となる竣工検査の経費や事務経費として予算に計上されていた金額も、翌年度に繰り越して支出することができることになっている。

　なお、事故繰越しの対象となる経費は、当該年度において財源措置がなされているのであるから、当該経費に係る歳出に充てるために必要な金額を当該年度から翌年度に繰り越さなければならない（自治法施行令150条3項・146条1項）のは、繰越明許費の場合と同じである。

## 11　過年度収入及び過年度支出

　「一会計年度における一切の収入及び支出は、すべてこれを歳入歳出予算に編入しなければならない。」（自治法210条）とされる一方で、「普通地方公共団体の出納は、翌年度の5月31日をもって閉鎖する。」（自治法235条の5）とされている。したがって、当該年度の収入として調定された債権は遅くとも翌年度の5月31日までに収入し、当該年度に支払うべきものとして債務支出負担行為がなされた債務は同日までに支払を完了しなければならないことになる。

　しかし、債権の回収といい、債務の弁済というも、相手方があることであり、その対応や状況によっては、出納閉鎖の日までに完了することができない場合が生ずる。そして、このような場合にまで会計年度独立の原則を厳密に貫くと、いつまで経っても決算が完結できないこととなる。

　そこで、「出納閉鎖後の収入は、これを現年度の歳入としなければならない。」（自治法施行令160条前段）とし、「出納閉鎖後の支出は、これを現年度の歳出としなければならない。」（自治法施行令165条の8前段）として、この前者を「過年度収入」と、後者を「過年度支出」と称して

360　●

第2章　予　算

いる。すなわち、過年度収入というのは出納閉鎖後において滞納となっている債権を回収したことによる収入であり、過年度支出というのは出納閉鎖後において履行遅滞となっている債務を弁済したことによる支出であり、それぞれ、収入又は支出をした年度（現年度）の予算に計上されるのである。

　なお、歳出の誤払い若しくは過払い又は資金前途若しくは概算払い等による精算残金は当該支出をした経費に戻入させることが必要であるが（自治法施行令159条）、これが出納整理期間までに戻入されなかったときは、過年度収入として処理される（自治法施行令160条後段）。また、歳入の誤納又は過納となった金額は当該収入した歳入から戻出しなければならないが（自治法施行令165条の7）、これが出納整理期間までに戻出されなかったときは、過年度支出として処理される（自治法施行令165条の8後段）。

## 12　予算の執行

　「普通地方公共団体の長は、政令で定める基準に従って予算の執行に関する手続を定め、これに従って予算を執行しなければならない。」（自治法220条1項）とされ、この規定を受けた自治法施行令150条1項は、「普通地方公共団体の長は、次の各号に掲げる事項を予算の執行に関する手続として定めなければならない。」として、

①　予算の計画的かつ効率的な執行を確保するため必要な計画を定めること

②　定期又は臨時に歳出予算の配当を行うこと

③　歳入歳出予算の各項を目節に区分するとともに、当該目節の区分に従って歳入歳出予算を執行すること

を掲げている（目節の区分については前記3（2）（349頁）参照）。

　地方公共団体の歳入の主なものは、地方税と国庫支出金である。地方税には納期があり、国庫支出金にあっても、地方交付税は支払時期が決

361

第3部　財務に係る基本法令の定め

められ、補助金は年度末（国の出納整理期間内）に支払われることが多く、年度を通じて平均的に収入されることはなく、支出の額も季節によって変動する。

したがって、年度を通じて資金不足が生じないようにし、起債を最も有利な時期に行うようにするためには、予算の執行計画をたてることが必要であり、それを実効あらしめるために予算の配当（原課ごとに支出することができる限度額を示すことを意味する。）を行い、予算の目的に従った支出をすることが必要となる。

# 13　歳計余剰金の繰越し

「会計管理者は、毎会計年度、政令の定めるところにより、決算を調製し、出納の閉鎖後3箇月以内に、証書類その他政令で定める書類とあわせて、普通地方公共団体の長に提出しなければならない。」（自治法233条）が、決算の結果は、歳入が歳出を上回るのが通常である（予算の執行が適正になされていれば、赤字になることはない。）。家計におけるのと同様、この剰余金は翌年度に繰り越されて、翌年度の経費に充当することができるのは当然のことであるが、このことについては、「各会計年度において決算上剰余金を生じたときは、翌年度の歳入に編入しなければならない。ただし、条例の定めるところにより、又は普通地方公共団体の議会の議決により、剰余金の全部又は一部を翌年度に繰り越さないで基金に編入することができる。」（自治法233条の2）と定められている。さらに、地方財政法は、「地方公共団体は、各会計年度において歳入歳出の決算上剰余金を生じた場合においては、当該剰余金のうち2分の1を下らない金額は、これを剰余金を生じた翌翌年度までに、積み立て、又は償還期限を繰り上げて行なう地方債の償還の財源に充てなければなら」ず、その積み立てた金額は次の場合に限って処分できるとされている（同法7条1項・2項、4条の4）。

①　経済事情の著しい変動等により財源が著しく不足する場合におい

第2章　予算

て当該不足額をうめるための財源に充てるとき。

② 災害により生じた経費の財源又は災害により生じた減収をうめる
ための財源に充てるとき。

③ 緊急に実施することが必要となつた大規模な土木その他の建設事
業の経費その他必要やむを得ない理由により生じた経費の財源に充
てるとき。

④ 長期にわたる財源の育成のためにする財産の取得等のための経費
の財源に充てるとき。

⑤ 償還期限を繰り上げて行なう地方債の償還の財源に充てるとき。

なお、ここで、その2分の1を下らない金額を積み立てるべき剰余金
というのは、「当該年度において新たに生じた剰余金から、当該年度の
翌年度に繰り越した歳出予算の財源に充てるべき金額（継続費の支出財
源として逓次繰り越した金額を含む。以下同じ。）を控除して、これを計算
する。」（地方財政法施行令47条）とされており、いわゆる実質収支の額
（当該年度の歳入から歳出を差し引いた額から継続費逓次繰越額、繰越明許費
及び事故繰越の額を差し引いた額）のことである。

ここで基金というのは、特定の目的のために資金を積み立てるために
設定されるものであり（自治法241条1項）、それぞれ、財政調整基金
（地方財政法4条の3第1項参照）、減債基金と称される。


## 14　翌年度歳入の繰上充用

「一会計年度における一切の収入及び支出は、すべてこれを歳入歳出
予算に編入しなければならない。」（自治法210条）のであり、適正に予
算が執行されれば、年度末において資金不足が生ずることはないはずで
ある。しかし、歳入が過大に見積もられていた場合だけでなく、急激な
景気の後退や災害等により予定されていた税収を確保することができな
いような場合にも、年度末になって歳入不足が明らかになることがある
（時間的余裕があるときは補正予算で収支を均衡させることができる。）。

● 363

第3部　財務に係る基本法令の定め

　このような場合の対処については、「会計年度経過後にいたって歳入が歳出に不足するときは、翌年度の歳入を繰り上げてこれに充てることができる。この場合においては、そのために必要な額を翌年度の歳入歳出予算に編入しなければならない。」（自治法233条1項、自治法施行令166条の2）と定められている。すなわち、翌年度の歳入歳出予算において前年度の歳出に充てるための金額を計上するのであるが（これを「翌年度歳入の繰上充用」又は単に「繰上充用」という。）、このことは当然に翌年度の歳入がその分減少することを意味する。このようなことが可能なのは、前年度の出納整理期間が翌年度の会計期間と重複するので、翌年度に帰属する収入をもって前年度分の支出に充てることができるためである。

　なお、繰上充用の額は、歳入不足のために支払を翌年度に遅らせた債務の額と合算して、実質赤字比率（起債の制限との関係について前記7（355頁）参照）算定の基礎数値として使用されることになっている（財政健全化法2条1号）。

　ところで、出納整理期間中に前年度に所属する現金が不足し、現年度に所属する現金をもってその不足を補うことがあるが、それは資金繰りの問題であり、繰上げ充用とは関係がない（その不足分は出納が閉鎖されるまでに前年度の歳入として収納されなければならない。）。

364

# 第3章 収 入

## 1 収入の種類

　地方公共団体行政を支える収入には、使途が特定されていない財源（一般財源）として、

○地方税

○地方譲与税

○地方特例交付金

○地方交付税

○その他

があり、使途が特定された財源（特定財源）として、

○国庫支出金（負担金、委託費、補助金等）

○地方債

○その他

がある。

　特定財源である国庫支出金はもちろん、一般財源のうちの地方譲与税、地方特例交付金、地方交付税も国から交付されるものであり、自ら徴収することができる地方税の割合は、38.8％にすぎない（平成28年度決算）。地方税の割合が30％強であるという状況は、戦後ほぼ一貫しており、日本の自治は三割自治であると揶揄されることがある所以である。なお、これを一般財源の割合という観点からみると、58.2％となっている（平成28年度決算）。

　自治法は、地方公共団体の収入のうち、自らの判断で徴収できる地方税、分担金、行政財産の目的外使用及び公の施設の使用に対する使用料、旧慣使用の使用料及び加入金、手数料、行政財産の貸付料等、普通

第3部　財務に係る基本法令の定め

財産の使用料等についての規定を置いているので、以下、順を追って述べる（前記第2章7（355頁）及び8（358頁）で述べた地方債及び一時借入金は最終的に返済すべきものであり、これらの収入とは性質が異なる。）。

## (1) 地方税

　自治法223条は、「普通地方公共団体は、法律の定めるところにより、地方税を賦課徴収することができる。」としているが、これは、憲法84条が「あらたに租税を課し、又は現行の租税を変更するには、法律又は法律の定める条件によることを必要とする。」としているのと同じ趣旨である。憲法84条でいう「法律」には条例も含まれるとする解釈もあるが、現行制度としては、条例制定権について定める憲法94条をも踏まえたうえで、地方税の賦課徴収についての総論的な根拠を自治法に置き、具体的な根拠法として地方税法が定められている。

　このようなことから、地方税法は、基本的な事項を法定しながら、「地方団体は、地方税の税目、課税客体、課税標準、税率その他賦課徴収について定をするには、当該地方団体の条例によらなければならない。」（3条1項）として、条例に多くを譲る形をとっている。ちなみに、「予算に基づく国費の支出の違法が租税の徴収の違法をもたらすこと」はないというのが判例（最高裁昭和61年2月18日判決・税務訴訟資料150号331頁）である。そして、地方税については、

○何を課税の対象（課税客体）とするか

○納入義務を負う者（納税義務者）を誰にするか

○課税客体の数量や価格（課税標準）を何によって決定するのか

○課税標準に乗ずべき数又は率（税率）をどのように決めるのか

○どのようにして課税するのか（課税方法）

は、地方税法で基本的な事項が定められ、細目については条例で定めることとされている（地方税法2条・3条）。なお、地方税法においては、各税目ごとに、課税客体、納税義務者又は特別徴収義務者、課税標準、税率、賦課期日、納期、納付又は納入の方法及びそれらの手続、罰則そ

366

第3章　収　入

の他の制裁規定、滞納処分の手続、犯則取締り等賦課徴収に関する事項が規定されている。

地方税には、「普通税」及び「目的税」がある（地方税法4条1項・5条1項）。そして、道府県は、普通税として、道府県民税、事業税、地方消費税、不動産取得税、道府県たばこ税、ゴルフ場利用税、自動車取得税、軽油引取税、自動車税及び鉱区税を課するものとされるが（徴収に要すべき経費が徴収すべき税額に比して多額であると認められるものその他特別の事情があるものを除く。）、これとは別に税目を起こして課税することもできる。また、目的税として、狩猟税を課するものとされ、水利地益税を課することができるとされるほか、別に税目を起こして、課税することもできるとされている（地方税法4条）。

市町村は、普通税として、市町村民税、固定資産税、軽自動車税、市町村たばこ税、鉱産税及び特別土地保有税を課するものとされるが（徴収に要すべき経費が徴収すべき税額に比して多額であると認められるものその他特別の事情があるものを除く。）、これとは別に税目を起こして課税することもできる。また、目的税として、鉱泉浴場所在の市町村は入湯税を、指定都市等は事業所税を課するものとされ、それ以外の目的税として、都市計画税、水利地益税、共同施設税、宅地開発税及び国民健康保険税を課すことができるほか、別に税目を起こして、課税することもできるとされている（地方税法5条）。ただ、固定資産税のうち、大規模な償却資産に対するものについては、道府県も課税することができることとされている（地方税法740条〜747条）。

なお、地方税法中の道府県に関する規定は東京都に、市町村に関する規定は特別区に準用されることになっており（地方税法1条2項）、東京都の特別区の区域については、固定資産税、特別土地保有税、都市計画税等について特別の扱いがなされている（地方税法734条〜739条）。

税は、納税者の意思に関係なく強制的に徴収されるものであるから、関係法令の定めを遵守して、確実に税収を確保しなければならない。課税客体の把握が不十分であったり、課税標準の決定を誤ったり、計算ミ

367

第3部　財務に係る基本法令の定め

スをしたりして過大あるいは過小な賦課処分をしたり、滞納処分を適時適切に行わなかったりすることによる徴収額の不足となるような事態が生じないようにしなければならない。

## (2) 分担金

自治法は、その224条において、「普通地方公共団体は、政令で定める場合を除くほか、数人又は普通地方公共団体の一部に対し利益のある事件に関し、その必要な費用に充てるため、当該事件により特に利益を受ける者から、その受益の限度において、分担金を徴収することができる。」として、受益者に負担を求めることができることを明らかにしたうえで、228条1項において、分担金に関する事項（負担者や負担額等）は条例で定めなければならないとしている。

これは、地方公共団体の行政に要する経費は税によって賄うのが原則であるが、その性質上、受益が特定の者に限られるものがあり、このような場合にもその原則を貫くときは、住民の間に不公平・不均衡が生ずることがあることを考慮したものである。ただ、地方税においても、「地方団体は、その一部に対して特に利益がある事件に関しては、不均一の課税をし、又はその一部に課税をすることができる。」（地方税法7条）とされるほか、「道府県又は市町村は、水利に関する事業、都市計画法に基いて行う事業、林道に関する事業その他土地又は山林の利益となるべき事業の実施に要する費用に充てるため、当該事業に因り特に利益を受ける土地又は家屋に対し、その価格又は面積を課税標準として、水利地益税を課することができる。」（地方税法703条1項）と、「市町村は、共同作業場、共同倉庫、共同集荷場、汚物処理施設その他これらに類する施設に要する費用に充てるため、当該施設に因り特に利益を受ける者に対し、共同施設税を課することができる。」（地方税法703条の2第1項）とされ、後の二者における課税額の総額は、納税義務者が特に受ける利益の限度を超えることができないとされている。これらの税も受益の程度に応じた負担を求めるという意味では共通しているので、こ

368

第3章　収　入

れらの課税がなされているときは、それと同一の事件についての分担金を徴収することはできないこととされている（自治法施行令153条）。

　分担金の対象となる数人に対し利益のある事件というのは、地域的に関係のない特定の者がもっぱら利益を受ける事件（事業と言っても良いであろう。）のことであり、受益者の人数の多少は問題とならない。受益者が特定されなければ分担金を負担すべき者を特定することはできないが、少数の者のために事業を行うことは稀であるとしても、その数が少ないことの故に分担金を徴収できないという理由はない。

　また、普通地方公共団体の一部に対し利益のある事件というのは、地理的な意味における当該地方公共団体の一部がもっぱら利益を受ける事件を意味し、個別の法律が分担金と同趣旨の負担を課することを認めていることが少なくない。たとえば、都市計画事業による受益者に対する負担金（都市計画法75条）、道路に関する工事による受益者に対する負担金（道路法61条）、河川工事による受益者に対する負担金（河川法70条）、海岸保全施設に関する工事による受益者に対する負担金（港湾法43条の４）、不良住宅の除却により著しく利益を受ける者に対する負担金（住宅地区改良法26条）、海岸保全施設に関する工事による受益者に対する負担金（海岸法33条）、公園事業の執行による受益者に対する負担金（自然公園法58条）がこれであり、これらの負担金を負担すべき者の範囲及び徴収の方法は、それを徴収する地方公共団体の条例で定めることとされている。

　なお、施設やサービスの利用者についての資格要件が定められていたり、承諾を得なければ利用できないとされている結果、当該事件（事業）による受益者が限定されているようにみえるものがあるが、当該施設やサービスの性質からみて、それが一般に開放されている場合には、その利用の対価として使用料を徴収することは別として、分担金を徴収することはできない。住民の福祉を実現するための施設であり、住民による利用を拒むことができず、不当な差別的取扱いが禁止されている公の施設（自治法244条）は、その典型であり、その使用については、使用料

369

第3部　財務に係る基本法令の定め

が徴収できることが明記されている（自治法225条）。また、特定教育・保育施設への入所（児童福祉法24条1項、子ども・子育て支援法附則6条4項）や養護老人ホーム等への入所等（老人福祉法11条1項）の費用の徴収は、それぞれのサービスの対価であり（形式的には公の施設の使用料とされることが多い。）、予算における歳入科目上「分担金及び負担金」とすることはともかく、ここでいう分担金の問題ではない。

## （3）行政財産の目的外使用及び公の施設の使用に対する使用料

　自治法225条は、普通地方公共団体は行政財産の目的外使用及び公の施設の利用について使用料を徴収することができるとし、228条1項は、使用料に関する事項（使用料の額等）は条例で定めなければならないとしている。

　自治法が定める財産には、公有財産、物品及び債権並びに基金があり（自治法237条1項）、このうちの公有財産は、さらに「行政財産」と「普通財産」に分けられる。行政財産は「普通地方公共団体において公用又は公共用に供し、又は供することと決定した財産」と、普通財産は「行政財産以外の一切の公有財産」と定義されている（自治法238条）。「公用」というのは、当該地方公共団体が自ら用いるということであり、「公共用」というのは住民が用いるということであるから、そのための財産は、原則として「貸し付け、交換し、売り払い、譲与し、出資の目的とし、若しくは信託し、又はこれに私権を設定することができない」（自治法238条の4第1項）が、「その用途又は目的を妨げない限度においてその使用を許可することができる」（自治法238条の4第7項）とされている。行政財産の目的外使用の使用料というのは、この許可を受けてする行政財産の使用の対価を意味する。

　公の施設は、「住民の福祉を増進する目的をもってその利用に供するための施設」（自治法244条1項）のことであるから、公共用に供される財産として行政財産に含まれる。公の施設の利用は、その用途又は目的

第3章　収　入

に従ってなされるものであるが、その利用の形態によっては、特定の者が特別な利益を享受することになることがあるので、そのような場合には、使用料を徴収することができることとされているのである。これは、受益の限度に応じて徴収されるものである点において、分担金の思想と共通するものがあるが、当該施設の設置の当初から受益者が特定されているものではなく、利用の都度徴収されるものである点において異なっている。

なお、公営事業における使用料の定め方については、次の判例がある。

①　ガス事業の料金について、「地方自治法は、普通地方公共団体は同法238条の４第４項（注：現行第７項）の規定による許可を受けてする行政財産の使用又は公の施設の利用につき使用料を徴収することができる旨（225条）、及び使用料に関する事項については条例で定めなければならない旨（228条１項）を規定しているところ、地方公営企業法は、地方公営企業の用に供する行政財産を使用させる場合に徴収する使用料に関する事項については管理者が定める（同法33条３項）、と規定しているのみであるから、地方公営企業の給付に対する対価としての料金に関する事項は、右地方自治法の定めるところにより、条例で定めなければならないものと解するのが相当である。してみると、地方公営企業の管理者は、当該地方公営企業の業務の執行として供給契約を締結する場合、使用料に関する事項については、条例で定められたところに従ってこれを締結する義務があるものといわなければならない。」（最高裁昭和60年７月16日判決・判時1174号58頁）。

②　簡易水道事業における不均一料金の設定について、「普通地方公共団体が経営する簡易水道事業の施設は地方自治法244条１項所定の公の施設に該当するところ」「一般的に、水道事業においては、様々な要因により水道使用量が変動し得る中で最大使用量に耐え得る水源と施設を確保する必要があるのであるから、夏季等の一時期に水道使用が集中する別荘給水契約者に対し年間を通じて平均して

● 371

相応な水道料金を負担させるために、別荘給水契約者の基本料金を別荘以外の給水契約者の基本料金よりも高額に設定すること自体は、水道事業者の裁量として許されないものではない。……公営企業として営まれる水道事業において水道使用の対価である水道料金は原則として当該給水に要する個別原価に基づいて設定されるべきものであり、このような原則に照らせば、上告人の主張に係る本件改正条例における水道料金の設定方法は、本件別表における別荘給水契約者と別荘以外の給水契約者との間の基本料金の大きな格差を正当化するに足りる合理性を有するものではない。」(最高裁平成18年7月14日判決・判時1947号45頁)。

## (4) 旧慣使用の使用料及び加入金

　我が国の近代的地方制度は、明治22年（1889年）4月1日に施行された市政、町村制に始まるが、それは、従前から存在した町村を合併・再編し、近代的な法律上のものとしたものであった。そして、そこには、近代的な制度に組み替えることができない伝統的な仕組みが内包されており、その中には現代に至るまで存続しているものがある（入会権はその代表的なものである。）。

　これは「旧来の慣行（旧慣）」と称され、「旧来の慣行により市町村の住民中特に公有財産を使用する権利を有する者があるときは、その旧慣による。」とされている（自治法238条の6第1項本文）。この旧慣による公有財産の使用について、市町村長は、使用料を徴収することができるほか、議会の議決を経て、その公有財産をあらたに使用しようとする者に、その使用を許可したときは、その者から加入金を徴収することができるとされている（自治法226条）。

## (5) 手数料

　自治法227条は、「普通地方公共団体は、当該普通地方公共団体の事務で特定の者のためにするものにつき、手数料を徴収することができ

第3章 収　入

る。」と定める。

　地方公共団体の行う事務による受益が特定の者に限定されるときは、当該受益者に相応の費用の負担を求めることが公平の観点からも要請される（生活困窮者等に対する減免は別の問題である。）。分担金（自治法224条）も受益者に費用の負担を求める制度であるが、それが事務（事業）そのものの性質から受益者が限定される場合におけるものであるのに対し、手数料は、一般に開放された事務について、その利用者に費用の負担を求めるものである。手数料については、「その受益の限度において、分担金を徴収することができる」（自治法224条）というような明文の制限はないが、それは当然のことであろう。手数料を徴する事務としては、戸籍・住民票の閲覧や謄本（抄本）の交付、印鑑証明、営業の許可、各種の検査等がある。

　なお、手数料については、「全国的に統一して定めることが特に必要と認められるものとして政令で定める事務（以下本項において「標準事務」という。）について手数料を徴収する場合においては、当該標準事務に係る事務のうち政令で定めるものにつき、政令で定める金額の手数料を徴収することを標準として条例を定めなければならない。」とされ（自治法228条1項後段）、この規定に基づき、地方公共団体の手数料の標準に関する政令が制定されている。

## (6)　分担金等に関する規制及び罰則

　自治法228条1項前段は、「分担金、使用料、加入金及び手数料に関する事項については、条例でこれを定めなければならない。」としている。このことは、分担金、使用料、加入金及び手数料に関する基本的な事項（納入義務者、金額、徴収の時期、方法等）は条例で定めなければならないことを意味し、規則等に委任することができるのは細目に限られる。なお、ガス事業について「本市は、特別な事情がある場合には、大阪通産局長の許可を受けて、この条例以外の供給条件によることがある」と定めた条例の規定について、その裁量の範囲がガス事業法の規定

373

第3部　財務に係る基本法令の定め

に違背しない場合に限られると解することができることを理由として、当該規定は同項に違反しないとした判例（最高裁昭和60年7月16日判決・判時1174号58頁）がある。

　ところで、分担金、使用料、加入金及び手数料の徴収に関しては、「詐欺その他不正の行為により、分担金、使用料、加入金又は手数料の徴収を免れた者については、条例でその徴収を免れた金額の5倍に相当する金額（当該5倍に相当する金額が5万円を超えないときは、5万円とする。）以下の過料を科する規定を設けることができる。」とされ（自治法228条3項）、これに該当しない場合であっても、「分担金、使用料、加入金又は手数料の徴収に関して、条例で5万円以下の過料を科する規定を設けることができる。」とされている（自治法228条2項）。

　不正の行為により徴収を免れるというのは、分担金等の算定の基礎となる事実について不正の申告をするとか、水道のメーターを迂回して導水管を設置する等して、支払うべき分担金等の全部又は一部の徴収を免れることであるが、徴収を免れるまでに至らない場合であっても、虚偽の申告や申告すべき事実を申告しない等のときにも5万円以下の過料を科する規定を設けることができる。

　なお、過料というのは、刑法に定められている刑罰ではなく、行政上の秩序を維持することを目的とした行政罰であり、それを科すことができるのは長だけであり（自治法149条3号・180条の6第3号、地方公営企業法8条1項4号）、納入された過料は一般会計の収入となる。

## （7）分担金・使用料・加入金・手数料の徴収に関する処分についての審査請求

　分担金、使用料、加入金及び手数料の徴収に関する処分に不服があるときは、その処分をした機関が長の場合はもちろん、そうでないときも、当該地方公共団体の長に対して審査請求をすることができる（行政不服審査法2条・3条、自治法229条1項）。この審査請求の対象となるのは、自治法224条から227条までの規定に基づく歳入についての処分で

あり、自治法以外の法律に徴収の根拠が定められているもの（都市計画法75条1項の受益者負担金（下水道受益者負担金等）、道路法39条の道路占用料等）は含まれない（自治法231条の3第1項は「その他の地方公共団体の歳入」をも対象としているが、同法229条1項の審査請求はそれを対象としていない。）。

　しかし、自治法の規定だけで、具体的な納入義務者、納入金額、納入の時期等までが当然に決まるわけではなく、条例で細目を定めたうえで（自治法228条1項前段）、調定によって確定し、納入の通知をし、弁済を受領することになる（この一連の行為を「徴収」という。）。自治法229条が定めるのは、この徴収に関する処分についての審査請求であるが、その対象となるのは、「行政庁の処分その他公権力の行使に当たる行為」（行政不服審査法1条2項）についてである。徴収に関する行為のうち、調定は行政組織内部の行為であり、弁済の受領は事実行為であるから、「処分」に該当するのはそれによって納入すべき額又は納期限が確定する場合における納入の通知（自治法231条）だけということになる。長が審査請求を受けたときは、議会に諮問してこれを決定しなければならず、議会は、その諮問があった日から20日以内に意見を述べなければならない（自治法229条2項・3項）。そして、徴収に関する処分については、この審査請求に対する裁決を受けた後でなければ、裁判所に出訴することができないとされており（自治法229条5項。下水道使用料の納入の納入通知について、東京地裁平成23年12月9日判決（ウエストロー）とその控訴審である東京高裁平成24年7月24日判決（判例集未登載）がある。）、使用料の徴収に関する処分については、審査請求を受けた後でなければ訴訟を提起できないことになっている。

　なお、ここでいう徴収には納期限までに納付しない者に対する督促も含まれるが、それについては自治法231条の3第1項及び5項から9項に特別の規定があるので（第2部第9章3(1)(278頁)・(4)(285頁)参照）、自治法229条の規定は適用されない（第2部第9章3(1)(278頁)・(4)(285頁)参照）。また、自治法223条が定める地方税については、

第3部　財務に係る基本法令の定め

地方税法が独自の規定を設けているので、自治法229条の対象とされていない。

　ところで、自治法244条1項の定義による公の施設の範囲は極めて広く、

○道路、公園、図書館、博物館等のように、常時公衆に開放され、自由な利用が原則であるもの（「開放型施設」ということができる。）

○集会場、体育施設、公営住宅のように一定の期間について専用する権限を得て利用し、当該施設に係る人的な役務の提供は付随的な意味を有するにすぎないもの（「専用型施設」ということができる。）

○学校、老人ホーム、公民館、交通施設、病院、下水道施設、水道やガスの供給施設のように、施設の利用と人的役務の利用が一体となったもの（「役務一体型施設」ということができる。）

に分類することができることについては前述した（第2部第6章2(2)１（190頁））が、あらためて、その使用料の性質について、判例の動向を踏まえて整理すると次のように理解されるべきであろう（督促及び延滞金については第2部第9章3(1)（278頁）及び（4）（285頁）、消滅時効については第2部第9章6（302頁）参照）。

　すなわち、特別の法律又は条例の定めがない限り、開放型施設は当該施設を通常の用法に従って使用するためには使用料を支払う必要がないのに対して、専用型施設及び役務一体型施設は通常の用法に従って使用するためにも使用料を支払うことが必要であり、これらの施設の使用料は自治法225条の公の施設の使用料に該当する（前掲（371頁）の昭和60年7月16日及び平成18年7月14日の最高裁判決参照）。

　しかし、役務一体型施設を利用した事業には、主として当該事業による収入をもって当該事業の経費に充てる公営事業（第1部第4章1(1)（25頁）参照）に該当し、企業的な経営をすることが求められているもの（水道事業、ガス事業、交通事業のように当該施設によって産物、商品、サービスを供給するもの、病院事業のように役務の提供が主たる役割を果たすもの）があり、このような事業における使用料は当該施設の使用の対

第3章　収　入

価として意識されることはなく、産物又は商品の所有権を取得すること
の対価や役務の提供に対する対価として理解されるのが普通であるし、
その利用関係において当該施設の設置主体である地方公共団体が優越的
な地位に立つという法律的な関係にもない（このように理解することは、
営造物の概念に代えて公の施設の制度を定めた自治法244条の精神（第2部
第6章1（187頁）参照）にも適合するであろう。）。

　その結果、このような場合における使用料に公法的な色彩はなく（使
用料が条例で定められることをもって、地方公共団体に徴収上の優越的な地
位を認めたものとすることはできない。）、それは対等な当事者間における
債権債務の関係であり、その徴収については私法上の債権として取り扱
われるべきである（使用料について定める条例は新民法548条の2及び3が
定める定型約款に相当する。第2部第6章2（2）②（196頁）参照）から、
そのような債権について自治法229条が適用されることはない。

　このことについては、東京高裁平成9年10月23日判決（判タ1011号
208頁）が「水道法は、水道が国民の日常生活に直結し、その健康を守
るために欠くことのできないものであり、水道事業が公共的性格を有す
るものであることに鑑み、私法上の契約である給水契約の締結について
規制を加えており」と、東京高裁平成13年5月22日判決（判例集未登
載）が地方公共団体と住民との「水道供給契約は私法上の契約であ」る
とし、さらには最高裁平成17年11月21日判決（判時1922号78頁）が
「公立病院において行われる診療は、私立病院において行われる診療と
本質的な差異はなく、その診療に関する法律関係は本質上私法関係とい
うべきである」としていることが参考となる。

　なお、公営住宅の使用関係についての最高裁の判決（昭和59年12月13
日・判時1141号58頁）があり、これによると公営住宅の使用関係は私法
上の関係にあり、その使用料は民法上の債権となるようにも思われる
が、この判決は、公営住宅の使用関係が継続的な債権債務関係である
という点において私人間の家屋賃貸借関係と異なるところはないとしただ
けであって、その使用料が私法上の債権であるか公法上の債権であるか

377

については何も触れていない（この判決が自治法229条、231条の3及び236条2項を適用する妨げになることはない。）と理解すべきである（第2部第6章2（2）①（190頁）参照）。

## (8) 行政財産の貸付料等

　地方公共団体の財産は、公有財産、物品及び債権並びに基金に分けられ（自治法237条1項）、さらに、公有財産は、行政財産と普通財産とに分類される（自治法238条3項）。そして、行政財産というのは、普通地方公共団体において公用又は公共用に供し、又は供することと決定した財産をいい、普通財産というのは、行政財産以外の一切の公有財産をいうと定義されている（自治法238条4項）。

　この定義から明らかなように、行政財産は特定の目的に供されるものであるが、自治法238条の4第2項は、「行政財産は、次に掲げる場合には、その用途又は目的を妨げない限度において、貸し付け、又は私権を設定することができる。」として、次の場合を定めている。

①　当該普通地方公共団体以外の者が行政財産である土地の上に政令で定める堅固な建物その他の土地に定着する工作物であって当該行政財産である土地の供用の目的を効果的に達成することに資すると認められるものを所有し、又は所有しようとする場合（当該普通地方公共団体と一棟の建物を区分して所有する場合を除く。）において、その者（当該行政財産を管理する普通地方公共団体が当該行政財産の適正な方法による管理を行ううえで適当と認める者に限る。）に当該土地を貸し付けるとき

②　普通地方公共団体が国、他の地方公共団体又は政令で定める法人と行政財産である土地の上に一棟の建物を区分して所有するためその者に当該土地を貸し付ける場合

③　普通地方公共団体が行政財産である土地及びその隣接地の上に当該普通地方公共団体以外の者と一棟の建物を区分して所有するためその者（当該建物のうち行政財産である部分を管理する普通地方公共団

第3章 収 入

体が当該行政財産の適正な方法による管理を行ううえで適当と認める者
に限る。）に当該土地を貸し付ける場合

④ 行政財産のうち庁舎その他の建物及びその附帯施設並びにこれら
の敷地（以下この④において「庁舎等」という。）についてその床面積
又は敷地に余裕がある場合として政令で定める場合において、当該
普通地方公共団体以外の者（当該庁舎等を管理する普通地方公共団体
が当該庁舎等の適正な方法による管理を行ううえで適当と認める者に限
る。）に当該余裕がある部分を貸し付けるとき（①～③に掲げる場合
に該当する場合を除く。）

⑤ 行政財産である土地を国、他の地方公共団体又は政令で定める法
人の経営する鉄道、道路その他政令で定める施設の用に供する場合
において、その者のために当該土地に地上権を設定するとき

⑥ 行政財産である土地を国、他の地方公共団体又は政令で定める法
人の使用する電線路その他政令で定める施設の用に供する場合にお
いて、その者のために当該土地に地役権を設定するとき

また、①～⑥の場合に該当しないときにあっても、当該行政財産の用
途又は目的を妨げない限度において使用を許可することができるとされ
ている（自治法238条の4第7項）。

貸付若しくは私権の設定又は使用の許可のいずれであっても、本来公
用又は公共用に供すべき地方公共団体の財産を第三者に使用させるわけ
であるから、その使用の対価を徴収すべきことは当然のことである。行
政処分としてなされる使用許可の場合については自治法225条に明文の
規定があるが、それ以外の場合にあっては、私法上の契約によって適正
な使用料を徴収することになる。

なお、国の営造物について、地方公共団体が管理し、その費用を負担
する場合がある。その場合には、条例で定めるところによって使用料を
徴収することができるが、その使用料は当該地方公共団体の収入となる
（地方財政法23条）。なお、ここでは「営造物」という言葉が使われてい
る。それの元々の意味は、特定の目的のために供する物的施設と人的手

● 379

第3部　財務に係る基本法令の定め

段の総合体であるが、この使用料に関する限り、物的施設（公物）を意味するものと解して差し支えない。

## (9) 普通財産の使用料等

「普通財産は、これを貸し付け、交換し、売り払い、譲与し、若しくは出資の目的とし、又はこれに私権を設定することができる。」と、「普通財産である土地（その土地の定着物を含む。）は、当該普通地方公共団体を受益者として政令で定める信託の目的により、これを信託することができる。」とされている（自治法238条の5第1項・2項）。

これらは、いずれも契約によってなされるものであって、対価を得ることができるのが通常であり、その対価は当該地方公共団体の収入となる。なお、「条例で定める場合を除くほか、財産を交換し、出資の目的とし、若しくは支払手段として使用し、又は適正な対価なくしてこれを譲渡し、若しくは貸し付けること」及び「不動産を信託すること」については、議会の議決が必要とされている（自治法96条1項6号・7号）。

## (10) 国庫支出金・他の地方公共団体からの交付金等

### ① 国がその経費の全部又は一部を負担する事務又は事業

国がその経費の全部又は一部を負担する事務又は事業には、

○ 「地方公共団体が法令に基づいて実施しなければならない事務であって、国と地方公共団体相互の利害に関係がある事務のうち、その円滑な運営を期するためには、なお、国が進んで経費を負担する必要がある」もの（地方財政法10条）

○ 「地方公共団体が国民経済に適合するように総合的に樹立された計画に従って実施しなければならない法律又は政令で定める土木その他の建設事業」（地方財政法10条の2）

があり、国がその経費の一部を負担する事務には

○ 「地方公共団体が実施しなければならない法律又は政令で定める災害に係る事務で、地方税法又は地方交付税法によってはその財政需要に

380

第3章　収　入

適合した財源を得ることが困難なもの」（地方財政法10条の3）
がある。そして、それぞれの具体的な経費については、次のように定め
られている。

① 　国と地方公共団体相互の利害に関係がある事務に要する経費（地
方財政法10条）

「一　義務教育職員の給与（退職手当、退職年金及び退職一時金並びに
旅費を除く。）に要する経費

二　削除

三　義務教育諸学校の建物の建築に要する経費

四　生活保護に要する経費

五　感染症の予防に要する経費

六　臨時の予防接種並びに予防接種を受けたことによる疾病、障害
及び死亡について行う給付に要する経費

七　精神保健及び精神障害者の福祉に要する経費

八　麻薬、大麻及びあへんの慢性中毒者の医療に要する経費

九　身体障害者の更生援護に要する経費

十　婦人相談所に要する経費

十一　知的障害者の援護に要する経費

十二　後期高齢者医療の療養の給付並びに入院時食事療養費、入院
時生活療養費、保険外併用療養費、療養費、訪問看護療養費、特
別療養費、移送費、高額療養費及び高額介護合算療養費の支給並
びに財政安定化基金への繰入れに要する経費

十三　介護保険の介護給付及び予防給付並びに財政安定化基金への
繰入れに要する経費

十四　児童一時保護所、未熟児、身体障害児及び骨関節結核その他
の結核にかかっている児童の保護、児童福祉施設（地方公共団体
の設置する保育所を除く。）並びに里親に要する経費

十五　児童手当に要する経費

十六　国民健康保険の療養の給付並びに入院時食事療養費、入院時

381

生活療養費、保険外併用療養費、療養費、訪問看護療養費、特別療養費、移送費、高額療養費及び高額介護合算療養費の支給、前期高齢者納付金及び後期高齢者支援金並びに介護納付金の納付、特定健康診査及び特定保健指導並びに財政安定化基金への繰入れに要する経費

十七　原子爆弾の被爆者に対する介護手当の支給及び介護手当に係る事務の処理に要する経費

十八　重度障害児に対する障害児福祉手当及び特別障害者に対する特別障害者手当の支給に要する経費

十九　児童扶養手当に要する経費

二十　職業能力開発校及び障害者職業能力開発校の施設及び設備に要する経費

二十一　家畜伝染病予防に要する経費

二十二　民有林の森林計画、保安林の整備その他森林の保続培養に要する経費

二十三　森林病害虫等の防除に要する経費

二十四　国土交通大臣が定める特定計画又は国土調査事業十箇年計画に基づく地籍調査に要する経費

二十五　特別支援学校への就学奨励に要する経費

二十六　公営住宅の家賃の低廉化に要する経費

二十七　消防庁長官の指示により出動した緊急消防援助隊の活動に要する経費

二十八　武力攻撃事態等における国民の保護のための措置及び緊急対処事態における緊急対処保護措置に要する経費並びにこれらに係る損失の補償若しくは実費の弁償、損害の補償又は損失の補てんに要する経費並びに国の機関と共同して行う国民の保護のための措置及び緊急対処保護措置についての訓練に要する経費

二十九　高等学校等就学支援金の支給に要する経費

三十　新型インフルエンザ等緊急事態における臨時の医療施設にお

ける医療の提供並びに埋葬及び火葬に要する経費並びに新型インフルエンザ等対策に係る損失の補償若しくは実費の弁償又は損害の補償に要する経費

三十一　地域における医療及び介護の総合的な確保の促進に関する基金への繰入れに要する経費

三十二　指定難病に係る特定医療費の支給に要する経費

三十三　子どものための教育・保育給付に要する経費（地方公共団体の設置する教育・保育施設に係るものを除く。）

三十四　生活困窮者自立相談支援事業に要する経費及び生活困窮者住居確保給付金の支給に要する経費」

②　土木その他の建設事業に要する経費（地方財政法10条の２）

「一　道路、河川、砂防、海岸、港湾等に係る重要な土木施設の新設及び改良に要する経費

二　林地、林道、漁港等に係る重要な農林水産業施設の新設及び改良に要する経費

二の二　地すべり防止工事及びぼた山崩壊防止工事に要する経費

三　重要な都市計画事業に要する経費

四　公営住宅の建設に要する経費

五　児童福祉施設その他社会福祉施設の建設に要する経費

六　土地改良及び開拓に要する経費」

③　災害に係る事務に要する経費（地方財政法10条の３）

「一　災害救助事業に要する経費

二　災害弔慰金及び災害障害見舞金に要する経費

三　道路、河川、砂防、海岸、港湾等に係る土木施設の災害復旧事業に要する経費

四　林地荒廃防止施設、林道、漁港等に係る農林水産業施設の災害復旧事業に要する経費

五　都市計画事業による施設の災害復旧に要する経費

六　公営住宅の災害復旧に要する経費

第3部　財務に係る基本法令の定め

七　学校の災害復旧に要する経費

八　社会福祉施設及び保健衛生施設の災害復旧に要する経費

九　土地改良及び開拓による施設又は耕地の災害復旧に要する経費」

　これらの規定によって国と地方公共団体が経費を負担すべき場合における経費の種目、算定基準及び国と地方公共団体とが負担すべき割合は、法律又は政令で定めなければならないこととなっており（地方財政法11条）、国の行政機関が一方的に定めることがないように配慮されている。また、地方公共団体は、国会議員の選挙等のもっぱら国の利害に関係のある事務に要する経費を負担する義務を負わない（地方財政法10条の4）のは当然のことであるが、そのような事務で地方公共団体が行うものについての経費は国が当該地方公共団体に支出するものとされている（地方財政法17条）。なお、一定の負担金を交付すべきことが国の義務であることが法定されている場合であっても、それには一般法としての補助金適正化法が適用され、同法が定める交付決定は行政処分であるから（後記②参照）、交付決定がなされていない段階においては、当該負担金の請求権は発生していないとする判決（東京高裁昭和55年7月28日判決・判時972号3頁）がある。


## ② 補助金・負担金等

　負担金は、法令の定めによって、国が地方公共団体に対して負担（支出）すべきものであるが、国及び地方公共団体行政にとって極めて大きな役割を果たしているものに「補助金」がある。地方財政法は、「国は、その施策を行うため特別の必要があると認めるとき又は地方公共団体の財政上特別の必要があると認めるときに限り、当該地方公共団体に対して、補助金を交付することができる。」（16条）としているが、現実の補助金のほとんどは、「その施策を行うため特別の必要があると認めるとき」に該当するとして支出されている。

　国においては、昭和30年（1955年）に補助金適正化法が制定され、

そこでは、補助金等の交付の申請及び決定の手続、補助事業についての命令、補助金等の返還、補助事業者の事務所等への立ち入り調査権、補助金等の交付の決定等についての各省各庁の長の処分に不服がある地方公共団体の不服申出、補助金等に関する事務の一部を都道府県が行うこととすることができること等が定められ、国の補助金は同法によって規律されるもの（公法上のもの）となっている。

　なお、補助金適正化法が「補助金等」というのは、国が国以外の者に対して交付する補助金、負担金（国際条約に基づく分担金を除く。）、利子補給金その他相当の反対給付を受けない給付金であって政令で定めるもの（個別の法律に根拠のある交付金のほか地域活性化交付金等法律の根拠を有しない各種交付金その他の給付を含む。）であり（補助金適正化法2条1項、補助金適正化法施行令2条）、特殊なものとして、「間接補助金等」（国以外の者が相当の反対給付を受けないで交付する給付金で、補助金等を直接又は間接にその財源の全部又は一部とし、かつ、当該補助金等の交付の目的に従って交付するものと、利子補給金又は利子の軽減を目的とする前記の給付金の交付を受ける者が、その交付の目的に従い、利子を軽減して融通する資金）がある（補助金適正化法2条4項）。

　ここで問題となるのは、根拠となる個別の法律がなく、予算上の措置だけでなされる補助金等又は間接補助金等（「予算補助」と称される。）であり、地方公共団体の自治事務が当該補助金等又は間接補助金等に係る要綱等によって事実上の拘束を受けることである。また、このことによって、「法律又はこれに基づく政令により普通地方公共団体に対し事務の処理を義務付ける場合においては、国は、そのために要する経費の財源につき必要な措置を講じなければならない。」とする自治法232条2項の規定が有名無実化していることも指摘されなければならない。

　ところで、都道府県と市（区）町村との間における補助金について定める法令は見当たらない。そこで、一般的に寄附又は補助金について定める自治法232条の2を根拠として、都道府県から市（区）町村に対して補助金が交付されている例も極めて多い。このことについては、「地

第3部　財務に係る基本法令の定め

方公共団体は、法令の規定に基づき経費の負担区分が定められている事務について、他の地方公共団体に対し、当該事務の処理に要する経費の負担を転嫁し、その他地方公共体相互の間における経費の負担区分をみだすようなことをしてはならない。」（地方財政法28条の2）とされているが、この条文の解釈と適用については、後述する（後記第4章2(3)（408頁）参照）。

　なお、都道府県は、知事の権限に属する事務の一部を条例で定めるところによって市町村が処理することとすることができ（自治法252条の17の2）、その執行機関の権限に属する事務のうち、都道府県の加入しない広域連合の事務に関連するものを条例の定めるところによって当該広域連合が処理することとすること（「当該広域連合に委任すること」を意味する。）ができる（自治法291条の2第2項）のであるが、これらの事務を処理する経費の財源について都道府県が必要な措置をすべきことは当然である。そして、その財源措置について不服のある市町村又は広域連合は、関係都道府県知事を経由して、総務大臣に意見書を提出することができ、都道府県知事は、当該都道府県の議会の議決を経て、その意見書に対する意見を添えて、遅滞なく、これを総務大臣に提出しなければならないとされている（地方財政法28条）。

## ③ 国の支出金の適正化

　前記のように、国から地方公共団体に対して支出される負担金、補助金等（国の支出金）の額は、地方公共団体が当該国の支出金に係る事務を行うために必要でかつ充分な金額を基礎として、算定しなければならない（地方財政法18条）。そして、「国の支出金は、その支出金を財源とする経費の支出時期に遅れないように、これを支出しなければならない。」（地方財政法19条1項）とされ、「国の支出金又は前条の国の負担に属する支出金の算定、支出時期、支出金の交付に当って附された条件その他支出金の交付に当ってされた指示その他の行為について不服のある地方公共団体は、総務大臣を経由して内閣に対し意見を申し出、又は内

第3章　収　入

閣を経由して国会に意見書を提出することができ」（地方財政法20条の2
第1項）、「内閣は、前項の意見書を受け取ったときは、その意見を添え
て、遅滞なく、これを国会に提出しなければならない。」（地方財政法20
条の2第2項・13条3項）とされている。

　また、地方公共団体が受け取った国の支出金は、法令の定めるところ
（それに基づいて定められた要綱や条件を含む。）に従って、使用しなけれ
ばならないのは当然のことであり、それに違反したときは、その全部又
は一部を交付せず、又はその返還を命ぜられることがある（地方財政法
25条1項・2項）。

## 2　収入の方法

### (1) 調定

　普通地方公共団体の歳入を収入するときは、政令の定めるところによ
り、これを調定しなければならず（自治法231条）、調定に際しては、当
該歳入が所属すべき会計年度、歳入科目、納入すべき金額、納入義務者
等が誤っていないかどうか、また、歳入の根拠となる法令又は契約に違
反する事実がないかどうかを調査しなければならない（自治法施行令
154条1項）。

　このように、調定というのは、歳入を受け入れるに際して、予算上の
取扱いを確認し、相手方の支払い根拠に過誤がないことを確かめるもの
であり、それ自体は相手方の権利義務に影響を及ぼすことのない、地方
公共団体の内部手続である。したがって、調定の内容に誤りがあって
も、そのこと自体によって当該調定の対象となった収入が違法となるこ
とはない。

### (2) 納入の通知

　歳入の調定をしたときは、納入義務者に対して納入の通知をしなけれ

第3部　財務に係る基本法令の定め

ばならない（自治法231条）が、地方交付税、地方譲与税、補助金等の国庫支出金や、地方債、滞納処分費、申告納付による地方税、地方税の延滞金等のほか、窓口で直接収入する使用料や手数料等、その性質上、通知を必要としないものもある（自治法施行令154条2項）。

　納入の通知をするときは、所属年度、歳入科目、納入すべき金額、納期限、納入場所及び納入の請求の事由を納入通知書で行わなければならないが、納入通知書によりがたい歳入については、口頭、掲示その他の方法で行うこともできる（自治法施行令154条3項）。そして、この納入の通知は、絶対的な時効の中断の効力を有することとされている（自治法236条4項）。

　納入の通知には、すでに発生している債権を請求するもの（土地の払い下げ代金、建物や自動車等が損傷を受けたことによる損害賠償等）と、それによって具体的な債権を発生させるものがある（この場合の納入通知は賦課処分と同じ意味をもつ。介護保険法131条等参照）。全ての納入通知は、時効を中断する効力を有するが（自治法236条4項）、後者の納入通知に係る債権は、当該通知によって納期限が定められ（納期限が法定されているもの（地方税法320条1項本文等参照）もある。）、消滅時効は当該納期限まで進行しない（民法166条1項参照）ので、当該債権について納入通知による時効の中断が問題になる余地はない。また、この納入通知には行政不服審査法が適用される（自治法229条参照）ので、不服申立てをすることができる旨並びに不服申立てをすべき行政庁及び不服申立てをすることができる期間を書面で教示しなければならない（行政不服審査法82条）。なお、下水道使用料の納入通知が行政処分について、「下水道使用の客観的事実があれば、処分行政庁は自らこれにより発生した義務内容を調査して納入すべき金額や納期限等を定め（調定）、下水道使用者に対して納入の通知をすることにより（自治法231条）、下水道使用料を請求できることになる」としたうえで、この納入の通知は督促、滞納処分手続の前提となるものであるから処分に該当するとする判決（東京高裁平成29年5月18日判決（判例集未登載）、上告不受理）がある。

388

第3章 収 入

　ところで、上記で述べた債権の時効の中断については、民法の一部を改正する法律によって、中断ではなく、更新と整理されることになっている（詳しくは第2部第9章6(3)（315頁）参照）が、同法の施行日（2020年（令和2年）4月1日）よりも前に債権が生じた場合（その日以後に債権が生じた場合であって、その原因である法律行為が施行日前にされたときを含む。）については、「なお従前の例による」とされている。

## (3) 現金による収入

　歳入の収納は現金でなされるのが原則であり、その場合は、会計管理者が直接受領するか（自治法170条2項1号）、指定金融機関、指定代理金融機関若しくは収納代理金融機関又は収納代理郵便官署若しくは収納事務取扱郵便官署（自治法235条、自治法施行令168条）において収受することになる（ペイジー口座振替受付サービスによる振替による納付はこれに該当する。）が、法律又は法律に基づく政令に特別の定めがある場合は、調定、納入の通知及び現金の受入れの一連の行為（これを「徴収」という。）又は現金の受入れ（これを「収納」という。）を私人に委託することができる（自治法243条）。

　自治法243条を受けた自治法施行令は、その158条1項で「その収入の確保及び住民の便益の増進に寄与すると認められる場合に限り」、使用料、手数料、賃貸料、物品売払代金（学校給食費を含む。）、寄附金及び貸付金の元利償還金並びにこれらの延滞金又は遅延損害金の徴収又は収納の事務を委託することができるとし、その158条の2第1項は、地方税について、その収入の確保及び住民の便益の増進に寄与すると認められる場合に限り、「その収納の事務を適切かつ確実に遂行するに足りる経理的及び技術的な基礎を有する者として当該普通地方公共団体の規則で定める基準を満たしている者にその収納の事務を委託することができる。」としており、この規定を根拠としてコンビニの店頭等での収納が行われている。

　個別の法律の定めによって私人への委託が認められているものとして

は、

○国民健康保険法80条の2及び同法施行令29条の23の規定による保険
　料の徴収

○児童福祉法56条3項及び同法施行令44条の規定による療育の給付等
　の費用の収納

○地方公営企業法33条の2の規定による地方公営企業の業務に係る公
　金の徴収又は収納

等があり、地方税法等が定める各種の特別徴収も、私人による収納の一
種ということができよう。

　ところで、これらの規定に従って委任を受けた私人は、委任をした地
方公共団体に代わって当該事務を処理するものであり、その行為は直接
当該地方公共団体に効果を生じ（民法99条1項参照）、納入義務者が当該
私人に納入したときに当該納入義務者の債務は消滅したことになる。そ
の後何らかの理由で当該地方公共団体の指定金融機関等への支払いがな
されなかったとしても、それは当該地方公共団体側の問題として処理さ
れるべきことである。

## (4) 証紙による収入

　「普通地方公共団体は、使用料又は手数料の徴収については、条例の
定めるところにより、証紙による収入の方法によることができ」、この
方法による場合においては、「証紙の売りさばき代金をもって歳入とす
る。」とされている（自治法231条の2第1項・2項）。これは、大量、定
型的に処理する事務で、その窓口で現金を取り扱わせることが適当でな
い場合に、あらかじめ購入した証紙を申請書等に貼付することで現金に
よる納付に代えることができるとするものであり、対象となる使用料又
は手数料は条例（その委任を受けた規則）で定められるが、旅券の申請
手数料、公立高等学校の受験料、自動車運転免許の更新手数料等が対象
とされることが多い。そして、証紙によることとされた使用料又は手数
料については、それ以外の方法（現金の納付を含む。）によることはでき

第3章　収　入

ないと解されている。

　証紙の売りさばき代金をもって歳入とするということは、証紙の売り
さばき代金が収納されたときに当該地方公共団体の歳入になるというこ
とであり、購入した証紙が提出されたときに歳入となるわけではない
し、当該証紙の売りさばき代金が収納されたかどうかは証紙そのものの
効力とは関係がない。このように、特定の使用料又は手数料と証紙の売
りさばき代金との間に直接の関係はないので、売りさばき代金を個々の
収入科目に振り分けるためには、一旦特別会計で受け入れたうえで、各
歳入科目に振り替えることとなろう。

## (5) 口座振替による収入

　「証紙による収入の方法によるものを除くほか、普通地方公共団体の
歳入は、第235条の規定により金融機関が指定されている場合において
は、政令の定めるところにより、口座振替の方法により……納付するこ
とができる。」(自治法231条の2第3項)とされ、この規定を受けた自治
法施行令155条は「普通地方公共団体の歳入の納入義務者は、当該普通
地方公共団体の指定金融機関若しくは指定代理金融機関又は収納代理金
融機関若しくは収納事務取扱金融機関に預金口座を設けているときは、
当該金融機関に請求して口座振替の方法により当該歳入を納付すること
ができる。」と定めている。

　口座振替の制度は、証紙による収入の方法によるとされた以外の全て
の歳入について利用することができ、現金又はそれに代わるものでの収
納よりも、効率的で誤りが少なく、納入義務者にも便利であるとして活
用されている。しかし、納入義務者が指定金融機関、指定代理金融機関
若しくは収納代理金融機関に預金口座を設けていることが必要であり、
個々の納入義務者が当該金融機関に請求するものであるから、地方公共
団体としては、納入義務者にその手続をとるように要請するしかない。

　また、口座振替による収入方法は、金融機関を指定している地方公共
団体でなければとることができない。金融機関を指定していない場合

391

第3部　財務に係る基本法令の定め

は、原則に戻って、現金の納付により収納をすることになる。なお、ペイジー口座振替受付サービスを利用した払い込みが一般化しているが、これは、口座振替という言葉を使用しているものの、法律的には現金による納付であり、ここでいう口座振替による方法ではない。

## (6) 証券による収入

「証紙による収入の方法によるものを除くほか、普通地方公共団体の歳入は、第235条の規定により金融機関が指定されている場合においては、政令の定めるところにより、……証券をもってこれを納付することができる。」(自治法231条の2第3項) とされる。ここでいう「証券」は、現金に代わるものであるから、その性質上直ちに現金に換えることができるものに限られ、具体的には次のものが指定されており (自治法施行令156条1項)、これに含まれない約束手形等をもって納付することはできない。

① 持参人払式の小切手等 (小切手その他金銭の支払を目的とする有価証券であって小切手と同程度の支払の確実性があるものとして総務大臣が指定するもの (郵便貯金銀行が発行する振替払出証書及び為替証書 (平成19年総務省告示544号) をいう。)) 又は会計管理者若しくは指定金融機関、指定代理金融機関、収納代理金融機関若しくは収納事務取扱金融機関を受取人とする小切手等で、手形交換所に加入している金融機関又は当該金融機関に手形交換を委託している金融機関を支払人とし、支払地が当該普通地方公共団体の長が定める区域内であって、その権利の行使のため定められた期間内に支払のための提示又は支払の請求をすることができるもの

② 無記名式の国債若しくは地方債又は無記名式の国債若しくは地方債の利札で、支払期日の到来したもの

これらの証券が納付されたときに、当該歳入が収入されたことになるが、これらが化体するのはあくまでも債権であるから、必ず現金化できるとは限らない。したがって、「納付された証券を支払の提示期間内又

第3章　収　入

は有効期間内に提示し、支払の請求をした場合において、支払の拒絶があったときは、当該歳入は、はじめから納付がなかったものとみなす。」とされ（自治法231条の2第4項）、支払いの拒絶があったときは、「会計管理者等は、当該証券をもって納付した者に対し、速やかに、当該証券について支払がなかった旨及びその者の請求により当該証券を還付する旨を書面で通知しなければならない。」とされている（自治法施行令156条3項）。

ところで、証券による収入ができるのは指定金融機関を指定している地方公共団体に限られるが、指定金融機関を指定していない地方公共団体にあっては、上記の証券について、取立て及びその取り立てた金銭による納付の委託を受けることができ（自治法231条の2第5項、自治法施行令157条1項）、さらに、確実と認める金融機関にその取立てを再委託することができることとされている（自治法施行令157条3項）。この場合は、取り立てた金銭による納付がなされた時点で、当該歳入が収入されたことになるのであり、それが証券による納付との違いである。

なお、地方税法16条の2第1項は、前記の証券以外の証券（約束手形や社債券等が考えられる。）で長が指定するものについて、その証券が最近において確実に取り立てることができると認められるときに限り、その取立て及びその取り立てた金銭による納付の委託を受けることができるとしているが、その取扱いは、指定金融機関を指定していない地方公共団体における証券の取立て及びその取り立てた金銭による納付の委託の場合と同じである（地方税法16条の2第3項参照）。

## (7) クレジットカードによる収入

最近クレジットカードによる収入の方法が普及してきているが、それを可能にするのが自治法231条の2第6項及び7項の規定である。

すなわち、納入義務者に代わって歳入を納付する事務（「納付事務」という。）を適切かつ確実に遂行することができる財産的基礎を有し、その人的構成等に照らして、納付事務を適切かつ確実に遂行することがで

393

第3部 財務に係る基本法令の定め

きる知識及び経験を有し、かつ、十分な社会的信用を有するクレジット
カード会社のうち地方公共団体の長が指定した者（「指定代理納入者」と
いう。）が交付又は付与するカードを提示又は通知して、当該指定代理
納入者に当該納入義務者の歳入を納入することを申し出た場合には、こ
れを承認することができるのである（自治法施行令157条の2）。そして、
この承認があった場合は、当該普通地方公共団体は、当該歳入の納期限
にかかわらず、その指定する日までに、当該歳入を当該指定代理納付者
に納付させることができ、当該指定代理納付者が同項の指定する日まで
に当該歳入を納付したときは、同項の承認があったときに当該歳入の納
付がされたものとみなされる（自治法231条の2第6項後段・7項）。

　ここで、クレジットカード会社を指定することとされているのは、こ
の仕組みを利用するためには、当該地方公共団体と当該クレジットカー
ド会社との間で、クレジットカードの取扱いに関する契約を締結するこ
とが必要なことによるものであり、その契約においては債権譲渡方式と
立替払い方式の別（支払いの対象が公金であることを考えると立替払い方式
が原則であろう。）や手数料（加盟店料）の率等の重要なことが決められ
ることになる。

394

# 第4章　支　出

## 1　地方公共団体における支出の意味

　地方公共団体の役割について、自治法1条の2第1項は「地方公共団体は、住民の福祉の増進を図ることを基本として、地域における行政を自主的かつ総合的に実施する役割を広く担うものとする。」と定めている。この役割を全うするためには、ヒト（人）、物及びカネ（資金）を有効に活用する必要があるが（第1部第4章3(2)②（40頁）参照）、このうちのヒト（人）及び物も、その調達にはカネ（資金）が必要である。「財政は、出るを計って入るを制す」とはいうものの、国家における税源（国民の担税力）にも限りがあり、無制限に徴税することはできないのであるから（第1部第4章1(1)（25頁）参照）、「地方公共団体は、その事務を処理するに当つては、住民の福祉の増進に努めるとともに、最少の経費で最大の効果を挙げるようにしなければならない。」とされ（自治法2条14項）、「地方公共団体の経費は、その目的を達成するための必要且つ最少の限度をこえて、これを支出してはならない。」（地方財政法4条1項）とされるのは当然のことである。

　また、地方公共団体は、ヒト（人）及び物を使って事務を処理するためだけでなく、他者に資金を供給することによって、当該他者の活動を助成、促進することも可能であり、そのような資金の供給も行政の一部となっている。しかし、このようなことを無制限に許容するときは、単なる無駄遣いにとどまらず、政策的な不都合や国や他の地方公共団体との財政秩序の混乱を引き起こすこともあり得る。

　さらに、予算は厳格なルールに基づいて編成され（前記第1章（328頁）参照）、住民の代表者である議会の議決によって成立するが（前記第

395

第3部　財務に係る基本法令の定め

2章2（342頁）参照）、その執行は長に委ねられている（自治法149条2号）。予算の執行の中核をなすのは、資金の支出であり、そのことが地方公共団体の行政の要でもある。

　このようなことから、地方公共団体の支出については、様々な観点からの制限があり、適法性と確実性を担保するための詳細な手続が定められている。以下、順次、その内容をみていくこととする。

# 2　支出の禁止又は制限

## (1) 支出禁止法令

### ① 宗教上の組織・団体、慈善、教育、博愛の事業に対する支出の禁止

　憲法89条は、「公金その他の公の財産は、宗教上の組織若しくは団体の使用、便益若しくは維持のため、又は公の支配に属しない慈善、教育若しくは博愛の事業に対し、これを支出し、又はその利用に供してはならない。」と定める。そして、この規定については前段の宗教上の組織若しくは団体への支出の禁止と、後段の公の支配に属しない慈善、教育若しくは博愛の事業に対する支出の禁止とは、趣旨が異なるとの説が有力である。

### ①-1　宗教上の組織若しくは団体への支出の禁止

　政治と宗教の分離については、憲法20条1項が「信教の自由は、何人に対してもこれを保障する。いかなる宗教団体も、国から特権を受け、又は政治上の権力を行使してはならない。」と定めており、憲法89条の前段は、この趣旨をさらに明確にするためのものであり、財政面からの政教分離を定めたものである。

　このことについては、リーディングケースとなる三つの最高裁大法廷判決がある。

　その一つめは、市が主催し神式に則り挙行される市体育館の起工式の

396

第4章　支　出

ための支出が違法とはいえないとしたもの（最高裁昭和52年7月13日判決・判時855号24頁）であり、二つめは、宗教団体である靖國神社又は護國神社が挙行した例大祭、みたま祭又は慰霊大祭に際して、県の公金から玉串料、献灯料又は供物料を支出したことを違法としたもの（最高裁平成9年4月2日判決・判時1601号47頁）であり、三つめは、公有地を無償で宗教的施設の敷地として提供したことを違法としたもの（最高裁平成22年1月20日判決・判時2070号21頁）である。

　上記の一つめと二つめの判決がいう憲法の解釈論は共通するところが多いので、ここでは二つめと三つめを紹介する。

ア　最高裁平成9年4月2日判決

「一般に、政教分離原則とは、国家（地方公共団体を含む。以下同じ。）は宗教そのものに干渉すべきではないとする、国家の非宗教性ないし宗教的中立性を意味するものとされているところ、国家と宗教との関係には、それぞれの国の歴史的・社会的条件によって異なるものがある。……元来、我が国においては、各種の宗教が多元的、重層的に発達、併存してきているのであって、このような宗教事情の下で信教の自由を確実に実現するためには、単に信教の自由を無条件に保障するのみでは足りず、国家といかなる宗教との結び付きをも排除するため、政教分離規定を設ける必要性が大であった。これらの点にかんがみると、憲法は、政教分離規定を設けるに当たり、国家と宗教との完全な分離を理想とし、国家の非宗教性ないし宗教的中立性を確保しようとしたものと解すべきである。

　しかしながら、元来、政教分離規定は、いわゆる制度的保障の規定であって、信教の自由そのものを直接保障するものではなく、国家と宗教との分離を制度として保障することにより、間接的に信教の自由の保障を確保しようとするものである。そして、国家が社会生活に規制を加え、あるいは教育、福祉、文化等に関する助成、援助等の諸施策を実施するに当たって、宗教とのかかわり合いを生ずることを免れ

397

ることはできないから、現実の国家制度として、国家と宗教との完全な分離を実現することは、実際上不可能に近いものといわなければならない。さらにまた、政教分離原則を完全に貫こうとすれば、かえって社会生活の各方面に不合理な事態を生ずることを免れない。これらの点にかんがみると、政教分離規定の保障の対象となる国家と宗教との分離にもおのずから一定の限界があることを免れず、政教分離原則が現実の国家制度として具現される場合には、それぞれの国の社会的・文化的諸条件に照らし、国家は実際上宗教とある程度のかかわり合いを持たざるを得ないことを前提とした上で、そのかかわり合いが、信教の自由の保障の確保という制度の根本目的との関係で、いかなる場合にいかなる限度で許されないこととなるかが問題とならざるを得ないのである。右のような見地から考えると、憲法の政教分離規定の基礎となり、その解釈の指導原理となる政教分離原則は、国家が宗教的に中立であることを要求するものではあるが、国家が宗教とのかかわり合いを持つことを全く許さないとするものではなく、宗教とのかかわり合いをもたらす行為の目的及び効果にかんがみ、そのかかわり合いが我が国の社会的・文化的諸条件に照らし相当とされる限度を超えるものと認められる場合にこれを許さないとするものであると解すべきである。

　右の政教分離原則の意義に照らすと、憲法20条３項にいう宗教的活動とは、およそ国及びその機関の活動で宗教とのかかわり合いを持つすべての行為を指すものではなく、そのかかわり合いが右にいう相当とされる限度を超えるものに限られるというべきであって、当該行為の目的が宗教的意義を持ち、その効果が宗教に対する援助、助長、促進又は圧迫、干渉等になるような行為をいうものと解すべきである。そして、ある行為が右にいう宗教的活動に該当するかどうかを検討するに当たっては、当該行為の外形的側面のみにとらわれることなく、当該行為の行われる場所、当該行為に対する一般人の宗教的評価、当該行為者が当該行為を行うについての意図、目的及び宗教的意

識の有無、程度、当該行為の一般人に与える効果、影響等、諸般の事情を考慮し、社会通念に従って、客観的に判断しなければならない。

　憲法89条が禁止している公金その他の公の財産を宗教上の組織又は団体の使用、便益又は維持のために支出すること又はその利用に供することというのも、前記の政教分離原則の意義に照らして、公金支出行為等における国家と宗教とのかかわり合いが前記の相当とされる限度を超えるものをいうものと解すべきであり、これに該当するかどうかを検討するに当たっては、前記と同様の基準によって判断しなければならない。」

イ　最高裁平成22年1月20日判決

「憲法89条は、公の財産を宗教上の組織又は団体の使用、便益若しくは維持のため、その利用に供してはならない旨を定めている。その趣旨は、国家が宗教的に中立であることを要求するいわゆる政教分離の原則を、公の財産の利用提供等の財政的な側面において徹底させるところにあり、これによって、憲法20条1項後段の規定する宗教団体に対する特権の付与の禁止を財政的側面からも確保し、信教の自由の保障を一層確実なものにしようとしたものである。しかし、国家と宗教とのかかわり合いには種々の形態があり、およそ国又は地方公共団体が宗教との一切の関係を持つことが許されないというものではなく、憲法89条も、公の財産の利用提供等における宗教とのかかわり合いが、我が国の社会的、文化的諸条件に照らし、信教の自由の保障の確保という制度の根本目的との関係で相当とされる限度を超えるものと認められる場合に、これを許さないとするものと解される。

　国又は地方公共団体が国公有地を無償で宗教的施設の敷地としての用に供する行為は、一般的には、当該宗教的施設を設置する宗教団体等に対する便宜の供与として、憲法89条との抵触が問題となる行為であるといわなければならない。もっとも、国公有地が無償で宗教的施設の敷地としての用に供されているといっても、当該施設の性格や

第3部　財務に係る基本法令の定め

来歴、無償提供に至る経緯、利用の態様等には様々なものがあり得ることが容易に想定されるところである。例えば、一般的には宗教的施設としての性格を有する施設であっても、同時に歴史的、文化財的な建造物として保護の対象となるものであったり、観光資源、国際親善、地域の親睦の場等といった他の意義を有していたりすることも少なくなく、それらの文化的あるいは社会的な価値や意義に着目して当該施設が国公有地に設置されている場合もあり得よう。また、我が国においては、明治初期以来、一定の社寺領を国等に上知（上地）させ、官有地に編入し、又は寄附により受け入れる等の施策が広く採られたこともあって、国公有地が無償で社寺等の敷地として供される事例が多数生じた。このような事例については、戦後、国有地につき「社寺等に無償で貸し付けてある国有財産の処分に関する法律」（昭和22年法律第53号）が公布され、公有地についても同法と同様に譲与等の処分をすべきものとする内務文部次官通牒が発出された上、これらによる譲与の申請期間が経過した後も、譲与、売払い、貸付け等の措置が講じられてきたが、それにもかかわらず、現在に至っても、なおそのような措置を講ずることができないまま社寺等の敷地となっている国公有地が相当数残存していることがうかがわれるところである。これらの事情のいかんは、当該利用提供行為が、一般人の目から見て特定の宗教に対する援助等と評価されるか否かに影響するものと考えられるから、政教分離原則との関係を考えるに当たっても、重要な考慮要素とされるべきものといえよう。

　そうすると、国公有地が無償で宗教的施設の敷地としての用に供されている状態が、前記の見地から、信教の自由の保障の確保という制度の根本目的との関係で相当とされる限度を超えて憲法89条に違反するか否かを判断するに当たっては、当該宗教的施設の性格、当該土地が無償で当該施設の敷地としての用に供されるに至った経緯、当該無償提供の態様、これらに対する一般人の評価等、諸般の事情を考慮し、社会通念に照らして総合的に判断すべきものと解するのが相当で

第4章 支 出

ある。」

　なお、前記イの判決と同じ日（平成22年1月20日）に、市が町内会に対し無償で神社施設の敷地としての利用に供していた市有地を同町内会に譲与したことが憲法に違反しないとした大法廷判決（判時2070号41頁）が出されているほか、憲法89条の宗教上の組織・団体に対する支出に関しては、次の最高裁判決がある。

　①　稲荷神社参道補修工事　昭和63年12月16日（判時1362号41頁）

　②　大阪地蔵像敷地　平成4年11月16日（判時1441号57頁）

　③　箕面忠魂碑・慰霊祭　平成5年2月16日（判時1454号41頁）

　④　箕面遺族会補助金　平成11年10月21日（判時1696号96頁）

　⑤　主基斎田抜穂の儀参列　平成14年7月9日（判時1799号101頁）

　⑥　大嘗祭参列　平成14年7月11日（判時1799号99頁）

　⑦　即位礼正殿の儀参列　平成16年6月28日（判時1890号41頁）

　⑧　砂川政教分離訴訟（前記イ判決）差戻後上告審　平成24年2月16日（判時2146号49頁）

1－2　慈善、教育、博愛の事業に対する支出の禁止

　慈善、教育、博愛の事業に対する支出の禁止の趣旨は、主として私的な慈善、教育、博愛事業の自主性に対する公権力の干渉の危険を排除することにある。憲法89条は公の支配に属しないこれらの事業に対する支出を禁止しているが、「公の支配」に属するというためには、

○その事業の遂行や運営に決定的な影響を及ぼすような特別の統制、監督が加えられていることが必要である

○公金その他の公の財産の乱費、濫用にならないように要求されているのが「公の支配」であり、国や地方公共団体の援助が不当に利用されることのないように監督ができることをもって足りる

とする二つの考え方がある。前者の方が文理には忠実であるように思われるが、憲法25条や26条の趣旨や現実の必要性・有用性・公益性等の

401

第3部　財務に係る基本法令の定め

観点から後説が有力である。これに関する最高裁の判例は見当たらないが、東京高裁平成2年1月29日判決（判時1351号47頁）は、次のように述べている。

「憲法89条は、「公金その他の公の財産は、宗教上の組織若しくは団体の使用、便益若しくは維持のため、又は公の支配に属しない慈善、教育若しくは博愛の事業に対し、これを支出し、又はその利用に供してはならない。」と規定する。そして、同条前段については、国家と宗教の分離を財政面からも確保することを目途とするものであるから、その規制は厳格に解すべきであるが、同条後段の教育の事業に対する支出、利用の規制については、もともと教育は、国家の任務の中でも最も重要なものの一つであり、国ないし地方公共団体も自ら営みうるものであって、私的な教育事業に対して公的な援助をすることも、一般的には公の利益に沿うものであるから、同条前段のような厳格な規制を要するものではない。同条後段の教育の事業に対する支出、利用の規制の趣旨は、公の支配に属しない教育事業に公の財産が支出又は利用された場合には、教育の事業はそれを営む者の教育についての信念、主義、思想の実現であるから、教育の名の下に、公教育の趣旨、目的に合致しない教育活動に公の財産が支出されたり、利用されたりする虞れがあり、ひいては公の財産が濫費される可能性があることに基づくものである。このような法の趣旨を考慮すると、教育の事業に対して公の財産を支出し、又は利用させるためには、その教育事業が公の支配に服することを要するが、その程度は、国又は地方公共団体等の公の権力が当該教育事業の運営、存立に影響を及ぼすことにより、右事業が公の利益に沿わない場合にはこれを是正しうる途が確保され、公の財産が濫費されることを防止しうることをもって足りるものというべきである。右の支配の具体的な方法は、当該事業の目的、事業内容、運営形態等諸般の事情によって異なり、必ずしも、当該事業の人事、予算等に公権力が直接的に関与することを要するものではないと解される。……憲法89条は、当該助成を受けた教育事

第4章　支　出

業が「公の支配」に服していることを規定しているが、右規制が法律
によるものであることまでを求めているものではないと解される。」

### ② 国に対する支出の禁止

　地方公共団体における行政需要を賄うため、又は地方公共団体に対し
て国が望む事務事業を行わせるために国から多額の支出がなされている
が（前記第3章1（10）（380頁）参照）、その反面、一定の土木建設事業
（地方財政法10条の2参照）や災害に係る事務（地方財政法10条の3参照）
を国が行う場合に、地方公共団体が国に支出しなければならないとされ
ている（地方財政法17条の2）。そして、国は地方公共団体に対し、「直
接であると間接であるとを問わず、寄附金（これに相当する物品等を含
む。）を割り当てて強制的に徴収（これに相当する行為を含む。）するよ
うなことをしてはならない。」とされている（地方財政法4条の5）。

　ところで、寄附金を徴収することを禁ずるこの規定は、国が寄附を割
り当てて強制的に徴収することを禁止するものであって、地方公共団体
による任意的・自主的な寄附を禁止するものではないとの解釈の下に、
国が地方公共団体からの寄附金を受け入れる例が多発したため、1955
年（昭和30年）に制定された地方財政再建促進特別措置法は、その24条
2項において、当分の間、一定の場合に限り、自治大臣の承認を得たも
のを除き、国及び同項に定める公社等に対して寄附金等の支出（土地・
建物の無償提供を含む。）を禁止し、この規制は、2009年（平成21年）4
月1日に施行された財政健全化法の附則によって廃止されるまで存続し
た。したがって、再び、割当的寄附に該当しなければ、地方公共団体が
国に対して寄附金等の支出をすることができることとなっているのであ
るが、当該支出が真に任意的・自主的なものであるかどうか、公益上の
必要があるかどうか（後記3（1）（419頁）参照）を常に意識しなければ
ならない。

　ところで、「地方公共団体が処理する権限を有しない事務を行うため
に要する経費については、法律又は政令で定めるものを除く外、国は、

● 403

第3部　財務に係る基本法令の定め

地方公共団体に対し、その経費を負担させるような措置をしてはならない。」とされ、当該経費は次のようなものとするとされている（地方財政法12条）。

① 　国の機関の設置、維持及び運営に要する経費

② 　警察庁に要する経費

③ 　防衛省に要する経費

④ 　海上保安庁に要する経費

⑤ 　司法及び行刑に要する経費

⑥ 　国の教育施設及び研究施設に要する経費

また、「専ら国の利害に関係のある事務を行うために要する次に掲げるような経費については、地方公共団体は、その経費を負担する義務を負わない。」とされ、次のものが列記されている（地方財政法10条の4）。

① 　国会議員の選挙、最高裁判所裁判官国民審査及び国民投票に要する経費

② 　国が専らその用に供することを目的として行う統計及び調査に要する経費

③ 　検疫に要する経費

④ 　医薬品の検定に要する経費

⑤ 　あへんの取締に要する経費（あへんの慢性中毒者の医療に要する経費を除く。）

⑥ 　国民年金、雇用保険及び特別児童扶養手当に要する経費

⑦ 　土地の農業上の利用関係の調整に要する経費

⑧ 　未引揚邦人の調査に要する経費

この両者の違いは、「地方公共団体が処理する権限を有しない事務を行うために要する経費」は、法律又は政令で定めることによって地方公共団体に負担させることができるのに対して、「専ら国の利害に関係のある事務を行うために要する次に掲げるような経費」については、法律又は政令をもってしても、地方公共団体に負担させることは予定されていないところにある。ただ、地方財政再建促進特別措置法24条2項（同

404 ●

第4章 支 出

法は2009年（平成21年）3月31日をもって廃止されている。）についてではあるが、次のように判示して国会議員の選挙において国からの交付金の額を超えて支出した額が負担金に該当しないとした判例（最高裁昭和62年10月30日判決・判時1264号59頁）がある。

「地方財政法によれば、地方公共団体は国会議員の選挙に要する経費を負担する義務を負わないとされ（10条の4第1号）、国の負担金等の地方公共団体に対する支出金の額は地方公共団体が当該国の支出金に係る事務を行うために必要でかつ充分な金額を基礎としてこれを算定しなければならないと規定されているところ（18条）、国会議員の選挙等の執行経費の基準に関する法律は、都道府県及び市区町村の選挙管理委員会が管理する国会議員の選挙等の執行について国が負担する経費の基準を具体的に定める（4条ないし17条）とともに、自治大臣はこの法律の規定によって算出した各都道府県の選挙管理委員会及び当該都道府県の区域内にある市区町村の選挙管理委員会において要する経費で予算をもって定められたものを都道府県に交付し、都道府県は当該都道府県の区域内にある市町村において要する経費として交付を受けた額を市町村に交付するものとし（18条1項）、さらに、避けることのできない事故その他特別の事情によって右の交付額をもって国会議員の選挙等を執行することができない都道府県又は市町村に対しては、自治大臣は、一定の範囲内において、必要な経費を追加して交付することができるとしている（同条2項）。

　このように、国会議員の選挙に要する経費の全額の国庫負担を法律が具体的に保障している制度の下では、右法律の定める経費の基準が著しく不合理であって到底経費の全額の国庫負担を定めたものとはいえないというのであれば格別、そうでない限り、右法律による基準額以上の経費の支出をもって、直ちに地方財政再建促進特別措置法24条2項にいう「負担金」の支出に当たるものということはできないというべきである。したがって、本件支出について、それが同項にいう「負担金」の支出に当たるとの見解を前提とする上告人の主張は、主張自

第3部　財務に係る基本法令の定め

体失当というべきであり、これを排斥した原判決に所論の違法はない。」

### ③ 法人に対する財政援助の制限

　法人に対する政府の財政援助の制限に関する法律は、その3条で、地方公共団体は、会社その他の法人の債務（総務大臣の指定する会社その他の法人の債務を除く。）については、保証契約をすることができないとしている。これは「戦前の特殊会社に対する債務保証により国庫が膨大な負担を招いたという反省から、「未必の債務」や「不確定の債務」の負担を制限するため」（後掲最高裁平成23年10月27日判決における宮川光治裁判官の補足意見）に定められたものであるが、ここで禁止されている保証契約の中に損失補償契約が含まれるか否かについては、肯定説と否定説があり、実務において混乱が生じていた。

　このことについて、最高裁平成23年10月27日判決・判時2133号3頁は、次のように述べて、公益上の必要がある限り、損失保証契約を締結することは許されると判示した。

「地方公共団体が法人の事業に関して当該法人の債権者との間で締結した損失補償契約について、財政援助制限法3条の規定の類推適用によって直ちに違法、無効となる場合があると解することは、公法上の規制法規としての当該規定の性質、地方自治法等における保証と損失補償の法文上の区別を踏まえた当該規定の文言の文理、保証と損失補償を各別に規律の対象とする財政援助制限法及び地方財政法等関係法律の立法又は改正の経緯、地方自治の本旨に沿った議会による公益性の審査の意義及び性格、同条ただし書所定の総務大臣の指定の要否を含む当該規定の適用範囲の明確性の要請等に照らすと、相当ではないというべきである。上記損失補償契約の適法性及び有効性は、地方自治法232条の2の規定の趣旨等に鑑み、当該契約の締結に係る公益上の必要性に関する当該地方公共団体の執行機関の判断にその裁量権の範囲の逸脱又はその濫用があったか否かによって決せられるべきものと解するのが相当である。」

第4章　支　出

## (2) 国と地方公共団体との負担区分

　地方公共団体が処理すべき事務を行うために要する経費は当該地方公共団体が負担する（地方財政法９条本文）というのは、ある意味当然のことであるが、地方公共団体が処理すべき事務にも様々なものがあり、その原則を貫徹することは事実上不可能である。

　そこで、地方財政法は、国と地方公共団体との負担区分及び地方公共団体相互間の負担区分についての財政規律を詳しく定めている（前記第３章１（10）（380頁）参照）。

　まず、国がその経費の全部又は一部を負担する地方公共団体の事務又は事業として、「地方公共団体が法令に基づいて実施しなければならない事務であって、国と地方公共団体相互の利害に関係がある事務のうち、その円滑な運営を期するためには、なお、国が進んで経費を負担する必要がある」もの（地方財政法10条）及び「地方公共団体が国民経済に適合するように総合的に樹立された計画に従って実施しなければならない法律又は政令で定める土木その他の建設事業」（地方財政法10条の２）を定めている。そして、国が地方公共団体のその経費の一部を負担する事務として「地方公共団体が実施しなければならない法律又は政令で定める災害に係る事務で、地方税法又は地方交付税法によってはその財政需要に適合した財源を得ることが困難なもの」（地方財政法10条の３）をあげている。

　これらの規定によって国と地方公共団体が経費を負担すべき場合における経費の種目、算定基準及び国と地方公共団体とが負担すべき割合は、法律又は政令で定めなければならないこととなっている（地方財政法11条）。そして、「地方公共団体が国民経済に適合するように総合的に樹立された計画に従って実施しなければならない法律又は政令で定める土木その他の建設事業」及び「地方公共団体が実施しなければならない法律又は政令で定める災害に係る事務で、地方税法又は地方交付税法によってはその財政需要に適合した財源を得ることが困難なもの」を国が

● 407

第3部　財務に係る基本法令の定め

行う場合において、地方公共団体がその経費の一部を負担すべきことが法律又は政令に定められているときは、地方公共団体はその負担する金額を国に対して支出しなければならないとされている（地方財政法17条の2第1項）。また、国は、国の行う河川、道路、砂防、港湾等の土木事業で地方公共団体を利するものに対する当該地方公共団体の負担金の予定額（事業計画の変更等により負担金の予定額に著しい変更があつた場合を含む。）を、当該工事の着手前にあらかじめ当該地方公共団体に通知しなければならず、地方公共団体は、この通知を受けた場合において負担金の予定額に不服があるときは、総務大臣を経由して、内閣に対し意見を申し出ることができるものとされている（地方財政法17条の2第2項・3項）。

　なお、地方公共団体に対して過大な負担を求めることを防ぐための仕組みとして、「内閣総理大臣及び各省大臣は、その管理する事務で地方公共団体の負担を伴うものに関する法令案について、法律案及び政令案にあっては閣議を求める前、命令案にあっては公布の前、あらかじめ総務大臣の意見を求めなければならない。」（地方財政法21条1項）とされるほか、「内閣総理大臣及び各省大臣は、その所掌に属する歳入歳出及び国庫債務負担行為の見積のうち地方公共団体の負担を伴う事務に関する部分については、財政法（昭和22年法律第34号）17条第2項に規定する書類及び同法35条第2項に規定する調書を財務大臣に送付する際、総務大臣の意見を求めなければならない。」（地方財政法22条1項）とされている。

## （3）地方公共団体相互間の負担区分

　国と地方公共団体との関係に類似した関係にあるのが、都道府県と市町村の関係である。地方財政法27条は、「都道府県の行う土木その他の建設事業（高等学校の施設の建設事業を除く。）でその区域内の市町村を利するものについては、都道府県は、当該建設事業による受益の限度において、当該市町村に対し、当該建設事業に要する経費の一部を負担さ

第4章　支　出

せることができる。」とする。そして、都道府県は、その建設事業について市町村の負担を求めることができるのを原則としながらも、「都道府県は、国又は都道府県が実施し、国及び都道府県がその経費を負担する道路、河川、砂防、港湾及び海岸に係る土木施設についての大規模かつ広域にわたる事業で政令で定めるものに要する経費で都道府県が負担すべきものとされているものの全部又は一部を市町村に負担させてはならない。」（地方財政法27条の2）として、次のものの経費を市町村に負担させることを禁じている（地方財政法施行令51条）。

① 道路法12条及び13条の規定により、国土交通大臣又は都道府県が行う一般国道の新設、改築及び災害復旧に関する工事

② 次に掲げる都道府県道（道路法3条3号の都道府県道をいう。）の新設、改築及び災害復旧に関する工事

　ア　道路法56条の規定による国土交通大臣の指定を受けた都道府県道

　イ　アに掲げるもののほか、資源の開発、産業の振興その他国の施策上特に整備を行う必要があると認められる都道府県道

③ 砂防法6条1項の規定により国土交通大臣が施行する砂防工事

④ 海岸法6条1項の規定により、主務大臣が都道府県知事である海岸管理者に代わって施行する海岸保全施設の新設、改良及び災害復旧に関する工事

なお、都道府県がその建設事業について市町村の負担を求める場合は、

① 市町村が負担すべき金額は、当該市町村の意見を聞き、当該都道府県の議会の議決を経て定め、

② その金額について不服がある市町村は、当該金額の決定があった日から21日以内に、総務大臣に対し、異議を申し出ることができ、

③ 総務大臣は、異議の申出を受けた場合において特別の必要があると認めるときは、当該市町村の負担すべき金額を更正することができる（この場合は審査の裁決期間等について定めた自治法257条が準用

● 409

第3部　財務に係る基本法令の定め

される。）

ことになっている（地方財政法27条）。

　なお、地方公共団体相互間における経費の負担関係について、地方財政法28条の２は「地方公共団体は、法令の規定に基づき経費の負担区分が定められている事務について、他の地方公共団体に対し、当該事務の処理に要する経費の負担を転嫁し、その他地方公共団体相互の間における経費の負担区分をみだすようなことをしてはならない。」としている。この条文の解釈と適用については、次の二つの判決がある。

ア　警察の経費（警察法37条に国及び都道府県の負担とするとの定めがある。）

　（最高裁平成８年４月26日判決・判時1566号33頁）

　「小川町が馬頭地区交通安全協会を経由して栃木県に対してした本件ミニパトカーの寄附は、法令の規定に基づき経費の負担区分が定められている事務について地方公共団体相互の間における経費の負担区分を乱すことに当たり、地方財政法28条の２に違反するものであって、そのためにされた本件ミニパトカーの購入及び購入代金の支出も違法なものといわざるを得ない。」

イ　県が設置する公の施設の経費（特別な法律の定めはない）

　（東京高裁平成17年２月９日判決・判時1981号３頁。最高裁平成19年５月23日決定（判例集未登載）で確定）

　「地方財政法28条の２は、任意の寄附をすることについても規制の対象とするものと解されるが、「負担区分をみだすようなこと」という評価的要素を有する文言が用いられていることに照らしても、法令の規定と異なる地方公共団体が経費を負担する結果となる行為すべてを一律に禁じるものではなく、法令の規定と異なる地方公共団体が経費を負担する結果となるような行為は、原則として負担区分を乱すものとして禁じるが、実質的にみて地方財政の健全性を害するおそれのないものは例外的に許容していると解するのが相当である。」

第4章 支 出

## （4）給与等の支給制限

　地方公共団体には、議決機関として議会が置かれ、議会にはそれを構成する議員と議会活動を補助する事務局長、書記長、書記等の職員が置かれている。また、執行機関として、長、教育委員会、選挙管理委員会、人事委員会又は公平委員会、監査委員が置かれるほか、都道府県にあっては公安委員会、労働委員会、収用委員会、海区漁業調整委員会及び内水面漁場管理委員会が、市町村にあっては農業委員会及び固定資産評価審査委員会が置かれ、それぞれに補助機関として職員が配置されている。さらに、執行機関から独立して事務を処理するものとして、自治紛争処理委員、専門委員、附属機関（審査会、審議会、調査会等の名称が使用されることが多い。）、投票管理者、開票管理者、選挙長、投票立会人、開票立会人及び選挙立会人が置かれ、必要に応じてその事務を補助する職員が配置されている。

　これらの組織の構成員（独任制の組織もある。）及び補助職員は、当該地方公共団体のために役務を提供するものであるから、それに応じた対価を支払わなければならないのは当然のことである。それと同時に、その対価は適正なものでなければならないことから、自治法は、議会の議員に対し、報酬を支給しなければならず、職務を行うため要する費用の弁償を支給することができるとする（203条）ほか、非常勤の職員（短時間勤務の職員を除く。）には勤務日数に応じた（条例で別の定めをすることができる）報酬を支給しなければならず、職務を行うため要する費用の弁償をすることができ（203条の２）、常勤の職員（短時間勤務の職員を含む。）には、給料及び旅費を支給しなければならず、法定の手当を支給することができる（204条）としている。そのうえで、「いかなる給与、その他の給付も法律又は条例に基づかずには」、これらの者に支給することができないとして（自治法204条の２）、不透明な給付が行われることがないようにしている。

　これらの条文に関する問題としては、自治法203条の２に関して、常

● 411

勤の職員に支給することができるとされている通勤手当や期末・勤勉手当、退職手当に相当する給付を非常勤の職員に対しても支給することができるか、行政委員会の委員等に対する報酬を日額以外で定めることができるかということがあるほか、同法204条の２に関して、職員に対する福利厚生事業としての給付がどこまで認められるかということがある。

　まず、職員が職場に通勤するために要する交通費については、常勤の職員には通勤手当として支給できることになっている（自治法204条２項）のに対して、非常勤職員については、職務を行うため要する費用の弁償を受けることができるとされているだけなので、そこに通勤のために要する費用が含まれるか否かが問題になるわけである。

　ところで、「職務を行うため要する費用」というのは、事務処理のために必要な文房具や勤務場所を離れて職務を行うための交通機関の切符等のように、当該職務を行うために当然に必要になるものを調達する費用のことであり、それを「弁償する」というのは、その費用を職員が支払った場合に、本来それを負担すべきであった使用者である地方公共団体がその額を償還するということである。そして、職員とその任用主体である地方公共団体の関係は、職員が地方公共団体に対して労働に従事することを約束し、地方公共団体がそれに対する対価を支払うという関係であり（民法623条、労働基準法11条参照）、その労働は地方公共団体が指定する場所（勤務を命ぜられた場所）で提供されなければならず（民法484条参照）、そのための費用は、職員が負担するのが原則である（民法485条）。すなわち、通勤は指定された場所で労働を提供するため（債務を履行するため）に必要なものであり、本来職員が負担すべきものであるから、自治法203条の２第２項の職務を行うため要する費用には含まれないと言わざるを得ない。そうであるからこそ、常勤の職員に支給される通勤手当についても、必ずしも実際に要する費用が全額支給されるわけではなく、限度額が定められているのである（一般職の職員の給与に関する法律12条参照）。

第4章　支　出

常勤職員との対比で、非常勤職員に対する通勤費用の支払いが問題になるのは、本来、自治法203条の2第1項に列記されている職名からも明らかなように、一般職の非常勤職員の採用は例外的であると想定されていた（地方公務員法3条3項3号参照）にもかかわらず、臨時的任用が制限されていることから（地方公務員法22条2項参照）、非常勤職員の採用が常態化していることによるもののように思われる。特に、短時間勤務の職員が制度化されてからは、実態として、両者の違いが明確でなくなっており、後述の期末手当、勤勉手当、退職手当の問題ともからんで、従前の不明朗な取扱いを解消することが難しくなっているようである。近年、通勤に要する経費は職務を行うため要する費用に該当するという行政解釈がなされているようであるが、これは法律の解釈というよりも、前記のような実態を踏まえた政治的、行政的判断によるものであろうと思われる。

非常勤の職員に期末手当、勤勉手当、退職手当を支給できないことは、自治法203条の2第3項と204条2項との対比によって明らかである。しかし、非常勤職員の勤務期間が長期化していることから、常勤の職員に期末手当及び勤勉手当が支給される時期に非常勤の職員に対してそれに相当する金額を支給する例がみられるが、これが自治法204条の2が禁止する給付に該当することは明らかである（最高裁平成22年9月10日判決・判時2096号3頁）。また、期末手当及び勤勉手当の年間支給額分を上乗せして月額の報酬を定めることもあるが、少なくとも勤勉手当相当額については、その性質からして許されないと解される。

なお、地方公務員法が改正されて2020年（令和2年）4月1日から施行されることになっているが、そこでは、次の二つの会計年度任用職員の制度が導入されている（地公法22条の2第1項）。

① 一会計年度を超えない範囲内で置かれる非常勤の職を占める職員であって、その1週間当たりの通常の勤務時間が常時勤務を要する職を占める職員の1週間当たりの通常の勤務時間に比し短い時間であるもの

● 413

第3部　財務に係る基本法令の定め

②　会計年度任用の職を占める職員であって、その1週間当たりの通常の勤務時間が常時勤務を要する職を占める職員の1週間当たりの通常の勤務時間と同一の時間であるもの

この①に該当するものを「会計年度パートタイム職員」と、②に該当するものを「会計年度フルタイム職員」ということができるが、この地方公務員法の改正と併せて改正された自治法203条の2は、その1項で会計年度パートタイム職員には報酬を支給しなければならず、条例で期末手当を支給することができるとしている。また、同法204条1項及び2項は、会計年度フルタイム職員には、常勤の職員と同じように、給料及び旅費を支給しなければならず、各種の手当を支給することができるとしている。

さらに、原則として日額で報酬を定めるべきであるとされている行政委員及び行政委員会の委員の報酬については、登庁日数が月平均1.89日である県の選挙管理委員会の委員に対して月額20万2,000円の報酬を支給すると定める条例を違法とした下級審の判決が出され、全国的な議論を呼んだが、2011年（平成23年）12月15日（判時2162号45頁）、最高裁が次のように判示して、当該条例に違法はないとしたことで、一応の決着がついている。

「(1)　法203条の2第2項ただし書は、普通地方公共団体が条例で日額報酬制以外の報酬制度を定めることができる場合の実体的な要件について何ら規定していない。また、委員会の委員を含め、職務の性質、内容や勤務態様が多種多様である普通地方公共団体の非常勤の職員（短時間勤務職員を除く。以下「非常勤職員」という。）に関し、どのような報酬制度が当該非常勤職員に係る人材確保の必要性等を含む当該普通地方公共団体の実情等に適合するかについては、各普通地方公共団体ごとに、その財政の規模、状況等との権衡の観点を踏まえ、当該非常勤職員の職務の性質、内容、職責や勤務の態様、負担等の諸般の事情の総合考慮による政策的、技術的な見地からの判断を要するものということができる。このことに加え、前記1(2)の昭和31年改正

414

第4章　支　出

の経緯も併せ考慮すれば、法203条の2第2項は、普通地方公共団体
の委員会の委員等の非常勤職員について、その報酬を原則として勤務
日数に応じて日額で支給するとする一方で、条例で定めることにより
それ以外の方法も採り得ることとし、その方法及び金額を含む内容に
関しては、上記のような事柄について最もよく知り得る立場にある当
該普通地方公共団体の議決機関である議会において決定することとし
て、その決定をこのような議会による上記の諸般の事情を踏まえた政
策的、技術的な見地からの裁量権に基づく判断に委ねたものと解する
のが相当である。したがって、普通地方公共団体の委員会の委員を含
む非常勤職員について月額報酬制その他の日額報酬制以外の報酬制度
を採る条例の規定が法203条の2第2項に違反し違法、無効となるか
否かについては、上記のような議会の裁量権の性質に鑑みると、当該
非常勤職員の職務の性質、内容、職責や勤務の態様、負担等の諸般の
事情を総合考慮して、当該規定の内容が同項の趣旨に照らした合理性
の観点から上記裁量権の範囲を超え又はこれを濫用するものであるか
否かによって判断すべきものと解するのが相当である。

　（2）　本件における上記の諸般の事情のうち、まず、職務の性質、
内容、職責等については、そもそも選挙管理委員会を始め、労働委員
会、収用委員会等のいわゆる行政委員会は、独自の執行権限を持ち、
その担任する事務の管理及び執行に当たって自ら決定を行いこれを表
示し得る執行機関であり（法138条の3、138条の4、180条の5第1項
から3項まで）、その業務に即した公正中立性、専門性等の要請から、
普通地方公共団体の長から独立してその事務を自らの判断と責任にお
いて、誠実に管理し執行する立場にあり（法138条の2）、その担任す
る事務について訴訟が提起された場合には、その長に代わって普通地
方公共団体を代表して訴訟追行をする権限も有する（法192条等）等、
その事務について最終的な責任を負う立場にある。その委員の資格に
ついても、一定の水準の知識経験や資質等を確保するための法定の基
準（法182条1項、土地収用法52条3項等）又は手続（法182条1項、労

● 415

第3部　財務に係る基本法令の定め

働組合法19条の12第3項、土地収用法52条3項等)が定められているこ
とや上記のような職責の重要性に照らせば、その業務に堪え得る一定
の水準の適性を備えた人材の一定数の確保が必要であるところ、報酬
制度の内容いかんによっては、当該普通地方公共団体におけるその確
保に相応の困難が生ずるという事情があることも否定し難いところで
ある。そして、滋賀県選挙管理委員会の業務も、前記1(5)のとおり、
国会及び県議会の議員並びに県知事の選挙の管理という重要な事項に
関わるものを中心とする広範で多岐にわたる業務であり、公正中立性
に加えて一定の専門性が求められるものということができる。

　また、勤務の態様、負担等については、本件委員の平均登庁実日数
は1.89日にとどまるものではあるものの、前記1(5)のように広範で
多岐にわたる一連の業務について執行権者として決定をするには各般
の決裁文書や資料の検討等のため登庁日以外にも相応の実質的な勤務
が必要となる上、選挙期間中における緊急事態への対応に加えて衆議
院や県議会の解散等による不定期な選挙への対応も随時必要となると
ころであり、また、事件の審理や判断及びこれらの準備、検討等に相
当の負担を伴う不当労働行為救済命令の申立てや権利取得裁決及び明
渡裁決の申立て等を処理する労働委員会や収用委員会等と同様に、選
挙管理委員会も選挙の効力に関する異議の申出や審査の申立て等の処
理については争訟を裁定する権能を有しており(公職選挙法202条等)、
これらの争訟に係る案件についても、登庁日以外にも書類や資料の検
討、準備、事務局等との打合せ等のために相応の実質的な勤務が必要
となるものといえる。さらに、上記のような業務の専門性に鑑み、そ
の業務に必要な専門知識の習得、情報収集等に努めることも必要とな
ることを併せ考慮すれば、選挙管理委員会の委員の業務については、
形式的な登庁日数のみをもって、その勤務の実質が評価し尽くされる
ものとはいえず、国における非常勤の職員の報酬との実質的な権衡の
評価が可能となるものともいえない。なお、上記の争訟の裁定に係る
業務について、一時期は申立て等が少ないとしても恒常的に相当数の

第4章　支　出

申立てを迅速かつ適正に処理できる態勢を整備しておく必要のあることも否定し難いところである。

　以上の諸般の事情を総合考慮すれば、本件委員について月額報酬制を採りその月額を20万2,000円とする旨を定める本件規定は、その内容が法203条の２第２項の趣旨に照らして特に不合理であるとは認められず、県議会の裁量権の範囲を超え又はこれを濫用するものとはいえないから、同項に違反し違法、無効であるということはできない。」

　ところで、自治法204条の２は法律又はそれに基づく条例に根拠がない給付を禁止しているが、その一方で、地方公務員法42条は地方公共団体は福利に関する事項について計画を樹立し、これを実施しなければならないとしている。そして、厚生事業には往々にして、職員に対する金銭その他の給付が含まれることがあるので、ときとして、両者の関係が問題となることがある。また、同条が定める厚生事業は、互助会に補助金を交付して実施させることも多いが、このような方法が適法であること及び具体的な事案における適法性の判断基準について次のように述べた判決があり（東京地裁平成21年６月24日判決・ウエストロー）、この考え方は一般的に承認されているものと思われる。

「厚生制度の企画及び実施は適切かつ公正に行われる必要がある一方で、当該地方公共団体自身が厚生制度の企画及び実施をすることは法令上求められていないことからすれば、厚生制度の企画及び実施の方法として、当該地方公共団体の職員等によって構成される互助組織に厚生事業を行わせ、当該地方公共団体から当該互助組織に対して事業実施に必要な費用を交付金等として交付することも許されると解される。その上で、当該互助組織が企画及び実施をする厚生制度が同法41条及び42条に反するか否かについては、同法24条６項及び25条１項並びに地方自治法204条３項及び204条の２がいわゆる給与条例主義を定めており、その趣旨については、地方公共団体の職員に対して給与を受け取ることを権利として保障する一方、人件費は地方公共団

● 417

体の財政の根幹を占める重要事項であるから、職員の給与は、住民の代表者で構成する議会が自ら適切に定めることとして、いわゆるお手盛りを防止し、適正な額の支給をすることを確保することにあると解されることをも踏まえ、当該厚生制度の目的ないし趣旨のほか、職員の保健、元気回復その他厚生に寄与する度合い、その内容が金銭又はその代替物の給付である場合にはその額や価値の多寡及びこれらに占める交付金等の割合並びに給付条件等の諸事情を勘案して判断すべきものと考えられる。」

この判決は、職員の選択によって、映画、コンサート、演劇、スポーツ観戦等のチケットで劇場窓口やプレイガイド等で取り扱っているものについて、その購入代金の一部又は全部を助成し、遊園地、ゴルフ場、美術館、博物館、庭園、水族館、動物園、植物園、展望台、クアハウス、日帰り温泉、クルージング、ボウリング場、体育施設（施設利用）、スタジオ、プール、スキー場、スケート場、潮干狩り場、果物狩り園等の施設の利用料金の一部又は全部を助成し、書店やCDショップ等で購入した書籍及び雑誌並びに鑑賞用のCD、DVD、ビデオ、レコード及びカセットの購入費用の一部又は全部を助成することを内容とするカフェテリアプランと称する互助組織が行う厚生事業についてのものである。その助成の対象とされている「チケット購入助成等については、社会通念上、職員がこれらの助成の対象とされた活動をすることにより当該職員の元気回復等に資するといえるから、本件カフェテリアプランにチケット購入助成等が含まれていることをもって、本件カフェテリアプランの一部又は全部が当然に同法41条及び42条に反するものということはできない。」し、本件カフェテリアプランにおいて使用できるのは最大で年間２万円相当まで、１回当たり原則として5,000円相当までであり、「翌年度に繰り越して使用することもできないことや、本件カフェテリアプランを含む福利厚生事業団の相互負担事業に要する費用の２分の１は組合費で充てられていること等を考慮すれば、金銭に代替するものとして給付されるポイントの価値の大きさ及び上記の給付において占

める被告からの交付金の割合並びに給付条件等の観点からも、本件カフェテリアプランの一部又は全部が同法41条及び42条に反するものということはできない。」とされている。

なお、職員互助会への「補助金が充てられている職員への金品の交付が地方公務員法42条の厚生事業として社会通念上是認することができない場合に限り、給与条例主義に反し、公益性に反し、補助金を支出することが違法となる」としたうえで、事業費の48％について補助金を受けて互助会が行う事業のうち、現金3万円を支給する出産見舞金及び家族（父母、子（生計を一にする配偶者の父母、子を含む。）、被扶養者）死亡弔慰金並びに水火震災その他の非常災害により、その住居又は家財に相当程度の損害を受けたときに、損害の程度に応じて10万円から5万円を支給する災害見舞金は、社会通念上是認できる範囲を超えるものとはいえないが、現金100万円を支給する死亡弔慰金及び30万円を支給する家族（配偶者）死亡弔慰金は、厚生事業として社会通念上是認される範囲を超えるものであり、違法であるとする判決がある（神戸地裁平成23年1月26日判決・ウエストロー）。


# 3　寄附又は補助

## (1) 公益性

国は、国防、外交及び治安に責任をもてばよいのであって、それ以外の分野は民間にまかせるべきだという夜警国家の時代から、殖産興業を図るべしとされ、社会的弱者の救済が重要であるという福祉国家の時代へと国家の役割についての考え方が変遷している。国が自治組織としての市町村を不要とした明治初期から、その存在を認めざるを得なくなった旧地方制度を経て、地方分権といいながら国の政策の多くを市町村に実施させざるを得ない時代へ移り変わり、完全な国の出先機関であった府県が形式的には完全地方公共団体となりながら、なりきれないという

第3部　財務に係る基本法令の定め

時代になっている。このような国（地方公共団体もその機構の一つである。）の役割の変化に応じて、何らの対価を得ることなく金銭等を与える補助の是非についての考え方も変遷している。

　自治法232条の２は「普通地方公共団体は、その公益上必要がある場合においては、寄附又は補助をすることができる。」と定めている。明治32年に制定された府県制は、その101条で「府県は其の公益上必要ある場合に於ては寄附若は補助を為すことを得」とし、133条で「寄附若は補助を為すこと」は「内務大臣の許可を受くることを要す」としていたが、それよりも前に制定されていた市制及び町村制にはそれに相当する規定がなく、市町村は寄附又は補助をすることができないというのが行政裁判所の判断だった。その後、明治44年の市制及び町村制の改正によって、市町村も府県知事又は郡長の許可を得て寄附又は補助をすることができることとされ、大正15年の地方制度の改正によって、内務大臣、府県知事、郡長による許可の制度が廃止された。現行の自治法232条の２の規定は、市制町村制及び府県制の規定を踏襲した当初の自治法231条を昭和38年の改正によって条番を変更したものである。

　国が行う補助金等の交付については、補助金適正化法の適用があり、それに係る国の行為は行政処分となることは前述したが（前記第３章１(10)②（384頁））、自治法232条の２の規定による「寄附又は補助」は民法上の贈与であると解されている（条例で補助金適正化法と同様の定めをすることによって、公法上の処分によるものとすることも可能であろうが、規則や要綱によるときは、その定めが贈与契約の内容となるものと解される。大阪高裁平成30年３月20日判決・判時2390号３頁）。贈与であるということは、地方公共団体の財産（金銭であると否とを問わない）を相手方に無償で与えることであり（民法549条）、交付金や負担金等の名称が使用されていても、対価を伴わない利益の供与は全てこれに含まれると解される。

　ともあれ、寄附又は補助をするための要件である「公益上必要がある場合」の解釈はまさに価値判断そのものであることから、一義的には予

420

第4章　支　出

算の執行権者である長の判断に委ねられるべきものであるとされなが
ら、様々な立場からの議論がなされてきた。下級審の判決には「公益上
必要がある場合」の判断要素を種々掲げているものもあるが、結局は当
該補助を行うこととなった具体的な状況の総合的な判断によらざるを得
ないものであり、立場によって正反対の結論となることも少なくない。

　司法判断において、高等裁判所と最高裁判所の判断が分かれたものの
代表的なものに後掲の「日韓高速船事件」（最高裁平成17年11月10日判
決・判時1921号36頁）がある。この他にも、「陣屋の村事件」（最高裁平
成17年10月28日判決・判時1919号98頁）や、最高裁平成18年1月19日
判決・判時1925号79頁、最高裁平成23年1月14日判決・判時2016号
33頁等がある。

〔日韓高速船事件（最高裁平成17年11月10日判決）〕
　「前記事実関係によれば、A市長は、姉妹都市との人的、物的交流の
　緊密化、市の経済の発展等を目的として本件事業を提唱し、本件6社
　に対して本件事業への協力を要請したこと、市は、本件事業を遂行す
　るため本件会社の設立を主導し、本件会社の運営や資金の調達等に関
　して積極的な役割を果たしていたこと、本件6社とCは、市の幹部職
　員から、市が責任を持って対処するので迷惑を掛けない旨の説明を受
　けて了承し本件借入金につき連帯保証をしたこと、市と本件会社は、
　本件事業の業績が不振であったことから本件高速船の運航を休止する
　こととしたが、Aに代わって市長となった上告人は、市が上記説明に
　反して上記の連帯保証をした者に債務の履行をさせ本件事業の清算に
　伴う損失を負担させる結果となることを避け、もって本件事業を主導
　した市に対する協力と信頼にこたえるため、本件第二補助金を支出す
　ることとしたこと等の事情が認められるというのである。このような
　本件事業の目的、市と本件事業とのかかわりの程度、上記連帯保証が
　された経緯、本件第二補助金の趣旨、市の財政状況等に加え、上告人
　は本件第二補助金の支出について市議会に説明し、本件第二補助金に
　係る予算案は、市議会において特にその支出の当否が審議された上で

● 421

可決されたものであること、本件第二補助金の支出は上告人その他の本件事業の関係者に対し本件事業の清算とはかかわりのない不正な利益をもたらすものとはうかがわれないことに照らすと、上告人が本件第二補助金を支出したことにつき公益上の必要があると判断したことは、その裁量権を逸脱し、又は濫用したものと断ずべき程度に不合理なものであるということはできないから、本件第二補助金の支出は、地方自治法232条の2に違反し違法なものであるということはできない。本件第二補助金の支出に先立ち、市が本件借入金の連帯保証人に応分の負担を負わせること等をしなかったとしても、この結論を左右するものではない。」

ただ、この判決には、才口千晴裁判官が次のような反対意見を付しており、最高裁の内部でも相当の議論があったことが窺われる。

「私は、本件第二補助金の支出は違法であると考えるので、多数意見に賛同することができない。その理由は、次のとおりである。

地方自治法232条の2に定める公益性の概念は、政治的ないし技術性の高い概念であり、第一次的には地方公共団体に裁量権がある。しかし、公益上の必要性の認定は、全くの自由裁量行為ではないから、客観的にも公益上必要であると認められなければならず、地方公共団体の長がその裁量権を逸脱し、又は濫用した場合には司法が違法と判断すべきものである。

多数意見は、本件事業の目的、下関市と本件事業とのかかわりの程度、連帯保証がされた経緯、第二補助金の支出の趣旨は連帯保証をした者に債務の履行をさせて損失を負担させる結果となることを避け、本件事業を主導した市に対する協力と信頼にこたえるためであり、その他市の財政状況に加え、第二補助金に係る予算案が市議会において可決されたこと等に照らし、上告人が公益上の必要があると判断してこれを支出したことは、地方自治法232条の2に違反し違法なものであるとすることはできないとする。

しかし、上告人が第二補助金の支出につき公益上の必要性があると

判断したことには、裁量権の逸脱又は濫用があるというべきである。
すなわち、本件会社は、平成 4 年12月 1 日、高速船の運行を休止し、
同 6 年 3 月31日当時、B汽船に対する本件解決金 4 億6,500万円（第
一補助金相当額）のほかに21億8,000万円の負債を有し、そのうち10
億円は下関市の直接融資であり、 8 億円は同市が損失補償をするもの
で、残りの 3 億8,000万円が本件借入金（第二補助金相当額）であった
というのである。地方財政も緊縮の状況にあり、その財源の多くは住
民の税金によって賄われているのであるから、上告人としては努めて
市民の負担の増加を避けるべきであった。たとえ本件事業が前市長か
ら引き継いだものであり、その債務整理をすることが本件事業を主導
した市に対する信頼にこたえるものであったとしても、かって自治省
に勤務し、財政指導課長の経歴と経費支出等に知見を有する上告人と
しては、多額かつ不毛の第二補助金については、納税者たる市民の負
担増加に思いを致し、政治的判断を優先させることなく、これを無益
な補助金であるとして議会に提出せず、また予算執行を避ける等の決
断をし、経費の支出を目的を達成するために必要かつ最少の限度にと
どめるべき義務があったといえる。確かに第二補助金は補正予算とし
て議会の承認を経ており、そのことは尊重すべきではあるが、そうで
あるからといって裁判所が公益上の必要性の有無について独自に判断
することを妨げるものではない。

　このように上告人は、第二補助金の議案の上程をせず、同補助金の
交付を回避する等の処置を執るべき義務を怠ったものであるから、そ
の支出は裁量権を逸脱し、又は濫用したものとして地方自治法232条
の 2 に違反し違法であり、損害賠償の責任を負担するというべきであ
る。」

## (2) 補助対象事業費の積算の妥当性

補助金は、社会保障的見地から行う個人に対する定額の給付のような
ものを除けば、補助金交付要綱等で対象事業を特定し、それに要する経

第3部　財務に係る基本法令の定め

費の一部を補填するために交付するのが通例である。したがって、補助金交付決定の際には、事業計画及び収支予算を明確にさせ、必要な場合は実施設計書等をも検討したうえで、補助対象事業との整合性と併せて、その事業費の積算に誤りがないことを確認しなければならない。

　すなわち、補助対象事業が建設事業であるときは、公共工事の設計の妥当性と契約の方法（第2部第2章3（110頁））において述べたように、設計の妥当性、資材や人件費の積算の正確性等について十分精査することが大切であるし、請負業者に採算割れの受注を強いたり、実施段階で工事の質を落とすことにより、相手方が不当な利得をすることがないように留意することが必要である。また、運営費等の経常的な経費に対する補助にあっては、人件費や需用費の積算において過大な見積がなされたり、不要なものを含んだりしていないかをチェックするとともに、相手方において収入確保や経営合理化のためにどのような努力をしているのかを把握し、漫然と従来どおりの補助金の交付を続けることは避けなければならない。さらに、社会保障的な補助金にあっては、社会経済情勢の変化に柔軟に対応していくことが必要であり、補助金額算定の根拠についての見直しを定期的に行い、現実の必要性と補助の意味とを見失わないようにすることが肝要である。

## （3）補助実績と目的の達成度の把握

　補助金の交付については、規則や要綱でその手続や対象等に関するルールを定め（補助が民法の贈与に該当することは前記（1）（419頁）で述べた。）、補助事業が完了したときには実績報告を提出させ、それに基づいて、書面調査又は現地調査により、その内容を確認したうえで、それが適正である場合に補助金の額の確定を行い、その後で現実に金銭を交付することとしているのが通例である。

　この調査を行うのは当該補助事業を所管している部局であるが、継続的な事業、総花的な事業や年度末に完成した事業等については、書面による確認だけで済ませていることが少なくない。しかし、このような事

424

業にこそ問題が潜んでいるのであり、完了後の現地調査ができないことが見込まれるときは、途中経過をチェックするとか、件数が多いときは抽出による現地調査を必ず行うというような工夫をしなければならない。また、この調査においては、当該補助事業に係る会計経理が適正になされているかについても、十分な関心を払う必要がある。

　事務的な調査を誤りなく行い、補助金が不適正に使用されることがないようにしなければならないが、ある意味ではそれ以上に重要なのが、当該補助金を支出することによってどのような行政効果が達成されたかということである。たとえば、県が行う市町村の集会施設の建設費の補助について考えてみれば、補助金申請時の設計に従って、適正な工事費で予定されたとおりの建物が、予定工期内で完成していれば、一応、その補助金制度が目指していた目的が達成されたことになるのであろう。しかし、それはあくまでも、財務会計上のことにすぎず、当該補助金についての本来の行政効果を判断するためには、その集会場がどのように使用されているかについてまで関心を持たなければならない。また、補助金の対象が特定の事業の運営費であるような場合は、補助金対象となった物品が購入され、人件費が支出されているかだけを確認するのではなく、その事業が達成しようとしていた行政目的がどの程度実現されているかを調べなければ、補助金そのものの有効性を判断できないであろう。


# 4　出資・負担金

## (1) 出資

　法人に対する政府の財政援助の制限に関する法律3条が制限する保証契約と損失補償契約の関係についてはすでに述べたが（前記2(1)③（406頁))、同法は、他の法令又は定款若しくは契約にかかわらず、法人は、「政府の所有する株式又は出資に対して、政府以外の者の所有する

株式又は出資に対すると同一の条件を以て、利益又は剰余金の配当又は分配をしなければなら」ず、政府は、「会社その他の法人に対し、毎事業年度における配当又は分配することができる利益又は剰余金の額を払込済株金額又は出資金額に対して一定の割合に達せしめるための補給金は、これを交付」せず、「補給金の交付を受けることのできない会社その他の法人について、法令、契約又は定款に特別の配当準備のための積立をすることを必要とする旨の規定があるときは、その規定は効力を失ふ。」との規定を置いている（1条・2条）。これらの規定が地方公共団体に適用されることはないが、他の株主や出資者よりも「利益又は剰余金の配当又は分配」について不利な条件で株式の取得や出資をすることは補助をすることと同じであるから、補助について定めた自治法232条の2の適用があるものと解される（前記3(1)（419頁）参照）。

　ともあれ、地方公共団体が推進する施策を実現するために会社その他の法人を設立し、又はその施策に協力している会社その他の法人の経営基盤を強化、確立するために株式を取得し、出資をすることがある。いわゆる第三セクターの設立又は再建に際しての株式の取得や出資はその代表的なものであり、それが住民の福祉の増進に寄与し（自治法232条の2がいう「公益上必要がある」と同じ意味である。）、最少の経費で最大の効果を挙げるようにしなければならない（自治法2条14項）という趣旨にかなうものである限り、それを否定する理由はない。これは、そのような法人等に対する補助の場合と同じであるが（村が建設した施設を管理する法人格なき社団の赤字を補填するための補助は一般的には適法であるとする最高裁判決（平成17年10月28日判決・判時1919号98頁）がある。）、当該法人等の経営に参画できるという意味では、補助よりも好ましい場合があるようにも思われる（ただ、株主又は出資者としての責任を問われることもあり得る。）。

　株式を取得することは、当該会社に対する株主として会社の経営に参画するほか、剰余金の配当を受け、残余財産の分配に与る権利（会社法295条・453条・504条等）を取得することであり、株式は公有財産とし

て管理される（自治法238条1項6号）。なお、株式を取得することは、歳計現金の保管又は基金の運用の方法としても考えられるが、歳計現金の保管は最も確実かつ有利な方法によらなければならず（自治法235条の4第1項）、基金は確実かつ効率的に運用しなければならない（自治法241条2項）とする制限があることから、難しいことが多いように思われる。ただ、歳計現金の保管方法としての株式の取得は財産の取得を目的とするものではないし、基金の運用方法としての株式の取得は基金の管理の問題であるので、いずれも会計管理者の判断で行うことができるものである（自治法170条1項1号・241条7項）。

　地方公共団体が社団法人（一般社団法人及び公益社団法人を意味する。）又は財団法人（一般財団法人及び公益財団法人を意味する。）を設立することも少なくない。

　社団法人の社員は当該社団に対し経費を支払う義務を負う（一般社団・財団法人法27条）ほか、基金を拠出するのが通常であり（一般社団・財団法人法138条）、基金を拠出した者の権利及び基金の返還の手続は定款で定められるが（一般社団・財団法人法131条）、その返還は貸借対照表上の純資産額が基金の総額と時価評価による純資産額の増加分との和を超える場合にその額を限度とし、かつ代替基金の積立てを条件とするものである（一般社団・財団法人法141条2項・144条1項）。なお、基金の返還に係る債権には利息は付されないとされる（一般社団・財団法人法143条）ほか、社員に剰余金又は残余財産の分配を受ける権利を与える旨の定款の定めは効力を有しないとされる（一般社団・財団法人法11条2項）。また、財団法人は300万円以上の財産をもって設立されるものであるが（一般社団・財団法人法153条2項）、その設立者に剰余金又は残余財産の分配を受ける権利を与える旨の定款の定めが効力を有しないとされる（一般社団・財団法人法153条3項2号）。そして、社団法人であっても財団法人であっても、定款で定めた存続期間の満了等によって解散するが（一般社団・財団法人法148条・202条）、清算の結果、残余財産があるときは、その帰属は定款で定めるところにより、定款に定めがないときは

清算法人の社員総会又は評議委員会の決議により定めるものとされ、そのいずれによっても定まらないときは国庫に帰属することとなっている（一般社団・財団法人法239条）。

このような社団法人の社員としての地位又は財団法人に対して財産を拠出した者としての地位に付随する権利が自治法238条1項7号の「出資による権利」に該当するという取扱いが一般的なようであるが、社団法人についてはともかく、財団法人についてそれを「公有財産」として取り扱うことの妥当性は疑問である。

ところで、地方公共団体は、資本金の額の2分の1以上に相当する資金その他の財産を出資して、地方独立行政法人を設立することができる（地方独立行政法人法6条）。そして、地方独立行政法人は、毎事業年度の損益計算において、繰越欠損金を解消し、かつ次の中期目標の期間における業務の財源に充てるべき金額を控除してなお残余があるときは、その残余の額を設立団体に納付しなければならず（地方独立行政法人法40条6項）、解散した場合（合併による解散の場合を除く。）において、その債務を弁済してなお残余財産があるときは、当該地方独立行政法人に出資した地方公共団体に対し、これを定款で定めるところにより分配しなければならないとされている（地方独立行政法人法88条2項）。ただ、設立団体は、地方独立行政法人が解散した場合において、その財産をもって債務を完済することができないときは、当該地方独立行政法人に対し、当該債務を完済するために要する費用の全部を負担しなければならないとされている（地方独立行政法人法105条）。

このような性質を有する地方独立行政法人への出資による権利は、株式による剰余金の配分を受ける権利よりも劣るとしても、公有財産としての価値があるということができよう。

## (2) 負担金

国と地方公共団体との負担区分又は地方公共団体相互間の負担区分に基づく負担金については前述したが（前記2(2)（407頁）及び(3)（408

第4章　支　出

頁））、それは、事業の実施主体が国又は単一の地方公共団体である場合についてである。複数の地方公共団体が共同して事業を行う組織としては、「一部事務組合」と「広域連合」があり、いずれの場合も、その経費の支弁の方法は規約で定められ（自治法287条1項7号・291条の4第1項9号）、構成団体は自らが支弁すべき経費相当額を負担金として納付するのが通常である。そして、具体的な負担金の額に関して、違法又は錯誤があると認めるときは、一部事務組合又は広域連合の構成団体は、その告知を受けた日から30日以内に当該一部事務組合の管理者の長に異議を申し出ることができ、その異議の申出があったときは、一部事務組合の管理者又は広域連合の長は、その議会に諮ってこれを決定しなければならないとされ、一部事務組合又は広域連合の議会は、前項の規定による諮問があった日から20日以内にその意見を述べなければならないこととなっている（自治法291条・291条の12第1項・3項・4項）。

　なお、広域連合の負担金（法律は「分賦金」と称している。）に関して定める場合には、「広域連合が作成する広域計画の実施のために必要な連絡調整及び広域計画に基づく総合的かつ計画的な事務の処理に資するため、当該広域連合を組織する普通地方公共団体又は特別区の人口、面積、地方税の収入額、財政力その他の客観的な指標に基づかなければなら」ず、そ「の分賦金については、当該地方公共団体は、必要な予算上の措置をしなければならない。」という特別の規定（自治法291条の9）が置かれている。

　また、地方公共団体相互間の協力の方式として、協議会及び機関等の共同設置がある。協議会は、「事務の一部を共同して管理し及び執行し、若しくは普通地方公共団体の事務の管理及び執行について連絡調整を図り、又は広域にわたる総合的な計画を共同して作成するため、協議により規約を定め」て設けられるものであり（自治法252条の2第1項）、その経費の支弁の方法は協議会の規約で定められることとなっている（自治法252条の4第1項5号）。機関等の共同設置というのは、協議により規約を定め、共同して、議会事務局若しくはその内部組織、執行機関、

429

第3部　財務に係る基本法令の定め

附属機関、行政機関、長の内部組織、委員会若しくは委員の事務局若しくはその内部組織、議会、長、委員会若しくは委員の事務を補助する職員又は専門委員を置くことであり（自治法252条の7）、それに要する経費は関係する地方公共団体が負担し、規約で定める地方公共団体（通常は共同設置する機関を設ける地方公共団体）の歳入歳出予算に計上して支出するものとされている（自治法252条の11第2項・252条の13、自治法施行令174条の24第1項・2項）。これらのいずれの場合も、関係する地方公共団体が負担する経費は負担金として支出されるが、機関等の共同設置の場合は共同設置する機関を設ける地方公共団体においては、他の地方公共団体からの負担金収入を歳入予算に計上し、自らの負担分を合わせた経費を歳出予算に計上することになる。

　さらに、地方公共団体の「長又は委員会若しくは委員は、法律に特別の定めがあるものを除くほか、当該普通地方公共団体の事務の処理のため特別の必要があると認めるときは、他の普通地方公共団体の長又は委員会若しくは委員に対し、当該普通地方公共団体の職員の派遣を求めることができる。」とされ、その職員は派遣を受けた地方公共団体の職員の身分をあわせ有することとなり、「その給料、手当（退職手当を除く。）及び旅費は、当該職員の派遣を受けた普通地方公共団体の負担とし、退職手当及び退職年金又は退職一時金は、当該職員の派遣をした普通地方公共団体の負担とする。ただし、当該派遣が長期間にわたることその他の特別の事情があるときは、当該職員の派遣を求める普通地方公共団体及びその求めに応じて当該職員の派遣をしようとする普通地方公共団体の長又は委員会若しくは委員の協議により、当該派遣の趣旨に照らして必要な範囲内において、当該職員の派遣を求める普通地方公共団体が当該職員の退職手当の全部又は一部を負担することとすることができる。」（自治法252条の17）とされており、自治法以外の法律に基づく派遣の場合もほぼ同様の制度となっている。

　ただ、退職年金又は退職一時金は地方職員等共済組合から支払われるのであり、ここで「派遣をした普通地方公共団体の負担とする」として

430

いる意味は、派遣期間中の同組合への掛け金の支払いを意味するものであり、退職手当を当該地方公共団体が負担するというのは、当該派遣がなかった（その期間中も当該地方公共団体に勤務していた）ものとして勤務期間を計算して退職手当を支払うという意味である。そして、職員の派遣を受けた地方公共団体は、自らの職員としての派遣職員に給料等を支払うのであるから、この制度において負担金の支払いが生ずるのは、退職手当を職員の派遣を受けた地方公共団体が負担するとされた場合に限られることになる。

　ところで、地方公共団体の機関が地域振興、共通の行政課題等に関する情報や意見交換等を目的とする地域ごと又は全国的な組織（その代表的なものが全国知事会、全国市長会、全国町村会である。）を結成し、会費、負担金等の名目でその経費を分担することがあるが、これも、予算科目としては負担金に分類される。また、イベントの開催等のために実行委員会等を設立し、そこに対して当該事業に必要な費用の全部又は一部を支出することもあるが、この場合は、事業を共同で開催する費用の分担なのか、当該事業に対する補助又は寄附なのかが不明確なことが少なくないようである。予算上の科目をいずれにするにせよ、このような支出については、公益上の必要性（自治法232条の2参照）という観点からの検討が必要になる。


# 5　支出負担行為

　地方公共団体の支出の原因となるべき契約その他の行為を「支出負担行為」といい、これは法令又は予算の定めるところに従ってしなければならない（自治法232条の3）。すなわち、支出負担行為というのは、支出すべき金額を具体的に決定する行為であり、売買や請負のような私法上の契約のほか、給与の支出の決定、補助金の交付決定（補助金の交付が民法上の贈与であることについては前記3（419頁）で述べた。）、補償金や損害賠償金の支払い決定、地方債の償還額の決定等の第三者に対する

第3部　財務に係る基本法令の定め

支出だけでなく、同一地方公共団体内の会計間の繰入れの決定も含まれ、予算の執行の第一段階の行為であり、全ての支出の前提となるものである。これらが法令に従ってなされなければならないのは当然のことであり（自治法2条16項）、予算の拘束力は法定されている（自治法210条〜214条）のであるから、法令を遵守することは同時に予算の定めに従うことをも意味するのであるが、支出負担行為は歳出予算の執行の基本となる行為である（収入における調定に相当するものである。）という観点から、特記されたものであろう。

なお、支出が款、項、目及び節の区分に従って行うだけで当該支出が適法であり、妥当だということになるわけではない。すなわち、当該支出が個人的な利益や趣味のためになされた場合のように、客観的にみて、その目的が当該地方公共団体の事務事業と関係がないと判断されるときは、たとえその支出科目についての誤りがないとしても、当該支出は違法となる。

たとえば、個人的趣味による消耗品や備品の購入、個人的交際のための食糧費や通信運搬費の支出については、その支出科目が需用費あるいは役務費等の正当な支出科目からなされたものであっても、当該支出は当該地方公共団体のためになされたものではないのであるから、違法とされる（交際費の支出が私的な付き合いのためであるとされたものに、最高裁平成18年12月1日判決・判時1960号10頁がある）。また、公務員に対する報償費によるビール券や清酒券等の提供について、それに対する対価に当たるものが不明であるとして、その金額が社会通念上不相当に高額であることをも指摘しつつ、そのための支出を違法であるとした例もある（大阪高裁平成8年11月22日判決・判タ927号115頁）。さらに、地方公共団体による寄附又は補助は、公益上必要がある場合に限られる（自治法232条の2）ので、公益性が認められない補助金の交付はそれ自体が違法となるのは当然のことである。

また、節の科目である需用費には、その内容に消耗品費、燃料費、食糧費、印刷製本費等が含まれるため、予算の積算段階では消耗品費ある

いは印刷製本費として計上し、予算に関する説明書でもその旨の説明を
しながら、執行段階でその金額を食糧費として支出するということも不
可能ではない。しかし、しかるべき理由がないにもかかわらず、予算の
積算の基礎や予算に関する説明書における説明と異なる目的のために支
出がなされた場合は、直ちに違法な支出とはならないまでも、不当な支
出との評価を受けることになろう。なお、需用費や役務費に細節が設定
されている場合は、それは執行方法についての規範であるから、正規の
手続を経ないで、細節間においてその金額を流用することができないの
は当然のことである。

　また、予算の執行に関する手続として、予算の計画的かつ効率的な執
行を確保するため必要な計画が定められ、歳出予算の配当が行われてい
る場合には（自治法施行令150条）、それに従うことが必要であるし、最
少の経費で最大の効果を挙げること（自治法2条14項）及び必要かつ最
少の限度の支出（地方財政法4条1項）という観点からの検討も必要で
ある。

　支出負担行為は当該会計年度内における支出のみを対象とし、当該会
計年度の開始前及び終了後においては行うことができないのが原則であ
り、これが歳出における会計年度独立の原則（自治法208条2項）の実
質的な意味である。この原則に対しては、継続費及び繰越明許費におい
て認められている予算について、翌年度以降に見込まれる支出について
も支出負担行為を行うことができるとされるほか（自治法212条・213
条）、債務負担行為として定められているものについても翌年度以降の
支出のために支出負担行為ができ（自治法214条）、電気、ガス、水道、
電話等については予算に定めることなく長期継続契約ができる（支出は
予算の範囲内に限られる。）という特例（自治法234条の3）及び2年度に
わたる旅行についての旅費を概算で初年度の予算から支出することがで
きるという特別の規定（自治法施行令143条2項）がある。しかし、例外
はこれらの場合に限られ、会計年度が終了した後に終了した年度の支出
について支出負担行為をすることが認められることはない。なお、国に

第3部　財務に係る基本法令の定め

おいては、外国で支払う経費等について年度開始前の資金前渡が認められているが（会計法18条、予算決算及び会計令53条）、地方公共団体についてはこのような規定はない（後記7（1）（439頁）参照）。

　この結果、4月1日午前0時から開始する業務や年度開始早々に着手したい公共事業等に関する契約について、事前の準備がどこまで可能かという問題が生ずるが、それは、当該行為によって当該地方公共団体が金銭の支払い債務を負担すること（支出負担行為）になるかどうかという観点から判断されるべきものである（第2部第2章10（2）（134頁）参照）。ある行為が支出負担行為に該当するかどうかは当該行為の性質から客観的に定まるものであるから、それを支出負担行為として整理すべき時期やその範囲（金額）も、それに応じて自動的に定まるはずである。しかし、現実には、職員に対する給料や旅費のように必ずしも一義的に明らかとは言えない場合があり、通常は、財務規則等で経費の性質（予算の目）に応じて、支出負担行為として整理する時期及び当該支出負担行為の範囲（金額）を明文で定め、その際に添付すべき書類をも明らかにしていることが多い。

　なお、支出負担行為の時期と範囲については、それが予算の配当の範囲内でなければならないという制約がある（自治法施行令150条1項2号）。これは、配当が、議会で議決された予算の金額を分割して、定期的又は臨時に当該予算に係る事務事業を担当する部局に割り付けて配ることであり、計画的、効率的な予算執行のための制度であることから生ずる制約である。大方の地方公共団体における配当は、支出負担行為の実施計画としての意味と後述の支出命令（支払い）の実施計画としての意味とを合わせ有するものとして考えられている。しかし、支出負担行為と支出命令の性質の違いを考えると、そのような扱いは必ずしも合理的とは言えず、国におけるように、支出負担行為を統制するための配当と支出命令を統制するための配当に区分することを考慮すべきであろう（予算決算及び会計令18条の2・18条の9参照）。現行法にも予算の執行計画を定めるべき旨の規定はあり（自治法施行令150条1項1号）、この中

434

第4章　支　出

では、支出負担行為と支出の時期と金額の予定が明らかにされるはずであるが、これは法的な拘束力をもつものではない。

　ところで、支出負担行為を行う権限は決裁規程や委任規程で明確にされており、決裁権者が最終的な責任を負うことはもちろんであるが、予算執行についての最高責任者たる長は自分が決裁権者でないときも、指導監督の責任を免れることはできないとされる（最高裁平成5年2月16日判決・判時1454号41頁参照）。また、長から委任を受けて支出負担行為を行う権限を有する職員（代決権を有する職員を含む。）又はその権限に属する事務を直接補助する職員で普通地方公共団体の規則で指定したものが故意又は重大な過失により法令の規定に違反して支出負担行為をしたことにより当該地方公共団体に損害を与えたときは、その損害を賠償する責任を負うこととされている（自治法243条の2第1項後段1号）。


# 6　支出命令と支出

　現金の出納や小切手の振り出しは会計管理者の権限であるが（自治法170条2項1号・2号）、現実に支出をするためには、長から次の命令（「支出命令」と称される。）を受けることが必要である（自治法232条の4第1項、自治法施行令160条の2）。

① 　当該支出負担行為に係る債務が確定した時以後に行う命令
② 　当該支出負担行為に係る債務が確定する前に行う次に掲げる経費の支出に係る命令
　ア　電気、ガス又は水の供給を受ける契約に基づき支払をする経費
　イ　電気通信役務の提供を受ける契約に基づき支払をする経費
　ウ　ア及びイに掲げる経費のほか、2月以上の期間にわたり、物品を買い入れ若しくは借り入れ、役務の提供を受け、又は不動産を借り入れる契約で、単価又は1月当たりの対価の額が定められているもののうち普通地方公共団体の規則で定めるものに基づき支払をする経費

● 435

第3部　財務に係る基本法令の定め

　支出命令は、予算の執行権者である長（自治法149条2号）が現金の出納保管をつかさどる会計管理者（自治法170条2項1号）に対して現金の支出を命ずるものであるから、地方公共団体の債務が確定し、弁済期にあることが必要である。その意味で、支出命令が当該支出負担行為に係る債務が確定したとき以後に行われるべきこと（上記①）は当然であるが、画一的・定型的かつ反復してなされる支払いについては、当該支出負担行為に係る債務が確定する前に支出命令を行うこと（上記②）を認めるのが現実的である。そこで、その契約の性質上、債務の確定を待たないで支払いの準備をしておくことが適当なものについては、当該支出負担行為に係る債務が確定する前に支出命令をすることが認められているわけである（長期継続契約が債務負担行為を不要とされる（自治法234条の3）のと同様な考え方）。しかし、その支出命令に基づいて実際に支出するときに当該支出負担行為に係る債務が確定していることを確認しなければならないこと（自治法232条の4）は通常の支出命令の場合と同じである。なお、支出命令は、それ以前に支出負担行為がなされていることが前提となるが、その支出負担行為が違法になされた契約である場合における支出命令の適法性について、最高裁（平成25年3月21日判決・裁判所時報1576号1頁）は次のように述べている。

　「普通地方公共団体が締結した支出負担行為たる契約が違法に締結されたものであるとしても、それが私法上無効ではない場合には、当該普通地方公共団体が当該契約の取消権又は解除権を有しているときや、当該契約が著しく合理性を欠きそのためその締結に予算執行の適正確保の見地から看過し得ない瑕疵が存し、かつ、当該普通地方公共団体が当該契約の相手方に事実上の働きかけを真摯に行えば相手方において当該契約の解消に応ずる蓋然性が大きかったというような、客観的にみて当該普通地方公共団体が当該契約を解消することができる特殊な事情があるときでない限り、当該契約に基づく債務の履行として支出命令を行う権限を有する職員は、当該契約の是正を行う職務上の権限を有していても、違法な契約に基づいて支出命令を行ってはな

らないという財務会計法規上の義務を負うものとはいえず、当該職員が上記債務の履行として行う支出命令がこのような財務会計法規上の義務に違反する違法なものとなることはないと解するのが相当である（最高裁平成17年（行ヒ）第304号同20年1月18日第二小法廷判決・民集62巻1号1頁、最高裁平成21年（行ヒ）第162号同21年12月17日第一小法廷判決・裁判集民事232号707頁参照）。」

　支出命令は、すでに確定している債務についての支払いであるから、会計年度が終了した後においても可能であるが、それも翌年度の5月31日の出納閉鎖日までになされる支出に限られる（自治法235条の5）。また、支出命令は、当該年度において確定した債務の支払いのためになされるものであるから、債権者が先に履行すべき給付が年度内に完了していない場合は、それを行うことはできない。この関係では、公共工事が年度内に完成していたかどうかが問題とされる場合がしばしばある（第2部第2章8（129頁）参照）。さらに、地方公共団体の支出は正当な債権者のためでなければ行うことができないのであるから（自治法232条の5第1項）、実際に行っていない旅行や時間外勤務等に対する支払いは、それが架空の人間に対するものである場合だけでなく、名義人に対するものであっても違法であるし、未だ給付を受けていない物品の購入や会食の費用をあらかじめ支払っておくこと（いわゆる「預け」）も許されない。

　ところで、会計管理者は、長からの支出命令を受けた場合であっても、その命令の前提となる支出負担行為が法令又は予算に違反していないこと及び当該支出負担行為に係る債務が確定していることを確認したうえでなければ、支出をすることができない（自治法232条の4第2項）。ただ、債務の確定については、概算払い（自治法232条の5第2項、自治法施行令162条）の例外がある（後記7（2）（441頁）参照）。予算執行権者である長は、法令又は予算の定めるところに従って支出負担行為をしなければならない（自治法232条の3）が、支出命令を受けた会計管理者は改めてそのことを確認しなければならないのである。ただ、出納長

第3部　財務に係る基本法令の定め

又は収入役として身分の保障がなされていた当時（平成18年法律53号による改正前）はともかく、通常の長の補助機関である職員の1人となった会計管理者にそこまでの役割を期待することには問題なしとしない。

　さらに、支出が債権者のためでなければならない（自治法232条の5第1項）のは当然のことである。ここで債権者のためというのは、債権者本人に対してという意味ではなく、当該支出の効果が債権者に及ぶということであり、債権者の代理人、差押え債権者等の正当な受領権限を有する者に対する支出が許容される（給与については、直接支払いの原則（地方公務員法25条2項、労働基準法24条1項）がある。）。その意味で、資金前渡職員に対する前渡資金（後記7（1）（439頁）参照）の交付及び隔地払い（後記7（5）（446頁）参照）のための資金交付は、これには含まれない。会計管理者は、支出の相手方、当該支出に係る歳出の所属する会計年度、所属歳出科目（款、項、目、節）、予算額（執行残高・配当額）、支出負担行為としての契約等の適法性・妥当性、債務の確定（請負工事の完成等）等を確認して、支払いをすることになる。

　なお、支出命令を行う権限は決裁規程や委任規程で明確にされており、決裁権者が最終的な責任を負うことはもちろんであるが、予算執行についての最高責任者たる長は自分が決裁権者でないときも、指導監督の責任を免れることはできないのは支出負担行為の場合と同じである。会計管理者又はその権限に属する事務を直接補助する職員で普通地方公共団体の規則で指定したものが、故意又は重大な過失により支出負担行為が法令又は予算に違反していないこと及び当該支出負担行為に係る債務が確定していることの確認を怠ったことにより当該地方公共団体に損害を与えたときは、その損害を賠償する責任を負うこととされている（自治法243条の2第1項後段2号後段）。

## 7　支払いの方法

　「普通地方公共団体の支出は、政令の定めるところにより、資金前渡、

438

概算払、前金払、繰替払、隔地払又は口座振替の方法によってこれをすることができる。」とされている（自治法232条の5第2項）。

　ここでは、支出の方法として六つが列記されているが、正確には、資金前渡は、会計管理者以外の者に資金を交付して支払いをさせるという意味で自治法170条の例外を定めるものであり、概算払及び前金払は、債務が確定する前に支出するという意味で自治法232条の4第2項の例外を定めるものである。会計管理者が行う本来の方法である現金の交付に替えての方法としての意味を有するのは、繰替払、隔地払及び口座振替の方法の三つだけである（ただ、繰替払は、支払いに充てる資金の調達についての特例である。）。なお、ここでは「できる」と表現されているが、これは、ここで定める以外には、自治法170条及び232条の4第2項の例外を認めないということであり、現金でする支払い以外の支出の方法としては、繰替払、隔地払及び口座振替方法による支払いだけが認められるということを意味している。なお、小切手の振出し及び公金振替書の交付の方法による支出については自治法232条の6に特別の規定がある（後記（7）（447頁）参照）。

## （1）資金前渡

　資金前渡というのは、現金で支払いをする必要がある場合に、それを行う職員（特別職の職員を含む。）にあらかじめ必要な資金を渡しておくことであり、それを受けた職員（「資金前渡職員」という。）は、自ら、支出負担行為となる契約をし、支出の相手方、債務の確定、支払うべき金額等を確認して、支払いをすることとなる。すなわち、資金前渡職員は、前渡を受けた資金に関する限り、通常の支出における長及び会計管理者双方の権限を行使することになるのである。そして、資金前渡職員が「故意又は過失により、その保管に係る現金を亡失し」たとき、又は「故意又は重大な過失により法令の規定に違反して当該行為をしたこと又は怠ったことにより普通地方公共団体に損害を与えたとき」は、これによって生じた損害を賠償しなければならないとされている（自治法

243条の２第１項）。

　資金前渡の方法によって支払いをすることができる場合は次の場合に限られる（自治法施行令161条１項）。

① 　外国において支払いをする経費

② 　遠隔の地又は交通不便の地域において支払いをする経費

③ 　船舶に属する経費

④ 　給与その他の給付

⑤ 　地方債の元利償還金

⑥ 　諸払戻金及びこれに係る還付加算金

⑦ 　報償金その他これに類する経費

⑧ 　社会保険料

⑨ 　官公署に対して支払う経費

⑩ 　生活扶助費、生業扶助費その他これらに類する経費

⑪ 　事業現場その他これに類する場所において支払いを必要とする事務経費

⑫ 　非常災害のため即時支払いを必要とする経費

⑬ 　電気、ガス又は水の供給を受ける契約に基づき支払いをする経費

⑭ 　電気通信役務の提供を受ける契約に基づき支払いをする経費

⑮ 　⑬及び⑭に掲げる経費のほか、２月以上の期間にわたり、物品を買入れ若しくは借入れ、役務の提供を受け、又は不動産を借り入れる契約で、単価又は１月当たりの対価の額が定められているもののうち普通地方公共団体の規則で定めるものに基づき支払いをする経費

⑯ 　犯罪の捜査若しくは犯則の調査又は被収容者若しくは被疑者の護送に要する経費

⑰ 　①から⑯に掲げるもののほか、経費の性質上現金支払をさせなければ事務の取扱いに支障を及ぼすような経費で普通地方公共団体の規則で定めるもの

これらの経費のほか、歳入の誤納又は過納となった金額を払い戻すた

め必要があるときは、その資金（当該払戻金に係る還付加算金を含む。）を前渡して、支払いを行わせることができるとされている（自治法施行令161条2項）。

なお、資金前渡は当該支払いをすべき地方公共団体が自己の職員に対して行うのが原則であるが、特に必要があるときは、他の地方公共団体の職員に対しても行うことができるとされている（自治法施行令161条3項）。この場合における資金前渡職員の責任については、自治法243条の2第1項〜3項等が準用されることになろう。

ところで、会計年度開始前に当該会計年度予算の執行をしてはならないという会計年度独立の原則との関係で、4月早々に遠隔地で現金支出が必要な場合にどうするかという問題がある。国においては、船舶に属する経費、外国で支払う経費、交通通信の不便な地方で支払う経費等に充てる場合に限って、必要やむを得ないときは財務大臣の承認を経て、会計年度開始前に資金前渡することができるとされているが（会計法18条、予算決算及び会計令53条）、地方公共団体の会計についてはそのような定めがないので、会計年度開始後に資金を送付する以外にない（前記5（431頁）参照）。

## (2) 概算払

支出をするためには債務が確定していなければならず（自治法232条の4第2項）、債務が確定しているということは債務の額も確定していることを意味する。しかし、相手方の支出した（負担した）額によって最終的な債務の額が確定するような事案においては、その確定前にある程度の額の支払いをしておくことが必要又は適当な場合がある。そのような場合にとられる方法が概算払である。概算払ができるのは次の場合に限定されている（自治法施行令162条）。

① 旅費
② 官公署に対して支払う経費
③ 補助金、負担金及び交付金

● 441

第3部　財務に係る基本法令の定め

④　社会保険診療報酬支払基金又は国民健康保険団体連合会に対し支払う診療報酬

⑤　訴訟に要する経費

⑥　①から⑤に掲げるもののほか、経費の性質上概算をもって支払いをしなければ事務の取扱いに支障を及ぼすような経費で普通地方公共団体の規則で定めるもの

　概算払は、債務が確定する前になされるものであるから、それが確定したときは精算が必要である。これは、概算払をした額と確定した債務の額とを比較し、支払った額に不足があれば追加の支払いをし、それに余剰があれば返還を求める必要があるということであり、結果として過不足がないとしても、そのことを確認するために精算をすることが必要である。

## (3) 前金払

　債務がその履行期までに弁済されないときは、債務者は履行遅滞の責任を負う（民法412条）。これを逆に言えば、履行期が到達するまでは弁済する義務がないということであり、このことを期限の利益という。最少の経費で最大の利益を挙げ（自治法2条14項）、必要かつ最少の限度を超えて支出してはならない（地方財政法4条1項）という原則からすると、履行期が到来しない債務の支払いはできる限り遅らせるのが財政運営の原則であることになる。しかし、相手方との公平性や円滑な事務の遂行のためには、履行期が到来する前であっても支払いをすることが適当な場合がある。このような場合の支払いが前金払であり、次の場合に限って認められている（自治法施行令163条）。

①　官公署に対して支払う経費

②　補助金、負担金、交付金及び委託費

③　前金で支払いをしなければ契約しがたい請負、買入れ又は借入れに要する経費

④　土地又は家屋の買収又は収用によりその移転を必要とすることと

第4章　支　出

　　　なった家屋又は物件の移転料

　⑤　定期刊行物の代価、定額制供給に係る電灯電力料及び日本放送協
　　　会に対し支払う受信料

　⑥　外国で研究又は調査に従事する者に支払う経費

　⑦　運賃

　⑧　①から⑦に掲げるもののほか、経費の性質上前金をもって支払い
　　　をしなければ事務の取扱いに支障を及ぼすような経費で普通地方公
　　　共団体の規則で定めるもの

　概算払も履行期前になされる支払いであるが、前金払は金額が確定し
ている点において概算払とは異なり、概算払は常に前金払としての性質
を有する。

　なお、前金払となるかどうかは、当該債務の履行期との関係で決まる
ことは前述のとおりであるが、履行期については、民法にいくつかの規
定がある。まず、一般的なものとして、

○確定期限があるときはその期限の到来したとき

○不確定期限があるときは債務者がその期限の到来を知ったとき

○期限の定めがないときは債務者が履行の請求を受けたとき

が履行期であるとされる（民法412条）。

　次に、双方が権利と義務を有する双務契約の場合は、相手方の債務の
履行期が到来している限り、その債務の提供があるまでは、自己の債務
の履行を拒むことができるので（民法533条）、その状態が継続している
間は履行期が到来していないものとして対応することができる。

　売買は双務契約の代表的なものであるが、リース契約の中には売買の
性質を有するものがあり、そのときのリース料は売買代金の分割払いで
あると解され、その支払いは前金払には該当しない（第2部第4章6
（161頁）参照）。また、消費貸借は金銭を交付することによって成立す
る契約であるから（民法587条）、金銭の貸付は前金払に該当しない。

　賃貸借については、「賃料は、動産、建物及び宅地については毎月末
に、その他の土地については毎年末に、支払わなければならない。ただ

● 443

第3部　財務に係る基本法令の定め

し、収穫の季節があるものについては、その季節の後に遅滞なく支払わなければならない。」とされている（民法614条）。

雇用については、労働者は労働を終わった後でなければ報酬を請求できず、期間によって定めた報酬はその期間を経過した後に請求できるとされているが（民法624条）、公務員（特別職も含む。）が地方公共団体に勤務するのは雇用契約によるものではない（任用は行政処分である。）から、この規定は公務員には適用されない。

委任及び準委任については、委任事務が終了した後でなければ報酬を請求できず、期間によって定めた報酬はその期間を経過した後に請求できるとされている（民法648条・624条2項）。

なお、請負については、仕事の目的物の引渡しと同時に報酬を支払わなければならず、物の引渡しを要しないときはその仕事が終わった後に請求できることになっている（民法633条・624条1項）。ただ、この請負が公共工事に係るものである場合は、当分の間、「公共工事の前払金保証事業に関する法律第5条の規定に基づき登録を受けた保証事業会社の保証に係る公共工事に要する経費については、当該経費の3割（当該経費のうち総務省令で定めるものにつき当該割合によることが適当でないと認められる特別の事情があるときは、総務省令で定めるところにより、当該割合に3割以内の割合を加え、又は当該割合から1割以内の割合を減じて得た割合）を超えない範囲内に限り前金払をすることできる」とされている（自治法施行令附則7条1項）。なお、東日本大震災（2011年（平成23年）3月11日に発生した東北地方太平洋沖地震及びこれに伴う原子力発電所の事故による災害をいう。）に際し災害救助法が適用された市町村の区域（東京都の区域を除く。以下この項において「被災市町村の区域」という。）において施行する公共工事（当該公共工事が施行される区域が被災市町村の区域とそれ以外の区域にまたがるものを含む。）に要する経費については、この「当該経費の3割」は「当該経費の4割」とされている（自治法施行令附則7条2項）。

## (4) 繰替払

　地方公共団体の収入は、「調定→納入の通知→納入」という手順で会計管理者の管理下に入り、支出は、「支出負担行為→支出命令→支出」という手順で会計管理者から債権者に支払われるが、納入と支出とが強い関連性を有するとともに、両者が接近した時期になされる場合は、納入を受けた現金をもって支払いの原資に充てることとしても、事故が起きる可能性も低く、効率的でもある。

　繰替払は、このような場合における支払いの方法であり、会計管理者又は指定金融機関、指定代理金融機関、収納代理金融機関若しくは収納事務取扱金融機関に対して、次の前段の経費の支払いに後段の収入金を充てる場合に限って認められている（自治法施行令164条）。なお、この場合においても、当該収入支出を歳入歳出予算に計上し、収入支出の手続きが必要なことは当然である。

① 　地方税の報奨金
　　　－当該地方税の収入金
② 　競輪、競馬等の開催地において支払う報償金、勝者、勝馬等の的中投票券の払戻金及び投票券の買戻金
　　　－当該競輪、競馬等の投票券の発売代金
③ 　証紙取扱手数料
　　　－当該証紙の売りさばき代金
④ 　歳入の徴収又は収納の委託手数料
　　　－当該委託により徴収又は収納した収入金
⑤ 　①から④に掲げるもののほか、経費の性質上繰り替えて使用しなければ事務の取扱いに支障を及ぼすような経費で普通地方公共団体の規則で定めるもの
　　　－当該普通地方公共団体の規則で定める収入金

第3部　財務に係る基本法令の定め

## (5) 隔地払

　債権は債務者が弁済することによって消滅するが、「弁済をすべき場所について別段の意思表示がないときは、特定物の引渡しは債権発生の時にそのものが存在した場所において、その他の弁済は債権者の現在の住所において、それぞれしなければならない。」とされている（民法484条）。したがって、通常の金銭債務は債権者の現在の住所に持参して支払いをしなければならず（これを「持参債務」という。）、債務者の住所地で支払いをしたり（これを「取立債務」という。）、送金をする等の方法によるときはその旨の特約が必要である。隔地払、口座振替及び小切手・公金振替書による支払いは、いずれも民法が定める原則によらない方法であるから、契約書にその旨を記載しておくことが必要である。

　隔地払というのは、相手方が当該地方公共団体の事務所の所在地から離れた場所に住所を有する場合に、相手方の住所の近傍の支払場所（実際は指定金融機関又は指定代理金融機関の支店等）を指定して、相手方がそこで弁済を受けることができるようにする制度であり、自治法施行令165条は、その1項で「金融機関を指定している普通地方公共団体において、隔地の債権者に支払をするため必要があるときは、会計管理者は、支払場所を指定し、指定金融機関又は指定代理金融機関に必要な資金を交付して送金の手続をさせることができる。この場合においては、その旨を債権者に通知しなければならない。」とし、2項で「指定金融機関又は指定代理金融機関は、前項の規定により資金の交付を受けた場合において、当該資金の交付の日から1年を経過した後は、債権者に対し支払をすることができない。この場合において、会計管理者は、債権者から支払の請求を受けたときは、その支払をしなければならない。」としている。

　隔地払を受ける債権者は、会計管理者からの通知を持参して指定された場所に赴き、そこでその通知を提示して支払いを受けるのであるが、債権者が現実に支払いを受けるまではその債権は消滅しない。したがっ

446

第4章　支　出

て、当該債権が時効その他の理由によって消滅しない限り、債権者から支払いの請求を受けたときは、その支払いをしなければならないことになる。隔地払の方法による支払いが契約等で定められている場合は、会計管理者が資金を送金し、その旨を債権者に通知することによって、弁済の提供がなされたことになり、その後債務の不履行から生ずる一切の責任を免れることになる（民法492条・493条）。

## (6) 口座振替

　口座振替というのは、地方公共団体の預金口座から債権者の預金口座に預金を振り替えるものであり、「金融機関を指定している普通地方公共団体において、指定金融機関、指定代理金融機関その他普通地方公共団体の長が定める金融機関に預金口座を設けている債権者から申出があったときは、会計管理者は、指定金融機関又は指定代理金融機関に通知して、口座振替の方法により支出をすることができる。」と規定されている（自治法施行令165条の2）。これは、債権者の申出によってするものであるから、契約書等に明示してあるときはもちろん、個別の申出に応じて行うこともできる。ただ、給与については、「法律又は条例により特に認められた場合を除き、通貨で、直接職員に、その全額を支払わなければならない。」（地方公務員法25条2項）とされているので、「法律又は条例」に根拠がない限り、職員からの申出だけで口座振替の方法で支払うことはできない（地方公務員法が適用されない職員についても労働基準法24条に同様の趣旨の規定がある。）。

## (7) 小切手・公金振替書

　小切手というのは、小切手法に基づいて、銀行（法令上それと同視されるその他の金融機関を含む。）にあてて、その持参人（特定の者を指定することもできる。）に一定の金額を支払うことを委託する有価証券である（小切手法1条）。小切手を振り出すためには、あらかじめ当該小切手により支払いをなす銀行との間で、振出人は小切手の支払いに要する資金

● 447

を提供し、銀行はその資金で小切手に記載された金額の支払いをすることを内容とする契約（当座預金契約又は当座貸越契約）を締結しておかなければならない（小切手法3条）。小切手は、現金に代わる支払いの手段であり、振出の日から10日以内に支払銀行又は手形交換所に提示しなければならないが、この期間を経過した後でも、支払委託が取り消されない限り、支払銀行はその支払いをすることができる（小切手法28条〜32条）。

　このような小切手の仕組みを前提として、自治法232条の6は、その1項で「金融機関を指定している普通地方公共団体における支出は、政令の定めるところにより、現金の交付に代え、当該金融機関を支払人とする小切手を振り出し、又は公金振替書を当該金融機関に交付してこれをするものとする。ただし、小切手を振り出すべき場合において、債権者から申出があるときは、会計管理者は、自ら現金で小口の支払をし、又は当該金融機関をして現金で支払をさせることができる。」とし、2項で「前項の金融機関は、会計管理者の振り出した小切手の提示を受けた場合において、その小切手が振出日付から10日以上を経過しているものであっても1年を経過しないものであるときは、その支払をしなければならない。」としている（これらの規定は指定金融機関を置いていない市町村には適用されない。自治法施行令165条の4第5項）。

　この規定によると、指定金融機関を置いている地方公共団体の支払いは小切手でするのが原則であり（退職手当以外の給与については小切手を振り出すことはできない。自治法施行令165条の4第3項）、現金での支払いは例外であることになるが、自治法232条の6が定める以外の支払い方法として、資金前渡、繰替払、隔地払及び口座振替の方法があることは前述したとおりである。

　小切手の振出しは、各会計ごとに、受取人の氏名（長が特に定める場合を除いて省略できる。）、支払金額、会計年度、番号その他必要な事項（小切手法1条参照）を記載してしなければならず、会計管理者は、小切手を振り出したときは、これを指定金融機関又は指定代理金融機関に通

知しなければならないとされている（自治法施行令165条の４第１項〜３項）。

　小切手法が定める小切手の提示期間は振出日から10日間であり、その期間を経過した場合の支払いは銀行の任意なのであるが、地方公共団体が振出人である小切手については、振出日付から10日以上を経過している小切手であっても、１年を経過しないものであるときは、銀行はその支払いをしなければならないとされていることに対応して、小切手の支払い用の資金の取扱いについて特別な定めがある。

　まず、小切手が振り出されてから現金化されるまでに会計年度を超えることがあることについて、毎会計年度に振り出した小切手の支払いに充てるべき金額のうち、翌年度の５月31日（出納閉鎖日）までに支払いが終わらない金額に相当する資金は、決算上の剰余金としないで、これを繰り越し整理しなければならないとされる（自治法施行令165条の６第１項）。すなわち、小切手の振出しは現金の交付に代えてなされるものであり、それに要する資金は支出済みとして扱うのが妥当であることから、出納閉鎖日までに換金されなかった小切手であっても、その支払いをする義務がある期間は剰余金（翌年度の歳入となる。）として取り扱わず、振出済みの小切手の支払い用に繰り越し整理するというのである（期限内の支払いは、当該繰り越し整理された資金によってなされる。）。そして、振出日付から１年を経過しても支払いが終わらないときは、その金額に相当するものを当該１年を経過した日の属する年度の歳入に組み入れることになる（自治法施行令165条の６第２項）ので、指定金融機関又は指定代理金融機関は、その送金（小切手の支払い勘定への納付）を取り消し、その金額を当該取り消した日の属する年度の歳入に納付しなければならない（自治法施行令165条の６第３項）。

　なお、法定の時期（小切手法28条〜31条参照）に提示されなかった小切手は、小切手としての効力を失う（小切手法39条参照）。しかし、小切手の振出人は、小切手が換金されなかったことにより利益を受けているのであるから、その利益の限度で償還する必要があり（小切手法72条）、

第3部　財務に係る基本法令の定め

「会計管理者は、小切手の所持人から償還の請求を受けたときは、これを調査し、償還すべきものと認めるときは、その償還をしなければならない。」ことになる（自治法施行令165条の5）。

　ところで、自治法232条の6第1項は、小切手とともに公金振替書について定めており、自治法施行令165条の4第4項は、小切手の記載事項に定めた同条1項の規定を公金振替書の交付に準用するとしている。公金振替書は、指定金融機関に対して、当該金融機関に地方公共団体が保有している預金口座の間における資金の移動（これを「公金の振替」という。）を指示する書面であり、小切手とは類似するところがないのであるが、そこへの記載事項については小切手と同じとされたものである。

## (8) 支出事務の委託

　資金前渡ができる経費（犯罪の捜査若しくは犯則の調査又は被収容者若しくは被疑者の護送に要する経費及び規則で定めるものを除く。）及び貸付金については、必要な資金を交付して、私人に支出の事務を委託することができる（自治法施行令165条の3第1項）。そして、この委託を受けた者は、規則の定めるところにより、その支出の結果を会計管理者に報告しなければならず、必要があると認めるときは、会計管理者は当該委託に係る支出の事務について検査することができるとされている（自治法施行令165条の3第2項・3項・158条4項）。

# 8　過誤払い

## (1) 過誤払い金の発生原因と返還請求

　過誤払い金というのは、法律上の根拠がない支払いのことであり、それは、過払い金と誤払い金に分けることができ、その中には避けることができないものもある。ここで、過払い金・誤払い金というのは、それ

第4章　支　出

それ以下のとおりである。

［過払い金］

① 支払い時には一応適法とみられるものであったが、後にその基礎となる事実又は数量若しくは計算等に誤りがあることが発見され、受給資格が取り消され、あるいは給付（支給・交付）の決定の取消し又は支給額を減額する旨の決定がなされた結果、当初の支払い金額が過大となったもの

② 支払い時には全く適法であったが、後発的事由によって、遡って受給資格が取り消され、あるいは給付の決定の取消し又は支給額を減額する旨の決定がなされた結果、当初の支払い金額が過大となったもの

［誤払い金］

① 債権者でない者になされた支払い

② 支払いをすべき額が確定する前になされた支払い

③ 支払い期が未到来の間になされた支払い

④ 確定した支払いをすべき額を超えてなされた支払い（概算払や前金払（自治法施行令162条、163条）の場合に生ずることが多い。）

これらの支払いは、いずれも、法律上の原因のないものであるから、その支払われた金員は、支払いを受けた者の不当利得（民法703条）となり、それを発生させた責任が誰にあるかと関係なく、支払いをした地方公共団体はその返還を求めることができることになる（故意又は過失によって虚偽の申請をする等、債権者に不法行為が成立するときは損害賠償の請求をすることができる（民法709条）のは当然であるが、そのことと過誤払い金の返還を求めることとは別の問題である。）。

過誤払い金をこのように理解すると、過払い金は、当初の支払いの根拠となった支給決定等の処分の効力を失わせる処分の結果として発生するものであるから、いわゆる公法上の不当利得の問題となり、誤払い金は民法703条の不当利得の問題となる。公法上の不当利得というのは、民法の不当利得に準じて返還を請求できることを意味するというのが一

451

第3部　財務に係る基本法令の定め

般的な理解であるから、消滅時効について自治法236条が適用され（第2部第9章6（3）②（323頁）参照）、訴訟は行政事件訴訟法の当事者訴訟としてなされるということとなる。そして、この場合には、それが成立する前提としての原処分の取消しの是非が問題になることが多い（補助金について、交付決定の取消しは手続き上の要件に止まり、返還請求権を発生させるものではない（返還請求権は交付の事実によって当然に発生している）とする判決（仙台高裁平成27年7月15日判決・判時2272号35頁）がある。）。すなわち、この場合の原処分は、相手方に利益を与える処分（いわゆる「授益的処分」）である。その取消しができるのは原処分が違法である場合に限られる（最高裁平成28年12月20日判決・判時2327号9頁）のは当然のこととして、その場合であっても、「処分の取消しによって生ずる不利益」と、「取消しをしないことによってかかる処分に基づきすでに生じた効果をそのまま維持することの不利益」とを比較考量し、当該処分を放置することが公共の福祉の要請に照らし著しく不当であると認められるときに限るとするのが判例（最高裁昭和43年11月7日判決・判時543号46頁）である。このことについては、厚生年金保険法に基づく障害年金の支給裁定に誤りがあるとして、社会保険庁長官が職権で裁定を取り消し、既に支給した過払年金の返還を請求する事案について、次のように判示した東京高裁平成16年9月7日判決・判時1905号68頁がある。

　「このような、法の趣旨にかんがみると、法は、年金の過払があった場合には、年金財源確保の見地から、可及的に返還を求めるべきことを公益上の必要としていることが明らかである。したがって、年金給付の裁定に当たって年金額決定の基礎に誤りがあり、本来の年金額よりも多額の裁定がされて支給された場合に、そのような年金の支給を容認することは、法の趣旨に反することが明らかであり、かかる違法な裁定の効果をそのまま維持することは、不当、不公平な結果を招来し、公益に著しく反するものといわなければならない。

　もっとも、支給裁定が取り消されれば、その効力が遡及的に失われ

るから、受給権者は、それに基づいて支給を受けた利益が現存する限り、これを返還しなければならない立場に立たされ、あるいは、将来支給を受け得る年金額についての期待を裏切られることになって、不測の損失を被る場合があり得ることは否定できない。

本件においても、前裁定が取り消されれば、被控訴人には、支給が開始された昭和50年11月から平成13年7月までの間に431万1602円の過払が生じることになり、被控訴人は、その利益が現存している限りこれを返還しなければならず、将来の年金額に対する期待を裏切られることになる。

しかし、前裁定に基づく年金の支給を受け得たという被控訴人の利益が害されることになるとはいっても、それは、本来被控訴人において保持することが許されない利益が奪われることを意味するにすぎないのであり、そのような利益は、本来的には法的な保護に値しないものである。」

## (2) 過誤払い金の返還請求の方法

過払い金の返還を求める訴訟は行政事件訴訟法の当事者訴訟であり、誤払い金の返還を求める訴訟は民事訴訟であることは前記（1）（450頁）で述べたとおりであるが、訴訟によることなく、自力で強制徴収することができることを定める法律もあり、その具体的な例は次のとおりである。

① 国税徴収の例によるもの

生活保護法78条1項から3項に基づく徴収金（同条4項）

児童扶養手当法23条1項に基づく徴収金（同条2項、国民年金法96条1項〜5項）

なお、この徴収金については、督促についての特別の定めがあるほか、滞納者の居住地又は財産所在地の市町村に対する処分の請求（この請求を受けた市町村は市町村税の例によって処分する）についての定めがある。

453

第3部 財務に係る基本法令の定め

　② 地方税の滞納処分の例によるもの

　　児童手当法14条１項に基づく不正利得の徴収金

　③ 自治法231の３第３項の歳入とするもの

　　介護保険法22条の徴収金（同法144条）

　なお、介護保険法22条の徴収金に関する規定は不当利得の特則であるとするのが判例（最高裁平成23年７月14日判決・判時2129号31頁）であり、この判例の考え方に従えば、「偽りその他不正の行為」の要件は、加算金の支払請求をするための加重要件であり、当該請求の前提としての不当利得の要件（「法律上の原因のない利得」という要件）が不要となるわけではない（「偽りその他不正の行為」があっても不当利得とならない場合があり、その場合は、同条による請求はできない。）ことになる。そうすると、介護保険法22条と同様の表現をしている生活保護法78条１項から３項が定める徴収金についても、この考え方によることになるであろう。

　ところで、補助金の交付に関する規則で、補助金の申請、交付決定、交付、目的外使用があったときの交付決定の取り消し、返還義務等について定めていることが多いが、この場合にあってもそれが民法上の贈与であることに変わりがない（前記３(1)（419頁）参照）。そして、この場合における補助金の目的外使用の事実があったときの交付決定の取消しは、補助金の返還を請求するための行政内部の手続上の要件にとどまり、返還請求権自体は、目的外使用の事実によって当然に発生していると解される（仙台高裁平成27年７月15日判決・判時2272号35頁参照）。この結果、目的外に使用された補助金の交付は誤払い（前記（1）で述べた［誤払い金］の④（451頁）に該当する。）となり、交付決定の取り消しがなされるか否かに関係なく、その支給を受けた者は返還義務を負い、その消滅時効は取消しの有無に関係なく進行するので、注意が必要である。

454

# 第4部
## 契　約

# 第1章　自治法234条が適用される契約

　地方公共団体が一方の当事者となる契約には、「公法上の契約」と「私法上の契約」があるとされるが、両者の区別については必ずしも統一的な見解があるわけではないし、そのような区分をすることの実益も定かではない。一般的には、

○公法上の効果の発生を目的とする契約が、公法上の契約

○私法上の効果の発生を目的とするものが、私法上の契約

であるとされるが、公法上の効果と私法上の効果の違いが明らかにされなければ定義としての意味はなく、トートロジーとの批判を免れない。しかし、これを理論的に明らかにすることは、公法私法二元論の是非の論争に入ることになり、筆者の手に余る。そこで、本稿においては、実務的に一番の問題となる当該契約の締結について自治法234条が適用されるか否かという観点から考えてみることとする。

　自治法234条は、その１項で「売買、貸借、請負その他の契約は、一般競争入札、指名競争入札、随意契約又はせり売りの方法により締結するものとする。」と、２項で「前項の指名競争入札、随意契約又はせり売りは、政令で定める場合に該当するときに限り、これによることができる。」と、３項で「普通地方公共団体は、一般競争入札又は指名競争入札（以下この条において「競争入札」という。）に付する場合においては、政令の定めるところにより、契約の目的に応じ、予定価格の制限の範囲内で最高又は最低の価格をもって申込みをした者を契約の相手方とするものとする。ただし、普通地方公共団体の支出の原因となる契約については、政令の定めるところにより、予定価格の制限の範囲内の価格をもって申込みをした者のうち最低の価格をもって申込みをした者以外の者を契約の相手方とすることができる。」と定めている。

456

このことについて、最高裁昭和62年３月20日判決（判時1228号72頁）は、「普通地方公共団体の締結する契約については、機会均等の理念に最も適合して公正であり、かつ、価格の有利性を確保し得るという観点から、一般競争入札の方法によるべきことを原則とし、それ以外の方法を例外的なものとして位置づけているものと解することができる。」としている。

　また、最高裁平成６年12月22日判決（判時1520号71頁）は、「競争入札の方法としては、普通地方公共団体の収入の原因となる契約については、最低制限価格を定めてそれ以上の範囲内で最高の価格をもって申込みをした者を契約の相手方とし、普通地方公共団体の支出の原因となる契約については、最高制限価格を定めてそれ以下の範囲内で最低の価格をもって申込みをした者を契約の相手方とすることを定めたものと解すべきである」（条文中の「予定価格」という用語が収入については「最低制限価格」、支出については「最高制限価格」とされている。）としている。

　すなわち、一般競争入札、指名競争入札及びせり売りの方法は、契約金額以外の条件（これが明確でなければ金額を提示できない。）を地方公共団体が独自に定めたうえで、金額だけを競争によって決めることになるので、機会均等の理念と価格の有利性の確保という目的に合致しているということになるのである。

　これに対し、随意契約の方法による場合は、金額を交渉によって定めることになるのはもちろん、金額以外の条件も交渉によって定めることができることになる（金額とそれ以外の契約条件は連動するのが通常である。）。自治法施行令167条の２第１項２号は「その性質又は目的が競争入札に適しないものをするとき」は随意契約によることができるとしている。このことについて、前掲最高裁昭和62年３月20日判決は、「当該契約の性質又は目的に照らして競争入札の方法による契約の締結が不可能又は著しく困難というべき場合がこれに該当することは疑いがないが、必ずしもこのような場合に限定されるものではなく、競争入札の方法によること自体が不可能又は著しく困難とはいえないが、不特定多数

第4部　契　約

の者の参加を求め競争原理に基づいて契約の相手方を決定することが必ずしも適当ではなく、当該契約自体では多少とも価格の有利性を犠牲にする結果になるとしても、普通地方公共団体において当該契約の目的、内容に照らしそれに相応する資力、信用、技術、経験等を有する相手方を選定しその者との間で契約の締結をするという方法をとるのが当該契約の性質に照らし又はその目的を究極的に達成する上でより妥当であり、ひいては当該普通地方公共団体の利益の増進につながると合理的に判断される場合も同項1号（注：現行2号）に掲げる場合に該当するものと解すべきである。」としている。すなわち、自治法234条1項の随意契約というのは、機会均等の理念と価格の有利性の確保を原則としながら、競争入札又はせり売りの方法によることが適切ではない場合における契約締結方法であると解されるのである。

　そうすると、機会均等の理念と価格の有利性の確保を考慮する必要がない契約については、自治法234条が適用されないことになる。そのような契約には、

○法律の定めに基づく地方公共団体間の合意（自治法252条の14、道路法54条、河川法65条、学校教育法40条1項、地方税法20条の4等）

○地方公共団体の行政権限の行使を民間に委託する契約（指定金融機関（自治法235条）との協定、歳入の徴収若しくは収納又は支出権限の委任（自治法243条）等）

○ガスや水道の供給契約（最高裁昭和60年7月16日判決・判時1174号58頁、東京高裁平成13年5月22日判決・新版水道関係判例集111頁）

○交通事業の運送契約

等がある。

　なお、地方公共団体が行うべき工事を他の地方公共団体に行わせる場合には、自治法252条の14の規定に基づいて委託することも、民法の規定によることもできるとされるが（東京高裁昭和59年10月16日判決・判時1143号63頁）、前者の方法によるときは自治法234条の適用はなく、後者の方法によるときは同条の適用があることになろう。

458

第1章　自治法234条が適用される契約

　ところで、廃棄物処理法は、市町村が一般廃棄物等の収集、運搬又は
処分を市町村以外の者に委託することを認めた（6条の2第2項・3項）
うえで、その委託について詳細な基準を定めている（廃棄物処理法施行
令4条・4条の3）。この委託契約については、形式的な理由として、市
町村が処理すべき本来の行政事務を私人に委託するという行為であるこ
と、実質的な理由として、同法施行令が「委託料が受託業務を遂行する
に足りる額であること。」としており、同法が経済性の確保等の要請よ
りも、業務の遂行の適正を重視しているものと解されるということを指
摘して、自治法234条が適用されないとする判決（札幌高裁昭和54年11
月14日判決・行集30巻11号1862頁）がある一方で、自治法234条が適用
されるものの、価格だけで契約の相手方を決定できないことを理由とし
て随意契約の方法によることができるという判決（東京地裁平成19年11
月30日判決・ウエストロー）があり、自治法234条の適用の有無につい
ての確立した司法判断は示されていない。ただ、自治法234条が適用さ
れないということは、相手方との交渉によって価格を含む契約条件を決
めることができるということであるから、同条が適用されるとしたうえ
で、同条が定める随意契約によることができるということと実質的な違
いはないということもできよう。また、水道法24条の3第1項は、水
道の管理に関する技術上の業務の全部又は一部を他の水道事業者若しく
は水道用水供給事業者又は当該事業を適性かつ確実に実施することがで
きる者として政令で定める者の要件に該当する者に委託することができ
るとしているが、この委託に係る契約は同項に基づく特別なものであ
り、自治法234条が想定するものとは異なるので、同条の適用はないと
解される。

　なお、自治法234条の契約というのは、地方公共団体の収入の原因又
は支出の原因となる契約を意味するのであるから、それ以外の契約（公
害防止や環境保全に関する協定等）について同条が適用されないのは当然
のことである。

● 459

# 第2章　契約の締結と予算

　支出の原因となるべき契約（以下、この章において単に「契約」という。）は、支出負担行為となり、予算の定めるところに従ってしなければならない（自治法232条の３。なお、第３部第４章５（431頁）参照）。このことは、予算における歳出予算又は債務負担行為に根拠がない限り、このような契約をしてはならないことを意味する。そして、予算は、会計年度ごとに一切の収入及び支出を定めるものであるから（自治法210条）、たとえ予算が成立していても当該予算年度が開始する前に契約を締結することはできないし、当該予算年度が終了した後に当該予算を基礎とする契約をすることができないことになる（たとえ債務負担行為であっても、それが認められた年度経過後に、当該債務負担行為に基づく契約をすることはできない。）。

　このことが問題となるのは、施設の保守・管理業務の委託のように４月１日午前０時から効力を生じさせる必要がある契約についてである。

　通常は、４月１日に契約書を作成し（契約書の作成の意味については後記第３章３(1)（499頁）参照）、その効力は同日午前０時から生じているとする（現実にも当該契約に定められた業務は午前０時から行われている）ことが多く、この取扱いを敢えて否定する必要もない（社会通念上容認されるべきである）と思われるが、週休日等の関係で、契約書の作成日が、４月２日以降になったようなときにも、同じように取り扱うことができるかは問題である。すなわち、

○ ４月１日付けの契約書が同日に作成された場合は、当該記載の解釈として、同日の午前０時から効力を生じさせるのが当事者の意思であるとすることができるのに対して、２日以降に１日付けの契約書を作成した場合には、そのような遡及した日付による公文書の作成が認めら

第2章　契約の締結と予算

れるのか

○　2日以降の日付で契約書を作成した場合には、その効力の発生が1日
　に遡ることを読み取ることができる文言が当該契約書中に見当たらな
　い

という問題がある。

　まず、最初の問題については、各地方公共団体における文書規則等の
規定（公文書等の管理に関する法律4条は「意思決定に至る過程……事務及
び事業の実績を合理的に跡付け、又は検証することができるよう……文書を
作成しなければならない。」としている。）だけでなく、民事訴訟法が「文
書はその方式及び趣旨により公務員が職務上作成したものと認めるべき
ときは、真正に成立した公文書と推定する。」（228条2項）とし、官公
署において記載した日付は確定日付とされている（民法施行法5条1項
5号）ことからしても、そのような文書を作成することは許されないで
あろう。

　後者については、契約書中に解釈の根拠となる文言がない以上、解釈
論で解決することはできないと言わざるを得ない。したがって、契約書
の作成が4月2日以降になる場合は、当該契約書に「4月1日から本契
約書締結までの間に、甲がなした本契約に定める事務に相当する事務
は、本契約に基づくものと見なして、本契約を適用する。」旨の条項を
盛り込むことが適当であると考えられる。なお、4月1日から契約の締
結までになされた事務を事務管理（民法697条1項）として処理するこ
とも考えられるが、それが適当かどうかは疑問である。ただ、このよう
な取扱いを予定している場合に、4月1日午前0時から契約書を作成す
るまでの間に何らかの事故（盗難、火災等）が発生し、そのことが原因
で、契約書の作成に至らなかったときには責任問題が生ずる。このよう
なことを避けるためには、前年度予算で債務負担行為を設定するか、長
期継続契約の制度を活用して、前年度中に契約書を作成する（第3部第
2章6（354頁）、後記第5章（519頁）参照）のが最も適切であることに
なる。

● 461

# 第3章　契約の締結の方法

## 1　競争入札

### (1) 競争入札の意味

　地方公共団体における契約は、競争入札（以下、特に区別しない限り、一般競争入札と指名競争入札の両者を意味する。）の方法によることが原則であり、その方法によるときは、予定価格の制限の範囲内で最低の価格をもって申込みをした者（以下「最低価格落札者」という。）を契約の相手方とする（地方公共団体が債務を負担する契約に限る。以下同じ。）ものとされている（自治法234条2項）。

　これは、「普通地方公共団体の締結する契約については、機会均等の理念に最も適合して公正であり、かつ、価格の有利性を確保し得るという観点から」（最高裁昭和62年3月20日判決・判時1228号72頁）定められたものであるから、価格以外の条件は、入札に付する前に発注者である地方公共団体が責任をもって定め、それを公表し（この公表は第2部第2章2(6) ②（107頁）及び③（108頁）で述べた情報の公表とは別のものである。）、入札参加者はその条件を考慮して入札価格を決定することになる。価格以外の条件は仕様書及び契約書の案（価格に関する条項を除く。）によってあらかじめ明らかにされているので、落札者の決定においては、価格が決定的な意味をもつが、そこでは予定価格を超えないこと（価格の有利性）だけでなく、当該契約を確実に履行できる金額であること（手抜き工事のおそれがないこと）、最低価格落札者の提示した価格が当該入札における競争が適正になされた結果である（機会均等の理念に適合している）ことも必要である。

462

そこで、自治法施行令167条の10は、定型的に問題が生ずることが多い工事又は製造の請負の契約について、

① 最低価格落札者が提示した価格ではその者により当該契約の内容に適合した履行がなされないおそれがあると認めるとき

② その者と契約を締結することが公正な取引の秩序を乱すこととなるおそれがあって著しく不適当であると認めるとき

③ 最低価格落札者の提示した価格が当該契約の内容に適合した履行を確保するため特に必要があるとして設けた最低制限価格を下回るとき

のいずれかの場合は、最低価格落札者以外の者を契約の相手方とすることができるとともに、あらかじめ最低価格落札者以外の者を契約の相手方とすることがあることを予告したうえで行う総合評価方式による入札の方法を採用することができるとしているが（167条の10の2）、これについては、後記(2)②－4（470頁）で詳述する。

なお、契約は申込みの意思表示と承諾の意思表示が合致することによって成立するが（民法521条～526条1項参照）、自治法234条3項本文が競争入札においては「予定価格の制限の範囲内で最高又は最低の価格をもって申込みをした者を契約の相手方とするものとする。」と定めていることから明らかなように、入札が申込み、落札決定が承諾に該当するものであり、一般競争入札の公告（自治法施行令167条の6）及び指名競争入札における通知（自治法施行令167条の12第2項）は、申込みの誘因（契約の締結の申込みをするよう誘うもの）であると解される。なお、自治法234条5項は、「普通地方公共団体が契約につき契約書又は契約内容を記録した電磁的記録を作成する場合においては、当該普通地方公共団体の長又はその委任を受けた者が契約の相手方とともに、契約書に記名押印し、又は契約内容を記録した電磁的記録に当該普通地方公共団体の長若しくはその委任を受けた者及び契約の相手方の作成に係るものであることを示すために講ずる措置……を講じなければ、当該契約は、確定しないものとする。」と定めているので、原則として、地方公共団

● 463

第4部 契 約

体の長等が承諾しただけでは契約が確定せず、確定するためには契約書の作成が必要なことになる（後記3(1)（499頁）参照）。

## (2) 予定価格の制限とその例外

### ① 予定価格

　自治法234条3項本文は、競争入札においては「政令の定めるところにより、契約の目的に応じ、予定価格の制限の範囲内で最高又は最低の価格をもって申込みをした者を契約の相手方とするものとする。」と定めている。このことは、支出の原因となる契約（以下、特に断らない限り、単に「契約」という。）においては予定価格の制限の範囲内で最低の価格をもって申込みをした者を契約の相手方とすることが原則であることを意味する。

　すなわち、支出の原因となる契約における予定価格というのは、その価格を上回る価格では契約を締結してはならない価格のことであり、その決定の方法について定める法令の規定はないので、それは契約を締結する権限を有する長（自治法149条2号）がその裁量によって定めることになる（長はその方法や基準を規則等で定めることができる。）。このことについて、品質確保促進法は、「当該公共工事の性格等により当該工事の仕様の確定が困難である場合において自らの発注の実績等を踏まえ必要があると認めるときは……技術提案の審査及び交渉の結果を踏まえ、予定価格を定めるものと」し（18条）、「高度な技術又は優れた工夫を含む技術提案を求めたときは、当該技術提案の審査の結果を踏まえて、予定価格を定めることができる。」（19条）としている。これは、予定価格を定めるための資料の提供をした者を当該競争入札に参加させることを想定したものであり（後記(4)③（483頁）参照）、随意契約の方法に近いものとなっている。

　ところで、予定価格の決定は地方公共団体内部における事実行為であり、対外的な拘束力を有するものではないことから、その決定の過程で計算間違いが生じたとしても、事務を誤ったという意味で担当者や監督

第3章　契約の締結の方法

責任者の責任が問題になる余地があるとしても、それが有効か無効かという問題が生ずる余地はなく、その価格を前提として締結された契約は有効となる。言いかえれば、予定価格は地方公共団体の利益のために設定されるものであり、当該予定価格に係る契約の相手方となろうとしている者の利益を図るためのものではないから、入札に参加した業者が、その算出方法や計算の誤りを指摘して、入札のやり直しを要求できるものではない。算出過程に誤りがあったために予定価格が本来よりも高く設定されたときには、地方公共団体にとっては錯誤（民法95条）であるという余地はあるが（計算違いは重大な過失とされる可能性も高い。）、それは応札者に不利益を被らせるものではないし、予定価格が低すぎたために応札者全員が失格したとしても、錯誤無効の制度は、表意者を保護するためのものであるから、業者の側から地方公共団体の錯誤を主張して入札の無効を主張できるわけではない（そもそも、応札は契約の申込みにすぎないのであるから、契約することができなかったからといって、地方公共団体の責任を問うことはできない。）。

　近年、事前又は事後に予定価格を公表する地方公共団体が増えているようであるが、これは、契約における透明性を確保するという政策判断によるものであり、予定価格の法的性質とは無関係である。なお、国においては、「予定価格については、入札前に公表すると、予定価格が目安となって競争が制限され、落札価格が高止まりになること、建設業者の見積努力を損なわせること、入札談合が容易に行われる可能性があること、低入札価格調査の基準価格又は最低制限価格を強く類推させ、これらを入札前に公表した場合と同様の弊害が生じかねないこと等の問題があることから、入札の前には公表しないものとする。」とされている（2001年（平成13年）8月9日閣議決定「公共工事の入札及び契約の適正化を図るための措置に関する指針」）。

　ちなみに、予定価格による最高価格の制限は、あくまでも支出の原因となる契約についてのものであり、収入の原因となる契約についてのものではないから、不動産等の売却について最高制限価格を定め、その価

● 465

第4部　契　約

格以下の価格をもって申込みをした者を落札者とする方法を採ることは許されないとする判例（最高裁平成6年12月22日判決・判時1520号71頁）がある。

## ② 予定価格による制限の例外

②－1　不当な低価格による契約の防止

予定価格の制限の範囲内で最低の価格をもって申込みをした者（以下「最低価格申込み者」という。）以外の者を落札者とすることができる場合の第一は、競争入札の方法によって工事又は製造その他の請負の契約（以下単に「請負契約」という。）を締結しようとする場合において、最低価格申込み者の申込みに係る価格（入札価格）によっては、その者により当該契約の内容に適合した履行がなされないおそれがあると認めるときである（自治法施行令167条の10第1項・167条の10の2第2項・167条の13）。

これは、最低価格申込み者の入札価格が低廉すぎ、その価格での施行は、粗悪な材料の使用や手抜き工事につながり、当該契約によって達成することを予定した品質の工事や製品を完成させることが困難になるおそれがある場合についてまで、その者を契約の相手方としなければならないのは不合理であることによるものである。すなわち、事業者間の過当な価格競争（ダンピング）は、契約金額を引き下げる効果をもたらし、発注者たる地方公共団体に有利に作用するという面があるものの、結果的には事業者の経営を圧迫し、その存続さえも危うくするものであり（第1部第4章2(2)（31頁））、それを回避しようとすれば、十分な施行体制を確保すること（公共工事適正化法13条参照）を困難にし、設計や仕様で要求された材料の量や質を引き下げ、十分な技術者の確保を困難にする等の手抜きをせざるを得ないことになるので、そのようなことが予見できる場合には、そのような低価格での入札による契約の申込みを拒否できることとされているのである（品質確保促進法3条2項参照）。

その価格によっては当該契約の内容に適合した履行がなされないので

466

はないかと疑わしい価格での入札がなされた場合は、地方公共団体の内部の関係者で構成する組織（低価格審査会・調査会と称されることが多い。）で、当該最低価格申込み者から資料の提出を求め、意見を聴取し、過去の実績等を調査したうえで、当該契約によって達成することを予定した品質の工事や製品を完成させることが困難になるおそれがあるかどうかを判定するのが通常である。このことについて、国は「公共工事の入札及び契約の適正化を図るための措置に関する指針」（2001年（平成13年）8月9日閣議決定）で、次のように定めている。

「その実施に当たっては、入札参加者の企業努力によるより低い価格での落札の促進と公共工事の品質の確保の徹底の観点から、当該調査に加え、受注者として不可避な費用をもとに、落札率（予定価格に対する契約価格の割合）と工事成績との関係についての調査実績等も踏まえて、適宜、調査基準価格を見直すとともに、あらかじめ設定した調査基準価格を下回った金額で入札した者に対して、法第12条に基づき提出された内訳書を活用しながら、次に掲げる事項等の調査を適切に行うこと、一定の価格を下回る入札を失格とする価格による失格基準を積極的に導入・活用するとともに、その価格水準を低入札価格調査の基準価格に近づけ、これによって適正な施工への懸念がある建設業者を適切に排除することなどにより、制度の実効を確保するものとする。

イ　当該入札価格で入札した理由は何か

ロ　当該入札価格で対象となる公共工事の適切な施工が可能か

ハ　設計図書で定めている仕様及び数量となっていること、契約内容に適合した履行の確保の観点から、資材単価、労務単価、下請代金の設定が不適切なものでないこと、安全対策が十分であること等見積書又は内訳書の内容に問題はないか

ニ　手持工事の状況等からみて技術者が適正に配置されることとなるか

ホ　手持資材の状況、手持機械の状況等は適切か

第4部　契　約

　ヘ　労働者の確保計画及び配置予定は適切か

　ト　建設副産物の搬出予定は適切か

　チ　過去に施工した公共工事は適切に行われたか、特に、過去にも低
　　　入札価格調査基準価格を下回る価格で受注した工事がある場合、当
　　　該工事が適切に施工されたか

　リ　経営状況、信用状況に問題はないか」

　この検討が不十分なときは、当該契約の履行に着手した後になって、
種々の理由を付けての契約金額の増額要求や事業の中断・放棄（事業者
の倒産を含む。）に直面するような事態が生ずることもある。


### ②－2　取引秩序の維持

　最低価格申込み者以外の者を落札者とすることができる場合の第二
は、競争入札の方法によって請負契約を締結しようとする場合におい
て、最低価格申込み者と契約を締結することが公正な取引の秩序を乱す
こととなるおそれがあって著しく不適当であると認めるときである（自
治法施行令167条の10第1項・167条の10の2第2項・167条の13）。

　これは、たとえ地方公共団体が一方の当事者となる契約であっても、
契約が公正な取引の秩序の中でなされるべきことは当然のことであり、
公正な取引の秩序は公の秩序（民法90条）として維持されるべきである
ことから、それを乱すような取引を排除するという公益上の必要性から
認められたものである。

　ここでいう公正な取引の秩序というのは、一切の事業活動の不当な拘
束が排除され、公正かつ自由な競争がなされるような秩序のことである
と解される（独禁法1条参照）。公共工事適正化法10条は、地方公共団
体が発注する公共工事の入札及び契約に関して、次の行為があると疑う
に足りる事実があるときは、公正取引委員会に対し、その事実を通知し
なければならないとしている。

　①　事業者が、単独に、又は他の事業者と結合し、若しくは通謀し、
　　　その他いかなる方法をもってするかを問わず、他の事業者の事業活

468

第3章　契約の締結の方法

動を排除し、又は支配することにより、公共の利益に反して、一定の取引分野における競争を実質的に制限する行為

②　事業者が、契約、協定その他何らの名義をもってするかを問わず、他の事業者と共同して対価を決定し、維持し、若しくは引き上げ、又は数量、技術、製品、設備若しくは取引の相手方を制限する等相互にその事業活動を拘束し、又は遂行することにより、公共の利益に反して、一定の取引分野における競争を実質的に制限する行為

### ②－3　最低制限価格

　最低制限価格というのは、競争入札により請負契約を締結しようとする場合において、当該契約の内容に適合した履行を確保するため特に必要があると認めるときにあらかじめ設けられるものであり、それを設けた場合は、予定価格の制限の範囲内の価格で最低制限価格以上の価格をもって申込みをした者のうち最低の価格をもって申込みをした者を落札者とするものである（自治法施行令167条の10第2項・167条の13）。

　最低価格申込者の申込みに係る価格（入札価格）によっては、その者により当該契約の内容に適合した履行がなされないおそれがあると認めるときは、その者以外の者を契約の相手方とすることができる（自治法施行令167条の10第1項・167条の13）にもかかわらず、最低制限価格の制度が設けられているのは、入札後に入札価格の適否を検討するのではなく、あらかじめ当該請負契約に係る仕事をするために最低必要な価格を定めることによって、入札者の個別の事情を考慮することなく、客観的な一律の基準によって処理をするためのものである。ただ、請負契約の目的によっては、あらかじめ最低制限価格を決めておくことが困難な場合もあるので、そのような場合には、入札後に個別に検討すべき場合も少なくないであろう。

　このように、最低制限価格の制度は、最少の経費で最大の効果を挙げる（自治法2条14項）と同時に契約に従った履行を確保するための地方

● 469

第4部　契　約

公共団体の内部規範であり、対外的に法的効果を及ぼそうとするものではない。すなわち、最低制限価格を下回ってした契約は、契約手続に関する法を犯したことになるが、その違法は契約の相手方の利益を侵害するものではなく（当該契約は相手方の申し出た価格で締結されている。）、地方公共団体内部における規律違反にとどまるものである。また、最低制限価格を本来あるべきものよりも高く設定したために、より低い価格で申込みをした者と契約を締結することができなかった場合は、契約担当者の責任が問題とされる可能性があることは別として、そのことの故に、すでに締結した契約が当然に無効になったり、取り消すことができることになるわけではない。

　ちなみに、「普通地方公共団体が、収入の原因となる契約を締結するため一般競争入札を行う場合、最低制限価格のほか最高制限価格をも設定し、最低制限価格以上最高制限価格以下の範囲の価格をもって申込みをした者のうち最高の価格の申込み者を落札者とする方法を採ることは許されず、このような方法による売却の実施は違法というべきである。」とする判例（最高裁平成6年12月22日判決・判時1520号71頁）がある。

### ②－4　総合評価競争入札

　総合評価競争入札というのは、競争入札により契約を締結しようとする場合において、当該契約がその性質又は目的から、予定価格の制限の範囲内の価格をもって申込みをした者のうち最低の価格をもって申込みをした者を相手方とする方法（自治法234条3項本文）又は不当な低価格による契約の防止若しくは取引秩序の維持の観点から最低価格申込み者以外の者を契約の相手方とする方法若しくは最低制限価格を設定して行う契約の方法（自治法施行令167条の10）により難いものであるときに、予定価格の制限の範囲内の価格をもって申込みをした者のうち、価格その他の条件が当該普通地方公共団体にとって最も有利なものをもって申込みをした者を落札者とする方法である（自治法施行令167条の10の2第1項・167条の13）。この場合においても、不当な低価格を防止し、又は

470　●

取引秩序を維持するために最低価格申込み者以外の者を契約の相手方とすることができる（自治法施行令167条の10の2第2項）が、その内容については前記②−1（466頁）及び②−2（468頁）で述べた。

なお、契約の相手方を決定する要素としての「その他の条件」としては、一般的な落札者の信用力や技術力のほか、当該契約の目的についての具体的な技術やデザインに関する知的財産権の有無、安全対策、環境問題への対応、事後の保守管理体制等があり、場合によっては、社会貢献活動や当該地方公共団体の施策への協力の程度等も考えられる。

ところで、総合評価競争入札は、価格以外の要素を考慮要素として契約の相手方を決定するものであるから、「機会均等の理念に最も適合して公正であり、かつ、価格の有利性を確保し得るという観点から」定められた自治法234条の趣旨（最高裁昭和62年3月20日判決（判時1228号72頁）参照）からはかなり離れたもののように思われる。価格以外の要素が重要な意味を有する契約であれば、それは自治法234条1項の契約に該当しないか、該当するとしても随意契約によることができると解する余地もあるように思われる（前記第1章（456頁）参照）。

ともあれ、総合評価競争方式による契約の締結から恣意的な要素を排除するために、自治法施行令167条の10の2第3項から6項は、次のことを定めている（④を除いて指名競争入札に準用されている。）。

① あらかじめ、当該総合評価一般競争入札に係る申込みのうち価格その他の条件が当該普通地方公共団体にとって最も有利なものを決定するための基準（以下「落札者決定基準」という。）を定めなければならない。

② 落札者決定基準を定めようとするときは、あらかじめ、2人以上の学識経験を有する者（自治法施行規則12条の4）の意見を聴かなければならない。

③ ②による意見の聴取において、あわせて、当該落札者決定基準に基づいて落札者を決定しようとするときに改めて意見を聴く必要があるかどうかについて意見を聴くものとし、改めて意見を聴く必要

第4部　契　約

があるとの意見が述べられた場合には、当該落札者を決定しようと
するときに、あらかじめ、2人以上の学識経験を有する者（自治法
施行規則12条の4）の意見を聴かなければならない。

④　当該契約について一般競争入札の公告をするときは、公告をしな
ければならない事項及びその公告により明らかにしておかなければ
ならない事項（自治法施行令167条の6参照）のほか、総合評価一般
競争入札の方法による旨及び当該総合評価一般競争入札に係る落札
者決定基準についても、公告をしなければならない。

## (3) 一般競争入札

### 1 一般競争入札への参加資格

　一般競争入札は、誰でも入札に参加することができるのが原則である
が、若干の例外がある。この例外について、自治法施行令167条の4第
1項は、「普通地方公共団体は、特別の理由がある場合を除くほか、一
般競争入札に次の各号のいずれかに該当する者を参加させることができ
ない。」として、

①　当該入札に係る契約を締結する能力を有しない者

②　破産手続開始の決定を受けて復権を得ない者

③　暴力団員による不当な行為の防止等に関する法律32条第1項各
号に掲げる者

を掲げている。このうち、②は破産法255条1項の規定により、③は当
該各号の規定により、それに該当するか否かは容易に明らかになるが、
①はそれ程簡単ではない。

　契約の当事者になるためには、権利義務の主体になることができるこ
とが必要であり、その代表的なものが自然人（民法3条1項）と法人（民
法33条）である。自然人というのは生物学的なヒトのことであり、ヒト
である期間は出生から死亡までの間に限られるが、いつをもって出生と
し、死亡とするかについては、哲学的な考え方の違いがあるのは周知の
とおりである。哲学的な考え方は別として、法律論としては、契約の締

472

結は法律行為（民法第5章参照）であるから、それをする能力を有しない者というのは、法律行為をする能力を有しない者を意味し、意思無能力者がこれに該当することは当然のことであるが、自らの意思だけで法律行為をすることが制限されている者（制限行為能力者といい、未成年者、成年被後見人、被保佐人及び家庭裁判所がその旨の審判をした被補助人）については、個別の案件によって判断することになる（民法5条〜21条）。

　法人というのは、法律が権利義務の主体となることを認めた存在のことであり（民法33条）、一般社団・財団法人法に基づいて設立された社団法人及び財団法人、会社法に基づいて設立された株式会社、合名会社、合資会社及び合同会社のほか、特別の法律によって設立されたものが多数あり、地方公共団体も自治法2条1項によって法人とされている。法人については、それぞれの根拠法が、組織や代表者、その運営方法等について詳細な規定をおき、種々の法律関係において混乱が生じないように措置されている。

　しかし、現実の社会には、法人となることを認める法律がないために法人となることができないものや、法人となる方途があっても法人格を取得していないもの（労働組合に多くみられる。）が多数存在し、「権利能力なき社団」と称されている。このことについて、判例は「法人に非ざる社団が成立するためには、団体としての組織をそなえ、多数決の原則が行われ、構成員の変更にかかわらず団体が存続し、その組織において代表の方法、総会の運営、財産の管理等団体としての主要な点が確定していることを要する」と述べている（最高裁昭和39年10月15日・判時393号28頁）。そして、このような権利能力なき社団については、社団法人の法人格を前提とする規定を除いて、ほかの規定は全てこれに類推適用すべきであるとされている。したがって、権利能力なき社団にあっては、対外的な活動は代表者が行い、その効果は当該社団に帰属し、その権利義務は社団自体に帰属し、その構成員に直接権利義務が帰属することはないこととなる。このことは、当該社団の名前で契約を締結することができ、その効果は当該社団に帰属し、その構成員は当該契約に基

第4部　契　約

づく権利を取得せず、義務も負わないことを意味する。

　なお、権利能力なき社団に類似するものとして、民法第12節（667条〜688条）が規定する組合がある。両者を区別するメルクマールとしては、

①　社団は構成員とは別個独立の主体であるから、構成員の個性が薄弱であるのに対して、組合は、個人的な目的を達成するために構成員の契約によって組織されるものであるから、構成員の個性が顕著であること

②　社団においては構成員の加入脱退が比較的容易であるのに対して、組合の場合はかなり制限されること

③　社団は代表者等の機関を設定することができるが、組合は組合員を代理する代理人を選任することができるだけであること

④　社団においては構成員の責任は出資分に限定されるが、組合においては構成員が無限責任を負うこと

等が挙げられるのが通常である。

　契約において重要な意味を有する組合として、請負契約の締結のために設立される共同企業体（ジョイントベンチャー）がある。このような共同企業体においては、構成員のいかなる行為が共同企業体の行為となるのか、個々の構成員が責任を負う範囲はどこまでかについての法律の規定が必ずしも明確ではないので、当該共同企業体の構成員による設立の合意又は請負契約において、そのことを明確にしておくことが必要である（談合がなされた場合の責任について第2部第2章2（5）③（96頁）参照）。

　ところで、自治法施行令167条の4第1項は、一般競争入札に参加するための絶対的な資格について定めるのであるが、同条第2項は、「次の各号のいずれかに該当すると認められるときは、その者について3年以内の期間を定めて一般競争入札に参加させないことができる。その者を代理人、支配人その他の使用人又は入札代理人として使用する者についても、また同様とする。」として、3年以内の期限付きの参加制限を

474　●

定めている（後記④（480頁）参照）。

① 契約の履行にあたり、故意に工事、製造その他の役務を粗雑に行い、又は物件の品質若しくは数量に関して不正の行為をしたとき。

② 競争入札又はせり売りにおいて、その公正な執行を妨げたとき又は公正な価格の成立を害し、若しくは不正の利益を得るために連合したとき。

③ 落札者が契約を締結すること又は契約者が契約を履行することを妨げたとき。

④ 自治法234条の２第１項の規定による監督又は検査の実施にあたり職員の職務の執行を妨げたとき。

⑤ 正当な理由がなくて契約を履行しなかったとき。

⑥ 契約により、契約の後に代価の額を確定する場合において、当該代価の請求を故意に虚偽の事実に基づき過大な額で行ったとき。

⑦ ①から⑥のいずれかに該当する者を契約の締結又は契約の履行にあたり代理人、支配人その他の使用人として使用したとき。


## ② 制限付き一般競争入札

　前記①（472頁）で述べた一般競争入札の参加資格は、それに該当する場合は入札に参加できないという消極的要件であるが、普通地方公共団体の長は、そのほかに「必要があるときは、一般競争入札に参加する者に必要な資格として、あらかじめ、契約の種類及び金額に応じ、工事、製造又は販売等の実績、従業員の数、資本の額その他の経営の規模及び状況を要件とする資格を定めることができる。」とされている（自治法施行令167条の５第１項）。そして、その資格を定めたとき（同条２項）及び建設工事についてその資格を有する者の名簿を作成したとき（公共工事適正化法８条１号、公共工事適正化法施行令７条１項１号）は公示又は公表（公示又は公表は適宜の方法で行えば足りる。）しなければならない（第２部第２章２(5)③（96頁）参照）。

　さらに、契約の性質又は目的により、当該入札を適正かつ合理的に行

第4部 契 約

うため特に必要があると認めるときは、上記の資格に加えて、「当該入札に参加する者の事業所の所在地又はその者の当該契約に係る工事等についての経験若しくは技術的適性の有無等に関する必要な資格を定め、当該資格を有する者により当該入札を行わせることができる。」とされているが（自治法施行令167条の5の2）、これが建設工事である場合は、遅滞なく、工事ごとにその資格を公表しなければならないとされている（公共工事適正化法8条1項、公共工事適正化法施行令7条2項1号）。なお、事業所の所在地の要件については、自治法及び公共工事適正化法が、普通地方公共団体が締結する公共工事等の契約に関する入札につき、機会均等、公正性、透明性、経済性（価格の有利性）を確保することを図ろうとしていること等を理由に「価格の有利性確保（競争性の低下防止）の観点を考慮すれば、考慮すべき他の諸事情にかかわらず、およそ村内業者では対応できない工事以外の工事は村内業者のみを指名するという運用について、常に合理性があり裁量権の範囲内であるということはできない。」（最高裁平成18年10月26日判決・判時1953号122頁）とする判例がある（第1部第4章3(4)①（45頁）参照）。

　このような一般競争入札に参加するための積極要件を定めたものは「制限付き一般競争入札」と称される。ところで、品質確保促進法は、その12条で、「発注者は、その発注に係る公共工事の契約につき競争に付するときは、競争に参加しようとする者について、工事の経験、施工状況の評価、当該公共工事に配置が予定される技術者の経験その他競争に参加しようとする者の技術的能力に関する事項を審査しなければならない。」とし、その13条で「発注者は、その発注に係る公共工事の契約につき競争に付するときは、当該公共工事の性格、地域の実情等に応じ、競争に参加する者（競争に参加しようとする者を含む。以下同じ。）について、若年の技術者、技能労働者等の育成及び確保の状況、建設機械の保有の状況、災害時における工事の実施体制の確保の状況等に関する事項を適切に審査し、又は評価するよう努めなければならない。」としている。しかし、審査する以上、その結果として競争に参加させない場

合が生ずることがあるのは当然のことであるにもかかわらず、品質確保促進法にはそのことについての規定がない。この審査を実効あらしめるためには、自治法施行令167条の5の2が規定する「当該契約に係る工事等についての経験若しくは技術的適性の有無等に関する必要な資格」としてこの審査対象事項に対応する資格を定めることになるが、そうするときは、公共工事（建設業法2条1項に定める土木建築に関する工事）に関する限り、常に制限付き一般競争入札を行わなければならないということにもなりかねないという問題がある。

### ③ 一般競争入札の方法

一般競争入札の方法による契約は、公告に始まり、競争参加資格の確認、現場説明及び入札説明書に対する質問と回答等を経て入札がなされ、開札、落札者の決定、契約の締結へと至る（公共工事における一般競争入札については第2部第2章2（2）（71頁）も参照されたい。）。

一般競争入札においては、入札を行うことを一般に知らしめることを欠かすことができないから、入札に参加する者に必要な資格、入札の場所及び日時その他入札について必要な事項を公告しなければならない（自治法施行令167条の6第1項）。また、この公告においては、入札に参加する資格のない者のした入札及び入札に関する条件に違反した入札は無効とすることも明らかにしておく必要がある（自治法施行令167条の6第2項）。なお、特例政令が適用される契約については、これらのほか、次の事項についても公告することが必要とされている（特例政令6条）。

① 競争入札に付する事項

② 契約条項を示す場所

③ 入札保証金に関する事項

④ 一連の契約にあっては、当該一連の契約による調達後において調達が予定される物品等又は特定役務の名称、数量及びその入札の公告の予定時期並びに当該一連の契約のうちの最初の契約に係る入札の公告の日付

第4部 契 約

⑤ 競争入札に参加する者に必要な資格を有するかどうかの審査を申
請する時期及び場所

⑥ 入札説明書の交付に関する事項

⑦ 落札者の決定の方法

これらの公告の方法については特別の規定はないが、各地方公共団体
における公告式条例や公告式規則に定める方法のほか、インターネット
のホームページや新聞等に掲載して行うことも可能である。さらに、一
般競争入札には、当該団体における入札に不慣れな者が参加を希望する
ことも考えられるので、そのような者に対する便宜のために、公告の写
し、契約書案、入札心得、図面、仕様書、現場説明書を含めた入札説明
書を希望者に交付することも行われている。この場合に、経費の負担を
どうするかが問題となるが、ことの性質上、実費を徴収することができ
るのは当然のことである。なお、特例政令6条は、その対象とする契約
について、地方公共団体の長に入札説明書の交付を義務付けるととも
に、その内容を規則で定めることを求めているが、入札説明書において
明らかにすべき事項としては、次のようなものが考えられる。

① 提出すべき資料の内容（施工実績、配置予定の技術者名、施工計画
等）

② 申請書及び資料の提出期限、提出場所、提出方法

③ 申請書及び資料の作成要領

④ 申請書及び資料の作成費用は提出者負担であること

⑤ 申請書及び資料の公開の可能性の有無（情報公開条例との関係等）

⑥ 申請書及び資料の返却の有無

⑦ 提出期限後の申請書又は資料の修正、差し替えは認めないこと

⑧ 質問は文書によるべきこと及びその提出先と提出期限

⑨ 質問書に対する回答の期限と回答の閲覧場所

また、競争参加資格の有無についての一義的な判断は事業者が行い、
資料を添えて申請書を提出することになるので、事業者からの種々の照
会に対応できる体制をとっておくことが望まれる。そして、質問に対す

第3章　契約の締結の方法

る回答は他の参加希望者にとっても参考になるものであるから、希望者が閲覧できる体制を整えておくべきであろう。

　入札の結果、落札者として決まったにもかかわらず、契約の締結を拒否されると、入札をやり直さなければならない等、地方公共団体が不測の損害を被ることになる。このような事態に対処するため、一般競争入札により契約を締結しようとするときは、入札に参加しようとする者をして規則で定める率又は額の入札保証金（国債、地方債その他普通地方公共団体の長が確実と認める担保の提供をもって代えることができる。）を納めさせなければならないこととされているが（自治法施行令167条の7）、現実には、免除されることが多い。入札保証金について定めた条文からは、それを免除できると解釈するのは難しいと思われるが、国の行う契約について定める会計法29条の4第1項ただし書が政令で定める場合はその全部又は一部を納めさせないことができるとしていること等から、行政解釈（平成12年4月18日各都道府県知事宛自治省行政局長通知）は、次の場合には入札保証金を減免することができると考えられるとしている。

① 　競争入札に参加しようとする者が保険会社との間に当該地方公共団体を被保険者とする入札保証保険契約を締結したとき。

② 　競争入札に付する場合において、地方自治法施行令167条の5及び167条の11に規定する資格を有する者で過去2か年の間に国（公社、公団を含む。）又は地方公共団体と種類及び規模をほぼ同じくする契約を数回以上にわたって締結し、かつ、これらを全て誠実に履行したものについて、その者が契約を締結しないこととなるおそれがないと認められるとき。

　入札の執行は、現場説明や入札説明書に対する回答が終了し、入札保証金が納められた後になされることになるが、入札参加者に競争参加資格があること（入札保証金が納められたこと）を確認し、入札書を投函させ、その後工事費内訳書の提示を求めて、真撃な見積もりが行われたことを確認するのが通例である。

　開札は、入札を執行した日時及び場所で、入札者又はその代理人を立

● 479

第4部　契約

ち会わせて行うものとされ、これらの者が立ち会わない場合は、入札事務に関係のない職員を立ち会わせて行うこととされているが（自治法施行令167条の8第1項）、電磁的記録の提出によってなされる入札（電子入札）の場合に立会が不要とされる場合があり（自治法施行令167条の8第2項）、「入札者は、その提出した入札書（当該入札書に記載すべき事項を記録した電磁的記録を含む。）の書換え、引換え又は撤回をすることができない。」（自治法施行令167条の8第3項）のは当然のことであろう。

　ところで、開札をした結果、予定価格の制限の範囲内の価格の入札がないとき（最低制限価格を設けた場合にあっては、予定価格の制限の範囲内の価格で最低制限価格以上の価格の入札がないとき）は、直ちに、再度の入札をすることになる（自治法施行令167条の8第4項）。この再度の入札（ここでの「再度」というのは2回に限るという意味ではない。）によっても落札者がないときは、随意契約によることが可能となる（自治法施行令167条の2第1項8号）。

　なお、2人以上の者が同一の価格で入札し、その価格が落札となるべきものであるときは、開札後直ちに、当該入札者にくじを引かせて落札者を定めなければならず、この場合において、当該入札者のうちくじを引かない者があるときは、これに代えて、当該入札事務に関係のない職員にくじを引かせて、落札者を決定することとされている（自治法施行令167条の9）。

### ④　落札者の決定

　落札決定について定めた法令の規定はないが、通常は、入札終了（入札締め切り時刻の経過）後直ちに開札し、入札によって申込みがなされた金額を確認し、最低価格落札者を確認することになる（自治法施行令167条の8第1項）。入札に参加する資格のない者の入札は無効であるが、その資格の有無は入札が執行される前に確認されている（自治法施行令167条の6第2項参照）ので、開札した後で行うのは、最低価格落札者の提示した価格が低廉すぎたり、その者と契約することが公正な取引の秩

第3章　契約の締結の方法

序を乱すおそれがないこと（自治法施行令167条の10第1項・167条の10の2第2項）の確認である。この確認の結果、問題がない場合は、速やかに契約締結の相手方となるべき者を決定し、公表することになるが、さらに調査（低入札価格調査や談合の有無についての調査）が必要となる場合もある。この場合には、それまでの過程及び即時に契約が締結されない事情を公表するとともに、入札参加者には以後の予定についても説明することが必要であろう。

特例政令が適用される契約について一般競争入札が行われ、落札者が決定したときは、規則で定めるところにより公示しなければならないとされ（特例政令11条）、公共工事適正化法8条2号は、契約の相手方の称号又は名称、契約金額等の公共工事の契約の内容に関する事項を公表すべきものとしているが、このような規定が適用されない契約であっても、公衆が容易にアクセスできる適宜の方法で公表するのが適当であると考えられる。

## (4) 指名競争入札

### ① 指名競争入札によることができる場合

指名競争入札によることができるのは、次の三つのいずれかに該当する場合である（自治法施行令167条）。

① 工事又は製造の請負、物件の売買その他の契約でその性質又は目的が一般競争入札に適しないものをするとき。

② その性質又は目的により競争に加わるべき者の数が一般競争入札に付する必要がないと認められる程度に少数である契約をするとき。

③ 一般競争入札に付することが不利と認められるとき。

①の「工事又は製造の請負、物件の売買その他の契約」というのは、収入又は支出の原因となる全ての契約という意味であり、当該契約の性質又は目的から、一般的な仕様を前提とした一般競争入札によることが不適当であり、その不適当な点が制限付き一般競争入札の方法（前記(3)

481

第4部 契 約

②（475頁）参照）によっても除去できないものであると解される。

②は、一般競争入札に付する手間暇を考慮したものであり、入札手続の簡素化の観点によるものである。

③は、一般競争入札に付するときは、一般競争入札の参加資格（前記(3)①（472頁）参照）はあっても真摯に競争に参加しようとする意思を有しない者や経営基盤が脆弱な者が応札し、公正な競争や契約の締結に支障が生ずるおそれがあるような場合を想定したものである。

### ② 指名基準（資格審査基準）

指名競争入札は、一般競争入札に参加する資格を有する者について、さらに資格要件を定めて、地方公共団体の長がその裁量によって参加すべき者を指名して行う入札の方式である。すなわち、一般競争入札に参加できない者が指名競争入札に参加できない（自治法施行令167条の11第1項・167条の4。なお、前記(3)①（472頁）参照）のは当然のこととして、指名競争入札においては、「契約の種類及び金額に応じ、工事、製造又は販売等の実績、従業員の数、資本の額その他の経営の規模及び状況を要件とする資格」を定め、それを公示しなければならない（自治法施行令167条の11第2項及び3項・167条の5）（なお、自治法施行令167条の5の2は準用されていないが、これは、指名の基準として定め、又は具体的な指名の際に考慮すれば足りるためであろう。）。

なお、この資格について「地方公共団体が、指名競争入札に参加させようとする者を指名するに当たり、①工事現場等への距離が近く現場に関する知識等を有していることから契約の確実な履行が期待できることや、②地元の経済の活性化にも寄与することなどを考慮し、地元企業を優先する指名を行うことについては、その合理性を肯定することができるものの、①又は②の観点からは村内業者と同様の条件を満たす村外業者もあり得るのであり、価格の有利性確保（競争性の低下防止）の観点を考慮すれば、考慮すべき他の諸事情にかかわらず、およそ村内業者では対応できない工事以外の工事は村内業者のみを指名するという運用に

482

ついて、常に合理性があり裁量権の範囲内であるということはできない。」とする判例（最高裁平成18年10月26日判決・判時1953号122頁）がある。

「普通地方公共団体の長は、指名競争入札により契約を締結しようとするときは、当該入札に参加することができる資格を有する者のうちから、当該入札に参加させようとする者を指名しなければなら」ず、その場合においては、「普通地方公共団体の長は、入札の場所及び日時その他入札について必要な事項をその指名する者に通知しなければならない」が、その通知に際しては「必要な資格のない者のした入札及び入札に関する条件に違反した入札は無効とする旨を明らかにしておかなければならない」とされている（自治法施行令167条の12第1～3項）。

また、指名競争入札においても総合評価競争入札（前記(2)②－4（470頁）参照）によることができるが（自治法施行令167条の10の2第1～5項・167条の13）、この場合の指名する者に対する通知においては、総合評価指名競争入札の方法による旨及び当該総合評価指名競争入札に係る落札者決定基準についても通知しなければならない（自治法施行令167条の12第4項）。

なお、前記(3)（472頁）で述べた一般競争入札に係る参加者の資格、入札保証金、開札及び再度入札、くじによる落札者の決定、制限競争入札及び総合評価一般競争入札に関する各規定が、指名競争入札の場合について準用されている（自治法施行令167条の11第1項及び第3項並びに167条の13）。

### ③ 公募型指名競争入札

公募型指名競争入札というのは、従来の指名競争入札の方法が不明朗であるとの批判に応えて考えられた、その指名をできるだけ客観的な方法で行うための一つの方法であり、法律的には、指名競争入札に該当する。したがって、自治法施行令167条の要件に該当する限り、その金額や工事等の種類に関係なく、この方法によることができる。しかし、この方法は、指名競争入札の形をとりつつ、できるだけ一般競争入札と同

第4部　契　約

じような効果を上げることを期待したものであり、従前の指名競争入札
に比較すればその手続が複雑であることから、現実的には、ある程度の
規模の契約について採用されることになろう。

公募型指名競争入札においては、指名競争入札に参加するための一般
的な資格要件（前記②（482頁）参照）を満たした者について、さらに、
特定の契約対象工事等について必要とされる技術についての資料の提出
を求め、その審査結果に基づいて、具体的な指名を行うことになる。す
なわち、従来は、発注者の側で、一方的に審査し、指名を行っていたプ
ロセスに、事業者の参加を求め、客観的な資料により指名業者の選定を
行うことによって、手続の透明化を図ろうとするのが、公募型指名競争
入札である。

公募型指名競争入札の手続は、まず技術資料の収集に係る公表から始
まる。これは、対象となる工事と応募できる者の資格を一般に知らせる
ことを目的とするものであり、それに加えて、審査のために必要とされ
る資料についても公にされる。すなわち、対象工事については工事名、
工事場所、工事内容（工種・構造・規模等）、工期等が明らかにされ、応
募できる者の資格としては事業者の経営状況、経営規模、技術的能力等
（建設業法27条の23参照）、事業所の所在地要件、近隣地域における施工
実績、同種工事の施工実績等が示され、事業者は、これらをみて、応募
するか否かを自主的に決めることになるのである。また、応募しようと
する者のために、提出すべき技術資料の作成や提出期限・場所等が明ら
かにされるべきことは当然である。なお、この公表は発注者が適当と判
断する適宜の方法で行えばよく、公示が必要とされている特例政令が適
用される工事（特例政令７条参照）の場合も同じである。提出すべき技
術資料の作成に必要な事項は掲示されるとともに、さらに詳細な事項に
ついては作成要領を作成して希望者に頒布するのが現実的である。この
作成要領には、工事概要、技術資料作成にあたっての留意事項、技術資
料の様式、技術審査における評価項目や選定の基準（着目点）等を記載
することになろうと思われる。

484

第3章　契約の締結の方法

　技術資料の提出を受けた発注者は、その技術資料に基づいて審査したうえで、指名業者を選定することになる。この選定にあたっては、庁内に特別の委員会等を設置することも考えられるが、従来からある指名委員会等で行うことも差し支えないであろう。なお、公募したものの、応募者が1社もなかったり、審査の結果指名すべき事業者がなかった場合に、再度の公募をすることができるのは当然のことであるが、そのまま通常の指名競争入札に移行することも可能である。なお、公募型指名競争入札の方法をとった場合は、指名しないこととなった事業者に対しては、その旨と理由を通知すべきことになろう。それが不服であるとして、詳細な理由の説明を求められたり、指名すべきことを要求された場合に、どのような手続で、どこまで応答するかは、それぞれの地方公共団体で工夫すべきこととなる。

　ところで、土木事業や建築事業に係る調査やコンサルタント業務等については、従来、随意契約によることが多かった。これは、その内容が専門的であったり、独創性が必要であったりすることから、相手方の専門知識や技術、能力に期待する面が多いことによるものと考えられる。しかし、このような業務においても、一定の水準以上の技術や知識を有していることが確認できれば、それらの者による競争入札による価格だけを基準として契約の相手方を選定することが可能となる。言いかえれば、価格だけを基準として相手方を選定すれば良いという段階まで契約の相手方となるべき候補者を絞り込むことができれば、その後は、指名競争入札と同じ手続によることが可能だということである。

　品質確保促進法は、「発注者は、競争に参加する者に対し、技術提案を求めるよう努めなければならない。ただし、発注者が、当該公共工事の内容に照らし、その必要がないと認めるときは、この限りではない。」（15条1項）としたうえで、「発注者は、競争に付された公共工事につき技術提案がされたときは、これを適切に審査し、及び評価しなければならない。この場合において、発注者は、中立かつ公正な審査及び評価が行われるようこれらに関する当事者からの苦情を適切に処理することそ

第4部 契 約

の他の必要な措置を講ずるものとする。」（15条3項）とし、「発注者は、
競争に参加する者に対し技術提案を求めて落札者を決定する場合には、
あらかじめその旨及びその評価の方法を公表するとともに、その評価の
後にその結果を公表しなければならない。」（15条5項本文）としている。
さらに、16条で「発注者は、競争に参加する者に対し技術提案を求め
る方式による場合において競争に参加する者の数が多数であると見込ま
れるときその他必要があると認めるときは、必要な施工技術を有する者
が新規に競争に参加することが不当に阻害されることのないように配慮
しつつ、当該公共工事に係る技術的能力に関する事項を評価すること等
により一定の技術水準に達した者を選抜した上で、これらの者の中から
落札者を決定することができる。」としたうえで（この方法を「段階的選
抜方式」という。）、「発注者は、技術提案をした者に対し、その審査にお
いて、当該技術提案についての改善を求め、又は改善を提案する機会を
与えることができる。」（17条前段）とし、「発注者は、当該公共工事の
性格等により当該工事の仕様の確定が困難である場合において自らの発
注の実績等を踏まえ必要があると認めるときは、技術提案を公募の上、
その審査の結果を踏まえて選定した者と工法、価格等の交渉を行うこと
により仕様を確定した上で契約することができる。この場合において、
発注者は、技術提案の審査及び交渉の結果を踏まえ、予定価格を定める
ものとする。」（18条）としている。加えて、「発注者は、前条第1項の
場合を除くほか、高度な技術又は優れた工夫を含む技術提案を求めたと
きは、当該技術提案の審査の結果を踏まえて、予定価格を定めることが
できる。この場合において、発注者は、当該技術提案の審査に当たり、
中立の立場で公正な判断をすることができる学識経験者の意見を聴くも
のとする。」（19条）としている（前記(2)①（464頁）参照）。

　このような方法による必要があるときは、その性質又は目的が競争入
札に適しないとして随意契約によることもできるものと思われるが（後
記2(1)（490頁）参照）、このような方法による方が、より透明性が高
く、客観性を担保できることは間違いないであろう。

第3章　契約の締結の方法

### ④ 工事希望型指名競争入札

　工事希望型指名競争入札は、建設工事を指名競争入札に付する際に、事業者の入札参加意欲を反映するとともに、当該工事の施工に係る技術的適性を把握するため、指名業者の選定に先だって、工事受注意欲の確認と技術資料の提出を求める方法だと定義される（平成7年3月22日建設省厚契発第12号・技調発第46号各地方建設局総務部長・各地方建設局企画部長宛地方厚生課長・技術調査室長通知）。同じ指名競争入札に属する契約であっても、公募型指名競争入札の場合は、技術資料の提出は一般に呼びかけられ、公にされた参加資格を有する者は誰でも参加できる（前記③（483頁）参照）のに対して、工事希望型指名競争入札においては、技術資料の提出を求める者をあらかじめ発注者の側で選定するところに違いがある。

　工事希望型指名競争入札においては、入札参加者を指名するための審査資料として技術資料の提出を求める相手方、いわば指名候補者を選定することが最初の事務となる。通常は、指名競争入札参加資格者名簿（これは公表しなければならない。公共工事適正化法8条1号及び公共工事適正化法施行令7条1項1号）に登載された者のうちから、希望する工事の内容（入札参加資格の審査の申請の段階において明らかにされている。）、当該工事の規模、当該建設業者の認定時の評価、地域特性等を勘案して、技術資料の提出を求める事業者を10社から20社程度選定することになる。そして、技術資料の提出を求める業者に対しては、工事の概要（工事名、工事場所、工種・構造・規模等の工事内容、工期等）、技術資料の受付期間・場所、技術資料の提出方法（持参か郵送か）、技術資料の審査方法（技術資料の評価項目、選定の着目点）等を明らかにしたうえで、入札に参加する意欲がある場合は、技術資料を提出すべきことを求め、提出された技術資料を審査し、指名業者を決定し、入札を行うことになる。なお、指名業者を決定したときは、遅滞なく、その者の商号又は名称及びその者を指名した理由を公表しなければならない（公共工事適正化法8条1号、同法施行令7条2項3号）。

● 487

第4部　契　約

　ところで、技術資料の提出を求めたものの、それに応じた者が1社も
なかったり、審査の結果指名すべき事業者がなかった場合（品質確保促
進法15条4項参照）に、相手方を変えて、再度技術資料の提出を求める
ことができるのは当然のことであるが、そのまま通常の指名競争入札に
移行することも可能である。

　なお、工事希望型指名競争入札の対象となる工事については、指名競
争入札についての要件を満たしている限り、全ての工事が対象となり得
るが、この場合においても、特例政令が適用される契約については、発
注者において指名されるべき事業者を事前に特定することは認められて
いない（特例政令7条・8条）ので、工事希望型指名競争入札によるこ
とはできない。また、手続の複雑さや参加者の数等による事務処理の効
率性という点からみた有利さということでは、

　　　一般競争入札 ≦ 公募型指名競争入札 ≦ 工事希望型指名競争入
　　　札 ≦ 一般の指名競争入札

となるから、契約手続における透明性確保の要請と費用の最少化、適正
な契約の締結という要素を総合的に考慮して、契約締結権者がその裁量
でどの方式によるかを決定することになろう。

## ⑤　指名停止

　指名競争入札には、「次の各号のいずれかに該当すると認められると
きは、その者について3年以内の期間を定めて一般競争入札に参加させ
ないことができる。その者を代理人、支配人その他の使用人又は入札代
理人として使用する者についても、また同様とする。」と定める自治法
施行令167条の4第2項の規定が準用され、同項の規定は指名競争入札
においてより重要な意味をもつ。すなわち、指名競争入札においては、
あらかじめ競争に参加することを希望する事業者についての資格審査を
行い、それに合格した者の名簿を作成し、その名簿に登載された者の中
から指名するのが通常であり、同項が定める要件に該当する場合には、
当該名簿から削除され、あるいは一定の期間指名しないという取扱いを

488 ●

受けることになるのである。なお、同項が定める事項は次のとおりである。

① 契約の履行にあたり、故意に工事、製造その他の役務を粗雑に行い、又は物件の品質若しくは数量に関して不正の行為をしたとき。

② 競争入札又はせり売りにおいて、その公正な執行を妨げたとき又は公正な価格の成立を害し、若しくは不正の利益を得るために連合したとき。

③ 落札者が契約を締結すること又は契約者が契約を履行することを妨げたとき。

④ 自治法234条の２第１項の規定による監督又は検査の実施にあたり職員の職務の執行を妨げたとき。

⑤ 正当な理由がなくて契約を履行しなかったとき。

⑥ 契約により、契約の後に代価の額を確定する場合において、当該代価の請求を故意に虚偽の事実に基づき過大な額で行ったとき。

⑦ ①から⑥のいずれかに該当する者を契約の締結又は契約の履行にあたり代理人、支配人その他の使用人として使用したとき。

これらの条項に該当する事実が判明したときに、関係する地方公共団体が「指名停止処分」を行ったと発表することが多く、当該地方公共団体を含めて、それが当該事業者に対する不利益な行政処分であるかのように理解する者が少なくないようである。しかし、競争入札による契約は、対等な立場における合意であり（建設業法18条参照）、発注者である地方公共団体が優越的な地位に立つものではないから、そこに行政処分という概念が入り込む余地はない。指名競争入札を実施するために作成される名簿は、入札に関する事務手続を円滑に行うためのものであり、そこに登載された者に何らかの法律的な地位や当該地方公共団体に主張し得る法律的な利益を与えるものではない。

なお、競争入札の制度は機会均等の理念に最も適合して公正なもの（最高裁平成６年12月22日判決（判時1520号71頁）参照）であるべきであるという観点から、指名停止が民法709条（国家賠償法１条１項ではな

● 489

第4部　契　約

い。）の不法行為に該当する余地はあるが、その場合においても、具体
的な損害があるかは問題である。

　ちなみに、「市営の老人福祉施設の民間事業者への移管に当たり、そ
の相手方となる事業者の選考のための公募に提案書を提出して応募した
者が、市長から、その者を相手方として上記移管の手続きを進めること
は好ましくないと判断したので提案について決定に至らなかった旨の通
知を受けた場合において、上記移管は市と相手方となる事業者との間で
契約を締結することにより行うことが予定されていたものであり、上記
公募は法令の定めに基づくものではなく上記移管に適する事業者を契約
の相手方として選考するための手法として行われたものであったという
事情の下では、上記通知は、抗告訴訟の対象となる行政処分に当たらな
い」とする判例（最高裁平成23年6月14日判決・裁判集237号21頁）があ
る。


## 2　随意契約

### (1) 随意契約によることができる場合

　自治法施行令167条の2第1項は、随意契約によることができる場合
として、次のものを掲げる。

①　売買、貸借、請負その他の契約でその予定価格（貸借の契約にあっ
　ては、予定賃貸借料の年額又は総額）が別表第5上欄に掲げる契約の
　種類に応じ同表下欄に定める額の範囲内において普通地方公共団体
　の規則で定める額を超えないものをするとき。

②　不動産の買入れ又は借入れ、普通地方公共団体が必要とする物品
　の製造、修理、加工又は納入に使用させるため必要な物品の売払い
　その他の契約でその性質又は目的が競争入札に適しないものをする
　とき。

③　障害者支援施設、地域活動支援センター、障害福祉サービス事業

を行う施設、小規模作業所において、又は認定生活困窮者就労訓練事業を行う施設でその施設に使用される者が主として生活困窮者であるものにおいて製作された物品を普通地方公共団体の規則で定める手続により買い入れる契約、障害者支援施設、地域活動支援センター、障害福祉サービス事業を行う施設、小規模作業所、シルバー人材センター等から普通地方公共団体の規則で定める手続により役務の提供を受ける契約、母子・父子福祉団体等が行う事業でその事業に使用される者が主として配偶者のない者で現に児童を扶養しているもの及び寡婦であるものに係る役務の提供を当該母子・父子福祉団体等から普通地方公共団体の規則で定める手続により受ける契約又は認定生活困窮者就労訓練事業を行う施設が行う事業でその事業に使用される者が主として生活困窮者であるものに係る役務の提供を当該施設から普通地方公共団体の規則で定める手続により受ける契約をするとき。

④　新商品の生産により新たな事業分野の開拓を図る者として総務省令で定めるところにより普通地方公共団体の長の認定を受けた者が新商品として生産する物品を、普通地方公共団体の規則で定める手続により、買い入れる契約をするとき。

⑤　緊急の必要により競争入札に付することができないとき。

⑥　競争入札に付することが不利と認められるとき。

⑦　時価に比して著しく有利な価格で契約を締結することができる見込みのあるとき。

⑧　競争入札に付し入札者がないとき、又は再度の入札に付し落札者がないとき。

⑨　落札者が契約を締結しないとき。

これらのうち、①は費用効果の観点からのものであり、②はその性質又は目的が競争入札に適しないものであれば随意契約によるのは当然のことであるが、何がそれに該当するかの判断は必ずしも容易ではない。このことについて、最高裁昭和62年３月20日判決（判時1228号72頁）

第4部　契　約

は次のように述べている。

「地方自治法（以下「法」という。）234条1項は「売買、貸借、請負その他の契約は、一般競争入札、指名競争入札、随意契約又はせり売りの方法により締結するものとする。」とし、同条2項は「前項の指名競争入札、随意契約又はせり売りは、政令で定める場合に該当するときに限り、これによることができる。」としているが、これは、法が、普通地方公共団体の締結する契約については、機会均等の理念に最も適合して公正であり、かつ、価格の有利性を確保し得るという観点から、一般競争入札の方法によるべきことを原則とし、それ以外の方法を例外的なものとして位置づけているものと解することができる。そして、そのような例外的な方法の一つである随意契約によるときは、手続が簡略で経費の負担が少なくてすみ、しかも、契約の目的、内容に照らしそれに相応する資力、信用、技術、経験等を有する相手方を選定できるという長所がある反面、契約の相手方が固定化し、契約の締結が情実に左右されるなど公正を妨げる事態を生じるおそれがあるという短所も指摘され得ることから、令167条の2第1項は前記法の趣旨を受けて同項に掲げる一定の場合に限定して随意契約の方法による契約の締結を許容することとしたものと解することができる。ところで、同項1号に掲げる「その性質又は目的が競争入札に適しないものをするとき」とは、原判決の判示するとおり、不動産の買入れ又は借入れに関する契約のように当該契約の目的物の性質から契約の相手方がおのずから特定の者に限定されてしまう場合や契約の締結を秘密にすることが当該契約の目的を達成する上で必要とされる場合など当該契約の性質又は目的に照らして競争入札の方法による契約の締結が不可能又は著しく困難というべき場合がこれに該当することは疑いがないが、必ずしもこのような場合に限定されるものではなく、競争入札の方法によること自体が不可能又は著しく困難とはいえないが、不特定多数の者の参加を求め競争原理に基づいて契約の相手方を決定することが必ずしも適当ではなく、当該契約自体では多少と

492

第3章　契約の締結の方法

も価格の有利性を犠牲にする結果になるとしても、普通地方公共団体において当該契約の目的、内容に照らしそれに相応する資力、信用、技術、経験等を有する相手方を選定しその者との間で契約の締結をするという方法をとるのが当該契約の性質に照らし又はその目的を究極的に達成する上でより妥当であり、ひいては当該普通地方公共団体の利益の増進につながると合理的に判断される場合も同項1号に掲げる場合に該当するものと解すべきである。そして、右のような場合に該当するか否かは、契約の公正及び価格の有利性を図ることを目的として普通地方公共団体の契約締結の方法に制限を加えている前記法及び令の趣旨を勘案し、個々具体的な契約ごとに、当該契約の種類、内容、性質、目的等諸般の事情を考慮して当該普通地方公共団体の契約担当者の合理的な裁量判断により決定されるべきものと解するのが相当である。」

次に、③及び④は、必ずしも理論的なものというよりも主として政策的判断によるものである。⑤は災害等の緊急時を想定したもの、⑥は秘密裏に契約を締結することが必要な場合等におけるもの、⑦は相手方や契約の目的物と特別な関係がある場合におけるもの、⑧及び⑨は競争入札による契約ができない場合である。

ともあれ、随意契約の方法による場合にあっても、土地の購入のような特殊な場合を除けば、契約の相手方になるべき者が複数あるのが通常であり（特定の特許を使用している製品のように、メーカーが1社だけの場合であっても、その販売店が1社とは限らない。）、その場合は、相手方を選定する必要がある。その方法として、通常行われているのが見積合わせとコンペである。

## (2) 見積合わせ

見積合わせというのは、2人以上の者から契約の目的に対する代価を算定した見積書を提出させ、それを基に、最も有利な条件の相手方を選定し、その者と契約するという方法である。これは、初めから契約の相

● 493

第4部　契　約

手方を特定したうえで契約締結交渉をした場合は、当該業者との癒着が生じたり、不当に高い代価を支払う結果になるおそれがあることと、現実にはそのようなことはないとしても、住民がそのような疑惑を抱き、ひいては、行政に対する信頼がなくなるおそれがあることを理由とするものである。言いかえれば、見積合わせというのは、単に有利な契約条件を獲得することだけではなく、契約手続の公正さを確保する手段でもある。

　この見積書には、文具等の単純な物についてのように、品目、数量、単価、合計額を記しただけのものから、工事等の場合についてのように、内訳明細書を付けて算定基礎を明示させるものまで、いろいろなものがある。発注者は、見積書に記載された価格と見積書の提出を求める前に定めておいた予定価格とを対照して適否を検討し、最も発注者に有利な価格を提示した者と契約を締結することになるのが通常の場合である。しかし、場合によっては、価格以外の要素をも考慮することが妥当な場合もあり、そのときは、専門家の意見を聞いたり、見積書に添付されている内訳書の内容や見積書以外の情報をも活用して、契約の相手方として最も妥当な者を選定することもあり得る。この場合には、価格以外の条件が考慮された結果として、見積書で提示された価格が他の者よりも高い者であっても、契約の相手方となることがあり得るであろう。また、見積書による価格が同一で、価格以外の特別な要素もない場合は、見積合わせが公正さを確保する手段でもあるということから、抽選により契約の相手方を選定するのが適当であろう。なお、発注すべき業務の仕様の確定が困難である等の場合には、公共工事の場合における予定価格の決定について定めた品質確保法18条１項及び19条の定めが参考になる（前記１(4)③（483頁）参照）。

　また、随意契約においても予定価格の制限内で契約を締結するのが原則であるが、入札の場合と異なり、必ずそうしなければならないという法律の定めはない。したがって、見積書を徴したところで、いずれも予定価格を上回ることが明らかになり、その後の交渉（再度の見積書の提

494 ●

出を含む。）でも予定価格の制限内では契約に応じる者がいないことが判明した場合は、予定価格を上回る金額で契約を締結することもやむを得ないであろう。これは、入札の場合の自治法234条3項のように、法的拘束力を与える根拠がない随意契約における予定価格は、当該契約において基準をあらかじめ定めることにより、適正な契約を締結することを目的とするものにすぎないと解されることから論理的に導き出される結論である。ただ、予定価格が低価格であることが随意契約の理由となっている場合（自治法施行令167条の2第1項）は、当該予定価格を上回ることによって随意契約が認められている金額を超えることは許されない。また、競争入札に付し入札者がないとき、又は再度の入札に付し落札者がないことを理由として随意契約を行う場合は、契約保証金及び履行期限を除くほか最初競争入札に付するときに定めた予定価格その他の条件を変更することができないとされ（自治法施行令167条の2第2項）、落札者が契約を締結しないことを理由とする場合は、落札金額の制限内で契約を締結しなければならないとされている（自治法施行令167条の2第3項）。

　ところで、見積書を徴する相手方の数としてどのくらいが適当であるかも問題となるところである。これは、契約の目的・性質・価格・種類、契約に応ずることが可能な範囲における事業者の数等を総合的に判断して決めることになる。見積合わせというためには、2者以上から見積書の提出を求めなければならないのは当然のことであるが、余り多すぎると、随意契約における手続の簡単さ、簡易さが失われるので、多ければ多いほど良いということにはならない。

　なお、見積書の提出を求めることは、契約の申込みの誘因であり、見積書の提出は契約の申込みであると解されるので、購入先が1者に限定されている場合も、価格等の条件を提示させるという意味で、見積書を徴することは必要であろう。このような場合において、見積書による価格が予定価格を上回る等したときは、発注者の方から値引き等の交渉をして、妥当な条件により契約を締結することとなる。

第4部　契約

　また、再販売価格制度が認められている書籍、新聞等や供給者に地域
独占が認められている電話、水道等のように、目的物の質と価格が固定
されており、購入先による購入条件の差が生じないものについては、見
積書を徴しても、それが契約の相手方を選定する資料とはならず、見積
書を徴する意味はないので、見積書を徴することなく、直ちに、適当な
相手方に対して契約の締結を申し込んで差し支えないことになる。

## (3) コンペ及び公募型プロポーザル

　特定の政策目的を達成するための契約や土木・建築事業の設計等につ
いては、価格だけでは契約の相手方を決めることができないことから、
見積合わせの方法によることが困難であり、最初から相手方を特定した
随意契約によることが多かった。しかし、このような場合にあっても、
契約を希望する者から、その契約によって達成しようとする意図や専門
性・独創性・芸術性・能力等を判断できる資料を提出させ、その中から
契約の相手方を選定することが考えられる。これがコンペ又はプロポー
ザル（以下「コンペ」と総称する。）と称される方法であり、次第に採用
されることが多くなっている。ただ、この方法は、発注者にとっても相
手方にとっても時間と経費の負担が重いので、それに見合う効果が得ら
れる場合に限られるのはやむを得ないところであろう。

　コンペには大きく分けて二つの方法がある。すなわち、一つは、応募
者の中から最も適当と判断された案を提出した者を相手方として、随意
契約の方法により契約を締結するという方法である。他の一つは、応募
者の提出した案の中の優れたものについての著作権等の権利を取得した
うえで、原則的には当該案を提出した者と契約を締結するが、必ずしも
その者が契約の相手方とは限らないというものである。前者の場合は、
応募者が費やした経費は応募者自身の負担とされるが、後者の場合は、
あらかじめ賞金等として公表されている一定の金額が入選作に与えられ
るのが一般的である（これは民法532条の優等懸賞広告に該当する。）。

　前者の方法は、地域振興やまちづくりのための用地の売却や貸付等に

際して利用されることが多く、価格をあらかじめ地方公共団体の側で決めておき、コンペそのものは、当該用地の利用方法を競うものや、当該用地の利用計画と価格を組み合わせた提案を求めることもある。後者の方法は、土木・建築の基本設計等について利用されることが多く、その第一の目的は、優れた構想やアイディアを得ることにあり、理論的には、コンペそのものは契約手続には含まれず、その基本設計に基づく実施設計の委託の段階が契約の問題であるということになる。すなわち、後者のコンペは優秀な成果品を得るための手段であり、それには自治法の契約に関する規定の適用はないが、それを実施するための契約については、自治法が適用され、コンペによって選ばれた作品（設計）を作製した者に実施設計を委託することが「時価に比して著しく有利な価格で契約を締結することができる見込みのあるとき」（自治法施行令167条の2第1項7号）等に該当する場合に、その者を相手方として随意契約を締結することができることになるのである。

このように、コンペは、前者については勿論、後者の場合も実質的には契約の相手方を選択する手続として機能するのであり、随意契約における相手方の選定過程を透明化しようとする試みの一つである。なお、公募型指名競争入札という契約の方法があり、考え方や手続の面では共通するところも多いが、法律的には、指名競争入札と随意契約という全く別個のものである（前記1(4)③（483頁）参照）。

なお、特例政令11条1項は、同政令が適用される調達契約について随意契約ができる場合についての自治法施行令の特例を設けている。それによれば、予定価格が2億円以上の建築物の設計を目的とする契約については、自治法施行令167条の2第1項3号、6号又は7号に該当する場合のほかは、次の場合に限り、随意契約ができることとなっており（特例政令10条1項6号、地方公共団体の物品等又は特定役務の調達手続きの特例を定める政令第3条第1項に規定する総務大臣の定める区分及び額を定める件（平成14年総務省告示38号））、そのような方式による契約の方法を公募型プロポーザル方式と称している。

●　497

第4部 契約

「当該契約の相手方が、総務大臣の定める要件を満たす審査手続きにより、当該建築物の設計に係る案の提出を行った者の中から最も優れた案を提出した者として特定されているとき。ただし、当該契約が、地方自治法施行令第167条第1項第2号に規定するその性質又は目的が競争入札に適しないものに該当する場合に限る」

また、ここでいう総務大臣の定める要件について、地方公共団体の物品等又は特定役務の調達手続きの特例を定める政令第10条第1項第6号に規定する総務大臣の定める要件を定める件（平成7年自治省告示209号）は、次のように定めている。

① 複数の審査員により審査されること。

② 次に掲げる者は建築物の設計に係る案の提出（以下「提案」という。）を行うことができないこと。

　ア　審査員

　イ　審査員が自ら主宰し又は役員若しくは顧問として関係する法人その他の組織及び当該組織に所属するもの

　ウ　提案に関する事務を担当する特定地方公共団体の部局の職員

③ 提案の要請を行うに際し、次に掲げる事項が公示されること。

　ア　提案に係る建築物の設計の内容

　イ　提案を行う者に必要な資格

　ウ　提案に係る質問を受け付ける場所

　エ　提案の場所及び日時

　オ　審査員の氏名

　カ　審査を行う日

④ 審査結果が理由を付して公表されること。

第3章　契約の締結の方法

# 3　契約の成立と当事者の変更

## (1) 契約の成立

　契約は、当事者の意思の合致、すなわち、一方からの申込みとそれを受けた者の承諾によって成立する（民法526条参照）のが原則である（保証契約は書面で（民法446条2項）、定期借地契約は公正証書等の書面（借地借家法22条）でしなければならないとされているが、それはこの例外である。）。契約が成立したときには、契約書が作成されることが多いが、それは合意の成立そのものや合意の内容に争いが生じたときの証明手段の一つにすぎず、契約自体は口頭の合意によって成立するわけである。しかし、地方公共団体が当事者となる契約については、当該契約につき契約書又は契約内容を記録した電磁的記録を作成する場合には、契約書又は電磁的記録が正規に作成されるまで、当該契約が確定しないとされている（自治法234条5項）。これは、落札者が決定された後においても、地方公共団体の側に最終的な決定権があるということ（落札者においても契約の締結を拒否することはできるが、入札保証金（自治法234条4項）を納めている場合は、それを没収されることになる。）と、合意内容を明確にする必要があることによるものであろう。

　このことは、入札手続が完了した後においても契約書等を作成するまでは、当該入札に係る手続を白紙に戻し（一連の手続の中には取消しを観念できる法律行為もあるが、開札等の事実行為については取消しを観念できないので、単になかったこととして扱うことになる。）、新たに手続を最初からやり直したり、当該入札に係る契約をしないこととすることができることを意味するが、その理由がもっぱら地方公共団体の側にあるときは、応札者に対して、入札に参加するために生じた費用を補償しなければならないこともあり得る。

　なお、契約締結の義務が認められない場合であっても、契約を確実に締結できるものと信頼して、契約が締結された場合に必要となる手配を

● 499

第4部 契 約

進めていた者がおり、その信頼を与えた者がそのことを予見していたときは、信義衡平の原則に照らして、その信頼には法的保護が与えられなければならず、その信頼に基づく行為によって支出された費用を補填する等の代償的措置を講じないで、契約の締結を拒否した場合には不法行為責任が生ずるとした判例（最高裁平成18年9月4日判決・判時1949号30頁）がある。また、契約書に定められていない事項であっても、当該契約締結の前提として当事者双方が了解していた事項については、それを履行しないことが信義則に違反し、不法行為が成立することがある（東京高裁平成27年1月29日判決・判時2251号37頁、平成28年12月16日上告不受理）。さらに、生産委託契約において、発注者の要請を受けて、設備投資をして閉鎖していた工場を再稼働させたという事情があるときは、発注者には、再稼働のための初期投資を回収し、採算維持ができるように配慮すべき契約上の付随義務があるとする判決（東京高裁平成29年11月30日判決・判時2397号14頁）があり、予算上の問題から単年度契約にせざるを得ないことが多い地方公共団体としては、留意しなければならない。

　ところで、第三セクターの代表者が関係地方公共団体の長である場合には、同一の人物が双方の代表者として契約書に署名（記名押印）することがある。契約は反対方向の意思が一致することによって成立するとされており（民法521条〜526条1項参照）、同一人が双方の代理人となることはできないとする民法108条の規定が地方公共団体の長が当該地方公共団体を代表して行う契約の締結に準用され、そのような契約は無効であるが、議会がそれを追認（民法116条）した場合は有効になるとした判例がある（最高裁平成16年7月13日判決・判時1872号32頁）。双方代理となる場合において、第三セクターが株式会社である場合は株主総会又は取締役会の承認を得ることが必要である（会社法356条1項2号・365条1項）。

　また、自治法が定める契約手続に違反して契約が締結された場合について、「随意契約の制限に関する法令に違反して締結された契約の私法

上の効力については別途考察する必要があり、かかる違法な契約であっても私法上当然に無効になるものではなく、随意契約によることができる場合として前記令の規定の掲げる事由のいずれにも当たらないことが何人の目にも明らかである場合や契約の相手方において随意契約の方法による当該契約の締結が許されないことを知り又は知り得べかりし場合のように当該契約の効力を無効としなければ随意契約の締結に制限を加える前記法及び令の規定の趣旨を没却する結果となる特段の事情が認められる場合に限り、私法上無効になるものと解するのが相当である。」とする判例がある（最高裁昭和62年5月19日判決・判時1240号62頁）。

なお、契約が工事請負約款によってなされる場合について、「約款は、国民一般が当然に遵守義務を負う法令とは異なり、契約の一方当事者が多くの相手方に対し同一条件の内容の契約を成立させるためにあらかじめ示した意思表示であり、これを前提とする契約が成立した場合、この約款の文言等が明確でなく、その解釈、適用範囲等が問題になった場合には、当該約款を抽象的な規範として捉えて解釈するのではなく、あくまでも約款を前提に当事者間で成立した契約における条項の解釈として行うべきであり、そこでは、当事者間において当該約款によりどのような内容の意思の合致があったのか、すなわち契約における意思表示の内容は何かをみていく必要がある。」とされる（最高裁平成26年12月19日判決の補足意見・判時2247号27頁）ので、契約書の文言には最大の注意を払うことが必要である。

## (2) 契約当事者の変更

契約の当事者になるためには、権利義務の主体になることができることが必要であり、それは一般競争入札への参加資格でもある（前記1（3）①（472頁）参照）。典型的な契約当事者の変更には、当該契約によって
○義務を負う債務者の変更
○権利を有する債権者の交替
の二つがあり、従前の民法は、その513条1項において「当事者が債務

第4部　契　約

の要素を変更する契約をしたときは、その債務は更改によって消滅する。」と定め、514条において「債務者の交替による更改は、債権者と更改後に債務者となる者との契約によってすることができる。ただし、更改前の債務者の意思に反するときはこの限りでない。」としていた。しかし、この意味が必ずしも明確ではないとの批判があり、2020年（令和2年）4月1日から施行される新民法は、この更改に関する条文を全面的に改正し、その513条で、「当事者が従前の債務に代えて、新たな債務であって次に掲げるものを発生させる契約をしたときは、従前の債務は、更改によって消滅する。」として、次のものを掲げている。

①　従前の給付の内容について重要な変更をするもの

②　従前の債務者が第三者と交替するもの

③　従前の債権者が第三者と交替するもの

　この①の意味は、契約が当事者の意思の合致によって成立するものであることから、その合致した意思の重要な内容が変更されたときは、変更後の内容による新たな契約が成立したことによって、従前の契約を維持しておく必要がなくなるとして、それが消滅することを明らかにしたものである。ただ、現実には、契約の一部が変更された場合に、その変更にかかる部分が従前の民法513条1項の「債務の要素」又は新民法513条1項1号の「給付の内容について重要な変更をするもの」に該当するか否かは必ずしも明らかではないこと等から、従前の契約の中の変更されない部分を生かしたままで、一部を変更する旨の合意をすることが多い。

　債権者又は債務者が交替するということ（②及び③の場合）は、契約をした当事者の一方が入れ替わることであり、入れ替わった従前の当事者が当該契約関係から脱退することであるから、その入れ替わりがなされる前の契約と後の契約では当事者が異なることになるので、従前の契約の効力は消滅する。そして、上記②の債務者の交替による更改は、債権者と更改後に債務者となる者との契約によってすることができ、その契約は、債権者が更改前の債務者に対してその契約をした旨を通知した

502

時に、その効力を生じ、更改後の債務者は、更改前の債務者に対して求償権を取得しないとされ（新民法514条）、上記③の債権者の交替による更改は、更改前の債権者、更改後に債権者となる者及び債務者の契約によってすることができるが、確定日付のある証書によってしなければ、第三者に対抗することができないとされる（新民法515条）。

　ところで、契約には、

○一方だけが義務を負い、他方は権利を有するだけである「片務契約」
　（贈与、消費貸借、終身定期金）

○双方が権利を有するとともに義務を負う「双務契約」（負担付き贈与、売買、交換、賃貸借、雇用、請負、委任、寄託、組合、和解）

の二つがある。したがって、債権者又は債務者が交替するという形での更改が可能なのは、一方だけが権利を有し、義務を負担する片務契約においてだけであり、一つの契約の中で債権債務か相互に関係している双務契約においては、債権者の交替又は債務者の交替を純粋な形で行うことはできないので、民法が定める形での更改の例は多くない。

　契約の当事者を変更する最も単純明快な方法は、従前の契約を合意解除し、新たに契約を締結することである。この方法によるときは、従前の契約は完全に消滅し、それまでに発生した権利義務はそこで清算され、新たに締結される契約は、従前のものと全く関係のないものとなる。このことは、新たな契約の締結については、通常の契約締結手続によること、すなわち競争入札によるべきものであれば競争入札の必要があるし、随意契約の要件を満たしていれば随意契約によることができることを意味する。

　このようなことを避けるためになされるのが、契約上の地位の譲渡という方法である。この方法は、法律に具体的な定めがあるものではないが、従前の契約当事者及び新たに当事者となる者の合意によって、特定の契約における一方当事者の地位を包括的に新たに当事者となる者に移転するものとして一般に承認されている。すなわち、相続や会社の合併の場合において、相続人や承継又は存続会社が被相続人や被合併会社の

● 503

第4部　契　約

権利義務を包括的に承継する（民法896条本文、会社法750条1項・752条1項・754条1項等）のと同じ効果を、契約によって生じさせるわけである。

　これによるときは、例えば、新たに当事者となった者が請負契約における発注者又は請負人としての地位を引き継ぎ、従前その地位にあった者が行ったことの全てを自らが行ったものとして、その責任をとることになるので、従前からの他方の当事者も安心できるという利点がある。しかも、従前からの当事者が新たな相手方の信用力等に不安を感じるときは、従前の相手方に対して、新たな相手方が負担すべき債務についての保証を求めることもできるので、合意が成立する限り、柔軟に対処できることも、この方法によるメリットであろう。

　実務的には、契約の一方の当事者が地位を譲渡したいとの申し出をし、それを受けた他方の当事者がその譲渡を受けようとする者について、契約の相手方とすることの適否を判断して、その申し出を受けるべきか否かを決定することになる。このようなことが可能かどうかについての自治法の定めはないが、それが法令の定めを免れるためである等の不都合がない限り、認められるべきであろうと思われる。現実に、契約の相手方である個人が事業を継続するために会社を設立した（いわゆる法人成り）ときや、法人格を有しない任意団体（権利能力なき社団）が法人格を取得したとき等のように、実質的な同一性が認められるものの間での場合、契約当事者の経営が危機に陥り、契約の対象となる事業を譲渡した場合等には、契約上の地位の譲渡を認める合理性と必要性があろうと思われる。なお、このような場合においては、当該契約の従前の相手方が完全に当該契約から脱退することを確認する条項を設けておくことが適当であろう。


## 4　請負契約における契約金額の変更

　「請負は、当事者の一方がある仕事を完成することを約し、相手方が

504

その仕事の結果に対してその報酬を支払うことを約することによって、その効力を生ずる」契約である（民法632条）から、請負人は、契約成立後、その完成品の引き渡しが完了するまでの間に生ずる全てのリスクを負担しなければならない。すなわち、請負契約においては、仕事を完成させることが必要であり、どんなに努力しても仕事が完成しない限り、請負人が義務を果たしたことにはならず、このことは、完成させることができない原因が注文者の責めに帰すべきものであっても、天災等の不可抗力な出来事であっても同じである。ただ、仕事を完成させることが不能となった場合（修理の目的物が消滅したり、特殊な原材料の入手ができなくなったりしたような場合）は、請負人の仕事を完成させる義務はなくなるが、それが注文者の責めに帰すべき事由による場合（民法536条2項）を除いて、請負人は報酬も費用も請求できないこととされている（民法536条1項）。また、成果物を引き渡した後においても、「建物その他の土地の工作物の請負人は、その工作物又は地盤の瑕疵について、引渡しの後5年間その担保の責任を負う。ただし、この期間は、石造、土造、れんが造、コンクリート造、金属造その他これらに類する構造の工作物については、10年とする。」とされる（民法638条1項）等、完成品を引き渡した後も、請負人には重い責任が課されている（新民法における請負については、第2部第2章11（137頁）参照）。

　このため、個別の請負契約においては、民法による請負人の重い責任を軽減するための規定を置くことが一般的である。多くの地方公共団体は、中央建設審議会が策定し、公表している公共工事標準請負契約約款（以下「標準約款」という。）を採用しているが、そこにおける請負代金額の変更（原材料費の高騰等は請負契約の履行不能の原因とはならない。）に関する定めも、その一つであるが、その解釈適用に際しては、最も有利な条件で契約しなければならないという自治法の趣旨（前記第1章（456頁）参照）と請負契約の特徴に留意することが重要である。

　ところで、標準約款は、請負代金の変更が行われる場合として、

①　発注者が工事材料を支給し、建設機械器具を貸与するとされてい

第4部 契 約

る工事において、その工事材料や建設機械器具を変更する等したとき（15条7項）

② 発注者の責めに帰すべき事由により設計図書不適合が生じ、その改造を行うとき

③ 設計図書の訂正又は変更が行われたとき（18条5項・19条）

④ 工事用地の確保ができない等又は天災等で請負人の責めに帰すことができないものにより工事目的物等に損害を生じ若しくは工事現場の状態が変動したために、発注者が工事の中止を指示したとき（20条3項）

⑤ 発注者が工期の短縮又は延長をしたとき

⑥ 前金払い、部分払い又は部分引渡しに係る代金の支払いを遅延したために請負人が工事を中止したとき

⑦ 賃金又は物価の変動によるとき（25条）

を定めている。

これらのうち、①②③⑤及び⑥の事由は、発注者側の都合又は責任により工費が余計にかかることとなった場合のことであり、いかに請負契約であるといえども、その責めを請負人に負わせることは無理であろう。また、④は、天災等の不可抗力による場合（ただし、工事用地の確保は発注者の責任であることが多いと思われる。）のことであり、発注者による工事の中止の指示（この要件に該当するという発注者の判断を示すものと考えられる。）を条件として、民法が定める請負人の責任を軽減するものである。これらの場合における請負代金の変更の方法は、あらかじめ請負代金内訳書を発注者が承認しているときは、原則としてそこに記載された単価を基礎とし（24条A）、そのような承認がなされていないときは、協議して定めることとされている（24条B）。そして、⑦の場合は、それ以外の場合とは事情が異なるので、請負代金の変更方法についての一般的な規定である24条とは別に、25条に特別の規定が設けられている。

請負契約締結後に賃金（労務費）水準や物価（材料費、機械器具費、仮

設材料費等）水準が変動したことによって、当初の契約で定めた請負代金を維持することが不適当となった場合においても、請負契約の原則に固執して、その代金の変更を認めないとすることは信義誠実の原則（民法1条2項）に反することになりかねない。一方、このような事由が生じたことを理由に、安易に請負代金の変更を認めるときは、競争入札が有する「機会均等の理念に最も適合して公正であり、かつ、価格の有利性を確保し得る」（最高裁平成18年10月26日判決・判時1953号122頁）特性を失わせることになりかねない（入札者は当該工事完了までの賃金や物価の変動を含む種々のリスクを考慮したうえで入札金額を決定しているはずであり、その見込み違いについての責任を安易に発注者が負うときは、妥当な見込みに基づいて入札した者の利益を損ない、発注者にとっての価格の有利性を失うことにもなりかねない。）。そこで、標準契約においては、賃金又は物価の変動による請負代金の変更について次のような特別な規定が設けられている（契約における一般原則である事情変更の原則を明文化したものと理解できる。）。

「第25条　甲又は乙は、工期内で請負契約締結の日から12月を経過した後に日本国内における賃金水準又は物価水準の変動により請負代金額が不適当となったと認めたときは、相手方に対して請負代金額の変更を請求することができる。

2　甲又は乙は、前項の規定による請求があったときは、変動前残工事代金額（請負代金額から当該請求時の出来形部分に相応する請負代金額を控除した額をいう。以下同じ。）と変動後残工事代金額（変動後の賃金又は物価を基礎として算出した変動前残工事に相応する額をいう。以下同じ。）との差額のうち変動前残工事代金額の1000分の15を超える額につき、請負代金額の変更に応じなければならない。

3　変動前残工事代金額及び変動後残工事代金額は、請求のあった日を基準とし、（内訳書及び）

（A）［　　　］に基づき甲乙協議して定める。

（B）物価指数等に基づき甲乙協議して定める。

第4部　契約

　　ただし、協議開始の日から○日以内に協議が整わない場合に
　あっては、甲が定め、乙に通知する。
　　［注］　（内訳書及び）の部分は、第3条（B）を使用する場合には削
　　　除する。
　　　　（A）は変動前残工事代金額の算定の基準とすべき資料につき、
　　　あらかじめ、当事者が具体的に定め得る場合に使用する。
　　　　［　］の部分には、この場合に当該資料の名称（たとえば、国又
　　　は国に準ずる機関が作成して定期的に公表する資料の名称）を記
　　　入する。
　　　　○の部分には、工期及び請負代金額を勘案して十分な協議が行
　　　えるよう留意して数字を記入する。

4　第1項の規定による請求は、本条の規定により請負代金額の変更
　を行った後再度行うことができる。この場合においては、第1項中
　「請負契約締結の日」とあるのは「直前の本条に基づく請負代金額
　変更の基準とした日」とするものとする。

5　特別な要因により工期内に主要な工事材料の日本国内における価
　格に著しい変動を生じ、請負代金額が不適当となったときは、甲又
　は乙は、前各項の規定によるほか、請負代金額の変更を請求するこ
　とができる。

6　予期することのできない特別の事情により、工期内に日本国内に
　おいて急激なインフレーション又はデフレーションを生じ、請負代
　金額が著しく不適当となったときは、甲又は乙は、前各項の規定に
　かかわらず、請負代金額の変更を請求することができる。

7　第5項及び前項の場合において、請負代金額の変更額について
　は、甲乙協議して定める。ただし、協議開始の日から○日以内に協
　議が整わない場合にあっては、甲が定め、乙に通知する。

　　［注］　○の部分には、工期及び請負代金額を勘案して十分な協議が行え
　　　るよう留意して数字を記入する。

8　第3項及び前項の協議開始の日については、甲が乙の意見を聴い
　て定め、乙に通知しなければならない。ただし、甲が第1項、第5

第3章　契約の締結の方法

項又は第6項の請求を行った日又は受けた日から○日以内に協議開
始の日を通知しない場合には、乙は、協議開始の日を定め、甲に通
知することができる。

［注］　○の部分には、工期を勘案してできる限り早急に通知を行うよう
留意して数字を記入する。」

　上記の定めのうち、1項から4項までを「スライド条項」、5項を
「単品スライド条項」、6項を「インフレスライド条項」と称するのが一
般的である。

　まず、スライド条項においては、発注者又は請負人は、「工期内で請
負契約締結の日から12月を経過した後に日本国内における賃金水準又
は物価水準の変動により請負代金額が不適当となったと認めたときは、
相手方に対して請負代金額の変更を請求することができる」（標準契約
25条1項）のであるから、この規定に従って、発注者は請負代金の減額
を、請負人はその増額を請求することができることになる。ここでは、
「請負契約締結の日から12月を経過した後」とされているので、他の契
約条項によって請負代金の変更がなされている場合であっても、この期
間は当初の請負契約締結の日から計算されることになり、中途において
変更された請負代金の額は、本条項による変更額に反映されることにな
る。また、ここでいう賃金水準や物価水準の変動というのは、当該請負
契約に係る工事に係るものであることは当然であり、それぞれ、当該工
事に従事すべき従業員の賃金水準（労働者一般の賃金水準はもちろん、他
の工事に従事する従業員のそれとも連動しないことがあり得る。）、当該工事
に必要な材料費、機械器具費、仮設材料費等の物価水準を意味するもの
である。

　問題となるのは「請負代金額が不適当となったと認めたとき」という
のは、誰が認めたときなのかということであるが、条文上は、発注者又
は請負人のいずれかがそのように判断したときということになる。た
だ、これは請負代金額の変更を請求することができる要件であり、相手
方が当然にこれに応ずべき義務を負うわけではなく、変動前残工事代金

● 509

第4部　契　約

額（請負代金額から当該請求時の出来形部分に相応する請負代金額を控除した額をいう。）と変動後残工事代金額（変動後の賃金又は物価を基礎として算出した変動前残工事代金額に相応する額をいう。）との差額が変動前残工事代金額の1000分の15を超えるときに、相手方は、その超える額について、請負代金額の変更に応じなければならないことになるのである（標準契約25条2項）。言いかえると、変動の幅が1000分の15以内であれば、それは請負代金額が不適当となった場合には該当せず、請負代金は変更されないということである（増額請求の場合にあっては、その範囲内の賃金水準や物価水準の高騰分は請負人の負担となるが、それは請負契約の性質によるものである。）。なお、変動前残工事代金額と変動後残工事代金額は、あらかじめ合意しておいた公的な統計や調査結果等の資料に基づき（標準契約25条3項A）、あるいは物価指数等に基づいて（標準契約25条3項B）両者が協議して定めるのであるが、協議が整わないときは、発注者が定めることになる（請負契約の性質からすれば請負代金の変更は特約がある場合にのみ認められるので、協議が整わないときには発注者が定めるという特約も有効である。）。

　なお、賃金水準又は物価水準の変動による請負代金額の変更がなされた場合であっても、その日から12月を経過した後に、その変更後の請負代金が賃金水準又は物価水準の変動によって不適当となった場合は、再度変更を請求できることとされている（標準契約25条4項）。

　次に、単品スライド条項は、他のスライド条項が賃金水準又は物価水準一般の変動に対応するものであるのに対し、特定の工事材料の価格変動に備えたものであり、1979年（昭和54年）の第2次石油危機における経験を踏まえて、1981年（昭和56年）3月の標準約款改正に際して盛り込まれたものである。

　すなわち、1973年（昭和48年）10月に勃発した第4次中東戦争における石油輸出国機構（OPEC）の戦略的な原油価格の引き上げ（第1次石油危機）の影響で、1974年（昭和49年）の日本の消費者物価指数は23％上昇したが、1979年（昭和54年）のイラン革命の際には、同国に

多くを依存していた日本の原油輸入量が大幅に減少し（第2次石油危機）、一般的な物価の上昇ではなく、アスファルト、アスファルト合材、生コンクリート等の石油関連の特定の建設資材の価格上昇が著しかった。請負工事契約においては、一般的な物価の上昇であれば、前述のスライド条項や後述のインフレスライド条項による対処が可能であるが、当時の標準約款には限定された範囲の資材の高騰に対応する条項はなく、民法の事情の変更の原則を踏まえて特別な対応をせざるを得なかった。そこで、その後の標準約款の改正に際して追加されたのが単品スライド条項（標準約款25条5項。現行規定は1995年（平成7年）改正によるもの）である。

　標準約款25条5項は、「特別な要因により工期内に主要な工事材料の日本国内における価格に著しい変動を生じ、請負代金額が不適当となったときは、甲又は乙は、前各項の規定によるほか、請負代金額の変更を請求することができる。」と定めている。この解釈適用にあたっては、前記のような事情を踏まえることが必要であり、この場合に該当するかどうかは客観的な資料に基づいて判断されなければならない。また、スライド条項とは異なり、この場合における請負代金の変更の限度についての定めはない。これは、請負代金額が不適当となった原因が「特殊な要因」、すなわち一般的な経済事情の変動によるもの以外の要因によるものであり、一律に限度額を定めることが適当でないと考えられたからであろう。このように、この単品スライド条項が適用される場面と前述のスライド条項が適用される場面が異なるので、両者を別個独立して適用することもできるものとされている。

　さらに、インフレスライド条項においては、「予期することのできない特別の事情により、工期内に日本国内において急激なインフレーション又はデフレーションを生じ、請負代金額が著しく不適当となったとき」に請負代金の変更を請求することができる（標準契約25条6項）とされている。この場合の請負代金の変更は、単品スライド条項による場合と同じく、発注者と請負人が協議して定めるのが原則であり、協議が整わないときは、発注者が定めることとされている（標準契約25条7

第4部　契　約

項）。

　一般的な経済情勢の変動による賃金水準や物価水準の変動に対しては
スライド条項によって対処できるが、第1次石油危機のような海外にお
ける戦争や動乱等に起因する国際価格の急騰等によって、国内で急激な
インフレーションとなったような場合には、その都度適切に対処する必
要がある。そのため、インフレスライド条項においては、スライド条項
が適用される場合の「請負契約締結の日から12月を経過した後」（標準
契約25条1項）であることは必要とされず、「変動前残工事代金額の
1000分の15を超える額につき、請負代金の変更に応じなければならな
い」（標準契約25条2項）という義務付けはなく、協議において基礎とす
べき資料についてあらかじめ定めておくこと（標準契約25条3項）も必
要がないこととなっている。すなわち、インフレスライド条項を適用す
べきと考えた当事者が相手方に請負代金の変更を請求し、その要件に該
当するかどうか、該当するとしてどの程度の変更をするかは両者の協議
（最終的には発注者）に委ねることとされているのである。

　ところで、国土交通省は、2014年（平成26年）1月30日付けで「賃
金等の変動に対する工事請負契約書第25条第6項の運用について」と
題する文書で、国の直轄工事におけるインフレスライド条項の運用基準
を定めた。これは、2014年（平成26年）2月から適用する公共工事設
計労務単価（以下「新労務単価」という。）が2014年（平成26年）度当初
の労務単価と比べ、全国平均で7.1％、東日本大震災による被災三県の
平均では8.4％の上昇となり、2012年（平成24年）度の労務単価と新労
務単価を比べると、全国平均で23.2％、被災三県の平均では31.2％の
上昇となるという状況を背景に、確実に技能労働者の賃金を引き上げ、
若年層の建設業への入職が促進されるようにという政策意図に基づい
て、新労務単価を締結済みの請負契約にも反映させることとしたもので
あり、各地方公共団体においても同様の措置をとるよう要請している。

　これによると、国（国土交通省）の直轄工事においては、残工期が2
か月以上ある工事についてインフレスライド条項を適用することとし、

請負代金額の変更は、労務単価、材料単価、機械器具損料並びにこれらに伴う共通仮設費、現場管理費及び一般管理費等の変更に係るものについて行い、その額は当該工事に係る変動額のうち請負代金額から基準日における出来形部分に相応する請負代金額を控除した額の100分の1に相当する金額を超える額とするとされている。この国の取扱いは、労務単価の上昇率だけをとらえてインフレスライド条項（標準契約25条6項）が適用されるべき場合に該当するとしたもののようであるが、これについては、請負代金の構成要素の一つにすぎない労務費だけを基準とすることが適切であるかの検討が必要であるし、実際に請負契約締結後12月を経過しない間に請負代金額が「著しく」不適当となったことになるのかも検討の余地があるように思われる（スライド条項の適用要件は、請負契約締結後12か月経過後に「請負代金額が不適当となった」（標準契約25条1項）ことである。）。また、請負代金額の不適当となった程度が著しいことを要件としていないスライド条項が適用された場合の請負代金の変更が変動前残工事代金額の1000分の15を超える額について行われるのに対して、その程度が著しくなければならないインフレスライド条項を適用した場合の請負代金の変更が変動前残工事代金額の100分の1（1000分の10）を超える額とされ、スライド条項による場合よりも増額の幅が大きいことも問題であろう。

# 第4章　契約の履行の確保

　自治法234条の2第1項は、「普通地方公共団体が工事若しくは製造その他についての請負契約又は物件の買入れその他の契約」についての監督又は検査について定めており、「売買、貸借、請負その他の契約」について定めている同法234条1項とは対象が違うようにみえるが、両条とも最後に「その他の契約」としており、その範囲（前記第1章（456頁）参照）は同一である。契約の締結の方法を選択するに際して、当該契約を適切に履行できる者を選ぶことが重要であるが（前記第3章1（3）①（472頁）及び2（1）（490頁）参照）、現実に当該契約が適正に履行されているかどうか、給付されたものが注文どおりのものであるかどうかを確認する必要があることは、法律の規定をまつまでもなく当然のことであり、自治法234条の2第1項は、それを「政令の定めるところにより」行うとしたことに意味がある。

　自治法施行令167条の15第1項は、「監督は、立会い、指示その他の方法によって行なわなければならない。」としている。ここで監督というのは、「契約の適正な履行を確保するため」に工事や製造が行われている現場に立ち会い、必要な指示その他のことを行うことである。請負の場合は、請負人が仕事の完成に責任をもち、どのようにしてその仕事を実施するかは請負人の裁量に委ねられており（民法632条）、注文者は請負人が第三者に加えた損害を賠償する責任を負わないのが原則であり（民法716条本文）、注文者が請負人にできる指示その他の方法は限られている。ただ、工事が完了したり、製品が完成した後に、それが注文どおりにできあがっているかを調べるためには破壊して調べるしかないということもあり得るので、そのような場合には、随時、工事又は製造現場に赴いて、手抜きがなされていないか、指示に従った資材や原料が使

用されているかを確認することで、仕事が完成した後で破壊検査しなければならないなどということがないようにする必要があろう。

自治法施行令167条の15第2項は、「検査は、契約書、仕様書及び設計書その他の関係書類（当該関係書類に記載すべき事項を記録した電磁的記録を含む。）に基づいて行わなければならない。」としている。この検査というのは、給付の完了の確認（給付の完了前に代価の一部を支払う必要がある場合において行う工事若しくは製造の既済部分又は物件の既納部分の確認を含む。）のことであり、仕事が完成し、又は品物が納品されたときに当該給付が注文したとおりのものであることを確認するために行うものであり、代金支払いの前提となるものである。また、同条3項は、「契約の目的たる物件の給付の完了後相当の期間内に当該物件につき破損、変質、性能の低下その他の事故が生じたときは、取替え、補修その他必要な措置を講ずる旨の特約があり、当該給付の内容が担保されると認められるときは、同項の規定による検査の一部を省略することができる。」としている。これは、数量が多かったり（文房具等の消耗品等）、一定の時間が経過しなければ瑕疵の有無が判断できないもの（耐久性が問題となる製品や使用してみなければ分からないコンピュータ・プログラムのバグ等）があったり、完全な検査をするために過大な費用を要したり（請負工事による成果品等）するために、給付の完了の検査によって万全を期すことが困難な場合があることを考慮したものであり、そのようなものの給付を目的とする契約にあっては、「取替え、補修その他必要な措置を講ずる旨の特約」をすることにより、「当該給付の内容が担保」されるようにしなければならないという意味に解すべきであろう。

従前の民法においても、債権一般について、「債務者がその債務の本旨に従った履行をしないときは、債権者は、これによって生じた損害の賠償を請求することができる。債務者の責めに帰すべき事由によって履行をすることができなくなったときも、同様とする。」（415条）とされ、請負契約における請負人の瑕疵担保責任については、「仕事の目的物に瑕疵があるときは、注文者は、請負人に対し、相当の期間を定めて、そ

● 515

第4部 契 約

の瑕疵の修補を請求することができる。」（634条1項本文）とか、「建物
その他の土地の工作物の請負人は、その工作物又は地盤の瑕疵につい
て、引渡しの後5年間その担保の責任を負う。ただし、この期間は、石
造、土造、れんが造、コンクリート造、金属造その他これらに類する構
造の工作物については、10年とする。」（638条1項）というように厳し
い定めが置かれている（民法における請負に関する規定が大幅に改正され
ていることについては第2部第2章11（137頁）参照）。個別の契約におい
ても「当該給付の内容が担保」される条項を定めておくことが重要であ
る。なお、公共工事標準請負約款においては、瑕疵担保責任を追及でき
る期間を1年又は2年とされている等、特約で民法上の責任を軽減する
例も少なくない。

　また、「特に専門的な知識又は技能を必要とすることその他の理由に
より当該普通地方公共団体の職員によって監督又は検査を行なうことが
困難であり、又は適当でないと認められるときは、当該普通地方公共団
体の職員以外の者に委託して当該監督又は検査を行なわせることができ
る。」（自治法施行令167条の15第4項）のは当然のことである（第2部第
2章6（122頁）参照）。このことについて、水道法12条は、その1項で
「水道事業者は、水道の布設工事（当該水道事業者が地方公共団体である
場合にあっては、当該地方公共団体の条例で定める水道の布設工事に限る。）
を自ら施行し、又は他人に施行させる場合においては、その職員を指名
し、又は第三者に委嘱して、その工事の施行に関する技術上の監督業務
を行わせなければならない。」とし、2項で「前項の業務を行う者は、
政令で定める資格（当該水道事業者が地方公共団体である場合にあっては、
当該資格を参酌して当該地方公共団体の条例で定める資格）を有する者でな
ければならない。」としている。水道の布設工事に関する技術上の監督
業務を行うことができる者について、このような厳格な資格を法律で定
めることが適当かどうかは疑問であるが、ともあれ、水道法施行令4条
は、次の者を列挙している。

　①　学校教育法による大学（短期大学を除く。以下同じ。）の土木工学

516

科若しくはこれに相当する課程において衛生工学若しくは水道工学に関する学科目を修めて卒業した後、又は旧大学令による大学において土木工学科若しくはこれに相当する課程を修めて卒業した後、2年以上水道に関する技術上の実務に従事した経験を有する者

② 学校教育法による大学の土木工学科又はこれに相当する課程において衛生工学及び水道工学に関する学科目以外の学科目を修めて卒業した後、3年以上水道に関する技術上の実務に従事した経験を有する者

③ 学校教育法による短期大学若しくは高等専門学校又は旧専門学校令による専門学校において土木科又はこれに相当する課程を修めて卒業した後、5年以上水道に関する技術上の実務に従事した経験を有する者

④ 学校教育法による高等学校若しくは中等教育学校又は旧中等学校令による中等学校において土木科又はこれに相当する課程を修めて卒業した後、7年以上水道に関する技術上の実務に従事した経験を有する者

⑤ 10年以上水道の工事に関する技術上の実務に従事した経験を有する者

⑥ 厚生労働省令の定めるところにより、①から⑤に掲げる者と同等以上の技能を有すると認められる者

なお、契約がその本旨に従って履行されることを担保するため納付させた契約保証金を納付させ、又はそれに代わる担保を提供させることがあるが、この場合においては、「契約の相手方が契約上の義務を履行しないときは、その契約保証金（政令の定めるところによりその納付に代えて提供された担保を含む。）は、当該普通地方公共団体に帰属するものとする。ただし、損害の賠償又は違約金について契約で別段の定めをしたときは、その定めたところによるものとする。」とされている（自治法234条の2第2項）。現実には、契約保証金に代えて担保の提供を求めることが多く、小規模の契約においてはこの契約保証金又は担保の提供を

第4部　契　約

免除することも少なくない。ちなみに、公共工事標準請負約款においては、当該契約による債務の履行を保証する公共工事履行保証保険による保証（瑕疵担保特約を付したものに限る。）を付したときは、契約保証金を免除することとしており、これによるのが通常のようである。

# 第5章　長期継続契約

　地方公共団体の支出の原因となる契約は、予算の範囲内で締結しなければならないのが原則である（第3部第4章5（431頁）参照）。しかし、電気、ガス若しくは水の供給若しくは電気通信（電話やインターネット等）の役務の提供を受けたり、不動産を賃借して使用する場合にまで、年度ごとに新たな契約を締結するというのはあまりに不自然である。もちろん、債務負担行為（自治法214条）を設定して、複数年の継続契約とすることはできるが、そこまでするのはあまりに形式的である。そこで、これらの契約については、債務負担行為について定める自治法214条の規定にかかわらず、翌年度以降にわたって、その提供を受け、賃借する契約を締結することができるとされている（自治法234条の3）。このように、債務負担行為によることなしに、翌年度以降にわたって債務を負担することができる契約を長期継続契約と称するのであるが、長期継続契約の範囲は、自治法施行令167条の17によって「翌年度以降にわたり物品を借り入れ又は役務の提供を受ける契約で、その契約の性質上翌年度以降にわたり契約を締結しなければ当該契約に係る事務の取扱いに支障を及ぼすようなもののうち、条例で定めるもの」にまで拡大されている。この規定を受けて、リース契約（長期間にわたる賃借契約）及び機器の保守管理若しくは施設の警備に関する契約その他年度をまたがって行うことが適当なものを長期継続契約を締結できる契約として条例で定めることが多い（前記第2章（460頁）参照）。

519

# 第5部
## 財務規定の条文別留意点

第5部　財務規定の条文別留意点

　自治体財務の基本となるのは自治法第9章の各規定であり、適正な財務事務の執行のためには、その理解が欠かせない。以下においては、同章の各条文を左側に、それぞれを理解するために留意すべき点を右側に整理した（特記のない条文は自治法のそれである。）。

## 1　会計年度（208条）〈自治法施行令142条・143条〉

第208条　普通地方公共団体の会計年度は、毎年4月1日に始まり、翌年3月31日に終わるものとする。

2　各会計年度における歳出は、その年度の歳入をもつて、これに充てなければならない。

① 　会計年度の意味

② 　4月1日午前0時に始まる事業についての債務負担行為（契約）の時期

③ 　支出負担行為の時期と支出の帰属年度

④ 　予算の流用と支出負担行為の関係

⑤ 　収入の調定の時期と収入の帰属年度

⑥ 　当該年度内に給付が完了しなかった契約（事業）の処理

⑦ 　給付が翌年度以降になされる契約（事業）の処理

⑧ 　当該年度の歳入が不足した場合の処理

⑨ 　年度内に処理できなかった収入支出の処理期限

## 2　会計の区分（209条）

第209条　普通地方公共団体の会計は、一般会計及び特別会計とする。

2　特別会計は、普通地方公共団体が特定の事業を行なう場合その他特定の歳入をもつて特定の歳出に充て一般の歳入歳出と区分して経理する必要がある場合において、条例でこれを設置することができる。

① 　会計を区分することの意味

② 　一般会計と特別会計の違い

③ 　特別会計設置の妥当性

④ 　会計間の負担区分の妥当性

⑤ 　会計間の資金融通

## 3 総計予算主義（210条）

第210条　一会計年度における一切の収入及び支出は、すべてこれを歳入歳出予算に編入しなければならない。

① 歳入歳出予算に計上すべき収入支出の範囲

② 歳入歳出予算に計上されない収入支出の取扱い

③ 地方公共団体の所有に属しない現金（235条の４第２項）

④ 国又は都道府県から委任された収入支出の事務と予算

## 4 予算の調製及び議決（211条）〈自治法施行令144条・147条〉

第211条　普通地方公共団体の長は、毎会計年度予算を調製し、年度開始前に、議会の議決を経なければならない。この場合において、普通地方公共団体の長は、遅くとも年度開始前、都道府県及び第252条の19第１項に規定する指定都市にあつては30日、その他の市及び町村にあつては20日までに当該予算を議会に提出するようにしなければならない。

2　普通地方公共団体の長は、予算を議会に提出するときは、政令で定める予算に関する説明書をあわせて提出しなければならない。

① 予算の調製権と議会への提出権

② 地方公営企業における予算原案の作成権（地方公営企業法９条３号）

③ 教育予算についての教育委員会からの意見聴取（地教行法29条）

④ 議会による予算の修正の限界（97条２項）

⑤ 当初予算と補正予算の関係

⑥ 予算成立前の支出負担行為

⑦ 予算説明書の記載の妥当性

⑧ 個別の歳出項目（補助金等）に係る予算審議の丁寧さ

## 5 継続費（212条）〈自治法施行令145条〉

第212条　普通地方公共団体の経費をもつて支弁する事件でその履行に数年度を要するものについては、予算の定めるところにより、その経費の総

① 継続費の設定及び年度間割り振りの妥当性

② 支出負担行為の時期の妥当性

第5部　財務規定の条文別留意点

額及び年割額を定め、数年度
にわたつて支出することがで
きる。
2　前項の規定により支出する
ことができる経費は、これを
継続費という。

③　逓次繰越しの妥当性と財源の確実性

④　事故繰越しの必要性と財源の確実性

⑤　継続年度途中での補正の方法

## 6　繰越明許費（213条）〈自治法施行令146条〉

第213条　歳出予算の経費のう
ちその性質上又は予算成立後
の事由に基づき年度内にその
支出を終わらない見込みのあ
るものについては、予算の定
めるところにより、翌年度に
繰り越して使用することがで
きる。
2　前項の規定により翌年度に
繰り越して使用することがで
きる経費は、これを繰越明許
費という。

①　支出を終わらない見込みの意味

②　支出負担行為の時期の妥当性

③　繰越し原因の相当性

④　財源の繰越しの確実性

⑤　事故繰越しの必要性と財源の確実性

## 7　債務負担行為（214条）

第214条　歳出予算の金額、継
続費の総額又は繰越明許費の
金額の範囲内におけるものを
除くほか、普通地方公共団体
が債務を負担する行為をする
には、予算で債務負担行為と
して定めておかなければなら
ない。

①　債務負担行為設定の妥当性

②　支出負担行為の時期の妥当性

③　財源措置の見通しの妥当性

④　保証又は補償におけるリスクの検証

⑤　事実上の債務負担行為（リース契約等）
の有無

## 8　予算（215条）

第215条　予算は、次の各号に
掲げる事項に関する定めから
成るものとする。
一　歳入歳出予算
二　継続費
三　繰越明許費

①　歳入歳出予算と継続費、繰越明許費及び
債務負担行為との関係

②　過年度に設定された継続費、繰越明許費
及び債務負担行為の取扱い

524

四　債務負担行為
五　地方債
六　一時借入金
七　歳出予算の各項の経費の
　　金額の流用

③　予算の審議における公益性の判断

## 9　歳入歳出予算の区分（216条）〈自治法施行令147条・151条〉

第216条　歳入歳出予算は、歳
　入にあつては、その性質に従
　つて款に大別し、かつ、各款
　中においてはこれを項に区分
　し、歳出にあつては、その目
　的に従つてこれを款項に区分
　しなければならない。

①　款項の意味

②　目節の意味

③　款項目節への当てはめの妥当性

④　予算説明書の内容の拘束力

⑤　歳出予算の区分に従わない支出の可否
　（款項と目節の違い）

⑥　項間の経費の金額を流用したときの措置

## 10　予備費（217条）〈自治法施行令151条〉

第217条　予算外の支出又は予
　算超過の支出に充てるため、
　歳入歳出予算に予備費を計上
　しなければならない。ただし、
　特別会計にあつては、予備費
　を計上しないことができる。
2　予備費は、議会の否決した
　費途に充てることができな
　い。

①　予備費の意味と必要性

②　予備費の額の妥当性

③　使途を想定した予備費の妥当性

④　予備費を充用できる場合とできない場合

⑤　予備費の充用、項間の流用及び目節間の
　移用の違い

⑥　充用手続

⑦　予備費を充用したときの措置

## 11　補正予算、暫定予算、弾力条項（218条）
　　　〈自治法施行令148条・149条〉

第218条　普通地方公共団体の
　長は、予算の調製後に生じた
　事由に基づいて、既定の予算
　に追加その他の変更を加える
　必要が生じたときは、補正予

①　予算の補正の意味

②　当初予算と補正予算の議決時期

③　予算を補正できる期限

● 525

第5部　財務規定の条文別留意点

算を調製し、これを議会に提
出することができる。

2　普通地方公共団体の長は、
必要に応じて、一会計年度の
うちの一定期間に係る暫定予
算を調製し、これを議会に提
出することができる。

3　前項の暫定予算は、当該会
計年度の予算が成立したとき
は、その効力を失うものとし、
その暫定予算に基づく支出又
は債務の負担があるときは、
その支出又は債務の負担は、
これを当該会計年度の予算に
基づく支出又は債務の負担と
みなす。

4　普通地方公共団体の長は、
特別会計のうちその事業の経
費を主として当該事業の経営
に伴う収入をもつて充てるも
ので条例で定めるものについ
て、業務量の増加により業務
のため直接必要な経費に不足
を生じたときは、当該業務量
の増加により増加する収入に
相当する金額を当該経費（政
令で定める経費を除く。）に
使用することができる。この
場合においては、普通地方公
共団体の長は、次の会議にお
いてその旨を議会に報告しな
ければならない。

④　否決された事項を同一年度内の補正予算
で追加することの適否

⑤　暫定予算と本予算の関係

⑥　本予算及び暫定予算のいずれも年度開始
前に議決されない場合の対応

⑦　弾力条項が適用される特別会計の範囲

⑧　弾力条項を適用したときの予算措置の方
法

## 12　予算の送付及び公表（219条）〈自治法施行令151条〉

第219条　普通地方公共団体の
議会の議長は、予算を定める
議決があつたときは、その日
から3日以内にこれを当該普
通地方公共団体の長に送付し
なければならない。

2　普通地方公共団体の長は、

①　議長から長への予算の送付の意味

②　長が送付された予算を執行できないと判
断したときの措置

③　予算の住民への公表の意味

④　長から会計管理者への予算の成立の通知

526

13　予算の執行及び事故繰越し（220条）

前項の規定により予算の送付を受けた場合において、再議その他の措置を講ずる必要がないと認めるときは、直ちに、その要領を住民に公表しなければならない。

の意味

## 13　予算の執行及び事故繰越し（220条）

〈自治法施行令146条・150条・151条〉

第220条　普通地方公共団体の長は、政令で定める基準に従つて予算の執行に関する手続を定め、これに従つて予算を執行しなければならない。

2　歳出予算の経費の金額は、各款の間又は各項の間において相互にこれを流用することができない。ただし、歳出予算の各項の経費の金額は、予算の執行上必要がある場合に限り、予算の定めるところにより、これを流用することができる。

3　繰越明許費の金額を除くほか、毎会計年度の歳出予算の経費の金額は、これを翌年度において使用することができない。ただし、歳出予算の経費の金額のうち、年度内に支出負担行為をし、避けがたい事故のため年度内に支出を終わらなかつたもの（当該支出負担行為に係る工事その他の事業の遂行上の必要に基づきこれに関連して支出を要する経費の金額を含む。）は、これを翌年度に繰り越して使用することができる。

① 　予算の執行に関する手続の定めの妥当性

② 　予算の配当の意味

③ 　歳入歳出予算における款項の意味

④ 　歳出予算における項間の流用の是非

⑤ 　歳入歳出予算の目節の意味

⑥ 　歳入歳出予算の目節間の移用の是非

⑦ 　事故繰越しの要件と手続

⑧ 　事故繰越し、繰越明許費、債務負担行為の区別

● 527

第5部　財務規定の条文別留意点

## 14　予算の執行に関する長の調査権等（221条）〈自治法施行令152条〉

第221条　普通地方公共団体の長は、予算の執行の適正を期するため、委員会若しくは委員又はこれらの管理に属する機関で権限を有するものに対して、収入及び支出の実績若しくは見込みについて報告を徴し、予算の執行状況を実地について調査し、又はその結果に基づいて必要な措置を講ずべきことを求めることができる。

2　普通地方公共団体の長は、予算の執行の適正を期するため、工事の請負契約者、物品の納入者、補助金、交付金、貸付金等の交付若しくは貸付けを受けた者（補助金、交付金、貸付金等の終局の受領者を含む。）又は調査、試験、研究等の委託を受けた者に対して、その状況を調査し、又は報告を徴することができる。

3　前2項の規定は、普通地方公共団体が出資している法人で政令で定めるもの、普通地方公共団体が借入金の元金若しくは利子の支払を保証し、又は損失補償を行う等その者のために債務を負担している法人で政令で定めるもの及び普通地方公共団体が受益権を有する信託で政令で定めるものの受託者にこれを準用する。

①　委員会又は委員に係る予算の本来の執行権者

②　委員会又は委員に係る予算の執行権の委任又は補助執行の方法

③　議会に係る予算の執行方法

④　長の調査の対象となる当該地方公共団体の機関以外の者の範囲

⑤　当該地方公共団体の機関以外の者に対する長の調査等の方法

⑥　調査の対象となる出資法人、保証対象法人若しくは損失補償対象法人又は信託の受託者に対する調査等の方法

## 15　予算を伴う条例、規則等についての制限（222条）

第222条　普通地方公共団体の長は、条例その他議会の議決を要すべき案件があらたに予算を伴うこととなるものであるときは、必要な予算上の措置が適確に講ぜられる見込みが得られるまでの間は、これを議会に提出してはならない。

2　普通地方公共団体の長、委員会若しくは委員又はこれらの管理に属する機関は、その権限に属する事務に関する規則その他の規程の制定又は改正があらたに予算を伴うこととなるものであるときは、必要な予算上の措置が適確に講ぜられることとなるまでの間は、これを制定し、又は改正してはならない。

① 　新たに予算を伴うこととなるべき議案の意味

② 　予算上の措置が的確に講ぜられる見込みの意味

③ 　議員提案の議決案件と予算措置の関係

## 16　地方税（223条）

第223条　普通地方公共団体は、法律の定めるところにより、地方税を賦課徴収することができる。

① 　賦課及び調定（所属年度区分）の妥当性

② 　課税客体の把握と課税標準の確認の妥当性

③ 　減免措置の妥当性

④ 　収納事務の妥当性・効率性

⑤ 　滞納整理（通知、督促及び滞納処分）の妥当性

⑥ 　徴収実績

⑦ 　秘密とすべき情報の管理の妥当性

第5部　財務規定の条文別留意点

## 17　分担金（224条）〈自治法施行令153条〉

第224条　普通地方公共団体は、政令で定める場合を除くほか、数人又は普通地方公共団体の一部に対し利益のある事件に関し、その必要な費用に充てるため、当該事件により特に利益を受ける者から、その受益の限度において、分担金を徴収することができる。

① 利益があることの認定の妥当性
② 受益と負担の関係の妥当性
③ 賦課及び徴収方法の妥当性
④ 減免措置の妥当性
⑤ 徴収実績
⑥ 水利地益税又は共同施設税との関係

## 18　使用料（225条）

第225条　普通地方公共団体は、第238条の4第7項の規定による許可を受けてする行政財産の使用又は公の施設の利用につき使用料を徴収することができる。

① 行政財産の目的外使用の許可とその対価
② 特許による公の施設の利用と使用料の賦課徴収の方法
③ 契約による公の施設の利用と使用料の徴収の方法
④ 指定管理者制度における利用料金制と公の施設の使用料の関係
⑤ 減免事由と当てはめの妥当性
⑥ 徴収実績

## 19　旧慣使用の使用料及び加入金（226条・238条の6）

第226条　市町村は、第238条の6の規定による公有財産の使用につき使用料を徴収することができるほか、同条第2項の規定により使用の許可を受けた者から加入金を徴収することができる。

① 旧来の慣行の意味
② 公有財産を使用する権利の意味
③ 使用料の賦課徴収の方法

## 20 手数料（227条）

第227条　普通地方公共団体は、当該普通地方公共団体の事務で特定の者のためにするものにつき、手数料を徴収することができる。

① 特定の者のためにする事務の意味

② 手数料の徴収の方法

③ 減免事由と当てはめの妥当性

④ 徴収実績

## 21 分担金等に関する規制及び罰則（228条）

第228条　分担金、使用料、加入金及び手数料に関する事項については、条例でこれを定めなければならない。この場合において、手数料について全国的に統一して定めることが特に必要と認められるものとして政令で定める事務（以下本項において「標準事務」という。）について手数料を徴収する場合においては、当該標準事務に係る事務のうち政令で定めるものにつき、政令で定める金額の手数料を徴収することを標準として条例を定めなければならない。

2　分担金、使用料、加入金及び手数料の徴収に関しては、次項に定めるものを除くほか、条例で5万円以下の過料を科する規定を設けることができる。

3　詐欺その他不正の行為により、分担金、使用料、加入金又は手数料の徴収を免れた者については、条例でその徴収を免れた金額の5倍に相当する金額（当該5倍に相当する金額が5万円を超えないときは、5万円とする。）以下の過料を科する規定を設けることができる。

① 条例で定めなければならない分担金、使用料、加入金及び手数料の意味

② 標準事務の意味

③ 詐欺その他の不正な行為による分担金、使用料、加入金又は手数料の徴収を免れる行為の意味

④ 徴収を免れるの意味

⑤ ③に該当しない不正な行為の意味

⑥ 過料の賦課徴収の方法

第5部　財務規定の条文別留意点

## 22　分担金等の徴収に関する処分についての審査請求（229条）

第229条　普通地方公共団体の長以外の機関がした分担金、使用料、加入金又は手数料の徴収に関する処分についての審査請求は、普通地方公共団体の長が当該機関の最上級行政庁でない場合においても、当該普通地方公共団体の長に対してするものとする。

2　普通地方公共団体の長は、分担金、使用料、加入金又は手数料の徴収に関する処分についての審査請求がされた場合には、当該審査請求が不適法であり、却下するときを除き、議会に諮問した上、当該審査請求に対する裁決をしなければならない。

3　議会は、前項の規定による諮問を受けた日から20日以内に意見を述べなければならない。

4　普通地方公共団体の長は、第2項の規定による諮問をしないで同項の審査請求を却下したときは、その旨を議会に報告しなければならない。

5　第2項の審査請求に対する裁決を経た後でなければ、同項の処分については、裁判所に出訴することができない。

① 審査請求の対象となる分担金、使用料、加入金及び手数料の徴収に関する処分

② 契約に基づく使用料と賦課徴収される使用料の違い

③ 議会への諮問の方法

④ 審査請求前置の意味

## 23　地方債（230条）

第230条　普通地方公共団体は、別に法律で定める場合において、予算の定めるところにより、地方債を起こすことができる。

2　前項の場合において、地方債の起債の目的、限度額、起

① 地方債について定める法律

② 予算と地方債の関係

25　証紙による収入の方法等（231条の2）

債の方法、利率及び償還の方
法は、予算でこれを定めなけ
ればならない。

## 24　歳入の収入の方法（231条）〈自治法施行令154条〉

第231条　普通地方公共団体の
歳入を収入するときは、政令
の定めるところにより、これ
を調定し、納入義務者に対し
て納入の通知をしなければな
らない。

① 歳入の調定の意味

② 歳入の調定の方法

③ 納入の通知の意味と法的効果

④ 納入通知書により難い場合の措置

## 25　証紙による収入の方法等（231条の2）

〈自治法施行令155条・156条・157条・157条の2〉

第231条の2　普通地方公共団
体は、使用料又は手数料の徴
収については、条例の定める
ところにより、証紙による収
入の方法によることができ
る。

2　証紙による収入の方法によ
る場合においては、証紙の売
りさばき代金をもつて歳入と
する。

3　証紙による収入の方法によ
るものを除くほか、普通地方
公共団体の歳入は、第235条
の規定により金融機関が指定
されている場合においては、
政令の定めるところにより、
口座振替の方法により、又は
証券をもつて納付することが
できる。

4　前項の規定により納付され
た証券を支払の提示期間内又
は有効期間内に提示し、支払
の請求をした場合において、
支払の拒絶があつたときは、
当該歳入は、はじめから納付
がなかつたものとみなす。こ

① 収入の方法の原則

② 口座振替の意味とそれができる場合

③ 証紙による収入の意味とそれができる場合

④ 繰替払の方法

⑤ 入場券、利用券による収入の是非

⑥ 歳入の納付に使用できる証券

⑦ 証券が納付された場合の取扱い

⑧ 納付された証券について支払いが拒絶された場合の取扱い

⑨ 証券の取立て及び納付の委託の意味

⑩ クレジットカードを使用する場合における関係者間の法律関係

⑪ クレジットカードによる納付を認める要件

● 533

第5部　財務規定の条文別留意点

の場合における当該証券の処分に関し必要な事項は、政令で定める。

5　証紙による収入の方法によるものを除くほか、普通地方公共団体の歳入については、第235条の規定により金融機関を指定していない市町村においては、政令の定めるところにより、納入義務者から証券の提供を受け、その証券の取立て及びその取り立てた金銭による納付の委託を受けることができる。

6　普通地方公共団体は、納入義務者が、歳入の納付に関する事務を適切かつ確実に遂行することができる者として政令で定める者のうち当該普通地方公共団体の長が指定をした者（以下この項及び次項において「指定代理納付者」という。）が交付し又は付与する政令で定める証票その他の物又は番号、記号その他の符号を提示し又は通知して、当該指定代理納付者に当該納入義務者の歳入を納付させることを申し出た場合には、これを承認することができる。この場合において、当該普通地方公共団体は、当該歳入の納期限にかかわらず、その指定する日までに、当該歳入を当該指定代理納付者に納付させることができる。

7　前項の場合において、当該指定代理納付者が同項の指定する日までに当該歳入を納付したときは、同項の承認があつた時に当該歳入の納付がされたものとみなす。

534 ●

# 26 督促、滞納処分等（231条の3）

第231条の3　分担金、使用料、加入金、手数料、過料その他の普通地方公共団体の歳入を納期限までに納付しない者があるときは、普通地方公共団体の長は、期限を指定してこれを督促しなければならない。

2　普通地方公共団体の長は、前項の歳入について同項の規定による督促をした場合には、条例で定めるところにより、手数料及び延滞金を徴収することができる。

3　普通地方公共団体の長は、分担金、加入金、過料、法律で定める使用料その他の普通地方公共団体の歳入につき第1項の規定による督促を受けた者が同項の規定により指定された期限までにその納付すべき金額を納付しないときは、当該歳入並びに当該歳入に係る前項の手数料及び延滞金について、地方税の滞納処分の例により処分することができる。この場合におけるこれらの徴収金の先取特権の順位は、国税及び地方税に次ぐものとする。

4　第1項の歳入並びに第2項の手数料及び延滞金の還付並びにこれらの徴収金の徴収又は還付に関する書類の送達及び公示送達については、地方税の例による。

5　普通地方公共団体の長以外の機関がした前各項の規定による処分についての審査請求は、普通地方公共団体の長が当該機関の最上級行政庁でない場合においても、当該普通

① 契約により利用される公の施設の利用料の督促の根拠

② 納入通知による納入期限、督促で定めた期限及び消滅時効の関係

③ 督促手数料及び延滞金の性質

④ 地方税の滞納処分の例により処分することができる使用料その他の歳入

⑤ 滞納処分をした場合の徴収金の先取特権の順位

⑥ 分担金、使用料、加入金及び手数料並びに督促手数料及び延滞金の還付に関する地方税法の例

⑦ 分担金、使用料、加入金及び手数料並びに督促手数料及び延滞金の徴収又は還付に関する書類の送達及び公示送達に関する地方税の例

⑧ 地方税の滞納処分の例により行う処分についての審査請求の期間制限

⑨ 議会への諮問の方法

⑩ 審査請求前置の意味

⑪ 差し押さえた物件の公売の制限の意味

⑫ 地方税の滞納処分の例による処分の地理的限界

第5部　財務規定の条文別留意点

地方公共団体の長に対してするものとする。

6　第3項の規定により普通地方公共団体の長が地方税の滞納処分の例によりした処分についての審査請求については、地方税法（昭和25年法律第226号）第19条の4の規定を準用する。

7　普通地方公共団体の長は、第1項から第4項までの規定による処分についての審査請求がされた場合には、当該審査請求が不適法であり、却下するときを除き、議会に諮問した上、当該審査請求に対する裁決をしなければならない。

8　議会は、前項の規定による諮問を受けた日から20日以内に意見を述べなければならない。

9　普通地方公共団体の長は、第7項の規定による諮問をしないで同項の審査請求を却下したときは、その旨を議会に報告しなければならない。

10　第7項の審査請求に対する裁決を経た後でなければ、第1項から第4項までの規定による処分については、裁判所に出訴することができない。

11　第3項の規定による処分中差押物件の公売は、その処分が確定するまで執行を停止する。

12　第3項の規定による処分は、当該普通地方公共団体の区域外においても、することができる。

536

## 27　経費の支弁（232条）

第232条　普通地方公共団体は、当該普通地方公共団体の事務を処理するために必要な経費その他法律又はこれに基づく政令により当該普通地方公共団体の負担に属する経費を支弁するものとする。

2　法律又はこれに基づく政令により普通地方公共団体に対し事務の処理を義務付ける場合においては、国は、そのために要する経費の財源につき必要な措置を講じなければならない。

① 　地方公共団体が支弁すべき経費の範囲

② 　国と地方公共団体の間の負担区分

③ 　地方公共団体間の負担区分


## 28　寄附又は補助（232条の2）〈地方財政法4条の5・10条〜12条・27条・27条の2・28条〜30条〉

第232条の2　普通地方公共団体は、その公益上必要がある場合においては、寄附又は補助をすることができる。

① 　寄附又は補助によって達成されるべき公益

② 　債務保証又は損失補償と公益性

③ 　公益性の認定と議会の議決の関係

④ 　政教分離原則との関係

⑤ 　国及び他の地方公共団体との負担区分


## 29　支出負担行為（232条の3）

第232条の3　普通地方公共団体の支出の原因となるべき契約その他の行為（これを支出負担行為という。）は、法令又は予算の定めるところに従い、これをしなければならない。

① 　支出負担行為の意味

② 　支出負担行為をすべき時期

③ 　支出負担行為をなすに際して遵守すべき法令及び予算

④ 　支出負担行為をした者の責任

⑤ 　予算配当との関係

第5部　財務規定の条文別留意点

## 30　支出の方法－その1 （232条の4）〈自治法施行令160条の2〉

第232条の4　会計管理者は、普通地方公共団体の長の政令で定めるところによる命令がなければ、支出をすることができない。

2　会計管理者は、前項の命令を受けた場合においても、当該支出負担行為が法令又は予算に違反していないこと及び当該支出負担行為に係る債務が確定していることを確認したうえでなければ、支出をすることができない。

① 　支出命令の意味

② 　支出負担行為を行う時期の原則

③ 　支出負担行為に係る債務の確定と支出命令

④ 　支出負担行為に係る債務が確定する前に行うことができる支出命令

⑤ 　支出をなすに際して遵守を確認すべき法令及び予算

⑥ 　支出をすべき時期

⑦ 　支出命令又は支出をした者の責任

⑧ 　予算配当との関係

## 31　支出の方法－その2 （232条の5）
〈自治法施行令161条～165条の2、附則7条〉

第232条の5　普通地方公共団体の支出は、債権者のためでなければ、これをすることができない。

2　普通地方公共団体の支出は、政令の定めるところにより、資金前渡、概算払、前金払、繰替払、隔地払又は口座振替の方法によつてこれをすることができる。

① 　正当債権者であることの確認の意味と方法

② 　資金前渡の意味

③ 　資金前渡を受けた職員の権限と責任

④ 　資金前渡ができる経費

⑤ 　前渡を受けた資金の精算と戻入

⑥ 　概算払の意味

⑦ 　概算払ができる経費

⑧ 　概算払を受けた資金の精算と戻入

⑨ 　前金払の意味

⑩ 　前金払ができる経費

⑪ 　前金で支払いをしなければ契約しがたい契約の意味

⑫ 　繰替払の意味

⑬ 　繰替払ができる経費

⑭　隔地払の意味と方法

⑮　指定金融機関又は指定代理金融機関が隔地払をできる期間

⑯　口座振替の方法による支出の意味

⑰　口座振替の方法による支出ができる場合

⑱　現金による支払

⑲　支払のための現金の保管

⑳　現金を保管している者の責任

㉑　政府契約の支払い遅延防止に関する法律違反の有無

## 32　小切手の振出し及び公金振替書の交付（232条の6）

〈自治法施行令165条の4〜165条の6〉

第232条の6　第235条の規定により金融機関を指定している普通地方公共団体における支出は、政令の定めるところにより、現金の交付に代え、当該金融機関を支払人とする小切手を振り出し、又は公金振替書を当該金融機関に交付してこれをするものとする。ただし、小切手を振り出すべき場合において、債権者から申出があるときは、会計管理者は、自ら現金で小口の支払をし、又は当該金融機関をして現金で支払をさせることができる。

2　前項の金融機関は、会計管理者の振り出した小切手の提示を受けた場合において、その小切手が振出日付から10日以上を経過しているものであつても1年を経過しないものであるときは、その支払をしなければならない。

①　小切手の意味

②　小切手の振出の方法

③　公金振替書の意味

④　公金振替書の交付の方法

⑤　小切手の有効期間

⑥　指定金融機関を指定していない市町村における支払いの方法

⑦　小切手の償還の意味

⑧　出納閉鎖までに支払の終わらない小切手の決済資金の取扱い

⑨　小切手の振出日付から1年を経過し、まだ支払の終わらない小切手の決済資金の取扱い

第5部　財務規定の条文別留意点

## 33　決算（233条）〈自治法施行令166条・166条の2〉

第233条　会計管理者は、毎会計年度、政令で定めるところにより、決算を調製し、出納の閉鎖後3箇月以内に、証書類その他政令で定める書類と併せて、普通地方公共団体の長に提出しなければならない。

2　普通地方公共団体の長は、決算及び前項の書類を監査委員の審査に付さなければならない。

3　普通地方公共団体の長は、前項の規定により監査委員の審査に付した決算を監査委員の意見を付けて次の通常予算を議する会議までに議会の認定に付さなければならない。

4　前項の規定による意見の決定は、監査委員の合議によるものとする。

5　普通地方公共団体の長は、第3項の規定により決算を議会の認定に付するに当たつては、当該決算に係る会計年度における主要な施策の成果を説明する書類その他政令で定める書類を併せて提出しなければならない。

6　普通地方公共団体の長は、第3項の規定により議会の認定に付した決算の要領を住民に公表しなければならない。

7　普通地方公共団体の長は、第3項の規定による決算の認定に関する議案が否決された場合において、当該議決を踏まえて必要と認める措置を講じたときは、速やかに、当該措置の内容を議会に報告するとともに、これを公表しなければならない。

① 係数の正確性

② 収入支出の計画性（資金計画の妥当性）

③ 収入予算と実績の乖離の有無と原因

④ 収入の調定の正確性（原因、時期、額）

⑤ 不納欠損処理の妥当性
・処理したことの妥当性
・処理しないことの妥当性
・消滅時効完成に至った理由の妥当性

⑥ 権利（債権）の放棄の妥当性

⑦ 予算配当の妥当性

⑧ 流用又は移用の有無と妥当性

⑨ 予算の説明と支出実績の関係

⑩ 繰上充用が必要となった理由

⑪ 決算不認定の場合にとるべき措置

## 34　歳計剰余金の処分（233条の2）〈地方財政法7条〉

第233条の2　各会計年度にお
いて決算上剰余金を生じたと
きは、翌年度の歳入に編入し
なければならない。ただし、
条例の定めるところにより、
又は普通地方公共団体の議会
の議決により、剰余金の全部
又は一部を翌年度に繰り越さ
ないで基金に編入することが
できる。

① 剰余金の意味

② 地方債の償還財源とする剰余金

③ 基金に編入する剰余金

## 35　契約の締結（234条）〈自治法施行令163条・167条～167条の14〉

第234条　売買、貸借、請負そ
の他の契約は、一般競争入札、
指名競争入札、随意契約又は
せり売りの方法により締結す
るものとする。

2　前項の指名競争入札、随意
契約又はせり売りは、政令で
定める場合に該当するときに
限り、これによることができ
る。

3　普通地方公共団体は、一般
競争入札又は指名競争入札
（以下この条において「競争
入札」という。）に付する場
合においては、政令の定める
ところにより、契約の目的に
応じ、予定価格の制限の範囲
内で最高又は最低の価格をも
つて申込みをした者を契約の
相手方とするものとする。た
だし、普通地方公共団体の支
出の原因となる契約について
は、政令の定めるところによ
り、予定価格の制限の範囲内
の価格をもつて申込みをした
者のうち最低の価格をもつて
申込みをした者以外の者を契
約の相手方とすることができ
る。

① 契約方法の選択の妥当性

② 契約の相手方選択の妥当性

　・一般競争入札への参加資格の妥当性

　・制限付き一般競争入札の参加資格の妥当
　　性

　・指名競争入札の参加資格（指名基準）の
　　妥当性

　・具体的な指名業者選択の妥当性

　・公募型指名競争入札の参加条件及び手続
　　の妥当性

　・工事希望型指名競争入札の参加条件と手
　　続の妥当性

　・随意契約の相手方選択の手続と結果の妥
　　当性

③ 契約当事者（責任者）の権限の明確性

　・行為能力の確認

　・代理権の確認

　・双方代理の有無

④ 手続の妥当性

第5部　財務規定の条文別留意点

4　普通地方公共団体が競争入札につき入札保証金を納付させた場合において、落札者が契約を締結しないときは、その者の納付に係る入札保証金（政令の定めるところによりその納付に代えて提供された担保を含む。）は、当該普通地方公共団体に帰属するものとする。

5　普通地方公共団体が契約につき契約書又は契約内容を記録した電磁的記録を作成する場合においては、当該普通地方公共団体の長又はその委任を受けた者が契約の相手方とともに、契約書に記名押印し、又は契約内容を記録した電磁的記録に当該普通地方公共団体の長若しくはその委任を受けた者及び置であつて、当該電磁的記録が改変されているかどうかを確認することができる等これらの者の作成に係るものであることを確実に示すことができるものとして総務省令で定めるものを講じなければ、当該契約は、確定しないものとする。

6　競争入札に加わろうとする者に必要な資格、競争入札における公告又は指名の方法、随意契約及びせり売りの手続その他契約の締結の方法に関し必要な事項は、政令でこれを定める。

・入札手続

・随意契約手続

・談合疑惑への対処

⑤　契約結果（価格）の妥当性

・履行確保の懸念と公正な取引秩序の破壊のおそれの有無

⑥　予定価格の積算の妥当性

・原材料等の数量の妥当性

・原材料等の単価の妥当性

・歩掛の妥当性

⑦　最低制限価格の必要性と妥当性

⑧　議会の議決の要否と手続の妥当性

⑨　議決後の契約変更の有無と手続の適法性

⑩　契約書作成要否の判断と内容の妥当性

・履行期限（納期・工期）の妥当性

・前金払いの有無と条件

・同時履行に関する特約の必要性と妥当性

・瑕疵担保責任

・危険負担の妥当性

・解除事由の妥当性

・債権譲渡・質権設定の制限の必要性と妥当性

・履行保証保険の妥当性と履行保証人の適格性

・工事監督権（指示権）の内容と程度の妥当性

⑪　契約締結権限の確認

542　●

## 36 契約の履行の確保 （234条の2）〈自治法施行令167条の15・16〉

第234条の2 普通地方公共団体が工事若しくは製造その他についての請負契約又は物件の買入れその他の契約を締結した場合においては、当該普通地方公共団体の職員は、政令の定めるところにより、契約の適正な履行を確保するため又はその受ける給付の完了の確認（給付の完了前に代価の一部を支払う必要がある場合において行なう工事若しくは製造の既済部分又は物件の既納部分の確認を含む。）をするため必要な監督又は検査をしなければならない。

2 普通地方公共団体が契約の相手方をして契約保証金を納付させた場合において、契約の相手方が契約上の義務を履行しないときは、その契約保証金（政令の定めるところによりその納付に代えて提供された担保を含む。）は、当該普通地方公共団体に帰属するものとする。ただし、損害の賠償又は違約金について契約で別段の定めをしたときは、その定めたところによるものとする。

① 履行期の遵守

② 完成（完了）検査

③ 支払い

④ 監督、検査体制の妥当性と合理性

⑤ 瑕疵担保責任の履行請求の妥当性

⑥ 契約保証金免除の妥当性

## 37 長期継続契約 （234条の3）〈自治法施行令167条17〉

第234条の3 普通地方公共団体は、第214条の規定にかかわらず、翌年度以降にわたり、電気、ガス若しくは水の供給若しくは電気通信役務の提供を受ける契約又は不動産を借りる契約その他政令で定める契約を締結することができ

① 会計年度を超えて締結できる契約の種類

② 債務負担行為との関係

③ 給付を受けることができる限度

第5部　財務規定の条文別留意点

る。この場合においては、各
年度におけるこれらの経費の
予算の範囲内においてその給
付を受けなければならない。

## 38　金融機関の指定（235条）〈自治法施行令168条〜168条の5〉

第235条　都道府県は、政令の
　定めるところにより、金融機
　関を指定して、都道府県の公
　金の収納又は支払の事務を取
　り扱わせなければならない。
2　市町村は、政令の定めると
　ころにより、金融機関を指定
　して、市町村の公金の収納又
　は支払の事務を取り扱わせる
　ことができる。

① 　指定金融機関が行う業務

② 　指定代理金融機関が行う業務

③ 　収納代理金融機関が行う業務

④ 　収納事務取扱金融機関が行う業務

⑤ 　金融機関が合併したときの取扱い

⑥ 　指定金融機関の責任の範囲

⑦ 　金融機関が取り扱う公金の意味

⑧ 　公金の収納又は支払いの手続

⑨ 　収納又は受け入れた公金の地方公共団体
　　の預金口座への振替

⑩ 　会計管理者による検査の方法

⑪ 　会計管理者が収納した現金の取扱い

## 39　現金出納の検査及び公金の収納等の監査（235条の2）

第235条の2　普通地方公共団
　体の現金の出納は、毎月例日
　を定めて監査委員がこれを検
　査しなければならない。
2　監査委員は、必要があると
　認めるとき、又は普通地方公
　共団体の長の要求があるとき
　は、前条の規定により指定さ
　れた金融機関が取り扱う当該
　普通地方公共団体の公金の収
　納又は支払の事務について監
　査することができる。
3　監査委員は、第1項の規定
　による検査の結果に関する報
　告又は前項の規定による監査

① 　監査委員の監査の種類

② 　監査委員の監査の対象

544

41 現金及び有価証券の保管（235条の4）

の結果に関する報告を普通地
方公共団体の議会及び長に提
出しなければならない。

## 40　一時借入金（235条の3）

第235条の3　普通地方公共団
体の長は、歳出予算内の支出
をするため、一時借入金を借
り入れることができる。
2　前項の規定による一時借入
金の借入れの最高額は、予算
でこれを定めなければならな
い。
3　第1項の規定による一時借
入金は、その会計年度の歳入
をもつて償還しなければなら
ない。

① 予算適合性

② 借入時期の妥当性

③ 当該会計年度内の償還の確実性

## 41　現金及び有価証券の保管（235条の4）

第235条の4　普通地方公共団
体の歳入歳出に属する現金
（以下「歳計現金」という。）
は、政令の定めるところによ
り、最も確実かつ有利な方法
によりこれを保管しなければ
ならない。
2　債権の担保として徴するも
ののほか、普通地方公共団体
の所有に属しない現金又は有
価証券は、法律又は政令の規
定によるのでなければ、これ
を保管することができない。
3　法令又は契約に特別の定め
があるものを除くほか、普通
地方公共団体が保管する前項
の現金（以下「歳入歳出外現
金」という。）には、利子を
付さない。

① 保管・運用の確実性

② 保管・運用の有利性

③ 地方公共団体が保管できる歳計外現金の
範囲

④ 歳計外現金の出納の方法

⑤ 窓口で保管する現金の性質

⑥ 行政目的で行う現金の預託の妥当性

⑦ 先物取引の是非

● 545

第5部　財務規定の条文別留意点

## 42　出納の閉鎖（235条の5）

第235条の5　普通地方公共団体の出納は、翌年度の5月31日をもつて閉鎖する。

① 会計年度の意味

② 出納閉鎖の必要性

③ 「かい」の出納閉鎖と会計の出納閉鎖

## 43　時効（236条）

第236条　金銭の給付を目的とする普通地方公共団体の権利は、時効に関し他の法律に定めがあるものを除くほか、5年間これを行なわないときは、時効により消滅する。普通地方公共団体に対する権利で、金銭の給付を目的とするものについても、また同様とする。

2　金銭の給付を目的とする普通地方公共団体の権利の時効による消滅については、法律に特別の定めがある場合を除くほか、時効の援用を要せず、また、その利益を放棄することができないものとする。普通地方公共団体に対する権利で、金銭の給付を目的とするものについても、また同様とする。

3　金銭の給付を目的とする普通地方公共団体の権利について、消滅時効の中断、停止その他の事項（前項に規定する事項を除く。）に関し、適用すべき法律の規定がないときは、民法（明治29年法律第89号）の規定を準用する。普通地方公共団体に対する権利で、金銭の給付を目的とするものについても、また同様とする。

4　法令の規定により普通地方

① 地方公共団体の債権と地方公共団体に対する債権の意味

② 消滅時効の期間について定める自治法以外の法律

③ 時効の援用が必要な債権と不要な債権

④ 消滅時効の起算時（権利を行使できる時の意味）

⑤ 分割償還されることとなった債権の消滅時効の起算時

⑥ 時効の利益の放棄、中断、停止の意味と適用される法律

⑦ 納入の通知及び督促の意味と効果

⑧ 徴収停止と消滅時効の関係

⑨ 消滅時効を中断しないこと（完成させること）の妥当性

⑩ 消滅時効完成後に納入された金銭の取扱い

546

45　公有財産の範囲及び分類（238条）

公共団体がする納入の通知及び督促は、民法第153条（前項において準用する場合を含む。）の規定にかかわらず、時効中断の効力を有する。

## 44　財産の処分及び管理（237条）

第237条　この法律において「財産」とは、公有財産、物品及び債権並びに基金をいう。

2　第238条の４第１項の規定の適用がある場合を除き、普通地方公共団体の財産は、条例又は議会の議決による場合でなければ、これを交換し、出資の目的とし、若しくは支払手段として使用し、又は適正な対価なくしてこれを譲渡し、若しくは貸し付けてはならない。

3　普通地方公共団体の財産は、第238条の５第２項の規定の適用がある場合で議会の議決によるとき又は同条第３項の規定の適用がある場合でなければ、これを信託してはならない。

①　地方公共団体の財産の種類と特徴

②　財産を交換し、出資の目的とし、若しくは支払手段として使用し、又は適正な対価なく譲渡又は貸付をすることができる場合とその手続

③　財産を信託できる場合とその手続

## 45　公有財産の範囲及び分類（238条）

第238条　この法律において「公有財産」とは、普通地方公共団体の所有に属する財産のうち次に掲げるもの（基金に属するものを除く。）をいう。
一　不動産
二　船舶、浮標、浮桟橋及び浮ドック並びに航空機
三　前２号に掲げる不動産及

①　公有財産の意味

②　出資による権利の範囲

③　不動産の信託の受益権とリスクの関係

④　財産の把握の方法

⑤　財産台帳の正確性

⑥　行政財産と普通財産の特徴

⑦　行政財産と普通財産の区分の妥当性

547

第5部　財務規定の条文別留意点

　　　び動産の従物
　四　地上権、地役権、鉱業権
　　　その他これらに準ずる権利
　五　特許権、著作権、商標権、
　　　実用新案権その他これらに
　　　準ずる権利
　六　株式、社債（特別の法律
　　　により設立された法人の発
　　　行する債券に表示されるべ
　　　き権利を含み、短期社債等
　　　を除く。）、地方債及び国債
　　　その他これらに準ずる権利
　七　出資による権利
　八　財産の信託の受益権
2　前項第6号の「短期社債等」
　とは、次に掲げるものをいう。
　一　社債、株式等の振替に関
　　　する法律（平成13年法律第
　　　75号）第66条第1号に規定
　　　する短期社債
　二　投資信託及び投資法人に
　　　関する法律（昭和26年法律
　　　第198号）第139条の12第
　　　1項に規定する短期投資法
　　　人債
　三　信用金庫法（昭和26年法
　　　律第238号）第54条の4第
　　　1項に規定する短期債
　四　保険業法（平成7年法律
　　　第105号）第61条の10第1
　　　項に規定する短期社債
　五　資産の流動化に関する法
　　　律（平成10年法律第105号）
　　　第2条第8項に規定する特
　　　定短期社債
　六　農林中央金庫法（平成13
　　　年法律第93号）第62条の2
　　　第1項に規定する短期農林
　　　債
3　公有財産は、これを行政財
　産と普通財産とに分類する。
4　行政財産とは、普通地方公
　共団体において公用又は公共

548

用に供し、又は供することと
決定した財産をいい、普通財
産とは、行政財産以外の一切
の公有財産をいう。

## 46 公有財産に対する長の総合調整権（238条の2）

第238条の2 普通地方公共団
体の長は、公有財産の効率的
運用を図るため必要があると
認めるときは、委員会若しく
は委員又はこれらの管理に属
する機関で権限を有するもの
に対し、公有財産の取得又は
管理について、報告を求め、
実地について調査し、又はそ
の結果に基づいて必要な措置
を講ずべきことを求めること
ができる。

2 普通地方公共団体の委員会
若しくは委員又はこれらの管
理に属する機関で権限を有す
るものは、公有財産を取得し、
又は行政財産の用途を変更
し、若しくは第238条の4第
2項若しくは第3項（同条第
4項において準用する場合を
含む。）の規定による行政財
産である土地の貸付け若しく
はこれに対する地上権若しく
は地役権の設定若しくは同条
第7項の規定による行政財産
の使用の許可で当該普通地方
公共団体の長が指定するもの
をしようとするときは、あら
かじめ当該普通地方公共団体
の長に協議しなければならな
い。

3 普通地方公共団体の委員会
若しくは委員又はこれらの管
理に属する機関で権限を有す
るものは、その管理に属する
行政財産の用途を廃止したと

① 長の総合調整権の内容

② 長の総合調整権の行使の方法

③ 長の総合調整権の行使の妥当性

④ 委員会又は委員若しくはその管理に属す
る機関に対する権限の付与の妥当性

⑤ 行政財産の用途廃止の妥当性

⑥ 用途廃止後の管理の妥当性

⑦ 財産の管理のための組織の合理性・効率
性

549

第5部　財務規定の条文別留意点

きは、直ちにこれを当該普通
地方公共団体の長に引き継が
なければならない。

## 47　職員の行為の制限（238条の3）

第238条の3　公有財産に関す
る事務に従事する職員は、そ
の取扱いに係る公有財産を譲
り受け、又は自己の所有物と
交換することができない。
2　前項の規定に違反する行為
は、これを無効とする。

① 公有財産に関する事務に従事する職員の
範囲
② 取扱いに係る財産の意味
③ 禁止される行為の範囲

## 48　行政財産の管理及び処分（238条の4）

第238条の4　行政財産は、次
項から第4項までに定めるも
のを除くほか、これを貸し付
け、交換し、売り払い、譲与
し、出資の目的とし、若しく
は信託し、又はこれに私権を
設定することができない。
2　行政財産は、次に掲げる場
合には、その用途又は目的を
妨げない限度において、貸し
付け、又は私権を設定するこ
とができる。
一　当該普通地方公共団体以
外の者が行政財産である土
地の上に政令で定める堅固
な建物その他の土地に定着
する工作物であつて当該行
政財産である土地の供用の
目的を効果的に達成するこ
とに資すると認められるも
のを所有し、又は所有しよ
うとする場合（当該普通地
方公共団体と一棟の建物を
区分して所有する場合を除
く。）において、その者（当
該行政財産を管理する普通

① 行政財産の処分の制限の趣旨
② 行政財産の維持・管理の妥当性
③ 行政財産を貸付又はこれに地上権を設定
する用途の妥当性
④ 行政財産を貸付又はこれに地上権を設定
する相手方の妥当性
⑤ 行政財産の貸付契約又は地上権の設定契
約の解除の要件と妥当性
⑥ 行政財産の貸付契約又は地上権の設定契
約を解除した場合の補償の要否
⑦ 借地借家法が適用されないことの意味
⑧ 使用許可における長の裁量の範囲
⑨ 許可を受けた使用の監視・監督
⑩ 使用許可の取消の妥当性
⑪ 使用許可を取り消した場合の補償の要否

550

地方公共団体が当該行政財産の適正な方法による管理を行う上で適当と認める者に限る。）に当該土地を貸し付けるとき。

二　普通地方公共団体が国、他の地方公共団体又は政令で定める法人と行政財産である土地の上に一棟の建物を区分して所有するためその者に当該土地を貸し付ける場合

三　普通地方公共団体が行政財産である土地及びその隣接地の上に当該普通地方公共団体以外の者と一棟の建物を区分して所有するためその者（当該建物のうち行政財産である部分を管理する普通地方公共団体が当該行政財産の適正な方法による管理を行う上で適当と認める者に限る。）に当該土地を貸し付ける場合

四　行政財産のうち庁舎その他の建物及びその附帯施設並びにこれらの敷地（以下この号において「庁舎等」という。）についてその床面積又は敷地に余裕がある場合として政令で定める場合において、当該普通地方公共団体以外の者（当該庁舎等を管理する普通地方公共団体が当該庁舎等の適正な方法による管理を行う上で適当と認める者に限る。）に当該余裕がある部分を貸し付けるとき（前3号に掲げる場合に該当する場合を除く。）。

五　行政財産である土地を国、他の地方公共団体又は

第5部　財務規定の条文別留意点

　　政令で定める法人の経営す
　　る鉄道、道路その他政令で
　　定める施設の用に供する場
　　合において、その者のため
　　に当該土地に地上権を設定
　　するとき。
　六　行政財産である土地を
　　国、他の地方公共団体又は
　　政令で定める法人の使用す
　　る電線路その他政令で定め
　　る施設の用に供する場合に
　　おいて、その者のために当
　　該土地に地役権を設定する
　　とき。
3　前項第2号に掲げる場合に
　おいて、当該行政財産である
　土地の貸付けを受けた者が当
　該土地の上に所有する一棟の
　建物の一部（以下この項及び
　次項において「特定施設」と
　いう。）を当該普通地方公共
　団体以外の者に譲渡しようと
　するときは、当該特定施設を
　譲り受けようとする者（当該
　行政財産を管理する普通地方
　公共団体が当該行政財産の適
　正な方法による管理を行う上
　で適当と認める者に限る。）
　に当該土地を貸し付けること
　ができる。
4　前項の規定は、同項（この
　項において準用する場合を含
　む。）の規定により行政財産
　である土地の貸付けを受けた
　者が当該特定施設を譲渡しよ
　うとする場合について準用す
　る。
5　前3項の場合においては、
　次条第4項及び第5項の規定
　を準用する。
6　第1項の規定に違反する行
　為は、これを無効とする。
7　行政財産は、その用途又は

552

49　普通財産の管理及び処分（238条の5）

目的を妨げない限度において
その使用を許可することがで
きる。

8　前項の規定による許可を受
けてする行政財産の使用につ
いては、借地借家法（平成3
年法律第90号）の規定は、こ
れを適用しない。

9　第7項の規定により行政財
産の使用を許可した場合にお
いて、公用若しくは公共用に
供するため必要を生じたと
き、又は許可の条件に違反す
る行為があると認めるとき
は、普通地方公共団体の長又
は委員会は、その許可を取り
消すことができる。

## 49　普通財産の管理及び処分（238条の5）

第238条の5　普通財産は、こ
れを貸し付け、交換し、売り
払い、譲与し、若しくは出資
の目的とし、又はこれに私権
を設定することができる。

2　普通財産である土地（その
土地の定着物を含む。）は、
当該普通地方公共団体を受益
者として政令で定める信託の
目的により、これを信託する
ことができる。

3　普通財産のうち国債その他
の政令で定める有価証券（以
下この項において「国債等」
という。）は、当該普通地方
公共団体を受益者として、指
定金融機関その他の確実な金
融機関に国債等をその価額に
相当する担保の提供を受けて
貸し付ける方法により当該国
債等を運用することを信託の
目的とする場合に限り、信託
することができる。

① 普通財産の性質

② 普通財産の管理の妥当性

③ 普通財産の処分の目的と相手方選択方法
の妥当性

④ 土地の信託における受益と危険負担

⑤ 貸付等の契約解除の妥当性と解除した場
合の補償の妥当性

⑥ 用途及び期間を指定した貸付又は売り払
い若しくは譲渡の妥当性

⑦ 用途及び期間を指定した貸付又は売り払
い若しくは譲渡をした場合の監視の妥当性

⑧ 用途及び期間を指定した貸付又は売り払
い若しくは譲渡のための契約の解除の妥当
性と補償の要否

● 553

第5部　財務規定の条文別留意点

4　普通財産を貸し付けた場合において、その貸付期間中に国、地方公共団体その他公共団体において公用又は公共用に供するため必要を生じたときは、普通地方公共団体の長は、その契約を解除することができる。

5　前項の規定により契約を解除した場合においては、借受人は、これによつて生じた損失につきその補償を求めることができる。

6　普通地方公共団体の長が一定の用途並びにその用途に供しなければならない期日及び期間を指定して普通財産を貸し付けた場合において、借受人が指定された期日を経過してもなおこれをその用途に供せず、又はこれをその用途に供した後指定された期間内にその用途を廃止したときは、当該普通地方公共団体の長は、その契約を解除することができる。

7　第4項及び第5項の規定は貸付け以外の方法により普通財産を使用させる場合に、前項の規定は普通財産を売り払い、又は譲与する場合に準用する。

8　第4項から第6項までの規定は、普通財産である土地（その土地の定着物を含む。）を信託する場合に準用する。

9　第7項に定めるもののほか普通財産の売払いに関し必要な事項及び普通財産の交換に関し必要な事項は、政令でこれを定める。

554

## 50 旧慣による公有財産の使用（238条の6）

第238条の6 旧来の慣行により市町村の住民中特に公有財産を使用する権利を有する者があるときは、その旧慣による。その旧慣を変更し、又は廃止しようとするときは、市町村の議会の議決を経なければならない。

2 前項の公有財産をあらたに使用しようとする者があるときは、市町村長は、議会の議決を経て、これを許可することができる。

① 旧来の慣行の意味

② 公有財産を使用する権利の意味

③ 公有財産を使用する権利を有する住民の範囲


## 51 行政財産を使用する権利に関する処分についての審査請求（238条の7）

第238条の7 第238条の4の規定により普通地方公共団体の長以外の機関がした行政財産を使用する権利に関する処分についての審査請求は、普通地方公共団体の長が当該機関の最上級行政庁でない場合においても、当該普通地方公共団体の長に対してするものとする。

2 普通地方公共団体の長は、行政財産を使用する権利に関する処分についての審査請求がされた場合には、当該審査請求が不適法であり、却下するときを除き、議会に諮問した上、当該審査請求に対する裁決をしなければならない。

3 議会は、前項の規定による諮問を受けた日から20日以内に意見を述べなければならない。

4 普通地方公共団体の長は、第二項の規定による諮問をし

① 審査請求の対象となる行政財産を使用する権利に関する処分の意味

② 行政財産を使用する権利についての不服の審査を長に一元化した意味

③ 議会の意見の拘束力

第5部 財務規定の条文別留意点

ないで同項の審査請求を却下
したときは、その旨を議会に
報告しなければならない。

## 52 物品（239条）〈自治法施行令170条〜170条の5〉

第239条 この法律において
「物品」とは、普通地方公共
団体の所有に属する動産で次
の各号に掲げるもの以外のも
の及び普通地方公共団体が使
用のために保管する動産（政
令で定める動産を除く。）を
いう。
　一 現金（現金に代えて納付
　　される証券を含む。）
　二 公有財産に属するもの
　三 基金に属するもの
2 物品に関する事務に従事す
る職員は、その取扱いに係る
物品（政令で定める物品を除
く。）を普通地方公共団体か
ら譲り受けることができな
い。
3 前項の規定に違反する行為
は、これを無効とする。
4 前2項に定めるもののほ
か、物品の管理及び処分に関
し必要な事項は、政令でこれ
を定める。
5 普通地方公共団体の所有に
属しない動産で普通地方公共
団体が保管するもの（使用の
ために保管するものを除く。）
のうち政令で定めるもの（以
下「占有動産」という。）の
管理に関し必要な事項は、政
令でこれを定める。

① 物品の範囲

② 物品の分類の妥当性

③ 物品台帳の整備の妥当性及び正確性

④ 物品の購入及び管理体制の合理性と効率
性

⑤ 物品の出納事務の合理性と効率性

⑥ 物品に関する事務に従事する職員の範囲

⑦ 職員の譲り受けが禁止される物品の範囲

⑧ 物品の処分の方法の妥当性

⑨ 占有動産の意味

⑩ 占有動産を保管している職員の責任
（243条の2第1項前段）

⑪ 物品を使用している職員の責任（243条
の2第1項前段）

## 53 債権（240条）

〈自治法施行令171条〜171条の7、地方税法15条〜16条の5〉

第240条　この章において「債権」とは、金銭の給付を目的とする普通地方公共団体の権利をいう。

2　普通地方公共団体の長は、債権について、政令の定めるところにより、その督促、強制執行その他その保全及び取立てに関し必要な措置をとらなければならない。

3　普通地方公共団体の長は、債権について、政令の定めるところにより、その徴収停止、履行期限の延長又は当該債権に係る債務の免除をすることができる。

4　前2項の規定は、次の各号に掲げる債権については、これを適用しない。

一　地方税法（昭和25年法律第226号）の規定に基づく徴収金に係る債権

二　過料に係る債権

三　証券に化体されている債権（国債に関する法律（明治39年法律第34号）の規定により登録されたもの及び社債、株式等の振替に関する法律の規定により振替口座簿に記載され、又は記録されたものを含む。）

四　電子記録債権法（平成19年法律第102号）第2条第1項に規定する電子記録債権

五　預金に係る債権

六　歳入歳出外現金となるべき金銭の給付を目的とする債権

七　寄附金に係る債権

① 　地方公共団体の債権の意味

② 　自治法施行令171条から171条の7までの規定が適用されない債権の範囲

③ 　督促の意味と根拠法条（231条の3第1項か、自治法施行令171条か）

④ 　履行期限と督促で指定した期限の関係

⑤ 　強制執行等の意味と方法

・強制徴収により徴収する債権（231条の3第1項）の場合

・強制徴収により徴収する債権以外の債権の場合

⑥ 　強制徴収により徴収する債権（231条の3第1項）の場合における徴収猶予、換価の猶予及び滞納処分の停止の意味と効果

・徴収猶予、換価の猶予及び滞納処分の停止の妥当性

・差押えの猶予又は解除の妥当性

・滞納処分の停止による債権の消滅

・即時消滅させることの妥当性

⑦ 　強制徴収により徴収する債権以外の債権の場合における徴収停止及び履行延期の特約又は処分の意味と効果

・徴収停止の妥当性

・履行延期の特約と処分の違い

・履行延期の特約又は処分の妥当性

⑧ 　訴訟提起の方法

⑨ 　履行期限を繰り上げることができる根拠

第5部　財務規定の条文別留意点

八　基金に属する債権

⑩　履行期限を繰り上げる通知の効果

⑪　配当の要求その他債権の申出の効果

⑫　担保の徴求等

・強制徴収により徴収する債権（231条の
3第1項）の場合における担保の徴収、
保全担保の徴求、保全差押え又は担保の
処分

・強制徴収により徴収する債権以外の債権
の場合における担保の提供若しくは保証
人の保証の徴求又は仮差押え若しくは仮
処分の手続

⑬　債権の免除ができる場合と免除すること
の妥当性

⑭　消滅時効を完成させることの妥当性

⑮　債権放棄の妥当性と手続の正当性

⑯　240条3項に規定する債権（自治法施行
令171条から171条の7までの規定が適用さ
れない債権）の取扱い

## 54　基金（241条）

第241条　普通地方公共団体は、
条例の定めるところにより、
特定の目的のために財産を維
持し、資金を積み立て、又は
定額の資金を運用するための
基金を設けることができる。
2　基金は、これを前項の条例
で定める特定の目的に応じ、
及び確実かつ効率的に運用し
なければならない。
3　第1項の規定により特定の
目的のために財産を取得し、
又は資金を積み立てるための

①　基金の設置目的と効果

②　基金の内容と設置目的の適合性

③　基金の運用の安全性と確実性

④　基金（特に物品の運用のための基金）の運
用の効率性と合理性

558　●

基金を設けた場合において
は、当該目的のためでなけれ
ばこれを処分することができ
ない。

4　基金の運用から生ずる収益
及び基金の管理に要する経費
は、それぞれ毎会計年度の歳
入歳出予算に計上しなければ
ならない。

5　第1項の規定により特定の
目的のために定額の資金を運
用するための基金を設けた場
合においては、普通地方公共
団体の長は、毎会計年度、そ
の運用の状況を示す書類を作
成し、これを監査委員の審査
に付し、その意見を付けて、
第233条第5項の書類と併せ
て議会に提出しなければなら
ない。

6　前項の規定による意見の決
定は、監査委員の合議による
ものとする。

7　基金の管理については、基
金に属する財産の種類に応
じ、収入若しくは支出の手続、
歳計現金の出納若しくは保
管、公有財産若しくは物品の
管理若しくは処分又は債権の
管理の例による。

8　第2項から前項までに定め
るもののほか、基金の管理及
び処分に関し必要な事項は、
条例でこれを定めなければな
らない。

# 55　住民監査請求（242条）〈自治法施行令172条〉

第242条　普通地方公共団体の
住民は、当該普通地方公共団
体の長若しくは委員会若しく
は委員又は当該普通地方公共
団体の職員について、違法若

① 　住民監査請求と監査の請求の関係
② 　住民監査請求と監査委員による財務監査
の関係

● 559

しくは不当な公金の支出、財産の取得、管理若しくは処分、契約の締結若しくは履行若しくは債務その他の義務の負担がある（当該行為がなされることが相当の確実さをもって予測される場合を含む。）と認めるとき、又は違法若しくは不当に公金の賦課若しくは徴収若しくは財産の管理を怠る事実（以下「怠る事実」という。）があると認めるときは、これらを証する書面を添え、監査委員に対し、監査を求め、当該行為を防止し、若しくは是正し、若しくは当該怠る事実を改め、又は当該行為若しくは怠る事実によって当該普通地方公共団体のこうむつた損害を補填するために必要な措置を講ずべきことを請求することができる。

2　前項の規定による請求は、当該行為のあつた日又は終わつた日から1年を経過したときは、これをすることができない。ただし、正当な理由があるときは、この限りでない。

3　第1項の規定による請求があつた場合において、当該行為が違法であると思料するに足りる相当な理由があり、当該行為により当該普通地方公共団体に生ずる回復の困難な損害を避けるため緊急の必要があり、かつ、当該行為を停止することによつて人の生命又は身体に対する重大な危害の発生の防止その他公共の福祉を著しく阻害するおそれがないと認めるときは、監査委員は、当該普通地方公共団体の長その他の執行機関又は職

③　住民監査請求ができる者の範囲

④　住民監査請求の対象となる行為又は事実の主体

⑤　住民監査請求における違法及び不当の意味

⑥　公金の支出の意味

⑦　財産の取得、管理及び処分の意味

⑧　契約の締結及び履行の意味

⑨　債務その他の義務の負担の意味

⑩　公金の賦課又は徴収を怠る事実の意味

⑪　財産の管理を怠る事実の意味

⑫　財務会計行為の前提となる行為の違法性とその承継

⑬　違法な財務会計行為であることを証する書面の意味

⑭　住民監査請求において求めることができる措置

⑮　住民監査請求期間と期間徒過の正当事由

⑯　当該行為を停止すべきことを勧告できる要件と必要性

⑰　住民監査請求の受理の要件

⑱　住民監査請求による監査における証拠の提出と陳述の機会の付与

⑲　住民監査請求による監査の結果の通知及び勧告

⑳　必要な措置をなすべきことの勧告を受けた執行機関又は職員のとるべき措置

員に対し、理由を付して次項の手続が終了するまでの間当該行為を停止すべきことを勧告することができる。この場合においては、監査委員は、当該勧告の内容を第1項の規定による請求人（以下本条において「請求人」という。）に通知し、かつ、これを公表しなければならない。

4　第1項の規定による請求があつた場合においては、監査委員は、監査を行い、請求に理由がないと認めるときは、理由を付してその旨を書面により請求人に通知するとともに、これを公表し、請求に理由があると認めるときは、当該普通地方公共団体の議会、長その他の執行機関又は職員に対し期間を示して必要な措置を講ずべきことを勧告するとともに、当該勧告の内容を請求人に通知し、かつ、これを公表しなければならない。

5　前項の規定による監査委員の監査及び勧告は、第1項の規定による請求があつた日から60日以内にこれを行なわなければならない。

6　監査委員は、第4項の規定による監査を行うに当たつては、請求人に証拠の提出及び陳述の機会を与えなければならない。

7　監査委員は、前項の規定による陳述の聴取を行う場合又は関係のある当該普通地方公共団体の長その他の執行機関若しくは職員の陳述の聴取を行う場合において、必要があると認めるときは、関係のある当該普通地方公共団体の長その他の執行機関若しくは職

第5部　財務規定の条文別留意点

員又は請求人を立ち会わせる
ことができる。

8　第3項の規定による勧告並
びに第4項の規定による監査
及び勧告についての決定は、
監査委員の合議によるものと
する。

9　第4項の規定による監査委
員の勧告があつたときは、当
該勧告を受けた議会、長その
他の執行機関又は職員は、当
該勧告に示された期間内に必
要な措置を講ずるとともに、
その旨を監査委員に通知しな
ければならない。この場合に
おいては、監査委員は、当該
通知に係る事項を請求人に通
知し、かつ、これを公表しな
ければならない。

## 56　住民訴訟（242条の2）

第242条の2　普通地方公共団
体の住民は、前条第1項の規
定による請求をした場合にお
いて、同条第4項の規定によ
る監査委員の監査の結果若し
くは勧告若しくは同条第9項
の規定による普通地方公共団
体の議会、長その他の執行機
関若しくは職員の措置に不服
があるとき、又は監査委員が
同条第4項の規定による監査
若しくは勧告を同条第5項の
期間内に行わないとき、若し
くは議会、長その他の執行機
関若しくは職員が同条第9項
の規定による措置を講じない
ときは、裁判所に対し、同条
第1項の請求に係る違法な行
為又は怠る事実につき、訴え
をもつて次に掲げる請求をす
ることができる。

① 　住民訴訟を提起できる要件

② 　原告の地位の一身専属性

③ 　当該行為の全部又は一部の差止めの請求
ができる要件

④ 　行政処分たる当該行為の取消し又は無効
確認の請求ができる要件

⑤ 　怠る事実の違法確認の請求ができる要件

⑥ 　損害賠償又は不当利得の返還の請求をす
ることを求めることができる要件

⑦ 　損害賠償の請求の相手方となるべき当該
職員の範囲

⑧ 　住民訴訟を提起すべき裁判所

⑨ 　住民訴訟を提起すべき期間と期間徒過の
正当事由

562

一 当該執行機関又は職員に
対する当該行為の全部又は
一部の差止めの請求
二 行政処分たる当該行為の
取消し又は無効確認の請求
三 当該執行機関又は職員に
対する当該怠る事実の違法
確認の請求
四 当該職員又は当該行為若
しくは怠る事実に係る相手
方に損害賠償又は不当利得
返還の請求をすることを当
該普通地方公共団体の執行
機関又は職員に対して求め
る請求。ただし、当該職員
又は当該行為若しくは怠る
事実に係る相手方が第243
条の2第3項の規定による
賠償の命令の対象となる者
である場合にあつては、当
該賠償の命令をすることを
求める請求
2 前項の規定による訴訟は、
次の各号に掲げる期間内に提
起しなければならない。
一 監査委員の監査の結果又
は勧告に不服がある場合
は、当該監査の結果又は当
該勧告の内容の通知があつ
た日から30日以内
二 監査委員の勧告を受けた
議会、長その他の執行機関
又は職員の措置に不服があ
る場合は、当該措置に係る
監査委員の通知があつた日
から30日以内
三 監査委員が請求をした日
から60日を経過しても監査
又は勧告を行なわない場合
は、当該60日を経過した日
から30日以内
四 監査委員の勧告を受けた
議会、長その他の執行機関

⑩ 住民訴訟の訴額

⑪ 住民訴訟における訴えの利益

⑫ 重複起訴及び別訴禁止の意味

⑬ 住民訴訟における訴訟告知の意味

⑭ 住民訴訟における主張立証責任

⑮ 住民訴訟における文書提出命令

⑯ 住民訴訟における和解、請求の放棄・認
諾、訴えの取下げの可否

⑰ 住民訴訟における訴訟告知の意味と効果

⑱ 住民訴訟における仮処分の禁止の意味

⑲ 住民訴訟継続中の権利の放棄の是非

⑳ 住民訴訟における住民側の弁護士費用の
負担

第5部 財務規定の条文別留意点

又は職員が措置を講じない場合は、当該勧告に示された期間を経過した日から30日以内

3 前項の期間は、不変期間とする。

4 第1項の規定による訴訟が係属しているときは、当該普通地方公共団体の他の住民は、別訴をもつて同一の請求をすることができない。

5 第1項の規定による訴訟は、当該普通地方公共団体の事務所の所在地を管轄する地方裁判所の管轄に専属する。

6 第1項第1号の規定による請求に基づく差止めは、当該行為を差し止めることによつて人の生命又は身体に対する重大な危害の発生の防止その他公共の福祉を著しく阻害するおそれがあるときは、することができない。

7 第1項第4号の規定による訴訟が提起された場合には、当該職員又は当該行為若しくは怠る事実の相手方に対して、当該普通地方公共団体の執行機関又は職員は、遅滞なく、その訴訟の告知をしなければならない。

8 前項の訴訟告知は、当該訴訟に係る損害賠償又は不当利得返還の請求権の時効の中断に関しては、民法第147条第1号の請求とみなす。

9 第7項の訴訟告知は、第1項第4号の規定による訴訟が終了した日から6月以内に裁判上の請求、破産手続参加、仮差押若しくは仮処分又は第231条に規定する納入の通知をしなければ時効中断の効力

564 ●

57　訴訟の提起（242条の３）

を生じない。

10　第１項に規定する違法な行為又は怠る事実については、民事保全法（平成元年法律第91号）に規定する仮処分をすることができない。

11　第２項から前項までに定めるもののほか、第１項の規定による訴訟については、行政事件訴訟法第43条の規定の適用があるものとする。

12　第１項の規定による訴訟を提起した者が勝訴（一部勝訴を含む。）した場合において、弁護士又は弁護士法人に報酬を支払うべきときは、当該普通地方公共団体に対し、その報酬額の範囲内で相当と認められる額の支払を請求することができる。

## 57　訴訟の提起（242条の３）

第242条の３　前条第１項第４号本文の規定による訴訟について、損害賠償又は不当利得返還の請求を命ずる判決が確定した場合においては、普通地方公共団体の長は、当該判決が確定した日から60日以内の日を期限として、当該請求に係る損害賠償金又は不当利得の返還金の支払を請求しなければならない。

２　前項に規定する場合において、当該判決が確定した日から60日以内に当該請求に係る損害賠償金又は不当利得による返還金が支払われないときは、当該普通地方公共団体は、当該損害賠償又は不当利得返還の請求を目的とする訴訟を提起しなければならない。

①　住民訴訟において損害賠償又は不当利得の返還の請求を命ぜられた場合の措置

②　住民訴訟の判決の効力

565

第5部　財務規定の条文別留意点

3　前項の訴訟の提起について
は、第96条第1項第12号の規
定にかかわらず、当該普通地
方公共団体の議会の議決を要
しない。
4　前条第1項第4号本文の規
定による訴訟の裁判が同条第
7項の訴訟告知を受けた者に
対してもその効力を有すると
きは、当該訴訟の裁判は、当
該普通地方公共団体と当該訴
訟告知を受けた者との間にお
いてもその効力を有する。
5　前条第1項第4号本文の規
定による訴訟について、普通
地方公共団体の執行機関又は
職員に損害賠償又は不当利得
返還の請求を命ずる判決が確
定した場合において、当該普
通地方公共団体がその長に対
し当該損害賠償又は不当利得
返還の請求を目的とする訴訟
を提起するときは、当該訴訟
については、代表監査委員が
当該普通地方公共団体を代表
する。

## 58　私人の公金取扱いの制限（243条）
### 〈自治法施行令158条・158条の2・165条の3〉

第243条　普通地方公共団体は、
法律又はこれに基づく政令に
特別の定めがある場合を除く
ほか、公金の徴収若しくは収
納又は支出の権限を私人に委
任し、又は私人をして行なわ
せてはならない。

①　私人に委任し、又は私人をして徴収又は
収納を行わせることができる歳入の範囲
②　私人に委任し、又は私人をして行わせる
ことができる徴収又は収納の意味
③　公金の徴収又は収納を行わせることがで
きる私人の範囲
④　③の私人と指定金融機関、指定代理金融
機関、収納代理金融機関及び収納事務取扱

機関との関係

⑤　公金の徴収又は収納を私人に行わせる場合の手続と検査

⑥　公の施設の使用料又は利用料金の徴収の方法

⑦　地方税の収納の事務を委託できる場合とその相手方

⑧　委託を受けた私人の地方税の収納の手続

⑨　地方税の収納の委託を受けた私人に対する検査

⑩　支出事務を私人に委託することができる経費及び払戻金の範囲

⑪　支出事務を受託した私人の報告義務及び会計管理者の検査

⑫　公金を取り扱う私人の責任

## 59　職員の賠償責任（243条の2）

第243条の2　会計管理者若しくは会計管理者の事務を補助する職員、資金前渡を受けた職員、占有動産を保管している職員又は物品を使用している職員が故意又は重大な過失（現金については、故意又は過失）により、その保管に係る現金、有価証券、物品（基金に属する動産を含む。）若しくは占有動産又はその使用に係る物品を亡失し、又は損傷したときは、これによつて生じた損害を賠償しなければならない。次に掲げる行為をする権限を有する職員又はその権限に属する事務を直接補

①　現金、有価証券、物品（基金に属する動産を含む。）若しくは占有動産を保管している職員又は物品を使用している職員の損害賠償責任についての民法の不適用

②　支出負担行為、支出命令、支出命令の検査、支出若しくは支払又は請負契約若しくは物件の買入れその他の契約の履行に係る監督若しくは検査の権限を有する職員の損害賠償責任についての民法の不適用

③　支出負担行為、支出命令、支出命令の検査、支出若しくは支払又は請負契約若しくは物件の買入れその他の契約の履行に係る

第5部　財務規定の条文別留意点

助する職員で普通地方公共団体の規則で指定したものが故意又は重大な過失により法令の規定に違反して当該行為をしたこと又は怠つたことにより普通地方公共団体に損害を与えたときも、同様とする。
一　支出負担行為
二　第232条の4第1項の命令又は同条第2項の確認
三　支出又は支払
四　第234条の2第1項の監督又は検査
2　前項の場合において、その損害が2人以上の職員の行為により生じたものであるときは、当該職員は、それぞれの職分に応じ、かつ、当該行為が当該損害の発生の原因となつた程度に応じて賠償の責めに任ずるものとする。
3　普通地方公共団体の長は、第1項の職員が同項に規定する行為により当該普通地方公共団体に損害を与えたと認めるときは、監査委員に対し、その事実があるかどうかを監査し、賠償責任の有無及び賠償額を決定することを求め、その決定に基づき、期限を定めて賠償を命じなければならない。
4　第242条の2第1項第4号ただし書の規定による訴訟について、賠償の命令を命ずる判決が確定した場合には、普通地方公共団体の長は、当該判決が確定した日から60日以内の日を期限として、賠償を命じなければならない。この場合においては、前項の規定による監査委員の監査及び決定を求めることを要しない。

監督若しくは検査の権限を有する職員を補助する職員で損害賠償責任を負う者の範囲
④　①から③の損害賠償責任の帰責事由と責任軽減の理由
⑤　2人以上の職員が責任を負うべき場合における損害賠償の限度
⑥　長による損害賠償の命令の対象となる者
⑦　監査委員による職員の損害賠償責任の有無及び賠償額についての決定
⑧　長による損害賠償の命令の性質とそれに対する不服申立ての方法
⑨　住民訴訟で損害賠償の命令をすべきことが確定した場合の措置
⑩　長及び地方公営企業の管理者の損害賠償責任について適用される法律

568

59 職員の賠償責任（243条の２）

5 前項の規定により賠償を命じた場合において、当該判決が確定した日から60日以内に当該賠償の命令に係る損害賠償金が支払われないときは、当該普通地方公共団体は、当該損害賠償の請求を目的とする訴訟を提起しなければならない。

6 前項の訴訟の提起については、第96条第１項第12号の規定にかかわらず、当該普通地方公共団体の議会の議決を要しない。

7 第242条の２第１項第４号ただし書の規定による訴訟の判決に従いなされた賠償の命令について取消訴訟が提起されているときは、裁判所は、当該取消訴訟の判決が確定するまで、当該賠償の命令に係る損害賠償の請求を目的とする訴訟の訴訟手続を中止しなければならない。

8 第３項の規定により監査委員が賠償責任があると決定した場合において、普通地方公共団体の長は、当該職員からなされた当該損害が避けることのできない事故その他やむを得ない事情によるものであることの証明を相当と認めるときは、議会の同意を得て、賠償責任の全部又は一部を免除することができる。この場合においては、あらかじめ監査委員の意見を聴き、その意見を付けて議会に付議しなければならない。

9 第３項の規定による決定又は前項後段の規定による意見の決定は、監査委員の合議によるものとする。

第5部　財務規定の条文別留意点

10　第242条の2第1項第4号
　ただし書の規定による訴訟の
　判決に従い第3項の規定によ
　る処分がなされた場合には、
　当該処分については、審査請
　求をすることができない。
11　普通地方公共団体の長は、
　第3項の規定による処分につ
　いての審査請求がされた場合
　には、当該審査請求が不適法
　であり、却下するときを除き、
　議会に諮問した上、当該審査
　請求に対する裁決をしなけれ
　ばならない。
12　議会は、前項の規定による
　諮問を受けた日から20日以内
　に意見を述べなければならな
　い。
13　普通地方公共団体の長は、
　第11項の規定による諮問をし
　ないで同項の審査請求を却下
　したときは、その旨を議会に
　報告しなければならない。
14　第1項の規定により損害を
　賠償しなければならない場合
　には、同項の職員の賠償責任
　については、賠償責任に関す
　る民法の規定は、適用しない。

# 60　財政状況の公表等（243条の3）

〈自治法施行令173条、財政健全化法〉

第243条の3　普通地方公共団
　体の長は、条例の定めるとこ
　ろにより、毎年2回以上歳入
　歳出予算の執行状況並びに財
　産、地方債及び一時借入金の
　現在高その他財政に関する事
　項を住民に公表しなければな
　らない。
2　普通地方公共団体の長は、
　第221条第3項の法人につい

① 財政状況の公表の意味

② 財政収支の状況

　・形式収支

　・標準財政規模

　・実質収支比率

　・単年度収支

　・実質単年度収支

570 ●

て、毎事業年度、政令で定めるその経営状況を説明する書類を作成し、これを次の議会に提出しなければならない。

3　普通地方公共団体の長は、第221条第3項の信託について、信託契約に定める計算期ごとに、当該信託に係る事務の処理状況を説明する政令で定める書類を作成し、これを次の議会に提出しなければならない。

・実質赤字比率
・連結実質赤字比率

③　歳入構造及び財政力の状況
・自主財源比率
・一般財源比率
・経常一般財源比率
・地方債歳入比率（地方債依存度）
・財政力指数

④　歳出構造の状況
・人口1,000人当たり職員数（類似団体との比較）
・ラスパイレス指数
・義務的経費（人件費、扶助費、公債費）比率
・投資的経費比率

⑤　財政構造の状況
・経常収支比率
・公債費負担比率
・公債費比率
・地方債許可制限基準
・基金残高比率
・実質公債費比率
・将来負担比率
・早期健全化基準
・財政再生基準
・健全化判断比率
・再生判断比率
・資金不足比率
・経営健全化基準

⑥　公共施設の整備水準

・生活環境（道路、公園、ごみ収集処理率、上下水道普及率など）

・社会福祉（老人ホーム、保育所、介護率）

・教育（幼稚園・学校施設の整備状況）

・社会経済情勢の変化に応じた指標の工夫

⑦　評価

・個別分析指標の時系列変化による評価と対応

・個別分析指標の類似団体との比較による評価と対応

・個別事業毎の費用とそれを賄う財源内訳の透明化

⑧　関係法人の経営状況の報告

・経営状況を説明する書類を作成し、議会に報告すべき法人の範囲

・関係法人の経営状況の内容

⑨　信託に係る事務の処理状況

⑩　PFI事業に係る事務の処理状況と将来負担の見込み

# 判例索引

## 最高裁判所

| 月日 | 事件番号 | 掲載誌 | 判決要旨 | 本書頁 |
|---|---|---|---|---|
| **昭和33年** | | | | |
| 10月15日 | 昭30(あ)871 | 判時164号3頁 | 法律の効力は、いずれかの官報販売所または印刷局官報課において、一般希望者が当該法律を掲載した官報を閲覧しまたは購読することができた時から生ずる | 200 |
| **昭和35年** | | | | |
| 5月24日 | 昭28(オ)515 | 判時227号18頁 | 国が当事者として売買等の契約を競争入札の方法によつて締結する場合は、落札者があつたときは、国および落札者は、互に相手方に対し契約を結ぶ義務を負うが、この段階では予約が成立するにとどまり、本契約は、契約書の作成によりはじめて成立する | 135 |
| **昭和39年** | | | | |
| 10月15日 | 昭35(オ)1029 | 判時393号28頁 | 人格なき社団の成立要件 | 473 |
| 10月29日 | 昭37(オ)296 | 判時395号20頁 | 公権力の行使にあたる行為の要件 | 201 |
| **昭和41年** | | | | |
| 12月8日 | 昭38(オ)1080 | 判時470号15頁 | 公務員の給与は公法上の債権であるが時効については労働基準法115条が適用される | 309 |
| **昭和42年** | | | | |
| 7月20日 | 昭41(オ)1362 | 判時493号35頁 | 形成権である建物買取請求権の消滅時効には民法167条1項が適用される | 304 |
| **昭和43年** | | | | |
| 6月27日 | 昭39(行ツ)91 | 判時536号43頁 | 徴税機関による納付の催告には民法153条が準用される | 314 |

判例索引

| 月日 | 事件番号 | 掲載誌 | 判決要旨 | 本書頁 |
|---|---|---|---|---|
| 11月7日 | 昭39(行ツ)97 | 判時543号46頁 | 処分をした行政庁その他正当な権限を有する行政庁は、自らその違法または不当を認めて、処分の取消によつて生ずる不利益と、取消をしないことによつてかかる処分に基づきすでに生じた効果をそのまま維持することの不利益とを比較考量し、しかも当該処分を放置することが公共の福祉の要請に照らし著しく不当であると認められるときに限り、これを取り消すことができる | 452 |
| 12月24日 | 昭43(オ)26 | 判時545号57頁 | 請負工事における発注者の責任（肯定） | 124 |
| **昭和44年** | | | | |
| 9月11日 | 昭42(オ)1238 | 裁判集96号489頁 | 地方公共団体の長は、議会の議決を経べき事項についてはその議決を経ないかぎり当該行為についての代表権限を有しないから、議決を欠くときは、表見代理が成立する場合を除いて、当該行為は無権限の行為として無効である | 151 |
| **昭和45年** | | | | |
| 7月16日 | 昭42(オ)647 | 判時600号88頁 | 請負工事における発注者の責任（否定） | 126、129 |
| **昭和46年** | | | | |
| 11月30日 | 昭42(オ)668 | 判時653号84頁 | 国家賠償法に基づく地方公共団体に対する請求権の消滅時効には民法145条が適用される | 309 |
| **昭和48年** | | | | |
| 3月2日 | 昭41(オ)848 | 判時694号3頁 | 年次有給休暇の時季指定の効果 | 13 |
| **昭和49年** | | | | |
| 2月5日 | 昭44(オ)628 | 判時736号41頁 | 行政財産である土地について建物所有を目的とし期間の定めなくされた使用許可が当該行政財産本来の用途又は目的上の必要に基づき将来に向つて取り消されたときは、使用権者は、特別の事情のないかぎり、右取消による土地使用権喪失についての補償を求めることはできない | 170 |

最高裁判所

| 月日 | 事件番号 | 掲載誌 | 判決要旨 | 本書頁 |
|---|---|---|---|---|
| **昭和50年** | | | | |
| 2月25日 | 昭48(オ)383 | 判時767号11頁 | 安全配慮義務違反を理由とする国に対する損害賠償請求権の消滅時効には民法167条1項が適用される | 194、310 |
| **昭和52年** | | | | |
| 3月31日 | 昭50(行ツ)65 | 訟務月報23巻4号802頁 | 還付金請求権の時効について定める国税通則法74条1項の「その請求をすることができる日」は、無効な申告又は賦課処分に基づく納付の場合、その納付のあつた日である | 282 |
| 7月13日 | 昭46(行ツ)69 | 判時855号24頁 | 憲法20条3項が禁止する宗教的活動の意味 | 397 |
| 12月20日 | 昭47(行ツ)63 | 判時874号23頁 | 懲戒免職処分の裁量権の範囲と司法判断の基準 | 18 |
| **昭和53年** | | | | |
| 3月17日 | 昭52(オ)1211 | 判時887号71頁 | 国が私人から承継取得した私法上の債権についての納入告知は時効中断の効力を有する | 314 |
| 5月26日 | 昭49(行ツ)92 | 判時889号9頁 | 私人の営業を阻止するためになされた児童遊園設置認可処分は公権力の違法な行使にあたる | 17、62 |
| 6月16日 | 昭50(あ)24 | 判時893号19頁 | 私人の営業を阻止するためになされた児童遊園設置認可処分はその営業を規制する効力を有しない | 63 |
| **昭和54年** | | | | |
| 2月20日 | 昭53(オ)1012 | 判時926号56頁 | 請負工事における発注者の責任（肯定） | 125 |
| **昭和55年** | | | | |
| 11月29日（決） | 昭53(あ)1053 | 判時986号25頁 | 電波法109条1項の「窃用」の意味 | 278 |
| **昭和56年** | | | | |
| 1月27日 | 昭51(オ)1338 | 判時994号26頁 | 政策の変更に際して補償が必要な場合と損害賠償 | 59 |

● 575

判例索引

| 月日 | 事件番号 | 掲載誌 | 判決要旨 | 本書頁 |
|---|---|---|---|---|
| **昭和57年** | | | | |
| 10月19日 | 昭55(オ)1061 | 判時1061号29頁 | リース業者は、ユーザーの債務不履行を理由としてリース物件の返還を受けたときでも、リース期間全部についてのリース料債権を失うことはないが、特段の事情のない限り、右返還につて取得した利益（リース物件が返還時において有した価値と本来のリース期間の満了時において有すべき残存価値との差額）を利用者に返戻し又はリース料債権の支払に充当するなどしてこれを清算する必要がある | 163 |
| **昭和58年** | | | | |
| 12月6日 | 昭53(オ)1436 | 判時1123号85頁 | 道路用地の買収に際し、担当課長が買収済みの土地の一部（道路敷地に供しない残地）を相手方に払い下げる旨の説明をしていたとしても、そのことを売買契約書に明記することを拒否し、当該残地部分の売買予約をせず、当該残地部分の払下げが売買の条件とされていないような場合には、当該残地部分を他の者に払い下げをしたことに違法性はない | 65 |
| **昭和59年** | | | | |
| 3月29日 | 昭58(行ツ)10 | 訟務月報30巻8号1495頁 | 破産法人の清算中の事業年度の所得に係る予納法人税について国税徴収法82条の規定により被上告人がした本件交付要求は行政事件訴訟法3条2項にいう「行政庁の処分その他公権力の行使に当たる行為」に該当しない | 291 |
| 12月13日 | 昭57(オ)1011 | 判時1141号58頁 | 公営住宅の明け渡し請求には信頼関係の法理が適用される | 193、377 |
| **昭和60年** | | | | |
| 7月16日 | 昭59(行ツ)272 | 判時1174号58頁 | 公営企業であるガス事業には自治法228条1項が適用される | 188、195、200、312、371、374、376、458 |

|     |     |     |     |     |     |
| --- | --- | --- | --- | --- | --- |

| 月日 | 事件番号 | 掲載誌 | 判決要旨 | 本書頁 |
| --- | --- | --- | --- | --- |
| **昭和61年** | | | | |
| 2月18日 | 昭60（行ツ）178 | 税務訴訟資料150号331頁 | 自衛隊が憲法違反であることを理由として納税を拒否することはできない | 336、366 |
| 2月27日 | 昭58（行ツ）132 | 判時1186号3頁 | 地方公共団体の長の当該団体に対する損害賠償責任には民法が適用される | 3、309 |
| **昭和62年** | | | | |
| 3月20日 | 昭57（行ツ）74 | 判時1228号72頁 | 随意契約をすることができる「その性質又は目的が競争入札に適しないものをするとき」の意味 | 70、85、457、462、471、491 |
| 5月19日 | 昭56（行ツ）144 | 判時1240号62頁 | 随意契約の制限に関する法令に違反して締結した契約の効力 | 8、70、501 |
| 10月30日 | 昭62（行ツ）40 | 判時1264号59頁 | 法律が定める国庫負担の基準額を超えてした支出について国は負担義務を負わない | 405 |
| 11月24日 | 昭62（行ツ）49 | 判時1284号56頁 | 里道の用途廃止は処分に該当するが、その取消しを求めることができるのは、当該里道によって個別具体的な利益を得ていて、その用途廃止により生活に著しい支障を受ける者に限られる | 191、192 |
| **昭和63年** | | | | |
| 12月16日 | 昭61（行ツ）60 | 判時1362号41頁 | 神社の参道としても使用されている道路の改良工事を行うことは憲法89条に違反しない | 401 |
| **平成3年** | | | | |
| 3月8日 | 平元（行ツ）99・100 | 判時1393号83頁 | 漁港管理者である町が漁港区域内に不法に設置されたヨット係留杭を法規に基づかずに強制撤去し、その費用を支出したことに違法がないとされた事例 | 179 |
| 12月20日 | 平2（行ツ）137 | 判時1411号27頁 | 財務会計上の行為を補助職員が専決により処理した場合の管理者の損害賠償責任 | 3 |
| **平成4年** | | | | |
| 11月16日 | 平3（行ツ）147 | 判時1441号57頁 | 地蔵像建立あるいは移設のための市有地の無償使用の承認は憲法20条3項、89条に違反しない | 401 |

判例索引

| 月日 | 事件番号 | 掲載誌 | 判決要旨 | 本書頁 |
|---|---|---|---|---|
| **平成5年** | | | | |
| 2月16日 | 昭62(行ツ)148 | 判時1454号41頁 | 忠魂碑移設のための公有地の無償貸与及び教育長の慰霊祭への参列は憲法20条、89条に違反しない。また、財務会計上の行為を補助職員に委任した長は住民訴訟における「当該職員」に該当する | 3、401、435 |
| 2月18日 | 昭63(オ)890号 | 判時1506号106頁 | 教育施設負担金の納付を事実上強制しようとする行政指導は違法である | 9 |
| 11月25日 | 昭63(オ)1237 | 訟務月報40巻10号2401頁 | リース契約の実体はユーザーに対する金融上の便宜を付与するものであり、リース物件の使用とリース料の支払とは対価関係に立つものではなく、ユーザーによる物件の使用が不可能になったとしても、これがリース業者の責に帰すべき事由によるものでないときは、ユーザーにおいて月々のリース料の支払を免れない | 163 |
| **平成6年** | | | | |
| 12月22日 | 平5(行ツ)135 | 判時1520号71頁 | 不動産等の売却のための競争入札において最高制限価格を設けることはできない | 457、466、470、489 |
| **平成8年** | | | | |
| 4月26日 | 平6(行ツ)77 | 判時1566号33頁 | 町が県に対してしたミニパトカーの寄附は地方財政法28条の2に違反する | 410 |
| **平成9年** | | | | |
| 4月2日 | 平4(行ツ)156 | 判時1601号47頁 | 県が玉串料等を靖國神社又は護國神社に奉納したことは、憲法20条3項、89条に違反する | 3、397 |
| **平成11年** | | | | |
| 10月21日 | 平7(行ツ)122 | 判時1696号96頁 | 戦没者遺族会に対する補助金の支出及び市職員が書記事務に従事したことは憲法20条3項に違反しない | 265、401 |
| 11月9日 | 平9(オ)426 | 判時1695号66頁 | 主たる債務者が破産し、免責決定を受けた場合に、免責決定の効力の及ぶ債務の保証人は、その債権についての消滅時効を援用することができない | 265 |

最高裁判所

| 月日 | 事件番号 | 掲載誌 | 判決要旨 | 本書頁 |
|---|---|---|---|---|
| **平成14年** | | | | |
| 7月9日 | 平11(行ツ)77 | 判時1799号101頁 | 県の知事等が主基斎田抜穂の儀に参列した行為は憲法の政教分離原則に違反しない | 401 |
| 7月11日 | 平11(行ツ)93 | 判時1799号99頁 | 県の知事が大嘗祭に参列した行為は政教分離原則に違反しない | 401 |
| **平成15年** | | | | |
| 6月26日 | 平10(行ヒ)41 | 判時1830号29頁 | 通達に従ってした土地課税台帳等に登録するための価格の評価が違法であるとされた | 13 |
| 10月10日（決） | 平13(受)1327 | 新版水道関係判例集113頁 | 水道料金債権には民法173条1項の2年の消滅時効が適用される | 195、310 |
| **平成16年** | | | | |
| 4月23日 | 平12(行ヒ)246 | 判時1857号47頁 | 道路が権原なく占有された場合には、損害賠償請求権又は不当利得返還請求権を取得する | 178 |
| 6月1日 | 平12(行ヒ)125 | 判時1873号118頁 | 1個の契約でできる工事を議会の議決を要しない3個の契約に分割して締結することは特段の理由がない限り違法である | 17、68 |
| 6月28日 | 平14(行ツ)279 | 判時1890号41頁 | 県知事等が即位の礼及び大嘗祭に参列した行為は憲法20条3項に違反しない | 401 |
| 7月13日 | 平12(行ヒ)96 | 判時1872号32頁 | 首長が行う契約の締結には、民法108条及び116条が類推適用される | 153、235、238、500 |
| 10月15日 | 平13(オ)1194 | 判時1876号3頁 | 法律に基づく規制権限の不行使が国家賠償法1条1項の適用上違法とされた事例 | 16 |
| **平成17年** | | | | |
| 6月24日 | 平16(行フ)7 | 判時1904号69頁 | 指定確認検査機関の確認に係る事務が帰属するのは国又は地方公共団体である | 11、29、53 |
| 7月15日 | 平14(行ヒ)207 | 判時1905号49頁 | 医療法30条の7の規定に基づく病院開設中止の勧告は行政処分にあたる | 15 |
| 10月25日 | 平15(行ヒ)320 | 判時1920号32頁 | 医療法30条の7の規定に基づく病床数削減の勧告は行政処分にあたる | 15 |

579

判例索引

| 月日 | 事件番号 | 掲載誌 | 判決要旨 | 本書頁 |
|---|---|---|---|---|
| 10月28日 | 平14(行ヒ)144 | 判時1919号98頁 | 公の施設の管理及び運営の受託者に対する補助金の交付が自治法232条の2に違反しないとされた事例 | 236、421、426 |
| 11月10日 | 平13(行ヒ)243 | 判時1921号36頁 | 経営破綻した第三セクターに対する補助金の交付が自治法232条の2に違反しないとされた事例 | 23、421 |
| 11月21日 | 平17(受)721 | 判時1922号78頁 | 公立病院の診療に関する債権の消滅時効期間は民法170条1号により3年である | 195、310、311、377 |

平成18年

| 月日 | 事件番号 | 掲載誌 | 判決要旨 | 本書頁 |
|---|---|---|---|---|
| 1月19日 | 平15(行ヒ)299 | 判時1925号79頁 | 元県議会議員の団体に対する補助金の交付に公益性は認められない | 18、421 |
| 2月7日 | 平15(受)2001 | 判時1936号63頁 | 行政財産（学校）の目的外使用を不許可としたことが違法であるとされた例 | 18、171、216 |
| 7月13日 | 平16(行ヒ)117 | 判時1945号18頁 | 地方公共団体や土地開発公社が取得した土地の価格等は非開示情報に該当しない | 18 |
| 7月14日 | 平15(行ツ)35・平15(行ヒ)29 | 判時1947号45頁 | 別荘利用者に対して水道の料金を割高に設定したことが違法とされた例 | 18、39、188、200、372、376 |
| 9月4日 | 平17(受)1016 | 判時1949号30頁 | 下請業者が施工業者との間で下請契約を締結する前に下請の仕事の準備作業を開始した場合において施主が下請業者の支出費用を補てんするなどの代償的措置を講ずることなく施工計画を中止することが下請業者の信頼を不当に損なうものとして不法行為に当たることがある | 500 |
| 10月26日 | 平17(受)2087 | 判時1953号122頁 | 特定の業者を競争入札の指名業者から排除したことが違法とされた例 | 18、45、75、83、476、483、507 |
| 12月1日 | 平15(行ヒ)74・75 | 判時1960号10頁 | 交際費の支出を伴う市長の行為が地方公共団体の事務に含まれるとされた例 | 3、18、432 |

平成19年

| 月日 | 事件番号 | 掲載誌 | 判決要旨 | 本書頁 |
|---|---|---|---|---|
| 1月25日 | 平17(受)2335・2336 | 判時1957号60頁 | 社会福祉法人が設置運営する児童養護施設の職員等は都道府県の公権力の行使にあたる公務員にあたる | 11、29、53、209、222 |

最高裁判所

| 月日 | 事件番号 | 掲載誌 | 判決要旨 | 本書頁 |
|---|---|---|---|---|
| 2月6日 | 平18(行ヒ)136 | 判時1964号30頁 | 国民の権利行使を妨げてこれを消滅時効にかからせた地方公共団体が消滅時効の主張をすることは許されない | 11、13 |
| 5月23日(決) | 平17(行ツ)171・平17(行ヒ)184 | 判例集未登載 | 村の県に対する寄附が違法ではないとされた事例 | 410 |
| 12月7日 | 平17(行ヒ)163 | 判時1992号43頁 | 行政財産(一般公共海岸区域)の目的外使用の拒否が違法とされた事例 | 19、173 |

### 平成20年

| 月日 | 事件番号 | 掲載誌 | 判決要旨 | 本書頁 |
|---|---|---|---|---|
| 1月18日 | 平17(行ヒ)304 | 判時1995号74頁 | 土地開発公社に対する土地の先行取得の委託契約と当該委託契約を履行するための土地の取得契約 | 18、19、145、149、162 |
| 3月3日 | 平17(あ)947 | 判時2004号158頁 | 薬剤の認可について厚生省薬務局生物製剤課長であった者に業務上の注意義務違反が認められた事例 | 16 |
| 3月11日(決) | 平18(行ツ)98・平18(行ヒ)113 | 判例集未登載 | 市長が私人の適法な営業活動を妨害する目的をもってした条例の制定等の行為が違法とされた事例 | 63 |
| 7月18日 | 平17(あ)1716 | 判時2019号10頁 | 資産査定通達等から逸脱した決算処理であっても「公正ナル会計慣行」に反するとはいえないとされた事例 | 13 |
| 10月24日 | 平19(行ヒ)285 | 判時2025号22頁 | 法人税の減額更正と地方税の還付加算金の算定の起算日 | 19 |
| 11月25日 | 平19(行ヒ)91 | 判時2029号20頁 | 建築基準法43条2項が定める道路の一括指定の要件 | 19 |
| 12月16日 | 平19(受)1030 | 判時2040号16頁 | フルペイアウト方式によるファイナンス・リース契約の意味 | 162 |

### 平成21年

| 月日 | 事件番号 | 掲載誌 | 判決要旨 | 本書頁 |
|---|---|---|---|---|
| 4月28日 | 平20(行ヒ)97 | 判時2047号113頁 | 損害賠償請求権を行使しないことが怠る事実に該当しないとした判断が違法であるとされた事例 | 19 |
| 11月18日 | 平21(行ヒ)83 | 判時2065号12頁 | 自治法施行令の定めが法律による授権の範囲を超えているとされた事例 | 13 |
| 12月7日 | 平19(あ)818 | 判時2072号155頁 | 「公正ナル会計慣行」の意味 | 13 |

● 581

判例索引

| 月日 | 事件番号 | 掲載誌 | 判決要旨 | 本書頁 |
|---|---|---|---|---|
| 12月17日 | 平21(行ヒ)162 | 判時2067号18頁 | 土地開発公社に対する土地の先行取得の委託契約と当該委託契約を履行するための土地の取得契約 | 19、145 |

平成22年

| 月日 | 事件番号 | 掲載誌 | 判決要旨 | 本書頁 |
|---|---|---|---|---|
| 1月20日 | 平19(行ツ)260 | 判時2070号21頁 | 普通財産である土地を神社施設の敷地として町内会に無償利用させることが憲法に違反するとされた事例 | 19、397、399 |
| 1月20日 | 平19(行ツ)334 | 判時2070号41頁 | 普通財産である土地を神社施設の敷地として町内会に贈与したことが憲法に違反しないとされた事例 | 19、401 |
| 3月23日 | 平21(行ヒ)214 | 判時2080号24頁 | 政務調査費の支出の適法性判断の基準 | 19 |
| 4月20日 | 平20(受)2065 | 裁判所時報1506号5頁 | 土地の任意買収において租税特別措置の適用があるとの誤った教示及び指導をしたことの責任 | 19、150 |
| 6月3日 | 平21(受)1338 | 判時2083号71頁 | 違法な課税処分に対する国家賠償請求については審査の申出及び取消訴訟等の手続を経ることを要しない | 283 |
| 9月10日 | 平20(行ヒ)432 | 判時2096号3頁 | 非常勤職員に対する給与の種類は条例で定めることが必要である | 19、34、406 |

平成23年

| 月日 | 事件番号 | 掲載誌 | 判決要旨 | 本書頁 |
|---|---|---|---|---|
| 1月14日 | 平20(行ヒ)348 | 判時2106号33頁 | 自治会に対する集会所用地の無償譲渡に違法がないとされた事例 | 19、421 |
| 1月20日 | 平21(受)788 | 判時2103号128頁 | 法律の解釈は、物理的、自然的な観察だけではなく、社会的、経済的側面をも含め、総合的に観察すべきである | 14 |
| 3月25日 | 平21(行ヒ)154 | 判時2112号30頁 | 建て替え中の住宅用家屋に対する固定資産税及び都市計画税の課税関係 | 19 |
| 6月7日 | 平21(行ヒ)91 | 判時2121号38頁 | 処分基準の適用関係を示さずにされた一級建築士免許取消処分の効力 | 17、20 |
| 6月14日 | 平22(行ヒ)124 | 裁判集237号21頁 | 公募に応募した事業者に対する決定に至らなかった旨の通知は行政処分にあたらない | 210、490 |

最高裁判所

| 月日 | 事件番号 | 掲載誌 | 判決要旨 | 本書頁 |
|---|---|---|---|---|
| 7月14日 | 平21(行ヒ)401 | 判時2129号31頁 | 不正の手段によって介護保険法上の指定居宅サービス事業者及び指定居宅介護支援事業者の各指定を受けた事業者が、市から受領した居宅介護サービス費及び居宅介護サービス計画費につき、同法（平成17年改正前のもの）23条3項に基づく返還義務を負わないための要件 | 454 |
| 10月27日 | 平22(行ツ)463 | 判時2133号3頁 | 法人に対して損失補償をすることができる要件 | 34、406 |
| 12月15日 | 平22(行ツ)300・301・308 | 判時2162号45頁 | 選挙管理委員会の委員長以外の委員について月額報酬を定める条例の適法性 | 414 |

**平成24年**

| 月日 | 事件番号 | 掲載誌 | 判決要旨 | 本書頁 |
|---|---|---|---|---|
| 1月16日 | 平23(行ツ)263・平23(行ヒ)294 | 判時2147号127頁 | 国歌斉唱命令に違反した職員に対する懲戒処分の程度 | 20 |
| 2月16日 | 平23(行ツ)122 | 判時2146号49頁 | 神社敷地の無償貸付けの要件 | 20、401 |
| 4月20日 | 平21(行ヒ)102 | 判時2168号35頁 | 債権放棄の議決の要件 | 20、237、263 |
| 4月23日 | 平22(行ヒ)136 | 判時2168号49頁 | 債権放棄の議決の要件 | 20 |

**平成25年**

| 月日 | 事件番号 | 掲載誌 | 判決要旨 | 本書頁 |
|---|---|---|---|---|
| 3月21日 | 平23(行ツ)406 | 裁判所時報1576号1頁 | 違法であっても私法上無効ではない契約に基づく債務の履行としてされた支出命令は適法である | 436 |
| 3月28日 | 平23(行ヒ)452 | 裁判所ウェブサイト | 広域連合が土地を賃借する契約につき、上記用地を確保するため当該土地を賃借する必要性、上記施設の性質に伴う用地確保の緊急性や困難性といった事情について十分に考慮することなく、賃料額が私的鑑定において適正とされた賃料額より高額であることを理由として、当該契約が違法でありその賃料の約定が無効であるとすることはできない | 149 |
| 4月16日 | 平24(行ヒ)245 | 判時2188号35頁 | 水俣病の認定方法 | 20 |

583

判例索引

| 月日 | 事件番号 | 掲載誌 | 判決要旨 | 本書頁 |
|---|---|---|---|---|
| 6月6日 | 平24(受)349 | 判時2190号22頁 | 消滅時効期間が経過した後、その経過前にした催告から6箇月以内に再び催告をしても、第1の催告から6箇月以内に民法153条所定の措置を講じなかった以上は、第1の催告から6箇月を経過することにより、消滅時効が完成する | 314 |

**平成26年**

| 月日 | 事件番号 | 掲載誌 | 判決要旨 | 本書頁 |
|---|---|---|---|---|
| 12月12日 | 平25(行ヒ)449 | 判時2254号18頁 | 相続税につき減額更正がされた後に増額更正がされた場合の延滞税の発生日 | 280 |
| 12月19日 | 平25(受)1833 | 判時2247号27頁 | 共同企業体を請負人とする請負契約約款における談合を理由とする賠償金条項の解釈 | 109、110、501 |

**平成27年**

| 月日 | 事件番号 | 掲載誌 | 判決要旨 | 本書頁 |
|---|---|---|---|---|
| 3月27日 | 平25(オ)1655 | 判時2258号39頁 | 入居者が暴力団員であることが判明した場合に市営住宅の明渡しを請求することができる旨を定める条例の効力 | 193 |

**平成28年**

| 月日 | 事件番号 | 掲載誌 | 判決要旨 | 本書頁 |
|---|---|---|---|---|
| 1月12日 | 平26(受)266 | 判時2328号60頁 | 信用保証協会と金融機関との間で保証契約が締結され融資が実行された後に主債務者が反社会的勢力であることが判明した場合において、それは信用保証協会の保証契約の意思表示の動機の錯誤であるが、要素の錯誤には該当しない | 73、105 |
| 4月21日 | 平26(受)755 | 判時2303号41頁 | 国は、拘置所に収容された被勾留者に対して、その不履行が損害賠償責任を生じさせることとなる信義則上の安全配慮義務を負わない | 311 |
| 6月27日 | 平26(行ヒ)321 | 判時2314号25頁 | 市が土地開発公社の取得した土地をその簿価に基づき正常価格（土地を取得する目的や当該売買契約の締結に至る経緯等を考慮していない価格）の約1.35倍の価格で買い取ったことが違法とはいえない | 20、149 |

高等裁判所

| 月日 | 事件番号 | 掲載誌 | 判決要旨 | 本書頁 |
|---|---|---|---|---|
| 12月19日 | 平27(受)1394 | 判時2327号21頁 | 信用保証協会と金融機関との間で保証契約が締結され融資が実行された後に主債務者が中小企業者の実体を有しないことが判明した場合において、それは信用保証協会の保証契約の意思表示の動機の錯誤であるが、要素の錯誤には該当しない | 73、106 |
| 12月20日 | 平28(行ヒ)394 | 判時2327号9頁 | 公有水面の埋立の承認は、埋立ての目的及び埋立地の用途に係る必要性及び公共性の有無や程度に加え、埋立てを実施することにより得られる国土利用上の効用、埋立てを実施することにより失われる国土利用上の効用等の諸般の事情を総合的に考慮したうえでの裁量判断である。公有水面埋立法4条1項各号は、都道府県知事の承認等が裁量的な判断であることを前提に、上記承認等をするための最小限の要件を定めたものと解される | 20、452 |

平成29年

| 月日 | 事件番号 | 掲載誌 | 判決要旨 | 本書頁 |
|---|---|---|---|---|
| 10月17日 | 平29(行ヒ)44 | 判時2360号3頁 | 障害年金の支分権（支払期月ごとに支払うものとされる保険給付の支給を受ける権利）の消滅時効は、法定の支払期が到来した時から進行する | 304 |

平成30年

| 月日 | 事件番号 | 掲載誌 | 判決要旨 | 本書頁 |
|---|---|---|---|---|
| 11月6日 | 平29(行ヒ)226 | 裁判所ウェブサイト | 普通地方公共団体の財産の譲渡又は貸付けが適正な対価によるものであるとして議会に提出された議案を可決する議決をもって地方自治法237条2項の議会の議決があったといえるための要件 | 184 |

高等裁判所

| 月日 | 場所 | 事件番号 | 掲載誌 | 判決要旨 | 本書頁 |
|---|---|---|---|---|---|
| | | | | | |

昭和44年

| 月日 | 場所 | 事件番号 | 掲載誌 | 判決要旨 | 本書頁 |
|---|---|---|---|---|---|
| 4月17日 | 札幌 | 昭43(ネ)88 | 行集20巻4号486頁 | 市工場誘致条例に基づく奨励金交付請求と市長の裁量権 | 61 |

判例索引

| 月日 | 場所 | 事件番号 | 掲載誌 | 判決要旨 | 本書頁 |
|---|---|---|---|---|---|
| **昭和45年** | | | | | |
| 1月29日 | 大阪 | 昭44(行コ)2 | 判タ249号157頁 | 公営住宅法に基づく割増賃料徴収のために地方税の課税台帳を閲覧させた行為は地方税法22条に違反しない | 275 |
| **昭和50年** | | | | | |
| 4月16日 | 東京 | 昭49(行コ)50 | 訟務月報21巻6号1345頁 | 修正申告および賦課決定の一部無効による租税債務の不存在部分に対応する過納税金は、被控訴人の国税徴収手続という権力的な公法的手続の過程において生じたものであつて、いわゆる公法上の不当利得たる性質を有する | 281 |
| **昭和53年** | | | | | |
| 12月21日 | 東京 | 昭52(ネ)2206 | 判時920号126頁 | 消防水利の指定を受けていた農業用灌漑用水用の溜池は公の営造物に該当する | 165 |
| **昭和54年** | | | | | |
| 11月14日 | 札幌 | 昭53(行コ)2 | 行集30巻11号1862頁 | 一般廃棄物処理業務の委託契約には自治法234条1項が適用されない | 459 |
| **昭和55年** | | | | | |
| 7月28日 | 東京 | 昭51(行コ)89 | 判時972号3頁 | 保育所の設備費用に対する国庫負担金は、それについての決定がなされるまで具体的な請求権は発生しない | 384 |
| **昭和56年** | | | | | |
| 5月20日 | 大阪 | 昭55(行コ)37 | 判タ459号106頁 | 町有地を町監査委員に対し売り渡す契約は違法である | 186 |

高等裁判所

| 月日 | 場所 | 事件番号 | 掲載誌 | 判決要旨 | 本書頁 |
|---|---|---|---|---|---|
| 昭和57年 | | | | | |
| 10月29日 | 大阪 | 昭57(行コ)44 | 判時1079号38頁 | 税務署長が破産法人の納付すべき予納法人税に係る租税債権が財団債権であるとして破産管財人に対してした交付要求は、破産管財人に対し弁済義務を設定したり、その管理処分権を制限したりするものではなくて、単にその弁済を催告するものにすぎないから、抗告訴訟の対象となる行政処分に当たらない | 291 |
| 昭和59年 | | | | | |
| 10月16日 | 東京 | 昭58(行コ)99 | 判時1143号63頁 | 土木建設工事等の他の地方公共団体への委託は民法上の契約でできる | 458 |
| 10月26日 | 大阪 | 昭58(ネ)1685 | 判時1146号69頁 | 土地の取得についての議会の議決は契約の有効要件である | 151 |
| 平成元年 | | | | | |
| 1月27日 | 大阪 | 昭60(行コ)33 | 判時1319号92頁 | 職員厚生費等の名目で職員に個別に金員を支給することは違法である | 350 |
| 平成2年 | | | | | |
| 1月29日 | 東京 | 昭61(行コ)51 | 判時1351号47頁 | 法律による規制がない教育事業に対する支出であっても憲法89条に違反するわけではない | 402 |
| 平成3年 | | | | | |
| 5月31日 | 大阪 | 平2(ネ)1641 | 判時1400号15頁 | 地方税法の固定資産課税台帳に登録された事項について不服がある場合の規定は、固定資産課税台帳に登録された事項についての不服は、これを固定資産税賦課処分に対する行政不服申立て及び取消訴訟における審査、審理の対象から除外する趣旨である | 283 |

587

判例索引

| 月日 | 場所 | 事件番号 | 掲載誌 | 判決要旨 | 本書頁 |
|---|---|---|---|---|---|
| **平成4年** | | | | | |
| 11月17日 | 東京 | 平3（行コ）141 | 行裁例集43巻11・12号1395頁 | 財務規則に定められた遅延損害金の徴収を契約に盛り込むことは契約担当者の義務である | 114 |
| **平成8年** | | | | | |
| 11月22日 | 大阪 | 平6（行コ）94 | 判タ927号115頁 | 市の報償費及び食糧費の支出が違法とされた事例 | 432 |
| **平成9年** | | | | | |
| 10月23日 | 東京 | 平9（ネ）1187 | 判タ1011号208頁 | 水道加入金の納入を拒絶している者に対しては給水申込を受諾する義務はない | 193、377 |
| **平成11年** | | | | | |
| 12月27日 | 名古屋 | 平8（行コ）35 | 民集58巻5号1489頁 | 地方公共団体の長の当該団体に対する損害賠償責任は民法の規定による | 12 |
| **平成13年** | | | | | |
| 2月8日 | 東京 | 平12（ネ）2915 | 判時1742号96頁 | 指名競争入札において談合が行われたときは、当該入札による契約は無効である | 104 |
| 2月22日 | 東京 | 平12（行コ）199 | 裁判所ホームページ | 市民税徴収権を時効消滅させたことについて市長及び職員の損害賠償責任が認められた事例 | 314 |
| 5月22日 | 東京 | 平13（ネ）928 | 新版水道関係判例集111頁 | 地方公共団体が経営する水道の料金債権の消滅時効には民法173条1号が適用される | 195、310、311、377、458 |

高等裁判所

| 月日 | 場所 | 事件番号 | 掲載誌 | 判決要旨 | 本書頁 |
|---|---|---|---|---|---|
| **平成16年** | | | | | |
| 9月7日 | 東京 | 平16(行コ)180 | 判時1905号68頁 | 授益的な行政処分がされた場合において、後にそれが違法であることが明らかになったときは、行政処分の取消しにより処分の相手方が受ける不利益と処分に基づいて生じた効果を維持することの公益上の不利益とを比較考量し、当該処分を放置することが公共の福祉の要請に照らし著しく不当であると認められるときには、処分をした行政庁がこれを職権で取り消し、遡及的に処分がされなかったのと同一の状態に復せしめることが許される | 452 |
| **平成17年** | | | | | |
| 2月9日 | 東京 | 平16(行コ)133 | 判時1981号3頁 | 村の県に対する寄附が違法ではないとされた事例 | 184、410 |
| 10月26日 | 名古屋 | 平16(行コ)25 | 裁判所ホームページ | 市の事業を行うことのみを目的とした財団法人の赤字補填目的でなされた同法人からの施設等買受の適法性 | 235 |
| 12月19日 | 東京 | 平14(行コ)72 | 判時1927号27頁 | 市長が私人の適法な営業活動を妨害する目的をもってした条例の制定等の行為が違法とされた事例 | 17、63 |
| **平成20年** | | | | | |
| 5月29日 | 高松 | 平18(ネ)353 | 判時2014号71頁 | 指名競争入札において特定の業者を指名しなかったことは違法であるが、過失はないとされた事例 | 47 |
| **平成23年** | | | | | |
| 10月25日 | 東京 | 平23(行コ)24 | 判例自治362号57頁 | 契約における「1件」の意義 | 152 |
| **平成24年** | | | | | |
| 7月24日 | 東京 | 平24(行コ)20 | 判例集未登載 | 下水道使用料の納入通知は行政処分に該当する | 305、375 |

589

判例索引

| 月日 | 場所 | 事件番号 | 掲載誌 | 判決要旨 | 本書頁 |
|---|---|---|---|---|---|
| **平成25年** | | | | | |
| 8月29日 | 東京 | 平25(行コ)189 | 判時2206号76頁 | 「議会において議決すべき事件を解決しないとき」にあたるとしてなされた専決処分が違法とされた事例 | 346 |
| **平成26年** | | | | | |
| 11月26日 | 東京 | 平26(ネ)2434 | 判時2310号67頁 | パッケージソフトウェアの導入作業の契約において、新システム開発はその内容となっていないとして、受注者は、同契約に基づいてパッケージソフトウェアの導入に係る請負代金全額を請求できるとされた事例 | 164 |
| **平成27年** | | | | | |
| 1月29日 | 東京 | 平26(ネ)1806 | 判時2251号37頁 | 契約書に記載されていない事項についての期待が法的保護に値するとされた事例 | 64、114、500 |
| 6月26日 | 大阪 | 平26(行コ)163 | 判時2278号32頁 | 行政事務スペースの必要性を理由とする労働組合に対する庁舎の使用許可の取消しが適法とされた例 | 171 |
| 7月15日 | 仙台 | 平27(行コ)5 | 判時2272号35頁 | 補助金規則上、補助金が他用途に使用されたと認める場合には、他用途に使用されたという事実のみを根拠として、当該補助金交付決定の取消しを行い、他用途に使用された補助金の返還を求めることができるのであるから、補助金交付決定の取消しをすることは手続上の要件にとどまるから、補助金交付決定の取消決定前の時点においても、実質的には返還請求権が存在しているものと同視することに支障はないとされた事例 | 452、454 |

高等裁判所

| 月日 | 場所 | 事件番号 | 掲載誌 | 判決要旨 | 本書頁 |
|---|---|---|---|---|---|
| 9月7日 | 東京 | 平28(行コ)46 | D-1 law.com 判例体系 | 下水道受益者負担金の消滅時効は納入通知を発することができるときから進行する | 305 |

## 平成29年

| 月日 | 場所 | 事件番号 | 掲載誌 | 判決要旨 | 本書頁 |
|---|---|---|---|---|---|
| 5月18日 | 東京 | 平28(行コ)319 | 判例集未登載 | 下水道使用料の納入の通知は、督促及び滞納処分手続の前提となるものであるから処分に該当し、その消滅時効は納入の通知を発することができるときから進行する | 388 |
| 7月19日 | 福岡 | 平28(ネ)82 | 判時2383号35頁 | 市長の記名押印がある覚書は契約書として効力は有しないが、交渉の経緯や市が提示した条件を相手方が成就させていること等からすると、覚書の趣旨に沿った契約の締結を拒んだ市の行為は、密接な交渉を持つに至った当事者間の関係を規律すべき信義衡平の原則に照らし、当事者間に形成された信頼関係を不当に破壊するものとして違法性を帯び、市の不法行為責任を生じさせる | 64 |
| 8月31日 | 札幌 | 平28(ネ)189 | 判時2362号24頁 | 病院情報管理システムの構築と同システムをリースすることを目的とする契約に関し、発注者には契約上の協力義務違反がある一方、受注者にはプロジェクトマネジメント義務違反があったとは認められないとされた事例 | 164 |
| 11月30日 | 東京 | 平29(ネ)1908 | 判時2397号14頁 | 生産委託契約において委託者には受託者が工場の再稼働に伴う経費を回収し、採算を維持できるように配慮すべき契約上の付随義務があるとされた事例 | 500 |

● 591

判例索引

| 月日 | 場所 | 事件番号 | 掲載誌 | 判決要旨 | 本書頁 |
|---|---|---|---|---|---|
| **平成30年** | | | | | |
| 3月20日 | 大阪 | 平29(行コ)60 | 判時2390号3頁 | 要綱に基づく補助金の交付決定は処分に該当しない | 420 |

**地方裁判所**

| 月日 | 場所 | 事件番号 | 掲載誌 | 判決要旨 | 本書頁 |
|---|---|---|---|---|---|
| **昭和44年** | | | | | |
| 4月30日 | 熊本・玉名 | 昭38(ワ)9 | 下民集20巻3・4号263頁 | 市営住宅団地建設計画を廃止した市が団地用公衆浴場の建築者に対する損害賠償責任を負うとされた事例 | 62 |
| **昭和45年** | | | | | |
| 1月19日 | 東京 | 昭44(行ウ)54 | 判時580号28頁 | 公有財産の利用方法は本来政策決定の問題であり、その処分方法も長の裁量にまかされている | 166 |
| **昭和52年** | | | | | |
| 2月28日 | 東京 | 昭40(ワ)10033 | 判時845号35頁 | ゴルフ場としての用に供されていた普通財産たる土地、建物についての解約申入れの効力 | 182 |
| **昭和55年** | | | | | |
| 6月18日 | 大阪 | 昭47(行ウ)21 | 判タ425号95頁 | 町有地を町監査委員に対し売り渡す契約は違法である | 186 |
| **昭和57年** | | | | | |
| 10月27日 | 那覇 | 昭52(行ウ)5 | 行裁例集33巻10号2109頁 | 歳出予算に計上されていない支出は違法である | 350 |
| **昭和59年** | | | | | |
| 4月25日 | 岐阜 | 昭53(行ウ)7 | 判タ534号206頁 | 歳出予算に計上されていない支出は違法である | 350 |
| 5月22日 | 広島 | 昭55(行ウ)4 | 判例自治11号31頁 | 随意契約をしたこと、予定価格を定めなかったこと、契約保証金を納付させなかったこと | 70 |

592

地方裁判所

| 月日 | 場所 | 事件番号 | 掲載誌 | 判決要旨 | 本書頁 |
|---|---|---|---|---|---|
| **昭和60年** | | | | | |
| 4月17日 | 大阪 | 昭46(わ)2114 | 判時1165号28頁 | 地下鉄工事中のガス漏出爆発事故について発注者である市交通局の工事監督員らの過失が認められた事例 | 124 |
| **昭和61年** | | | | | |
| 4月10日 | 京都 | 昭59(行ウ)6 | 判時1213号74頁 | 町の土地売却代金債権についての履行期限延長特約の違法性 | 261、301 |
| 7月14日 | 大分 | 昭58(行ウ)7 | 判時1211号41頁 | 労働福祉事業団に提供するために取得した土地は普通財産である | 166 |
| **昭和62年** | | | | | |
| 9月28日 | 神戸 | 昭50(行ウ)15 | 判時1273号38頁 | 地方自治法232条の2の公益上の必要性の意味 | 23 |
| 12月3日 | 大阪 | 昭58(行ウ)153 | 判タ670号113頁 | 社会教育事業の「指導員」は労働組合法上の労働者に該当する | 225 |
| **昭和63年** | | | | | |
| 6月17日 | 横浜 | 昭57(ワ)1757 | 判時1300号86頁 | 市発注の工事による地盤沈下に対する市の損害賠償責任が認められた事例 | 124 |
| **平成元年** | | | | | |
| 8月7日 | 大阪 | 昭55(ワ)8666・昭56(ワ)2625・昭59(ワ)242 | 判時1326号18頁 | 市発注の地下鉄建設工事による周辺被害について市の損害賠償責任が認められた事例 | 124、127 |
| **平成3年** | | | | | |
| 2月21日 | 福岡 | 昭59(行ウ)5 | 判時1401号44頁 | 特定の業者と契約する目的なされた随意契約は違法である | 17、86、91 |
| 11月12日 | 水戸 | 平2(行ウ)5 | 判時1449号86頁 | 財務規則に反した内容の契約を締結した契約担当者は損害賠償責任を負う | 114 |

判例索引

| 月日 | 場所 | 事件番号 | 掲載誌 | 判決要旨 | 本書頁 |
|---|---|---|---|---|---|
| **平成4年** | | | | | |
| 10月9日 | 東京 | 平2（ワ）2309 | 判時1452号47頁 | 上水道の使用水量をもって下水道の排水量とみなし、水道水以外の水を使用するときはその旨を届出ること等を必要とする条例の規定は下水道法に適合する | 195 |
| **平成5年** | | | | | |
| 2月25日 | 東京 | 平3（行ウ）211 | 判タ859号179頁 | 随意契約による土地賃貸借契約に違法がないとされた事例 | 91 |
| 3月31日 | 甲府 | 昭57（行ウ）5 | 判タ843号155頁 | 予算に計上されていない支出であっても相手方との関係では無効とはいえないとされた事例 | 350 |
| 7月19日 | 浦和 | 平4（行ウ）9 | 判時1481号134頁 | 土地の用途廃止決定は住民訴訟の対象となる財務会計上の行為にあたらない | 168 |
| **平成7年** | | | | | |
| 10月9日 | 大津 | 平6（行ウ）1 | 判タ909号156頁 | 町議会議員の研修旅行に関する公金の支出が違法とされた事例 | 350 |
| **平成8年** | | | | | |
| 10月16日 | 富山 | 平5（行ウ）3・4 | 判タ950号163頁 | 随意契約の要件を満たさない森林整備事業の基本計画、基本設計の委託契約は違法である | 227 |
| 12月25日 | 名古屋 | 平2（行ウ）30 | 判時1612号40頁 | 市が市長を代表者とする財団法人との間で締結した契約には民法108条が類推適用される | 12 |
| **平成10年** | | | | | |
| 3月24日 | 広島 | 平4（ワ）1032 | 判時1638号32頁 | 市が発注した新交通システム建設の工事中に発生した事故について市の損害賠償責任が認められた事例 | 124、127 |
| **平成12年** | | | | | |
| 4月14日 | 和歌山 | 平10（ワ）126 | 判時1752号123頁 | 施策変更が事業者との間の信頼関係を破壊し、違法であるとされた事例 | 62 |

地方裁判所

| 月日 | 場所 | 事件番号 | 掲載誌 | 判決要旨 | 本書頁 |
|---|---|---|---|---|---|
| 4月24日 | 浦和 | 平10(行ウ)16・17 | 判例自治210号35頁 | 市民税徴収権の消滅時効が完成したことについて市長及び職員の損害賠償責任が認められた事例 | 314 |

**平成14年**

| 月日 | 場所 | 事件番号 | 掲載誌 | 判決要旨 | 本書頁 |
|---|---|---|---|---|---|
| 9月27日 | 東京 | 平12(行ウ)350 | 税務訴訟資料252順号9207頁 | 公務員の守秘義務が解除される場合 | 274 |
| 12月20日 | 名古屋 | 平14(行ウ)36 | 判例自治243号73頁 | 市道を利用する利益は反射的利益である | 191 |

**平成16年**

| 月日 | 場所 | 事件番号 | 掲載誌 | 判決要旨 | 本書頁 |
|---|---|---|---|---|---|
| 1月29日 | 名古屋 | 平15(行ウ)36 | 判タ1246号150頁 | 自治法2条14項の「最少の経費で最大の効果を挙げる」の意味 | 37 |

**平成19年**

| 月日 | 場所 | 事件番号 | 掲載誌 | 判決要旨 | 本書頁 |
|---|---|---|---|---|---|
| 11月30日 | 東京 | 平18(行ウ)692 | ウエストロー | 一般廃棄物収集運搬業務の委託は随意契約の方法によることができる | 228、459 |

**平成20年**

| 月日 | 場所 | 事件番号 | 掲載誌 | 判決要旨 | 本書頁 |
|---|---|---|---|---|---|
| 10月6日 | 東京 | 平17（ワ）10163・23359 | 判時2031号62頁 | 24時間緊急医療を実施する旨の約束で貸し付けた建物等について、債務不履行を理由とする解除が認められた事例 | 256 |

**平成21年**

| 月日 | 場所 | 事件番号 | 掲載誌 | 判決要旨 | 本書頁 |
|---|---|---|---|---|---|
| 6月24日 | 東京 | 平20(行ウ)526・726 | ウエストロー | 職員等の福利厚生事業を実施する財団法人の事業に係る交付金支出に違法がないとされた事例 | 417 |

**平成23年**

| 月日 | 場所 | 事件番号 | 掲載誌 | 判決要旨 | 本書頁 |
|---|---|---|---|---|---|
| 1月26日 | 神戸 | 平20(行ウ)11 | ウエストロー | 現金100万円を支給する死亡弔慰金及び30万円を支給する家族死亡弔慰金の支給が違法とされた事例 | 419 |
| 12月9日 | 東京 | 平22(行ウ)589 | ウエストロー | 下水道使用料に対する不服については審査請求前置を定めた自治法229条5項の適用がある | 375 |

595

判例索引

| 月日 | 場所 | 事件番号 | 掲載誌 | 判決要旨 | 本書頁 |
|---|---|---|---|---|---|
| **平成26年** | | | | | |
| 3月20日 | 東京 | 平25(行ウ)638 | ウエストロー | コミュニティセンターの指定管理者によるカラオケ設備の利用料の徴収が、コミュニティルームの物品等の使用料としてのものではなく、指定管理者の自主事業としてのカラオケ設備の賃貸借契約による使用料としてのものであるとされた事例 | 213 |
| 10月28日 | 福岡 | 平22(ワ)5911 | 判例自治415号70頁 | 指名型プロポーザル方式による公募手続による審査手続きにおいて、担当職員が自然公園法上の許可を得られない施設が含まれていると説明したことが、審査委員らに対して重要事項につき正確な説明をし本件手続の審査の適正さを確保すべき義務に違反したものであるとして、違法とされた事例 | 89 |

# 事項別索引

## あ

アカウンタビリティ ………… 16、24、40
預け ………………………………… 437
新しい公共 ……………………… 27、228
安全配慮義務 ……………………… 311

## い

意思無能力者 ……………………… 473
委譲の方法 ………………………… 58
遺贈 ………………………………… 154
委託 ………………………………… 224
一時借入金 …………………… 349、358
一部事務組合 ……………………… 429
一般会計 …………………………… 338
一般競争入札 ………… 68、97、472
一般財源 …………………………… 365
委任 …………………… 3、58、224
移用 ………………………………… 350
入会権 ……………………………… 372
インフレスライド条項 …………… 511

## う

請負 …………………… 224、504
請負契約 ………… 68、124、504
請負代金の変更 ………………… 507
請負人 ……………………………… 124
請負人の瑕疵担保責任 ………… 515
請負人の担保責任 ………………… 140
請書 ………………………………… 114
運転資金 …………………………… 330

## え

営造物 ……………………………… 187
役務一体型施設 ………… 191、376

## お

延滞金 ……………………………… 280
延納利息 …………………………… 301

## お

大きな政府 ………………………… 26
公の施設
　……… 187、204、248、370、376
公の施設の使用料 ………………… 217
公の支配 …………………………… 401
オリジネーター …………………… 250

## か

会計管理者 ………………… 4、160
会計年度 ………………… 328、333
会計年度独立の原則 ……… 329、433
会計年度の所属区分 ……………… 331
外国で支払う経費 ………………… 434
開札 ………………………… 78、479
概算払い ………………… 361、441
解釈 ………………………………… 14
会社更生 …………………………… 270
解職請求 …………………………… 3
開放型施設 ………………… 191、376
価格の有利性 ……………………… 457
隔地払 ……………………………… 446
確定日付 …………………………… 461
過誤納金 …………………………… 281
過誤払い金 ………………………… 450
瑕疵 ………………………………… 138
貸付金 ……………………………… 9
課税客体 …………………………… 366
課税標準 …………………………… 366
課税方法 …………………………… 366
河川法 ……………………………… 170
価値判断 …………………… 23、30

事項別索引

| | |
|---|---|
| 学校施設の目的外使用 ……………… 216 | 期限の利益喪失条項 ………………… 266 |
| 過年度支出 ……………… 334、360 | 起債 ……………… 330、357 |
| 過年度収入 ……………… 334、360 | 技術資料 ……………… 484、487 |
| ガバナンス ………………… 2 | 技術資料収集 ………………… 82 |
| 過払い ………………… 361 | 技術提案 ………………… 92 |
| 過払い金 ………………… 451 | 技術的な助言 ………………… 10 |
| 株式 ………………… 426 | 偽装請負 ………………… 225 |
| 仮契約 ………………… 134 | 偽装派遣 ………………… 226 |
| 仮差押え ……… 273、307、318 | 寄附 ………………… 420 |
| 仮処分 ……………… 273、307 | 基本設計 ……………… 110、497 |
| 過料 ………………… 374 | 客観的起算時 ………………… 323 |
| 簡易水道事業 ………………… 371 | 客観的審査事項 ………………… 73 |
| 換価の猶予 ………………… 292 | キャッシュフロー ………………… 330 |
| 官から民へ ………………… 28 | 旧慣 ………………… 372 |
| 勧告 ……………… 10、15 | 給食費 ………………… 389 |
| 慣習 ………………… 8 | 給付行政 ………………… 188 |
| 鑑定評価 ………………… 150 | 給料 ………………… 411 |
| 監督 ……………… 122、514 | 境界が確定していない土地 ……… 147 |
| 監督員 ………………… 122 | 協議会 ………………… 429 |
| 還付加算金 ………………… 282 | 供給義務 ………………… 191 |
| 官民競争入札 ………………… 220 | 協議を行う旨の合意 ………………… 320 |
| 官民共同参画社会 ………………… 27 | 行政委員会の委員の報酬 ……… 414 |
| 官民連携 ………………… 29 | 行政解釈 ………………… 13 |
| 冠（かんむり）大会 ………………… 257 | 行政権限 ………………… 16 |
| 冠講座 ………………… 257 | 行政財産 ……… 165、167、370、378 |
| 関与 ………………… 10 | 行政財産的普通財産 ………………… 180 |
| 管理の委託 ………………… 206 | 行政財産の目的外使用許可 ……… 169 |
| | 強制執行 ……… 269、298、317 |

## き

| | |
|---|---|
| 機会均等 ………………… 457 | 行政指導 ………………… 15 |
| 議会の議決 ……………… 68、151 | 行政処分 ………………… 209 |
| 機関委任事務 ………………… 10 | 行政代執行 ………………… 178 |
| 機関等の共同設置 ………………… 429 | 強制徴収公債権 ……… 260、288 |
| 企業会計 ………………… 335 | 共同企業体 ……… 109、474 |
| 企業担保権の実行 ………………… 269 | 共同施設税 ………………… 368 |
| 基金 ………………… 362 | 供用物品 ……… 156、161 |
| 議決科目 ………………… 347 | 許可 ………………… 210 |
| 期限の利益 ……………… 266、442 | |

598 ●

事項別索引

## く

国と地方公共団体との負担区分 ┄┄┄ 407
国の支出金 ┄┄┄┄┄┄┄┄┄ 386
組合 ┄┄┄┄┄┄┄┄┄┄┄ 474
繰上充用 ┄┄┄┄┄┄┄┄ 136、364
繰上徴収 ┄┄┄┄┄┄┄┄┄ 267
繰替払 ┄┄┄┄┄┄┄┄┄┄ 445
繰越計算書 ┄┄┄┄┄┄┄┄ 354
繰越明許費 ┄┄┄┄┄ 135、329、353
クレジットカード ┄┄┄┄┄┄ 393
訓令 ┄┄┄┄┄┄┄┄┄┄┄┄ 8

## け

計画 ┄┄┄┄┄┄┄┄┄┄┄ 67
計画性 ┄┄┄┄┄┄┄┄┄┄ 56
景気対策 ┄┄┄┄┄┄┄┄┄ 67
経済合理性 ┄┄┄┄┄┄┄┄ 32
経済性 ┄┄┄┄┄ 30、34、45、219
形成権 ┄┄┄┄┄┄┄┄┄┄ 304
継続企業 ┄┄┄┄┄┄┄┄┄ 328
継続費 ┄┄┄┄┄┄┄┄ 132、352
継続費繰越計算書 ┄┄┄┄┄┄ 353
継続費精算報告書 ┄┄┄┄┄┄ 353
契約 ┄┄┄┄┄┄ 113、460、499
契約自由の原則 ┄┄┄┄┄┄┄ 161
契約書 ┄┄┄┄┄ 113、159、499
契約上の地位の譲渡 ┄┄┄┄┄ 503
契約の当事者 ┄┄┄┄┄┄┄ 501
契約の変更 ┄┄┄┄┄┄┄┄ 116
契約保証金 ┄┄┄┄┄┄ 117、517
原案執行権 ┄┄┄┄┄┄┄┄ 355
減額売払い ┄┄┄┄┄┄┄┄ 185
減額貸付 ┄┄┄┄┄┄┄┄┄ 183
原価割れ ┄┄┄┄┄┄┄┄┄ 230
権限の委譲 ┄┄┄┄┄┄┄┄ 58
検査 ┄┄┄┄┄┄┄┄ 122、515
減債基金 ┄┄┄┄┄┄┄┄┄ 363

現状分析 ┄┄┄┄┄┄┄┄┄ 56
建築確認 ┄┄┄┄┄┄┄┄┄ 52
限定承認 ┄┄┄┄┄┄┄┄┄ 271
権利義務の主体 ┄┄┄┄┄┄┄ 501
権利能力なき社団 ┄┄┄┄┄┄ 474
権利の承認 ┄┄┄┄┄┄┄┄ 321
権利の放棄 ┄┄┄┄┄┄┄┄ 263

## こ

広域連合 ┄┄┄┄┄┄┄┄┄ 429
行為能力 ┄┄┄┄┄┄┄┄┄ 152
公営企業 ┄┄┄┄┄┄┄ 33、336
公営事業会計 ┄┄┄┄┄┄┄ 339
公営住宅 ┄┄┄┄┄┄┄┄┄ 377
公益 ┄┄┄┄┄┄┄┄┄┄┄ 23
公益貸付 ┄┄┄┄┄ 181、183、183
公益上必要がある場合 ┄┄┄┄ 420
公課 ┄┄┄┄┄┄┄┄┄┄┄ 260
公会計 ┄┄┄┄┄┄┄┄┄┄ 41
交換 ┄┄┄┄┄┄┄┄┄┄┄ 155
工期 ┄┄┄┄┄┄┄┄┄┄┄ 67
公共工事 ┄┄┄┄┄┄┄┄ 66、94
公共工事の発注の見通し ┄┄┄┄ 95
公共工事標準請負契約約款 ┄┄┄ 116
公共サービス ┄┄┄┄┄┄┄ 223
公共財 ┄┄┄┄┄┄┄┄ 25、131
公共施設等 ┄┄┄┄┄┄┄┄ 245
公共施設等運営権 ┄┄┄┄ 53、253
公共施設等総合管理計画 ┄┄┄┄ 215
公共用財産 ┄┄┄┄┄┄┄┄ 167
公金の徴収の連携強化 ┄┄┄┄ 276
公金振替書 ┄┄┄┄┄┄┄┄ 450
工区 ┄┄┄┄┄┄┄┄┄┄┄ 67
公告 ┄┄┄┄┄┄┄┄┄┄┄ 77
公債 ┄┄┄┄┄┄┄┄┄┄┄ 27
公債権 ┄┄┄┄┄┄┄┄┄┄ 260
口座振替 ┄┄┄┄┄┄┄ 391、447
公示価格 ┄┄┄┄┄┄┄┄┄ 148

● 599

事項別索引

| | | | |
|---|---|---|---|
| 工事完成保証人 | 117 | 誤払い | 361 |
| 工事希望型指名競争入札 | 83、487 | 誤払い金 | 451 |
| 工事計画 | 129 | 雇用 | 224 |
| 公示送達 | 284 | コンサルタント | 485 |
| 公序良俗違反 | 104 | コンサルタント業務 | 112 |
| 工事履行保証契約 | 120 | コンビニ | 389 |
| 公信力 | 146 | コンプライアンス | 5、21 |
| 公図 | 146 | コンプライアンスの規範 | 7 |
| 厚生事業 | 417 | コンペ | 88、113、496 |
| 公正な取引の秩序 | 79、468 | | |
| 公設民営 | 255 | **さ** | |
| 公租 | 260 | 再議 | 343 |
| 公的権限の委譲 | 53 | 歳計現金 | 348 |
| 公的資金 | 357 | 債権 | 259 |
| 交付金 | 420 | 債権者の権利 | 268 |
| 交付送達 | 284 | 債権者の交替 | 503 |
| 交付要求 | 268、291 | 債権者のため | 438 |
| 公法上の契約 | 456 | 債権譲渡方式 | 394 |
| 公法上の債権 | 309 | 債権の記録管理 | 261 |
| 公募型指名競争入札 | 82、113、483 | 債権の申出 | 268 |
| 公募型プロポーザル方式 | | 最高制限価格 | 457 |
| | 90、113、497 | 催告 | 307、314 |
| 公務に従事する職員 | 222 | 在庫物品 | 156 |
| 公有財産 | 165、428 | 財産台帳 | 180 |
| 効用 | 41 | 財産の記録管理 | 161、261 |
| 公用財産 | 167 | 歳出 | 330 |
| 効率性 | 30、34、219 | 歳出予算 | 350 |
| 公立病院 | 377 | 最少の経費 | 219 |
| 港湾法 | 170 | 財政調整基金 | 363 |
| ゴーイングコンサーン | 328 | 最大の効果 | 219 |
| 小切手 | 392、447 | 財団債権 | 270 |
| 国債 | 27 | 財団法人 | 427 |
| 国土調査 | 178、181 | 最低価格 | 158 |
| 個室付浴場 | 62 | 最低価格申込み者 | 466、469 |
| ５Ｗ１Ｈ | 52 | 最低価格落札者 | 462、480 |
| 国会議員の選挙 | 384 | 最低制限価格 | |
| 国会議員の選挙に要する経費 | 405 | 79、112、457、463、469 | |
| 国家公務員倫理法 | 15 | 再度の入札 | 78、480 |

事項別索引

| | |
|---|---|
| 歳入 | 330 |
| 歳入歳出外現金 | 348 |
| 歳入歳出予算 | 347 |
| 歳入予算 | 349 |
| 裁判上の請求 | 307、316 |
| 再販売価格 | 496 |
| 財務会計行為 | 3 |
| 債務者の交替 | 503 |
| 債務の確定 | 334、437 |
| 債務の承認 | 303 |
| 債務負担行為 | 133、134、354 |
| 裁量権 | 22 |
| 裁量権の逸脱 | 17 |
| 裁量権の濫用 | 17 |
| 裁量の妥当性 | 15 |
| 錯誤 | 78、104 |
| 差し置き送達 | 284 |
| 差押え | 307 |
| 3E | 34 |
| 参加表明書 | 113 |
| 暫定貸付 | 181、183 |
| 暫定予算 | 341、345 |

## し

| | |
|---|---|
| 時価売払い | 185 |
| 事業所の所在地 | 75、476 |
| 資金 | 57 |
| 資金前渡 | 3、438 |
| 資源 | 57 |
| 資源の最適配分 | 41 |
| 施工計画審査タイプ | 71 |
| 時効中断 | 314 |
| 時効の援用 | 303、313 |
| 時効の完成猶予 | 316、317、318、320 |
| 時効の更新 | 317 |
| 時効の中断 | 306、388 |
| 時効利益の放棄 | 303 |

| | |
|---|---|
| 事故繰越し | 136、329、359 |
| 私債権 | 260 |
| 施策の変更 | 60 |
| 持参債務 | 446 |
| 自主事業 | 213 |
| 支出負担行為 | 431 |
| 支出負担行為の時期と範囲 | 434 |
| 支出命令 | 436 |
| システム開発 | 163 |
| 市制及び町村制 | 420 |
| 執行科目 | 347 |
| 執行機関 | 2、3 |
| 執行方法 | 54 |
| 実施設計 | 110、497 |
| 実質赤字比率 | 357 |
| 実質公債費比率 | 357 |
| 実質収支 | 363 |
| 実績報告 | 424 |
| 実定法主義 | 6 |
| 指定確認検査機関 | 29、52 |
| 指定管理 | 53 |
| 指定管理者 | 206、235、248 |
| 指定管理者の指定 | 209 |
| 児童養護施設 | 29、53 |
| 支払督促 | 307 |
| 支払の拒絶 | 393 |
| 私法上の契約 | 456 |
| 事務管理 | 114 |
| 事務事業の委託 | 226 |
| 指名基準 | 81、101 |
| 指名競争入札 | 69、80、97、481、482 |
| 指名審査委員会 | 82 |
| 指名停止処分 | 489 |
| 地元企業 | 47、67 |
| 社会通念 | 15 |
| 社寺等に無償で貸し付けてある国有財産の処分に関する法律 | 400 |

● 601

収益率 ……………………………… 31
充当 ……………………………… 262
収納 ……………………………… 389
修補請求権 ……………………… 141
住民の福祉 ………………… 21、38
充用 ……………………………… 351
受益 ………………………………… 25
主観的起算時 …………………… 323
主観的審査事項 ………………… 75
出資による権利 ………………… 428
守秘義務 ………………………… 274
需用費 …………………………… 157
準公共財 …………………………… 25
準民間財 ………………… 26、234
ジョイント・ベンチャー …… 109、474
使用許可の条件 ………………… 173
使用許可の取消 ………………… 174
証券 ……………………………… 392
証紙 ……………………………… 390
常識 ………………………………… 15
承諾 ……………………………… 463
譲渡所得の特例 ………………… 150
使用の妨害 ……………………… 178
情報公開 …………………………… 40
消滅時効 ………………………… 302
消耗品 …………………………… 156
使用目的の妥当性 ……………… 171
剰余金 …………………………… 362
将来予測 …………………………… 56
条理 ………………………………… 15
使用料 …………………… 173、370
条例 ………………………………… 7
所管換 …………………………… 168
職員の派遣 ……………………… 430
職務命令 …………………………… 8
助言 ………………………………… 10
処分基準 …………………………… 17
書類の送達 ……………………… 284

信義則 …………………… 64、114
新公共経営 ………………………… 28
審査請求 ………………………… 285
審査請求ができる期間 ………… 286
人的資源 …………………………… 57
人的担保 ………………………… 272
信頼関係の原則 ………………… 194

## す

随意契約
……… 70、85、99、457、480、490
随意契約の制限 ………………… 500
水道 ……………………………… 377
出納整理期間 …………… 333、334
出納閉鎖 ………………………… 333
水利地益税 ……………………… 368
スライド条項 …………………… 509

## せ

税 …………………………………… 27
成果物 …………………………… 505
政教分離 ………………………… 166
政教分離原則 …………………… 397
制限行為能力者 ………………… 473
制限付き一般競争入札 ………… 476
制限付き競争入札 ………………… 73
政策的経費 ……………………… 341
政策の決定 ………………………… 38
精算 ……………………………… 442
精算残金 ………………………… 361
政治的価値判断 ………………… 54
政治的判断 ………………………… 39
正当性 …………………………… 21
税務情報 ………………………… 273
税率 ……………………………… 366
設計 ……………………………… 110
設計図書 ………………… 111、129
説明責任 ………………… 16、40

602 ●

事項別索引

| | |
|---|---|
| 窃用 | 277 |
| ゼロベース予算 | 42 |
| 専決 | 3、8、58 |
| 専決処分 | 345 |
| 専用型施設 | 191、376 |
| 専用物品 | 156、161 |

### そ

| | |
|---|---|
| 総計予算主義 | 329、347 |
| 総合評価一般競争入札 | 98 |
| 総合評価競争入札 | 470、483 |
| 相殺適状 | 303 |
| 造作買取請求権 | 170 |
| 相続 | 271 |
| 双方代理 | 153、500 |
| 双務契約 | 269 |
| 贈与 | 420 |
| 即時消滅 | 266、295 |
| 組織 | 57 |
| 租税 | 27 |
| 租税収入 | 336 |
| 損失補償契約 | 406 |

### た

| | |
|---|---|
| 代決 | 3、8、58 |
| 第三セクター | 44、226、233、237、426、500 |
| 第三セクター等の経営健全化 | 238 |
| 第三セクターの存在意義 | 237 |
| 代替策 | 44 |
| 滞納処分 | 288、295 |
| 滞納処分の執行の停止 | 294 |
| 代理 | 58 |
| 立替払い方式 | 394 |
| 建物買取請求権 | 170 |
| 妥当性 | 21 |
| 段階的選抜方式 | 486 |
| 単価契約 | 159 |

| | |
|---|---|
| 短期消滅時効 | 302 |
| 談合 | 81、101 |
| 単年度予算主義 | 329 |
| ダンピング | 69、466 |
| 単品スライド条項 | 510 |
| 担保 | 271 |
| 担保権の実行 | 269 |
| 弾力条項 | 347 |

### ち

| | |
|---|---|
| 地域協働 | 228 |
| 地域独占 | 496 |
| 小さな政府 | 26 |
| 遅延損害金 | 280 |
| 地方公共団体相互間における 経費の負担関係 | 410 |
| 地方公共団体相互間の負担区分 | 407 |
| 地方公共団体の負担金 | 408 |
| 地方債 | 355、358 |
| 地方財政白書 | 339 |
| 地方債の償還の財源 | 362 |
| 地方独立行政法人 | 428 |
| 注意義務 | 128 |
| 懲戒処分 | 3 |
| 長期継続契約 | 354、519 |
| 調査基準価格 | 467 |
| 徴収 | 389 |
| 徴収停止 | 298 |
| 徴収猶予 | 292 |
| 調停 | 307 |
| 調定 | 333、387 |
| 賃金水準 | 510 |

### つ

| | |
|---|---|
| 追加工事 | 67 |
| 通勤手当 | 412 |
| 通達 | 10 |
| 通年予算 | 341 |

603

事項別索引

釣り銭 ……………………………… 349

## て

手当 …………………………………… 411
低価格 ………………………………… 466
低価格での入札 …………………… 230
低価格入札 …………………………… 80
定型約款準備者 …………………… 196
逓次繰越し ……………… 133、353
低入札価格調査 …………………… 467
適正な価格 …………………………… 149
適正な時価 …………………………… 149
出来高払い …………………………… 129
適法性 ………………………………… 12
手数料 …………………… 372、373
典型契約 ……………………………… 161
天災 …………………………………… 322
電子入札 ……………………………… 78

## と

登記 …………………………………… 146
投資効果 ……………………………… 32
投資効率 ……………………………… 31
当初予算 ……………………………… 340
道路法 ………………………………… 170
督促 ……………………… 279、314
督促手数料 …………………………… 280
特定公共サービス ………………… 220
特定財源 ……………………………… 365
特定事業 ………… 53、245、249
特定目的会社 ……………………… 49
特別会計 ………………… 336、337
特別目的会社 …………… 250、251
特例政令 ……………………………… 70
都市公園法 ………………………… 170
土地開発公社 ……………… 17、145
土地収用法 ………………………… 149
土地の取得 ………………………… 144

特許 …………………………………… 210
取立債務 ……………………………… 446
取引の秩序 ………………………… 468

## な

内部統制の方針 …………………… 4

## に

入札価格 ……………………………… 466
入札参加資格 ……………………… 71
入札説明書 ……………… 77、478
入札の執行 ………………………… 479
入札保証金 ……………… 76、479

## ね

年度 …………………………………… 328

## の

納税義務者 ………………………… 366
納入の通知 ……………… 314、388
納付の委託 ………………………… 393

## は

配当の要求 ………………………… 268
破壊検査 ……………………………… 515
バグ …………………………………… 163
派遣 …………………………………… 225
派遣職員 ……………………………… 237
箱物 …………………………………… 66
箱物行政 ……………………………… 203
破産 ……………………… 269、307
発生主義 ……………………………… 335
発注者 ………………………………… 124
バリュー・フォー・マネー …… 47、249
パレート最適 ……………………… 41
反社会的勢力 ……………………… 105
反射的利益 ………………………… 191
判例法主義 ………………………… 6

604 ●

事項別索引

## ひ

| | |
|---|---|
| 非強制徴収公債権 | 260 |
| 備品 | 156 |
| 標準処理期間 | 58 |
| 平等取扱いの原則 | 190 |
| 費用の弁償 | 411 |

## ふ

| | |
|---|---|
| 不均一の課税 | 368 |
| 福祉国家 | 39 |
| 府県制 | 420 |
| 負担金 | 384、420、428 |
| 負担付贈与 | 154 |
| 普通会計 | 339 |
| 普通財産 | 165、168、180、378、380 |
| 普通財産の貸付 | 182 |
| 普通税 | 367 |
| 物価水準 | 510 |
| 物的資源 | 59 |
| 物的担保 | 272 |
| 物品 | 156 |
| 不当 | 21 |
| 不当な取引制限 | 102 |
| 不当利得 | 281、451 |
| 不当利得返還請求権 | 305 |
| 不法占拠 | 177、178 |
| プライベート・ファイナンス・イニシャティブ | 242 |
| プロジェクト融資 | 252 |
| プロポーザル | 88、496 |
| 分担金 | 368 |
| 分賦金 | 429 |

## へ

| | |
|---|---|
| ペイジー | 389、392 |
| 弁済 | 262 |

弁済の提供 262

## ほ

| | |
|---|---|
| 包括民間委託 | 246 |
| 報酬 | 140、411 |
| 法人 | 473 |
| 法治主義 | 6 |
| 法定更新 | 170 |
| 法定利息 | 280 |
| 法の支配 | 6 |
| 法律 | 7 |
| 法律行為 | 473 |
| 法令 | 8 |
| 補助 | 420 |
| 保証契約 | 272、406 |
| 保証人 | 265 |
| 補助金 | 9、235、384 |
| 補助事業 | 68、227 |
| 補正予算 | 340 |
| ボトルネック | 43 |

## ま

| | |
|---|---|
| 前金払 | 442 |
| 前払い | 129 |
| マンション | 63 |
| 満足 | 41 |

## み

| | |
|---|---|
| 見積合わせ | 86、493 |
| 見積書 | 493 |
| 民間活力 | 28 |
| 民間競争入札 | 220 |
| 民事再生 | 270 |
| 民設民営 | 249 |
| 民法 | 446 |

## む

| | |
|---|---|
| 無名契約 | 161 |

605

事項別索引

## め

命名権 ················· 257
免除 ············· 263、301

## も

申込み ················· 463
目的外使用 ············· 370
目的外使用許可 ········· 169
目的税 ················· 367
モニタリング ··········· 231

## や

夜警国家 ··············· 419

## ゆ

誘因 ··················· 463
有効性 ········ 30、34、219
優先交渉権 ············· 250
有名契約 ··············· 161

## よ

要綱 ····················· 8
要請 ···················· 11
用途廃止 ··············· 168
用途変更 ··············· 167
予算 ········ 53、340、460
予算に関する説明書 ··· 342、350
予算の原案執行権 ······· 344
予算の執行計画 ········· 362
予算の増額修正 ········· 343
予算の配当 ········ 362、433
予算編成 ··············· 42
予算補助 ··············· 385
予定価格
 ······ 78、87、158、456、464、494
予定公物 ··············· 167
予備費 ················· 351

## （右列）

予備費の充用 ··········· 351
予約契約 ··············· 135

## ら

落札決定 ··············· 134
落札者 ················· 481

## り

リース契約 ············· 161
リース料 ··············· 443
履行延期の特約 ········· 300
履行期限の延長 ········· 300
履行期限の繰上げ ······· 267
履行の追完 ············· 142
履行保証保険 ··········· 119
履行ボンド ············· 120
流用 ········ 350、358、433
旅費 ··················· 411

## れ

連結実質赤字比率 ······· 357

## ろ

労働者派遣 ············· 225
6W1H ················· 52
路線価 ················· 148

## わ

和解 ··················· 307
割当的寄附 ············· 403

## J

JV（ジェイブイ） ······· 109

## N

NPM ··················· 28

事項別索引

## P

PFI ················································ 235、242
PFI法 ···················································· 243

## S

SPC ···························································· 251

SPV ···························································· 251

## T

TMK ·························································· 251

## V

VFM ···························································· 47

• 607

# 条文索引

## い

**一般社団・財団法人法**

11条2項 ································ 427
27条 ···································· 427
131条 ·································· 427
138条 ·································· 427
144条2項 ····························· 427
148条 ·································· 427
153条2項 ····························· 427
153条3項2号 ························ 427
202条 ·································· 427
239条 ·································· 428
233条 ·································· 271
238条 ·································· 271

**一般職の職員の給与に関する法律**

12条 ·································· 412

**医療法**

30条の7 ······························· 15

## え

**沿岸漁業改善資金助成法**

12条 ·································· 338

## か

**海岸法**

6条1項 ································· 409
33条 ·································· 369
37条の4 ······························· 172

**会計法**

18条 ························ 434、441
29条の4第1項ただし書 ········· 479
29条の8 ······························· 114
30条 ·································· 310
48条1項 ······························· 348

**介護保険法**

3条2項 ································· 338
22条 ·································· 454
131条 ·································· 388
144条 ·································· 454
183条 ·································· 287
196条 ·································· 288

**会社更生法**

1条 ···································· 270
2条 ···································· 270
61条 ·································· 270
62条 ·································· 270
138条 ·································· 271
241条 ·································· 264

**会社法**

295条 ·································· 426
356条1項2号 ······················ 500
365条1項 ····························· 500
431条 ·································· 330
453条 ·································· 426
499条 ·································· 271
503条 ·································· 271
504条 ·································· 426
660条 ·································· 271
665条 ·································· 271
750条1項 ····························· 504
752条1項 ····························· 504
754条1項 ····························· 504

**海上運送法**

32条の2 ······························· 197

**ガス事業法**

13条 ·································· 191
14条 ·································· 199
15条 ·································· 199

● 609

条文索引

河川法
65条 ································· 458
70条 ································· 369
過疎地域自立促進特別措置法
12条1項 ···························· 357
学校教育法
17条1項 ···························· 194
40条1項 ···························· 458
57条 ································· 194
学校教育法施行令
5条 ·································· 194
学校施設令
1条 ·································· 216
3条 ·································· 216
仮登記担保契約に関する法律
2条1項 ···························· 267
20条 ································· 267

き

企業担保法
51条の2 ···························· 269
52条 ································· 269
軌道法
27条の2 ···························· 197
行政機関の保有する個人情報の保護に
　関する法律
8条2項2号 ·························· 278
54条 ································· 277
行政事件訴訟法
3条2項 ····························· 15
行政代執行法
2条 ···························· 7、179
行政手続法
2条6号 ····························· 9
5条 ·································· 16
6条 ·································· 59
12条 ································· 16
32条～35条 ·························· 9

36条 ····························· 9、16
行政不服審査法
1条2項 ··········· 200、260、285、375
2条 ································· 374
2条1項 ······························ 200
3条 ································· 374
4条 ································· 170
4条1号 ························ 189、190

く

国の債権の管理等に関する法律
11条 ································· 261
国の債権の管理等に関する法律施行令
10条 ································· 261

け

警察法
37条 ································· 410
刑法
95条 ································· 209
96条 ································· 209
96条の6 ····························· 101
193条 ································ 209
197条～197条の4 ····················· 209
下水道法
10条1項 ···························· 195
健康保険法
65条1項 ···························· 311
76条1項 ···························· 311
建設業法
2条1項 ···························· 477
18条 ························· 115、489
19条1項 ···························· 115
19条2項 ···························· 116
27条の23 ············· 73、74、82、484
34条2項 ···························· 116
建設業法施行令
27条の13 ····························· 74

610 ●

条文索引

### 建築基準法
9条1項 ······················· 23

### 建築士法
2条5項 ······················· 111

### 憲法
14条1項 ······················· 190
20条 ······················· 166
20条1項 ······················· 396
20条1項後段 ············ 399、401
20条3項 ······················· 398
25条 ······················· 401
26条 ······················· 401
27条2項 ························· 7
29条2項 ························· 7
30条 ······························ 7
59条 ······························ 8
73条6号 ··························· 8
84条 ······················· 27、366
89条 ············ 166、185、396、
　　　　399、400、401、402
94条 ······················· 7、366

## こ

### 公営企業法
4条 ······················· 200

### 公営住宅法
23条の2 ······················· 275
34条 ······················· 275、276

### 公益的法人等への一般職の地方公務員
### の派遣等に関する法律
2条1項 ······················· 236
6条1項 ······················· 237
6条2項 ······················· 237

### 公共工事適正化法
1条 ······························ 94
3条 ······················· 81、94
3条4号 ··························· 80

7条 ······························ 95
7条1項 ······················· 100
7条1項1号 ······················· 112
8条 ··············· 80、81、97
8条1項 ······················· 476
8条1号 ··············· 475、487
8条2号 ······················· 481
9条 ······························ 99
10条 ··············· 103、468
12条 ·········· 78、80、467
13条 ··············· 80、466
17条 ······················· 103
22条 ······················· 104

### 公共工事適正化法施行令
5条 ······························ 95
5条3項 ······················· 100
6条 ······························ 96
7条 ··············· 80、81、97
7条1項1号 ··············· 475、487
7条2項1号 ······················· 476
7条2項3号 ······················· 487
7条5項 ······················· 100

### 公共工事の前払金保証事業に関する
### 法律
5条 ··············· 130、444

### 公共サービス改革法
2条4項 ······················· 221
2条5項 ······················· 221
5条 ······················· 221
8条 ······················· 220
8条1項 ······················· 220
8条2項 ······················· 220
10条 ······················· 228
16条 ······················· 221
16条2項12号 ······················· 222
17条 ······················· 228
18条1項 ······················· 221
18条2項10号 ······················· 222

● 611

条文索引

19条 …………………………………… 228
20条1項 ……………………… 222、223
22条1項 …………………………… 231
23条 ……………………………… 222、223
24条 ……………………………………… 223
25条1項 …………………………… 222
25条2項 …………………… 209、222
34条1項 …………………………… 221
34条2項 …………………………… 221
34条6項 …………………………… 231

公共サービス基本法
3条 ……………………………………… 223

航空法
134条の4 ……………………………… 197

公職選挙法
202条 …………………………………… 416
203条の2第2項 …………………… 417

厚生年金保険法
33条 ……………………………………… 305
36条 ……………………………………… 305
47条 ……………………………………… 305

公文書等の管理に関する法律
4条 ……………………………………… 461

港湾法
43条の4 ……………………………… 369

小切手法
1条 ………………………………… 447、448
3条 ……………………………………… 448
28条〜31条 …………………………… 449
28条〜32条 …………………………… 448
39条 ……………………………………… 449
72条 ……………………………………… 449

国税徴収法
2条1項 …………………………… 292
2条5号 …………………… 260、288
13条の2第1項 …………………… 289
47条 ……………………………………… 290
47条〜55条 …………………………… 290

47条以下 ……………………………… 295
56条〜61条 …………………………… 290
62条〜67条 …………………………… 290
67条 ……………………………………… 289
68条 ……………………………………… 289
68条〜71条 …………………………… 290
72条〜74条 …………………………… 290
75条〜78条 …………………………… 290
79条〜81条 …………………………… 290
82条 ……………………………………… 290
82条〜88条 …………………………… 290
86条 ……………………………………… 290
86条1項 ……………………………… 290
89条〜93条 …………………………… 291
89条以下 ……………………………… 295
94条〜108条 ………………………… 291
104条の2第1項 …………………… 286
109条 …………………………………… 291
110条 …………………………………… 291
111条 …………………………………… 286
111条〜114条 ……………………… 291
115条〜127条 ……………………… 291
128条〜135条 ……………………… 291
129条1項2号 ……………………… 291
136条〜138条 ……………………… 291
139条 …………………………………… 291
140条 …………………………………… 291
141条 ……………………………… 276、295
141条〜147条 ……………………… 291
152条4項 …………………………… 293
153条以下 …………………………… 295
171条1項3号 ……………………… 286
第5章（47条〜147条）…………… 290

国税通則法
46条5項ただし書 ………………… 293
60条1項 ……………………………… 280

612 ●

**国民健康保険法**

10条 337

77条 292

79条 279

79条の2 276、288

80条の2 390

**国民健康保険法施行令**

29条の23 390

**国民年金法**

96条1項〜5項 453

**国有財産特別措置法**

9条 155

**国有財産法**

21条 182

27条1項 155

**国家行政組織法**

12条 8

13条 8

14条 10

**国家公務員法**

100条1項 274、275

100条2項 275

191条1項 275

220条4号ロ 275

**国家公務員倫理法**

3条 102

**国家賠償法**

1条1項 53、83、209、222、226、283、309、489

1条2項 283

2条1項 167、175、187、209

4条 309、311

**子ども・子育て支援法**

19条1項2号 194

19条1項3号 194

附則6条4項 370

## さ

**災害対策基本法**

102条1項 356

**債権管理事務取扱規則**

12条別表第4 261

**財政援助制限法**

3条 406

**財政健全化法**

2条1号 364

2条5号 357

3条1項 328

11条〜13条 357

**財政健全化法施行令**

7条4号 357

**財政法**

17条2項 408

35条2項 408

**砂防法**

6条1項 409

## し

**自然公園法**

58条 369

**自治法**

1条 37

1条の2 52

1条の2第1項 21、37、395

2条1項 2、473

2条2項 335

2条6項 52

2条11項〜14項 52

2条14項 21、37、38、52、144、145、150、219、395、426、433、442、469

2条16項 8、12、432

2条17項 8

4条の2第4項 331

613

条文索引

| | |
|---|---|
| 14条 ·································· 7、8 | 153条 ·································· 8 |
| 15条 ·································· 8 | 153条1項 ·································· 58 |
| 15条2項 ·································· 279 | 168〜170条 ·································· 4 |
| 16条 ·································· 177 | 170条 ·································· 439 |
| 16条2項 ·································· 200 | 170条1項1号 ·································· 427 |
| 21条 ·································· 177 | 170条2項1号 |
| 29条1項 ·································· 3 | ············ 261、389、435、436 |
| 66条1項 ·································· 279 | 170条2項2号 ·································· 435 |
| 81条〜88条 ·································· 3 | 170条2項4号 ·································· 160 |
| 96条1項1号 ·································· 8 | 170条2項5号 ·································· 161、261 |
| 96条1項2号 ·································· 347 | 176条1〜3項 ·································· 344 |
| 96条1項5号 ·································· 116、134 | 176条4〜8項 ·································· 343、344 |
| 96条1項6号 | 177条 ·································· 341 |
| ············ 155、176、183、185、380 | 177条1項 ·································· 343 |
| 96条1項7号 ·································· 380 | 177条1項1号 ·································· 342、344 |
| 96条1項8号 ·································· 151、152 | 177条1項2号 ·································· 344 |
| 96条1項9号 ·································· 154 | 177条2項 ·································· 342、343、344 |
| 96条1項10号 | 177条3項 ·································· 343、345 |
| ············ 154、263、270、271、302 | 178条1項 ·································· 345 |
| 97条2項 ·································· 343 | 178条2項 ·································· 345 |
| 101条 ·································· 420 | 178条3項 ·································· 345 |
| 112条1項 ·································· 342 | 179条1項 ·································· 345 |
| 112条1項ただし書 ·································· 342 | 179条3項 ·································· 346 |
| 113条ただし書 ·································· 345 | 179条4項 ·································· 346 |
| 115条の2第1項 ·································· 343 | 180条の2 ·································· 58、168 |
| 133条 ·································· 420 | 180条の5第1〜3項 ·································· 2、415 |
| 138条の2 ·································· 2、8、44、415 | 180条の6第3号 ·································· 374 |
| 138条の3 ·································· 4、415 | 182条1項 ·································· 415、415 |
| 138条の4 ·································· 415 | 188条の4第1項 ·································· 58 |
| 138条の4第1項 ·································· 2 | 192条 ·································· 415 |
| 147条 ·································· 63 | 198条の3 ·································· 4 |
| 148条 ·································· 4 | 198条の4 ·································· 4 |
| 149条 ·································· 4 | 199条7項 ·································· 238 |
| 149条2号 ·································· 342、396、436、464 | 203条 ·································· 411 |
| 149条3号 ·································· 374 | 203条の2 ·································· 411、414 |
| 149条6号 ·································· 168 | 203条の2第1項 ·································· 413、414 |
| 150条 ·································· 4 | 203条の2第2項 ·································· 412、414、415 |
| 152条 ·································· 58 | 203条の2第3項 ·································· 413 |

条文索引

204条 ……………………………… 411
204条1項 ……………………………… 414
204条2項 …………………………… 412、413
204条3項 ……………………………… 417
204条の2 …… 411、412、413、417
208条 …………………………… 130、328
208条2項 …………………………… 329、433
209条1項 ……………………………… 338
209条2項 ……………………… 160、336、337
210条 ……………………………… 329、331、347、
　　　　　　　　　360、363、460
210条〜214条 ……………………………… 432
211条 ……………………………… 340、342
211条1項 ……………………………… 11
211条1項前段 ……………………………… 358
211条2項 ……………………………… 350
212条 …………………… 132、335、352、433
213条 …………………… 135、335、354、433
214条 ……………………………… 134、148、163、
　　　　　　　　　354、433、519
215条 ……………………………… 340
216条 …………………… 347、349、358、359
217条1項 ……………………………… 351
217条1項ただし書 ……………………… 351
217条2項 ……………………………… 351
218条1項 ……………………………… 340
218条2項 ……………………………… 341
218条3項 ……………………………… 341
218条4項 ……………………………… 347
219条 ……………………………… 343
220条 ……………………………… 136
220条1項 …………………… 347、350、361
220条2項 …………………… 350、358
220条2項ただし書 ……………………… 358
220条3項 …………… 329、335、354、359
222条 ……………………………… 342
223条 ……………………………… 366、375
224条 …………………… 336、368、373、374

224条〜227条 ……………………………… 279
225条 ……………… 173、177、196、199、
　　　　　　　200、217、312、336、
　　　　　　　370、371、376、379
226条 ……………………………… 336、372
227条
　…… 18、336、372、374、173、177
228条 ……………………………… 189
228条1項 …………… 199、200、217、368、
　　　　　　　370、371、373、375
228条2項 …………………… 189、279、374
228条3項 …………………… 189、279、374
229条 …………………… 194、286、287、375、
　　　　　　　376、377、378、388
229条1項 …………… 189、305、374、375
229条2項 ……………………………… 375
229条3項 ……………………………… 375
229条5項 …………………… 189、375
230条 ……………………………… 355
230条1項 ……………………………… 356
231条 …… 333、375、387、388、420
231条1項 ……………………………… 272
231条5項 ……………………………… 285
231条の2第1項 ……………………………… 390
231条の2第2項 ……………………………… 390
231条の2第3項 ……………………… 391、392
231条の2第4項 ……………………………… 393
231条の2第5項 ……………………………… 393
231条の2第6項 ……………………… 393、394
231条の2第7項 ……………………… 393、394
231条の3 …………………… 194、212、378
231条の3第1項
　…………………… 190、202、278、279、
　　281、285、287、296、297、375
231条の3第2項
　…………………… 190、202、280、287
231条の3第3項
　…………………… 190、202、276、285、

● 615

条文索引

287、288、292、297、454
231条の3第4項 ······················· 281
231条の3第5項
 ················· 190、285、287、375
231条の3第6項 ······················· 286
231条の3第7項 ······· 190、285、288
231条の3第8項 ········· 190、285
231条の3第9項 ······················· 375
231条の3第10項 ····· 190、285、288
231条の3第11項 ················· 286、289
231条の6 ····························· 286
232条2項 ····························· 385
232条の2
 ··········· 23、184、235、385、406、
 420、422、423、426、431、432
232条の3 ·············· 11、148、329、
 431、437、460
232条の4 ············· 11、329、436
232条の4第1項 ······················· 435
232条の4第2項 ······· 334、350、437、
 439、441
232条の5 ····························· 130
232条の5第1項 ················· 437、438
232条の5第2項 ················· 437、439
232条の6 ····················· 439、448
232条の6第1項 ······················· 450
233条 ······························· 362
233条1～3項 ························· 328
233条1項 ··············· 261、335、364
233条の2 ·················· 335、362
234条 ·················· 227、255、456、
 458、459、471
234条1項 ············· 45、68、456、
 458、471、492、514
234条2項 ······· 45、48、70、85、181、
 456、462、492
234条3項 ················· 78、87、111、
 456、464、495

234条3項本文 ················· 463、470
234条4項 ················· 76、135、499
234条5項 ········· 78、114、116、135、
 150、159、463、499
234条の2第1項 ········· 72、122、475、
 489、514
234条の2第2項 ················· 117、517
234条の3 ·············· 159、315、354、
 433、436、519
235条 ············· 389、391、392、458
235条の3 ····························· 358
235条の3第1項 ······················· 358
235条の3第2項 ······················· 358
235条の3第3項 ······················· 358
235条の4第1項 ················· 348、427
235条の4第2項 ······················· 348
235条の5 ·················· 333、360、437
236条 ·············· 261、308、309、452
236条1項 ··········· 309、310、313、324
236条1項～3項 ······················· 302
236条2項 ·············· 194、295、296、
 313、314、378
236条4項 ·············· 190、279、297、
 314、319、388
237条1項 ········· 149、165、370、378
237条2項 ········· 176、183、184、185
238条 ························· 165、370
238条1項6号 ························· 427
238条1項7号 ························· 428
238条3項 ····························· 378
238条4項 ················· 180、378
238条の2 ····························· 186
238条の2第2項 ······················· 168
238条の2第2項1号 ······················· 176
238条の2第3項 ················· 168、180
238条の3 ·················· 155、186
238条の4第1～6項 ······················· 169
238条の4第1項 ······················· 370

条文索引

| | |
|---|---|
| 238条の4第2項 ········· 176、378 | 243条の2第1項後段1号 ········· 435 |
| 238条の4第2項1号 ········· 176 | 243条の2第1項前段 ········· 161 |
| 238条の4第2項3号 ········· 176 | 243条の2第1項2号後段 ········· 438 |
| 238条の4第2項4号 ········· 177 | 243条の5 ········· 335 |
| 238条の4第2項5号 ········· 177 | 244条 ········· 216、312、369、377 |
| 238条の4第2項6号 ········· 177 | 244条1項 |
| 238条の4第4項 ········ 212、216、371 | ········· 187、312、370、371、376 |
| 238条の4第5項 ········ 174、176、177 | 244条2項 ········ 189、207、212 |
| 238条の4第7項 | 244条3項 ········ 189、200、207、212 |
| ········· 169、258、370、379 | 244条の2第1項 |
| 238条の4第8項 ········· 170、177 | ········· 189、192、196、215 |
| 238条の4第9項 ········· 169 | 244条の2第3項 ········ 53、207、209、 |
| 238条の5 ········· 165 | 212、213、248 |
| 238条の5第1項 | 244条の2第4項 |
| ········· 184、185、336、380 | ········· 207、210、211、248 |
| 238条の5第2項 ········ 181、336、380 | 244条の2第5項 ········ 207、212、248 |
| 238条の5第4項 ········ 176、183、256 | 244条の2第6項 ········ 208、245、248 |
| 238条の5第5項 ········ 170、177、183、 | 244条の2第7項 ········· 208 |
| 185、256 | 244条の2第8項 ········· 208、213 |
| 238条の5第6項 ········· 185、256 | 244条の2第9項 ········ 207、208、245 |
| 238条の6第1項本文 ········· 372 | 244条の2第10項 ········· 208 |
| 238条の7 ········· 170 | 244条の2第11項 ········ 208、248 |
| 239条1項 ········· 156 | 244条の4 ········· 209、212 |
| 240条 ········· 259 | 244条の4第1項 ········ 189、208 |
| 240条1項 ········· 259、260、268 | 244条の4第2項 ········· 189 |
| 240条2項 ········· 259、260 | 244条の4第3項 ········· 189 |
| 240条3項 ········· 259 | 245条の2 ········· 10 |
| 240条4項 ········· 259 | 245条の4 ········· 10 |
| 240条4項1号 ········· 268 | 245条の6 ········· 57 |
| 241条 ········· 160、338 | 245条の7 ········· 57 |
| 241条1項 ········· 363 | 249条 ········· 57 |
| 241条2項 ········· 427 | 252条の2第1項 ········· 429 |
| 241条7項 ········· 427 | 252条の4第1項5号 ········· 429 |
| 242条1項 ········· 299 | 252条の7 ········· 430 |
| 243条 ········· 207、389、389、458 | 252条の11第2項 ········· 430 |
| 243条の2第1項 ········· 309、439 | 252条の13 ········· 430 |
| 243条の2第1項～3項 ········· 441 | 252条の14 ········· 458 |
| 243条の2第1項後段 ········· 438 | 252条の17 ········· 430 |

617

252条の17の2 ……………… 386
252条の17の2第1項 ……… 348
252条の17の2第2項 ……… 349
257条 ………………………… 409
287条1項7号 ……………… 429
291条 ………………………… 429
291条の2第2項 …………… 386
291条の4第1項9号 ……… 429
291条の9 …………………… 429
291条の12第1項 ………… 429
291条の12第3項 ………… 429
291条の12第4項 ………… 429

## 自治法施行規則

4条 …………………………… 134
12条の4 ……………… 471、472
12条の4の2 ……………… 114
14条 ………………………… 347
15条 …… 148、157、347、349、359
15条1項 ……………… 347、348
15条2項 …………………… 348
16条の2別記 ……………… 261

## 自治法施行令

121条の2別表第4 ………… 151
142条 ………………………… 331
143条 ………………… 331、332
143条1項4号 ……………… 130
143条2項 …………………… 433
144条 ………… 53、342、350
145条 ………………… 133、335
145条1項 …………………… 352
145条1項後段 ……………… 353
145条3項 …………………… 353
146条 ………… 135、136、335
146条1項 …………… 354、360
146条2項 …………………… 354
146条3項 …………………… 354
147条 ………………… 349、359
147条2項 …………………… 347

148条 ………………… 334、341
145条2項 …………………… 353
149条 ………………………… 347
150条 ………………………… 433
150条1項 …………………… 361
150条1項1号 ……………… 434
150条1項2号 ……………… 434
150条1項3号 ……… 347、350
150条2項 …………………… 136
150条3項 …………… 335、360
153条 ………………………… 369
154条1項 …………………… 387
154条2項 …………………… 388
154条3項 …………………… 388
155条 ………………………… 391
156条1項 …………………… 392
156条3項 …………………… 393
157条1項 …………………… 393
157条3項 …………………… 393
157条の2 …………………… 394
158条1項 …………………… 389
158条4項 …………………… 450
158条の2第1項 …………… 389
159条 ………………………… 361
160条 ………………… 335、361
160条前段 …………………… 360
160条の2 …………………… 435
161条1項 …………………… 440
161条2項 …………………… 441
161条3項 …………………… 441
162条 ………… 437、441、451
163条 ………… 130、442、451
164条 ………………………… 445
165条 ………………………… 446
165条1項 …………………… 446
165条2項 …………………… 446
165条の2 …………………… 447
165条の3第1項 …………… 450

| | |
|---|---|
| 165条の3第2項 ················· 450 | 167条の4第1項 ········ 71、472、474 |
| 165条の3第3項 ················· 450 | 167条の4第2項 ········ 72、474、488 |
| 165条の4第1項 ················· 450 | 167条の4第2項2号 ············· 101 |
| 165条の4第1項〜3項 ········· 449 | 167条の4〜167条の5の2 ····· 22、48 |
| 165条の4第3項 ················· 448 | 167条の5 ··········· 73、81、99、100、 |
| 165条の4第4項 ················· 450 | 121、482 |
| 165条の4第5項 ················· 448 | 167条の5第1項 ················· 475 |
| 165条の5 ························· 450 | 167条の5第2項 ·········· 100、475 |
| 165条の6第1項 ················· 449 | 167条の5の2 ···· 73、76、81、100、 |
| 165条の6第2項 ················· 449 | 476、477、482 |
| 165条の6第3項 ················· 449 | 167条の6 ················ 463、472 |
| 165条の7 ························· 361 | 167条の6第1項 ·········· 77、477 |
| 165条の8 ············ 335、360、361 | 167条の6第2項 ····· 77、477、480 |
| 166条2項 ························· 261 | 167条の7 ························· 479 |
| 166条の2 ············ 136、335、364 | 167条の7第1項 ················· 76 |
| 167条 ········· 22、45、70、481、483 | 167条の8第1項 ····· 78、135、480 |
| 167条1項2号 ··············· 90、498 | 167条の8第2項 ·········· 78、480 |
| 167条1項6号 ··················· 90 | 167条の8第3項 ·········· 78、480 |
| 167条3号 ························· 85 | 167条の8第4項 ·········· 78、480 |
| 167条4号 ························· 85 | 167条の9 ························· 480 |
| 167条9号 ························· 90 | 167条の10 ······· 48、230、463、470 |
| 167条の2 ························· 85 | 167条の10第1項 ······· 79、98、158、 |
| 167条の2第1項 ········· 70、87、490、 | 466、468、469、481 |
| 492、495 | 167条の10第2項 ····· 79、112、469 |
| 167条の2第1項1号別表第5 ······· 159 | 167条の10の2 ············· 48、463 |
| 167条の2第1項1号 ··· 86、492、493 | 167条の10の2第1項··· 98、100、470 |
| 167条の2第1項2号 ········· 86、181、 | 167条の10の2第2項 ······ 98、466、 |
| 249、255、457 | 468、471、481 |
| 167条の2第1項3号 ············· 497 | 167条の10の2第1〜5項 ········ 483 |
| 167条の2第1項5号 ········ 90、114 | 167条の10の2第3〜6項 ········ 471 |
| 167条の2第1項6号 ············· 497 | 167条の11 ··········· 81、121、479 |
| 167条の2第1項7号··· 89、497、497 | 167条の11第1項 ······· 100、482、483 |
| 167条の2第1項8号 ········ 90、480 | 167条の11第2項 ·········· 100、482 |
| 167条の2第1項9号 ············· 90 | 167条の11第3項 ······· 100、482、483 |
| 167条の2第2項 ··········· 87、495 | 167条の12第1〜3項 ············· 483 |
| 167条の2第2号 ················· 150 | 167条の12第1項 ·········· 81、101 |
| 167条の2第3項 ··········· 87、495 | 167条の12第2項 ················· 463 |
| 167条の4 ·········· 81、99、100、482 | 167条の12第4項 ················· 483 |

619

条文索引

167条の13 ········· 81、98、466、468、
　　　　　　　 469、470、483
167条の15 ······························· 122
167条の15第1項 ······················ 514
167条の15第2項 ······················ 515
167条の15第3項 ······················ 515
167条の15第4項 ······················ 516
167条の16 ······························· 118
167条の16第1項 ············· 117、118
167条の17 ····················· 355、519
168条 ········································ 389
168条の6 ································· 348
168条の7第3項 ······················ 349
167条の2第1項8号 ················ 90
169条 ········································ 176
169条の2 ································· 176
169条の3 ····················· 165、177
169条の4 ································· 177
169条の5 ································· 177
170条 ········································ 156
171条 ························ 272、296、297
171条2項 ································· 302
171条の2 ································· 297
171条の3 ································· 267
171条の3ただし書 ················· 267
171条の3本文 ························ 266
171条の4 ································· 268
171条の4第1項 ······················ 291
171条の4第2項 ········ 271、273、298
171条の5 ····················· 297、299
171条の6 ····················· 300、320
171条の6第1項 ············· 267、300
171条の6第2項 ······················ 300
171条の7 ································· 263
171条の7第1項 ······················ 301
171条の7第2項 ······················ 302
171条の7第3項 ······················ 302
174条の24第1項 ····················· 430

174条の24第2項 ····················· 430
附則7条 ··································· 130
附則7条1項 ···························· 444
附則7条2項 ···························· 444

児童手当法
14条1項 ································· 454

児童福祉法
24条1項 ····················· 195、370
24条2項 ································· 201
27条1項3号 ··························· 29
39条 ·········································· 22
40条 ·········································· 63
56条3項 ································· 390

児童福祉法施行令
44条 ········································ 390

児童扶養手当法
23条1項 ································· 453
23条2項 ································· 453

借地借家法
3条 ·········································· 182
5条～8条 ································· 182
6条 ·········································· 182
16条 ········································ 182
21条 ········································ 182
22条 ····························· 182、499
26条 ········································ 256
30条 ········································ 182
38条 ········································ 256

住宅地区改良法
26条 ········································ 369

商法
502条2号 ······························ 109
502条5号 ······························ 109
511条1項 ······························ 109

信託法
163条5号 ······························ 267

## す

**水道法**

| | |
|---|---|
| 7条4項7号 | 199 |
| 12条 | 516 |
| 12条1項 | 516 |
| 12条2項 | 516 |
| 14条1項 | 199 |
| 14条4項 | 200 |
| 14条5項 | 199 |
| 15条 | 191 |
| 15条1項 | 200 |
| 24条の3第1項 | 459 |
| 24条の4 | 255 |

**水道法施行令**

| | |
|---|---|
| 4条 | 516 |

## せ

**生活保護法**

| | |
|---|---|
| 77条の2 | 285 |
| 78条 | 285 |
| 78条1項〜3項 | 453、454 |
| 78条4項 | 260、288、292、453 |

**政府契約の支払遅延防止に関する法律**

| | |
|---|---|
| 5条 | 129 |
| 6条 | 130 |

## そ

**相続税法**

| | |
|---|---|
| 72条 | 274、275 |

## ち

**地教行法**

| | |
|---|---|
| 15条1項 | 9 |
| 21条2号 | 168 |
| 25条 | 8 |
| 26条 | 8 |
| 55条1〜5項 | 349 |

**地公企法**

| | |
|---|---|
| 8条 | 58 |
| 9条 | 58 |

**地公法**

| | |
|---|---|
| 15条の2第1項5号 | 54 |
| 22条の2第1項 | 413 |

**地方公営企業法**

| | |
|---|---|
| 2条 | 335 |
| 2条2項 | 339 |
| 2条3項 | 339 |
| 3条 | 33、38 |
| 4条 | 199、337 |
| 8条1項4号 | 374 |
| 9条7号 | 168 |
| 10条 | 9 |
| 17条 | 337 |
| 17条ただし書 | 337 |
| 17条の2 | 33 |
| 20条1項 | 335 |
| 20条2項 | 330、335 |
| 21条1項 | 312 |
| 24条1項 | 352 |
| 24条2項 | 352 |
| 24条3項 | 347 |
| 25条 | 352 |
| 33条3項 | 371 |
| 33条の2 | 390 |

**地方公営企業法施行令**

| | |
|---|---|
| 9条2項 | 13 |

**地方公営企業労働関係法**

| | |
|---|---|
| 10条1項 | 22 |
| 10条2項 | 22 |

**地方公共団体の一般職の任期付職員の採用に関する法律**

| | |
|---|---|
| 5条2項 | 205 |

**地方公務員法**

| | |
|---|---|
| 3条3項3号 | 413 |
| 8条5項 | 9 |

条文索引

| | |
|---|---|
| 22条2項 ……………………… 413 | 17条 ………………………… 384、405 |
| 24条6項 ……………………… 417 | 17条の2 …………………………… 403 |
| 25条1項 ……………………… 417 | 17条の2第1項 ………………… 408 |
| 25条2項 ……………… 438、447 | 17条の2第2項 ………………… 408 |
| 29条1項 ……………………… 102 | 18条 ………………………… 386、405 |
| 32条 …………………… 8、9、102 | 18条1項 ……………………… 405 |
| 34条 ………………………… 273 | 18条2項 ……………………… 405 |
| 41条 ………………………… 417 | 19条1項 ……………………… 386 |
| 42条 …………………… 417、419 | 20条の2第1項 ………………… 387 |
| 58条3項 ……………………… 309 | 20条の2第2項 ………………… 387 |

**地方財政再建促進特別措置法**

| | |
|---|---|
| 24条2項 ……… 403、404、405 | 21条1項 ……………………… 408 |

**地方財政法**

| | |
|---|---|
| 2条 ………………………… 336 | 22条1項 ……………………… 408 |
| 4条 ………………………… 405 | 23条 ………………………… 379 |
| 4条1項… 37、145、395、433、442 | 23条1項 ……………………… 187 |
| 4条の3第1項 ………………… 363 | 25条1項 ……………………… 387 |
| 4条の4 …………………… 362 | 25条2項 ……………………… 387 |
| 4条の5 …………………… 403 | 27条 ………………………… 408、410 |
| 5条 ………………………… 336、356 | 27条の2 …………………………… 409 |
| 5条の3第1項 ………………… 357 | 28条 ………………………… 386 |
| 5条の3第3項 ………………… 357 | 28条の2 ………… 185、386、410 |
| 5条の3第5項 ………………… 357 | 30条の2第1項 ………………… 339 |
| 5条の3第6項 ………………… 357 | 33条〜33条の6の3 ………… 356 |
| 6条 ………………………… 336 | 33条の5の7第1項1号 …………… 33 |
| 7条1項 ……………………… 362 | 17条の2第3項 ………………… 408 |

**地方財政法施行令**

| | |
|---|---|
| 7条2項 ……………………… 362 | 2条1項 ……………………… 357 |
| 9条 ………………………… 407 | 2条3項 ……………………… 357 |
| 10条 ………………… 380、381、407 | 2条4項 ……………………… 357 |
| 10条〜11条 …………………… 185 | 4条〜7条 …………………… 357 |
| 10条の2 ……… 380、383、403、407 | 46条 ………………………… 336 |
| 10条の3 ……… 381、383、403、407 | 47条 ………………………… 363 |
| 10条の4 ………………… 384、404 | 51条 ………………………… 409 |

**地方税法**

| | |
|---|---|
| 10条の4第1号 ………………… 405 | 1条1項14号 ………………… 265 |
| 11条 ………………… 384、407 | 1条2項 ……………………… 367 |
| 12条 ………………………… 404 | 2条 ………………………… 366 |
| 13条3項 ……………………… 387 | 3条 ………………………… 366 |
| 16条 ………………………… 384 | 3条1項 ……………………… 366 |

622

条文索引

4条 ……………………………… 367
4条1項 ………………………… 367
5条 ……………………………… 367
5条1項 ………………………… 367
11条の4第1項括弧書き ……… 309
13条の2 ………………………… 267
15条4項 ………………………… 293
15条～15条の4 ………………… 292
15条以下 ………………………… 295
15条の3第1項 ………………… 293
15条の5 ………………………… 293
15条の5の3第1項 …………… 293
15条の5の3第2項 …………… 293
15条の6第2項 ………………… 293
15条の6の3 …………………… 293
15条の6の3第2項 …………… 293
15条の7 ………………… 294、295
15条の7第1項 ………………… 265
15条の7第2項 ………… 266、295
15条の7第4項 ………… 265、295
15条の7第5項 … 266、295、296
15条の8 ………………………… 295
15条の8第1項 ………………… 294
16条 ……………………………… 293
16条の2第1項 ………………… 393
16条の2第3項 ………………… 393
16条の4 ………………………… 273
16条の5第1項 ………………… 294
17条 ……………………………… 282
17条の2 ………………………… 282
17条の2第1項 ………………… 282
17条の2第3項 ………………… 282
17条の3 ………………………… 282
17条の3第1項 ………………… 282
17条の4 ………………… 282、283
18条 ……………………… 309、314
18条の3 ………………… 282、284
19条9号 ………………………… 282

19条の4 ………………………… 286
19条の7第1項 ………………… 286
20条 ……………………………… 284
20条の2 ………………………… 285
20条の4 ………………………… 458
20条の5 ………………………… 331
22条 ……………… 274、275、276、277
41条1項 ………………………… 331
56条2項 ………………………… 281
68条4項 ………………………… 268
68条6項 ………………………… 288
72条の68第1項 ……………… 298
72条の68第4項 ……………… 268
72条の68第6項 ……………… 288
320条1項 ……………………… 388
321条の3 ……………………… 331
321条1項 ……………………… 331
321条の5第2項ただし書 …… 331
321条の5の2 ………………… 331
341条5号 ……………………… 149
373条4項 ……………………… 268
373条7項 ……………………… 288
703条1項 ……………………… 368
703条の2第1項 ……………… 368
734条～739条 ………………… 367
740条～747条 ………………… 367

地方税法施行規則
1条の7第4号 ………………… 282
附則3条の2第1項 …………… 281

地方独立行政法人法
6条 ……………………………… 428
40条6項 ………………………… 428
88条2項 ………………………… 428
105条 …………………… 32、428

つ

通則法
3条 ……………………………… 197

623

条文索引

## て

**鉄道営業法**
18条の2 ································ 197

**電気事業法**
2条1項10号 ···················· 177
2条の13 ····························· 199
2条の14 ····························· 199
17条 ·································· 191

**電気通信事業法**
25条 ·································· 191
167条の2 ··························· 197

**電波法**
109条1項 ··························· 277

## と

**道路運送車両法**
97条1項 ····························· 269
97条2項 ····························· 269

**道路運送法**
87条 ·································· 197

**道路整備特別措置法**
55条の2 ····························· 197

**道路法**
3条3号 ······························ 409
12条 ·································· 409
13条 ·································· 409
25条 ·································· 191
39条 ·························· 279、375
42条1項 ····························· 188
47条の5 ······························ 22
54条 ·································· 458
56条 ·································· 409
71条 ·································· 179
73条1項 ····························· 280
73条3項 ····························· 288

**特別会計に関する法律**
1条 ··································· 337

**特例政令**
5条 ·································· 75
6条 ······················ 77、477、478
7条 ················ 83、85、484、488
8条 ···························· 85、488
11条 ······················ 80、90、481
11条1項 ····························· 497
11条1項6号 ···················· 90、113

**都市計画法**
73条1項 ····························· 279
75条 ·································· 369
75条1項 ················ 279、280、375
75条3項 ····················· 279、280

**都市公園法**
11条 ·································· 179

**図書館法**
17条 ·································· 191

**土地収用法**
52条3項 ························ 415、416

**独禁法**
1条 ·································· 468
2条6項 ····························· 102
3条 ···························· 102、107
7条 ·································· 102
8条 ·································· 102
25条 ············ 102、107、108、109
26条 ·································· 107
26条1項 ····························· 107
70条の12 ···························· 107
84条 ·································· 108

## な

**内閣府設置法**
7条3号 ································· 8
7条4号 ································· 8
58条4項 ································ 8

624 ●

条文索引

## に

入札談合等関与行為の排除及び防止並
　びに職員による入札等の公正を害す
　べき行為の処罰に関する法律
　8条 ························· 101

## の

農業災害補償法
　99条の2第2項 ············ 338

## は

廃棄物処理法
　1条 ·························· 36
　6条の2第2項 ············· 459
　6条の2第3項 ············· 459
廃棄物処理法施行令
　4条 ························· 459
　4条の3 ···················· 459
派遣法
　2条1号 ···················· 225
　26条1項1号 ··············· 226
　39条 ······················· 226
　40条の2 ··················· 226
　40条の4 ··················· 226
破産法
　34条1項 ··················· 269
　111条 ······················ 269
　114条1号 ·················· 289
　148条1項4号 ·············· 270
　148条1項8号 ·············· 270
　151条 ······················ 270
　155条1項 ·················· 270
　155条2項 ·················· 270
　195条 ······················ 269
　255条 ······················· 71
　255条1項 ·················· 472
　366条の12 ················· 264

## ひ

PFI法
　1条 ·················· 243、249
　2条1項 ···················· 245
　2条2項 ··············· 53、245
　2条5項 ···················· 250
　2条6項 ··············· 53、253
　2条7項 ···················· 253
　3条 ························· 243
　4条 ························· 246
　5条 ·················· 246、253
　8条1項 ···················· 250
　8条2項 ···················· 246
　9条 ························· 250
　11条 ················· 49、250
　11条1項 ····················· 49
　11条2項 ····················· 49
　12条 ························ 248
　15条の2 ··················· 244
　15条の3 ··················· 244
　16条 ························ 253
　19条 ························ 253
　19条1項 ··················· 255
　20条 ························ 254
　23条 ························ 254
　24条 ························ 253
　26条5項 ··················· 245
　27条 ························ 253
　31条 ························ 253
　32条 ························ 253
　77条 ························ 243
　附則4条 ··················· 245
PFI法施行令
　3条 ························· 248
品質確保促進法
　3条2項 ···················· 466
　7条1項1号～3号 ··········· 79

● 625

条文索引

12条 ………………………… 76、476
13条 ………………………… 76、476
14条 …………………………………… 92
15条1項 ……………………………… 485
15条3項 ……………………………… 486
15条4項 ……………………………… 488
15条5項本文 ………………………… 486
15条～19条 …………………… 92、250
16条 ………………………………… 486
17条前段 …………………………… 486
18条 ………………… 93、464、486
18条1項 …………………………… 494
19条 …………… 93、464、486、494
20条 …………………………………… 93
21条1項 …………………………… 123

ふ

普通財産取扱規則
27条 ………………………………… 183
物価統制令
2条 ………………………………… 115
不動産登記法
3条 ………………………………… 146
14条 ………………………………… 146
27条 ………………………………… 146
34条 ………………………………… 146
59条 ………………………………… 146

ほ

法人に対する政府の財政援助の制限に
関する法律
1条 ………………………………… 426
2条 ………………………………… 426
3条 ………………………… 406、425
法の適用に関する通則法
3条 …………………………… 8、12

暴力団員による不当な行為の防止等に
関する法律
2条6号 …………………………… 229
32条1項 ……………………… 72、472
補助金適正化法
2条1項 …………………………… 385
2条4項 …………………………… 385
補助金適正化法施行令
2条 ………………………………… 385
墓地、埋葬等に関する法律
10条 ………………………………… 23

み

民間資金等の活用による公共施設等の
整備等の促進に関する法律
19条1項 …………………………… 200
民事再生法
49条 ………………………………… 270
50条 ………………………………… 270
94条 ………………………………… 270
172条の3第1項 …………………… 270
民事執行規則
97条 ………………………………… 269
民事執行法
22条 ………………………………… 269
44条 ………………………………… 269
51条1項 …………………………… 269
121条 ……………………………… 269
133条 ……………………………… 269
144条 ……………………………… 269
154条1項 ………………………… 269
188条 ……………………………… 269
195条 ……………………………… 317
196条 ……………………………… 317
民事訴訟法
228条2項 ………………………… 461
248条 ……………………………… 107
275条1項 ………………………… 316

626

条文索引

| | | | |
|---|---|---|---|
| 392条 | 307 | 152条 | 307 |
| **民事保全法** | | 153条 | 307、314 |
| 12条1項 | 273 | 154条 | 307 |
| 20条 | 273 | 155条 | 307 |
| 21条 | 273 | 157条 | 306 |
| **民法** | | 158条 | 307、315 |
| 1条2項 | 64、507 | 160条 | 308 |
| 3条1項 | 472 | 161条 | 306、308、315 |
| 4条 | 152 | 166条1項 | 303、388 |
| 4条〜21条 | 71、473 | 167条 | 304 |
| 9条 | 152 | 167条1項 | 261、284、302、304 |
| 12条 | 152 | 168条 | 306 |
| 24条 | 506 | 168条〜174条 | 302 |
| 25条 | 153 | 169条 | 313 |
| 33条 | 472、473 | 170条 | 324 |
| 86条1項 | 165 | 170条1号 | 310 |
| 87条 | 165 | 174条 | 324 |
| 90条 | 104、147、166、468 | 174条の2 | 303 |
| 92条 | 197 | 174条の2第1項 | 306 |
| 94条〜96条 | 147 | 177条 | 146 |
| 95条 | 104、465 | 196条 | 174 |
| 97条1項 | 319 | 198条〜200条 | 179 |
| 98条の2 | 319 | 209条〜238条 | 146 |
| 99条1項 | 390 | 216条 | 179 |
| 108条 | 12、238 | 237条 | 179 |
| 110条 | 151 | 303条 | 268 |
| 116条 | 500 | 342条 | 268、272 |
| 139条 | 269 | 369条 | 268、272 |
| 140条 | 303 | 404条 | 202、284 |
| 141条 | 303 | 412条 | 202、266、284、442、443 |
| 142条 | 303、331 | 412条1項 | 284 |
| 144条 | 303 | 415条 | 202 |
| 145条 | 303、309、313 | 417条 | 284 |
| 147条 | 306、315 | 419条1項 | 202 |
| 147条1号 | 314 | 420条 | 119 |
| 149条 | 307 | 420条1項 | 137 |
| 150条 | 307 | 424条 | 304 |
| 151条 | 307 | 424条1項 | 268 |

627

条文索引

| | | | |
|---|---|---|---|
| 434条 | 306、322 | 601条 | 182 |
| 437条 | 322 | 601条～622条 | 182 |
| 439条 | 322 | 604条 | 182 |
| 446条 | 272 | 606条 | 182 |
| 446条2項 | 272、499 | 608条 | 182 |
| 457条1項 | 306 | 612条 | 182 |
| 458条 | 322 | 614条 | 444 |
| 466条～469条 | 137 | 617条 | 182 |
| 484条 | 412、446 | 618条 | 182 |
| 485条 | 412 | 623条 | 225、412、444 |
| 489条 | 262 | 624条1項 | 444 |
| 492条 | 447 | 624条2項 | 444 |
| 493条 | 447 | 632条 | 124、129、224、505、514 |
| 493条本文 | 262 | 633条 | 130、444 |
| 508条 | 303 | 634条 | 138 |
| 513条 | 502 | 635条 | 138 |
| 513条1項 | 501 | 638条1項 | 505 |
| 514条 | 502 | 643条 | 224 |
| 519条 | 295 | 648条 | 444 |
| 521条 | 500 | 650条1項 | 234 |
| 521条～526条1項 | 463 | 650条2項 | 234 |
| 526条 | 499 | 656条 | 224 |
| 526条1項 | 500 | 667条 | 109 |
| 528条 | 88 | 675条 | 109 |
| 532条 | 89、496 | 682条 | 110 |
| 533条 | 151、159、443 | 697条1項 | 461 |
| 536条1項 | 505 | 702条1項 | 114 |
| 536条2項 | 505 | 703条 | 182、281、283、451 |
| 541条 | 138、182、183、304 | 704条 | 284 |
| 545条 | 182 | 709条 | 179、451、489 |
| 549条 | 153、185、420 | 715条 | 29、222、226 |
| 553条 | 154 | 715条本文 | 53 |
| 554条 | 154 | 716条 | 514 |
| 556条 | 134 | 716条ただし書 | 124 |
| 559条 | 135 | 716条本文 | 124 |
| 586条 | 155 | 717条 | 175 |
| 587条 | 443 | 719条 | 124 |
| 593条 | 184 | 724条 | 284、311、325 |

| | | | | |
|---|---|---|---|---|
| 753条 | 152 | 637条 | 141 |
| 896条本文 | 504 | 638条 | 142 |
| 920条 | 271 | 638条1項 | 516 |
| 922条 | 271 | 639条 | 142 |
| 923条 | 271 | 640条 | 142 |
| 927条 | 271 | 民法（新民法） | |
| 964条 | 154 | 97条1項 | 319 |
| 985条1項 | 154 | 97条2項 | 319 |
| 986条 | 154 | 98条の2 | 319、320 |
| 986条1項 | 154 | 145条 | 315、323 |
| 1002条1項 | 154 | 147条1項 | 316、317、318 |
| 1027条 | 154 | 147条2項 | 317 |
| 1047条 | 154 | 147条～150条 | 322 |
| 附則22条 | 137 | 148条1項 | 317 |
| 第5章（90条～137条） | 473 | 148条2項 | 318 |
| 第12節（667条～688条） | 474 | 149条 | 318 |
| 民法（従前の民法） | | 150条1項 | 319 |
| 147条 | 316 | 150条2項 | 319 |
| 147条3号 | 262、321 | 151条 | 316 |
| 153条 | 319 | 151条1項 | 320 |
| 154条 | 316 | 151条2項 | 321 |
| 161条 | 316 | 151条3項 | 321 |
| 166条1項 | 323 | 151条5項 | 321 |
| 404条 | 280 | 151条4項 | 316、321 |
| 415条 | 284、515 | 152条の1項 | 321 |
| 419条1項 | 280 | 152条の2項 | 321 |
| 419条3項 | 280 | 153条1項 | 317、318 |
| 432条 | 272 | 153条2項 | 318、319、321 |
| 484条 | 262 | 153条3項 | 322 |
| 485条 | 262 | 154条 | 318、319 |
| 488条 | 262 | 161条 | 322 |
| 491条 | 262 | 166条1項 | 141、323 |
| 513条1項 | 502 | 166条1項2号 | 324 |
| 597条1項 | 182 | 167条 | 324 |
| 616条 | 182 | 404条 | 280、284 |
| 621条 | 182 | 412条の2第1項 | 141 |
| 634条1項ただし書 | 141 | 412条の2第2項 | 137 |
| 634条1項本文 | 516 | 415条 | 137、138 |

条文索引

| | |
|---|---|
| 415条1項 ················· 138、284 | 548条の4 ··················· 199 |
| 415条2項 ··················· 138 | 548条の4第1項 ······· 198、200 |
| 419条1項 ··················· 280 | 548条の4第2項 ··········· 198 |
| 419条3項 ··················· 280 | 548条の4第3項 ··········· 198 |
| 435条 ····················· 322 | 548条の2～548条 ········· 200 |
| 436条 ····················· 272 | 559条 ········· 137、140、142、143 |
| 436条1項 ··················· 322 | 562条 ····················· 142 |
| 438条 ····················· 322 | 562条2項 ··················· 140 |
| 439条 ····················· 322 | 566条 ····················· 141 |
| 439条1項 ··················· 322 | 567条2項 ··················· 143 |
| 440条 ····················· 322 | 567条1項 ··················· 142 |
| 441条 ····················· 322 | 572条 ····················· 142 |
| 441条ただし書 ··············· 323 | 634条 ····················· 140 |
| 446条3項 ··················· 272 | 636条 ················· 140、141 |
| 452条2項 ··················· 139 | 637条 ····················· 141 |
| 457条1項 ··················· 323 | 724条 ····················· 325 |
| 458条 ················· 322、322 | 724条1号 ··················· 325 |
| 465条の6第1項 ··············· 273 | 724条2号 ··················· 325 |
| 466条2項 ··················· 143 | 724条の2 ··················· 325 |
| 466条3項 ··················· 143 | 附則17条1項 ················· 137 |
| 466条の6第2項 ··············· 143 | 附則17条4項 ················· 137 |
| 466条の6第3項 ··············· 143 | 附則33条 ··················· 316 |
| 467条 ····················· 143 | **民法施行法** |
| 484条1項 ··················· 262 | 5条1項5号 ················· 461 |
| 488条1項～3項 ··············· 262 | **民法の一部を改正する法律** |
| 488条4項 ··················· 262 | 附則10条 ··················· 315 |
| 492条 ····················· 262 | 附則33条 ··················· 196 |
| 513条1項1号 ··············· 502 | |
| 514条 ····················· 503 | **よ** |
| 515条 ····················· 503 | |
| 541条 ················· 138、139 | **予算決算及び会計令** |
| 542条 ················· 138、139 | 18条の2 ··················· 434 |
| 542条1項 ··················· 139 | 18条の9 ··················· 434 |
| 548条の2～548条の4 ········· 196 | 53条 ················· 434、441 |
| 548条の2第1項 ······· 10、196、199 | 76条 ····················· 104 |
| 548条の2第2項 ········· 199、200 | 100条の2 ··················· 114 |
| 548条の3 ··················· 199 | 101条の9第2項 ········· 150、159 |
| 548条の3第1項 ··············· 198 | |

630

条文索引

## り

林業・木材産業改善資金助成法
13条1項 ································ 338
林業労働力の確保の促進に関する法律
27条 ····································· 338

## ろ

老人福祉法
11条1項 ································ 370
11条1項1号 ························· 194

11条1項2号 ························· 194
労働基準法
11条 ························· 309、412
24条 ····································· 447
24条1項 ······························ 438
115条 ··································· 309
労働組合法
19条の12第3項 ··················· 415
労働契約法
6条 ······································ 225

● 631

〈著者プロフィール〉

橋本　勇（はしもと・いさむ）

昭和20年、長野県生まれ。昭和43年、国家公務員上級試験及び司法試験に合格。昭和44年、東京大学法学部卒業、自治省（現：総務省）入省。山梨県総務部地方課長、自治大学校教授等を経て、昭和61年に弁護士登録（第一東京弁護士会所属）。自治体や関連団体の顧問を数多く務め、多数の自治体訴訟に携わる。
著書に、『自治体契約ゼミナール』（編著、ぎょうせい）、『新版 逐条地方公務員法』（学陽書房）、『地方自治のあゆみ』（良書普及会）など。

（令和元年6月現在）

## 自治体財務の実務と理論　改訂版
―違法・不当といわれないために

令和元年8月10日　第1刷発行
令和2年9月5日　第3刷発行

著　著　橋本　勇

発　行　株式会社 **ぎょうせい**

〒136-8575　東京都江東区新木場1-18-11
URL：https://gyosei.jp

フリーコール　0120-953-431

ぎょうせい　お問い合わせ　検索 https://gyosei.jp/inquiry/

〈検印省略〉

印刷　ぎょうせいデジタル株式会社　　　　　　Ⓒ2019　Printed in Japan
※乱丁・落丁本はお取り替えいたします。

ISBN 978-4-324-10677-8
(5108539-00-000)
〔略号：財務実務（改訂）〕

小さなことからコツコツと
自立・自律した自治体財政運営を強力サポート！
地方財政の総合実務誌

# 月刊 地方財務

ぎょうせい／編　A5判　毎月5日発売
年間購読料 24,750 円（10%税込・送料込）

## より財政実務に特化した誌面へ！

- ：基礎・基本を大切にします。
- ：「かゆいところに手が届く」テーマを追求します。
- ：悩んだときに開くと解決の糸口となることが必ず記されている。期待を裏切らない「役立つ情報」をお届けいたします。
- ：地域の実情にあった政策立案に寄与するよう、「なぜ」その制度・考え方なのかを考察します。

## 充実の収録内容

- ■財政実務の課題解決を後押しする特集・座談会
- ■総務省自治財政局の協力による制度や法令の解説の数々
- ■多方面の話題をカバーする充実の実務連載
- ■別冊付録として、地方債の起債実務に必要不可欠な「地方債実務ハンドブック」を年1回お届けします！

株式会社 ぎょうせい

フリーコール
TEL：0120-953-431 [平日9～17時] FAX：0120-953-495
〒136-8575 東京都江東区新木場1-18-11　https://shop.gyosei.jp　ぎょうせいオンラインショップ 検索

これからの地方自治を創る実務情報誌

# 月刊 ガバナンス

ぎょうせい／編集

## 5つのお勧めポイント

**1 喫緊の政策課題をタイムリーに特集**
行政改革や災害対策、社会保障、まちづくりなど、自治体の重要テーマを取り上げます。

**2 自治体の最新情報が満載の「DATA BANK」**
記事数は毎月、約70本！自治体の先進施策がコンパクトに読めます。

**3 現場を徹底取材！読みごたえあるリポート記事**
先進的な政策や議会改革など、自治の最前線をリポートします。

**4 公務員の仕事力を高める！キャリアサポート面**
自治体職員の仕事に役立つ特集＆連載を「キャリアサポート面」としてまとめています。

**5 キャリアサポート面では「キャリサポ特集」と連載でキャリア形成を応援！**
クレーム対応やファシリテーションなどの人気連載に加え、
「誌上版！『お笑い行政講座』」
「独立機動遊軍 円城寺の『先憂後楽』でいこう！」
「未来志向で考える自治体職員のキャリアデザイン」
なども好評連載中です。

〔毎月1日発売〕

**年間購読がお得です！**

年間購読料
〈1年〉12,540円（1冊あたり 1,045円）⇒単号購入より **5%off**
〈2年〉22,440円（1冊あたり　935円）⇒単号購入より **15%off**
〈3年〉29,700円（1冊あたり　825円）⇒単号購入より **25%off**

A4変形判
単号定価1,100円
（10％税込）送料別

※年間購読料は10％税込・送料込の料金です。
※送料は2020年8月時点の料金です。

**株式会社ぎょうせい**
フリーコール TEL：0120-953-431 [平日9～17時] FAX：0120-953-495
〒136-8575 東京都江東区新木場1-18-11
https://shop.gyosei.jp　ぎょうせいオンラインショップ 検索

# "財務"のリスクマネジメントは万全ですか？

# 地方財務判例
# 質疑応答集

## 日本財政法学会【編集】

【加除式】全1巻 A5判・定価（本体10,000円＋税）

◆ **自治体の財務実務を"判例"から解説！**
好評『地方財務実務提要』の内容を踏まえた
姉妹本です。

◆ **「自主・自立」が求められる分権時代**
「判断に迷ったとき」頼りになる一冊です。

## 主要目次

| | |
|---|---|
| 第1章　総　則（議会関連） | 第9章　現金及び有価証券 |
| 第2章　会計年度及び会計の区分 | 第10章　時　効 |
| 第3章　予　算 | 第11章　財　産 |
| 第4章　収　入 | 第12章　公の施設 |
| 第5章　支　出 | 第13章　私人の公金取扱い制度 |
| 第6章　報酬・費用弁償・旅費・<br>　　　　給料及び諸手当 | 第14章　職員の賠償責任、住民監査<br>　　　　及び住民訴訟 |
| 第7章　決　算 | 第15章　公金支出の制限 |
| 第8章　契　約 | 付　録　法令等資料及び索引 |

株式会社 **ぎょうせい**

フリーコール
**TEL：0120-953-431**［平日9〜17時］ **FAX：0120-953-495**
**https://shop.gyosei.jp** ぎょうせいオンラインショップ 検索

〒136-8575 東京都江東区新木場1-18-11

※加除式図書については、内容補正を行う追録（料金別途）もあわせてのお申込みとなります。